新时代国家经济安全的
战略与现实

The Strategy and Reality of
National Economic Security in the New Era

余南平　等著

中国社会科学出版社

图书在版编目(CIP)数据

新时代国家经济安全的战略与现实/余南平等著. -- 北京：中国社会科学出版社，2024.11
ISBN 978-7-5227-2830-8

Ⅰ.①新… Ⅱ.①余… Ⅲ.①国家安全—经济安全—研究—中国 Ⅳ.①F123

中国国家版本馆 CIP 数据核字（2023）第 245965 号

出 版 人	赵剑英
责任编辑	许　琳
责任校对	李　硕
责任印制	郝美娜

出　　版	中国社会科学出版社
社　　址	北京鼓楼西大街甲 158 号
邮　　编	100720
网　　址	http://www.csspw.cn
发 行 部	010-84083685
门 市 部	010-84029450
经　　销	新华书店及其他书店

印刷装订	北京君升印刷有限公司
版　　次	2024 年 11 月第 1 版
印　　次	2024 年 11 月第 1 次印刷

开　　本	710×1000　1/16
印　　张	34.75
字　　数	546 千字
定　　价	198.00 元

凡购买中国社会科学出版社图书，如有质量问题请与本社营销中心联系调换
电话：010-84083683
版权所有　侵权必究

余南平

序　言

  2024年夏是书稿的修订完成之时，这个夏季，不仅伴随着前所未有的高温，更见证了全球经济在寒流中的挣扎，一冷一热之间，映射出这个时代的深刻矛盾与挑战。经济下行压力和贸易增长乏力成为常态，并特别体现在大国博弈带来的全球价值链与全球产业链分割的态势加剧，其带来的严峻性和广泛影响不容忽视。由此，在国内，一种对未来预期不确定性的深切恐惧与普遍焦虑开始逐渐蔓延于社会，民众对个人及家庭经济安全的关注也达到了前所未有的高度。而在国际上，乌克兰危机悬而未决，新一轮巴以冲突持续升级，动荡的全球局势无疑为本已脆弱的全球经济秩序蒙上了更浓厚的阴影。在全球政治经济格局急剧变化、既有全球经济合作框架被颠覆重构的背景下，国家对经济安全的重视程度显著提升，各国纷纷将经济安全提升至国家战略的核心位置，同时经济安全也成为了每一个普通人与家庭生活的隐形支柱。面对资源竞争、技术封锁、地缘冲突等多重挑战，各国正在重新审视经济手段的力量，构建更加严密的经济防线。

  这种转向不仅反映了国家应对内外部挑战的迫切需求，也使得国家间围绕经济安全的竞争和博弈日益激化。这场没有硝烟的角力，正以更为激烈且复杂的态势，深刻地塑造着未来的全球秩序。经济安全的内涵与外延也在不断拓展之中，它不再局限于传统的经济指标或增长目标，而是深度融入政治、军事、科技等多个领域，成为国家治理能力和战略远见的试金石。在这样的背景下，习近平总书记指出："当前我国国家安全内涵和外延比历史上任何时候都要丰富，时空领域比历史上任何时候都要宽广，内外因素比历史上任何时候都要复杂，必须坚持总体国家安全观，以人民安全为宗旨，以政治安全为根本，以经济安全为基础，以军事、文化、社会安全为保障，以促进国际安全为依托，走出一条中国特色国家安全道路。"这其中，"以经济安全为基础"的论断，彰显了国家经济安全的极端重要性，也是马克思主义中国化重要成就的具体体现。在大国间博弈错综复杂的大局势下，本书正是以此为逻辑起点与核心指导，深入剖析"经济基础"如何内蕴并衍生出"权力"属性，进而在维护经济安全的视野下，全面展开对国家战略考量和由此纠缠、溢出而衍生出的经济安全问题的系统性探讨，从而将大国博弈的深层逻辑在各章节的分析之中铺陈开来。

本书区别于从传统的宏观经济与贸易视角对国家经济安全问题的研究，选取了全球价值链与全球产业链为切入点，将其作为国家经济安全的关键维度，以充分展现出经济安全的多层次内涵。全球价值链和全球产业链的复杂多维耦合，编织出了经济全球化时代的全球经济基础，也构成了国家间经济联系与竞争的基本框架。故而本书以"两链"为研究视角和分析工具，尝试构建一个更加贴合全球经济这一复杂巨系统的表征与内核的研究范式，在揭示全球经济运行机制的同时，识别国家在经济合作与竞争中的结构性地位及其潜在风险。

本书从理论和实践两个层面切入，提出并解答了多个关键问题：经济力量如何成为大国竞争中的重要权力工具？在世界经济秩序混乱的背景下，大国间的博弈如何影响全球价值链与产业链的重构？这些变化又将对国家经济安全产生怎样的深远影响？作者团队以经济手段、产业链安全、全球价值链重构、技术安全和海外经济利益保护等为主线，通过多层次、多维度的分析，为构建国家经济安全战略提供了新思路。就理论层面而言，本书将经济安全置于全球价值链与产业链的分析框架中，通过对"两链"复杂结构的研究，进一步丰富了有关国家权力与经济安全关系的学术讨论。从这一理论视角出发，本书不仅聚焦于在全球经济混沌化背景下，全球价值链与产业链布局与重构对国家经济安全的系统性影响，还试图构建一个解释大国竞争与经济安全关系的综合性理论框架，深入剖析"两链"如何承载并传递国家经济安全的战略意义，进而在此基础上深化对全球经济体系的权力逻辑和经济安全作为国家竞争核心要素的理解。

就现实层面而言，本书以全球主要经济体为研究对象，选取了美国、俄罗斯、欧盟、日本、印度等典型案例，全面阐述了它们各自在经济安全领域的战略布局与具体实践，以及面对全球经济风险与挑战时的应对逻辑，强调国家如何运用依赖关系在全球竞争中将其转化为战略优势或他者的安全风险，以为我国与世界各国进行可行、现实的经济互动提供实践参考。更为重要的是，面对新一轮科技革命与大国博弈相互交织的新环境，除了传统经济力量的讨论，本书适时聚焦于技术在经济安全博弈中的深刻作用，以尝试构建一个新的国际政治经济技术学的理论分析框架，为研究技术、经济政策和国际关系的交叉点提供了一种系统的方法。此外，本书还将视野拓展至国家经济安全的外部维度——海外利益保护，通过分析我国海外投资、资源获取以及经济利益布局的现状与潜在风险，试图提出在复杂国际环境下维护海外利益安全的可行路径，为我国"走出去"战略提供了实践参考和理论支撑。

本书的完成和出版，得到了中国社会科学出版社的大力支持。全书系华东师范大学余南平教授带领研究团队的集体合作成果，由余南平设计总体写作框架，各章节具体分工如下：第一章《战略视角下的经济力量与权力》由余南平撰写；第二章《大国博弈战略视角中的国家经济安全》由余南平、杜志远撰写；第三章《脆弱的安全：动荡和无序的世界经济》由余南平撰写；第四章《大国博弈的另一只手：经济手段与国家经济安全》由戬仕铭撰写；第五章《经济基础的存在：产业链与国家经济安全》由余南平撰写；第六章《霸权的延展与困境——美国国家经济安全战略》由李括撰写；第七章《国家的复兴与困境——俄罗斯国家经济安全战略》由华盾撰写；第八章《经济主权构建与加强——欧盟经济安全战略》由黄郑亮撰写；第九章《权力的追求与限制——日本经济安全战略》由周生升撰写；第十章《理想与现实的困惑——印度经济安全战略》由杜志远撰写；第十一章《资本扩张与流动——金融视角下的中国经济安全》由张路、胡泽艺和廖盟撰写；第十二章《木桶定律的困局：产业链视角下的中国经济安全》由黄郑亮撰写；第十三章《链主与节点的制约——全球价值链与中国经济安全》由秦炎铭撰写；第十四章

《技术的新边疆博弈——技术经济融合与技术链安全》由严佳杰撰写；第十五章《经济安全视野下中国海外利益保护》由黄昊撰写。张翌然、栾心蔚参与了统稿工作，终稿由余南平统一审校。

  本书是中国发展至新的历史方位下，首部以全球价值链和全球产业链视角论述国家经济安全的著作。在全书的写作过程中，我们始终得到了中国社会科学出版社与责任编辑的倾力支持，这不仅仅是出版社和责任编辑肩负国家责任的学术情怀所在，更是一种"以使命为初心、以大局为己任"的价值追求。同时，作为本书的作者，更是深刻地认识到：就人类文明进步而言，"每一历史时代的经济生产以及必然由此产生的社会结构，是该时代政治的和精神的历史的基础"。我们每一个人既是历史的见证者，也是参与者。出于时代是出卷人，我们是答卷人，人民是阅卷人的要求，作者及其团队期愿本书的思考与讨论，不仅是对当下问题的解读，更是对未来实践的启迪，以能为中国的经济安全与现代化发展贡献绵薄的理论支持和实践提炼，在百年未有之变局中书写属于这个时代的深刻答案，并还将以此为起点，不懈努力，持续创新！

余南平
2024 年 11 月于上海

目　　录

第一章　战略视角下的经济力量与权力 …………………… (1)
　　引　言 ………………………………………………………… (1)
　　一　作为政治权力工具的经济力量 ………………………… (2)
　　二　经济力量与其他工具的比较 …………………………… (12)
　　总　结 ………………………………………………………… (20)

第二章　大国博弈战略视角中的国家经济安全 ……………… (23)
　　引　言 ………………………………………………………… (23)
　　一　美国对中国战略的历史演进与转变 …………………… (26)
　　二　特朗普政府对中国战略失效的原因分析 ……………… (28)
　　三　拜登政府对中国新战略的战略编码构成 ……………… (32)
　　四　拜登政府对中国新战略的目的 ………………………… (43)
　　五　拜登政府对中国的新战略引发的复合安全困境问题 …… (47)
　　总　结 ………………………………………………………… (53)

第三章　脆弱的安全：动荡与无序的世界经济 ……………… (56)
　　引　言 ………………………………………………………… (56)
　　一　衰退中的全球经济整体特征 …………………………… (57)
　　二　制裁政策的滥用扭曲了世界经济秩序 ………………… (60)
　　三　通缩泥淖下的负利率政策及其扩散性影响 …………… (69)
　　四　避险情绪与国家安全引导下的全球投资新趋势 ……… (78)
　　总　结 ………………………………………………………… (86)

· 1 ·

第四章 大国博弈的另一只手：经济手段与国家经济安全 ……（88）
  引　言 …………………………………………………………（88）
  一　经济手段的定义和讨论 …………………………………（90）
  二　冷战以来西方通过出口管制运用经济手段的两大阶段 …（93）
  三　美国对中国实施经济手段的战略意图 …………………（100）
  四　美国投资审查与管制对中国的影响 ……………………（107）
  五　美国在技术管制上的政策调整 …………………………（110）
  六　美国对中国技术管控措施所产生的负面影响 …………（114）
  七　美国未来调整经济手段的方向 …………………………（116）
  八　经济手段实施与安全困境分析 …………………………（121）
  总　结 …………………………………………………………（131）

第五章 经济基础的存在：产业链与国家经济安全 ……………（133）
  一　概念辨析 …………………………………………………（133）
  二　国际政治经济视角下的全球产业链变迁 ………………（140）
  三　全球产业链的安全性 ……………………………………（145）
  四　产业链安全问题的来源 …………………………………（149）
  五　地缘冲突下的产业链安全问题 …………………………（155）
  六　产业链安全的维护 ………………………………………（158）
  结　语 …………………………………………………………（161）

第六章 霸权的延展与困境
  ——美国国家经济安全战略 ……………………………（162）
  引　言 …………………………………………………………（162）
  一　美国国家经济安全思想溯源：作为国家本质属性的
  　　经济安全 …………………………………………………（165）
  二　美国经济安全研究的框架 ………………………………（175）
  三　"无尽的边疆"
  　　——美国经济安全从巩固国内市场到护持国际霸权 …（185）
  四　全球价值链重构与科技驱动时代的美国经济安全战略 ……（194）

五　全球价值链时代的美国经济安全战略困境 …………………（204）
　　结　语 ……………………………………………………………（209）

第七章　国家的复兴与困境：俄罗斯国家经济安全战略 …………（211）
　　引　言 ……………………………………………………………（211）
　　一　俄罗斯的经济安全观 ………………………………………（211）
　　二　俄罗斯经济安全"五步机制" ………………………………（215）
　　三　俄罗斯经济安全战略的特征 ………………………………（224）
　　四　经济安全视角下的俄罗斯对外经济战略 …………………（229）
　　五　俄罗斯经济安全走势与西方制裁影响评估 ………………（238）
　　结　语 ……………………………………………………………（245）

第八章　经济主权构建与加强
　　　　——欧盟经济安全战略 ……………………………………（248）
　　前　言 ……………………………………………………………（248）
　　一　欧洲加强经济主权的动因分析 ……………………………（249）
　　二　欧洲强化经济主权的行动落实 ……………………………（259）
　　三　欧洲强化经济主权对全球价值链重构的影响分析 ………（270）
　　结　语 ……………………………………………………………（280）

第九章　权力的追求与限制
　　　　——日本经济安全战略 ……………………………………（283）
　　引　言 ……………………………………………………………（283）
　　一　日本对于经济安全的认知 …………………………………（284）
　　二　日本经济安全的制度建设及特点 …………………………（287）
　　三　日本国内关于经济安全战略的思考 ………………………（297）
　　四　日本经济安全战略的外交布局 ……………………………（306）
　　五　日本经济安全战略的目的分析 ……………………………（313）
　　六　对权力的追求与限制 ………………………………………（316）

第十章 理想与现实的困惑
　　——印度经济安全战略 ……………………………………（320）
引　言 …………………………………………………………（320）
一　印度经济政策和印度经济安全 …………………………（321）
二　印度实现经济安全的制约因素 …………………………（326）
三　大国博弈时代下印度经济安全的取向 …………………（332）
四　大国博弈时代下印度经济安全的未来发展方向 ………（338）
结　语 …………………………………………………………（343）

第十一章 资本扩张与流动：金融视角下的中国经济安全 ………（345）
引　言 …………………………………………………………（345）
一　中国现阶段金融安全总体概况 …………………………（346）
二　中国主要面对的内部金融风险 …………………………（356）
三　中国主要面对的外部金融风险 …………………………（366）
四　中国应对金融风险的思路与对策 ………………………（372）
结　语 …………………………………………………………（382）

第十二章 木桶定律的困局：产业链视角下的中国经济安全 ……（385）
引　言 …………………………………………………………（385）
一　中国嵌入全球产业链的历程 ……………………………（386）
二　中国产业链安全的主要问题 ……………………………（389）
三　新发展格局下中国产业链安全实现路径 ………………（393）
四　中国产业链安全的案例分析
　　——以半导体产业链安全为例 …………………………（396）
结　语 …………………………………………………………（413）

第十三章 链主与节点的制约
　　——全球价值链与中国经济安全 ………………………（415）
引　言 …………………………………………………………（415）
一　链主的形成及重要性 ……………………………………（416）

二　链主对节点的制约与中国经济安全 …………………………（425）
三　国际链主的发展现状 …………………………………………（437）
四　中国链主企业发展案例 ………………………………………（448）
五　链主的培育与经济安全风险应对 ……………………………（459）
结　语 …………………………………………………………………（466）

第十四章　技术的新边疆博弈
——技术经济融合与技术链安全 …………………………（468）
引　言 …………………………………………………………………（468）
一　技术进步与经济增长的关联性 ………………………………（469）
二　技术与经济安全 ………………………………………………（474）
三　技术链的特征与掌控 …………………………………………（479）
四　技术链、产业链和价值链的互动关系 ………………………（483）
五　重视新技术革命对技术链的重新构建 ………………………（485）
六　我国技术链安全的紧迫性 ……………………………………（488）
七　美国与我国开展技术链博弈的安全隐患 ……………………（492）
八　技术链"变轨"带来的安全风险 ……………………………（498）
九　维护中国技术链安全的政策选择 ……………………………（503）
结　语 …………………………………………………………………（505）

第十五章　经济安全视野下中国海外利益保护 …………………（507）
引　言 …………………………………………………………………（507）
一　中国的海外经济利益的发展现状 ……………………………（508）
二　中国的海外经济安全保护现状 ………………………………（514）
三　中国的海外经济安全的风险与问题 …………………………（518）
四　先发国家海外经济利益保护经验 ……………………………（526）
五　我国海外经济利益保护实践路径探索 ………………………（532）
六　我国海外经济利益保护实践案例
　　——中远集团和比雷埃夫斯港 ………………………………（539）
结　语 …………………………………………………………………（543）

第一章　战略视角下的经济力量与权力

引　言

讨论任何的"安全"问题必须要回归到一个国家在特定时期的战略，也就是通常意义上讨论的"战略安全"。那么，战略安全的考虑不仅在于战略的前瞻性、整体性、系统性方面，同时还在于战略对计划的制定和付诸能力的设计上。由于"战略安全"的获得与稳定本身与经济力量有关，同时又与政治概念中的"权力"密不可分，因此，讨论"权力"与"安全"之间的关系不仅格外重要，同时更要看到权力对安全的保障不可分割，而就"国家经济安全"的概念而言，除了通常意义上的经济安全要素的局部作用外，对于任何一个21世纪的全球开放型经济体，其必然要考虑国际权力的经济力量组成变化与经济安全维护的重点领域变化，这不仅本身是因为"安全"是国内和国际的高政治范畴构成，其涉及"权力"的运用与把握，同时，安全的维护必然也需要运用组合权力进行全方位保障。因此，只有在理解权力构成、行使特点、行使边界的前提下，才能在更高的层面上，以战略的视野看到经济力量对国家的作用并讨论当下经济安全的全部含义。

就社会科学的通俗解释而言，权力就是使他人去做即使他们不愿意做的事情的能力。为达到这一目标，无论何种情况，我们都与他人进入到一种彼此合作和冲突的权力关系之中，这些关系催生了社会。因此，权力既可能是为实现共同目标而进行合作的聚合性关系——通过他人而形成的权力，也可能是分配性的关系，即通过某些人支配其他人而形成的权力。而这两种权力都存在四种主要来源：（1）意识形态的权力，主要来源于人类寻找生命终极意义的需要和来源于与他人分享规范与价值以及参与审美和仪式实践的需要。（2）经济权力，来源于人类提取、转化、分配和消费自然产品的需要。（3）军事权力，是集中而具有毁灭性暴力的社会组织。（4）政治权力，体现为对社会生活的集中和领土化管理。① 四种权力的组合构成了全部权力要素，并在现实政治经济社会生活中发生作用，然而，这四种权力的构成并不是并列的，从权力构造的底层逻辑角度而言，必须认识到经济权力既是一种力量，同时也为其他权力形成提供基础。

一 作为政治权力工具的经济力量

经济力量始终是一种极为重要的政治力量，其从来就没有离开过国内与国际政治的核心。但是，不同于军事力量，甚至也不同于支配舆论的力量，经济力量具有其独特的性质，它是一种硬性与软性的结合性权力，且经济力量的运用更加依赖于制度的构建。欧盟在运用经济力量形成"布鲁塞尔效应"并在追求国际政治利益方面始终走在前列，也是学术界一直讨论的对象。本部分通过对比分析军事力量、经济力量和支配舆论的力量的相对优势和适用范围，对涉及经济安全的权力理论解释给予相应的提炼和综述。

国际政治的理论家与实践者都将经济力量视为一种极为重要的政治力量。在学术理论中，即使是被误认为过分关注军事力量的现实主义者，也从未忽视过经济力量的作用，更勿论自由主义学派的学者和其他国际政治经济学学者。而在现实政治中，对经济力量的运用要远早于学术界关于这种力量的讨论，如运用经济工具对另一国的官员进行贿赂这种极为古老的方式②。而采取封锁、禁运等经济方式与敌国竞争也很早就开

---

① ［英］迈克尔·曼：《社会权力的来源》，郭忠华等译，上海世纪出版集团2015年版，第1—3页。
② Hans Morgenthau, "A Political Theory of Foreign Aid", *The American Political Science Review*, Vol. 56, No. 2, June 1962, pp. 301–309.

始运用于实践之中。实际上，在两千多年前的我国《孙子兵法》中就出现了关于经济封锁的"十则围之"的指导思想。

（一）马克思主义政治经济学对于经济权力的认识和解释

马克思主义对于"权力"的一个最重要论断是，政治权力是社会经济发展到一定历史阶段的产物，是以经济权力为基础的。这个重要的判断强调的重要前提是"经济权力"决定"政治权力"而不是相反。而该重要判断形成的政治经济学理论基础是，马克思强调生产力推动社会不断发展，且"人类生产力的一切变化必然引起他们的生产关系的变化"。同时，马克思认为，"人们在自己生活的社会生产中发生一定的、必然的、不以他们的意志为转移的关系，即同他们的物质生产力的一定发展阶段相适应的生产关系。这些生产关系的总和构成社会的经济结构，即有法律的和政治的上层建筑竖立其上并有一定的社会意识形式与之相适应的现实基础"。基于上述基本认识，马克思主义政治学理论对权力的认识可以归纳为如下几点。

首先，政治权力源于经济权力。在马克思主义的认识中，政治权力本身是阶级权力的国家化转化形式，而政治权力直接体现为国家权力，表现出合法公共权力特征。同时，政治权力具有阶级性、强制性、专化性、自主性、历史性特征。而历史性特征，所强调的是政治权力是一种历史现象，它与经济发展所对应的历史阶段相联系。这个重要特性揭示了"政治权力"的可变性和非永恒性。

其次，经济权力是一定社会生产关系的表现。这是指经济权力本身贯穿于生产、交换、分配和消费的全部过程，其中蕴含着对于劳动者和劳动产品的支配权、控制权和分配权，经济权力必然以占有一定的生产资料和经济基础为前提，是一定社会关系的表现。这个重要判断强调的是，经济权力通过生产实践而非通过上层建筑来构造。

再次，政治权力是实现经济利益的手段。就政治与经济的基本关系而言，政治是从属的东西。政治权力作为实现经济利益的手段主要体现为，政治权力可以维护现存经济利益，政治权力可以提升经济权力。这个基本关系的存在决定了政治行为服从和服务于经济基础。

最后，暴力以经济力量为基础。在马克思主义的认识中，暴力不是单纯的意志行为，而是一种经济力，是以拥有物质资料为基础的。作为历史发展的本源动力不是暴力，而是经济。这个重要认识阐释的是没有凭空的暴力行为，行使暴力需要强大的物质基础。

概述马克思主义政治经济学对于"权力"的认识可以看到，强调物质性、经济基础性，突出生产力对于生产关系的决定性意义，重视生产关系塑造过程中"权力"的派生性和目的性，构成了马克思主义政治经济学较之其他西方理论流派认识的最大差别。因此，经济的基础性在马克思政治经济学认识中不仅是核心和基础，同时其对于权力形成也构成了支撑，进一步而言，经济的安全与权力形成、保持、维护不仅高度相关，同时经济的安全还关乎着社会生产关系构造的稳定。从这个意义上而言，经济基础和其对应的安全衍生了权力，权力必然服务于经济基础和其安全性。

（二）西方国际关系理论界对经济力量的学术讨论

在西方国际关系理论界，现实主义大师爱德华·卡尔（Edward Carr）认为，经济力量是国际政治权力中的重要一种，且只要经济力量与军事力量结合起来，它总会成为政治权力的工具。[①] 现实主义集大成者汉斯·摩根索（Hans Morgenthau）也认为，经济力量可以满足他人对利益的期望，而对利益的期望则是政治权力的一种来源，经济政策可以服务于政治策略。[②] 自由主义者罗伯特·基欧汉（Robert O. Keohane）、约瑟夫·奈（Joseph S. Nye）则将军事和非军事领域（主要是经济领域）的脆弱性、敏感性视为是权力的三种独立渊源，并认为相对于军事，非军事领域的脆弱性与敏感性在某些情形下更加适用和有效。[③] 英国国际

[①] [英] 爱德华·卡尔：《20年危机（1919—1939）：国际关系研究导论》，秦亚青译，世界知识出版社2005年版，第103、106页。

[②] [美] 汉斯·摩根索：《国家间政治：为了权力与和平的斗争》，李晖、孙芳译，海南出版社2008年版，第36—37页。

[③] [美] 罗伯特·基欧汉、[美] 约瑟夫·奈：《权力与相互依赖》，门洪华译，北京大学出版社2002年版，第18、46页。

政治经济学学者苏珊·斯特兰奇（Susan Strange）则将政治经济中存在的权力分为结构性权力与联系性权力两种，并进而认为，比联系性权力更为重要的结构性权力本身拥有安全、生产、金融和知识四个来源。① 除了这些国际关系学者之外，如马克斯·韦伯（Max Weber）、查尔斯·蒂利（Charles Tilly）、保罗·肯尼迪（Paul Kennedy）等社会科学学者对权力还有其他分类，例如查尔斯·蒂利就将政治资源分为强制、资本、信义三种；② 而保罗·肯尼迪认为，经济变革与军事冲突具有高度的相关性。③

对前述学者的理论进行梳理可知，学者们都将经济视为一种极为重要的政治权力来源。爱德华·卡尔直接指出的经济力量、罗伯特·基欧汉和约瑟夫·奈所说的敏感性与脆弱性、苏珊·斯特兰奇所说四种结构型权力来源中的三种（生产、金融和知识）都受到一个国家的经济实力、国内经济结构以及一个国家对国际经济制度塑造能力的影响。进而，部分受益于这些学者的启发和推动，如何运用经济力量来增进一国的政治、外交力量，一直受到西方学术界进一步的关注。其中，具有开创性和/或代表性的著作和论文有阿尔伯特·赫希曼（Albert Hirschman）的《国家权力与外贸结构》（*National Power and the Structure of Foreign Trade*）、爱德华·勒特维克（Edward N. Luttwak）的《从地缘政治到地缘经济：冲突的逻辑、商业的规则》（*From Geopolitics to Geoeconomics: Logic of Conflict, Grammar of Commerce*）。④ 这些著作的研究，无一例外地是专注经济和贸易在国家安全中的重要地位和意义。

当然，必须指出的是，无论前述的西方学者学术流派的理论构造是否异同，他们把经济权力作为一种政治力量工具的观点在很大程度上是相通或相关的。例如，爱德华·卡尔指出，"每一个大国在其历史上的

---

① ［英］苏珊·斯特兰奇：《国家与市场》，杨宇光译，上海人民出版社2019年版，第26—30页。
② ［美］查尔斯·蒂利：《政权与斗争剧目》，胡位钧译，上海世纪出版集团、上海人民出版社2012年版，第23—24页。
③ ［美］保罗·肯尼迪：《大国的兴衰：1500—2000年的经济变革与军事冲突》，王保存、王章辉、余昌楷译，中信出版社2013年版。
④ Edward N. Luttwak, "From Geopolitics to Geoeconomics: Logic of Conflict, Grammar of Commerce", *The National Interest*, No. 20, 1990, pp. 17–23.

某个时期都曾采用过自给自足的模式,并且一般来说都会在很长的时期内采取这样的经济发展模式","自给自足不仅是社会秩序的必要条件,也是政治权力的工具。它首先是战争准备的一种方式……在国际机制中,必然将'经济制裁'作为重要的方法。……反封锁的自我保护性手段自然是自给自足"。[1] 罗伯特·基欧汉、约瑟夫·奈认为的脆弱性相互依赖与敏感性相互依赖,也可以在某种程度上看作是对爱德华·卡尔前述观点的重述,他们认为,若一国想要降低脆弱性或敏感性相互依赖,必须付出一定的代价。当然,在某些时候,这些代价是不必要的。在进一步的讨论中,如将权力资源分为强制、资本、信义的查尔斯·蒂利,也无疑同样认为经济力量(查尔斯·蒂利所说的资本)是一种极为重要的政治力量。

更广义地来看,约瑟夫·奈在《论权力》中提出的"资源性权力"(resource power)和"关系性权力"(relational power)[2],就与苏珊·斯特兰奇在《国家与市场》(*States and Markets*)中提出的"联系性权力"(relational power)和"结构性权力"(structural power)[3]是几乎接近的表达。当然,需要指出的是,约瑟夫·奈的"关系性权力""资源性权力"分别与苏珊·斯特兰奇的"结构性权力""联系性权力"在含义上对应,但在用词上,约瑟夫·奈与苏珊·斯特兰奇却用"relational power"指代了截然相反的权力。除此之外,约瑟夫·奈在其许多论述中讨论的"软权力"(soft power)又与查尔斯·蒂利所说的"信义"以及"资本"具有相当的重合;而苏珊·斯特兰奇在《国家与市场》中则又认为对许多国家而言,强制力量、财富和思想可以成为权力的来源[4],尤其是结构性权力的来源。[5] 这与查尔斯·蒂利所说的强制、资本与信

---

[1] [英]爱德华·卡尔:《20年危机(1919—1939):国际关系研究导论》,秦亚青译,世界知识出版社2005年版,第54、112—114页。
[2] [美]约瑟夫·奈:《论权力》,王吉美译,中信出版社2015年版,第6—12页。
[3] [英]苏珊·斯特兰奇:《国家与市场》,杨宇光等译,上海人民出版社2019年版,第26—30页。
[4] [英]苏珊·斯特兰奇:《国家与市场》,杨宇光等译,上海人民出版社2019年版,第25—26页。
[5] [英]苏珊·斯特兰奇:《国家与市场》,杨宇光等译,上海人民出版社2019年版,第35页。

义具有更高程度的相似性。因此，从相互交织的概念表述而言，西方国际关系理论界对权力的传递方式还是进行了相当多的基础研究，其中不乏相互借鉴。

归纳而言，对于国际关系领域（乃至社会科学领域）的学者而言，不应过分拘泥于不同学者关于同一事件和事物的不同描述，而应该关注事物和事件的本质。对此，苏珊·斯特兰奇列举的几种"社会科学理论"的反面假设具有非常有意义的借鉴："大量的社会科学理论实际上只不过是一种描述……通常使用新术语或新名词来描述已知的现象"，"一些理论仅仅重新把已知事实加以分类，并按新的分类来进行描述而已"，这些"理论"无法"解释常识不容易讲清楚的国际体系的某个方面"。[①] 除此之外，在社会科学研究领域，还有一种必须抑制的倾向是将那些杰出的学者的观点简化，从而以此为依据得出这些学者的观点迥异的结论。相反，这些杰出学者的观点往往是对事物真相的不同表述，或者是事物的不同方面，其观点在根本上相似或接近，否则这些学者就不可能是杰出的。[②] 换言之，杰出的社会科学学者之间的争论往往聚集于一些描述性概念，而非规范性事实。例如，爱德华·卡尔所说的"在国际机制中，必然将'经济制裁'作为重要的方法……反封锁的自我保护手段自然是自给自足"。[③] 罗伯特·基欧汉、约瑟夫·奈所说的一个国家需要在经济上关注脆弱性相互依赖、敏感性相互依赖。[④] 包括当前一些

[①] ［英］苏珊·斯特兰奇：《国家与市场》，杨宇光等译，上海人民出版社2019年版，第10—11页。

[②] 例如，爱德华·卡尔、汉斯·摩根索均意识到经济力量、国际舆论、国际法律的重要性，而约瑟夫·奈等也承认军事力量是最终的力量。分别参见［英］爱德华·卡尔《20年危机（1919—1939）：国际关系研究导论》，秦亚青译，世界知识出版社2005年版，第3部分、第4部分；［美］汉斯·摩根索《国家间政治：为了权力与和平的斗争》，李晖、孙芳译，海南出版社2008年版，第15章、第16章；［美］约瑟夫·奈《论权力》，王吉美译，中信出版社2015年版，第2章。实际上，这三位学者关于国际政治中的权力的观点是互补的，而不是互斥的。

[③] ［英］爱德华·卡尔：《20年危机（1919—1939）：国际关系研究导论》，秦亚青译，世界知识出版社2005年版，第114页。

[④] 约瑟夫·奈在其著作《论权力》中将世界权力的分布视为一个三维国际象棋，最上层为军事力量，中间层为经济力量，最下层为政府控制之外的跨国关系领域，约瑟夫·奈的这一比喻及相关论述对理解世界权力极具帮助，参见［美］约瑟夫·奈《论权力》，王吉美译，中信出版社2015年版。

学者提出的关注产业链、供应链安全的讨论，实际上是对同一问题的分析，在不同环境背景的不断细化和系统化。因此，理解理论构建对于权力和经济力量问题的讨论，并将之建立起必要的联系，对于理解"安全"问题本身还是有重要价值的。

（三）经济力量的实践运用

在现实政治实践中，将经济力量作为国际政治的工具则更早，也更为常见。其主要的工具有封锁、禁运、贸易战、停止（或给予）援助等。而对这些经济力量工具的使用则是自给自足的经济体系建立与维护，也即当前所经常讨论的经济安全问题。早在200多年前，美国杰出的政治家亚历山大·汉密尔顿（Alexander Hamilton）于1791年在向美国众议院提交的一份报告中指出："与制造业的繁荣密切相关的不仅是国家的财富，还有国家的安全和独立……在上一次战争中，美国最大的困难是无法做到自给自足……如若在未来的战争中仍然在很大程度上出现供给不足的情景，上次战争的失误和危险就会变得更加严重。"而在历史学界，还有相当一部分的学者认为，在第二次世界大战初期，美国对日本的经济封锁，也是日本偷袭美国珍珠港以及诱发美国参战的主要原因。而对进入21世纪新阶段的中美博弈格局而言，无论是中国在2020年提出的"加快构建以国内大循环为主体、国内国际双循环相互促进的新发展格局"指导思想，还是西方国家将产业链本地化的举措，都是为了建立相对自给自足的经济体系，并以此防范外部封锁、禁运等经济力量的攻击的战略部署。当然，正如爱德华·卡尔指出的，"自给自足……是十分昂贵的，一个国家若要自行生产某些重要物品，可能要付出制造一艘战列舰的花销。进而，这样的花销很可能是白白浪费、得不偿失"[1]，因此，在国际关系处理的现实实践中，特别是在全球化推动形成的全球价值链时代，除了极端冲突事件引发的主动性制裁外，更常见的做法是，国家与可靠的他国签订贸易协定或者建立自由贸易区，分散主要的经济

---

[1] [英]爱德华·卡尔：《20年危机（1919—1939）：国际关系研究导论》，秦亚青译，世界知识出版社2005年版，第54、112—114页。

资源（如石油等）来源地，而并非尝试建立低效率的全产业链。

对于国际政治中的主要大国而言，尤其是在国际政治斗争激烈的时期，其除了分散如能源等主要经济资源的来源、保持某些重要经济产品的自给自足之外，还会使用封锁、禁运、贸易战、停止（或给予）援助来竞逐国际权力而在抑制他国过程中获得权力优势。如上文指出的，国家对经济工具的使用要远远早于学术界对这一现象的研究。不过，在实践中，对这些经济工具的运用的效用却往往存在争议。在许多学者看来，这些经济工具的实践运用大多时候是失败的。但这种"学术误读"，往往来自对两种事实的忽视：其一，对某些国家的运用能力而言，其经济力量往往要远胜于其军事力量。例如，1973年第四次中东战争之后，部分阿拉伯国家对美国、日本等支持以色列的国家采取了石油禁运措施，就在相当程度上是因为这些阿拉伯国家没有打击美国、日本的军事投射能力。其二，即使经济工具的运用无法达到预期的效果，但如果采用军事力量、国际舆论力量可能更无法达到。例如，克里米亚事件之后，美国、欧盟采取了经济制裁手段，因为其运用军事力量可能更难实现其目的。换言之，在某些情况下，除了经济工具之外，一国也往往并无其他工具可用，而在另一些情况下，经济工具则是比军事打击、军事威慑等更有效的竞逐国际权力的工具。当然，反之亦然，在某些情况下，如封锁、禁运等经济工具或者无法运用，或者其效用要低于军事打击、军事威慑等手段，那么强国对于弱国就会采取积极的军事行动，如美国对伊拉克发动的战争等。

封锁这种经济工具的实施需要的条件极为苛刻，它的运用往往需要拥有较强军事力量进行支撑，并在地理维度上能够对另一方的能源、食物等重要经济要素进行全面的控制。封锁的典型事例，为冷战期间美苏对西柏林水陆通道的控制而引发的第一次柏林危机。而在当时的情况下，美英法等国只能采取空中运输物资的方式支持西柏林。需要看到的是，如果美国、英国、法国愿意承担与苏联开战的代价，苏联可能会因封锁西柏林而遭遇军事攻击。而与此相对的是，第二次世界大战初期，美国对日本经济的封锁，则被认为是日本偷袭美国珍珠港，维护自身经济生命线的重要原因。因此，尽管封锁是一种经济工具，但其除了依赖较为严苛的地理环境之外,还往往需要以相当的军事力量为支撑,不然封锁有可能招致被封锁方的军事报复,所以实际上,《孙子兵法》中的"十则围之"原本指的是一种军事打击战术,需要有足够的军事优势来实现封锁。换言之,在一般的情况下,封锁(以及下文将要讨论的制裁)手段,正如斯坦利·鲍德温爵士(Sir Stanley Baldwin)指出的,"没有战争威胁做制衡根本不可能发挥作用"。当然,更需要指出的是,封锁并不一定需要陆地上的包围,海上封锁对于避开陆地更多冲突而言,其效果更佳且有利于海洋霸权国家。例如,在拿破仑战争时期和第一次世界大战期间,英国分别利用其海上霸权地位对法国、德国进行了封锁,而在第二次世界大战期间,美国又利用其海上霸权地位对日本、德国进行了封锁。而在当下,美国仍然拥有全球最大的海上力量来支撑其海上霸权,仍然有能力对其他国家进行有效的经济封锁。但以当下的国际体系来看,这种封锁理论上需要以联合国安理会授权的"合法行动"作为道义支撑,类似19世纪单方面无缘由的大规模封锁仅在理论假设上可能,人道主义援助的道义要求使得经济封锁的国际道义压力和实际效率已经出现了明显的下降。

相对于封锁,经济制裁或经济禁运对地理环境、军事实力的要求相对较低。实际上,经济制裁和经济禁运并不一定需要在短期内达到某些军事效果或者经济效果。相反,实施经济制裁、经济禁运的国家可能只期待能够在外交上造成被制裁和禁运国家的政治经济外交孤立,进而产生长期潜在影响;或者期待这样的行为能够威慑到其他第三国就已经达到战略目的。例如,美国在冷战期间长时间内对古巴进行制裁,在相当程度上就可以看作是美国对除古巴以外的其他欲与或已与苏联结盟的国家的威慑。[①] 再如,美国、欧盟在克里米亚公投加入俄罗斯之后,对俄罗斯实施了经济制裁,在效果上来看,除了加速了俄罗斯经济的衰退之外,还更多地造成了俄罗斯在外交上的孤立。在这两个例子中,经济制裁或经济禁运并不需要像封锁一样需要强大的军事实力,也不需要依赖

---

① 更具体的分析可参见[美]约瑟夫·奈《论权力》,王吉美译,中信出版社2015年版,第3章。

特定的地理环境。相反，那些军事实力较弱、缺乏军事投射能力的国家也可以对它的非邻国进行制裁和禁运，如在俄罗斯2022年对乌克兰开展特别军事行动后，日本、新加坡这样的非军事强国也加入了对俄罗斯的制裁行动。进一步而言，如果实施经济制裁和经济禁运的国家只期待造成被制裁、禁运国家在外交上的孤立，那么前者甚至不需要具有较强的经济实力，也不需要后者对其在经济上具有较高程度的依赖，仅仅作出一种国际行动姿态，也会产生国际舆论上的作用。

必须指出的是，实施经济制裁、经济禁运往往会造成十分深远的影响。一方面，它会引起被制裁国家的民族主义和国家主义情绪上升。因此，我们在理论上和现实中都可以发现，被制裁的国家对实施制裁、禁运的国家态度强硬的领导人的地位往往会得到巩固和加强，进而被制裁的国家将可能采取与实施制裁的国家利益更加相悖的外交政策。例如，在克里米亚公投加入俄罗斯后，美国、欧盟等对俄罗斯的制裁反而促使了普京的国内支持率的上升，而后俄罗斯采取了更靠近中国的外交政策，而这肯定不是美国和欧盟乐意看到的。另一方面，因被制裁、禁运激起的国家主义和民族主义推动，被制裁的国家将更有可能采取过激的外交政策，包括国内政策调整，这又会长期损害被制裁国家的长期利益。例如，俄罗斯在被美国、欧盟制裁之后，部分由于民粹主义影响而采取的比较激进的外交政策，实际上也并不利于俄罗斯的长期利益。当然，目前主动实施经济制裁、经济禁运的国家在当前已经越来越娴熟地运用更"精准"的手段，即只针对某些政府高官进行制裁，而不是针对整个国家的外部经济联系进行广泛制裁，而2022年俄罗斯发起对乌克兰"特别军事行动"后，西方联合的大规模制裁已经采取了更为激进的"全面立体"制裁，其覆盖了俄罗斯对外的全部经济联系领域，并动用了没收和冻结国家资产的极端做法，而这为制裁本身突破了原有的国际体系中的惯例做法上限。

归纳而言，经济力量可以是一种竞逐国际权力的工具，对于现实的政治家和外交决策者而言，问题就成为了如何更好地运用这种经济权力工具，而解答这个问题的关键，必须要对经济力量与军事力量、舆论工具的使用特点进行横向的比较。

二　经济力量与其他工具的比较

在现实政治中，政治家可运用的外交工具往往不止经济工具一种。正如爱德华·卡尔所指出的"国际领域的政治权力可以分为军事力量、经济力量和支配舆论的力量三种，且这三种力量是高度相互依赖的"。[①] 政治家在运用这三种政治权力工具的过程中，就需要根据自己拥有的"工具箱"中的资源禀赋，灵活地选择最高效的一种或几种权力工具进行组合。实际上，美国国际关系学者汉斯·摩根索曾极具洞见地指出，"外交是一门将国家力量的不同因素组织在一起，并在国际环境中那些最直接关系到国家利益的问题上发挥最大的效力的艺术"。[②] 而政治家运用的这些政治权力工具的技巧，可以用罗伯特·卡普兰（Robert D. Kaplan）在其著作《武士政治：为什么领导者需要异教徒气质》中提出的"对于一个统治者，最大的好品质是建立在对自己极限的准确评估之上的谦卑"来进行概括。即政治家要意识到若干种可运用的工具的极限，当军事力量更有用时运用军事力量，当经济力量更有用时运用经济力量，当支配舆论的力量更有用时则用支配舆论的力量。[③] 因此，对于杰出的国际政治家而言，就需要了解军事力量、经济力量和支配舆论的力量三种工具应用场景的不同功效，准确地把握这三种工具的异同，才能恰如其分地运用好这三种工具。

（一）军事力量的特性分析

在相当的时间之内，军事能力都被认为是一种至关重要的关键能力，同时，军事也是最终的决定性的政治权力工具。学术界有相当部分的学

[①] ［英］爱德华·卡尔：《20年危机（1919—1939）：国际关系研究导论》，秦亚青译，世界知识出版社2005年版，第103页。

[②] ［美］汉斯·摩根索：《国家间政治：为了权力与和平的斗争》，李晖、孙芳译，海南出版社2008年版，第147页。

[③] ［美］罗伯特·卡普兰：《武士政治：为什么领导者需要异教徒气质》，丁力译，山西人民出版社2014年版，第198页。

者认为，军事具有"高政治"属性，是现实主义国际关系学者主要关注与研究的领域之一，虽然其他主义流派的国际关系学者不会重点研究军事，但也绝不会否认其在国际事务和国际政治中的重要性。而在现实中的政治家也均高度重视军事的力量。例如，拿破仑就认为"上帝站在军事上的强者一边"。而毛泽东同志也在1927年党的"八七"会议上明确提出"枪杆子里面出政权"。实际上，从古至今，军事力量最强的国家几乎总是最有影响的国家，同时也是政治与经济实力更强的国家。当然，如前文所指出那样，军事力量与其他政治权力工具一样必然具有其自身的局限性，或者说军事只能在一定的领域内适用。例如，汉斯·摩根索就曾经指出军事力量获取国家利益的局限性，并表明了运用对外援助来获取军事力量无法获取的国家利益的必要性。[1] 而从军事力量的局限性角度来看包括如下几方面。

首先，军事力量必然受到军事投射能力的限制。当然，这在另一方面也印证了地理环境几乎始终为"国家力量所依靠的最稳定元素"[2]。无论在任何时候，一国军事力量所能威慑或征服的范围均以其军事投射范围为最大边界。例如，在中国的春秋战国时期，秦国的外交政策为"远交近攻"，其内核即"国际"政治中军事力量受到军事投射能力的限制，因此，只有在军事投射能力范围之内，才能"得寸即王之寸，得尺亦王之尺"。又如，保罗·肯尼迪从地缘政治的认识角度出发，将拿破仑战争时期拥有强大陆军的法国与拥有强大海军的英国之间的斗争形容为"大象"和"鲸鱼"之间的僵持，尽管"它们各自在自己的领域里都是庞然大物"，但是，英国靠扼制海上航路并不能独自打破法国在欧洲的霸权，拿破仑虽然在军事上独霸欧洲，却也不能使英国的居民投降。[3] 进一步而言，在陆权时代，由于受到军事投射能力的限制，国家之间的

---

[1] Hans Morgenthau, "A Political Theory of Foreign Aid", *The American Political Science Review*, Vol. 56, No. 2, June 1962, p. 301.

[2] [美]汉斯·摩根索：《国家间政治：为了权力与和平的斗争》，李晖、孙芳译，海南出版社2008年版，第139—141页。

[3] [美]保罗·肯尼迪：《大国的兴衰：1500—2000年的经济变革与军事冲突》，王保存、王章辉、余昌楷译，中信出版社2013年版，第三章。

关系主要为相邻的国家之间以及某一国家的不同邻国之间,而相邻的国家之间、同一国家的不同邻国之间的国际关系则又主要以战争和/或缔结军事同盟为主。而在海权时代,荷兰、西班牙、葡萄牙、法国、英国等能够凭借其先进的航海技术,将军队、装备投射至远离本土的地方,从而征服大量的殖民地;但与此相对的是,缺乏军事投射能力的中国清帝国,只能被动地应战。第二次世界大战之后,航母舰队、远程导弹等军事技术的发展,以及国际承认的公海航行自由的原则使得少数国家拥有了极强的远程军事投射能力,也正因为此,对于拥有洲际导弹、航空母舰、海外军事基地的大国而言,其在物质基础上也拥有了运用军事力量威慑,而非打击其他国家的能力。实际上,美国国际关系现实主义大师兹比格涅夫·布热津斯基(Zbigniew Brzezinski)在其著作《大棋局:美国的首要地位及其地缘战略》中也反复提示,即使美国这样的军事霸权国家也要充分地考虑军事投射能力对一国军事力量的限制。

其次,军事行动往往还受到国际舆论的限制。汉斯·摩根索在其著作《国家间政治:为了权力与和平的斗争》中明确指出,国家权力受到国际道德、世界舆论和国际法的限制。[①] 汉斯·摩根索还进一步说明,政治家和外交家实际做的事实上要比他们能做的少,在所有的"高级社会"中都存在道德、习俗(以舆论的方式)和法律这三种管理规范和规则,这些管理规范和规则限制了权力争夺的方式。[②] 换言之,即使在现实主义者汉斯·摩根索看来,军事力量使用也要受到舆论的限制。而在当下的国际关系的现实环境中,拥有最强大的军事力量的国家,由于受到国际舆论的广泛限制和国际舆论对国内政治的需要,仅仅拥有依靠军事威慑而无所顾忌地行使权力的国际环境已经发生根本性变化。实际上,当下的国际社会已经进化到相对"高级"阶段,在一个国家或组织不主动运用军事手段对抗的前提下,大国往往不会主动运用军事手段对对手进行打击。相反,在当下的国际社会中,尽管国家之间的斗争仍然基本

---

① [美]汉斯·摩根索:《国家间政治:为了权力与和平的斗争》,李晖、孙芳译,海南出版社 2008 年版,第 14、15、16、17 章。
② [美]汉斯·摩根索:《国家间政治:为了权力与和平的斗争》,李晖、孙芳译,海南出版社 2008 年版,第 243—247 页。

上围绕着国际舆论战、经济贸易战争/制裁、军事对峙/战争这三个大的维度上逐步升级的路径，但军事对峙/战争已经越来越少地运用在实践中。① 更具体而言，除了在国际舆论战中几乎不用考虑"适当"或"对等"原则的使用外，其他的斗争大致也会采用"适当"或"对等"原则以保持"主动克制"。例如，在当前国际博弈中，在一国对另一国实施经济制裁之后，另一国更"适当"的反应是进行"对等"的制裁，而非像第二次世界大战时受到美国制裁的日本那样诉诸军事手段。再如，即使是在无核国家运用常规军事力量与有核国家展开军事对抗的情况下，有核国家也往往会先使用常规力量反击，而不会直接动用战术核武器，甚至战略核武器。而这在伊拉克战争、俄罗斯—格鲁吉亚冲突、俄罗斯对乌克兰"特别军事行动"中表现得非常明显。进一步地，许多学者更是认为，在军事大国，尤其是有核国家之间，已经不存在发生大规模战争的可能，而20世纪中期之后，包括柏林危机（Berlin Crisis）和古巴导弹危机（Cuban Missile Crisis）的历史似乎也印证了这一点。当然，这也意味着，尽管洲际导弹等的出现极大地提升了一国军事投射和远程打击能力，但国际舆论仍然将国家的军事力量和军事威慑能力限制在其常规军事力量能够投送到的范围之内，而这又使得海外军事基地、航空母舰的价值在国际关系权力使用中的作用更加凸显。

再次，军事对于盟国行为的有限性。由于部分受到国际舆论的限制，部分受制于国家在国际竞争中局部利益与整体利益，短期利益与长期利益的抉择影响，军事力量几乎无法用于诱导或胁迫盟国做出某种预期的行为。罗伯特·基欧汉与约瑟夫·奈在经典合著《权力与相互依赖》中对此做出了详细的说明，这两位学者运用美国和加拿大关系的例子进行说明，在更具合作性的国家间关系中，使用武力或武力威胁几乎从来都不是两国的外交谈判会采取的工具。② 原因在于，一旦某一个国家（A

---

① 格雷厄姆·艾利森就国家之间的斗争升级做过更详细的描述，可参见［美］格雷厄姆·艾利森《注定一战：中美能避免修昔底德陷阱吗?》，陈定定、傅强译，上海人民出版社2019年版，第231—232页。
② ［美］罗伯特·基欧汉、［美］约瑟夫·奈：《权力与相互依赖》，门洪华译，北京大学出版社2012年版，第26—31页。

国）为了局部利益、短期利益而对其某一盟国（B国）采取军事手段或军事威胁，不仅将彻底地损害这一国家（A国）与这一盟国（B国）在诸如国际舆论领域和经济贸易领域的合作，还将损害这一国家的其他盟国（C国、D国……）对这一国家（A国）的看法，损害（A国）在运用国际舆论中可支配的权力。当然，必须承认的是，一个国家可以通过取消对其盟国的军事保护来诱导或胁迫自己的盟国做出某种扭曲行为，实际上，第二次世界大战之后，美国在与其盟国的交往过程中，曾经多次采取这种手段来迫使其盟国进行让步。而这种让步的利益却往往体现在经济领域。

最后，道德约束的内在影响。道德约束具有普遍的国际认同。例如，不能"恃强凌弱"是第二次世界大战后绝大部分国家的道德认同，并已经形成一致的国际舆论。其除了限制了国家对其盟国实施军事威胁的行为之外，还限制了大国对中等国家、小国实施军事打击的行为，尤其是运用常规军事力量打击非邻国的行为。例如，学者罗斯·特里尔（Ross Terrill）的一份研究表明，在相当长的一段时间里，中国极少利用军事手段来捍卫中等国家、小国对中国国家利益的侵蚀。[1] 再如，美国在第二次世界大战后，除了以联合国军的名义与新成立的中华人民共和国在朝鲜开展战争之外，也鲜有美国针对其他大国的军事行动。而美国对小国的军事行动，也往往会在国际舆论上对这些国家进行抹黑，进行"道德合理性"辩护而为军事行动铺垫。例如，美国第43任总统乔治·沃克·布什（George Walker Bush）先在2002年将伊拉克称为是资助恐怖分子的"邪恶轴心"（axis of evil）之一，而后于2003年以伊拉克拥有大规模杀伤性武器并暗中支持恐怖分子为理由，对伊拉克发动了军事打击。不过，必须指出的是，随着精确制导武器技术的发展带来的杀伤力可控，国际道德约束和舆论对于大国对中等国家、小国实施军事打击的行为的限制正在弱化。实际上，在当前，运用精确制导武器对中等国家和小国的某些高战略价值目标实施精准打击的做法，已经成为军事大国彰显其军事威慑力的有效手段。

---

[1] Ross Terrill, *The New Chinese Empire*, New York: Basic Books, 2003, pp. 63 - 64.

归纳而言，军事手段是一种国家之间博弈与斗争最终所采用的手段。与经济手段相比，无论是大国还是小国，军事手段均无法用于有效获取盟国的支持和让步。对大国而言，其在相当时候也无法运用军事手段迫使小国和非邻近的敌国的让步，而不遭受国际舆论的攻击和谴责。而对小国而言，由于其几乎无法运用军事手段迫使大国和非邻国的让步，因而其更惯常在国际社会利用舆论影响，包括显示其"正义性、合法性"而弥补军事弱项，而这在2022年俄罗斯对乌克兰发起"特别军事行动"后，乌克兰方面的表现更为突出和明显。尽管精确制导武器的发展，在一定程度上弱化了军事手段受到的军事投射能力与国际舆论的限制，但是，与可以对某些特定的组织和官员实施制裁的经济手段相比，其精确性仍然要落后许多。此外，仍需要指出的是，由于实施军事手段高昂的经济代价和后续更多政治后果衍生，在寻求有效的遏制他国的行动方面，它在当代国际政治实践中的运用中要远逊于运用经济力量和国际舆论手段。而在2022年俄罗斯发起对乌克兰"特别军事行动"后，北约国家通过提供资金、武器装备，全面经济制裁俄罗斯，并同时在国际舆论上全力压制俄罗斯，并非自身直接卷入冲突，已经凸显了大国博弈中的经济与国际舆论手段的混合运用。

（二）舆论力量的特性分析

支配舆论的力量被认为是国际领域中除了军事力量、经济力量之外的另一种有效的政治权力。[1] 尽管相对于其他力量，如何更好地运用支配舆论的力量较少有研究，不过学术界从来不否认支配舆论的力量的有效性，在爱德华·卡尔、汉斯·摩根索等人的著作中都强调了这一不可忽视的权力。[2] 而在国际政治实践中，支配舆论的力量是最频繁运用的外交政策工具也是外交政策落实于外交工作的主要内容，例如西方国家

---

[1] [英]爱德华·卡尔：《20年危机（1919—1939）：国际关系研究导论》，秦亚青译，世界知识出版社2005年版，第103页。

[2] [英]爱德华·卡尔：《20年危机（1919—1939）：国际关系研究导论》，秦亚青译，世界知识出版社2005年版，第8、9章；[美]汉斯·摩根索：《国家间政治：为了权力与和平的斗争》，李晖、孙芳译，海南出版社2008年版，第14、15、16、17章。

多次运用所谓的"人权外交"对他国外交政策和国内政治进行干涉。进一步地,一个国家运用经济力量、军事力量获取国家利益的过程往往与合理运用支配舆论的力量的过程相伴。除此之外,在巧妙运用支配舆论的力量的过程中,还能够形成最广泛的联盟,以获得更多的额外力量支持。但是,支配舆论的力量在获取国家利益方面也存在以下明显的局限性。

首先,支配舆论的力量受到语言、距离等因素对传播能力的限制。在国际社会中,由于使用不同语言的国家实力有所区别,不同的语言拥有截然不同的传播能力。正如爱德华·卡尔指出的,英语比德语更能够将国家利益等同于普世正义而不遭受怀疑,原因是国家道德理论是由主导国家或主导国家集团创造的,而在相当长的历史内,这些主导国家或主导国家集团为讲英语的国家。[①] 而放眼当下国际社会,英语仍然是世界上传播能力最为广泛的语言,也因此是最有效的支配舆论的媒介传播工具。同时,支配舆论的力量还必然受到地理距离和传播平台的限制。实际上,很难想象仅为某一地区数十万普通民众使用的语言能够在支配舆论上起到何种作用,因为这一语言蕴含的舆论和观点很难传播到其他国家,为其他国家的民众和政府所知晓。另外,值得重视的是,当今互联网平台和社交媒体已经替代传统的电视、广播、报纸传播工具,成为数字化时代信息和舆论最迅捷和受众最大的传播载体,对于数字平台的掌控和使用已经使得政治传播能力、效果较之以往大为不同。而数字平台掌控者的价值偏好往往也在主观上可以遏制真相的传播,出现了舆论因"数字霸权"存在而被有效屏蔽,进而出现了舆论传播的偏差和不公正。

其次,支配舆论的力量受到文化、宗教、意识形态等因素的限制。即使在支配舆论的力量能够传播至特定的民众和政府情况下,由于爱德华·卡尔所说的"思想的相对性",支配舆论的力量在许多情况下很难产生预期的效果,尤其是在这些民众、政府秉持的观点迥然相异的

---

① [英]爱德华·卡尔:《20年危机(1919—1939):国际关系研究导论》,秦亚青译,世界知识出版社2005年版,第74—75页。

情况下。① 塞缪尔·亨廷顿（Samuel Huntington）在其具有争议的著作《文明的冲突与世界秩序的重建》中对文明的冲突高于其他一切冲突进行了论证。② 在塞缪尔·亨廷顿看来，一个文明几乎无法运用支配舆论的力量影响另一文明。与此类似地，宗教、意识形态也均如此。而这个解释在一定程度上是试图说明，支配舆论的力量在相当程度上只能运用于具有某些同质性的主体之间。换言之，一个国家若想运用支配舆论的力量打击对手，它（以及其盟国）与其对手必须在某一事实上具有相同的评判标准，而他们的争论则在事实而非标准差异之上。在实践中，一个秉持人权高于主权的国家和另一个秉持主权高于人权的国家之间的舆论战争本身是无意义的，其在国际关系中仅能够起到巩固各自的盟友和分化对方的盟友的作用。不过，尽管如此，在国际舆论，或者说意识形态领域，其最终的胜利即为转变另一方的价值评判标准，如弗朗西斯·福山（Francis Fukuyama）在其著作《历史的终结与最后的人》一书中就秉承了"价值观胜利者"看法。③

最后，支配舆论的力量还受制于民族主义等因素的影响。不同于语言、地理距离等因素使支配舆论的力量往往无法到达其欲施加影响的对象。就不同的文明、意识形态、宗教使得能够到达其欲施加影响的对象，但却无法改变其对某些评判标准的判断那样，民族主义的存在，使得秉持相同评判标准的对象并不认同使用这一力量的主体。例如，某一国家可能因为只能运用其本国特有的语言而无法将其舆论传递给国际社会。美国则以人权为名对其主权的干涉，但在这一国家运用英语将其舆论传递给国际社会时，如果其他国家均在这一问题上采取与其截然相反的评判标准，那么也无法使支配舆论的力量发挥作用；而即使国际社会中所有的国家都认同主权高于人权的观点，其他国家也会因为民族主义的影

---

① [英]爱德华·卡尔：《20年危机（1919—1939）：国际关系研究导论》，秦亚青译，世界知识出版社2005年版，第65—68页。
② [美]塞缪尔·亨廷顿：《文明的冲突与世界秩序的重建》，周琪等译，新华出版社2009年版，第6页。
③ [美]弗朗西斯·福山：《历史的终结和最后的人》，陈高华译，广西师范大学出版社2014年版，第2章、第3章。

响，而将其有理有据的国际舆论视为是"我们"与"他们"的斗争而置之不理。

归纳而言，支配舆论的力量受到多种因素的限制。但是，必须指出的是，与经济手段相比，支配舆论的力量的作用往往也是非常轻微的。更何况在当下，由于民族主义的兴起，国家运用支配舆论的力量已经越来越无效。例如，在西方国家因为克里米亚事件在舆论上攻击俄罗斯时，其结果是俄罗斯的民族主义进一步高涨，而俄罗斯对乌克兰发起"特别军事行动"后，又引发了国际社会对俄罗斯大国沙文主义的猛烈抨击。当然，正如上文所阐述的，支配舆论的力量在相当的时候起的作用是巩固自身联盟而分化对方的盟国，其采用的有效性并非直接与显著。但这种国际博弈工具却被经常反复使用，特别是在意识形态为分野的大国博弈中。

总　结

首先，传统的国家经济安全研究一般从经济学视角中的总需求、总供给视角出发，包括运用动态的消费、投资、出口数据进行以实证数据为基础的分析，并在此基础上对于宏观货币政策与财政政策的效度进行调节。而其"经济安全"的关注视角则集中和偏重于国家和地方政府债务的可持续性，金融体系稳定性，通货膨胀的可控性，包括资本市场、房地产市场、外汇市场的价格波动可能引发的系统性金融风险。但是经济全球化的发展，特别是中国在全球经济体系中的深度嵌入和在全球价值链体量和规模的扩张，使得中国成为典型制造业出口国家和全球三大价值链中心之一。因此，环境背景的变化使我们应该认识到，在国家经济安全新视角中，除了将能源供应安全、大宗原材料价格快速上涨、外汇资本流动等经济因素纳入国家经济安全视野，并需要重点监控和关注外。更重要的是需要引入国际关系研究中的"战略"分析视角，在更高的战略博弈层面关注外部因素与内部因素互动对于国家经济安全的更广泛的内在影响。

其次，自2008年国际金融危机爆发以来，世界经济本身就是在"对抗风险周期"中持续波动而失去既有的安全宏观环境。其间经历了2010年开始的欧洲债务危机引发的波动，2018年由美国主动发起的中美贸易摩擦和全球"关税战"，特别是美国以"国家安全"为名对中国大批企业实施的"实体清单"遏制，不仅引发了全球范围内的贸易保护主义思潮强化，同时美国对于中美经济基础联系上的产业链、技术链、价值链硬性地进行"切割"，也使得传统上维护全球经济安全的多边贸易机制被显著地破坏。而全球贸易增速实证数据的下降，宣告全球社会已经失去了2008年国际金融危机爆发以前"全球化黄金时代"。除了国际经济宏观大背景变化引发的经济安全风险外，不能忽视的是，鉴于现今国际体系中，美国与美元依然存在的"霸权"地位，特别是美国使用"技术遏制与封锁"战略，带来的全球产业链、供应链安全运行不利影响，使得美国的国内外政策变化还是对其他国家的经济安全会产生显著的影响。

再次，以新冠疫情全球暴发以来一个特别明显的全球问题为例，疫情引发的全球供给突然减少，特别是美联储和民主党拜登政府为了对抗疫情引发的美国经济社会崩溃而采用的"超级货币"政策，包括欧洲采取同样的货币和财政政策跟随，使得全球大宗商品价格出现了"预期复苏"叠加货币推动的快速上涨，进而引发了对于中国"输入性"通胀的出现。由于市场传导机制，新冠疫情抑制国内消费等各种因素的影响，如何维护中下游企业的就业与产出，防范可能出现的企业倒闭与社会投资下降，在后疫情的特定时段显然就成为中国国家经济安全的新问题。因此，在维护国家经济安全上，中国不仅需要采取宏观货币政策新的"锚定"，平衡稳定与增长的关系，抑制国内囤积和价格炒作，加快推动金融资源向实体中小企业倾斜等措施来加以总体战略应对，同时更要考虑技术升级与自主创新摆脱对外部技术的依赖。因此，现今意义上的国家经济安全并不是一个封闭生产系统内的简单要素叠加的安全性，国家经济的安全性与国家的产业链、技术链、供应链的特质高度关联，并同时还深嵌在大国博弈的大战略框架之内。而在战略的框架下来理解国家经济安全，则要求对于"战略安全"本身具有高度的认识。

最后，必须认识到的是，在国际战略博弈中，一个国家可以通过舆论力量、经济力量和军事力量来对另一国家开展基于权力争夺的斗争，由于这三种斗争方式的强度不同，产生的效果也不一样。相对而言，经济力量和工具的使用一般看起来更为温和，并往往被冠以国家间的"贸易争端"来加以命名和解释，或者是单纯当成经济利益和经济权力的问题加以对待，而非被在更深层次上视为是事关国家经济安全的一种博弈，是他国有意识地对本国进行的一种经济安全的威胁。而站在国家战略要求的国家安全环境分析角度来看，国家经济安全是国家生存和维护国际竞争能力的基本保障，在经济安全战略设计中必须对复杂的、动态的安全环境变化进行系统性分析。习近平总书记提出的"总体国家安全观"实际上是一种系统化和动态化的战略观，是一种看待和分析问题的指导原则。从这个认识而言，研究国家经济安全，就不能仅就经济安全讨论经济安全，而是必须站在国际战略格局变化角度，对国际政治经济格局特点、国家间经济基础力量对比变化、地缘政治军事冲突影响、技术革命对产业影响、域外国家的经济安全维护诉求特点等方面，进行全方位的研究和分析，并在此基础上，从全球化时代的全球价值链生产方式的特点出发，系统性地分析散落和嵌入在产业链、供应链、技术链的各种安全问题，才能全面把握新时代国家经济安全的战略与现实。

第二章 大国博弈战略视角中的国家经济安全

引 言

战略（Strategy）的词源可以追溯到古希腊语，西方公认的战略思想家代表人物有修昔底德、马基雅维利等人，而中国古代战略家的代表则可首推孙子，近代中国的战略家的代表人物被西方学界认为是毛泽东①。从本意上而言，"战略"是指根据自己的目标和能力预先制定的针对性计划和行动。但从古代直至现代，相关的研究往往将其指向"战争的艺术"，与联盟、欺骗、迂回、伪装、讹诈等手段结合，包括"战略"一词与"权力""政治"等词的密不可分，因此，战略的概念自出现起就与"决策""行动""博弈"直接关联。虽然，"战略"一词对于任何一个组织都是必须存在，并是维系组织发展的必要条件②，但"大战略"概念的出现与运用则特指国际关系领域中的国家间博弈，并且是美国学界创造和推广使用了"大战略"。而就"大战略"研究的发展而言，在美国事实上也是存在着学术派与实践派的区别。

从学术研究脉络来看，完成于"珍珠港事件"之前，出版于1942年

---

① 在英国著名历史学家劳伦斯·弗里德曼的近千页巨著《战略：一部历史》中，历史学家弗里德曼分析考察了古今中外经典的战略博弈和战略思想家，并采用专门一个章节以"游击战"来论述毛泽东同志的战略思想，包括领导越南军队击溃法国军事入侵者的武元甲大将对于毛泽东战略思想在抗法斗争中的实践应用。具体论述可见［英］劳伦斯·弗里德曼《战略：一部历史》，王坚、马娟娟译，社会科学文献出版社2016年版，第235—254页。

② 战略管理课程作为所有商学院的必修专业课程已经表明，越来越多的企业已经不再使用"经营目标"等低级概念，而是将企业发展的使命与愿景置于更高层面的战略框架之下。

新时代国家经济安全的战略与现实

"珍珠港事件"爆发不久之后的,由耶鲁大学国际关系教授尼古拉斯·斯派克曼(Nicholas Spykman)所著的《美国在世界政治中的战略》应该被认为是在地缘政治问题上使用"战略思维"进行战略认知的开先河之作。斯派克曼认为,"在没有中央权威的国际体系里,所有国家外交政策的首要目标必然在于维系和增进自己的实力,抑制别国的实力。政治均衡(均势)是一种高尚的理念,事实上,各国只对有利于自己的均势感兴趣,而目标不是均衡,而是大幅优势"。[①] 随后在美国学界又有加布里埃尔·科尔科(Gabriel Kolko)、弗朗茨·舒尔曼(Franz Schurmann)等人延续了地缘政治"大战略"研究。[②] 而在学术研究领域建立起体系流派和推动美国"大战略"系统研究的还是当属美国耶鲁大学教授、全球冷战史专家约翰·刘易斯·加迪斯,[③] 其在1975—1977年就在美国海军学院讲授"战略与政策"研讨课程,自2002年起,加迪斯与查尔斯·希尔、保罗·肯尼迪合作讲授为时两个学期的"大战略研究"课程,该课程在耶鲁大学面向本科生、研究生,并每年招收一名现役的美国陆军和海军陆战队中校军官。除了系统性课程讲授外,2006年,加迪斯等人在耶鲁推动了"布雷迪—约翰逊大战略研究项目"启动。参与项目者中有沃尔特·拉塞尔·米德、约翰·内格罗蓬特、维多利亚·纽兰、杰克·沙利文等人。这些人物或是国际关系学界知名的学者,或是先后成为美国政府主管对外事务的高官。

从实践操作领域的层面来看,虽然因为"八千字长电文"而记载外交史册,并且以"遏制"大战略提出和推动者而闻名的乔治·凯南,被一直认为是美国战略界在大战略设计和战略实践操作上的"第一人"。

---

① 有关对于斯派克曼的经历描述和观点阐述可见 [英] 佩里·安德森《美国外交政策及其智囊》,李岩译,金城出版社2017年版,第11—12页。

② 加布里埃尔·科尔科和弗朗茨·舒尔曼两人的研究观点可见 [英] 佩里·安德森《美国外交政策及其智囊》,李岩译,金城出版社2017年版,第16—23页。

③ 与传统国际关系理论研究不同的是,加迪斯对于"大战略"的研究强调思维能力训练和历史的借鉴性,其借用英国自由主义思想家以赛亚·伯林《刺猬与狐狸》短文典故谓喻,并追溯公元前480年薛西斯一世跨越赫勒斯滂海峡远征欧洲、伯罗奔尼撒战争中的伯利克里、罗马帝国创建者屋大维等人在历史时刻的抉择,来启发"大战略"中"远大抱负与必然有限能力之间的结合"所需要的思维能力。具体论述可见 [美] 约翰·刘易斯·加迪斯《论大战略》,臧博、崔传刚译,中信出版集团2019年版。

但正如由最新研究指出的那样，盛名的产生有其特殊的背景，甚至有所不实性放大[1]。事实上，在第二次世界大战过程中，罗斯福总统内阁就建立了负有长期战略要务规划的战时小组，其成员包括美国国务院的赫尔、迪安·艾奇逊、以赛亚·鲍曼、诺曼·戴维斯等人，而罗斯福总统的好友、频繁出现于公众场合的哈里·霍普金斯（Harry Hopkins）并不是核心决策圈的人，更多是扮演着"信息传递者"的角色。[2] 战时小组的成员随着罗斯福总统的去世与第二次世界大战结束后的全球冷战开启也发生了变化，乔治·凯南因为其"长电报"直白的表述而得到了美国政治决策圈内许多人的认可，如在收到"长电报"后，国务卿詹姆斯·贝尔斯纳（James Byrnes）便马上给凯南复电，表示认可；而作为推动美国国家安全委员会建立的关键权力人物、时任美国海军部长的福莱斯特则对凯南的战略观点大为赞赏，其将凯南的"长电报"大量复制并在军队体系高官中散发，并同时竭力推荐凯南出任更重要的岗位。在福莱斯特的努力下，凯南被任命为国家战争学院（National War College）主管对外事务的副院长并对军队官员和美国外交官讲授战略学，后来凯南又被新任美国国务卿乔治·马歇尔带入美国国务院，马歇尔授权凯南组建国务院政策规划室，而该机构的职责就是负责制定较为长期的对外战略，凯南同时也成为"体制内"有话语权的人物。而从历史上美国国家安全委员会的角色和职能，包括人员变化分析，可以看到，由于有美国"大战略"的存在，美国政府的各项政策，无论其具有何等清晰的总统执政期的行政烙印，但其均不会偏离特定阶段的美国"大战略"的总体目标。因此，从这个角度而言，了解和把握美国的"大战略"设计与战略诉求可以更准确地把握博弈中的大国关系所引发的安全问题。

在美国拜登政府执政之后，一个引人关注的问题显然是，除了新冠疫情带来的全球困扰和国内经济问题需要着力应对外，在国际舞台上，拜登

---

[1] 2021年北京大学国际关系学院教授张小明撰文专门讨论的凯南"长电报"背景和瑕疵问题，并认为并没有"八千字长电报"的事实，而是用"长电报"更为合适，具体论述见张小明《重读乔治·凯南的"长电报"》，《美国研究》2021年第2期。

[2] [英]佩里·安德森：《美国外交政策及其智囊》，李岩译，金城出版社2017年版，第15页。

新时代国家经济安全的战略与现实

政府并未如许多人预期的那样,全面发力更正,并再次激发美国引领"自由主义全球化"的延续,包括以缓和中美贸易摩擦与更多的合作方式重新检讨美国的对华战略定位。相反,拜登政府在调整对外战略人事布局后,更是主动采用"人权"和"意识形态"等手段,包括调整"地缘战略编码"为新战略工具,在沿用特朗普对华战略许多做法的同时,采用了新的战略竞争手段,加大了对华博弈的力度。而拜登政府对华新战略将汲取特朗普政府对华战略哪些经验和教训,其对华新战略中的战略编码构成是什么?美国对华战略目的和未来所产生的影响又是什么?不仅值得进行分析和探讨,而更重要的是,正如许多研究战略的学者所关注到那样,鉴于战略所包含的历史事实连接和思维构建与想象特征,在战略研究中过度痴迷于"科学"路径,往往会忽视一些战略动何变化,同时,历史也是比理论更好的对战略研究的指南。① 因此,对于拜登政府新战略的构成分析,不仅应该关注美国对华战略的演变,同时更需要在拜登政府的战略布局、战略行为和战略编码组合中进行综合的"简化主义"分析。

一 美国对中国战略的历史演进与转变

就中美关系历史发展阶段而言,如果将中美正常化以来的中美关系根据属性进行划分,大致可划分为四个阶段,即"密切合作"(1979—1989年)、"接触与防范"(1989—2009年)、"重新定位"(2009—2017年)和"脱钩与限制"(2017年至今)。1979年中美关系实现正常化,双方高层与社会经济层面的接触逐步加深,两国在战略、政治、军事、裁军等议题上进行广泛对话与合作。1989年,中美两国在改革和民主方面的分歧,导致美国对华政策兼具接触和防范双重色彩。1993年克林顿上台后,大力推行"接触"战略,试图通过政治领域民主发展、经济领

---

① 对于如何进行有效的国际关系领域战略分析,国内学者时殷弘在为美国"大战略"和冷战史研究权威约翰·刘易斯·加迪斯的"里程碑式的史书",《遏制战略:冷战时期美国国家安全政策评析》撰写的"导读"中有精辟的论述。具体论述可见[美]约翰·刘易斯·加迪斯《遏制战略:冷战时期美国国家安全政策评析》,时殷弘译,商务印书馆2019年版,第 v—xiv 页。

域市场开放以及安全领域协调合作将中国拉进其主导的国际体系。2008年国际金融危机成为中美关系的分水岭。美国陷入严重经济危机与中国成功避免金融危机实现高速发展形成明显差距对比，美国方面认为，其对华"接触"战略已丧失既有的"有效性"和"管控性"，中国实际发展方向和国家性质与美国的期待呈现出对立的发展态势。2009年奥巴马上任后，开始调整对华政策，提出美国"重返亚洲"的战略，对中美关系重新进行定位并实现对华再平衡，中美关系开始进入西方自由资本主义与中国国家资本主义系统竞争的"世纪大赛"。[①] 2017年特朗普政府上台后，其摧毁规则的做法彻底改变了中美"接触"范式，代之以一种更为激进、对抗的"遏制"范式，单方面将中国塑造为"战略竞争者"和"修正主义大国"，并通过"印太战略"联盟地区国家围堵中国。拜登政府上台后，美国外交政策惯性和中美关系的范式转变，促使其在对华关税政策、人权政策[②]等方面继续采取强硬措施，并认为，中国是世界上唯一在经济、外交、军事、科技上对美国构成挑战的国家，是21世纪美国最大的地缘政治挑战。[③]

就美国对华政策转变的根本动因而言，并不是中国试图对外进行某种战略定位调整，而是中美实力差距日益缩小，包括衍生出来的美国对国际霸权地位丧失的恐慌，促使美国放弃将中国拉入"国际体系"的战略预设。而美国唯一能做的就是改变战略以遏制中国的崛起[④]。在中美

---

① Dyer G. A., *The Contest of the Century: The New Era of Competition with China—and how America Can Win*, Vintage, 2014.

② 在人权方面，2021年3月11日，美国前国务卿迈克·蓬佩奥赞扬其继任者安东尼·布林肯对华政策，尤其是在中国新疆等地区的人权政策。2021年3月30日，美国《2020年人权报告》首次明文指出，中国在新疆实施了种族灭绝和反人类罪。在贸易方面，2021年2月19日，美国财政部长耶伦表示，美国将暂时维持特朗普政府对中国商品征收的关税。2021年3月28日，美国贸易代表凯瑟琳·戴表示愿意与中国进行贸易谈判，但表示"放弃"特朗普政府对中国产品征收的为期三年的关税可能会无意中损害美国经济。

③ Interim National Security Strategic Guidance, March 03, 2021, https://www.whitehouse.gov/wp-content/uploads/2021/03/NSC-1v2.pdf, p.8.

④ 就美国立场的"大战略"设计而言，其核心基点是"战略胜出和超越"，而如果突破了美国期望的"实力超越"的战略基点，那么美国改变"大战略"的外部刺激条件就已经形成，对于美国"大战略"的讨论可见Patrick Porter, "Crisis and Conviction: U.S. Grand Strategy in Trump's Second Term", *War on the Rocks*, August 6, 2018, https://warontherocks.com/2018/08/crisis-and-conviction-u-s-grand-strategy-in-trumps-second-term/。

力量对比转化的大背景下，奥巴马政府时期，已经开始通过战略转向和区域聚焦等方式来牵制中国对外辐射能力，但收效甚微。特朗普政府则采取单边主义，力图凭借美国一己之力以产业和技术"脱钩"等方式彻底改变中美对比差距，但囿于美国自身实力下降以及盟友的战略追随下降，特朗普政府对华战略也并未达到预想的战略效果。而拜登上台后则借鉴奥巴马和特朗普两届政府的"经验和教训"，制定新的、符合美国实际能力的战略，并试图在遏制中国、团结盟友和维持美国霸权三者之间实现协调。因此，美国对华战略转变并不是美国"自由主义"全球市场竞争中的预设规划，也不是类似当年凯南基于对苏联性质的判断给出的战略判断①，而是在"自由主义"全球化范式下的全球市场竞争结果出现后，美国为维护自身国家利益和世界霸权的不断调试和修正，进而试图寻找到在现有国际体系结构中最有效和符合美国利益的方法。

二 特朗普政府对中国战略失效的原因分析

特朗普政府对华战略失效原因可以归纳为两个层面、三个维度。从美国自身层面来看，美国自身实力下降以及中美产业链嵌入式关联等因素，限制了美国对华战略的有效性和执行力；从特朗普政府层面来看，特朗普对多边主义和盟友联盟关系的排斥降低了其对华战略的杠杆作用。以下将从三个维度具体展开分析。

（一）自身实力下降引发动能不足

从国际层面看，全球化引发的结构性变化，尤其是全球化生产体系的重塑，推动了中国政治经济影响力延伸辐射，并使得美国在相对权势和绝对权势方面都出现了"权力流散"。2020年《亚洲力量指数》评估显示，在亚洲，美国在军事能力、文化影响、复原力和国防网络方面仍

---

① 对于凯南"遏制大战略"的起源和演进分析与讨论可见［美］约翰·刘易斯·加迪斯《遏制战略：冷战时期美国国家安全政策评析》，时殷弘译，商务印书馆2019年版，第30—129页。

处于领先地位，但在经济能力、未来资源、经济关系和外交影响力等四个方面均落后于中国。① 从美国国内层面来看，特朗普执政后加速了美国"极化政治、极化政党"，推动了美国社会撕裂，使得"金钱政治"和"揭短政治"成为美国两党博弈采取的主要手段，美国政府弥合社会阶层矛盾的能力受到了严重束缚。

实力变化引发的结果是，在国际社会，特朗普基于美国自身实力下降进行了维护全球旧有秩序和体系的"战略退却"，美国将战略资源从中东等地区回迁，降低对欧盟等盟友的战略保护力度，代之要求其分担更多的保护义务。而特朗普政府主观上的战略短视，促使美国难以在战略和战术双层面对中国实现全面压制。反而，特朗普政府试图通过自身实力全面遏制中国的方法也极大消损了美国自身的战略定力，并广泛破坏了美国在第二次世界大战后在世界建立的权力架构和软实力基础，导致特朗普政府无法真正实现全政府、全资源地全面有效遏制中国。

全球新冠疫情的暴发再次检视并加重了美国能力的衰落。在中国等国相继摆脱疫情泥淖，着手恢复国内生产和社会正常生活之际，美国的疫情却肆虐暴发，死亡总人数远超美国历次对外战争死亡人数的总和。正如美国著名资深记者帕特里克·科本（Patrick Cockburn）所言，由于未能在抗击新冠疫情中发挥带头作用，美国即将迎来"切尔诺贝利时刻"。就像1986年苏联的核事故一样，一场大灾难削弱了美国的世界霸权，暴露了其系统性缺陷。②

（二）全球价值链关系限制美国"脱钩"打压

特朗普政府试图简单套用并复制美国遏制苏联并取得成功的"美国战法"。但是，今天经济全球化推动全球产业相互缠绕和嵌套形成的全球价值链体系，与冷战时期美苏产业链隔离的全球经济基础构成完全不同。美苏冷战时期，美苏对抗与对立是以"国家"为单元和主体，其经

---

① "China-Lowy Institute Asia Power Index", Lowy Institute Asia Power Index 2020.
② Patrick Cockburn, "The US is Losing its World Superpower Status Due to its Failure to Lead on the Covid-19 Crisis-and this Time, it Might Not Recover", *Friday*, 27 March 2020, https://www.independent.co.uk/voices/us-trump-world-decline-coronavirus-brazil-bolsonaro-a9430566.html.

济和产业背景是"全产业链"国家和世界冷战对峙体系。以美国为代表的西方和以苏联为代表的东方集团均是以"阵营式全产业链"的形态进行全方位"安全对抗",并形成了东西方两套制式不同、体系隔离的经济"生态系统"。而冷战后国家间意识形态对抗消失,特别是全球经济一体化进程加速了全球价值链体系的构建与完善,并使得全球技术链也在全球产业链和价值链扩张中得到了"梯次化"和"网络化"的链接和嵌入。因此,全球价值链时代的中美博弈与冷战期间美苏之间的国家全产业链对抗,不仅全球生产体系完全不同,同时产业链和技术链接的结构也不相同。既表现在美国在产业链端的主动"精准技术性切割"的难度与不可行性,同时还更为现实地表现为"杀敌与自损"结果下的全球产业与技术共同损毁中,而这一点已经在2019年开始的美国对中国半导体产业技术压制中得到了产业端的实证。①

虽然特朗普政府使用了贸易战、关税战、技术战等极端施压方式遏制中国的发展,但是,全球产业链、价值链、技术链的深度融合与嵌入,限制了美国对中国遏制手段的战略有效性。反而,美国在全球范围内推行的关税战引发美国盟友集体警觉和反对。中国与全球的经济联系和对外产能输出在全球疫情中反而得以增加。2020年,中国与东盟等国家签署了世界最大的自由贸易区协定RCEP。2020年,中国在与欧盟的贸易方面首次超过美国。2020年,中国超过美国再次成为全球FDI领先国家。2021年,1—4月中国的出口数据和贸易顺差更是进一步验证了中国在全球价值链中的溢价能力和结构韧性。

(三) 美国单边行动引发的战略效果有限

在特朗普政府的认知逻辑中,美国对中国拥有强大的战略工具,美国完全可以通过强制性手段和先发制人策略对中国实现"致命一击"。此外,特朗普政府也还认为,其盟友以及改良后的国际体制一直靠"搭便

---

① 以具体和典型的案例分析看,全球著名射频器件供应商美国Skyworks公司2019年收入为33.77亿美元,比2018年下降12.7%。2020年收入为33.56亿美元,比2019年下降了0.62%。而在Skyworks公司财报中明确指出,其收入受到美国商务部以国家安全为由将华为列入"实体名单"的影响。具体可见公司2020年报告,"2020 Annual Report", SKYWORKS, March 26, 2021, https://www.skyworksinc.com/-/media/SkyWorks/Documents/IR/2020-SWKS-Annual-Report.pdf。

车"行为消耗美国能力，美国也必须采取措施以防"搭便车"现象蔓延。因此，特朗普政府依靠自身力量对中国，包括对盟友在经济上实行无差别的"闪电战"和"绞杀战"。特朗普政府"美国优先"政策及其单边主义逻辑主要体现在商业（经济秩序）和战略（政治秩序）等维度。① 首先，从商业逻辑上说，特朗普"美国优先"下的保护主义行为，已经表明美国实质性地退出了既往追求和塑造的国际商业体系条约。有西方学者认为，在特朗普总统的领导下，美国放弃对自由贸易秩序的支持，放弃对多边主义和基于规则的贸易体系的长期承诺，而是诉诸激进的单方面行动。② 其次，从战略逻辑来讲，特朗普执政后美国政府视冷战后确定的亚洲地区的"轮辐"体系结构和全球秩序为自身战略负担，要求其他国家承担体系的运行成本，将体系架构的压力转移至"搭便车"的盟友国家。

美国盟友和伙伴意识到美国已经不再是体系稳定和维持的坚定推动者，甚至还迫使他们可能承受美国维持霸权而与中国发生冲突的风险。因此，在特朗普政府推动的中美战略冲突中，欧盟、日本等国纷纷采取"战略自主"策略，利用大国博弈产生权力重组和遗落空间的机遇，通过地区与国家联盟、域外权力寻租等方式，重构因美国单边行径导致的失缺的权力框架。而这种体系耗散的结果则导致了美国对华施压战略成为美国的"孤独演唱"。但无可否认的是，特朗普政府对华激进和不务实的战略遗产，③

---

① Goodarzi S., Soltaninejad A., Zahrani M., et al., "Trump and the Perspective of the US National Security Strategy; the Transition from Multilateralism to Unilateralism", *Geopolitics Quarterly*, Vol. 13, No. 48, 2018, p. 223.

② Hopewell K. Trump & Trade, "The Crisis in the Multilateral Trading System", *New Political Economy*, 2020, pp. 1–12.

③ 不可否认的是，特朗普核心经济智囊彼得·纳瓦罗，包括特朗普本人都确信，旧式全产业链时代的国家经济关系所倚重的"关税"手段不仅可以保护美国竞争力，同时可以有效地打击中国并使中国就范。但他们均忽视了全球价值链时代中国在全球经济中的经济基础"结构性力量"存在。在中美贸易摩擦中国出口美国市场的规模保持，说明是美国贸易商和消费者在分摊美国关税成本。对此问题，已经有国外学者进行了实证性联合研究，并发表在全球顶级学术期刊《经济学季刊》上，文章可见 Pablo D. Fajgelbaum, Pinelopi K. Goldberg, Patrick J. Kennedy, Amit K. Khandelwal, "The Return to Protectionism", *The Quarterly Journal of Economics*, Vol. 135, No. 1, February 2020, pp. 1–55. 另外，还有许多美国学者如佛大学肯尼迪学院教授汉森（Gordon Hanson）也已经充分认识到中国全球价值链扩张的问题，并为拜登政府设计了"以工人为中心"的贸易政策。具体文章可见 Gordon H. Hanson, "Can Trade Work for Workers?", *Foregin Affairs*, April 20, 2021, https://www.foreignaffairs.com/articles/united-states/2021-04-20/can-trade-work-workers。

确实在"战略唤醒"意义上对美国国内社会与政治生态产生"进程设计式"影响,而拜登政府也将无可避免地在"创新式修正"的模式下继续寻找新的战略突破。

三　拜登政府对中国新战略的战略编码构成①

目前如果以"大战略"的定位来清晰判断拜登政府对华新战略,应该还是一项带有预测性和分析性的困难研究。因为就"大战略"所要求的"超越时间和环境"的战略逻辑和战略理论而言,目前的美国似乎并不存在美苏冷战期间持续贯之的、清晰无误的对华"大战略",②但这并不妨碍美国学者们近些年持续围绕中美"大战略"展开讨论。③同时更需要注意的是,美国"大战略"研究推动者约翰·刘易斯·加迪斯提出的"大战略"所要求"意愿与能力"的基本训诫,还是会使当下拜登政府主要智囊布林肯、沙利文等人既有的学术训练思维灌入美国新的战略实践中。④而就目前美国拜登政府所推动的对华新战略分析而言,其并

---

① 拜登政府对华核心幕僚人员主要为安东尼·布林肯、杰克·沙利文、库尔特·坎贝尔、埃利·拉特纳和米歇尔·弗卢努瓦。拜登政府对华核心智库主要为新美国安全中心、西厢执行顾问团、卡内基国际和平基金会、战略与国际研究中心、大西洋理事会、布鲁金斯学会、美国进步中心和对外关系委员会。核心幕僚和智库的观点在一定程度上代表并影响拜登政府的对华新战略。

② 关于"大战略"的战略逻辑、战略理论、战略行为,包括战略编码的分析可见[美]约翰·刘易斯·加迪斯《遏制战略:冷战时期美国国家安全政策评析》,时殷弘译,商务印书馆2019年版,导读部分。

③ 对于冷战后美国"大战略"的研究一直是一个争议的学术研究问题,包括美国对于中国"大战略"的揣测与分析也充满争议。2018年有美国学者在《国际安全》杂志上撰文对美国"大战略"是否发生了变化进行了争论式分析,具体文献可见https://www.belfercenter.org/sites/default/files/files/publication/Porter.pdf。同时,美国对中国"大战略"的研究也有关注:https://direct.mit.edu/isec/article/45/1/164/95252/China-s-Grand-Strategy-under-Xi-Jinping; https://www.rand.org/content/dam/rand/pubs/research_reports/RR2700/RR2798/RAND_RR2798.pdf。

④ 必须注意到的问题是,拜登团队相较特朗普团队有更高的学术素养和历练,如拜登团队的主要智囊、国家安全事务助理杰克·沙利文本人就曾于2006年参与过加迪斯、希尔、保罗·肯尼迪三人所主持的"布雷迪—约翰逊大战略研究项目",而同时参与该项目的还有拉塞尔·米德、约翰·内格罗蓬蒂、维多利亚·纽兰等多人,他们后来或是成为知名学者,或是成为美国政府高官。具体描述可见[美]约翰·刘易斯·加迪斯《论大战略》,臧博、崔传刚译,中信出版集团2019年版,序言部分。

不是对美国既有大战略的某种"继承式创新",也不是美国国际关系学界既有理论范式组合的新实践,而是美国基于全球性生产体系、地区大安全架构和现实盟友关系等要素组合所重新进行的制度安排和战略编码重组。其中,模块化策略、少边主义策略、选择性披露策略、培养自身和盟友竞争力策略、国家技术战略和意识形态策略"六大战略"战略编码组合,将是拜登政府对华新战略的主要构成和依靠手段。

(一) 模块化策略

在商业语境下,"模块化策略"(Modular Strategy)是指模块化产品以不同的排列方式和不同的装配阶段组合在一起,具有更大灵活性的模块化产品代表了通常严格的产品平台的通用化。[1]"模块化策略"证明了"将标准化与差异化相结合,从而将大规模生产和定制结合在一个供应链中"战略的科学性和有效性。而从国际战略角度而言,在中美战略博弈引发全球阵营分化之际,特朗普政府的行动结果证明了"单一脱钩或者全体动员遏制"的美国对华战略的选择性困难,拜登政府同样面临着"全面遏制中国与盟友寻求战略自主"的困境。而要实现遏制中国、团结盟友和维持霸权三者之间的协同,[2] 拜登政府必须采用"模块化策略",通过"模块化策略"本身所带来的"灵活性"与"系统弹性"以降低操作的复杂性,并可以用不同的排列组合方式,分阵列、阶段性地将美国的盟友与伙伴整合到美国对华联合遏制/竞争链条中,从而减少体系内部协调的复杂性和困难性。

美国"模块化策略"的思维充分体现在新一届政府智囊的言论中,2021年3月24日,美国国务卿布林肯在北约总部发表演讲时提出了"实力与能力互补、为实现共同目标而团结在一起的益处",并提议美国与盟友应当把更多西方国家的技术公司聚集到一处,寻找安全和可信的

---

[1] Baldwin C., Clark K., "Managing in An Age of Modularity", *Harvard Business Review*, Vol. 75, No. 5, September-October, 1997, pp. 84–93.
[2] 如同"蒙代尔三角""罗德里格斯三角"等许多著名的三角悖论一样,美国战略选择也面临着霸权、主权国家、全球价值链约束下的三角悖论问题。

替代选项，以创新方式解决这类新挑战。① 而在稍早的 2021 年 2 月 28 日就有美国政府高级官员直接指出，拜登政府试图采用"模块化策略"组建不同的联盟，让一些国家集团共同致力于技术协同，以使西方对中国在各种先进技术方面保持领先地位。② 2021 年 3 月 28 日，美国助理国务卿大卫·史迪威（David Stilwell）等则进一步指出，为应对中国侵略，美国需要建立一个形状、大小和形式各异的联盟网络，每种联盟都针对威胁的一个或多个方面。成员之间的相互义务也将是多种多样的，速度和灵活性是必不可少的。③

此外，在美国战略界，对"模块化策略"的研究也日趋流行。2021 年 3 月 11 日，卡内基国际和平基金会研究副总裁埃文·费根鲍姆（Evan A. Feigenbaum）提出，"四方安全对话"的未来需要重新概念化，将其作为一组特设联盟的核心，可根据能力和意愿在需要时招募不断变化的合作伙伴，四国领导人应该与天然的合作伙伴根据行业和供应链建立增强的非正式联盟。④

（二）少边主义策略

"少边主义"（Minilateralism）被认为是由少数国家之间讨论涉及相互威胁其安全，或涉及特定任务以及建立地区稳定与秩序有关问题的制度安排。⑤ 正如经济与社会学家奥尔森所认为，从政治逻辑解释来看，

---

① Antony J. Blinken, "Reaffirming and Reimagining America's Alliances", U. S. Department pf State, March 24, 2021, https://www.state.gov/reaffirming-and-reimagining-americas-alliances/.

② Bob Davis, "U. S. Enlists Allies to Counter China's Technology Push", *The Wallstreet Journal*, February 28, 2021, https://www.wsj.com/articles/u-s-enlists-allies-to-counter-chinas-technology-push-11614524400.

③ David Stilwell, Dan Negrea, "Wanted: Alliance Networks for a New Cold War", The National Interest, March 28, 2021, https://nationalinterest.org/feature/wanted-alliance-networks-new-cold-war-181177.

④ Evan A. Feigenbaum, "How Biden Can Make the Quad Endure", Carnegie Endowment for International Peace, March 11, 2021, https://carnegieendowment.org/2021/03/11/how-biden-can-make-quad-endure-pub-84046.

⑤ Keohane, R. O., "Multilateralism: an Agenda for Research", *International Journal*, Vol. 45, No. 4, 1990, pp. 731–764.

群体越大，就越无法提供最佳数量的集体物品。① 因此，"少边主义"似乎是一种更明智、更具针对性的方法，利用最少的参与者来最大限度地解决群体形成中的问题。美国已经充分认识到 D10 或 T10/T12 类似联盟在推进民主规范等方面的范围不同，而且政策制定者受限于资源供给，导致议程过于宽泛而无法实现任何优先事项。②

正如韩国江原大学政治研究者郑具妍（Kuyoun Chung）所观察到的那样，由美日印澳组成的"四方安全对话"或"四方安全对话+"，是旨在将以美国为首的辐条式的双边联盟体系多边化，并鼓励辐条与辐条国家之间的充分合作。但是，中美竞争的不确定性，以及对中国潜在的"经济杀伤力"的担忧，导致美国盟友和合作伙伴一直不愿加入这一框架。美国需要平衡这些潜在的矛盾。③ 新一代美国决策者们显然意识到了"大联盟"的缺陷，进而提出美国不应组建针对每个问题的庞大联盟，而应寻求针对个别问题而进行定制或特设机构，解决贸易、技术、供应链和标准的紧迫问题。④ 这也就意味着，拜登政府将选择"精英俱乐部"而不是"广泛联盟"来对抗中国在全球的影响力。⑤

此外，为避免强迫其他国家"选边站"而引发的"联盟危机"，包括避免其他国家直接倒向中国阵营，拜登政府将会默许其他国家同样采用"少边主义"联盟策略，如"印日澳三方供应链弹性计划""印俄日三国合作计划""印法澳三边会晤"的存在，因此，在亚洲地区既有的"复合

---

① ［美］奥尔森：《集体行动的逻辑》，陈郁等译，上海三联书店 1995 年版，第 29 页。
② Steven Feldstein, "How Should Democracies Confront China's Digital Rise?", Weighing the Merits of a T-10 Alliance, November 30, 2020, https://www.cfr.org/blog/how-should-democracies-confront-chinas-digital-rise-weighing-merits-t-10-alliance.
③ Kuyoun Chung, "Why South Korea is balking at the Quad", March 31, 2021, https://www.eastasiaforum.org/2021/03/31/why-south-korea-is-balking-at-the-quad/.
④ Kurt M. Campbell, Rush Doshi, "How America Can Shore Up Asian Order: A Strategy for Restoring Balance and Legitimacy", January 12, 2021, https://www.foreignaffairs.com/articles/united-states/2021-01-12/how-america-can-shore-asian-order; Richard Fontaine, Ely Ratner, "The U.S.-China Confrontation is Not Another Cold War. It's Something New", July 2, 2020, https://www.washingtonpost.com/opinions/2020/07/02/us-china-confrontation-is-not-another-cold-war-its-something-new/.
⑤ 赖斯哈德利盖茨事务所联合创始人安雅·曼努埃尔认为，半导体政策工作组可能包括美国、韩国、日本、荷兰，甚至（中国）台湾，而人工智能标准工作组可能包括来自美国、英国、加拿大、以色列、印度等国的成员。

型、交叉型"合作框架将会出现前所未有的复杂性耦合。(参见图2-1)

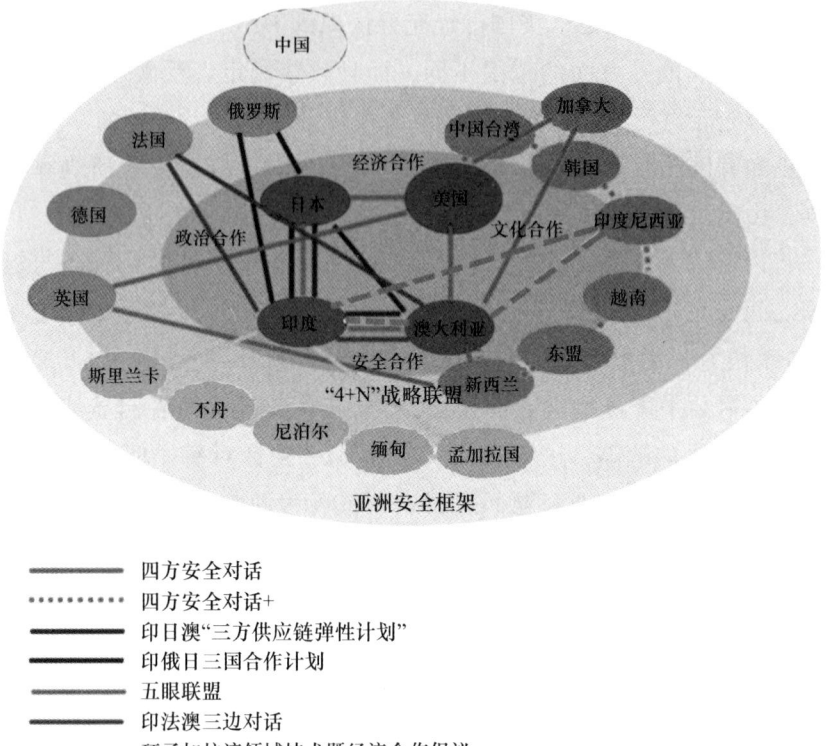

图2-1 少边主义在亚洲地区发展示意

(三) 选择性披露策略/匿名策略

长期以来,美国抱怨中国一直隐藏着其发展潜力,认为这是中国一种"藏而待之"战略的一部分,目的是防止外部国家协调一致的反应。[①]

---

① Kurt M. Campbell and Rush Doshi, "How America Can Shore Up Asian Order: A Strategy for Restoring Balance and Legitimacy", *Foreign Affairs*, January 12, 2021, https://www.foreignaffairs.com/articles/united-states/2021-01-12/how-america-can-shore-asian-order; Richard Fontaine, Ely Ratner, "The U.S. - China Confrontation is Not a Another Cold War. It's Something New", *The Washington Post*, July 2, 2020, https://www.washingtonpost.com/opinions/2020/07/02/us-china-confrontation-is-not-another-cold-war-its-something-new/.

无疑，美国对华信息透明性是以降低其战略有效性为代价的，美国迫切需要改变传统的历史做法。2020年11月，美国战略和预算评估中心（CSBA）总裁兼首席执行官托马斯·马肯（Thomas G. Mahnken）就首先指出，美国政府需要认真考虑在国防战略中选择性地泄露或隐瞒信息的作用，并提出"选择性披露战略"的"五大标准"和"六大案例"。①美国新的"选择性披露战略"也深受西方国家的赞同。在加拿大哈利法克斯国际安全论坛（HISF）上就有学者指出，"四方安全对话"某些方面很可能在其他地方得以复制。它的灵活性以及对公关的低调态度构成了其最适用的特征，类似的做法可能预示着美国外交的黄金时代。②而时任日本防卫大臣的河野太郎（Taro Koon）在日本是否加入"五眼联盟"（FVEY）的回答中也证明了"联盟匿名化"的发展趋势，他认为，日本不需要经过某些程序加入"五眼联盟"，只须将椅子移至桌子旁，并告诉他们计数即可。③

西方国家的"安静外交"政策正在得到许多学者的关注，如韩国《中央日报》专栏作家南正镐（Nam Jeong-ho）认为，物理学家牛顿（Isaac Newton）曾有名言："机智是在不制造敌人的情况下提出观点的艺术。"而如果韩国不学会机智，它可能会在美国同盟优先事项清单上进一步落后。④同样，"联盟匿名化"也非常适合"四方安全对话"中的成员

---

① "五大标准"：（1）竞争对手对能力的重视；（2）竞争对手对新显示能力的官僚反应；（3）竞争对手对抗能力的速度；（4）竞争对手为对抗能力而必须付出的努力；（5）开发能力的国家在竞争中采取下一步行动的速度和容易度等。"六大案例"：（1）揭示已开发和部署能力的存在；（2）揭示利用现有能力的新颖操作概念的存在；（3）建议发展尚不存在的能力以使敌人的计划复杂化，破坏其信心并增强威慑力；（4）揭示比以前想象的要深入的能力的存在；（5）揭示已开发但过时或技术陷入"死胡同"的能力的存在；（6）隐藏或多或少比以前想象的更有希望的能力。

② Bryan Bender, Ryan Heath, "A Pivotal Moment: Democracies Urged to Band Together to Resist China", November 22, 2020, https://www.politico.com/news/2020/11/22/pivotal-democracies-band-together-resist-china-439249.

③ Alan Weedon, "Why Japan Wants toJjoin the Five Eyes Intelligence Network", September 19, 2020, https://www.abc.net.au/news/2020-09-19/five-eyes-intelligence-japan-bid-yoshihide-suga-shinzo-abe/12665248? utm_source = abc_news_web&utm_medium = content_shared&utm_campaign = abc_news_web&utm_content = link.

④ Nam Jeong-ho, "The Quad Dilemma", Korea Joong Ang Daily, March 16, 2021, https://koreajoongangdaily.joins.com/2021/03/16/opinion/columns/quad/20210316190100422.html.

国印度的战略选择，其所谓的不结盟政策已经成为美国"四方安全对话"中最薄弱的一环，而选择性披露将很好地抚平印度的担忧。

从实践上看，美国在处理盟友联盟关系中，其"选择性披露"战略已经付诸实施。2021年2月10日，美国总统拜登在五角大楼宣布成立以埃利·拉特纳领导"中国特别工作组"，该工作组的构成人员和评估报告将不对外公布。[①] 2021年4月2日，继美国国务卿和美国国防部长访问日韩并分别举行2+2会谈后，美国再次邀请日本和韩国最高安全官员赴美举行安全会议，但此次会议实行闭门会谈，不再接受媒体采访，也没有发表任何共同声明。[②] 在目前情况下，美国认为，与以往释放联盟威慑能力的传统做法相比，对盟友进行匿名保护和选择性披露，对于"真实联盟"的双方都更为有利。

(四) 培养自身和盟友竞争力策略

虽然特朗普政府的《国家安全战略》指出，经验表明，迫使竞争对手放弃"侵略"的意愿取决于他们对美国及其盟友实力和生命力的看法，但是，特朗普政府的战术实施与美国"国家安全战略"指导思想完全背离。特朗普时代对美国盟友的战略抛弃，更是催生了盟友对美国的"心理离心力"产生。就全球经济基础存在的客观现实而言，美国及盟友在对中国关系上目前形成了典型的"关系背离"现象，即美国和盟友彼此贸易与产业关联度不高，却反而共同对中国产生了高度的贸易与产业依赖，进而也松绑了美国与盟友之间的实际纽带关系（参见图2-2）。因此，拜登政府首先必须要解决和纠正的是"经济基础"与"国际关系"背离问题。

2021年3月24日，美国国务卿布林肯在北约发表演讲时指出，过

---

① Amanda Macias, "Biden unveils Pentagon Group to Evaluate U. S. Strategy for Dealing with China", *CNBC*, February 10, 2021, https：//www.cnbc.com/2021/02/10/biden-unveils-pentagon-group-to-evaluate-us-strategy-for-dealing-with-china.html.

② Jenny Leonard, "Top Biden Aide to Meet Asia Allies in Maryland on North Korea", *Bloomberg*, April 2 2021, https：//www.bloomberg.com/news/articles/2021-04-02/top-biden-aide-to-meet-asia-allies-in-maryland-on-north-korea.

第二章　大国博弈战略视角中的国家经济安全

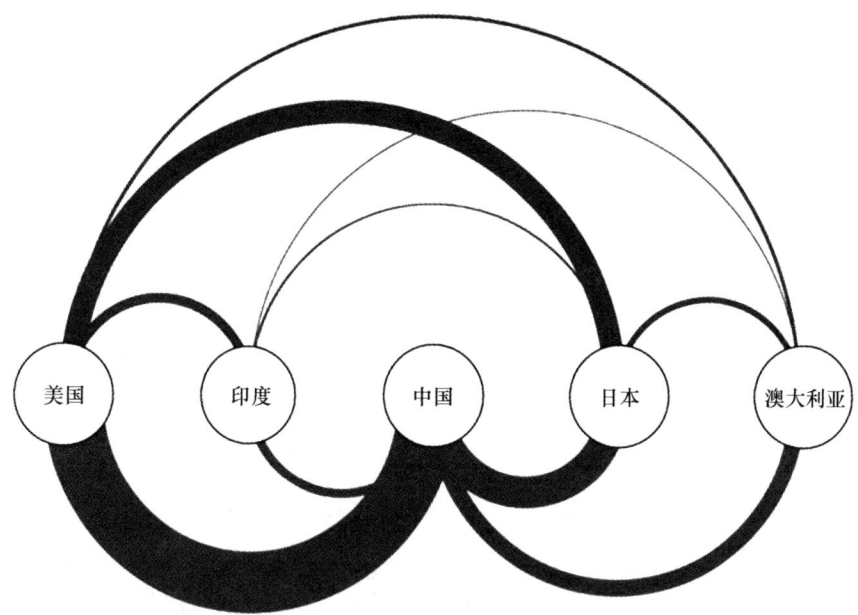

图 2-2　中国与"四方安全对话"国家贸易流

资料来源：联合国商品贸易统计（UN Comtrade）。

去美国经常将其盟友和伙伴关系置于"孤岛"地位，现在是时候将具有互补优势和能力的国家团结起来了。[1] 关于美国如何构建培养自身和盟友竞争力策略，拜登核心幕僚们曾有过专门的论述。[2] 在培养美国自身竞争力方面，弗卢努瓦提出税收、技术人才、出口限制、产业政策等四项建议[3]。同样，入阁拜登政府的埃利·拉特纳也提出，要确保重要的

---

[1] Reaffirming and Reimagining America's Alliances Speech, March 24, 2021, https://www.state.gov/reaffirming-and-reimagining-americas-alliances/.

[2] 奥巴马总统任内的国防部副部长——"哈佛超女"米歇尔·弗卢努瓦（Michèle Flournoy），虽然目前不在拜登内阁内任职，但鉴于其新美国安全中心（CNAS）和西厢执行顾问团（WestExec Advisors）的双重创始人身份，包括其对拜登政府现任核心高层官员的影响力和广泛的政界"私人网络"关系，她在美国"旋转门"体制中"精神领袖"地位是不可撼动的。

[3] "Michèle Flournoy testifies before the U. S.-China Economic and Security Review Commission, 'The Chinese View of Strategic Competition with the United States'", https://www.westexec.com/michele-flournoy-testifies-before-the-u-s-china-economic-and-security-review-commission-the-chinese-view-of-strategic-competition-with-the-united-states/; Michèle Flournoy, Gabrielle Chefitz, "Sharpening the U. S. Military's Edge: Critical Steps for the Next Administration", CNAS, July 13, 2020, https://www.cnas.org/publications/commentary/sharpening-the-u-s-militarys-edge-critical-steps-for-the-next-administration.

美国技术优势、增强美国的经济实力和领导地位、促进数字自由和打击高科技自由主义以及培养与中国竞争的人才等类似建议。[1] 拜登政府的政策显示上述相关建议不断地被采纳。例如，2021年3月31日，美国总统拜登公布总支出达2万亿美元的"美国就业计划"，侧重于对基础设施、制造业、清洁能源以及科技研发的投资。正如美国《连线》(The Wired) 月刊资深作家威尔·奈特 (Will Knight) 所指出的，随着中国的崛起，美国依赖自由市场的办法正在开始改变。美国正朝着更接近中央计划的方向迈出小步，从而指导和保护人工智能、生物技术和量子计算等关键领域的进步。[2]

在培养盟友竞争力方面，拜登重要智囊库尔特·坎贝尔提出，在政治和安全领域，美国要认真地重新参与，结束对盟友的打压、避免其退出跨国合作等行为；在经济领域，确保地区体系继续为其成员国提供物质利益，如供应链移出中国转移到其他当地经济体、提供替代性融资和技术援助途径。[3] 依照此建议，拜登当选美国总统后便注重与印度等伙伴在国防技术合作等领域加强合作。2021年3月10日，拜登政府计划向印度出售30架MQ无人机，以增强其海洋和陆地防御能力。新加坡南亚研究所印度问题专家拉贾·莫汉 (Raja Mohan) 对此表示："拜登执政为印度提供了克服双边贸易分歧，并使国防合作提升到更高水平的机会。"[4] 因此，突破传统的"自由主义"逻辑，加强自身实力建设的"国家主义"指导选择，包括加大对盟友在市场和技术上的扶持已经成为美国新的战略选项。

---

[1] Ely Ratner, "Rising to the China Challenge: Renewing American Competitiveness in the Indo-Pacific", CNAS, January 28, 2020, https://www.cnas.org/publications/reports/rising-to-the-china-challenge.

[2] Will Knight, "the US Builds Toward a Bigger Role in AI", Wired, March 2 2021, https://www.wired.com/story/china-rises-us-builds-bigger-role-ai/.

[3] Kurt M. Campbell, Rush Doshi, "How America Can Shore Up Asian Order", Foreign Affairs, January 12, 2021, https://www.foreignaffairs.com/articles/united-states/2021-01-12/how-america-can-shore-asian-order.

[4] Ashok Sharma, "India Has High Hopes Ties with US Will Deepen Under Biden", AP News, February 5, 2021, https://apnews.com/article/joe-biden-lloyd-austin-global-trade-india-new-delhi-913615e8746b11e7c39434cd4b6c6c12.

（五）优化国家技术战略

特朗普政府对中国实施的"技术民族主义"政策引发了美国社会对中国技术发展和产业政策的更多关注，美国两党以及美国科技界也开始越来越关注"技术遏制"在当下大国博弈和竞争中的杠杆作用。拜登上台后也继承了特朗普的"技术遏制"政策，先后发起对中国企业的新一轮"337 调查"，同时签署了总统行政令审查美国关键技术领域供应链的安全性，包括拜登政府在 2021 年 4 月 8 日将 7 个中国超级计算机实体纳入美国的"实体清单"。[①] 这些新的连续动作表明"技术民族主义"，以及对中国技术遏制/竞争的战略思想正在"美国共识"下得到继承和延续。[②]

拜登政府的优化美国国家技术战略主要从资金、技术、人才、规则、技术、部门和伙伴七个方面进行，具体措施和行动规划在新美国安全中心（CNAS）报告和米歇尔·弗卢努瓦演讲中可窥全貌。2021 年 1 月 13 日，拜登政府"影子内阁"核心智库新美国安全中心（CNAS）发布报告提出，提升美国的竞争能力（增加研发投资、制定并执行国家人力资本战略、吸引世界科技人才、扩展对科技基础设施和资源的访问），保护关键的美国技术进步（调整出口管制的目标、与伙伴国就投资限制进行合作、应对并减轻不必要的技术转让、重组关键供应链），增强与美国盟国和合作伙伴合作（加强双边和多边研究工作、建立人力资本网络、编纂技术使用规范、重申国际标准制定的完整性、与志趣相投的国家开展技术合作），定期更新策略（定期检查技术目标及其基础假设、保持多方利益相关者的投入、增强美国评估技术发展和趋势的能力）四个方面的具体建议。[③]

[①] U.S. Department of Commerce, "Commerce Adds Seven Chinese Supercomputing Entities to Entity List for their Support to China's Military Modernization, and Other Destabilizing Efforts", April 8, 2021, https://www.commerce.gov/news/press-releases/2021/04/commerce-adds-seven-chinese-supercomputing-entities-entity-list-their.

[②] 余南平、戚仕铭：《技术民族主义对全球价值链的影响分析——以全球半导体产业为例》，《国际展望》2021 年第 1 期。

[③] Martijn Rasser, Megan Lamberth, "Taking the Helm: A National Technology Strategy to Meet the China Challenge", CNAS, January 13, 2021, https://www.cnas.org/publications/reports/taking-the-helm-a-national-technology-strategy-to-meet-the-china-challenge.

而 2021 年 3 月，新美国安全中心创始人米歇尔·弗卢努瓦在演讲活动中也对美国国家技术战略在美国国家战略中的定位进行了解释，并大致可以归纳为：在特定领域确定重点技术投资（人工智能、联合全域指挥控制、"无人"系统），采用小院高墙策略①，构建技术联盟、部门合作（风险投资、发展官员技术专长、创新移民政策吸引人才）、产业政策（吸引私营部门的投资）、领导层的战略持续稳定（建立领导层连续性以确保对技术的稳定支持）。② 而结合拜登政府采取的行动，特别是美国国会 2021 年拟定出台的《无尽边疆法案》，美国战略智囊们的优化美国国家技术战略的建议正在内化为美国两党共识。③

（六）意识形态策略

自 20 世纪中美关系正常化以来，基于对两国关系考虑，美国政府一直将意识形态视为独立于中美经济交往之外的政治手段。但随着中美博弈竞争不断升级、盟友离散分歧不断扩大以及美国国内矛盾逐渐尖锐，美国政府亟须挖掘出意识形态工具的多维度用途。拜登政府不再仅仅将意识形态视为单一的政治攻讦手段，更多将其意蕴赋予在产业脱钩、同盟弥合以及美国领导力重塑等行动之上。拜登政府对意识形态挖掘最具代表性的就是"人权武器"战略的使用。而 2021 年 4 月的"新疆棉花

---

① Lorand Laskai, Samm Sacks, "The Right Way to Protect America's Innovation Advantage: Getting Smart About the Chinese Threat", *Foreign Affairs*, October 21, 2018, https://www.foreignaffairs.com/articles/united-states/2018-10-23/right-way-protect-americas-innovation-advantage; Samm Sacks, "Testimony before the Senate Commerce Subcommittee on Security on China: Challenges to U. S. Commerce", March 7, 2019, https://www.commerce.senate.gov/services/files/7109ED0E-7D00-4DDC-998E-B99B2D19449A; Samm Sacks, "Smart Competition: Adapting U. S. Strategy toward China at 40 Years", testimony before the House Foreign Affairs Committee, May 8, 2019, https://docs.house.gov/meetings/FA/FA00/20190508/109457/HHRG-116-FA00-Wstate-SacksS-20190508.pdf.

② Di Alessandro Strozzi, "Tech-war con la Cina? Ecco la strategia del Pentagono", formiche, March 22, 2021, https://formiche.net/2021/03/tecnologia-pentagono-cina-flournoy/.

③ 美国参议院拟定的《无尽边疆法案》在很大程度上是参考了第二次世界大战期间担任白宫科学研究与发展办公室负责人范内瓦·布什于 1945 年 7 月提交给杜鲁门总统的报告。具体参见 [美] 范内瓦·布什、拉什·D. 霍尔特《科学：无尽的前沿》，崔传刚译，中信出版集团 2021 年版。美国参议院 2021 拟定的《无尽边疆法案》可见 U. S. Congress, "Text-H. R. 2731-117th Congress (2021-2022): Endless Frontier Act", *Congress.gov*, April 22, 2021, https://www.congress.gov/bill/117th-congress/house-bill/2731/text.

事件"就是美国对"人权武器战略"的最新尝试。

通过意识形态,美国政府可实现多重战略目的。

第一,借助人权议题打击中国的产业。以人权而非经济名义掩护对中国进行价值链脱钩,更容易引发西方国家的共鸣和一致行动,也可以变相裹挟本国企业回归本土或进行产业链转移。

第二,借助人权工具引发西方与中国产生文明冲突。经济的缠绕性、政治的对抗性、军事风险性等都决定了美国将"人权"作为武器的有效性和"道德性"。而将人权工具赋予额外的经济和政治价值,一方面,可以站在"道德高地",有助于集合或胁迫所有"民主国家",共同对中国采取"非政治或经济"措施,从而达到遏制中国的目的。另一方面,美国与盟友对华战略在经济和政治方面存在龃龉,而在人权领域很少出现分歧,美国以人权弥补其分歧,有利于扩大利益汇合点。

第三,可以损害与抹黑中国和中国共产党的形象,挑拨中国与伊斯兰国家的关系。美国等西方国家诬蔑中国搞"种族灭绝",可以败坏中国和中国共产党在伊斯兰世界和整个国际体系中的形象,引发中国与伊斯兰国家的紧张关系,并希望激发中国与伊斯兰国家形成战略对峙。同时,将中国描绘成一个不人道和不公正之地,为引发新一轮的"国际共同行动"制裁提供道德制高点。

第四,借助人权武器引发民族关系危机。与其他许多国家不同,中国少数民族政策成功地将中国少数民族团结在一起,民族矛盾很少成为中国发展的障碍。但即便如此,在过去相当长时段内的全球极端宗教与分离主义力量蔓延,还是使得中国新疆等极少数地区存在民族团结和融合的隐患,而美国在从内部钳制中国的选项较少的情况下,在中国问题上"打民族牌",以试图打开分裂中国的口子。

四 拜登政府对中国新战略的目的

拜登政府的对华战略意图虽然没有被正式的官方文件披露,但确是完整和清晰的,并主要体现为:分担遏制压力和成本,减少盟友离心力,发挥联盟体系凝聚力,构建"民主联盟"增加对中国的遏制力。

(一) 促使盟友分担遏制中国的压力和成本

通常"集成战略"(Integral Strategy)要求持续大规模投资并对整个设计和生产过程的全过程控制。集成商必须具有持续保持技术领先地位的优势,在严格控制整个生产过程、监督质量和复杂性的过程中进行高昂的投入。①而解决这些问题的一个重要方法,就是保留对研发和设计的技术控制,同时转向高度模块化的生产过程,并把生产的复杂性转移给供应商。这个战略思路恰好适应当下的全球新战略环境。②面对冷战后几十年的全球化现实,拜登政府将不再选择提供所有成本和技术的"集成大战略",而是选择成本更低廉的"模块化策略"。美国通过"模块化策略"可以利用盟友某些领域的既有优势,进而确保西方联盟的全面领先地位的优势。正如美国亚洲集团合伙人雷克森·柳(Rexon Ryu)所认为的,美国的关键目标之一是扩大和深化西方的权力和影响力基础。这不是告诉世界各国他们在5G和人工智能方面不能做什么,而是告诉他们一起可以做什么。③因此,美国"模块化策略"将致力于共同加强美国与盟友和合作伙伴的关系,支持盟友间的相互利益交换,而并非简单要求盟友做出共同遏制中国的承诺。拜登政府也明显意识到盟友在美国对中国政策中的价值优势所在。《临时国家安全战略指南》中指出,美国将与盟国一道,平等地分担责任,同时鼓励他们投资于自己的比较优势,以应对当前和未来共同面临的威胁。④这表明,分担遏制压力与成本,发挥盟友优势已经成为美国清晰的战略诉求。

---

① Mari Sako, Fiona Murray, "Modular Strategies in Cars and Computers", MIT Libraries, June 9, 1999, https://dspace.mit.edu/handle/1721.1/1413.

② 冷战时代美国确立的传统"大战略"具有"集成战略"特征,美国整合并领导了以意识形态对抗为根基的西方联盟,在整个冷战过程中对苏联实施了全方位的"战略遏制与对抗",美国扮演了高成本和全流程控制"体系集成者"角色。

③ Nick Wadhams, "Biden Putting Tech, Not Troops, at Core of U.S.-China Policy", Bloomberg, March 1, 2021, https://www.bloomberg.com/news/articles/2021-03-01/biden-putting-tech-not-troops-at-center-of-u-s-china-strategy#xj4y7vzkg.

④ Interim National Security Strategic Guidance, March 3, 2021, https://www.whitehouse.gov/wp-content/uploads/2021/03/NSC-1v2.pdf, p.7.

（二）抵消盟友战略自主带来的离心力

"后特朗普"时代的欧洲、印度、日本等国战略自主意识觉醒，使其不愿再充当美国的"附庸"角色，而是追求平等的"伙伴关系"。美国的西方盟友们日益意识到，在当下的全球价值链体系下很难通过自身产业链多样化，包括完全重造全产业链的方式，以减少对中国的依赖进而重新平衡与中国的关系。同时，他们也充分意识到加入美国遏制阵营则会降低与中国打交道的灵活性。于是，美国的盟友们在自我发展路径上试图实现战略多元性和强化自主性。最具有代表性就是日本、韩国拒绝加入美国倡议的"清洁网络计划"（Clean Network）。2020年8月，当特朗普政府宣布的一项在运营商、应用商店、应用程序、云存储和电缆五个方面清除中国企业的"清洁网络计划"后，日本、韩国拒绝加入该"清洁网络"计划，充分暴露出美国与盟友之间在技术使用上的分歧。日本、韩国既希望避免对华的技术依赖，同时又要避免对华关系恶化而引发产业链和价值链受损。而拜登政府的"模块化策略""少边主义战略"的主要优点之一就是符合全球价值链内在要求的"变体可能性"，即"标准化基础上增加灵活性"。而通过这种模式，美国可分别与日本、韩国就技术、政治问题进行灵活的协同行动，而非简单共同捆绑。同时，又可以不破坏美国盟友对中国市场的利用。此外，通过"选择性披露战略"和"意识形态战略"还可以保护美国与盟友之间战略合作，确保在不会引发内部分歧与对立的情势下加强彼此之间的战略融合与协同。

（三）协调内部分歧以发挥体系性优势

在国内层面，美国及其盟友的国内利益集团在如何处理对中国关系上呈现较为明显的两极分化。例如在德国，由于德国强势产业，尤其汽车产业严重依赖中国市场和中国供应链，导致德国不同政府部门和不同党派对华为5G部署持不同意见。2019年10月，德国政府宣布原则上允许中国华为公司为德国5G网络提供组件之后，大量德国政党的高级代表纷纷批评这个提议，而只有左翼的德国社民党对此保持沉默。而在国家层面，美国西方盟友也因对华关系的经济结构性差异产生分歧。如法国表示将不会在 5G 网络中彻底禁止华为设备，匈牙利、西班牙以及中东欧国家则表示要把华为设备纳入其 5G 网络推进部署中，而英国则表示将陆续停止在英国的 5G 网络中安装华为设备。同时，美国西方盟友之间的分歧还具体体现在"民主十国"联盟（D10）成立问题上。2020年，英国建议成立一个旨在减少对中国产业依赖的"D10"联盟。最终，因日本不支持韩国加入、德国担心汽车制造业丢失中国市场、意大利担心澳大利亚过于挑衅中国、法国担忧稀释 G7 的影响力而产生的内部诉求不一致等种种因素，西方"D10"联盟计划被迫无限期搁浅。这也反映出西方"民主国家"内部存在着既希望降低对中国的产业依赖，又担心与中国快速切割而损害自身利益的内在矛盾。美国通过"模块化策略"和"少边主义战略"可在涉及不同问题上建立差异化联盟，避免上述问题的出现。美国的"投资盟友战略"还可以确保盟友在丢失中国市场和供应链的情况下，继续依靠"自由市场"来保持国内经济的持续增长。而"意识形态战略"则可以弥合盟友之间的政治分歧，克服内部私利引发的集体行动困难，进而解决部分由轮辐式双边联盟产生的不对称性，而引起的美国及其盟国之间的联盟内部紧张关系，发挥体系性结构优势。

（四）构建排他性"民主国家"联盟

将"民主"的意识形态内涵赋权于国家竞争，无疑就赋予了技术、经济（产业）脱离其道德本身束缚的约束力，从而发挥其额外的政治属性功能。换言之，技术、经济（产业）披上了民主和道德的"外衣"，便可以充当指向性的外交政策工具。虽然拜登政府将中美关系描述为价值观的冲突与对立，但其现实主义的做法是：让全球多个国家联合起来，共同研发和发展排他性的"生态系统"。拜登政府不仅将"民主"视为国家意识形态的组成部分，同时更是"创造性"地将技术、经济（产业）赋予了"民主属性"，并试图将中国隔离在"民主生态系统"之外，从而遏制中国获得其成为全球领导者所需的能力。而从西方舆论角度来看，这就是通过"发展生态系统，以保护和促进自由民主价值观，并在其他美国盟国和民主国家之间建立共识"。①

与特朗普借助"国家安全"和"保护美国就业"等手段打击中国产业链和技术链,以遏制中国发展的战略相比,拜登政府以意识形态(主要是人权)等为抓手,构建排他性"民主国家"联盟更具有多重符合美国利益的优势。第一,"安全"具有客观的技术核查性,"人权"则更具有主观解释性。特朗普政府以"设备安全"和"技术后门"等说辞为由对中国科技企业进行技术控制与限制,但是设备的技术可检查性导致其无法完全掩盖政治谎言。而将产业链与"人权"的纯洁性相挂钩,有助于符合西方价值观的主观道德解释和道德约束。第二,"安全"具备胁迫性和分歧性,人权具有道德共识性。美国以"安全"为由胁迫盟友在5G部署等问题上采取共同立场,但是由于中国企业技术的先进性和完善的知识产权保护,美国技术的无法替代性使得欧洲内部分歧较大。而在人权问题上西方国家的共识已经深入血液。以意识形态和人权问题为抓手,容易引发西方国家领导层和底层民众的共同呼应。第三,"安全"具有单一性指向,人权具备多维性特征。以设备/技术安全为由形成的打击面更多限于高阶技术领域。而诉诸意识形态和人权问题则可以涉及任何产业链,并可以根据战略意愿和能力而纳入打击议程。

五 拜登政府对中国的新战略引发的
复合安全困境问题

拜登政府对中国的新战略不仅在国家层面对中美关系造成"安全困境",加深了美国盟友的"选边困境",同时还会在体系层面导致全球地区出现典型的"权力与秩序困境"。而这种叠加的、交叉的复合型"安全困境",不仅涉及包括传统安全、技术与产业链安全、地缘战略安全,并且将在相当长一段时间主导和影响当下的国际与地区体系和关系构造。

---

① Torrey Taussig, "U. S. Foreign Policy in 2021: Five Priorities for a Progressive Transatlantic Agenda", in Leah Bitounis, Niamh King eds., *Domestic and International (Dis) Order: A Strategic Response*, Washington D. C.: Aspen Strategy Group of Aspen Institute, October 28, 2020, p. 156.

（一）中美"安全困境"

"安全困境"是指在一个"无政府"的国际体系中，即一个没有上级权威的体系中，没有一个国家可以确保自身不会受到攻击、支配甚至消亡。然而，无论是通过武器、领土扩张还是结盟等加强自身安全的措施，都可能降低其他国家的安全，从而导致权力和军备竞争。[1] 特朗普政府对中美关系"接触"方式的破坏式转变，意味着中美"安全困境"将不仅限于军事、权力等单一领域，而是转向身份、技术、联盟、战略等多维度空间。

拜登上台后，并没有完全抛弃特朗普时代的对华外交遗产，并且代之以一种更加全面、协调的方式，实现了"创新性"继承。在"身份"竞赛维度，拜登政府继续将中国视作世界上唯一在经济、外交、军事、科技上对美国构成挑战的国家，也是21世纪美国最大的地缘政治挑战，[2] 并试图通过制造中国的"专制主义"威胁，构建"民主联盟"遏制中国对西方体系和美国霸权的挑战。在技术竞赛维度，拜登政府继续坚持对中国技术出口管制等政策，通过总统令对关键领域的供应链进行行政审查。此外，拜登政府通过美日韩联盟、四方安全对话等机制安排，加强对全球关键领域技术的联合审查与多元技术脱钩。[3] 在联盟竞赛维度，美国通过模块化策略、少边主义策略以及选择性披露策略推进地区安全新型架构，试图打造对中国的隐性遏制框架。在战略竞赛维度，拜

---

[1] John H. Herz, "Idealist Internationalism and the Security Dilemma", *World Politics*, Vol. 2, No. 2, 1950, pp. 157 – 180; Robert Jervis, "Cooperation under the Security Dilemma", *World Politics*, Vol. 30, No. 2, 1978, pp. 167 – 214; Charles L. Glaser, "The Security Dilemma Revisited", *World Politics*, Vol. 50, No. 1, 1997, pp. 171 – 201; Shiping Tang, "The Security Dilemma: a Conceptual Analysis", *Security Studies*, Vol. 18, No. 3, 2009, pp. 587 – 623.

[2] The White House, "Interim National Security Strategic Guidance", March 3, 2021, https://www.whitehouse.gov/wp-content/uploads/2021/03/NSC-1v2.pdf, p. 8.

[3] 2021年5月美国科技公司主导的游说团体"美国半导体联盟"（SIAC）正式成立，目前的成员除了苹果、谷歌、微软、英伟达、英特尔等美国科技巨头外，还包括了韩国三星、海力士、欧洲光刻机巨头ASML和英国软件巨头ARM，更有中国台湾地区的全球最大半导体代工大厂台积电和联发科，而这可以被视为美国主导的"模块化科技联盟"的启动。美国半导体联盟的具体情况可见https://www.chipsinamerica.org/。

登政府继承特朗普政府的"印太战略",并将"四方安全对话"视为美国印太政策的基础。① 同时,美国还支持法德英等国的"域外国家域内化"行为,在印太地区构建由多重势力组成的对华战略遏制复杂嵌套式网络。

拜登政府正是试图通过身份竞赛制造道德制裁,技术竞赛压迫技术升级,联盟竞赛降低中国外交空间,战略竞赛打击中国挑战能力等多种方式,遏制中国的发展空间和对超越美国能力的积累。而在美国的多重战略挤压和全面遏制之下,中国势必会做出战略反击以捍卫自身国家利益和国家发展权利。而在突围与反突围的博弈过程中,中美的产业链与技术链的对抗将会明显增加,中美"安全困境"将得以持续深化,甚至有可能通过力量分化组合,分别形成以中国和美国为中心的两大产业和技术体系阵营。

(二) 美国盟友的"选边困境"

世界大多数国家,尤其是地理邻近的东亚、东南亚国家都与中美保持密切的关系,也意味着它们均处于中美"安全困境"漩涡之中。在经济领域,它们都通过产业链与价值链与中国产生了紧密和牢固的联系,而在政治和军事领域,许多国家又与美国保持着密切的关系。这就是所谓"经济靠中国、安全靠美国"的"二分"框架下的非此即彼的艰难的"选边困境"。

在特朗普执政之前,中美关系的缓和与稳定一定程度上维持了东亚、东南亚等国家试图在中美关系之间维持平衡的外交做法。特朗普上台后,其对盟友的短视抛弃以及无情胁迫,促使美国盟友的战略觉醒,即意识到美国对其安全保护并非完全可靠,甚至更不能衍生出额外的经济利益。即使他们与美国在政治体制、邻近威胁等方面存在共同利益,但是,在对华政策方面,这些国家并不完全情愿加入美国的遏制阵营。即使拜登上台后,拜登本人及其内阁官员都多次表示美国不会强迫盟友"二选

---

① "U. S. National Security Adviser Says 'Quad' Key in Indo-Pacific", Kyodo News, January 30, 2021, https://www.japantimes.co.jp/news/2021/01/30/asia-pacific/politics-diplomacy-asia-pacific/sullivan-quad-china/.

| 新时代国家经济安全的战略与现实

一",支持其基于国家利益的自主行为,① 但是,中美战略博弈的深化与领域拓展严重降低了美国盟友进行战略平衡的努力。虽然美国并没有明确要求这些国家加入自己阵营,但是,在特定问题上施加选择立场的压力,以及这些国家为了避免选择而经历的各种扭曲,现已成为国际事务中的一种常态。②

其中,最典型的例子就是东亚国家韩国和东南亚国家新加坡。韩国对大国竞争的后果极为敏感,因为20世纪以来,这种竞争在日本占领朝鲜、朝鲜战争以及冷战时期的朝鲜半岛分裂中都发挥了作用。③ 韩国需要依靠与美国的军事同盟来对抗朝鲜的安全威胁,同时也需要利用中国的广阔市场提升因领土空间狭小广受限制的贸易发展。即使是2016年韩国"部署萨德事件"在一定程度打击了中韩关系,但是,韩国并没有选择完全倒向美国阵营,而是继续试图缓和中韩关系。2021年3月18日,韩国外长郑义溶在接受采访,当被问及在两个世界大国之间持续不断的对抗中,韩国是否可承受在中美之间做出选择的压力时,郑义溶表示,美国是韩国的唯一盟友,而中国是韩国最大的贸易伙伴。在中美之间做出选择是永远不会发生的,也是不可能的做法。④ 同样,新加坡对大国竞争的敏感性源于其对地理位置和国际地位的担忧。早在1973年,新加坡总理李光耀就有先见之明地预测到"中小型国家犹如草地上的草,无

---

① 2021年3月24日,美国国务卿布林肯在北约演讲时表示,美国不会强迫任何北约盟国在美中之间选择立场。2021年1月12日,坎贝尔撰文指出,面对中国的崛起,印太国家寻求美国的帮助,以保持其自治权。但也意识到,排除中国既不切实际,也不有利可图。美国要避免冷战时期仅从竞争对手角度来看待第三国的态度。参见 Antoy J. Blinken,"Reaffirming and Reimagining America's Alliances",March 24,2021,https://www.state.gov/reaffirming-and-reimagining-americas-alliances/;Kurt M. Campbell and Rush Doshi,"How America Can Shore Up Asian Order",January 12,2021,https://www.foreignaffairs.com/articles/united-states/2021-01-12/how-america-can-shore-asian-order.

② Uri Friedman,"How to Choose Between the U. S. and China? It's Not That Easy",*The Alantic*,July 26,2019,https://www.theatlantic.com/politics/archive/2019/07/south-korea-china-united-states-dilemma/594850/.

③ Uri Friedman,"How to Choose Between the U. S. and China? It's Not That Easy",*The Alantic*,July 26,2019,https://www.theatlantic.com/politics/archive/2019/07/south-korea-china-united-states-dilemma/594850/.

④ "S. Korean FM Values Seoul's Ties with Both US, China",KBS World,March 18,2021,https://world.kbs.co.kr/service/news_view.htm?lang=e&Seq_Code=160248.

论大象打架还是在调情，都会给它们带来痛苦"。① 新加坡在国父李光耀的精心战略设计下，一直采取一种较为中立的政策，加之其对重要的战略要冲马六甲海峡的扼守和稳定的经济增长，新加坡国际地位和影响力实现"蚂蚁踩大象"的奇迹。但随着中美持续深入的战略对抗，新加坡等小国家直接受到"附带影响"。在2019年中美"贸易战"中，新加坡经济连续八个月出口合同锐减。2020年6月和2021年3月，新加坡总理李显龙先后两次疾呼，亚洲国家不想被迫在美国和中国之间做出选择，并指出亚洲国家视美国为在本区域拥有重大利益的常驻大国，中国是隔邻的区域大国，亚洲国家不希望被迫在两者之间做出选择。② 与历史进行对比，这种国家"选边困境"并未明显发生于过往的美苏冷战期间，这表明，全球化环境下出现的政治与经济"背离"问题已经成为当下全球体系中的一个新特征，而其将带来大国博弈中的美国盟友们的复杂产业与技术选择难题。

（三）地区"权力与秩序困境"

从拜登上台后对中国陆续采取的种种措施与策略来看，美国国内两党对中国态度已经完全达成共识，即中国是美国最大的战略挑战，必须采取一切措施限制中国对美国霸权地位的挑战。③ 而随着拜登政府对华新战略的推进，中美关系"安全困境"和盟友的"选边困境"的出现，在亚洲地区将开始面临"权力与秩序困境"。而在美国不断遏制中国以

---

① "Excepts of Address by Singapore's Prime Minister Mr. Lee Kuan Yew", On the Change in Great Power Relations at the Commonwealth Heads of Government Meeting in Ottawa on Friday, August 3, 1973, National Archives of Singapore, https：//www.nas.gov.sg/archivesonline/data/pdfdoc/lky19730803.pdf.

② Lee Hsien Loong, "The Endangered Asian Century: America, China, and the Perils of Confrontation", *Foreign Affairs*, Vol. 99, No. 4, 2020, pp. 52 – 64; Karishma Vaswani, "Singapore PM: 'Considerable Risk' of Severe US-China Tensions", BBC News, March 11 2021, https：//www.bbc.com/news/business-56318576.

③ 2021年4月8日美国参议院外交委员会共和党籍领袖里施（Jim Risch）和参议院外交委员会主席民主党籍参议员梅内德斯（Bob Menendez）共同起草了《2021年战略竞争法案》（*the Strategic Competition Act of 2021*），标志着美国两党对华战略共识完全达成。法案的具体内容可见"S. 1169 - 117th Congress (2021-2022): Strategic Competition Act of 2021", *Congress.gov*, Library of Congress, May 10, 2021, https：//www.congress.gov/bill/117th-congress/senate-bill/1169。

及加大盟友战略协同下，亚洲权力架构与安全秩序可能进入"混沌"状态，并主要体现在五个方面：第一，少边体系结构的崛起。为应对中美之间的战略博弈以及避免胁迫风险，亚洲地区国家将快速发展地区性少边体系结构，以取代第二次世界大战后美国在亚洲建立的"轮辐"体系结构。届时，亚洲安全秩序将进入中美战略博弈与地区国家谋求地区主导权之争的竞合状态。第二，域外权力域内化施展的频繁出现。中美战略博弈以及地区国家对大国博弈的排斥，为全球域外大国（法国、英国、德国为代表）进入亚洲地区提供了内外共生动力，促使地区权力架构加入域外因素，分散了地区权力的集中度，并打破了地区权力塑造的"闭环能力"。第三，域内国家与域外国家互动将成为地区合作的主流做法。最明显的就是日本与德国、法国与印度之间的互动。与美国、德国、英国等西方国家不同，法国从未在技术转让方面造成问题，也从未对印度实施制裁。而日本和德国在出口管制等方面趋同。这就为彼此之间创造了大规模合作的空间。第四，亚洲将出现中小国"主导"大国的新倾向。从现实主义角度来讲，小国相对大国的所具备的军事资源、人口规模、经济基础和软实力都无法使其对大国形成支配地位，但是在中美两国博弈需要增加自身战略筹码而获得相对优势的态势下，中小国，尤其是占据重要地缘位置（以斯里兰卡为代表）的小国角色分量开始增加，出现"大国看小国脸色行事"的不对称现象。第五，冷战时期的中立国家的现象消失。冷战期间，中小国家由于担心自身安全卷入美苏对抗沦为附庸，于是采取"中立政策"（以印度、东盟为代表）。但是，全球化时代所催生产业链高度关联与捆绑，导致中小国家无法置身事外，中小国家更多倾向于产业"搭便车"和政治"多联盟"等策略。

美国在战略上希望借助地区的国家力量实现对中国的遏制。而东盟等国则利用中美"博弈剩余空间"来谋求地区主导，法国、英国、德国等域外大国推进印太战略介入分羹，斯里兰卡等地区小国骑墙战术避免胁迫，印度、越南等国更是左右逢源，进而希望多边获利。多重政治与经济权力的相互交织与矛盾分化，使得亚洲地区既有的安全架构更具有多维性，秩序稳定也更具有动态性，进而导致亚洲地区的权力与秩序走向"主导与反主导"的反复博弈状态，很难生产出传统理论所描述的

"核心—边缘"的地区秩序稳定模式。

总　结

诚如文中已述，就超越时间与环境变化的原则要求来看，在短周期内全面清晰地厘清美国对中国"大战略"的确立可能依然是一件尚早和困难的工作。但必须明确与认识到的是，任何"大战略"所依赖的"战略编码"的本身变化，比书面和口头表达的"大战略"表述更为重要与关键，因为战略编码的变化本身背后体现的是一种"战略共识"形成后"集体行动"逻辑和实践。而就目前美国两党共识、政府与国会互动、政府与企业联动的行为方式来看，拜登政府对中国新战略的战略编码组合已经形成，其在"理想主义"口号下的现实主义理念与实践，将典型地表现在如下战略指导思想组合之下。

第一，强化美国的自身能力和引领作用。拜登政府充分认识到仅凭借"霸权余威"，而不是经济、技术与全球价值链能力来全面遏制中国，既不现实，也不会引发盟友的战略追随。因此，强化美国产业与技术能力是拜登政府的首选，而在快速塑造"美国能力"过程中，美国国内自身战略已经清晰地体现为，在经济政策上尝试被既往美国学术界大批特批的"国家资本主义"[1]，而在技术发展领域则坚持"科技麦卡锡主义"对中国实施技术遏制和控制。同时，美国也更注重前沿技术的规则制定和引领[2]。

第二，更多注重美国与盟友之间实际战略分工合作，而非表面的声

---

[1] 发挥政府在产业和技术领域的顶层设计作用，目前已经得到拜登政府和美国国会的充分重视。美国政府行政正在与国会立法协同出台各种措施，加大国家对经济行为的引导，如拜登在访问美国福特公司时，明确提出要加大对美国新能源汽车的市场补贴，而此前美国一直批评中国的新能源汽车补贴政策。

[2] 美国已经关注到欧盟在数字经济立法方面（GDPR 规则）的引领作用，也在努力推动美国数字经济大战略与全球数字规则制定引领。具体可见拜登政府科技智库美国 ITIF 创始人阿特金森的报告：Robert D. Atkinson, "A U. S. Grand Strategy for the Global Digital Economy", ITIF, January 19, 2021, https://itif.org/publications/2021/01/19/us-grand-strategy-global-digital-economy/。而美国推动数字经济规制引领的建议，可见前白宫经济顾问委员会成员马修·斯特劳和桥水基金联合首席执行官大卫·麦考密克的文章：Matthew J. Slaughter and David H. McCormick, "Data Is Power: Washington Needs to Craft New Rules for the Digital Age", Foreign Affairs, April 16, 2021, https://www.foreignaffairs.com/articles/united-states/2021-04-16/data-power-new-rules-digital-age。

明承诺。"模块化策略""少边主义""选择性披露策略"等新战略工具所具备的弹性优点,决定了美国对中国新战略将不再是以往美国单一推进的战略,而是更加注重美国与盟友多国之间的分工合作、协同推进的战略。且这些战略彼此协同,形成一个战略矩阵,可以保障美国与盟友的合作空间,包括通过外溢性功能和迂回渠道来抑制中国的影响力扩张[①]。

第三,注重"反向吸收"中国的经验和发展战略。虽然拜登政府对中国进行了"专制主义体制"的污名化塑造,但并不影响其对中国经验的有益吸收和转化,美国新近对"选择性披露策略""产业政策策略""优化国家技术战略"的采用,特别是强化美国国家"顶层设计"能力都是在借鉴中国过去实现经济发展和国家能力提升经验基础上而提炼的。美国逐步认识到,在对待大国博弈和全球市场竞争上,所谓的"理论"是最可以被抛弃,而没有永恒指导价值的,而检验理论的唯一的标准就是有效和实用。而在这个方面美国并没有像美苏冷战期间那样充满了"制度自信"。

第四,通过"支持盟友而非反华"策略,将盟友而非中国置于中美博弈的核心位置。随着中美战略博弈的深入和持久进行,全球"第三极力量"很可能成为支撑全球战略平衡的筹码,而拜登政府新战略正是对这些筹码进行编码重组,试图通过"虹吸效应"进而实现大国博弈中"帕累托最优"的方案。拜登政府新策略的运用,既可以推动相关国家在选择不完全或隐秘加入美国遏制计划的提前下,通过自我发展和能力建设间接、隐性地削弱中国的影响力,也可以通过不断增长的技术足迹和地缘政治价值推动美国和盟友的战略伙伴关系。

拜登政府的对中国新战略,尽管在美国方面看起来可能是一个"最优选择",但其内嵌的"困境问题"综合叠加将给全球生态带来不可预知的风险。不仅会引发全球性的技术竞赛和战略博弈的加剧,同时美国的战略实施结果将导致全球秩序出现新的混乱与不稳定。因此,拜登政

[①] 欧盟宣布暂停对美加征钢铝关税,包括美国充分利用俄乌冲突来形成新的西方政治经济联盟,可以被视为美国加强联盟外溢性功能和利用迂回渠道的典型信号。

府新战略是以"防范"而不是"共创"作为出发点和思考逻辑，不仅将耗费全球宝贵的智力资源和经济资源，同时还将消耗大量的社会资本。而更重要的是，犹如德国著名社会学家乌尔里希·贝克早在20世纪就在《风险社会：新的现代性之路》一书中所指出的那样："只要我们仔细审视现代化风险的特殊样式或特殊分配模式，这一点就会变得更加清楚：现代化风险具备一种内在固有的全球化趋势。"[①]

由于现代化风险的源头本身是全球化，当下的全球化深度、广度，特别是产业链内在较为固化的技术联系的紧密度，早已大大超越乌尔里希·贝克所预见的"全球化趋势"起始时代。因此，从全球和国家经济安全的角度来看，无视全球市场结构性力量和生产力与技术发展内在规律，以上层建筑构建的拜登政府对中国新战略，显然将战略博弈对象锁定为中国，并力图通过技术遏制和封锁，包括排斥中国全球供应链的做法构建符合美国利益的生产网络体系，其不仅破坏了既往全球化过程中建立的全球供应链结构，同时还会引发经济新前沿领域的竞争和博弈，而其究竟能否引发全球化下何种不可预知的风险，包括催生风险扩散的复合式"链式反应"。值得拭目以待。

[①] ［德］乌尔里希·贝克：《风险社会：新的现代性之路》，张文杰、何博闻译，译林出版社2018年版，第28页。

第三章 脆弱的安全：动荡与无序的世界经济

引 言

近年来，全球经济增长持续低迷，世界经济呈现动荡和无序的特征。在各种人为的和非人为的、偶然的和必然的因素叠加作用下，全球经济的总体态势越来越充满了不确定性和不稳定性。这种动荡与无序产生的原因主要体现在以下几个方面。

首先，美国因其综合实力的下滑，导致其在对外交往中越来越依赖"大棒"制裁，尤其经济制裁手段的采用。而频繁地使用制裁武器的后果就是破坏了原本的全球经济运行秩序，阻碍了生产要素的正常流通，对全球的供应链、产业链和价值链网络造成了巨大伤害。特别是2022年2月份俄乌冲突爆发以来，美国的对外制裁政策达到顶峰，美国联合欧洲等西方国家对俄罗斯进行了全方位的围剿，全球原有的生产网络因资源供给渠道和价格变化承受了沉重的压力和挑战，同时，地缘冲突加速全球资源、粮食价格快速上涨，使得通胀问题在经济疲软中突然出现，导致了宏观政策应对失灵。

其次，全球能源市场剧烈波动，加速了全球性的经济衰退。一方面，2020年以来新冠疫情的暴发深刻改变了世界经济的运行轨迹，疫情的蔓延对人员和物资的流动造成了严重阻碍，生产物资出现短缺，带动了以能源为代表的全球大宗商品价格不断飙升。另一方面，欧洲减碳政策的愿景和现实的差距，使得其错误地估计新能源系统的替代能力，导致欧洲出现大范围能源短缺现象，以天然气为代表的化石能源价格急剧上涨，制造业生产成本不断增加,经济的通胀压力不断上升,进一步加大了全球经济的下行压力。

再次,为抵御经济衰退压力,全球范围里许多国家广泛采取了低利率甚至负利率政策,这种短期的刺激政策虽然可以缓解经济的一时压力,但对经济的长期发展会产生巨大的隐忧。负利率政策旨在降低企业融资成本的同时,激励私人部门和金融部门向社会提供货币以增强货币流动性,但这一政策不可避免地带来了本币收益率的下降,并导致周边贸易国的货币面临被动升值压力。通过丹麦、瑞士、瑞典三国货币政策外溢影响的典型案例,便可知负利率政策存在一定的传导性。本质上看,一国经济增长无法离开实体经济与技术创新,因此负利率政策的作用效果偏向于短期的刺激性,其在加剧政府债务累积的同时,更加深了经济金融领域的不稳定性,并无法给经济带来长期可持续增长。

最后,在避险情绪的影响下,全球投资出现断崖式下跌。在全球利率存在结构性差异的同时,资本流动在新形势下也存在巨大的不稳定、不平衡性,全球投资在疫情期间所呈现的脆弱与短期性被显著放大。发达经济体为避免金融风险的传导以及维护本国实体经济的安全,对发展中经济体涉及关键技术和产业的投资均大幅减少。同时,为引导本土资金的回流以及避免海外逐利性资本涌入威胁本国实体产业的良性发展,世界主要国家也进一步加大了外资审查和管制力度,对外投资的减少以及本土化投资的政策叠加影响,导致了全球投资的断崖式下跌。

一 衰退中的全球经济整体特征

自20世纪70年代以来,美国所主导的新一轮经济全球化所采取的跨国公司全球扩张,以及在资本自由流动中所形成的金融资本主义在全球经济体系中的全面渗透,使得跨国性金融资本获得了空前的权力。而金融的扩张给美国乃至全球笼罩了更深层次的结构性泡沫,带来了产业空心化以及经济增长模式的"脱实向虚",资本的逐利与投机性也给实体经济的增长带来了更大的不稳定性和高风险性。国际金融市场的不稳定性在2008年国际金融危机中得到深刻的体现，并给全球经济增长和金融秩序带来了巨大的冲击和破坏，全球经济的脆弱性也对应着全球经济抗风险能力的持续下滑。

目前，各种因素叠加导致的衰退趋势在脆弱的全球经济中已经显著呈现。在后金融危机时代，全球经济试图在新技术的革新以及产业结构升级和调整中努力寻找新的增长点。但近十年来全球GDP的整体增长率不容乐观，一直保持在3%的水平上下波动，复苏态势总体疲弱（参见图3-1）。而经济的脆弱与不稳定性使得全球经济在2020年开始的新冠疫情的冲击下又变得满目疮痍，表现为本就衰退至2%增长率关口的GDP急剧下滑至接近-4%的负增长态势。[1] 经济的不稳定性也极大程度地体现在失业率上（参见图3-2）。从世界银行的全球失业率数据统计来看，近20年来共有两次较为显著的失业率陡增时间节点，第一个节点发生在2008年国际金融危机，而第二个节点便是全球新冠疫情，后者更是让失业率显著提升了1%以上，达到数据期间内的最大失业率涨幅。[2]

图3-1　全球GDP增长率趋势

---

[1]　全球GDP增长率数据选取自世界银行数据库，https://data.worldbank.org.cn/indicator/NY.GDP.MKTP.KD.ZG。

[2]　全球失业率数据选取自世界银行数据库，https://data.worldbank.org.cn/indicator/SL.UEM.TOTL.ZS。

第三章 脆弱的安全：动荡与无序的世界经济

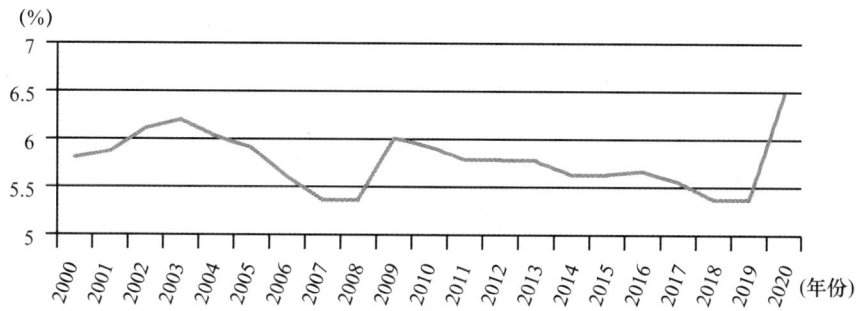

图 3-2 全球失业率趋势

形成对照的是，在疫情冲击下，短期性、逐利性金融资本却未明显出现衰退，而实体性、长期性投资却从高位迅速下滑。[①]，国际资本流动总规模达 11 万亿美元，同比增长 6.4%，但这一短期性、逐利性投资难以长期持续。根据《2021 年世界投资报告》显示，全球对外直接投资迅速下降，与 2020 年相比全球 FDI 预计减少 35%，对外投资总量呈现"腰斩"态势。[②] 在全球长期性和实体性投资不断萎缩的环境下，在跨境资本流动的空间与技术日益完备的影响下，全球经济平衡的风险更需要严加防范短期热钱流动对实体经济的冲击。

与世界经济大幅度衰退形成鲜明对比的，是具有强有力发展韧性的中国宏观经济。得益于对经济形势的准确评判和有效且强力的宏观调控政策，以及医疗能力对疫情防控的重要支撑，在世界范围内，中国经济率先实现了复苏。根据世界银行数据统计，全球除中国外主要经济体受到疫情冲击，均出现负增长的经济态势，特别是美国、欧盟和日本等高度发达经济体的 GDP 增速已经跌破 -3% 的情况下，中国 2020 年 GDP 增长率为 2.3%，位居世界前列。中国的失业率虽相较于 2019 年总体有所

[①] 陈卫东、熊启跃、赵雪情、蒋效辰：《国际资本流动最新发展态势及驱动逻辑》，《国际金融》2021 年第 8 期。

[②] 联合国贸易和发展会议于 2021 年 6 月 21 日发布《2021 年世界投资报告》，受到持续性疫情和全球经济衰退的影响，报告认为现阶段全球 FDI 的发展前景存在高度的不确定性。https://unctad.org/webflyer/world-investment-report-2021。

上升，达到了5%，但远低于全球6.5%的平均水平。在中国国内经济增长得到有效保障的同时，中国仍然需要严加防范全球经济衰退所带来的经济风险传导。在全球供应链畅通受阻，许多国家经济政策向产业贸易保护主义回溯的今天，实体经济的发展依然是国家经济稳定的重要保障。为应对美国等经济体对中国的经济遏制战略，以及提高防范供应链风险的能力，在实体经济领域加大科技研发投入和技术创新是中国在"后疫情"时代经济安全建设的重要措施。

总体来看，现阶段全球经济发展的衰退趋势仍将长期持续，而经济环境在笼罩着极大不确定性的情况下，数字经济和科技创新已无法在全球范围内产生正向外部扩散效应，而是由技术核心国、数字化领先国主导的区域化、本地化经济增长。而金融资本在全球的持续扩张中所呈现的不稳定性和逐利性，以及长期性、实体性对外投资的萎缩所呈现的资本流动新特征，[①] 对各国货币政策应对外来风险和稳定实体经济发展的能力带来了新的要求。在疫情冲击下分析全球经济时，不能再将传统经济学所关注的经济均衡或稳态解作为一种常态分析方法，传统经济学的解释力正呈现现实可见的下降趋势，现实环境的急速变化对理论的创新提出了客观要求。不稳定、不平衡的经济增长才是现阶段全球经济发展的重要特征，对此，需要用更有针对性的经济分析方法对"后疫情"时代的全球经济发展和稳定性进行深入剖析。

二 制裁政策的滥用扭曲了世界经济秩序

20世纪初，经济制裁作为一种利用全球化潮流来实现政治目的的方式首次发展起来，其最大的工具性价值在于它可以替代战争。在冷战时期，美国针对苏联阵营国家，开始广泛实行包括经济封锁、出口管制以及贸易禁运等在内的经济制裁手段。自"9·11"事件以来，经济和金融制裁开始成为美国对外政策的重要组成部分。相较于传统的经济制裁，

---

① 祝得彬：《美国金融资本主义的形成、现状与困局》，《世界社会主义研究》2019年第7期。

在全球化不断深化的今天，美国依托其美元和技术的霸权地位，其推动制裁的范围不断扩大，制裁的力度不断升级，包括加征关税、冻结海外资产、将主权国家踢出国际结算系统等。美国康奈尔大学历史学助理教授尼古拉斯·穆德（Nicholas Mulder）在他的《经济武器》一书中写道，"从长远来看，商品控制并不是华盛顿的最大优势所在，它的霸权与其说是来自商品贸易，不如说是来自企业、监管、技术和金融结构方面的国际领导力，这些能力的组合所形成的制裁工具，被政策制定者视为重要的经济国策"。① 而在今天国际博弈中，制裁已经成为最容易实施的一种经济武器，制裁的简单性和低成本性容易让决策者对其产生强烈的依赖性，从而忽略其对于世界经济潜在的威胁和破坏。伊朗外交部部长穆罕默德·贾瓦德扎里夫在德黑兰接受美国有线电视新闻网（CNN）采访时表示，美国长期沉迷于制裁政策并广泛使用制裁工具。② 事实上，制裁政策的滥用破坏了全球经济系统原本的运行规律，扭曲了正常的经济秩序，增加了全球生产网络的脆弱性，对全球经济的稳定性和安全性造成了巨大的挑战。

（一）美国频繁的制裁加剧全球经济动荡

首先，近年来，美国政府对于制裁政策的依赖程度与日俱增。特朗普政府时期，在"美国优先"外交理念的推动下，美国的对外制裁次数急剧上涨。根据美国格信律师事务所（Gibson，Dunn & Crutcher）的统计，在特朗普执政期间，美国政府每年发布大约1000项制裁措施，是奥巴马政府的两倍。③ 而在特朗普离任之后，美国对外制裁的步伐也并没有因政府换届而停下，2020年底，即将上任的拜登政府也宣布，计划对美国的所有的制裁政策和执行情况进行全面审查。而拜登政府在执政的第一年里，却根据50项不同的制裁计划共发布了765项指定行动，明确

---

① Nicholas Mulder, *The Economic Weapon*, Yale University Press, 2022.
② Iranian Foreign Minister Zarif Says US Addicted to Sanctions-CNN, https://edition.cnn.com/2018/08/19/middleeast/iranian-foreign-minister-us-sanctions/index.html.
③ Banks Seek Biden's Aid After Trump's 1000-Sanctions-a-Year Pace-Bloomberg, https://www.bloomberg.com/news/articles/2021-05-06/banks-urge-treasury-to-ease-burden-of-complying-with-sanctions.

打算继续在其外交政策工具包中频繁使用制裁来实现外交政策目标。①根据2021年10月美国财政部发布的《2021年制裁报告》显示，2021年，美国对外实施的经济制裁总数累计达9421次，相比于2000年的912次增长了9倍多（参见图3-3）。

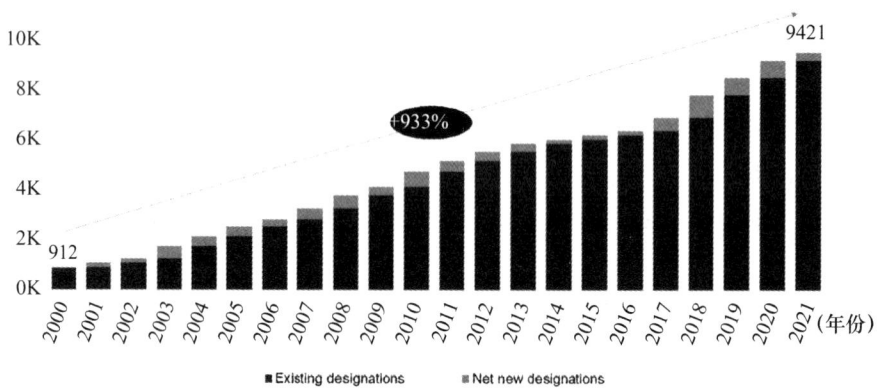

图3-3 美国政府2000—2021年对外实施的经济制裁情况

然而，如此频繁的制裁政策并不总是能够达到预期目标，经济制裁作为外交政策工具的历史经验表明，它们很少获得预期的成功。霍夫鲍尔在其著作《反思经济制裁》中对20世纪的170起实施制裁的案例进行综合研究发现，其中只有三分之一达到了既定目标。②还有学者认为，制裁的成功率甚至不足5%。③例如，自1960年菲德尔·卡斯特罗掌权后，美国就开始了对古巴的长期经济制裁，1962年美国时任总统肯尼迪通过限制对古巴的旅行和贸易进一步加强了制裁，但最终结果是这些限制对古巴的经济几乎没有任何影响，同时，对软化古巴的反美立场也没有发挥任何作用。而在伊朗问题上，布什总统自其第二任期开始就一直

---

① Sanctions by the Numbers: 2021 Year in Review, Center for a New American Security (en-US), https://www.cnas.org/publications/reports/sanctions-by-the-numbers-2021-year-in-review.
② Hufbauer G. C., Schott J. J., Elliott K. A., et al., "Economic Sanctions Reconsidered, 3rd Edition", *Proceedings of the ASIL Annual Meeting*, 1998, p.92.
③ Pape, Robert A., "Why Economic Sanctions Do Not Work", *International Security*, Vol.22, No.2, 1997, pp.90–136.

呼吁进行更严厉的经济制裁。2006年，布什重申了《伊朗制裁法案》，该法案威胁对任何与伊朗进行贸易的国家进行制裁。然而，制裁同样没有见效，伊朗在核问题上反而愈演愈烈，进而国际社会也进一步认为经济制裁不是解决伊朗核问题的有效途径。同样，特朗普执政时期针对中国的"关税型"经济制裁也同样被认为在很大程度上是并不成功的。根据穆迪发布的数据显示，在中美贸易摩擦中，美国对中国加征关税所带来的制造业成本上涨中，有93%均是由美国国内的进口商承担，而仅有7%是由中国支付。中国作为全球最大的制造业国家，美国对于商品的进口所带来的价格上涨最终大部分还是转嫁给了其国内消费者，加剧了美国国内的通胀压力。

其次，美国对制裁手段的滥用也引发了其他越来越多国家的反对和不满，开始纷纷转向出台一系列反制政策。2021年初，中国政府批准发布了《阻断外国法律与措施不当域外适用办法》，该规定为禁止遵守某些外国制裁项目的封锁法提供了框架，为保障企业的合法权益提供了救济渠道，体现了中国维护国际经贸秩序的责任担当。2021年6月，中国又颁布了《反外国制裁法》，授权中国政府机构对被认定在制定、发布或实施另一国针对中国的制裁中发挥作用的人实施制裁。2021年12月，中国外交部利用这一法律宣布对包括美国前商务部长威尔伯·罗斯在内的五名美国个人实施对等反制，以回应美国政府此前制裁中方人员、干涉中国内政的行径。[①]

再次，经济制裁政策也并非没有代价。美国能够实施制裁的关键要素是其拥有美元霸权。布雷顿森林体系之后，西方国家建立了以美元为核心的国际金融体系，在新自由主义浪潮的影响下，美国主导的金融资本体系在近半个世纪得到空前的扩张。然而，在全球化不断深化的今天，美国利用这种不对等的经济关系，通过美元霸权实行频繁的制裁，在短期内虽然打击了目标国的经济，但长期来看，频繁的制裁措施加剧了地区间的动荡和冲突，透支了美元的信用度，加速了美元霸权的衰弱。美

---

① 外交部宣布中方就美方制裁香港中联办官员采取对等反制措施，http://www.locpg.gov.cn/jsdt/2021-12/30/c_1211512566.htm。

国对他国频施霸凌，反过来促使全球各国减少对美国的经济和金融依赖，造成美元霸权地位的日益动摇，全球金融体系动荡不安。美国著名智库全球安全分析研究所（IAGS）认为，动辄挥舞制裁大棒，将促使其他各个国家出于安全的考虑减少本国央行中美元的外汇储备比例，分散外汇储备的投资组合，从而降低对美元的依赖。[1] 国际货币基金组织2021年发布的数据同样显示，美元在全球外汇储备中所占份额已经下降至约59%，为25年来的最低水平，当前世界各国在经济上对美国的依赖都呈现出明显的削弱态势，以美元为核心的国际金融体系正在加速解构。

最后，频繁的经济制裁政策扭曲了原本的全球生产网络，对全球产业链、供应链和价值链造成严重的破坏，最终将引发全球经济衰退。美国制裁政策的滥用严重阻碍了国际贸易的正常发展，特别是在特朗普执政时期针对中国发动的贸易战，扰乱了正常的贸易秩序。在美国的肆意制裁下，任何拥有跨境供应链的企业都有受到波及的可能，制裁风险存在于贸易交易的各个阶段——从采购材料和销售货物，到航线沿线的城市和港口，以及船舶运输本身，这些合作伙伴中的任何一个节点都可能成为制裁合规计划中的薄弱环节，从而造成连锁链式反应，引发材料短缺和供应中断等问题。美国自2018年发动贸易战以来，全球的贸易增长出现严重滞缓，频繁的制裁阻碍了全球经济复苏的步伐。2018年全球贸易量增速放缓至3.0%，低于2017年的4.6%的增长率，到了2019年全球贸易增速再次大幅度降低，仅为1.2%。美国发动的贸易战扰乱了全球供应链，减缓了经济增长，降低了企业和消费者信心，进一步抑制了资本的支出。而一旦资本支出下降，那么工业生产就会下降，就业就会下降，就会有一个全球经济衰退的开端，从技术开始，然后是制造业，然后是工业，然后到服务业。[2] 对于未来的风险，纽约大学经济学教授鲁比尼（Nouriel Roubini）认为，特朗普对贸易伙伴普遍采取的敌对立场

---

[1] Unsustainable for U. S. to Sanction Countries While Expecting them to Finance its Debt: Think tank-You Tube, https://www.youtube.com/watch? v = iwTolAtnI30.

[2] "Dr. Doom" Economist Nouriel Roubini Sees Trade War Tipping Global Economy Into Recession, https://www.cnbc.com/2019/07/02/dr-doom-economist-nouriel-roubini-sees-trade-war-tipping-global-economy-into-recession.html.

正在给美国经济带来风险，中美贸易摩擦将引发全球经济的衰退。①

（二）西方国家对俄罗斯的全面制裁引发全球经济割裂风险

2022年2月俄乌冲突爆发之后，以美国为代表的西方国家打着反对"威权"的旗号，共同联合对俄罗斯的金融和贸易等发动了全方位的制裁措施，试图将俄罗斯不断推向全球化的边缘，使其隔离在全球经济系统之外，摧毁俄罗斯经济，破坏俄罗斯国内政治的稳定。西方国家对俄罗斯的全面制裁同时也遭到了俄罗斯的全面反制。西方国家与俄罗斯之间相互制裁，使得全球重要资源能源的供应结构严重失衡，人员和物资流动受到重创，进一步加大了世界经济割裂的风险。

2022年2月21日，俄罗斯总统普京签署命令，承认乌克兰东部的"顿涅茨克人民共和国"和"卢甘斯克人民共和国"。随后美国联合欧盟、日本、韩国、澳大利亚等国，针对俄罗斯的金融和贸易等展开了全方位的经济制裁。在金融制裁方面，美西方采取了制裁金融机构、限制主权债务和SWIFT制裁等手段。首先，在金融机构制裁上，2月22日，拜登政府在其首次制裁措施中，针对为俄罗斯政府和国防部门提供资金的两大金融机构——俄罗斯国有开发银行（VEB）和军事银行及其子公司实施封锁制裁措施。随后，俄罗斯最大的银行俄罗斯联邦储蓄银行（Sberbank）和俄罗斯第二大银行俄罗斯外贸银行（VTB）等7家俄罗斯主要金融机构都相继受到制裁，这些制裁手段一方面使得俄罗斯的银行被禁止与美国金融机构之间进行交易往来，切断了俄罗斯银行和美国银行业在国际支付业务中的"代理"关系。另一方面制裁在短期内发生了连锁性反应。受市场信心的影响，俄罗斯大部分银行在海外市场的股价急速下跌，市值严重缩水，其中俄罗斯联邦储蓄银行（Sberbank）3月2日在伦敦跌幅达90%，为史上最大单日跌幅。② 其次，在主权债务制裁

---

① Nouriel Roubini：Trade War Will Only Make Fragile Economic Conditions Worse, https://www.cnbc.com/2018/06/19/nouriel-roubini-trade-war-will-only-make-fragile-economic-conditions-worse.html.

② "Russia's Topbank Quits Europe Due to Sanctions", Reuters, March 2, 2022, https://www.reuters.com/business/finance/russias-sberbank-leave-european-market-face-cash-outflows-2022-03-02/P67.

上，美国扩大了对俄罗斯主权债务的禁令，限制俄罗斯的中央银行、国家财务基金和财政部发行的债券进入二级市场，切断俄罗斯政府在美国筹集资金的关键途径。再次，美西方多个国家对俄罗斯的海外资产进行冻结，甚至连历史上始终保持中立政策的瑞士，也在 2022 年 3 月 1 日宣布实施对俄罗斯进行冻结个人资产的制裁。① 最后，在国际结算体系的制裁上，美国联合欧盟、英国、韩国和日本等国一起对俄罗斯发动了号称"金融核弹"的 SWIFT 制裁，将俄罗斯的几家主要银行从环球同业银行金融电讯协会（SWIFT）支付系统中剔除，企图将俄罗斯排除在全球金融体系之外，在美西方制裁声明发出后，卢布瞬间大跌 28%。在贸易制裁方面，一方面，美西方对俄罗斯的进出口进行了全面制裁，抵制俄罗斯生产的能源、小麦等商品，限制对俄罗斯计算机、传感器、激光器、导航工具以及电信、航空航天和海洋设备等的销售，这些严格的进出口管制措施切断了俄罗斯一半以上的高科技进口，阻碍了俄罗斯的能源出口，并对俄罗斯的工业基础造成侵蚀。另一方面，特别针对俄罗斯的贸易政策开始重新修订，自 2022 年 3 月 15 日起，欧盟与 G7 国家停止将俄罗斯视为 WTO 框架内的最惠国，这剥夺了俄罗斯作为 WTO 成员的关键贸易优势，俄罗斯的对外贸易受到了严重打击。

在以美国为首的西方国家对俄罗斯发动的一轮又一轮的制裁行动下，俄罗斯已经超越伊朗，成为全球遭到制裁最多的国家。根据全球制裁跟踪平台 Castellum. AI 的数据显示，在 2022 年 2 月 22 日之前，俄罗斯遭受到的制裁总数为 2754 次，但截至 2022 年 3 月 28 日，俄罗斯遭到的累计制裁次数已经达到了 7977 次，这意味着在短短一个多月里，对俄罗斯新增制裁达到 5223 次。② 俄罗斯外长拉夫罗夫在统一俄罗斯党的会议上表示，西方国家已经到了对俄罗斯公然施暴的程度。在俄罗斯遭受西方国家的围剿性制裁后，俄罗斯随后对其进行反击，2022 年 3 月 3 日，俄联邦航天局局长罗戈津宣布，俄罗斯将暂停为美国交付 RD – 180 火箭发

---

① 瑞士是俄罗斯寡头财富的主要聚集地，据瑞士银行家协会表示瑞士银行中存放的俄罗斯客户资产近 2000 亿瑞郎。
② The Castellum, AI Dashboard Provides Consolidated Russia Sanctions Data, The Page is Updated Daily, Castellum. AI, https://www.castellum.ai/russia-sanctions-dashboard.

动机,并终止与美国在国际空间站的合作项目,俄罗斯与西方之间长达数十年的太空伙伴关系可能会化为乌有。① 2022年3月7日,俄罗斯政府公布了一份对俄罗斯、俄罗斯公司和公民采取不友好行动的国家和地区名单,该名单包括美国、欧盟成员国、英国、澳大利亚、日本、新加坡、加拿大、韩国在内的48个国家。② 文件规定了俄罗斯公司与来自对俄不友好国家的公民及公司的所有交易和业务须得到俄政府的批准,且一律以俄货币卢布进行交易。2022年3月10日,俄联邦政府发布声明,将在2022年底前对技术产品、电信设备、医疗设备、车辆、农业机械、电气设备等共计200多种商品实现暂停出口的措施。③

尽管俄罗斯的经济规模相对较小,2021年的国内生产总值仅有111.5万亿卢布(相当于1.49万亿美元),但俄罗斯拥有世界上最大的土地面积,丰富的资源储备使其成为全球重要的能源和许多重要工业原材料的生产和出口国。2021年底,俄罗斯是全球第三大原油生产国和第二大原油出口国;同时,俄罗斯在2020年占欧盟从欧盟以外成员国进口的天然气数量的约46%,其中大部分是通过穿过乌克兰的管道运输的。因此,俄乌冲突以及随后西方各国对俄罗斯的制裁,造成了相关大宗商品价格急速攀升,全球通货膨胀加剧。此外,美西方制裁还导致了一些公司与俄罗斯的贸易往来受阻,从而有可能扰乱关键的供应链,引发全球产业链中断。俄乌冲突开始一周后,全球石油和天然气价格都出现大幅上涨,根据美国洲际交易所(ICE)数据显示,2022年2月21日,荷兰天然气期货的价格为71.436欧元每兆瓦时(MWH)④,而到了2022年3月7日,天然气价格达到了217.29欧元每兆瓦时(MWH),仅半个

---

① "Russia Halts Deliveries of Rocket Engines to the U.S", Reuters, March 3, 2022, https://www.reuters.com/world/russia-halts-deliveries-rocket-engines-us-2022-03-03/.

② "Russian Government Approves List of Unfriendly Countries and Territories", TASS, March 7, 2022, https://tass.com/politics/1418197.

③ "Russia Banned the Export of Over 200 Goods. But is Putin Retaliating Against Sanctions, or Stockpiling Supplies?", Fortune, https://fortune.com/2022/03/11/russia-export-ban-timber-cars-sanctions-ukraine-invasion-putin/.

④ 数据来源ICE官方网站。Dutch TTF Gas Futures, ICE, https://www.theice.com/products/27996665/Dutch-TTF-Gas-Futures/data? marketId=5372695&span=1.

月左右,涨幅超 200%。而同时间里,布伦特原油的价格也从 92.99 美元每桶,涨到了 123.21 美元每桶,涨幅约 32%[①](参见图 3-5)。此外,全球镍、钯、氖、小麦和玉米在内的主要矿产和粮食价格也迅速上涨。全球大宗商品价格的持续上涨可能会导致许多国家(尤其是欧洲)加速和长期的高通胀。根据英国著名的商业咨询公司 RSM 的分析,在俄乌冲突影响下,石油价格和天然气价格不断上涨,再加上消费者信心的

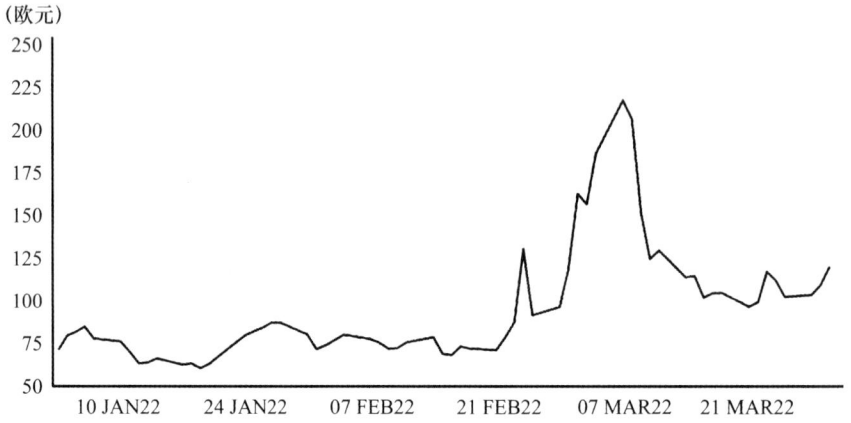

图 3-4 荷兰 TTF 天然气期货价格(2022 年 1 月 3 号至 2022 年 3 月 30 号)

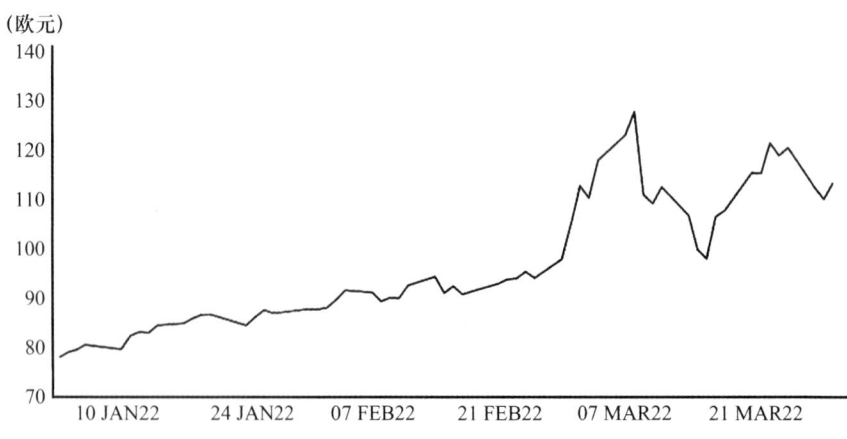

图 3-5 布伦特原油期货价格(2022 年 1 月 3 号至 2022 年 3 月 30 号)

---

① 数据来源 ICE 官方网站。Brent Crude Futures, ICE, https://www.theice.com/products/219/Brent-Crude-Futures.

下降，可能会推动全球通货膨胀率增长超过10%。

必须要看到的事实是，在西方国家和俄罗斯的双向对等制裁影响下，严重阻碍了全球的资本、技术、货物和关键原材料的流动，造成了能源、粮食等基础价格的大幅上升，进而给全球经济带来不可预测的影响。俄乌冲突爆发后不久，以美国为代表的西方国家对俄罗斯实行了全面封锁政策，包括航空制裁、限制海运和封锁陆运，随后俄罗斯也宣布采取对36个国家关闭领空等反制手段。俄罗斯和欧洲的航空公司几乎完全禁止进入对方的天空。① 这使得从亚洲向欧洲运送货物和材料的飞机的飞行路线变得复杂，且物流成本上升、效率下降。2022年3月1日，全球最大的两家集装箱航运集团地中海航运（MSC）和马士基（Maersk）暂停往返俄罗斯的货物预订，因为制裁引发了新一轮紧张的全球供应链中断浪潮。②正如来自世界著名物流公司Flexport的供应链经济学家克里斯·罗杰斯（Chris Rogers）在一份报告中所指出的，乌克兰和俄罗斯生产和出口的所有商品，从天然气到小麦再到钢铁的供应都有可能会中断。③而这一态势造成了俄罗斯这一横跨两大洲、面积1709.82万平方千米的国家成为西方世界中的"地缘孤岛"。同时，美西方的集体制裁已经呈现出"集体行动"的特征，而如果全球"集团化"趋势被人为加强和放大，那么全球经济、贸易可能因此陷入到割裂的状态，并对全球经济循环造成严重的负面影响。

三　通缩泥淖下的负利率政策及其扩散性影响

全球经济在疫情等多因素的冲击下，呈现巨大的下行压力以及高度的不稳定性。一方面，金融资本在全球的扩张所带来的长期经济泡沫，

---

① "Russian Airlines Face Total Ban from EU's Airspace", *Financial Times*, February 28, 2022, https://www.ft.com/content/8936103b-3043-4a77-90d6-5145b8847ad1.

② Harry Dempsey, Philip Georgiadis, and Neil Hume, "World's Biggest Shipping Groups Suspend Russian cargo Bookings", *Financial Times*, March 1, 2022, View in Article.

③ "Commodities and Compliance - Ukraine Conflict Issues for Trade", Flexport, February 22, 2022, https://www.flexport.com/research/commodities-and-compliance-ukraine-conflict-issues-for-trade/.

给实体经济的增长带来了巨大的阻碍。实体经济发展的能力下降表现为投资所带来的资本回报率下降以及一系列的经济衰退问题,许多经济增长乏力、有效需求不足的发达国家普遍采用低利率乃至负利率的政策对本国实行极端的经济刺激计划。根据中国央行所统计的全球主要国家的利率水平显示,截至 2020 年 6 月末,美国、英国和日本 10 年期国债收益率为 0.66%、0.21%,分别较 2007 年次贷危机时的利率水平下降约 3.4%、4.3%。[①] 而日本、瑞典、瑞士以及欧洲央行的政策利率已经长期维持在负值水平,低利率乃至负利率的环境将不再是特殊时期的特殊货币政策,在全球经济衰退的今天,这一特殊现象将逐渐成为普遍且常态的长期政策。而长期负利率政策究竟对全球经济产生什么影响还有待于理论再认识和实践的检验。

(一) 传统利率机制的影响与局限性

负利率作为经济运行中出现的反常态化现象,在分析其成因时需要对现有的利率机制进行基本的剖析。利率作为宏观经济指标中的重要一环,在企业生产的视角下,利率集中表现为企业新增投资的机会成本。在经济处于繁荣阶段,社会具有较高的消费和投资热情,高水平的有效需求让社会总供给得到有效的转化。为避免繁荣造成过度的通货膨胀,一国的央行往往会提高利率以提高投资成本,并促进居民储蓄降低流动性,社会投资需求和消费需求出现下降,繁荣被控制在合理的范围内。但是,如果一国出现衰退趋向,央行可基于利率传导机制,降低居民储蓄意愿,同时也降低了企业的投资成本,向社会释放流动性的同时刺激社会总需求。

利率传导机制的有效性,除了依靠完备的货币信用和经济稳定性预期外,也需要利率自身有较大的调整空间。拥有较高利率的经济体在面临衰退时,利率可下降空间大,央行下调利率对社会总需求的刺激更为有效且明显。但社会整体利率处于极低水平时,利率已经不再具有下调

[①] 中国人民银行:《2020 年第二季度中国货币政策执行报告》,2020 年 8 月 6 日,http://www.pbc.gov.cn/zhengcehuobisi/125207/125227/125957/4021036/4068117/index.html。

空间，而居民持有货币的意愿将极大提高，而不再愿意将货币出借给资本市场获取极低的利息，此时社会陷入流动性陷阱。因此，虽然降低利率是经济衰退时期的常用手段，但社会处于低利率状态也是陷入流动性风险的前兆。

对于现阶段的负利率问题为何发生，需要对传统经济学理论与现实的货币政策进行重新分析。传统经济学理论认为，利率不能低于零的水平，因为持有货币具有交易动机、谨慎动机和投机动机的重要目的，在利率处于极低水平时，人们将通过货币进行投资而追求回报率，如果回报率低于人们持有货币所带来的实际收益或心理预期收益，那么人们将大幅度提高持有货币的实际需求。

在传统经济学理论体系下，利率市场化是大部分国家适应开放型全球经济体系的重要特征，因此，货币政策并非是对利率因素的单一考量。现阶段各国央行对于货币政策的实施，主要通过调整法定准备率、公开市场业务和调整再贴现率的方式进行。而法定准备率主要通过控制商业银行的信贷规模并影响社会实际派生存款，公开市场业务以债券买卖的方式向市场释放或回笼货币，再贴现政策依靠向银行买进商业银行票据的方法扩大货币供应量。无论是何种政策，现行调控方式从根本上都是调节市场的货币流通量，以达成对利率的干预效果。但是，如果利率处于极低水平时，若此时将持有货币的收益率视为常数，只要利率低于人们单纯持有货币的收益率，那么无论利率下降至何种水平，乃至突破零的下限，人们都会无限地持有货币。在流动性陷阱不能得到解决的情况下，市场的货币流通量都不会发生任何改变。因此，负利率政策是相对无效的。

（二）负利率政策的现实成因

实际上，负利率的成因与现阶段全新且复杂的世界经济发展模式存在密切的关系，数字支付与经济不确定性加快了负利率环境的出现。

首先，从传统的货币持有向银行卡支付、电子支付方式的转变，数字化的经济发展模式使货币的贮藏和使用发生了巨大的改变。数字支付场景的普及对传统支付产生了迅速的替代效应，也给传统流动性陷阱对

新时代国家经济安全的战略与现实

于现金的持有偏好进行了调整。以美国、日本为代表的主要发达国家在移动支付领域逐渐开始采用 Apple pay、支付宝等全球主流支付软件,① 苹果公司副总裁在 2018 年预计 apple pay 在美国零售店的使用率将超过 60%。② 与此同时,疫情的全球扩散也加速了电子支付使用率的提升,欧洲在 2020 年上半年电子商务销售额增加了 20%,实体商店的支付也逐渐转向非接触式支付。③ 在绝大部分场景中使用电子支付,都需要消费者将货币先储存至存款账户中使用,数字支付的便捷性促进了商品流动市场的数字化交易,进而对于消费者产生了数字支付的需求刚性,伴随以持有现金的传统支付方式相对成本不断提高,人们的储蓄意愿更难以因负利率的成本而被抑制,负利率政策在数字支付的新时代具有更广泛的容忍度。

其次,全球经济的不确定性大幅度提升,而本国利率的下降乃至负利率状态,往往象征着衰退的信号。本币利率的下降容易造成本币的投资需求下降以及资本流出,进而导致本币在海外市场的需求量下降,因此,本币汇率在利率下调的过程中会出现相对贬值。丹麦于 2015 年 1 月将同业拆借利率下调至 -0.1075% 以来,丹麦克朗兑美元汇率于同期迅速跌破 6% 大关,并长期维持在 6.5% 水平区间。负利率政策给其他国家带来货币升值压力,为避免货币的被动升值带来出口萎缩以及金融风险,各国为稳定自身汇率也被迫降低利率,使得利率的波动性变化在经济衰退期呈现了同向性下降的趋势。

最后,汇率的交叉性影响问题。在大国竞争博弈的不确定性日益加剧的今天,一国的汇率政策容易产生波动与扩散效应。而这一波动与扩散具有短时且迅速的特点。自瑞典央行于 2009 年 7 月将利率下调至 -0.25% 以来,欧洲主要负利率经济体的利率走势呈现整体的同向性。特

---

① 根据人民网报道,日韩、东南亚是最早开始尝试中国移动支付的地方,个别商圈甚至已经实现 70% 以上店铺都支持移动支付付款,http://it.people.com.cn/n1/2018/1017/c1009-30345357.html。
② 苹果公司互联网服务副总裁 Jennifer Bailey 对 Apple pay 系统在全球的发展作出预测,https://www.mpaypass.com.cn/news/201810/08094954.html。
③ 新冠疫情的暴发和蔓延加速了欧洲电商、零售行业的数字支付使用率,https://www.mpaypass.com.cn/news/202012/04100554.html。

别是2014年欧洲央行将隔夜存款利率下调至-0.1%之后,各国的基准利率都在0%及其以下的边缘波动,整体利率处于极低水平。在2014—2015年,丹麦央行和瑞士央行同时在2015年1月将银行同业拆借利率调整至负利率水平,而紧随其后的是,瑞典央行在2015年3月便将银行同业拆借利率降至-0.068%。三国负利率的实施仅在三个月内便完成(参见图3-7)。

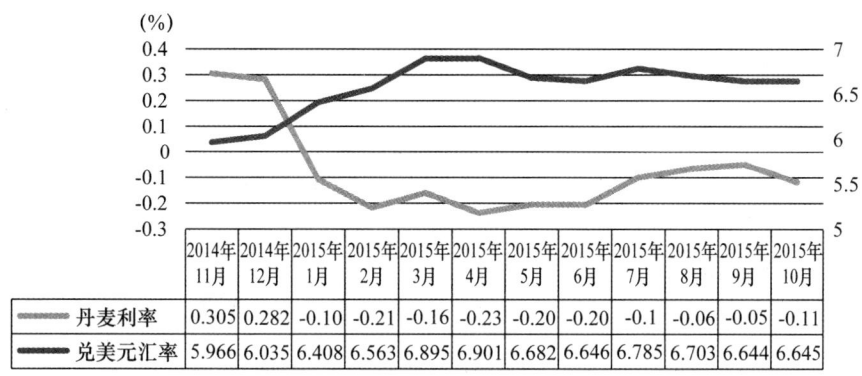

图3-6 丹麦利率与汇率走势

资料来源:CEIC数据库。

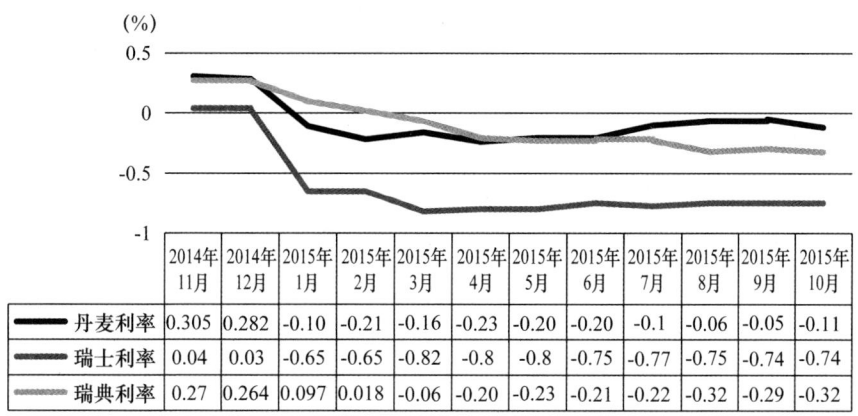

图3-7 丹麦、瑞士、瑞典三国利率变动趋势

资料来源:CEIC数据库。

究其原因，在衰退的全球经济环境下，各国都尽可能地通过消费、投资以及出口等方式改变，试图给本国经济增长带来驱动力，但负利率政策带来的是迅速的衰退信号，而本币币值的对内贬值在衰退的经济环境中也会带来对外贬值，给他国带来货币升值压力，这也是负利率的扩散性成因，也加速了负利率的连锁传递效果，各国在不确定预期下往往呈现正反馈倾向，即一国的利率下调将使其他国家采取相似性的利率政策，使得竞相贬值作为一种对外的竞争工具，进而带来负循环的全面影响。

（三）负利率政策的实施路径

总体来看，实施负利率政策的重要基础，依然需要一国拥有强大的经济实力和实体产业保障，并以此获得本国的内部经济稳定性以及较高的国际信用评级。受2008年国际金融危机和欧洲主权债务危机的影响，资本的避险性大幅度提高。尽管诸多国家实施了负利率政策，其资产和有价证券收益率也大幅下降，但出于保障资本安全的需要，信用评级较高的国家，如丹麦和瑞士等欧洲发达国家依然是大量避险性金融资本的避难场所。因此，负利率环境下的资本流入代表资金所有者对该国宏观整体安全性的肯定，而这也是负利率得以长期实施的重要根据。

在金融视角的维度下，各国在负利率实施阶段主要以政策基准利率和存款负利率展开。而政策基准利率所产生的核心影响是使央行存款利率为负值，即各商业银行在央行储存的存款准备金将向央行支付一笔利息，迫使商业银行减少存款准备金并加大贷款发放力度，以刺激社会整体流动性。而存款负利率的主要指向为企业在商业银行的存款，其数额的庞大性意味着企业将存款取出作为现金持有将带来巨大的保管成本，因此，在负利率环境下企业的决策偏向于将货币资金投向生产环节，如以新增投资的方式购置生产资料。因此负利率政策最为直接的刺激是在企业投资环节，一方面，政策基准负利率提高了银行向企业贷款的意愿；另一方面，企业持有存款的利息以及采用现金持有的替代性策略都将给企业经营产生巨大的成本，因此，最优决策是将资金投向生产领域的方式获取生产性收益。基于此，负利率政策对于社会总供给将带来一定程度的提升。

（四）经济刺激的短效药——负利率政策对本国经济的实际效果

总体来看，负利率对各国实际的经济增长呈现的效果偏短期性和有限性。日本在2016年1月将政策基准利率下调至-0.1%时，日本的GDP增速在短期内呈现较为温和的增长趋势，表现为从政策实施前不足1%的GDP增速缓慢增长至超过2%的水平。但这一温和增长势头仅仅维持了不到两年时间，在2018年初日本GDP增速又呈现缓慢下行的态势，甚至在2018年9月出现负增长（参见图3-8）。因此，以高度宽松的货币政策和贬值性汇率政策所表征的"安倍经济学"实践，其刺激效果显然不足以长期维持，而在这一过程中也加重了政府的债务负担，长期低利率给政府利率政策实施空间和有效性带来抑制作用。[①]

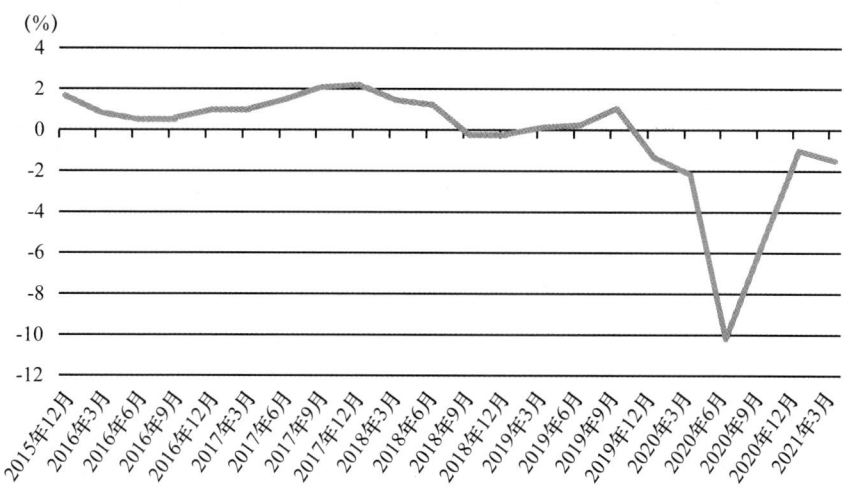

图3-8　日本GDP增速

资料来源：CEIC数据库。

---

① "安倍经济学"的实际作用不容乐观，全球经济环境将对日本的衰退产生显著影响，http://finance.people.com.cn/n1/2020/0818/c1004-31825631.html。

在 2014 年 6 月将银行隔夜拆借利率下调至 -0.1% 以来，欧盟成员国的整体 GDP 增速同样呈现两至三年的温和增长势头。但在 2017 年 10 月经济增速达到将近 4% 的峰值水平后经济持续下滑，疫情期间欧盟 GDP 增速甚至断崖式下跌至 -14%，可见负利率政策虽然具有惯性依赖且长期依赖性，但其对于经济的提振作用却不能长期持续，而且其对经济的实际增长影响较为温和，不能起到立竿见影的效果，也不能让一国经济实现长期的复苏，并无法在本质上解决一国的经济结构障碍性问题（参见图 3-9）。

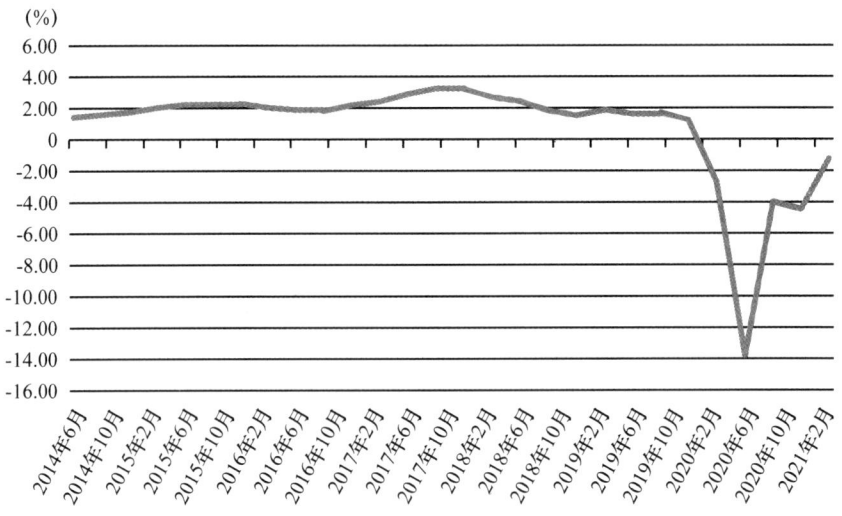

图 3-9 欧盟 GDP 增速

资料来源：CEIC 数据库。

（五）负利率政策的实质及其对全球经济的影响

分析全球化环境下的负利率实施效果相对的局限性。不能仅着眼于金融政策、金融市场及其影响角度出发，而是要从本质原因上加以认识和分析。

首先，对国家经济的发展与国际体系结构的分析，依然需要围绕马克思主义政治经济学的基本思想。生产力决定生产关系的基本逻辑意味着，一国的经济政策离不开基本的实体经济竞争力和生产效率。负利率国家的政策本质上是衰退期间的经济政策，欧美发达国家受到全球金融体系的深化和跨国公司的扩张的影响，本国产业空心化以及经济增长动力不足等问题才是亟待长期解决的问题。因此，负利率政策对于解决一国的经济结构性问题作用依然有限，只能在短期内通过政府的财政税收以及央行的货币扩张刺激有效需求，缓解经济衰退的压力。但负利率政策的长期持续可能致使企业债务累积超过风险水平，加剧银行不良贷款的风险发生率，引发连锁型偿债风险。① 与此同时，经济的刺激需要保障新增资金能流向关键领域，而实体经济的关键领域更依赖于技术创新等方式提高边际生产率，负利率政策的主要刺激渠道来自于货币市场的信用投放，属于金融市场的价格调整范畴，其并不能保证资金充分流入实体经济，包括提高产出效率。

其次，负利率政策是从成熟型发达经济体的萧条经济学认识出发的。多数实施负利率政策的国家同时正在以现代货币理论（MMT）进行宏观调控，这意味着央行向市场投放货币量大幅提高以刺激总需求的同时，政府正在以发行债券的方式借入这笔资金并进行财政支出计划，低利率的环境有利于政府偿还这一笔债务②。同时，为防止通货膨胀的潜在风险，政府可以通过税收的方式回笼市场流动资金，因此，税收的完善性也是重要的基础保障。但负利率政策能否得到有效的实施与一国是否拥有独立的货币体系、完备的抗风险能力以及市场需求的有效性密切相关。政府通过央行发行的货币实施刺激计划时，需要国民对本国货币具有充分的信心，而且货币的发行同时给政府带来了巨额的债务，虽然低利率水平本质上有利于降低政府债务负担，但债务存量的数额不断累积是负利率国家的普遍现象，过高的政府债务意味着偿还风险的持续累积，给社会经济的发展带来了潜在的不稳定性。

最后，在以美国为主导的全球金融体系中，依托跨国公司的对外投资体系所加速的全球资本流动，将使负利率政策带来的首要影响集中在金融领域，实体经济的刺激效果往往滞后于金融领域的变化，利率下调

---

① 负利率政策可能加剧全球负债水平的提高，助长全球性金融泡沫，http://industry.people.com.cn/n1/2019/1029/c413883-31425756.html。
② 原倩：《现代货币理论："萧条经济学"复兴的"第四波"》，《当代经济研究》2021年第6期。

至极低水平容易导致资本流向收益率更高的国家。一方面，给本国的产业发展所需资金带来短期性不足，而商业银行经营成本的提高将导致银行加速放贷而降低风险准入门槛，提高银行不良资产发生率，提高了本国金融风险。另一方面，可能加剧资本流入国的资产泡沫，加剧金融领域的风险，而在全球金融体系联系日益密切的环境下，一国金融风险的积累与泡沫的崩溃对于他国的扩散往往异常迅速，负利率政策的广泛使用也往往给全球经济笼罩上了新一轮的不稳定性。

从整体来看，需要意识到，负利率政策代表了传统全球经济体系的不稳定性加剧以及脆弱性的加深。负利率政策的本质依然是发达国家或经济强国新型的对抗衰退经济政策工具，带有巨大的博弈性而非合作性，对他国乃至全球经济体系都会带来一定程度的金融风险，且其对于经济的刺激作用偏向于短期影响，一国经济能否真正实现复苏依然需要实体经济层面的技术创新，进而把握新的经济增长点。而中国在现阶段的发展侧重点依然是提振实体经济，走产业高端化和技术创新路线，这样有利于在全球经济的衰退期实现赶超，用强大的工业基础和广阔的国内市场保障财政和货币政策有效性。在美国所主导的全球金融资本体系下，实体经济的发展和技术创新是促进经济安全的重要保障，有利于规避全球性低利率与量化宽松带来的资本流入和资产泡沫风险，促进经济金融体系的整体稳定。同时，更要注意到，负利率仅是某一个阶段，特别是全球经济正常下行期的一种工具选择，而如果发生意外的地缘政治冲突，如俄乌冲突推动的大宗产品价格上涨，包括疫情带来的供应链结构性短缺引发的价格上涨，可在很短时间内引发通胀逆转，使许多国家快速转向应对通胀。因此，负利率周期的非均衡和非常态也会促成金融资产期限错配的安全风险，而这一点已经在俄乌冲突后的全球金融市场波动中得到了验证。

四　避险情绪与国家安全引导下的全球投资新趋势

在全球利率存在结构性差异的同时，资本流动在新形势下也存在巨大的不稳定、不平衡性，全球投资在疫情期间所呈现的脆弱与短期性被显著放大。根据《2021年世界投资报告》显示，新冠疫情的全球流行直接导致了全球外国投资锐减1.54万亿美元，是2008年国际金融危机以来全球投资幅度下降最为迅猛的一年。而全球投资在新冠疫情全球流行后究竟有哪些结构性变化，并出现哪些新特点值得关注和研究分析。

（一）断崖式下跌的全球投资

首先，在全球维度上，如果以发达国家和发展中国家的新增投资进行分类，可以清楚地看到，全球整体投资呈现萎缩态势，而发达国家的避险情绪更为明显。从结构上看，一方面，发达国家的跨境并购和绿地投资性质的FDI流入显著减少。其中，2020年跨境并购项目的资金流入金额为3790亿美元，相较于2019年的4240亿美元，减少幅度达到11%。另一方面，绿地项目资金流入减少幅度高于跨境并购项目，减少幅度为16%。从数据可以初步推断，发达国家整体的资本流入量呈现一定程度的收缩，但收缩比率总体相对缓和。

在发展中国家维度上，跨境并购项目不减反增，从2019年的820亿美元提高为2020年的840亿美元，增长率为2%。同时，发展中国家绿地投资项目减少迅猛且显著，从2019年的4540亿美元减少至2020年的2550亿美元，锐减幅度为-44%（参见图3-10）。鉴于绿

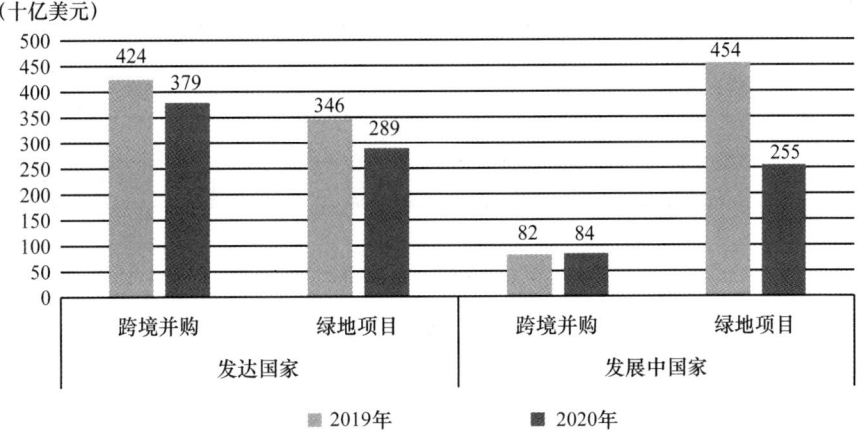

图3-10 按国家经济发展水平划分的FDI变化

地投资项目主要以发达国家在发展中国家进行创建型投资,投资周期较长且面临的经营风险较高,在市场环境不确定的情况下,发展中国家所接受的绿地投资项目锐减表明了受疫情影响,发达国家在产业链供应链本土化调整的开始,而这个趋势一旦形成将严重影响发展中国家未来的经济增长。

其次,按照全球大洲为区域进行划分,发达经济体的FDI净流入减少更为明显。2020年欧洲和北美的FDI流入量分别减少了80%和42%,这是1987年以来的最高降幅。根据全球投资报告所述,2020年主要发达经济体FDI流入量的急剧减少,是因为以荷兰、德国、爱尔兰和英国为主的欧洲国家资金的外流量大幅下降,而上述国家是欧洲主要的投资资金来源国。由于公司重组和控股公司清算,从荷兰流出的资金减少至1610亿美元。而德国跨国公司在本年度进行了较为大规模的海外资产结构调整,从海外收回了将近500多亿美元的投资,致使其外国直接投资减少了75%,而流向亚洲的FDI增长率为4%。在全球投资普遍下降的情况下,亚洲的FDI实现了微弱的正增长(参见图3-11)。

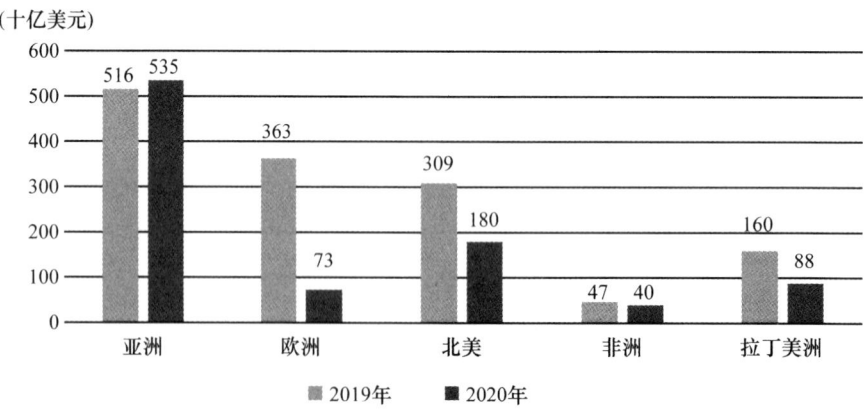

图3-11 按大洲划分的FDI变化

再次,按国家和地区维度来看,从2020年FDI流入量排名最靠前的五个经济体中分析可知,亚洲的投资增长首先来自中国香港的外资流入

第三章 脆弱的安全：动荡与无序的世界经济

出现大幅度增长，跨国公司通过并购等方式促进了资金的流动，中国的对外并购也是主要通过中国香港金融市场。① 而在印度，由于其信息和通信技术（ICT）行业向全球大幅度的募集资金，印度信实工业集团旗下 Jio Platforms 在不到两个月时间，先后从脸书、谷歌以及万事达等众多国际顶尖投资者手中获得了近 200 亿美元的投资，印度广阔的消费者市场，让诸多海外投资者看到了电信服务业在该地区的发展空间，诸多电信服务领域的公司都获得了较具规模的海外融资，使其成为世界第五大外国直接投资流入国。② 流入中国的资金得益于中国可靠的疫情防控能力以及企业的快速复工复产，包括"一带一路"倡议的顺利实施，也为中国企业对亚非主要发展中经济体的对外投资建设提供了良好的环境，使亚非国家的外资流入量下降幅度较之于欧美，波动较为缓和，除了中印两国逆势保持吸收外来投资增长外，美国、新加坡依然是发达经济体中吸收外来投资相对较强的国家，美国得益于其技术和市场空间，而新加坡则源于地缘优势成为发达国家的选择性替代（参见图 3-12）。

最后，从投资结构和投资性质来看，《2021 年世界投资报告》更加证实了投资在现阶段全球经济的脆弱和不稳定性环境下，呈现非常典型的避险与安全需求。在分行业的 FDI 变动中，以绿地投资的统计口径看，2020 年投资占据主要比重的六个行业中，以电子装备、汽车制造和化工为代表的实体经济行业出现了明显的投资萎缩，能源、信息通信服务类行业情况较为良好（参见图 3-13）。而分析行业变化的原因可以认为，目前，绿地投资的主要对象以发展中国家经济体为主，并且在投资实施过程中出资国往往需要全资在东道国投资设厂，并且工厂的建立可带来技术扩散效应，并不利于出资国维持长远期的技术垄断性，也不能在全球经济的脆弱环境中加强本国的产业安全。同时，在全球疫情负面环境

---

① 2021 年博鳌亚洲论坛发布报告《亚洲经济前景及一体化进程》，报告认为亚洲将成为全球可持续复苏的重要引擎，而中国在其中具有最重要的贡献。https://world.people.com.cn/n1/2021/0419/c1002-32081057.html。

② "Jio Platforms Is Wasting No Time As It Helps Create The New India", Forbes, July 14, 2020, https://www.forbes.com/sites/enriquedans/2020/07/14/jio-platforms-is-wasting-no-time-as-it-helps-create-the-newindia/?sh=7955733ca99e.

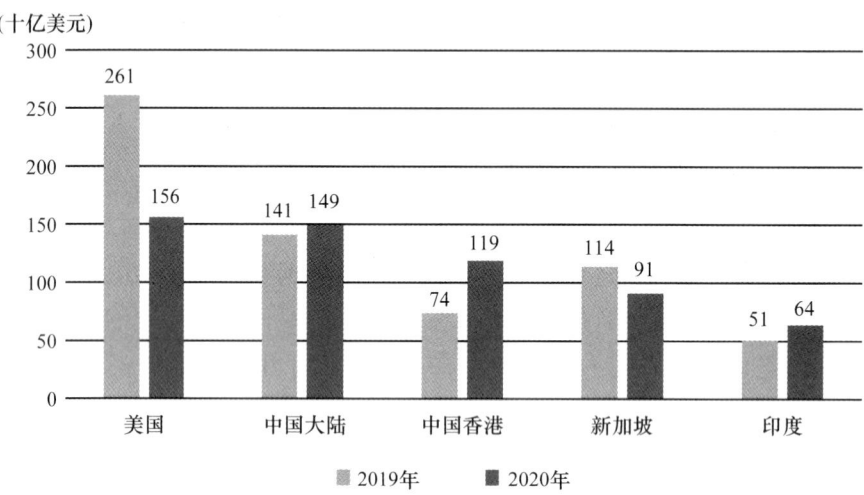

图 3-12　按主要国家和地区划分的 FDI 变化

的笼罩下，绿地投资时间成本高、周期长给项目资金的回收带来了潜在性风险。因此，服务、贸易类的投资，而非技术资本类投资，典型地反映了跨国资本的避险和安全性追求。

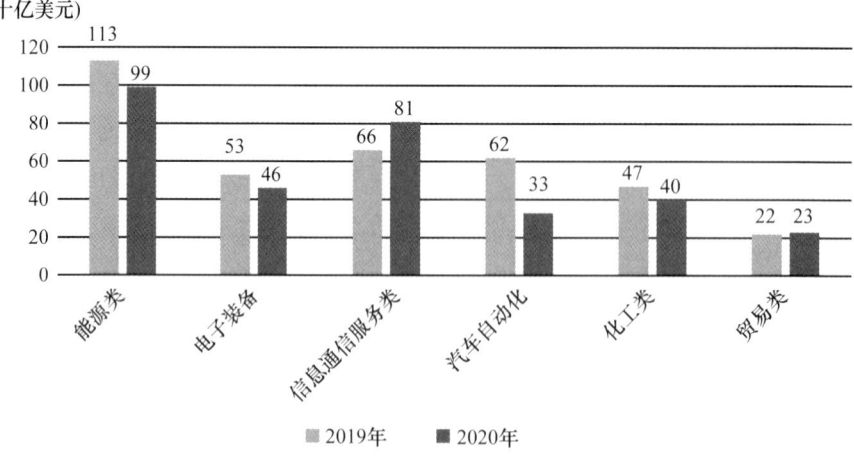

图 3-13　按主要行业划分的 FDI 变化

（二）规避国际风险传导与追求本国实体安全

从整体上看，全球投资的萎缩以及实体产业的对外投资大幅锐减，是全球疫情环境下经济脆弱性的重要体现。世界各国实行的限制入境政策对于全球的旅游服务业、交通运输业带来了巨大的损失，而社会总需求的迅速下滑以及企业的停工停产也直接导致商品供应链的断裂，并导致制造业各环节承担大量的违约与坏账损失。一系列的负面冲击给企业的利润空间带来了大幅度下降，也让各国企业通过投资方式实现扩大再生产的动力和能力下降。与此同时，中国抗疫的杰出成绩以及较为良好的投资环境建设使得中国成为吸引外资的重要流入地。但诸多发达国家作为主要的投资出资国，受到本国经济衰退和债务累积的影响，企业对外投资能力的下降带来了全球投资的显著减少。在疫情期间发生的供应短缺问题，使得世界各国更加关注在疫情衰退期间维持本国实体经济产业安全的自主性，保护主义思潮和力量上升又给全球经济带来了新的不稳定因素。

限制外资并购、保护本土产业以及实体经济的安全是世界各国应对脆弱且不稳定的经济环境的重要手段。发达国家正积极推动资本的内部循环流动，引导资金投向本国的关键领域。产业保护政策旨在保障各国核心的医疗、电子通信等关键实体产业的运行，政府通过自身的财政刺激政策以及引导社会向关键领域融资的方式缓解实体产业资金的短缺问题。上述一系列的措施将使原本投向外国的资本转为本土投资，进而出现对外投资大幅下降的局面。

在投资领域方面，拜登政府上台以来，通过多次万亿美元级的财政刺激计划将资金重点投向新兴技术研发和基础设施建设领域，并通过提高跨国公司的全球最低税率来阻止跨国公司在海外的离岸避税行为，旨在鼓励美国企业在本土投资，同时为本土企业和跨国公司创造更公平的竞争环境。[①] 而欧盟也通过积极开展内部融资计划等方式引导资金回流本土，以保障实体产业的自主性安全，欧盟本土投资集中针对于医疗和

---

① "Biden Details $2 Trillion Plan to Rebuild Infrastructure and Reshape the Economy", *The New York Times*, March 31, 2021, https://www.nytimes.com/2021/03/31/business/economy/biden-infrastructure-plan.html.

数字化产业等实体经济的应用技术领域，以加强本国产业的安全。①

诸多国家设置投资门槛，通过产业保护政策保障本土产业避免外部风险的冲击，是导致全球投资下降的又一重要因素。由于疫情期间经济的高度不稳定性，许多投机性资金会追求短期逐利，并以快进快出的方式在各国的金融市场进行价值收割，而这种投机性国际游资助长了金融性泡沫，同时也给实体产业的良性稳定发展带来了负面影响。为避免国际投机资本带来的经济脱实向虚趋势，及时遏制金融风险和保障产业安全，欧盟委员会委在2020年发布了《有关外商直接投资和资本自由流动、保护欧盟战略性资产收购指南》，要求成员国采取相应的保护政策对医疗等实体产业领域进行外资审查，以防止企业被外资收购。欧洲多国均严格按照《欧盟外资审查条例》，对核心实体基础设施领域，特别是针对高精尖技术领域进行了投资收购的审查，与此同时，在涉及公共安全的民用领域，如基础医疗物资供应环节和数据产业集中开展信息核查，以保障国民数据和信息的安全。②

由于欧洲国家的一系列资本审查与保护措施，发达经济体的跨境并购的资本流入量下降了11%，并且这个趋势还将进一步延续。③ 与此同时，欧盟内部正积极构建透明、开放、竞争有序的内部投资环境。④ 未来欧盟委员会将进一步收紧政策，以防止获得扭曲性的外国补贴公司收购欧洲企业，或参与公共招标。欧盟执委会主席冯德莱恩表示，欧洲资本市场内部正在努力保障开放性的同时，努力维持竞争的公平性。⑤ 结合2021年9月欧委会发布的促进欧盟资本市场联盟的新行动计划，可以

---

① 德国和法国领导人于2021年5月18日倡议，以欧盟的名义从资本市场融资，设立总额5000亿欧元的经济恢复基金帮助受新冠疫情重创的欧洲重振经济，http://www.xinhuanet.com/fortune/2020-05/19/c_1126006715.htm。

② 为保护本土产业安全和金融稳定，欧盟于2020年加强了外资审查力度，https://ec.europa.eu/commission/presscorner/detail/en/ip_20_1867。

③ OECD的统计数据显示了发达经济体对外投资的收缩，具体可见https://www.oecd.org/investment/investment-policy/FDI-in-Figures-April-2022.pdf。

④ 欧洲央行领导人指出，现阶段欧洲银行业正积极推动欧洲内部的金融市场一体化，并努力降低企业融资门槛，https://www.ecb.europa.eu/paym/integration/html/index.en.html。

⑤ 在新冠疫情的冲击下，欧盟市场内部的公平性维护呼声高涨，https://single-market-economy.ec.europa.eu/single-market/goods/building-blocks/market-surveillance_en。

看到，欧盟正努力通过新行动计划降低内部融资成本，简化税款程序，统一包括破产制度在内的各项政策协调，特别是改善高科技新型产业的投资需要的更为良好的投资环境，同时加强内部的资本自主性等措施和手段。而这些措施和手段的目的是保证欧洲技术和战略资产为欧盟战略自主所用，为欧洲经济安全所需。①

（三）全球投资的长期趋势与新型经济风险的应对措施

从长远来看，由于全球经济的脆弱和不稳定性仍将持续，而许多发达经济体面临经济增长动力不足的结构性问题时，可能依然选择采取低利率乃至负利率的货币政策，希望对经济采取非常规的刺激，但其本质属于衰退期间的经济政策。唯有通过扭转一国经济增长内生动力的疲弱性，即在有效提振实体经济对国家实力的贡献的同时，通过技术创新和抢占技术变革的先发优势以找到一国的新经济增长点，并在全球经济体系中占据主导地位，方能对经济的衰退性进行实质性改变。但这一结果显然只有在大国博弈和技术竞争中获得优势并抢占高地的国家方能率先实现。因此，在经济衰退过程中，负利率政策具有极大的不稳定性，特别容易受到供应链结构性短缺和地缘政治冲突等多重因素的影响。同时，全球长期低利率环境带来的投资收益的不断下降，也将直接导致全球对外投资的持续性下滑。因此，后疫情时代所呈现的投资下降不仅可能是长期的趋势，同时，国家对产业安全性优先级别提升，将导致既有全球投资追求效率和回报率的动机下降。

虽然在过去的几年间发展中国家的投资回报率整体较高，且具有更多的投资空间与机遇，致使其在疫情期间投资下降幅度相对于发达国家而言较为平缓。但是，诸多发展中国家经济体的对外依赖程度较高，抗风险能力较弱，投资所带来的安全风险是阻碍未来投资持续在发展中国家增长的重要因素。必须要认识到，对外投资不足将不仅是区域性问题，而是脆弱的经济稳定性下的全球性问题。在美国所主导的全球金融体系

---

① 保护欧洲技术和战略资产的欧盟战略规划可见 https://trade.ec.europa.eu/doclib/docs/2020/march/tradoc_158676.pdf。

下，主要发达国家为刺激经济所长期实施的扩张性财政货币政策，在特定的环境下可能加剧全球性通货膨胀，在推高发展中国家的资产价格的同时，许多国家还出现了由新地缘冲突导致的能源、粮食价格上升而引发的结构性通胀问题。鉴于长期的扩张性政策，发达国家面临着较大规模的债务压力。因此，在现阶段，发展中国家既要防止发达国家的扩张性政策导致的输入性通货膨胀，又要严防投资收缩、资本退出所带来的新一轮泡沫崩溃所加剧的全球衰退倾向。

总　结

当前世界经济秩序正处于剧烈变革期，宏观政策的作用力度在明显减弱，危机与挑战并存。既有的全球化模式所产生的弊端问题，本应通过世界大国经济政策协调共同应对解决。但美国为了维护自身全球霸权而主动展开对华博弈，消耗了全球共同应对经济下滑的宝贵资源。世界各国经济政策趋于碎片化，造成博弈性增加，使得全球宏观经济在疫情中的整体安全性显著下降。同时，地缘冲突引发的全球宏观经济结构性变化，使得原有对抗疫情经济下滑的反通缩政策，急速转变为部分国家进行的抑制通胀的经济政策。而政策快速转换带来的全球产业链、供应链的安全风险被迅速放大，失去了宏观经济政策既往的可预期性和稳定性，使得世界经济的无序性特征开始出现。

从宏观政治经济格局来看，中国现在以及未来将要面临的国际环境变得更加复杂和不确定。中国需要在世界乱序中以稳定自身经济为基础去寻找机遇，并通过不断地自主创新和改革开放，推动全球经济秩序格局重塑。美国近年来频繁的制裁政策使我们认识到掌握核心科技、维护产业链和供应链安全稳定运行的重要性。从根本上而言，经济制度和政策的设计依然是由一国的经济基础所决定，一国在国际竞争中的地位需要由其技术实力和强大的经济稳定性作为战略安全保障。在全球投资低迷的环境下，需要看到世界各国为维护国家安全和战略竞争所加大本土投资力度的长期趋向。同时，世界各国为保障国家内部的金融稳定，防止实体经济被外部资本收购所带来的经济主权削弱，对外投资受到审查和管制的力度将日益加大。并且，美国对中国主动博弈的战略主导，也将抑制中国对西方发达市场的投资，进而对全球经济稳定和市场扩大产生负面影响。

从产业变革的角度来看，在数据作为重要且新型生产要素快速发展的今天，技术迭代的速度日益加快，基于技术主导的产业变革和扩张的能力不断加强，引发了新一轮的全球"数字经济"竞争。而为抵御他国的技术主导和垄断，避免本国陷入数字鸿沟，世界各国均将倾其所能将政策与资本集中发展数字技术和高精尖领域，进而也导致了全球对外投资的广度下降，而本土投资的深度和产业集中度大幅提高。由于政策导向的变化，世界各国资本在高精尖领域的集中度将显著提升。而这种国家间的博弈性也给经济安全提出了新要求。

在全球经济的不稳定性、动荡性、无序性、博弈性加强面前，中国仍需要牢牢抓住全球经济结构变革期，抵御全球负利率和结构性通胀迸发所带来的各种外部风险，并在全球对外投资下降的挑战中，集中资源投入国际战略竞争的关键技术领域，实现数字技术的有效转化与场景运用推广，带动经济结构转型和生产效率提升。同时，要以强有力的经济和科技实力增长，打破美国所主导的全球金融和技术霸权窠臼，在脆弱的全球经济环境中保障经济安全。

第四章 大国博弈的另一只手：经济手段与国家经济安全

引 言

经济手段作为一种在不诉诸军事冲突的情况下投射权力，或影响另一国政府行为的非常规手段，往往受到霸权国家或国际组织的青睐。[①] 经济作为外交政策工具的效用，既证明了它作为国际外交主要手段的长期性，也体现在第二次世界大战结束后经济工具的重要性。回顾历史，国家和政治家对外运用经济手段达到战略目的，可以追溯到公元前 435 年雅典的《迈加拉法令》(*Megarian decree*)。后续又可溯及拿破仑在 1806 年开始的大陆体系中的使用；美国独立后的托马斯·杰斐逊在 1807 年禁运法案中的使用以及在第一次世界大战中的国际联盟在 1935 年对意大利的使用。1990 年苏联解体后，经济手段的运用更为频繁，仅存的世界霸主美国和操纵下的国际组织越来越多地使用以经济作为工具的制裁手段。

从本质上讲，对经济手段的研究是对一个国家或国家集团的政策偏好，通过何种机制传递给另一个目标国家的更广泛研究内容中的一部分。在不采用军事手段干预的情况下，一个霸权国是如何给一个目标国家带来政策变化的？相比其他渠道，包括外交劝说、道义谴责或文化封锁，经济压力显然是在国际舞台上对他国施加影响的一个关键渠道。经济手段包括贸易制裁，即限制从目标国家进口或向目标国家出口；投资制裁，包括限制资本流向目标国家，或在某些情况下强制撤资；目标更狭窄的

[①] Farrell C., *The Economic War Among the States: an Overview*, Region, 2009, pp. 4 – 7.

所谓"更聪明"的制裁，如冻结目标国家执政精英个人的离岸资产，或禁止特定的政府官员入境和旅行。在大多数情况下，经济手段的作用是给目标国造成非常规打击，特别是对其统治制度造成一定程度的动摇，迫使目标国家改变其政策，以满足霸权国家的要求，并避免遭受进一步的制裁损害。

2018年，美国在特朗普执政时期对中国发动了"贸易战"，很显然中国的迅速崛起已被视为对美国霸权的威胁。美国除了对进口的中国产品征收额外关税外，还收紧了对华技术转让和针对一些中国高科技公司（尤其是华为）的经营活动的限制。随着美国对华贸易战后期升级为"技术战"，不仅导致美国和中国经济之间的某些行业的快速脱钩，同时也促使世界经济开始向保守主义思潮回归，世界各国以安全而非效率为核心开始调整自身的经济政策。2018年3月美国根据美国1974年《贸易法》（Trade Act）第301条宣布对中国实施制裁，拉开了中美贸易争端的序幕。随之而来的关税上调与反制裁，标志着双方争锋的对峙很快演变成一场规模性"贸易战"。特朗普政府宣布对一系列中国产品征收新关税。最初的目标是太阳能电池板、洗衣机、钢铁和铝等产品。而在2019年6月双方谈判破裂后，美国将对价值2000亿美元的中国商品征收的关税从10%提高到25%。2019年9月，特朗普政府又宣布对额外的中国商品加征关税，将美国平均对华关税提高到21%。

由于全球产业链的关联，在加征的关税产品中许多都是中间商品，超过90%的从中国进口的零部件受到关税加征的持续影响，对中间产品征收关税使得美国公司与中国供应链整合的成本更高，对于这些产业链调整而言，其结果是推动了美国和中国经济继续面临脱钩的压力。但这些后果丝毫不能影响特朗普遏制中国的决心。特朗普在一次集会上公开宣称，任何不想支付关税的人都有一个简单的解决办法，在美国生产你的产品，把你的工厂带回来。[①] 事实上，美国学者也认识到，导致贸易

---

① Politi, J., S. L. Wong and A. Edgecliff-Johnson, "US Companies Reshape Supply Chains after China ultimatum", *Financial Times*, https://www.ft.com/content/bb3a3546-7c31-11e9-81d2-f785092ab560.

战的主要因素是，由于中国政治经济制度和西方的差异，以及中国的迅速崛起，导致了美国借口对中国"不公平贸易惯例"的不满，打压中国对美国霸权的挑战。[①] 美国对中国发起的贸易战标志着美国对华政策从接触到脱钩的转变，其中牵涉限制两国之间的贸易、投资以及技术和人员的流动。

值得注意的是，限制向中国的技术转让已成为美国阻止中国崛起的一项重要政策。美国逐步加强对外国直接投资和技术出口的国家安全审查制度，无形中让中国获得进口技术的通道收窄。与此同时，美国政府还把矛头指向了具备潜在威胁的中国高科技公司，特别是对华为在美国开展的业务进行百般刁难和限制。随着两国之间的争端焦点从与贸易有关的问题转移到涉及技术的问题，贸易战俨然已经升级为技术战。从现实的结果来看，美国的长臂管辖政策对中美两大经济体产生的负面影响正在不断扩散，而美国政策调整直接导致部分跨国公司开始把聚焦在中国的业务向其他国家分散。中国对美国的投资包括对其他发达国家的直接投资出现了急剧下降，关键技术的阻断可能带来中国经济竞争力削弱，并给中国技术融入全球市场带来巨大的障碍。另外，美国不仅会失去其在中国市场的份额，而且还必须从更不稳定和配套不完整的区域进口更昂贵的货品，对于抑制美国国内通胀带来了极大的困难。从长远来看，如果美国主动对中国的战略博弈方向不变，那么世界经济将面临分裂为以两个大国为中心的两个经济集团的风险，不仅对两国都会带来经济增长的抑制，同时对全球经济增长和产业链安全将产生严重的不利影响。

一 经济手段的定义和讨论

在历史文献中，经济手段通常与传统战争过程紧密相伴相随。学者们很早就意识到，取得战争的胜利，不仅仅取决于战场上军队的相对实力，同样至关重要的是，一个国家是否有能力维持运转良好的经济和获

---

① ［美］格雷厄姆·艾利森:《注定一战：中美能避免修昔底德陷阱吗?》，陈定定译，上海人民出版社2019年版，第13页。

第四章 大国博弈的另一只手：经济手段与国家经济安全

得资源，以便经受住战争不可避免地带来的艰难，进而支持军队的作战能力。而在战争中，削弱对手的经济实力以减少或消除其发动战争的能力，往往是显而易见的明智战略并被经常采用。古希腊历史学家修昔底德撰写的《伯罗奔尼撒战争史》提供了伯罗奔尼撒战争（公元前431年至公元前404年）之前和期间，雅典人使用经济手段的证据。雅典人对迈加拉实施贸易制裁的《迈加拉法令》，被敌对的斯巴达人视为战争行为。虽然，在随后的战争冲突期间雅典人一直维持着经济制裁，但却遭到雅典诗人阿里斯托芬（Aristophanes）在戏剧《阿卡尼亚人》（Acharnians）中的无情嘲讽。而现实的结果是，斯巴达人最终通过切断雅典人的补给线，导致雅典人全线失败。因此，从历史来看，经济制裁仍然是国与国冲突中的一个通常选项。在17世纪，荷兰著名的国际法学家雨果·格劳秀斯（Hugo Grotius）广泛补充和研究了经济战争中的经典法律，如海上封锁和走私行为。他认为，历史上大量的封锁、围困和对敌贸易的限制都证明了经济战争措施可以作为军事行动必要补充特征。[1]

事实证明，经济手段正在成为国际关系中一个不可或缺的现实存在，无论是正向合作，还是反向的制裁与封锁。尽管长期以来，国外学术界一直认为经济战争是一种极端的非常态情况，考虑到地缘政治环境的合作发展前景，批评经济手段是强权关系的学者也不得不作出认识上的让步。[2] 因此，尽管21世纪初，许多讨论对工业革命和全球化带来的相对和平所带来的积极发展前景提出了质疑。正如大多数自由主义经济学家所言，苏联的消失以及冷战历史的终结后，世界成为"美国统治下的和平"（Pax Americana）。但由于资源的逐步限制、能源问题日益紧张，留下了多极化冲突的风险空间，加上去工业化和新玩家对商业征服的渴望共同造成了西方世界的结构性危机。[3] 然而这种前瞻性的情景模拟讨论并没有得到大国间博弈与竞争的现实佐证，全球化的红利扩张依然使得发展与合作作为全球国家间政治主导。无论是将英国退出欧盟视为逆全

---

[1] Bederman D. J., Bull H., Kingsbury B., et al., "Hugo Grotius and International Relations", *The American Journal of International Law*, Vol.86, No.2, 1990, p.411.
[2] Badie, Bertrand, L'impuissance de la Puissance, Paris, Fayard, 2004.
[3] Fukuyama, Francis, La Fin De L'histoire et le Dernier Homme, Paris, Flammarion, 1992.

球化的开始,还是把美国特朗普执政视为保守主义力量回归。2017年以来,围绕着中美战略博弈而出现的经济层面交锋日益增多,使得人们对经济手段及其相关冲突的重要性开始重新审视和认识,同时,世界的多样性、复杂性、嬗变性,包括理论界消失许久的大国权力问题、相互依赖消失问题也被突然摆到人们面前进行讨论。事实上,从中美贸易摩擦开始到后续的美国主动对华全面战略博弈展开,世界格局从合作向竞争的转变之迅速并不在许多人的预期之中。而在已经开始的新历史阶段中,大国博弈的另一只手——经济手段与国家经济安全则需要被重新加以审视。

经济手段在国家间的作用"有效"吗?尽管对这个问题的传统答案是否定的。但芝加哥政治学教授罗伯特·佩普(Robert Pape)却认为,过去几十年来,国际关系学者们"对经济手段的效用越来越乐观"。在质疑这种所谓的乐观情绪时,他提出了有关经济手段的概念、判断经济手段是否有效的标准、"经济手段理论"的因果逻辑,以及对最常用的经济手段需要的数据库的重新评估等问题。[1] 在他看来,如果目标是产生与政策相关的效果,那么将经济手段视为治国手段是有益的。这意味着经济手段是霸权国外交政策制定者可以使用的一整套政策工具的一部分,以往这些工具只是包括外交、宣传和军事治国手段,新的经济政策制定能够在提供各种工具中进行灵活选择和组合。因此,将政策工具概念化,与其将经济手段视为治国之道的工具,罗伯特·佩普更愿意将其定义为使用这些工具的特定策略,并可以根据每个战略的不同目标,比较评估政策工具对给定目标的效用。[2]

在给出经济手段的定义时,佩普创造性地解释了霸权国家和国际组织的各自立场。然而,普林斯顿公共与国际事务学院的政治学家大卫·鲍德温(David A. Baldwin)却并不完全赞同佩普的观点。他认为,经济手段应扩大范围,直到包括"经济治国术"的所有方面。经济手段,不

---

[1] Robert Pape, "When Duty Calls: A Pragmatic Standard of Humanitarian Intervention", *International Security*, Vol. 37, No. 1, 2012, pp. 41–80.

[2] Robert Pape, "Why Economic Sanctions do Not Work", *International Security*, Vol. 22, No. 2, 1997, p. 91.

仅包括出于政治目的的经济胁迫（对制裁的传统理解），而且包括为现实经济目标（贸易争端）以及改变目标国家行为以外的目的而进行的胁迫，例如，参与经济打击、争取国内政治支持、向第三方受众群体展示决心等。[1] 事实上，经济制裁的概念扩大确实已经到了包括经济治国手段的所有方面，同时还允许一系列更广泛的可能目标。其本质上是试图削弱另一个国家的经济潜力，以便在国际权力上削弱他并施加惩罚。例如，2022年俄乌冲突期间西方对俄罗斯的经济制裁，无疑践行并丰富了经济手段的内涵。美西方通过大量抛售卢布方式，导致卢布在短时间大幅贬值，引发严重的货币危机，俄罗斯外汇市场和股市遭到重创，出现严重的通货膨胀。同时，美西方冻结了俄罗斯外汇，没收俄罗斯海外资产；国际银行清算系统 SWIFT 将俄罗斯部分银行踢出，伦敦交易所、纽约交易所将俄罗斯公司股票除名，禁止与俄罗斯开展投资与贸易合作；而手机、芯片、社交网站等几乎所有西方科技企业均关闭了在俄企业。在对国家和企业进行全面制裁的同时，美西方没收俄罗斯富豪的豪宅、游艇、私人飞机，包括瑞士不惜抛弃中立立场，公布俄罗斯私人存款。除此以外，与以往制裁不同的是，制裁扩大至体育界、美术界、音乐界、文学界、教育界、电影界，甚至连俄罗斯的猫、狗、树都被纳入制裁行列。俄罗斯一跃成为超越伊朗、叙利亚而成为被欧美制裁最多的国家。而美西方的制裁体系建立究竟延续了什么脉络，其继承了冷战期间哪些政治经济遗产？其与国家安全究竟有何内在联系？值得从历史与现实演变角度加以分析。

二 冷战以来西方通过出口管制运用经济手段的两大阶段

（一）起步阶段：美国组建多边出口管制协调委员会主导战略禁运

在第二次世界大战尚未烟消云散时，美国就对苏联为首的社会主义

---

[1] David A. Baldwin, *Economic Statecraft*, Princeton, N. J.: Princeton University Press, 1985, pp. 33–40.

阵营在世界范围内的政治扩散和领土扩张深感忧虑。20世纪40年代末，战后的和平局势迅速恶化为冷战，美国重新调整了全球战略，做出的回应之一就是实行杜鲁门主义。美国停止了与苏联集团的所有的往来，并承诺向欧洲提供广泛的经济援助以说服其西方盟友也加入到遏制的行列，共同抵御苏联向欧洲的东扩。正如美国在以往对外战争中所经历并通过第二次世界大战实践证明的那样，通过阻止敌人获得战争所需的战略物资，可以加速打败对手。因此，美国军方人士和政府官员的思维是，如果将来可能爆发的第三世界大战是必然结果，那么对苏联为首的社会主义国家发动出口管控和禁运，就是确保美国获得先发优势的必要步骤和必然选择。

这类思想的萌芽可以追溯到美国那些具有商人背景的国会议员和政府官员的实践认知。日本在太平洋战争前期利用美国开放的全球贸易政策，大幅度提升了自身的军事实力，也使得美国资本家群体对第二次世界大战后与苏联继续进行贸易往来呈现抗拒的心理。就像华尔街银行家布朗兄弟在写给杜鲁门政府副国务卿罗伯特·洛维特（Robert A. Lovett）的信中所阐述的那样，"我们向苏联出售的清单实际上是由你们政府高层决定的，但就我个人而言，我认为，我们政府应该严加管制，禁止苏联的船开往我们的口岸，停止带走我们的黄金和技术。更不允许向苏联运送重型机械以增强他们的内部实力和军事力量。现在的出口政策和我们1941年运往日本那样糟糕"[1]，布朗兄弟的观点随之得到美国企业界的广泛响应，美国医药巨头默克制药公司（Merck and Co）在1947年11月与国务院讨论后，停止了向苏联出口青霉素，并终止了在东欧设立链霉素制造厂的计划。[2] 美国军方对企业这些做法率先表示了支持，甚至

---

[1] 原稿参见美国国家档案和记录管理局 Brown Brothers Harriman and Co. to Lovett, 25 September 1947, 661.11/9-2547, Records of Secretary of Defense, RG 330, National Archives and Records Agency（以下都简称 NARA），https://www.archives.gov/。"运往日本"一词指的是美国公司在1936—1940年间出售三菱飞机公司使用的85%的机床和飞机部件，这些部件后来被视为对日本军备计划的重大帮助。具体参见 Report by the Economic Warfare Section of the Department of Justice War Division, "Purchase of American Machine Tools by Mitsubishi Enterprises", 11 June 1943, https://www.archives.gov/。

[2] Report by Department of State of discussions with Merck and Co., 10 November 1947, Records of Department of State 666.11/1, RG59, NARA. ibid.

专门召开了参谋长联席会议，一致认为美国现行的出口政策正在直接或者间接协助加强苏联的经济潜力和军事实力，无疑是异常危险的。因为苏联正在成为美国最直接的敌人。①

在美国军方和企业都有所积极行动之后，美国政府依旧"按兵不动"。直到英国向苏联出售由美国援助的喷气式发动机的事件发生，才激起了华盛顿方面的愤怒和反应。而英国外交大臣欧内斯特·贝文（Ernest Bevin）却在与美国官员的对话中声称，英国对此次交易的细节一无所知，但他向美国保证，英国将加强这类战略物资的出口管制。尽管有了这样的口头保证，英国还是在1947年12月与苏联达成了贸易协定，并坚持扩大他们认为是非战略性的贸易②。1948年1月，杜鲁门政府立马要求国会针对欧洲复兴计划（ERP）出台《对外援助法》，以防止共产主义国家获得美国产品和技术的可能性。参议员卡尔·蒙特（Karl Mundt）对法案进行细化的修订，提出禁止任何接受马歇尔援助的欧洲国家向共产主义国家出口任何可能包含美国供应的产品或者零部件，所有发往欧洲的美国产品如需要再次流通必须持有美国签发的出口许可证。③

在落实法案的细节上，美国国会下设的经济援助内阁小组委员会针对法案专门起草了一份禁止出口清单，防止苏联和东欧国家实现技术和经济实力的增强。该清单后经中央情报局、国防部、国务院、商务部和农业部共同组成的审核机构进行了审查，并将清单分为两大类。第一类包括主要用于生产弹药，或者对苏联及其社会主义国家的战争潜力提升具有重要意义的战略物资。例如机床、精密仪器、电子设备和一些化学产品等，这一类产品是全面禁止任何相关产品流向社会主义国家。第二类是具有间接军事意义的商品，例如机车、起重机、拖拉机等。这类产品允许少量出口东欧国家，但数量必须以对西欧至关重要的农产品和资

---

① Report of Munitions Board, "National Security Aspects of Export Controls", 1 January 1949, CD36-1-1. Records of the Secretary of Defense, RG330, NARA. ibid.

② Jeffrey Angel, *Cold War at 30000 Feet: The Anglo-American Fight for Aviation Supremacy*, Cambridge, MA: Harvard University Press, 2007, p.139.

③ Gimbel J., *The Origins of the Marshall Plan*, Stanford University Press, 1976, p.31.

源为相应的进口匹配,例如获得社会主义国家的粮食、煤炭、木材等。这份清单通过后,很快由总部设立在巴黎的马歇尔援助署行政人员分发给欧洲各国政府办公室,并明确指出总额为50亿美元的援助资金的分配将与遵守美国禁运清单直接挂钩。此外,为方便欧洲国家申请出口许可以及更好监督日常业务,美国政府在巴黎随之设立了多边出口管制协调委员会(COCOM)(下文简称 COCOM)。在美国政府的督促下到1950年为止,除冰岛外,所有北大西洋公约组织成员国都加入了该委员会。

1951年美日签署《旧金山条约》之后,日本也马上加入了多边出口管制协调委员会。从实际的执行效果来看,虽然美国和欧洲国家在禁运名单的范围上存在摩擦和分歧,但是,欧洲国家在经历第二次世界大战摧残后普遍衰落,欧洲国家必须借助美国的援助才能恢复元气,因而也不得不唯美国马首是瞻。因此,在冷战初期,美国始终能够维持甚至是强制盟国执行比清单更为广泛的出口管制。特别是朝鲜战争爆发后,中国直接卷入战争。1952年美国在多边出口管制协调委员会旗下单设"对中国出口管制协调委员会"(CHINCOM),专门负责限制向中国出口战略物资。事实上,美国对待中国采取了比对待苏联集团更严格的禁运制度,形成了"中国差别待遇"的情形。至此,美国打造的"初期禁运政策",已然成为切断西方关键产品和技术流向社会主义国家的雏形。

在冷战早期,多边出口管制协调委员会国家在美国指使下,对属于违禁品类别的货物实行禁运还是比较顺利的。但随着冷战上升为东西方两大阵营的全面对抗,违禁品和非违禁品之间的界线开始逐步瓦解。在20世纪80年代美苏竞争加剧和全面对抗的背景下,几乎所有的物品和技术都被视为战争获胜的潜在贡献因素。大批量的普通商品和技术都被列入了禁运的清单,此时的禁运政策的目的已将相对优势转变为绝对控制。尽管这个转变遭到德国和英国的部分反对,他们认为,禁运清单的大部分不是战略物品,如果开放这些非战略物资,对本国经济恢复发展会更有利好作用。[1] 针对盟友的质疑,美国战略学家大卫·鲍德温(Da-

---

[1] Lampton D. M., *Economic Cold War: America's Embargo Against China and the Sino-Soviet Alliance, 1949–1963*, Stanford, CA: Stanford University press, 2001, p.97.

vid A. Baldwin)给出的反驳理由受到里根政府的欢迎。在他的代表作《经济治国之道》中,鲍德温对英国、德国这类观点给出了专业的反驳,他认为,商品的战略质量高低取决于不同的应用情境。某些不起眼的物品或者技术缺失,也在根本上拖累国家经济运转效率,从而降低了该国家生产军事装备或民用消费品的总体潜力。鲍德温使用了"可替代性"的概念,强调民用产出和战争生产有可能相互转化,而且某一类生产有时会限制或提高另一种的产出。按照鲍德温的逻辑,所有贸易都需要成为战略禁运的目标,因为从纯粹的经济学角度来看,如果目标国能够生产出导弹,却难以生产出纽扣,那么对纽扣的禁运价值比对导弹禁运价值高。[1] 事实上,西方的禁运政策贯穿了整个美苏冷战期间,美国联合西方盟友通过日趋严密的禁运,以牺牲对美国经济微不足道的贸易额为代价,严重阻碍了苏联的技术进步和经济增长。西方很多学者普遍认同里根政府在第二个任期内通过禁运收紧以及技术竞赛的方式加速了苏联解体的步伐,并称赞这是美国精心策划的战略结果,是对苏联僵化的政治经济体制最沉重的打击。[2] 因此,经济手段采用和禁运的实施,在美国是有强大的历史政治遗产背景的,其在很大程度上被美国的学术界和政治界视为是"治国术"和"治国人"所需要的必备知识。

(二) 全球化阶段:从多边出口管制协调委员会到瓦森纳协定的演变

随着苏联的解体和冷战的结束,俄罗斯和东欧对西方社会的威胁性剧降。冷战时期的多边出口管制协调委员会由于其严格的安全考虑标准,难以应对全球化浪潮中东西方贸易的日益增长,而不再适合时代发展的趋势。[3]

---

[1] David A. Baldwin, *Economic Statecraft: New Edition*, Princeton University Press, 2020, pp. 214–215.

[2] Dobson, "The Reagan Administration", Information about the Offensive Embargo Strategy is from My Interview With Gus W. Weiss, 28 April 2003, in Washington, D. C. Weiss G. W., "The Farewell Dossier: Strategic Deception and Economic Warfare in the Cold War-An Insider's Untold Story", pp. 121–128; Norman A. Bailey, The Strategic Plan That Won the Cold War: National Decision Directive 75, MacLean, VA: The Potomac Foundation, 1998, p. 156.

[3] Coordinating Committee for Multilateral Export Controls and the Wassenaar Arrangement, http://www.referenceforbusiness.com/encyclopedia/Con-Cos/Coordinating-Committeefor-Multilateral-Export-Controls-and-the-Wassenaar-Arrangement.html.

| 新时代国家经济安全的战略与现实

因此,1994年3月29—30日在荷兰瓦森纳举行的高级别会议上,17个成员国一致同意终止多边出口管制协调委员会的职能。与此同时,致力于在全球化时代提高美国企业竞争力成为美国明确的战略目标,彼时的美国克林顿政府和国会也开始制定新的出口管制策略,其中就包括出台新的美国《出口管理法》(EEA),而寻求COCOM继任者的计划同时也被纳入国际政治新框架。

经过西方国家多轮的谈判,28个参与国于1995年12月19日在荷兰达成了《瓦森纳协定》。① 根据协定规定,由于涉及分类管理的需要,新的管制清单和成员国之间信息交流共享将于1996年11月1日起生效。② 在美国最初的设想中,《瓦森纳协定》将是一个适应全球化时代的、强有力的国际出口管制制度。其可以通过促进常规武器和军民两用货物及技术转让的透明化管理,防止特定国家破坏军事力量平衡的技术积累。时任美国克林顿政府的国际安全事务发言人琳恩·戴维斯(Lynn E. Davis)认为,《瓦森纳协定》提供了一个控制常规军备和技术转让的全球机制,以及一个容纳各国政府共同应对技术转让带来的区域安全挑战的场所。如果全球要应对后冷战时代依旧严峻的安全威胁,实现克林顿总统的"全面不扩散和常规武器转让"政策框架落地,只有通过强有力的美国领导,才能实现这一项多边安全制度的稳步推进。美国的绝对领导力要体现在制定各国统一的制度安排,不允许各成员国单一决定影响到美国维护国际和平的决心。③

很显然,美国仍然打算维系在《瓦森纳协定》中的霸权地位,意图继续控制成员国实施新一轮的特定对象技术管控。但是,《瓦森纳协定》在成立之初就已经包含一种微妙的机制,平衡了美国的霸权要求。与冷

---

① 《瓦森纳协定》包含两份控制清单,一份是军民两用商品和技术清单,涵盖了先进材料、材料处理、电子器件、计算机、电信与信息安全、传感与激光、导航与航空电子仪器、船舶与海事设备、推进系统等九大类;另一份是军品清单,涵盖了各类武器弹药、设备及作战平台等共22类。中国依旧处在被禁运国家之列。

② The Wassenaar Arrangement on Export Control for Conventional Arms and Dual-Use Goods and Technologies, http://www.wassenaar.org/introduction/origins.html, https://www.wassenaar.org/.

③ Lynn E. Davis, The Wassenaar Arrangement, http://dosfan.lib.uic.edu/ERC/arms/arms_briefing/960123arms_briefing.html.

战时期的多边出口管制协调委员会系统的一致性规则相反，瓦森纳框架下规定了在所有决策过程中都使用"共识"一词，最典型的就是《瓦森纳协定》不允许其成员拥有干涉或者否决他国出口受管制物品的权利。①此外，随着一些协议参与国，尤其是德国和日本的技术发展，美国的技术性权力已不再像冷战时期那样具有压倒性。

除了决策机制外，如果以文件形式比较COCOM和瓦森纳协定会发现，后者的大多数条例都源自冷战时期的禁运政策。为了适应时代发展的需要，建立适合全球化时代的出口管制体系，《瓦森纳协定》还是对以下方面进行了修改：一是成员国可以借助全球化的平台，促进出口管制对象和范围设定的自主性和灵活性。在《瓦森纳协定》中，各成员国依据本国国情和立法对武器和技术流向拥有高度自主权。尤其是遇到突发紧急时刻，无须申请禁令批准，即可灵活运用技术管制制度对目标国家实施精准制裁。二是在原有出口管制清单基础上进行技术上的升级和划分。在《瓦森纳协定》的控制列表中，除了对技术类别和参数进行更新之外，增设的两个新的子清单——敏感清单和非敏感清单。而这份双重用途清单的确定成为核心亮点，它意味着西方国家将技术管控引入了一个新的阶段。因为对某类特定高科技产品的可控性的"敏感度"识别，意味着安全参数高的技术或和军事相关的最终产品还将受到更严格的控制。

虽然表面上适应全球化时代的《瓦森纳协定》在制度与技术分类两大领域做出了许多积极的调整。但本质上，《瓦森纳协定》并不具有法律效应，也没有形成强制的法律措施以及裁决机构，并且协定参与国和非参与国在实践中都有制定本国的双重用途出口管制条例和清单的自由。因此，这种自主性安排事实上加剧了双重技术认识的模糊范围，导致协定参与国之间实施出口管制活动的不对称行为，进而也影响到美国希望的实际制裁效果的出现。但是，无论该协定的实质效果如何，由于协定的存在，在很大程度上，协定参与国还是默认了许多积累的"共识"，

---

① The Wassenaar Arrangement on Export Controls for Conventional Arms and Dual-Use Goods and Technologies Initial Elements, https://www.wassenaar.org/docs/IE96.html.

并依靠自觉行动在有意和无意间主动控制着敏感技术的体系外流动和输出。

三 美国对中国实施经济手段的战略意图

2016年，唐纳德·特朗普（Donald Trump）在"美国优先"的口号中当选美国总统。表面上看，他在发动持续的对华贸易战中发挥了关键作用。特朗普的总统备忘录显示，为了兑现竞选承诺，特朗普指使美国贸易代表办公室（USTR）根据《贸易法》第301条的规定，对中国在技术转让、知识产权和创新方面的做法进行调查，并在调查报告对中国进行了全面严厉的指责。[①] 值得注意的是，该报告关注的重点是美国对中国的技术转让，而不是通常认为的双方贸易的不平衡。[②] 报告提出了四点对中国的针对性限制，而这些限制涉及内容和影响将包括以下几点。

首先，美国认为，中国使用行政审查和许可程序来要求或迫使技术转让，损害了美国投资和技术的价值，并削弱了美国公司的全球竞争力。因此要求对中国取消外国所有权限制，包括合资企业要求、股权限制和其他投资限制，以防止美国公司被迫向中国实体转让技术。

其次，针对中国在美的投资和活动施加了大量的实质性限制和干预，特别是限制技术许可条款。很显然，这些条件的设定剥夺了美国技术持有者自主交易技术的权利，同时为技术转让划定了严格的范围。中国公司想获取美国公司的技术必须获得美国政府的许可。

再次，严格阻止那些被中国政府授权的公司对美国公司和资产进行系统的投资和收购，以获取尖端技术和知识产权。对已转让的技术，须谨防对中国政府规划的重点产业中进行大规模技术转让。

---

① Office of the United States Trade Representative, President Trump Announces Strong Actions to Address China's Unfair Trade, https://ustr.gov/about-us/policy-offices/press-office/press-releases/2018/march/president-trump-announces-strong.

② Office of the United States Trade Representative, Findings of the Investigation Into China's Acts, Policies, and Practices Related to Technology Transfer, Intellectual Property, and Innovation Under Section 301 of the Trade Act of 1974, https://ustr.gov/sites/default/files/Section 301 FINAL.PDF.

第四章 大国博弈的另一只手：经济手段与国家经济安全

最后，无端指责中国对美国公司的计算机网络进行未经授权的入侵和盗窃。在美国污蔑的口径中，这些行动为中国政府提供了未经授权访问知识产权、商业机密或机密商业信息（包括技术数据，谈判立场以及敏感和专有的内部商业通信）的权限，并且还支持中国的战略发展目标，包括其科学技术进步、军事现代化和经济发展。因而，美国需要对这些"被中国政府操控"的公司实施严格的出口管制。

在美国完成内部程序后，美国贸易代表办公室紧接着于2018年3月启动了世界贸易组织（WTO）下的争端解决程序，并要求与中国进行双边磋商。2018年4月3日，美国贸易代表办公室公布了一项制裁计划，对从中国进口的1300多种产品（包括价值500亿美元的高科技产品）加征25%的关税。而为什么美国在2018年突然向中国"发难"一直是国内学者讨论的重要话题。在美方指责的论点中不难发现一些蛛丝马迹。美国国内主流观点将中美贸易争端的原因和随后的贸易战，归因于中国未能遵守世界贸易组织（WTO）设定的原则——开放和市场的主导作用。很显然，美国把中国抹黑成为"不公平的交易者"形象，并希望获得规则解释。美国驻世贸组织大使丹尼斯·谢（Dennis Shea）代表美国立场进行了系统性论述。[①] 并把中国"破坏贸易的经济模式"的行为概括为以下七点。

（1）尽管中国一再将自己描绘成自由贸易和全球贸易体系的坚定捍卫者，但实际上，中国是世界最具贸易保护主义和重商主义色彩的经济体。

（2）中国利用诸如政府威权，对关键经济主体采用政府指令等控制手段，直接或间接形式对资源分配强加干预。

（3）长期以来，中国通过任命主要高管以及提供对土地、能源和资本以及其他重要投入的优惠准入，对国有企业实行了强行控股。

（4）从法律的意义上讲，中国的体制被用来促进政府的产业政策目

[①] Dennis Shea, Ambassador Shea: China's Trade-disruptive Economic Model and Implications for the WTO, Statement Delivered at the WTO General Council, https://geneva.usmission.gov/2018/07/27/55299/.

标并确保独立的经济成果,因此法律在中国只能视为国家的工具。

(5)中国正在通过实施包括《中国制造2025》计划在内的大量产业政策,寻求在广泛的先进技术上取得国内市场主导地位和全球领导地位。①

(6)中国的产业政策部署了大量扭曲市场的补贴,并为目标国内产业提供了其他形式的金融支持。

(7)中国奉行各种不合理的政策和做法,损害了美国的知识产权、创新和技术发展。

上述在美国方面看来这些"不公平贸易行为"最终的结果指向了美国与中国的巨额贸易逆差,2018年达到了4192亿美元,占美国贸易逆差总额的47.7%(见图4-1)。美国各种舆论竭力反驳中国《人民日报》揭露出的美国发动贸易战的真正动机,是遏制中国成为美国霸权的挑战者,进而来掩盖美方杜撰的"中国是不公平交易者"的观点。②

美方的"贸易不公平"说辞仅是美国战略行动的一个借口。事实上,美国防御现实主义理论学者、哈佛大学肯尼迪政府学院教授斯蒂芬·沃尔特(Stephen Walt)在其著作《驯服美国权力:对美国首要地位

---

① 美国商务部在2017年3月发布的一份报告中批评了《中国制造2025》的实施情况。美国片面地认为,与其他国家发展制造业的计划(例如德国工业4.0)不同,《中国制造2025》旨在通过为中国公司提供优惠的资本获取机会来提高他们的研发能力,并通过从国外引进技术来增强他们的竞争力。与"十三五"规划、"互联网+行动计划"以及其他国家主导的发展计划相结合,《中国制造2025》是一项广泛的战略,利用国家资源在全球范围内为中国在制造业中建立比较优势提供了条件。关于《中国制造2025》的实施,有必要特别注意以下三个方面:(1)加强政府对制高点的控制。2013年11月,中国共产党第十八届中央委员会第三次全体会议确定了市场在资源配置中起决定性作用的原则。《中国制造2025》重申了政府在资源配置中的核心作用。(2)加大优惠政策和资金支持。《中国制造2025》表明,中国政府有意利用中国的法律和法规体系,在目标领域胜出外国公司。此外,在未来几年中,《中国制造2025》的目标产业可能会获得数千亿元的政府支持。这可能会扭曲中国的国内市场和全球市场。这种支持不仅可以用于投资本地创新,还可以为外国技术收购提供资金。由国家支持的对特定技术的支持代表了中国产业政策的新特征和自然延伸。(3)设定全球基准。《中国制造2025》代表了最新的、影响深远的工业政策,是连续不断的此类政策的发展,不仅可以培养国家冠军,而且可以培养全球冠军。与《中国制造2025》相关的政策文件设定了全球销售增长和市场份额目标,这些目标将由"国产产品"填补。

② Tao L., W. T. Woo, "Understanding the U. S. -China Trade War", *China Economic Journal*, Vol. 11, No. 3, 2018, pp. 319 – 340.

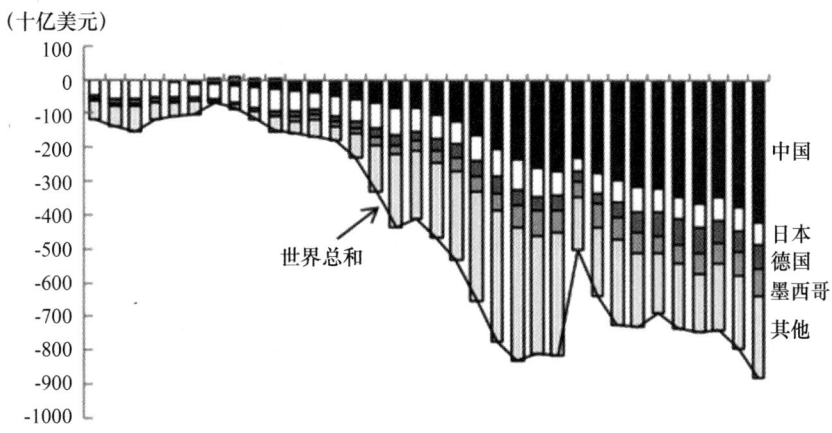

图4-1 美国主要贸易伙伴对美国商品贸易差额的变化

资料来源：根据美国人口普查局数据整理。https://www.census.gov/data.html。

的全球回应》中，明确提出的"60%临界点"恰恰是对美国自身的狡辩最好的揭露。根据沃尔特的研究，美国的外交政策必须遵循"60%的临界点"原则，即当任何一个国家的经济规模达到美国的60%，并继续快速增长威胁要赶超美国经济的时刻，美国就应将其视为一定要与之抗衡并战胜的对象。[①] 而与日本曾经受到的"待遇"一样，由于经济增长而带来的规模上升，中国在2018年的时点上满足了"60%的临界点"进而成为美国的战略博弈对手（参见图4-2）。因此，对于美国而言，中国不仅是美国政客口中"美国优先"原则的威胁，同时更是史无前例的竞争对手。中国快速增长的经济实力引起了美国的高度恐慌，并且从趋势来判断，将比美国以往的任何一个竞争对手，包括苏联或日本都具有更大的超越潜力。因此，美国发动贸易战的真正动机并不在于真正减少美国的贸易逆差，而是在于遏制中国在广泛领域的发展。

一些美国学者和政策制定者对美国的真实意图并不避讳。例如，美国经济学家、哥伦比亚大学可持续发展中心的杰弗里·萨克斯（Jeffrey

---

① ［美］斯蒂芬·沃尔特：《驯服美国权力：对美国首要地位的全球回应》，郭盛译，上海人民出版社2008年版，第75—98页。

| 新时代国家经济安全的战略与现实

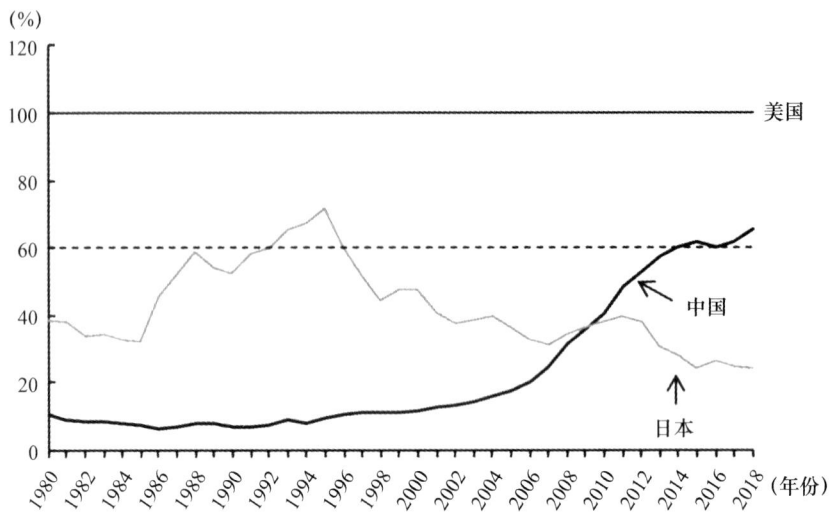

图 4-2　中国和日本相对于美国的经济规模的变化

根据 IMF《世界经济展望数据库》(World Economic Outlook Database)，2019 年 4 月的数据编制。纵轴表示相关国家的国内生产总值（GDP）与美国 GDP 的比率。

Sachs）教授坦言："特朗普政府和中国的冲突与美国的外部失衡、封闭的中国市场乃至中国所谓的知识产权盗窃并无关联。事实上，美国政府更多地希望堵住一切中国可能获得美国技术的渠道，包括限制中国进入外国市场，乃至通过美国大学的学术交流等。"① 而史蒂芬·班农（Steven Bannon）在担任白宫首席战略家时，也在接受《美国前景》(The American Prospect) 采访时表示，我们当中的一方（美国或中国）将在 25 年或 30 年内成为全球霸主，如果美国退缩了，那么中国将代替美国成为全球的新霸主。他甚至预测，如果美国继续错失遏制中国的机会，可能在 5—10 年内中美实力将达到拐点，之后美国只能坐视中国俯视美国。② 很显然，美国对中国的威胁评估完全体现了美国政府对中国的看法，而

---

① Jeffrey Sachs, The War on Huawei, Project Syndicate, https://www.project-syndicate.org/commentary/trump-war-on-huawei-meng-wanzhou-arrest-by-jeffrey-d-sachs-2018-12? barrier = accesspaylog.

② Mike Pence, Remarks by Vice President Pence on the Administration's Policy Toward China, The Hudson Institute, Washington, https://www.whitehouse.gov/briefings-statements/remarks-vice-president-pence-administrations-policy-toward-china/.

第四章 大国博弈的另一只手：经济手段与国家经济安全

不仅是班农的个人观点。

面对中国崛起的客观情境，美国打着"破坏贸易的经济模式"的借口，对中国采取了对抗性立场是基于全面的战略评估。在 2017 年 12 月美国发布的《国家安全战略报告》中，特朗普政府强调了经济安全是美国国家安全的基础，并称中国和俄罗斯为美国"战略竞争对手"①。正如该报告在第 2 页所呈现的有关地缘政治状况的美方评估结果："中国和俄罗斯正在世界范围内挑战美国的权力、影响力和国家利益，企图削弱美国的安全与繁荣。他们使用非法途径扭曲自由和公平的经济发展环境，无节制发展其军事力量，并控制信息和数据以压制其社会并试图扩大影响力。"正是基于这些错误的战略判断，特朗普政府选择将其对中国政策从接触转变为全面脱钩。从克林顿到奥巴马政府的政策的核心是致力于从维护美国主导的自由主义国际秩序出发，将迅速崛起的中国视为这一秩序的挑战者，因而，多边主义的国际制度竞争与规则约束分别成为该阶段中美互动，包括美国对华政策的主题。② 而放弃自由主义向保守主义回归的特朗普政府对华脱钩政策，旨在通过提高中国产品的进口关税，限制对华高科技产品的出口，以及加强对中国直接投资的限制等措施，来限制中国的经济增长和中国在世界影响力的扩大，从而防止中国威胁美国在世界上的领导地位。

当然，经济并不是中美之间唯一的对抗领域，在遏制中国的战略博弈上，美国更试图在经济手段之外进行全方位的对华打压。2018 年 10 月 4 日，美国时任副总统迈克·彭斯（Mike Pence）在美国哈德逊学院的演讲中，不仅强烈谴责中国的经济政策和经济体系，而且还将攻击的矛头直接指向中国的政治体系、宗教政策、对台政策、外交政策，尤其是"一带一路"倡议，包括对美国内政，特别是对美国选举的干预。③

---

① White House, National Security Strategy of the United States of America, https://www.whitehouse.gov/wp-content/uploads/2017/12/NSS-Final-12-18-2017-0905-2.pdf.
② 王浩：《从制度之战到经济竞争：国内政治与美国对华政策的演变（2009—2018）》，《当代亚太》2019 年第 1 期。
③ Mike Pence, Remarks by Vice President Pence on the Administration's Policy toward China, https://www.whitehouse.gov/briefings-statements/remarks-vice-president-pence-administrations-policy-toward-china/.

新时代国家经济安全的战略与现实

在美国各种政治力量的鼓噪下，美国全力使用经济手段，同时还通过地缘政治，包括特朗普后期提出的"印太战略"全政府式地集中力量对华展开博弈。

从上述的分析可以看到，中美针锋相对的关税"贸易战"只是双方竞争的一个重要领域，而其真正核心是美国需要在关键时点遏制有可能挑战其霸权的战略对手。尽管美国的做法在经济上有悖常理，但这并不意味着中美的经济联系会出现持久的断裂。就美国的操作难度而言，在全球价值链的生产网络模式下要将两个相互依存非常高的经济体完全分隔是极度困难的。而相比之下，"技术战争"则暗示了一种完全不同的状态。因此，在中美贸易摩擦进行了一年多后，在美国政策圈和智库层面中出现一种更受欢迎的主张，并成为跨党派的共识——美国应该主动进行两国之间某种形式的"脱钩"，范围可以更窄，只对与敏感技术有关的贸易和投资进行限制，而后逐步解除中美供应链和公司间的联系。[①] 随后，随着拜登政府上台，其政府的智囊们更加集中地提出"小院高墙"的主张，希望在更精准的技术领域对中国实施全面打击。[②] 同时，拜登政府也充分认识到西方联盟和"模块化"组合策略对遏制中国的有效性，进而进行了对华战略的调整。在延续和强化特朗普时代的技术、产业遏制中，拜登政府开始着手通过美国—欧盟贸易和技术委员会（TTC）、"印太经济框架"（IPEF）等机制推进，逐步构建起系统性的对华脱钩，目的在于建立起一个以西方技术、资本、市场为支撑的新经济生态系统。

[①] The National Bureau of Asian Research, NBR Special Report No. 82: Partial Disengagement A New U. S. Strategy for Economic Competition with China, https://www.nbr.org/publication/partial-disengagement-a-new-u-s-strategy-for-economic-competition-with-china/.

[②] 前美国战略与国际问题研究中心（CSIS）前高级研究员，现任新美国（New America）智库研究员的萨姆·萨克斯（Samm Sacks）提出了保护美国技术至上与精准打击的"小院高墙"战略观点。萨克斯的相关观点在美国国会证词可见：https://www.foreignaffairs.com/articles/2018-10-23/right-way-protect-americas-innovation-advantage，https://www.commerce.senate.gov/services/files/7109ED0E-7D00-4DDC-998E-B99B2D19449A，https://docs.house.gov/meetings/FA/FA00/20190508/109457/HHRG-116-FA00-Wstate-SacksS-20190508.pdf。

四　美国投资审查与管制对中国的影响

自2018年中美贸易摩擦以来，中美之间的争端已从与贸易有关的问题扩展到涉及核心技术的问题。特别是，为了阻止中国公司通过在美国的直接投资和并购来获取前沿技术，美国政府加强了针对外国公司直接投资的国家安全审查制度。

美国外国投资委员会（CFIUS）负责根据2007年《外国投资和国家安全法》（FINSA）监督外国直接投资。法律授权美国外国投资委员会审查外国公司通过并购获得美国公司控制权时可能产生的国家安全风险。美国外国投资委员会如果判定外国对美国公司的投资会对美国国家安全构成威胁，将建议采取"缓解措施"，如果建议不被接受，可能导致投资和并购的失败。美国的《外国投资和国家安全法》于2007年颁布，是在1988年美国《对外贸易和竞争力综合法案》中的埃克森—弗罗里奥条款的基础上进行再修改的版本。在该法案的基础上，美国外国投资委员会关于国家安全审查的指导意见又详细列举了在国家安全审查过程中应考虑的12个因素（参见表4-1）。

表4-1　　　　　美国外国投资委员会国家安全
审查过程中应考虑的因素

1. 预计的国防需求限定国内生产
2. 国内工业要具备满足国防要求的能力，包括人力资源、产品、技术、材料以及其他物资和服务的可用性
3. 外国公民对国内产业和商业活动的控制，因为这会影响美国满足国家安全要求的能力
4. 该交易对向支持恐怖主义或扩散导弹技术或化学和生物武器的国家出售军事产品，设备或技术的潜在影响；以及国防部长认定对美国利益构成"区域性军事威胁"的交易
5. 这项交易对影响美国国家安全的地区的美国技术领导者的潜在影响
6. 交易是否对美国的关键基础设施产生了与安全相关的影响
7. 对美国关键基础设施（包括主要能源资产）的潜在影响

续表

8. 对美国关键技术的潜在影响
9. 该交易是否为外国政府控制的交易
10. 如果涉及政府控制的交易，则应进行以下审查：(ⅰ) 外国遵守防扩散控制制度；(ⅱ) 外国合作开展反恐工作的记录；(ⅲ) 具有军事应用技术的转运或转移的潜力
11. 美国对能源以及其他关键资源和材料的需求的长期预测
12. 委员会主席或委员会认为适当的其他因素

资料来源：根据 CFIUS 的法规汇编整理，https://home.treasury.gov/policy-issues/international/the-committee-on-foreign-investment-in-the-united-states-cfius/cfius-laws-and-guidance。

显然，通过《外国投资和国家安全法》中增加的 6—12 的因素，美国扩大了美国外国投资委员会的审查和调查范围。而此前，按照美国财政部（Treasury Department）规定要求，美国外国投资委员会的活动主要集中在对美国国防安全有影响的投资上。然而，额外的因素则是将经济安全的因素纳入了美国外国投资委员会的审查程序，而这在最初的《埃克森—弗罗里奥修正案》通过时被明确拒绝。法案的这些变化意味着美国外国投资委员会将审查和调查重点重新放在考虑更广泛的经济安全问题上。具体来说，在现在的规则下，美国外国投资委员会将投资对关键基础设施的影响作为建议总统叫停或推迟交易的一个因素。而一个更明显的信号是在法案的第 2 条中，关键基础设施被宽泛定义为"任何对美国国家经济安全和国家公共卫生安全至关重要的系统和资产，无论是基于物理的还是基于网络的，只要这些系统或资产的退化或破坏会对国家安全产生削弱性影响，那么这些资产就是关键的"。[①] 这显然增加和扩大了委员会的自由裁量权。

作为遏制技术转让的又一举措，特朗普总统于 2018 年 8 月 13 日签署的《2019 财年国防授权法》（NDAA），并与 2018 年《外国投资风险审查现代化法》（FIRRMA）共同实施，推动出口管制进一步升级。新的法案增加了美国外国投资委员会充分使用 2018 年《出口管制改革法案》

[①] Foreign Investment and National Security Act of 2007, https://www.congress.gov/110/plaws/publ49/PLAW-110publ49.pdf.

（ECRA）的授权，其中明确规定了针对美国关键技术向其他国家转移的对策。尽管法案未指定任何特定国家/地区，但美国政策制定者都普遍意识到这些新法律是为中国"量身定制"的。由于外国投资风险审查现代化法的授权，美国外国投资委员会审查的交易范围已扩大到包括以下内容的外国人的商业活动：（1）外国人购买，出租或特许给"敏感"政府设施的房地产；（2）对拥有关键技术，关键基础设施或美国公民个人数据的美国企业的非被动（但非控制性）投资；（3）导致外国人控制美国企业的外国投资者权利的任何变化；（4）旨在规避美国外国投资委员会管辖权的任何其他交易、转让、协议或安排。事实上，已经将所有的外国商业活动纳入审查范围之中。

在美国严厉得近乎疯狂的政策管制下，中国公司的海外投资脚步被迫放缓，更不可能通过并购从美国获得尖端技术。自特朗普政府2017年就职以来，由于未能获得美国外国投资委员会批准而被放弃的外国公司收购计划中，中国公司所占比例最大（参见表4-2）。中国在美国的直接投资与收购在资金规模上呈断崖式跌幅，从2016年的460亿美元下降到2017年的290亿美元，而到2018年下降到历史新低的48亿美元。[①]很显然，美国对中国公司对美投资的"格外审查"已经严重影响到正常的跨境收购和产业链整合。

表4-2 中国公司因未能获得美国外国投资委员会批准而放弃的收购计划

被收购方	收购方	所属国家	时间	交易规模
高通（Qualcomm）	博通	新加坡	2018年3月	1170亿美元
科利登（Xcerra）	湖北鑫炎股权投资合伙企业	中国	2018年2月	5.8亿美元
速汇金国际（MoneyGram International）	蚂蚁金服集团	中国	2018年2月	12亿美元

---

① Hanemann T., Gao C. & Lysenko A., Net negative: Chinese Investment in the US in 2018, Rhodium Group, https://rhg.com/research/chinese-investment-in-the-us-2018-recap.

续表

被收购方	收购方	所属国家	时间	交易规模
考恩	中国能源股份有限公司	中国	2017年11月	1亿美元
爱励铝业（Aleris）	中国忠旺	中国	2017年11月	11亿美元
希尔定位（Here）	四维图新	中国	2017年9月	3.3亿美元
莱迪思半导体（Lattice Semiconductor）	峡谷桥资本合伙人	中国	2017年9月	13亿美元
全球鹰娱乐（Global Eagle Entertainment）	海航集团	中国	2017年7月	4.16亿美元
诺华达无线通讯（Novatel Wireless）	TCL实业控股	中国	2017年6月	5000万美元
克里（Cree）	英飞凌科技	德国	2017年2月	8.5亿美元

资料来源：https://crsreports.congress.gov/product/pdf/RL/RL33388/68. 笔者自行整理。

五 美国在技术管制上的政策调整

根据美国2019年《出口管制改革法案》（ECRA）的授权，美国商务部还应对新兴技术和基础技术的出口、再出口或在国内的转让建立适当的控制。而对于判断哪些新兴和基础技术是对美国国家安全至关重要的技术，将由美国商务部下属的工业和安全局（BIS）确定。从美国商务部BIS目前认定存在对美国国家安全至关重要的特定新兴技术的代表性一般技术类别的名单来看，包括像生物技术、人工智能和机器学习技术、微处理器技术、先进计算技术或数据分析技术、物流技术等量子信息和传感技术、增材制造、大脑检测计算机接口、高超音速、先进的监视技术等技术，其清单名录在很大程度上与《中国制造2025》的十大重点行业重叠。① 除此之外，美国《国防授权法案》（NDAA）还限制了美国政府使用中国科技公司生产的产品，这些科技公司包括电信设备制造商华为和中兴，以及一些视频监控制造商，如海特拉通信公司、杭州海康威视数字技术公司和大华科技公司。因此，技术管制的难度显然与技术进步和技术用途的扩散高度相关，而美国正是在这个复杂的新背景下不断调整自己的技术管制方式。

第一，在新兴技术控制上逐步加强。美国商务部于 2018 年底发布的《关于新兴技术的拟议规则的预先通知》引起了国际上的多方关注。该部门计划将根据 2019 年《出口管制改革法》迅速采取行动，以期确定对新兴技术强加新的、框架广泛的控制措施。但是，随着 2020 年新冠疫情的全球大流行，美国商务部被迫将计划搁置。从美国商务部的动态信息发布上可以看到，美国商务部工业和安全局在 2019—2020 年期间，就新兴技术控制问题与众多私营部门、政府机构和非政府利益相关者举行了多次非公开会议，并进行了深入分析。这些举动表明了美国商务部对新兴技术的控制进行调整的决心。在美国商务部的影响下，美国政府也一直协调政府其他部门的行动，以最大程度地发挥政策对美国私营部门公司和其他组织机构的影响。

除了自身的机构协同之外，美国还采用多种方式来实现多边管控，包括通过拥有 42 个成员国的"瓦森纳安排"（Wassenaar Arrangement）来进行推进。各参与国在 2019 年 12 月的全体会议上达成了对六种特定技术施加新控制措施的共识之后，2020 年 10 月美国商务部就在如下方面增加了新的管制措施，其中包括：混合增材制造（AM）/计算机数控（CNC）工具、设计用于制造极紫外（EUV）的计算光刻软件、用于完成 5 纳米生产的晶圆的精加工技术、绕过计算机（或通信设备）上的身份验证或授权控制并提取原始数据的数字取证工具、用于监视和分析通过切换接口从电信服务提供商处获取的通信和元数据的软件、亚轨道飞

---

① Bureau of Industry and Security（US Department of Commerce），Review of Controls for Certain Emerging Technologies，Federal Register，83（223），58201-58202. https://www.govinfo.gov/content/pkg/FR-2018-11-19/pdf/2018-25221.pdf.

行器等。值得注意的是，美国在2021年担任了瓦森纳总工作组主席。鉴于美国商务部和其他美国政府机构在过去几年中，对控制新兴技术而做出的种种举措，美国在全球技术管控中将处于更为有利的位置。

2020年，美国商务部并没有等待国际共识的完成和机制协同，而是率先发起主动行动。2020年1月3日，美国商务部对人工智能某些软件施加了新的出口管制，如专门设计用于对地理空间图像进行自动化分析的软件，以应对美国认为的"新国家安全隐患"。在管制措施发布后，需要获得商务部特定的许可才能将地理空间图像软件出口到除加拿大以外的国家，或将其发布给在美国使用该类软件的外国雇员。为了实施新的管制措施，美国商务部使用了一种之前很少使用的工具来临时控制新兴技术的出口，即名为"0Y521"出口控制措施分类号（ECCN）的采用。这一特殊类别允许美国商务部工业和安全局对具有"重大军事或情报优势"的不受管制的物品，以及受外交政策影响而未受控制的物品，实施限制的出口管制。2021年初，美国商务部为了与其他国家进一步达成共识，选择将这一单方面控制措施再延长一年，以实施多规制的平行控制措施。

第二，对基础技术控制的重视。美国《出口管制改革法》明确要求美国商务部确定并强加新的出口管制的基础技术。美国商务部于2020年8月，发布了关于这一要求的规则制定"提案预先通知"（ANPRM）。美国商务部在征求意见稿中建议，如果基础技术的出口安全不被保证，则可能另须对基础技术进行新的基于项目的控制，以避免基础技术被扩散到某些目的地。具体来说，美国商务部已经注意到，《出口管制条例》（EAR）的军事最终用户控制可以使用扩展的ECCN列表，其中针对包括由中国、俄罗斯和委内瑞拉政府用来建立各自的国防工业能力所需要的技术。因此，美国商务部明确声称，他们将配合美国司法部的执法行动来帮助确定其中是否存在其他国家在从事经济间谍活动。而本次"提案预先通知"所采取的方法表明，美国商务部正在寻找各种方法来对基础技术实施全面控制，而这些管控措施将不像它以往那样单方面行动，而是美国多部门联合执法，甚至是在全球范围内的标准式施压。

第三，删除民用最终用户的许可例外。2020年6月29日，作为限制敏感技术出口到实行军民融合政策国家的重要行动,美国商务部从《出口管制条例》中删除了民用最终用户的许可例外(CIV)。美国再次坚持"国家安全"从严原则,严格控制合格的民用物品在未经许可的情况下,出口到在美国眼中所谓的实行军民融合政策的某些国家/地区。对不同的国家实行差别的安全管控,是美国商务部工业和安全局最常用的管控类型,包含适用于商业控件列表(CCL)的所有类别中列出的广泛项目。而在新限制中所包括的国家/地区被美国商务部明确划分在D组,也就是说,美国商务部认定该组内所有国家/地区都对美国存在国家安全问题。[①] 美国商务部工业和安全局将针对出口至这些国家/地区的产品进行全面严格的审查与评估,以确定这些出口产品是否会对目的国的军事能力做出潜在贡献。美国通过取消"许可例外"的方式,使得任何一家在美国的公司想向中国出口民用产品都需要向商务部特定申请。不仅如此,美国商务部还会对该公司出口产品的最终用途进行追溯,如发现出口商品被用于增强一个国家的军事能力或与美国的国家安全利益相悖的情况,那么该公司将被永久禁止出口产品。

第四,直接产品规则更改。尽管美国商务部最初基于实体管控列表主要针对的是中国的华为公司。但美国在制裁华为的过程中不断调整政策,为后续其他的基于实体列表、新的终端用户和最终的许可管控指明了方向。毫无疑问,这种动态调整将进一步限制华为及其附属公司获得相关的技术。美国商务部创建了商业运行中一个新的特定规则,该规则很大程度上扩展了直接产品规则,使其涵盖了广泛的软件技术及其直接产品,其中更是包括许多用于开发和生产华为产品的过程中使用的半导体及其他产品。如果美国未来进行更多基于实体清单的控制行动,最有可能采取的将是降低涉及美国技术"最低要求规则"的门槛。如此一来,这可能会大幅度扩展包含涉美技术的更多外国产品,一旦涉及与中国的交易,那么这些产品将需要获得美国的商业许可。

第五,扩大犯罪控制和人权许可政策。拜登政府执政以来,美国商务部还将重点放在扩大《犯罪控制》政策解释,重新审查和更新对美国

---

① D组的国家/地区包括中国、俄罗斯、乌克兰和委内瑞拉。

原产商品实施的控制上。美国商务部认为，《出口管制条例》所控制的大多数物品大都是"专政政权"长期使用的物品，例如防暴装备、警用器械等。2021年2月，美国商务部发布了一份"调查通知"，表明其打算更新项目清单的意愿，例如，面部识别软件和其他生物识别监视系统，非致命性视觉干扰激光器以及远程声学设备。2021年3月，美国商务部对用于骚乱和人群控制的水炮系统的出口实行了新的管制，以侵犯人权为由，限制了向中国香港特区警察部队出口警用装备和弹药。对此，美国商务部对《出口管制条例》专门进行了部分修订用以体现新的政策变化。利用犯罪控制的由头，美国拒绝将"商务控制清单"中列出的物品出口到存在内乱，或者被认为可能存在风险的国家/地区。对此，美国商务部不再要求进口国提供未侵犯人权的证据，取而代之的是，美国商务部工业和安全局可以直接认定进口国是否有侵犯或滥用人权的可能。而这项变化对于中国等国家的特指意义在于，美国将意识形态领域的"人权"标准引入了商业出口管控，明确允许美国商务部工业和安全局官员在审查物品的拟议出口时，可以附带考虑到人权问题。这为更广泛的出口管控提供了额外的人为认定选择空间。

六　美国对中国技术管控措施所产生的负面影响

美国对中国实施的技术管控，对于中国企业而言，两家电信设备巨头华为和中兴通讯感受尤为深切并受影响巨大。自2012年以来，美国就已公开将华为的硬件纳入美国通信网络的风险范畴，并将华为这家全球第二大智能手机制造商和5G技术的领先者视为对美国国家安全的巨大威胁，其借口竟是中国政府将其用作间谍平台。[1] 美国政府先后采取了一系列步骤来阻止中国的华为公司进入美国市场，除了禁止其向美国公共机构出售设备外，甚至以涉嫌违反美国对伊朗贸易的罪名，逮捕了华

---

[1] Morell M., Kris D., "It's a Not Trade War with China, It's a Tech War", *Washington Post*, https://www.washingtonpost.com/opinions/its-not-a-trade-war-with-china-its-a-tech-war/2018/12/14/ec20468e-ffc5-11e8-862a-b6a6f3ce8199_story.html? utm_term = .d75fd323405f.

第四章 大国博弈的另一只手：经济手段与国家经济安全

为首席财务官孟晚舟。2019年5月15日，美国商务部工业和安全局将华为及其68家关联公司添加到美国的实体清单当中，该清单名义上是对指定商品的出口/再出口，或在国内转让受特定许可证要求的个人和实体。实际上是为了禁止华为未经美国政府批准而从美国公司购买零部件。同一天，美国总统特朗普签署了一项行政命令，禁止美国公司使用构成国家安全风险的公司生产的电信设备，从而为禁止华为在美国开展业务设定了法律工具。2019年8月19日，又有46家华为关联公司被添加到美国商务部工业和安全局实体清单当中。

后续观察到的结果证明，在全球价值链时代，美国对华为的禁令不仅会伤害华为，还会伤害其全球供应商，其中许多不乏是美国公司。例如，华为在2018年用于零部件采购的700亿美元中，其中有110亿美元流向了高通、英特尔和美光科技等美国科技公司。[1] 在2019年5月15日美国商务部的公告之后，市场出于对盈利能力的负面影响的担忧促使这些与华为有产业链关联的美国公司的股价急剧下跌。作为对市场的回应，美国商务部于5月21日宣布暂缓90天的对华为交易禁令，声称需要有喘息的空间以免造成金融市场巨大动荡。除了华为外，中国第二大电信设备生产商中兴通讯则在美国的制裁下一直处于被动的状态。2016年3月，中兴通讯因涉嫌违反美国制裁和出口管制法律，首次被美国商务部列入实体清单。凡是涉及中兴通讯的交易都无法得到美国政府的许可授权，直至2017年3月，中兴通讯才被美国从实体名单中删除。但前提是中兴通讯同意认罪并支付总计高达11.9亿美元的罚款。然而，在2018年4月，美国商务部却出尔反尔，认定中兴通讯陈述虚假，启动了暂停否定令机制。结果，中兴公司又被迫失去了从美国采购制造其产品所必需的零部件的资格。

在美国技术管控的战略目标中，显然不止中国华为和中兴两家企业。越来越多的中国企业被列入未经美国政府批准不得购买美国零部件的

---

[1] Jiang S., Martina M., Huawei's $105 Billion Business at Stake after U.S. Broadside, Reuters, https://www.reuters.com/article/us-usa-trade-china-huawei-analysis/huaweis-105-billion-business-at-stake-after-u-s-broadside-idUSKCN1SM123.

"实体清单"。这份名单上的大多数中国企业都涉及高科技领域，如电子、航空、半导体、工程、材料等行业。特别是像中国领先的超级计算机制造商"中科曙光"这类企业更是受到美国商务部的"重点格外关注"。与此同时，美国政府正在积极寻求与西方盟国的合作，禁止华为和其他中国高科技公司在海外的发展。在美国的压力和游说下，加拿大、日本、澳大利亚和新西兰等国家已经将中国技术公司进行了各种形式的屏蔽。在美国的施压下，日本在2018年12月全面禁止了华为和其他中国公司参与涉及5G技术的公共采购。日本还在2019年5月宣布，将从2019年8月1日起将信息和通信行业的20个企业，添加到限制外资拥有日本公司的企业名单中[1]。

除了对于中国公司技术和产品的影响外，更为严重的是，在美国学术圈也开始流行类似于一场由国家安全引发的"红色恐慌"。[2] 美国各大高校加大了对来自中国研究合作的审查力度，许多中美之间正常的学术交流和会议因美方的签证阻挠而被无限推迟。同时，中国赴美攻读机器人或先进制造业等专业的研究生签证从5年缩短为1年。美国学术界被笼罩在一片被舆论夸大的"红色阴云"中。2019年4月，美国休斯敦安德森癌症中心以违反了美国国立卫生研究院的信息披露和保密规定为由，解雇了三名华裔高级研究人员。除此之外，更多的华人研究学者因被控窃取商业机密，而被美国情报部门带走进行调查和无端定罪。因此，美国对中国的技术管控和限制并不局限于技术和产品领域，其已经扩大至几乎涉及技术供给与交流的全过程，并对中美关系稳定产生了严重的负面影响。

七 美国未来调整经济手段的方向

大量的历史实践证明，出口管制是保护技术优势和遏制对手崛起的

---

[1] Kihara L., Kajimoto T., Japan to Limit Foreign Ownership of Firms in Its IT, Telecom Sectors, Reuters, https://www.reuters.com/article/us-japan-economy-regulation/japan-to-limit-foreign-ownership-of-firms-in-its-it-telecom-sectors-idUSKCN1SX05F.)

[2] Trivedi A., China Could Win from Tech Cold War, Bloomberg, https://www.bloomberg.com/opinion/articles/2019-04-29/china-could-win-from-tech-cold-war-with-u-s.

强大工具。在美国决策者看来,使用出口管制的预期目的主要还是影响一个国家的发展潜力,推进外交政策目标更好地实现。以实现所谓的加强国家安全。[1] 然而,在全球价值链的时代,出口管制的效用已经开始大幅度减弱。美国的出口管制是为全产业链时代的美国在享有压倒性技术优势的情形下设计的。美国在特朗普执政期就经常对中国实施出口管制,但实际效果远没有达到他们的预期效果,反而损害美国的经济和技术竞争力。因此,2021年新上任的拜登政府试图改变其出口管制的方式,以重新确立其作为外交和国家安全政策制定的有效工具的权力。必须要看到的是,虽然美国仍然是世界技术的领导者,但他已不再是昔日的全球霸主。全球研发(R&D)支出的分布比20年前呈明显均匀的态势,已经表明了全球技术知识分散化的趋势,许多中等国家在特定的技术领域拥有显著的实力,包括开辟了新的技术获取途径。而更令美国担忧的是,尽管美国在一些尖端科技领域依然具有绝对的话语权,但中国在许多新兴技术领域都与美国处于同等地位,甚至在某些局部领域处于领先,这意味着美国真正能够实施全面有效出口管制的机会将越来越少。

正如美国国际战略研究中心高级副总裁、战略技术计划主任詹姆斯·安德鲁·刘易斯(James Andrew Lewis)所指出的那样:"美国必须改变其出口管制的方法,以重新确立其作为外国和国家安全政策制定的有效手段的权力。"[2] 很显然,美国政府已经意识到了,在不充分考虑全球技术格局变化的情况下实施出口管制,意味着可能放大对美国公司和行业造成持久损害的意外后果,并对美国与盟友和伙伴的技术合作构成不可避免的障碍。美国必须在权衡利弊之后进行政策调整。对于美国而言,出口管制仍然在遏制中国技术进步中发挥着相当良好的作用。因为它涉及军民两用物品的流动,如果结合《瓦森纳协定》等多边方式实施时会有更好的打击效果。因此,对于一个正在崛起的、技术能力强大的

---

[1] U. S. House of Representatives, Export Control Reform Act of 2018, H. R. 5040, 115th Congress, https://www.congress.gov/bill/115th-congress/house-bill/5040/text.

[2] Swanson, A., P. Mozur, "Trump Mixes Economic and National Security, Plunging the U. S. Into Multiple Fights", *New York Times*, https://www.nytimes.com/2019/06/08/business/trumpeconomy-national-security.html.

中国,如果拜登政府将出口管制视为维护美国技术优势的国家安全和经济政策的一部分,而不是作为传统上的防止技术扩散工具,对中国来说,伤害显然更大。例如,借助"侵犯人权"的理由实施管制,包括通过跨大西洋技术同盟协同进行控制,这些措施很有可能成为未来美国出口管制的常规武器。

从拜登政府上台后的种种举措来看,未来美国政府为了适应全球价值链时代以技术为核心的全球战略竞争,必然对出口管制进行全方位的改进。按照中美竞争趋势,美国决策者未来将着重于以下三大原则。

(1) 加深与盟友之间的合作。2021年3月22日,美国著名智库美国大西洋理事会(AC)发布《对华计划:跨大西洋战略竞争蓝图》(*The China Plan: A Transatlantic Blueprint for Strategic Competition*)报告,为应对中国制定共同的跨大西洋战略目标。拜登政府在总结特朗普政府的经验教训基础上,清晰地认识到美国很少有能力单方面采取行动并完全有效,并且太多的单方面行动给美国公司和其供应链的实体带来了沉重负担。如果继续实施单方面制裁,可能会鼓励和加速供应链和价值链的去美国化,从而使美国技术部门的竞争力面临风险。而美国会选择与相关技术领先的欧洲国家协调制定和维持出口管制。这一点已经在拜登政府执政后与欧洲方面新设的机构,美国—欧盟贸易和技术委员会(TTC)的协调中得到确认。[①]

(2) 提高限制技术门槛。纵观美国对中国华为公司三次精准化制裁的过程,其中最有效的行动要属针对华为技术薄弱环节专门制定的出口管制。但是,从操作实践角度而言,针对单个或少量实体的出口管制难以如此全面执行且成本高昂。技术进步和专有技术的全球传播以及诸多新兴技术的普遍使用性质,使得美国阻止特定实体获得能力或减少特定最终用途具有相当的挑战性。如果美国想推广和放大打击华为的策略,美国可能会在了解自身的技术优势的前提下,思考如何在没有其他可行的技术获取途径的情况下扩大这些优势。因此,重点投资未来领先技术

[①] 具体可见双方会议内容,https://ec.europa.eu/commission/presscorner/detail/en/IP_22_3034。

和保持美国供应链的领先优势将成为拜登政府的重点选择。而这一点在美国国务卿布林肯2022年5月26日就美国政府对华政策的演讲中表露得非常充分。①

（3）重新定义管制目标。在特朗普政府执政时期，美国更多的是将出口管制作为一种随意而生硬的经济治国手段，其遏制政策所产生任何结果都可能是战术性的和短暂的。而拜登政府似乎希望产生战略性和更持久的影响，其会在国家技术发展和经济治国方策战略的框架下考虑出口管制。在拜登政府看来，出口管制本身并不是根本目的，美国对于下一代技术的研发投资需要同时进行，而为持续竞争力奠定技术基础才是最终的战略目标。从更深层次上看，拜登政府将出口管制作为总体技术国家战略和更广泛的经济治国战略的一个组成部分，而不是作为分散的政策行动。在应对中国崛起和全球以技术为中心的战略竞争的背景下，这意味着美国为保护未来的部分技术优势领域，可以采取更加系统化和综合化的制裁方式。而在2022年俄乌冲突爆发后，西方国家开始运用协会和国际组织力量对被制裁对象俄罗斯实施全面打击（参见表4-3、表4-4）。这也可以看成是经济手段使用的升级版，即采取了全球化和互联网时代的"网络节点屏蔽和切除"，而这种经济手段是既有的经济战争历史上未曾发生过的，它代表了网络时代的极限施压模式的初次尝试，其产生何等的影响，完全有待于时间来进行观察。

表4-3　　　　　　俄乌冲突中政府间国际组织采取的制裁

政府间国际组织	制裁内容
国际货币基金组织	对乌克兰提供资金支持；发出俄乌局势严重影响全球经济的警告
联合国	就乌克兰局势召开紧急会议；联合国安理会就美国、阿尔巴尼亚提交的关于乌克兰局势的决议草案进行投票；召开紧急特别会议通过题为"对乌克兰的侵略"的决议草案；国际法院就乌克兰诉俄罗斯案举行听证会，要求俄罗斯立即停止在乌特别军事行动

---

① 布林肯演讲内容可见https://www.state.gov/the-administrations-approach-to-the-peoples-republic-of-china/。

新时代国家经济安全的战略与现实

续表

政府间国际组织	制裁内容
北约	对俄罗斯关闭领空；禁止进口俄能源产品；在欧洲东部盟邦部署新部队；对乌克兰军事援助；举行"2022酷寒反应"军演；对中国施压要求谴责俄罗斯；部分成员国对俄罗斯实施经济制裁
欧盟	中止北溪2号天然气管道的审批和建设；冻结俄罗斯在欧盟的财产，并禁止其银行进入欧洲金融市场；出口禁令阻止俄炼油厂更新设备；禁止向俄罗斯航空公司出口飞机和设备；限制半导体和先进软件等关键技术；发出禁止部分俄罗斯媒体在欧盟范围内播出的提议；取消签证优先权
七国集团	撤销俄罗斯的最惠国待遇；拒绝多边金融机构的借款特权；对俄罗斯精英及其家庭成员实施全面制裁；禁止向俄罗斯出口奢侈品；禁止对俄罗斯联邦经济的任何部门进行新投资
世界银行	暂停在俄罗斯和白俄罗斯的所有项目；向乌克兰拨款超7亿美元的贷款

资料来源：笔者根据新闻媒体资料整理自制。

表4-4 俄乌冲突中非政府间国际组织采取的制裁

非政府间国际组织	制裁内容
红十字国际委员会	推动在乌克兰建立人道主义通道，参与疏散冲突地区人群
环球银行金融电信协会	将俄罗斯几家主要银行从SWIFT国际结算体系中剔除
猫科动物国际联合会	俄罗斯境内的猫不得在外登记、参展
欧洲年度树木组织	禁止俄罗斯参与"欧洲年度树木"的评选
国际肿瘤互助组织	停止在俄境内的所有医疗合作与交流
精品咖啡协会	暂停俄罗斯参加世界咖啡赛事
国际奥委会	禁止俄罗斯运动员参赛；要求取消在俄罗斯举行的赛事；撤销包括普京在内三名俄罗斯高级官员奥林匹克勋章；建议全球体育组织和赛事不邀请或不允许俄罗斯和白俄罗斯运动员参加
国际残奥委会	禁止俄罗斯和白俄罗斯运动员参加北京冬季残奥会
国际柔道联合会	免除普京和阿尔卡迪·罗滕伯格的一切职务
世界跆拳道联盟	撤销普京荣誉黑带九段称号

续表

非政府间国际组织	制裁内容
国际冰球联合会	剥夺俄罗斯举办2023年青年世界杯的权利
世界橄榄球联盟	剥夺俄罗斯会员资格
国际游泳联合会	禁止俄罗斯和白俄罗斯参赛，允许运动员中立参赛；撤销授予普京的勋章
世界射箭联合会	禁止在赛事中出现俄罗斯和白俄罗斯国旗及国歌；禁止在两国举办赛事；不再邀请俄董事会成员投票
国际冬季两项联盟	禁止俄罗斯和白俄罗斯参赛，允许运动员中立参赛；禁止展示国旗
国际体操联合会	禁止展示俄罗斯和白俄罗斯国旗
国际拳击联合会	考虑重新安排在俄罗斯举行的全球拳击杯时间
世界冰壶联合会	取消俄罗斯彼尔姆市举行的2022年欧洲冰壶锦标赛；取消俄罗斯女子冰壶队参加2022年女子冰壶世锦赛的资格
国际马术联合会、国际排球联合会、世界羽毛球联合会、国际滑雪联合会	禁止俄罗斯和白俄罗斯参赛，允许运动员中立参赛；取消原定在两国举行的比赛
国际自行车联盟、世界田径联合会、世界赛艇联合会、国际冰球协会、国际独木舟联合会、国际帆船联合会、国际射击联合会、国际综合格斗联合会、国际滑冰联盟、国际足球联合会、国际乒乓球联合会、国际篮球联合会、国际网球联合会、国际汽车联合会	禁止俄罗斯和白俄罗斯参赛，允许运动员中立参赛

资料来源：笔者根据新闻媒体资料整理自制。

八　经济手段实施与安全困境分析

通过上述分析可以看到，两种截然不同的叙述重新定义了中美之间的经济关系。美国决策者将中国视为修正主义的经济强国，利用"国家驱动的贸易保护主义政策和做法"进而威胁美国的经济活力。① 而在中国看来，美国是竭尽所能使用欺凌手段来阻止中国崛起，并阻止中国获取关键技术，因此需要强大的国家力量作后盾来支持技术自力更生。截然不同的叙述的演变反映出中美两国经济安全的两难境地：为了应对已经感知到的国家经济安全威胁，现在中美双方都被迫通过适度的技术保护和恰当的政策来加强国内经济安全，而这些保护性政策又被对方视为安全威胁。这在很大程度上严重损害了世界上两大经济体的经济合作并且也在相互削弱实力。从博弈论的角度讲，在 2008 年国际金融危机之前的中美互惠互利的"猎鹿博弈"（Stag Hunt），却在 2009—2016 年期间演变为双方不合作的"囚徒困境"，其中部分原因是对于国家经济安全的误解和错误假设越来越多。而到唐纳德·特朗普（Donald Trump）当选美国总统时，美国认为，博弈已经开始转向了"胆小鬼"的场景设定，并试图迫使对方改变立场。但是，实际的回报矩阵却仍然真实反映了囚徒的困境。对游戏的错误识别导致了强制性威胁，而不是试图让双方放心的尝试，从而确保了进一步的恶性循环不再发生。

博弈论框架有助于解释过去三十年来中美之间经济关系的变化，并能够站在客观的立场上看待当前中美经济紧张局势的出现。这比结构性认识或基于领导人的态度分析方法更具备全面的说服力。根据结构性认识的论点，经济冲突是大国零和冲突中不可避免的一部分。② 而唐纳德·特朗普在 2018 年挑起贸易摩擦的部分原因是基于他所认定"交易行为"个人偏好。虽然这些认识解释了中美双方博弈的一部分原因，随着大国竞争的加剧，直接影响到双方的经济关系。但是，结构认识论的观点不可避免地暗示着一个被误判的问题，就是对领导力描述低估或忽视

---

① White House, United States Strategic Approach to the People's Republic of China, www.whitehouse.gov/wp-content/uploads/2020/05/U.S.-Strategic-Approach-to-The-Peoples-Republic-of-China-Report-5.20.20.pdf.

② Allison, Graham, *Destined for War*: *Can America and China Escape Thucydides's Trap?* New York: Houghton Mifflin Harcourt, 2017; Walt, Stephen, "Rising Powers and the Risks of War: A Realist View of Sino-American Relations", In Asle Toje, ed., *Will China's Rise Be Peaceful?*: *The Rise of a Great Power in Theory, History, Politics, and the Future*, Oxford: Oxford University Press, 2018, pp. 33 – 67.

第四章 大国博弈的另一只手：经济手段与国家经济安全

了制约领导层决策的结构性维度。而一个动态的博弈框架可以更有效地理解双方经济关系发展的方式，结构的转变有助于设置收益矩阵，领导者根据自己的感知和现有的收益分配选择如何进行博弈。而经济安全困境的认识方法表明，双方的经济脱钩并非不可避免，也不是简单的美国某个领导人性格的特质结果。事实上，双方经济安全困局其实是人们对国际环境变化的现实反应。一旦中美双方都认为自己的经济安全受到了对方的威胁，就必然会进行政策的重新调整。而在安全困境中，一些看似微不足道的行为可能会共同造成不对称的损失后果。[①] 一旦双方进行对等行动，安全困境往往会自食其力地发生反应，由此产生的经济安全困境会对两国都造成不可估量的伤害，迫使对方继续采取适得其反的行动[②]。虽然中美经济脱钩可能还存在政治或战略上的其他更复杂原因，但目前所进行的博弈和竞争不可能在两国产生积极的经济结果。

在"安全困境"中，不安全感促使各国为追求更大的防御力量而不断在安全领域进行投资，但这些投资本身就被外部行为者视为安全威胁，进而迫使他们在自身的安全性方面投入更多。其结果必然是双方关系呈现螺旋式下降的趋势[③]。这个框架是国际关系和国家安全研究的重要理论假设，但很少应用于国家间的经济互动。尽管学术界也有一些对包含经济层面的双边战略关系的分析，却往往侧重于经济相互依赖如何减轻或加剧硬安全的问题，而并非经济安全本身。[④] 众所周知，经济分析本身通常以比较优势的双赢结果为分析框架，以总净收益为审视视角，该框架对于国内经济政策会对世界各国的经济产生怎样的正面或负面的分配效果具有较强的解释力。而为了更好地理解安全困境的动态是如何应用于

[①] Butterfield, Herbert, *History and Human Relations*, London: Collins, 1951.

[②] Snyder G. H., "'Prisoner's Dilemma' and 'Chicken' Models in International Politics", *International Studies Quarterly*, Vol. 15, No. 1, 1971, pp. 66–103.

[③] Herz J. H., "Idealist Internationalism and the Security Dilemma", *World politics*, Vol. 2, No. 2, 1950, pp. 157–180; Jervis R., *Perception and Misperception in International Politics*, Princeton University Press, 2017.

[④] Copeland D. C., "Economic Interdependence and War: A Theory of Trade Expectations", *International Security*, Vol. 20, No. 4, 1996, pp. 5–41; Crawford B., "The New Security Dilemma Under International Economic Interdependence", *Millennium*, Vol. 23, No. 1, 1994, pp. 25–55.

新时代国家经济安全的战略与现实

中美经济关系的,本书建立了一个中美两方合作博弈框架(参见图4-3)。两方(国家)都必须作出选择是合作还是背叛,他们的选择组合决定了每个国家的最终收益。在下面的图中,越大的数值代表越高的收益。为了简明起见,框架结构假定对称,暂时忽略相对收益的重要可能性。在国家间经济关系中,"合作"和"背叛"表示各国在经济政策与指导经济一体化方面,与现有的多边正式规则的一致性或不一致性。而这种分析方式与传统经济层面的双边战略关系的分析不同在于,不是单独地把每个经济领域(例如,贸易或投资)作为一个分析单位来看待,而是把双边经济关系作为一个整体来看待:通过规则不一致的强制技术转让而产生的背叛,可能会导致通过征收关税而产生的报复性背叛。

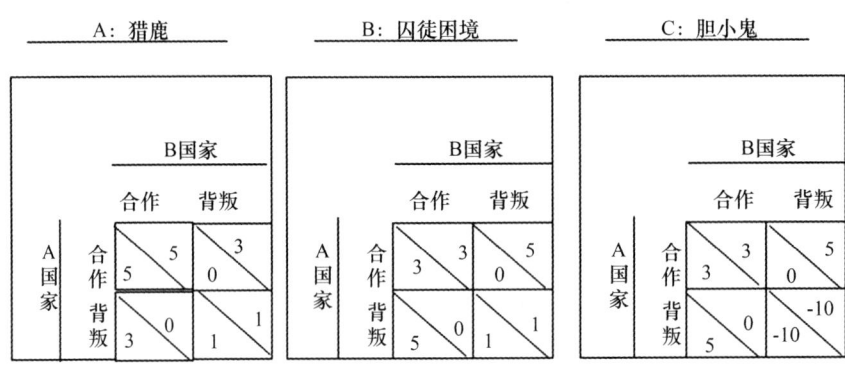

图4-3 A国家和B国家在三种博弈模型中的情况

通过借助三个特殊的双方博弈模型可以帮助更好地解释中美经济关系:猎鹿、囚徒困境和胆小鬼。在猎鹿协调博弈(A组)中,两个博弈者的最优选择是合作,但是,如果另一个博弈者背叛,最优选择也是背叛,从而产生两种均衡情况。在囚徒困境(B组)中,则不存在合作均衡。取而代之的是,不管玩家作的决定如何,最佳选择都是背叛。在缺乏信任或博弈重复的情况下,很容易出现互相选择背叛的结果。因此,当防御行为被认为是背叛时,这种回报矩阵必然产生安全困境,进而导致重复博弈中不合作的背叛结果。最后,在一个胆小鬼的反协调博弈中(C组),相互背叛的代价是如此之大,以至于双方都相信他们能够说服对方改变这种结果。对于背叛的最佳反应是合作,所以,关键是可信地表现出不惜一切代价的合作意愿。

进一步而言,如果将比较优势的经济理论应用于这种国家间经济关系的博弈论方法,那么基本假设将产生一种"猎鹿"收益结构,双方从相互合作中获得的收益是最优的,但是国家间的经济关系和相互依赖也会威胁到经济主权和经济安全。主要是经济相互依赖的战略胁迫的可能性存在,如第二次世界大战前美国对日本的石油禁运,或第二次世界大战后苏伊士运河危机期间美国对英国的货币胁迫。这种胁迫在"经济治国术""武器化的相互依存"和"地缘经济学"的思想中得到了全面的理论阐述。[1] 经济一体化可能对经济安全本身产生负面影响,即通过不受限制的国内经济政策实现增长和就业最大化的能力,进而获得压制对手的能力。虽然通常意义上美国认为安全主要是在军事方面,但按照中国总体安全观划分,经济安全是国家安全体系的重要组成部分,也是国家安全的基础。经济相互依赖具有重要的再分配意义,并可能制约国家的经济决策。[2] 当整合的感知成本和增长的经济不安全感改变了收益结构,并降低了相互合作的感知收益时,囚徒困境就会导致防御性背叛变得看似行为更为理性。而另一种选择是,如果相互背叛的成本变得高昂无法接受时,那么就会出现一场"先下手为强"的游戏,双方都认为对方会及时介入拯救这个体系[3]。

因此,要了解中美之间的经济博弈,就需要了解两国的收益矩阵以及双方关于合作与叛逃倾向的认识。收益矩阵基于根据全球规则和规范对集成的成本和收益的现有理解。这些理解以及由此产生的不安全感,是由于内在的(即对手的选择和反应)和外部的冲击共同作用的结果。况且识别对手持有合作还是叛逃的态度并不清晰,这凸显了错觉的潜在

---

[1] 具体可见几位学者的分析:Baldwin, David Allen, *Economic Statecraft*, Princeton: Princeton University Press, 1985; Freeman C. P., "Constructive engagement? The US and the AIIB", *Global Policy*, Vol. 10, No. 4, 2019, pp. 667–676; Blackwill, Robert D., and Jennifer M. Harris, *War by Other Means: Geoeconomics and Statecraft*, Cambridge, MA: Harvard University Press, 2017.

[2] 例如,国际货币理论中蒙代尔·弗莱明(Mundell-Fleming)的"三元悖论"。

[3] Snyder G. H., "'Prisoner's Dilemma' and 'Chicken' Models in International Politics", *International Studies Quarterly*, Vol. 15, No. 1, 1971, pp. 66–103.

重要性。事实上，将防御性行为解释为攻击性威胁和背叛会导致经济安全处于两难的境地：征收保障条款关税应被视为保护特定的美国产业免受过度伤害，还是应被视为抵制中国向价值链上游游动的广泛手段？是应该将中国对大型科技公司的支持视为对应对美国切断供应链的防御性回应，还是应将其视为脱离美国技术控制的尝试？事实上，各种回应都可以找到合理的解释。但问题是，当博弈双方都认为对方有可能或甚至肯定有侵略意图时，就有可能出现最坏意图的假设。因此，每一方采取的防御措施都有可能被另一方误解为具有侵略性意图，而双方都采取了防御性措施，进而都被对方误以为是积极进取的进攻举措。这就导致"镜像"问题，它诠释了安全困境的真实博弈心态，也就是说和平的自我和侵略性的敌人这两个形象是相互补充和相互依存的。① 而当参与者甚至可能无法正确地识别博弈状态时，美国决策者就会错误地认为"胆小鬼"的收益矩阵适用于近期的中美关系。至少在美国看来，即使背叛的成本远高于合作的成本，美国也必须选择主动出击。正是由于美国不了解合作之后潜在的回报矩阵，于是美方率先触发了对中国的强制手段。而从中美关系的历史回顾角度看，显然具有典型的三个时代的特点，进而也基本符合了博弈框架的解释。

（一）合作双赢时代：1994—2008 年

从中美关系正常化开始到 20 世纪 90 年代初期，两国关系一直以应对共同安全威胁为前提。② 但随着苏联解体和美国"单极时代"的到来，互利的经济一体化成为支撑双边关系的关键支柱。③ 而在博弈框架的解释是，两国都一致认为，根据共同商定的全球经济规则进行合作将使两国普遍经济受益。而在接受中国加入世界贸易组织（WTO）的两场辩论

---

① White, Ralph K., "Images in the Context of International Conflict: Soviet Perceptions of the U. S. and the USSR", In H. C. Kelman, ed., *International Behavior*, New York: Holt, Rinehart & Winston, 1965, pp. 236 – 275.

② Kissinger, Henry, "The Caricature of Deng as a Tyrant Is Unfair", Washington Post, August 1, 1989, www. washingtonpost. com/archive/opinions/1989/08/01/the-caricature-of-deng-as-a-tyrant-is-unfair/4da436a0-0c52-44cc-995a-4894691aa8ad/.

③ Krauthammer C., "The Unipolar Moment", *Foreign Aff.*, Vol. 70, 1990, p. 23.

中，这种相互的考量得到了最清楚和最重要的体现。从中国 2001 年加入世贸组织到 2008 年国际金融危机之前，中美双方主流观点仍然是在现有全球经济规则的基础上，充分推动合作和进一步加强一体化将带来充分的净收益。总体而言，虽然，美国和中国的许多声音都质疑，中国加入世贸组织能够加深双边经济一体化所带来的共同经济利益，但中美双方的最终都默认了"猎鹿"收益矩阵，即在国际自由贸易组织中进行合作秩序将使双方受益。而最终的结果证明，双方的选择是正确的、也是产生了边际回报的。在加入世贸组织后，无论是美国通过将中国纳入国际市场而获得的低商品价格而有效地控制了长期通胀，还是因为降低关税和中国改革开放而带来的生产率提高和经济增长，不仅帮助美国稳定了自身经济，同时也帮助中国经济在 21 世纪初期实现了新中国成立以来最快的持续增长。尽管，过去在美国流行的一种说法认为，中国一直打算利用世贸组织抵制有意义的国内改革，但随后中国政府以坚定的决心和颠覆性的改革有力地回击了这一点。[1] 数据显示，中国私营部门在工业增加值中的份额从 1998 年的 15% 增长到 2007 年的 63%，并雇用多达 4000 万名国有企业员工。[2] 而美国在与中国的合作中最直接的好处就是美国的总体经济社会福利的提高，具体表现在消费者价格的大幅下降，居民购买力得到提升。[3] 而这在 2008 年国际金融危机前是非常清楚的事实，并被世界广泛承认和接受。

对中美双方来说，这种双赢的经济合作方案在经济一体化方面取得了广泛成功。正如自由主义理论家约瑟夫·奈所预测的那样，经济联系被视为是正和的，经济收益的存在使其他领域的冲突代价更加昂贵。[4]

---

[1] Delaney, Robert, "Donald Trump May Lack a Coherent China Policy, but He Got Something Right", *South China Morning Post*, 2020, www.scmp.com/comment/opinion/article/3090028/trump-may-lack-coherent-china-policy-hegot-something-right.

[2] Lardy, Nicholas R., "Issues in China's WTO Accession", Brookings Testimony, May 9, 2001, www.brookings.edu/testimonies/issues-in-chinas-wto-accession/.

[3] Bai L., Stumpner S., "Estimating US Consumer Gains from Chinese Imports", *American Economic Review: Insights*, Vol.1, No.2, 2019, pp.209–24.

[4] Keohane, Robert O., and Joseph S. Nye, *Power and Interdependence: World Politics in Transition*, Boston: Little, Brown and Company, 1977.

然而，双方存在问题会随着时间推移而逐步凸显。虽然，美国总体上的经济增长掩盖了来自就业市场的负面冲击，但由于不断增长的双边贸易顺差，美国国内指责声音并未从客观的经济结构进行分析，而是认为，这是中国利用重商主义抵制市场自由化和背弃其在世贸组织的承诺。[1]但好在中美双方最初都建立了强有力的正向激励机制来避免博弈中背叛行为的发生，这在很大程度上还是保障了双方的经济合作进程。

（二）走向安全困境：2009—2016 年

2008 年国际金融危机爆发彻底颠覆了原有的猎鹿收益结构。随着两国经济不安全感的增长，长期存在的假设条件受到美国质疑并引发了美国国内政客对叛逃的想法增加。尤其是国际金融危机加剧了美国的经济衰退感和权力丧失感，而中国的制度恰好能够非常有效地抵御国际金融危机的影响。而这种做法却被美国归因于中国对经济的过度干预。因此，即使中国具有强烈的经济合作意愿，美国也会由于经济衰退而认为从双方合作中获得的收益缩水。尤其是以未来的增长模型测算的回报相对减少时，美国国内反对合作的保守派声音就愈发强烈。因此，在 2009—2016 年的动态周期中，双边经济一体化不再被美国视为经济增长的引擎，反而是对经济安全的威胁。以至于到特朗普选举的时候，全球保守主义的力量在思想和行动上出现了典型的"政治共振"，比较表现为英国脱欧对全球经济一体化的抵抗，同时"美国优先"的思想也开始带入政治决策圈。

在国际金融危机之后的全球经济衰退中，随着人们对美国衰退的认识与日俱增，中国迅速成为美国转移国内视线的"替罪羊"。在美国政客和学者的诱导下，国际金融危机之后的美国公众开始质疑全球化的好处，反对自由贸易协定的美国人比例从 2001 年的 29% 上升到 2008 年金

---

[1] David H., Dorn D., Hanson G. H., "The China Syndrome: Local Labor Market Effects of Import Competition in the United States", *American Economic Review*, Vol. 103, No. 6, 2013, pp. 2121–2168.

融危机期间的48%①。全面的经济萎缩和失业率飙升，将经济问题视为国家头等重要问题的美国人比例也从2007年的16%激增至2009年的86%。② 而更让美国政治家感到恐惧的是，经济的低迷使美国人对本国的制度提出质疑，调查显示，认为中国的制度通常看起来更强大的美国人所占比例，从2008年的26%增长到2011年的43%，与此同时，对中国持不利看法的美国人所占的比例从2006年的29%增长到2011年的42%。③ 这种异常态度变化使美国统治阶层联想起20世纪80年代的美日关系，表明了相对经济增长的重要性和美国必须面对的经济缺陷。美国民众对经济形势的不满情绪日趋强烈，无疑加剧了其寻找外部目标，进而加强了对中国的政治对抗。

国际金融危机迫使美国重新思考中国的增长模式，包括中国在美国主导的国际经济体系中的地位。特别是中国更多地转向自主创新政策，支持自主技术发展让美国看到了潜在对手的发展空间。虽然，中国首次强调自主创新在2006年的《科学和技术中长期计划》就已经提出，但取得实质上的进展是在2008年国际金融危机之后，2010年国务院确定优先发展的七大"战略性新兴产业"。习近平总书记更是在2014年中国科学院第十七次院士大会、中国工程院第十二次院士大会上发表重要讲话，郑重声明：中国不能做其他国家的技术附庸，非走自主创新道路不可。④ 针对中国的技术自主的战略部署，美国在国际金融机构中率先进行了反击。2010—2016年美国国会多次反对国际货币基金组织加大亚洲基础设施投资银行的投票权份额，证实了美国不愿意让中国在塑造国际经济秩序的谈判桌上占有一席之地。

---

① Pew Research Center, "Support for Free Trade Recovers Despite Recession", *U. S. Politics & Policy*, 2009, www.pewresearch.org/politics/2009/04/28/support-for-free-trade-recovers-despite-recession/.

② Gallup, "Most Important Problem", 2020, https://news.gallup.com/poll/1675/most-important-problem.aspx.

③ Pew Research Center, "U. S. Views of China Increasingly Negative Amid Coronavirus Outbreak, 2020, www.pewresearch.org/global/2020/04/21/u-s-views-of-china-increasingly-negative-amid-coronavirus-outbreak/.

④ 《人民日报》："习近平：在中国科学院第十七次院士大会、中国工程院第十二次院士大会上的讲话", http://cpc.people.com.cn/n/2014/0610/c64094-25125594.html。

归纳而言，在 2009—2016 年期间，中美两国的博弈收益矩阵更类似于"囚徒困境"的博弈格局，主要是因为美国对相互合作的可感知收益减少，而且不安全感引起的经济政策选择也被中美两国开始有所感知。中国坚定不移地支持创新和积极的产业政策，包括积极推动人民币国际化作为对美国代理威胁的回应。而美国却将中国正常发展视为修正主义的标志，并故意指责中国不愿意接受全球规则和制度约束，妄图把中国排除在美国主导的全球体系之外。而一旦双方开始明确感知威胁，特别是美国的主动博弈力度加大，中美之间的经济安全困境产生和直接经济冲突就变得越来越可能。

（三）落入经济安全困境：2017—2020 年

2016 年，特朗普当选意味着美国对中国的战略感知完全发生改变。在接下来的四年里，美国率先发难并主动扮演了博弈模型中的"胆小鬼"的角色。事实证明，特朗普政府这种经济威胁和报复的方式非但没有让美国获得预期收益，同时也暴露了在全球价值链时代传统关税报复手段的局限性。在这种囚徒困境的博弈矩阵中，实际收益适得其反，中美双方都遭受相当大的经济损失，并且没有明确的赢家。特朗普政府公开抨击中国打造的"双循环战略"破坏了美国主导的自由经济秩序，试图把"背叛"的罪名推至中国。美国为了能名正言顺地发动贸易战，特朗普政府通过舆论工具让美国民众将目光转至中美贸易逆差。特朗普通过推特等社交平台声称，双方的贸易逆差只会让中国更为强大，只有平衡的双边贸易才能确保美国的经济安全。在特朗普的游说下，2018 年开始美国对中国出口的太阳能电池板和洗衣机征收保护关税。之后双方关系迅速恶化，美国对中国商品的平均关税从 3% 上升至接近 20%。[①]

中美贸易摩擦的爆发引发了学术界的高度关注，大量的研究表明，双方高额的贸易壁垒虽然在名义上降低了美国贸易赤字，但实际上美国

---

① Bown, Chad P., "There Is Little Dignity in Trump's Trade Policy", *Foreign Affairs*, 2020, www.foreignaffairs.com/articles/united-states/2020-07-09/there-little-dignity-trumps-trade-policy.

经济也遭受了巨大创伤。① 报复性关税直接导致美国出口下降，而进口关税完全转嫁到消费者身上。除了贸易战以外，美国对中国实施的技术"冷战"更清楚地表明了经济安全困境的复杂性和动态性。美国一系列对华技术切割行动反而加快了中国的自主创新和自主可控推进的步伐，同时也给美国经济带来了直接成本的增加。综合来看，美国在贸易和技术领域的行动遵循了一种明显的安全困境逻辑，导致双方都遭受重大经济损失，同时进一步加剧各领域不安全的境地。特朗普四年任期的结果表明，特朗普政府显然低估了中国进行改革和创新的能力，特别是在新兴举国体制理念的推动下，整合整个国家制度和资源抵御美国的压力。中国从四年贸易摩擦中也清晰地认识到，美国从未打算坐视中国的崛起。正如中国前商务部副部长魏建国所言："贸易战的实质是美国想要摧毁中国，美国不愿意接受中国作为一个正在崛起的大国。"而拜登执政后的美国政府似乎更愿意将美国"经济安全"和"经济活力"面临的最大长期威胁，直接与国家安全相挂钩。② 而这不仅扩大和泛化了国家安全的概念，同时更可能推动拜登政府采取新的经济手段，如投资自身、扩大盟友、加强竞争来全方位地对华进行博弈。③

总　结

无论是从历史上美国通过出口管制行动打压竞争对手的战略惯性，还是基于更广泛的大国结构性竞争的结果，中美之间经济从合作转化为

---

① 参见 Fajgelbaum, Pablo D., Pinelopi K. Goldberg, Patrick J. Kennedy, and Amit K. Khandelwal, "The Return to Protectionism", *NBER Working Paper*, No. 25638 (National Bureau of Economic Research), 2019; Amiti, Mary, Stephen J. Redding, and David Weinstein, "The Impact of the 2018 Trade War on U. S. Prices and Welfare", *NBER Working Paper*, No. 25672 (National Bureau of Economic Research), March, 2019.

② Wray, Christopher A., "The Threat Posed by the Chinese Government and the Chinese Communist Party to the Economic and National Security of the United States", *Remarks delivered at the Hudson Institute*, 2020, www. fbi. gov/news/speeches/the-threat-posed-by-the-chinese-government-and-the-chinese-communist-party-to-the-economic-and-national-security-of-the-united-states。

③ 2022 年 5 月 26 日，美国国务卿布林肯在发表的研究中清晰地阐明了美国政府的对华战略，具体可见 https://www. state. gov/the-administrations-approach-to-the-peoples-republic-of-china/。

竞争都是无法避免的。即使没有博弈矩阵中那些诱发冲突的因素发生，美国对中国都会主动展开博弈行动。而其原因是来自美国的对战略态势误判和错误的假设，在美国看来，中国和苏联一样，是一种安全威胁存在，而任何国家的实力上升对于美国而言都是修正主义国家的存在表现，因为，其结果可能带来与美国利益相反的方式塑造新的国际体系和规则。而美国基于历史的错误认识和自我认知，在对中国问题上显然出现了再一次的战略判断失误。因此，其在采用经济手段对中国进行博弈时，更多的目的是为了维护其在全球政治经济的霸权和主导权，而并非美国自身所宣称的"国家安全"威胁。

经济在国家安全中的地位和作用总是与上层建筑层面的变化紧密相关的。面对快速变化的国际格局，为了维护国家发展利益和国家安全，中国自身的改革创新的步伐也明显开始加快。中国明确提出逐步形成以国内大循环为主体、国内国际双循环相互促进的新发展格局，构建以中国为枢纽的国际产业分工体系，全领域参与国际产业合作。而在新的国际格局中，特别是俄乌地缘政治冲突带来的全球政治氛围改变，对全球经济一体化带来了严重的负面影响。中美虽然存在着不可避免的经济安全困境，但在全球价值链的分工体系下双方经济完全脱钩的可能性几乎为零。美国更多的还是采用以遏制为目的的干扰性手段，打击的目标主要集中在我国科技工业的供应链，并同时通过构建新的"印太经济框架"整合更多的盟友来对冲自身的实力下降，包括抑制中国日益扩大的全球经济影响。因此，通过国内有效的内循环来补足技术短板，通过外循环扩大经济生态圈，全面提升中国科技能力和在全球价值链中的地位，才能从根本上应对中美之间的经济安全困境，并同时确保国家经济安全。

第五章 经济基础的存在：产业链与国家经济安全

产业链是产业经济学中的一个概念，是各个产业部门之间基于一定的技术经济关联，并依据特定的逻辑关系和时空布局关系客观形成的链条式关联关系形态。产业链是国家经济活动的基本载体，是国家产业分工体系的表现形式，通过生产资料的相互贯通，形成各分工环节的上下游相互依赖关系。正是基于这些特性，产业链与国家经济和国家政治形态高度关联，在某种程度上充当着国家经济基础的作用。因此，国家经济基础的强化和国家经济安全的维护，将在很大程度上表现为对产业链安全的维护。

一　概念辨析

目前，产业已成为人类劳动的主要表现方式，也是社会经济创造的源泉之一。诸多产业的各分工部门与分工环节相互影响、相互贯通，形成了形形色色的产业链，这不仅是国家经济发展的主要推动力，同时还决定着社会分工的有效布局与协调，也是生产关系的组织形式，决定着国家政权的经济基础。因此，产业链的出现，与国家经济、政治有着高度的关联，其自身的安全性本身有着政治经济的双重含义。

（一）从产业到全球产业链

产业是社会分工和生产力不断进步的产物，伴随着人类社会的发展而发展。具体而言，产业是指由利益相互联系的、具有不同分工的、由各个相关行业所组成的业态总称。尽管它们的经营方式、经营形态、企业模式和流通环节有所不同,但是,它们的经营对象和经营范围是围绕着共同产品而展开的,并且可以在各个行业内部完成各自的循环。20 世纪 20 年代,国际劳工局(现国际劳工组织前身)最早对产业作了比较系统的划分,即把一个国家的所有产业分为初级生产部门、次级生产部门和服务部门。后来,许多国家在划分产业时都参照了国际劳工局的分类方法。第二次世界大战以后,国际劳工组织进一步采用了三次产业分类法,即农业、工业、服务业。其中,农业是人类生产活动的初级阶段,从事着对大自然的简单改造活动;工业则是传统手工业的延续,现代工业诞生于英国工业革命以后,以机器大工业的迅速发展为标志,纺织、钢铁及机器等制造业迅速崛起和发展;与农业和工业的物质生产相比,服务业则是指非物质生产,大量的资本、劳动力、技术等生产资源流入非物质生产部门,形成生产性服务、消费性服务等细分部门。第二次世界大战后,随着社会分工的进一步专业化,在传统三大产业的基础上,又衍生出诸多的产业细分,例如,按行业属性,服务业下又可分为金融服务、旅游服务、生产服务等;按生产要素的投入,可分为劳动密集型产业、技术密集型产业、资本密集型产业等;按照产业划分,可分为能源产业、汽车产业、机械产业、半导体产业等。正是由于产业的多样化与成熟化,经济学研究把产业作为单独的研究方向,开辟了"产业经济学"的研究领域,其范畴包括产业的要素、结构、功能、性质、发展规律的经济,探讨以工业化为中心的经济发展中产业之间的关系结构、产业内的企业组织结构变化的规律、经济发展中内在的各种均衡问题等。[①]美国管理学者迈克尔·波特(Michael Porter)基于新自由主义市场竞争理论,提出了产业竞争的"五力模型"(Porter's Five Forces),认为行业中存在着决定竞争规模和程度的五种力量,这五种力量综合起来影响着产业的吸引力以及现有企业的竞争战略决策。五种力量分别为同行业内现有竞争者的竞争能力、潜在竞争者进入的能力、替代品的替代能力、

---

① 苏东水:《产业经济学》,高等教育出版社 2010 年版。

供应商的讨价还价能力与购买者的议价能力。① 总体来看，产业随着人类社会的发展而发展，也是人类生产活动的基本载体，并成为经济学研究的主要方向。

与产业相伴随的，就是产业链概念的提出。产业链是各个产业部门之间基于一定的技术经济关联，并依据特定的逻辑关系和时空布局关系客观形成的链条式关联关系形态，是一个相对宏观的概念，分为狭义产业链和广义产业链。其中，狭义产业链是指从原材料一直到终端产品制造的各生产部门的完整链条，主要面向具体生产制造环节。例如，狭义的汽车产业链，就是指从各项零部件采购，到汽车最终被使用的过程，主要集中在汽车的一系列制造环节。广义产业链则是在面向生产的狭义产业链基础上尽可能地向上下游拓展延伸。产业链向上游延伸一般使得产业链进入到基础产业环节和技术研发环节，向下游拓展则进入到市场拓展环节。例如，广义的汽车产业链，需要在上游扩展至汽车的设计环节，包括引擎动力设计、特种材料设计、安全系统研发等；而在下游的扩展，则涵盖了汽车的日常维护、系统升级以及报废回收等环节。产业链的形成是生产成本的最低化与各生产环节效率最大化的统一，既满足了企业对自身生产成本控制的需求，也有利于分工环节的专业化与精细化生产。总体来看，产业链的本质是用于描述一种具有某种内在联系的企业群结构，涉及产业层次、产业关联程度、资源加工深度和满足需求程度。因此，产业链的核心特征在于分工，包括产业内分工和跨产业之间的分工，各分工环节独立从事生产活动，但是各环节之间又通过生产资料的"供应—需求"关系而形成相互之间的影响和互动，从而形成产业链。根据产业链的概念与形成过程，可发现产业链具有三大特征：其一，完整性。产业链是相关产业活动的集合，其构成单元是若干具有关联的活动整体，即产业环节或者具体的产业部门，通过相互关联性而成为一个闭环整体，完成一项产品从概念到最终使用的时间与空间的完整流程。其二，层次性。产业链的层次性是指不同环节或分工单位有着不同的生产投入，这种投入既包括生产资料的性质差异，也有着数量上的

---

① [美]迈克尔·波特：《国家竞争优势》，李明轩、邱如美译，中信出版社2007年版。

增减。一般而言,产业环节越是向下游延伸,其资金密集性、技术密集性越是明显;产业链环节越是向上游攀升,其资源加工性、劳动密集性越是明显。其三,指向性。指向性与层次性有着一脉相承的关系,但侧重点更偏向于具体环节的表现。在层次性映射到现实的时候,出现了各分工单位比较优势和要素禀赋的差异,从而引起了不同环节的专业化指向,诞生了诸多专业化产业链,例如资源加工型产业链、服装制作型产业链、机械生产型产业链等。

当产业链的分工环节布置在至少两个国家的时候,则形成了产业链的跨国分布,即全球产业链。在经济全球化进程中,核心推动力在于全球产业链的形成。全球产业链旨在把各国纳入全球产业分工体系中,国家间通过分工和贸易实现生产要素的全球性流动,并形成有差异的利益获得。可以说,世界各国以融入全球产业链而实现国家经济的崛起,这一过程的客观结果,则是助推了经济全球化的快速发展。全球产业链的形成,其理论基础包括了亚当·斯密(Adam Smith)的"自由市场理论"、大卫·李嘉图(David Ricardo)的"比较优势理论"和加里·杰里菲(Gary Gereffi)的"全球价值链理论"。首先,自由市场理论强调市场在商品供需中的决定性作用,商品可以自由生产、自由交换,完全受价值规律自发调节。亚当·斯密认为,市场就像一支"无形的手",连接着个体和整体,无数理性的个体在对自身利益的追逐中,最大限度地促进整体社会福利的改善。[①] 其次,自由市场理论解释了全球产业链下生产要素的流动规律和本质,从而实现了不同生产环节的全球有效衔接。再次,比较优势理论认为,国际贸易的基础是生产技术的相对差别(而非绝对差别),以及由此产生的相对成本的差别。每个国家都应根据"两利相权取其重,两弊相权取其轻"的原则,集中生产并出口其具有"比较优势"的产品,进口其具有"比较劣势"的产品。比较优势理论是全球产业链"分工"的理论基础,资源、人力、土地等要素禀赋的差异以及技术发展的不均衡造成了不同国家经济体之间的比较优势,并在经济全球化的过程中形成分工,而这也就回答了"不同的生产环节为什

---

① [英]亚当·斯密:《国富论》,唐日松译,华夏出版社2005年版。

么需要安排在不同的国家和地区?"这一问题。最后,加里·杰里菲的全球价值链理论是全球产业链形成的直接推动力,杰里菲认为,全球产业链是一件产品从概念到最终使用的完整过程,主要分为研发、生产和销售三个环节,当三个环节分布于不同国家时,全球产业链也就随之形成,而各环节所获得的增加值收益,也就形成了基于全球产业链基础上的价值收益,全球产业链也就进一步升级为全球价值链。[①] 正是依托于自由市场、比较优势和全球价值链三大理论,全球产业链的理论体系在全球化实践中趋于系统和完善。

(二) 从经济基础到产业链安全

产业链是社会生产的承载形式,也是生产力与生产关系的集合。随着国家政治经济互动的日益深入,产业链将直接关系到国家的经济基础与政权的稳定,从而引出了产业链安全的概念。产业链安全性的逻辑在于,产业是国家经济的主要组成部分,也是国家政权构建的经济基础,其是国家政权稳定的根本基础。因此,产业链的安全是国家安全的基础组成部分,维护产业链安全,根本上是对国家安全的保证。

产业链安全的理论根源逻辑,可以溯源到"经济基础决定上层建筑"的思想,这也是马克思主义政治经济学的思想。卡尔·马克思在1859年写的《〈政治经济学批判〉序言》中,对经济基础和上层建筑的理论作了精辟的表述:"人们在自己生活的社会生产中发生一定的、必然的、不以他们的意志为转移的关系,即同他们的物质生产力的一定发展阶段相适合的生产关系。这些生产关系的总和构成社会的经济结构,即有法律的和政治的上层建筑竖立其上并有一定的社会意识形式与之相适应的现实基础。"[②] 马克思主义政治经济学认为,一定社会的基础是该社会的经济关系的体系,即生产关系的总和,主要包括生产资料所有制、生产过程中人与人之间的关系和分配关系三个方面,其中生产资料所有

---

① [美] 加里·杰里菲:《全球价值链和国际发展:理论框架、研究发现和政策分析》,曹文、李可译,上海人民出版社2018年版。
② 卡尔·马克思:《〈政治经济学批判〉序言》,参见《马克思恩格斯选集》第2卷,人民出版社1972年版。

制是首要的、决定的部分。这种生产关系，从古代地主阶级与农民、农奴阶级的关系，发展为资本主义时期的私有制关系，再到今天发展为产业链下的各生产环节、各参与主体、各生产技术应用之间的关系。目前，随着新技术革命催生社会生产力的进一步解放、社会化分工的逐渐扩展，产业已经成为人类经济活动的最重要载体，而由不同生产环节所构成的产业链，则成为马克思主义语境下的经济基础和生产关系构成的表达形式。产业链下的对生产的跨区域布局、对生产环节的专业化生产，以及在生产过程中的差异性投入，均涉及马克思所论述的生产关系的三大核心特征——生产资料所有制、生产过程中人与人关系、生产成果的分配关系。

与经济基础相关联的，则是上层建筑。上层建筑是复杂庞大的体系，由该社会的"观念上层建筑"和"政治上层建筑"两个部分组成。观念上层建筑包括政治、法律思想、道德、宗教、文学艺术、哲学等意识形态。政治上层建筑在阶级社会指政治法律制度和设施，主要包括军队、警察、法庭、监狱、政府机构和政党、社会集团等，其中，国家政权是核心。恩格斯曾经指出，国家政权是"第一个支配人的意识形态力量"，"国家一旦成了对社会的独立力量，马上就产生了新的意识形态"。可以说，由经济基础产生的上层建筑，其本质上就是国家政权的构建，包括国家政权派生出符合统治阶级利益的意识形态。这就意味着，以国家政权为核心的上层建筑，将由生产关系为主体的经济基础而决定，这一生产关系在社会化大分工的背景下，即表现为产业链。具体来看，产业链对国家政权构成的作用表现在：其一，产业链的出现有效地安排了社会生产，满足了国家政权的物质需要，是政权建设、社会发展和民众生存的供应来源；其二，产业链的本质是生产关系的构建，有助于对国家政权下各方利益关系的协调，不同生产环节有着不同的生产资料集合，也有着不同的任务承担，但这些利益主体将共同构成政权建设；其三，产业链为国家政权提供了秩序保障，在产业链的分工过程中，无形中为分工参与主体提供了次序排列的差异，并为社会成员和分工主体提供了行为规范，最终完成产业链秩序的打造，直接推动了社会和国家秩序的稳定。因此，根据经济基础决定上层建筑的马克思主义政治经济学理论，

第五章 经济基础的存在:产业链与国家经济安全

产业链本质上是一种社会生产关系的集合,也是今天国家政权建设的经济基础性力量,产业链的变动将直接影响着国家政权这一"上层建筑"的未来走向。

在产业链对国家政权建设的重要意义背景下,产业链安全的概念由此产生。根据产业链的性质,经济性和安全性是产业链固有的两大属性。经济性指在经济规律支配下的合理运转,各生产环节通过分工、贸易、融资等经济行为实现联系,自由市场、社会分工、比较优势等经济学规律是产业链经济性的基本逻辑。而产业链的安全性则是引入了政治学概念,是指各国政府能够对本国的产业链体系进行自主可控,保障本国产业链运行的经济性,而不受外界因素的干扰。总体来看,在国际形势趋于缓和之时,产业链的经济性和其效益性受到的关注较多,政治对经济的干预能力较低,全球产业链也容易进入快速扩张期。而在国际形势紧张或地缘冲突突发性事件爆发之时,产业链的安全性则凸显,政治对经济的干预能力较强,全球产业链也相继进入调整时期。可以说,全球产业链就是在经济和安全的二元互动下,呈现螺旋上升态势发展。学术界关于产业链安全的研究有着明显的二元互动趋势,在冷战结束以后,经济全球化和新自由主义浪潮席卷全球之时,学术界对产业链的经济属性关注度明显大于安全属性,而在近年来逆全球化背景下,伴随着国家间博弈的加大,产业链安全问题也逐渐成为学术界关注的焦点问题。中国现代国际关系研究院经济安全研究中心是中国最早一批关注产业链安全的学术机构,在著作《国家经济安全》中,分析了国际经济关系对国家产业链安全的影响,并提出:在产业链的全球化背景下,各种利益冲突的不可避免性、世界秩序的不稳定性、许多变数的不可预测性,特别是有些国家凭借权力优势对其他国家采取的遏制政策,势将危及国家的经济安全利益。[①] 这一判断在近年来得到了证实,2018 年以来,全球经济增长放缓与贸易保护主义叠加使全球化进程出现了"开倒车"现象,"逆全球化"倾向凸显,美国还提出了产业链"去中国化"主张。在这一背景下,有学者认为,国际经济秩序的改变对中国产业链安全产生影

[①] 中国现代国际关系研究院经济安全研究中心:《国家经济安全》,时事出版社 2005 年版。

响："严重的贸易保护主义使得多边自由贸易投资体系遭到破坏，单边主义使全球合作贸易机制框架和所遵循的规则失衡，全球价值链分工的基础遭遇挑战，全球供应链受到严重冲击，给我国产业链安全带来一定风险。"[1] 总体来看，近年来，在国际经济形势剧烈变动与中国面临的外部环境充满不确定性的背景下，学术界对产业链安全性的关注程度日益提升，对产业链的安全性反思也将弥补过去"重经济而轻安全"的研究格局。

二 国际政治经济视角下的全球产业链变迁

产业链的双重属性，使其深受国际政治经济的动态影响，纵观全球产业链的变迁历程，本身就是一部经济与政治、产业与权力、分工与安全的互动历史。随着国家间产业相互依赖程度的加深，经济全球化日益呈现出全球产业链的发展模式，即国家间通过生产分工和中间品贸易而成为全球性的生产网络，各国依托于自身的要素禀赋差异和比较优势而表现为不同生产环节的依赖关系。经济全球化时代下的生产要素自由流动，将在全球产业链下表现为全球性分工体系的构筑，这就预示着国家将成为全球产业链下的分工单元，政治权力的作用将表现为如何更好地布局与整合国内资源，以适应全球分工下的不同环节任务，最终实现国家经济的发展并维护整体经济安全。而从时间维度来看，全球产业链的形成与发展可分为四个重要的时段，即第二次世界大战结束后的雏形时期、苏联解体后的快速发展时期、国际金融危机以后的调整时期、美国特朗普政府执政后的逆全球化时期。全球产业链的每一个发展阶段，都与国际政治经济互动有着紧密的相互影响，形成了不同的阶段性特征。

首先，在第二次世界大战以后，随着东西方两大阵营的建立，形成了以苏联为主的社会主义生产体系和以美国为核心的资本主义生产体系。两大体系内部存在着相互独立的供应—需求循环结构，实现了生产资料的区域流通和生产环节的区域分割，并为东西方冷战持续对峙提供了经

---

[1] 张义博：《产业链安全内涵与评价体系》，《中国经贸导刊》2021年第10期。

第五章 经济基础的存在：产业链与国家经济安全

济保障，也成为今天全球产业链的雏形。与此同时，诞生于冷战背景下的两大生产体系，其自身也带有美苏两大霸权国政治对立的色彩，这就需要两大霸权国通过对生产体系施加影响，以维护自身体系的霸权，巴黎统筹委员会（巴统）和经济互助委员会（经互会）就是在这一环境下诞生的，两者分别是美国和苏联控制资本主义和社会主义两大生产体系的政治工具。[①] 客观地看，冷战时期国际权力高度集中于美苏两大霸权国，一方面，服务于"两极格局"的需要，能够整合区域内资源为东西方对抗提供经济支持；另一方面，也为第二次世界大战以后各国生产恢复和经济秩序重塑提供了有利条件，即通过美国和苏联的援助计划，帮助世界上大部分国家改善了基础设施水平，为经济的发展提供了源动力。其中，美国针对西欧的马歇尔计划和苏联针对东欧的莫洛托夫计划，就是霸权体系下，二者为第二次世界大战后的欧洲经济快速恢复带来的红利。[②] 因此，这一时期，全球生产体系与国际权力高度捆绑，权力被高度集中于两大霸权国，美国和苏联决定着生产布局的跨国分配，或者说，这一时期决定全球产业链生产布局的，并不是经济学意义的比较优势和要素禀赋差异，而是霸权国的权力充分使用的结果。

其次，苏联解体以后，结束了东西方的政治对立，也开启了经济层面的全球性互动，实现了真正意义上的经济全球化。这既可以被解读为

[①] 巴黎统筹委员会（Coordinating Committee for Export to Communist Countries）：1949年11月在美国的提议下秘密成立的，是对社会主义国家实行禁运和贸易限制的国际组织，其成员包括美国、英国、法国、联邦德国、澳大利亚、日本、加拿大、土耳其等17个国家。经济互助委员会（The Council for Mutual Economic Assistance）：1949年1月由苏联组织建立的一个由社会主义国家组成的政治经济合作组织，实行内部生产专业化与协作化，成员包括苏联、保加利亚、匈牙利、波兰、民主德国、古巴、越南等，中国（1956—1961）、朝鲜、老挝、安哥拉等国为观察员国家。

[②] 马歇尔计划（The Marshall Plan），官方名称为欧洲复兴计划（European Recovery Program），是第二次世界大战结束后，美国对被战争破坏的西欧各国进行经济援助、协助重建的计划，该计划于1947年7月正式启动，并整整持续了4个财政年度之久。在这段时期内，西欧各国通过参加欧洲经济合作与发展组织（OECD），总共接受了美国包括金融、技术、设备等各种形式的援助合计131.5亿美元，其中90%是赠予，10%为贷款。莫洛托夫计划（Molotov Plan），是1947年苏联为了防止东欧"离苏倾向"，加强与东欧经济联系，援助东欧经济发展而与东欧各国签订的经济协议总称。1947年7—8月，苏联分别与保加利亚、捷克斯洛伐克、匈牙利、波兰等东欧国家签订了贸易协定，以此来抵制和反击"马歇尔计划"，西方把这一系列贸易协定称为"莫洛托夫计划"。

新时代国家经济安全的战略与现实

美国经济体系对苏联和东欧地区的扩张,也可以被视为东方经济体系的自我变革,与西方经济体系实现了殊途同归的对接。对于全球产业链来说,过去东西方相平行的生产体系在这一时期实现了融合,构筑了全球范围内的"供应—生产—需求"关系,世界主要经济体均参与全球性的产业分工,而中间品贸易的崛起则沟通了国家间生产的关联。与此同时,从国际政治角度来看,相对于冷战时期的权力集中,这一时期国际权力趋于分散,从"两极格局"发展为"一超多强"或"多极化"的权力格局,多极之间不一定是相互激烈的对抗,而更大可能性是既有竞争又有协调,既是对手又是伙伴,既各行其是又相互制约和彼此依存。[①] 这一权力"分散化"格局,一方面,从地缘政治角度意味着权力从美苏两大霸权国分散为诸多区域性国家,不仅在欧洲地区内国家数量大幅增多,而且欧盟、中国、日本、东盟等国家和区域组织在区域内相继成为权力的多中心;另一方面,国际问题的领域不再局限于冷战下的政治与安全问题,而是更多地涉及经济、社会、文化、环境等多重领域,将不再通过单一国家权力集中而解决,更多地依靠国际协调、国家间合作,传统上的政治霸权国,对国际议程的影响开始受限。这也就是说,全球产业链的成熟与国际权力分散化,在时间上趋于同步。而这种巧合的出现,是因为在冷战时期通过权力的集中,各主要经济体相继完成了产业基础的建设,包括基础设施建设、能源型重工业体系与基本经济制度建设,因此,权力集中的成本劣势将被权力分散的经济收益优势所取代。更重要的是,在全球产业链体系下,各国的自身角色发生了变异。与冷战期间相比,这一时期国家的主要任务不再是寻求政治上的对抗和生存保障,而是经济上的发展,即如何更好地调动国内资源,以发挥各国的比较优势与要素禀赋差异,寻找到适合自身分工任务的产业链角色,适应全球性生产体系的扩张。

再次,这套全球产业链模式经过三十余年的发展,在 2008 年后逐渐进入调整期。而调整的原因可归纳为两个方面:传统发达国家在 2008 年国际金融危机以后,逐渐意识到由自身制造业的对外转移形成的国内严

[①] 王崇杰:《世界多极化的趋势——历史、现状和前景》,《当代世界》1995 年第 5 期。

重的"产业空心化"问题，制造业在国民经济中的比重日益降低，并由此衍生出失业、中产阶级萎缩、种族对立等社会问题，这些因素在政治上引起了部分发达国家的"极化"倾向，极右翼势力和保守主义倾向崛起。传统发达国家期望改变当前的全球分工体系，致力于通过行政强制手段，改变全球产业链的分工布局，引导制造业向本土的回流；另外，以新兴经济体为代表的部分发展中国家，在全球产业链体系国际产业转移与产业分工的带动下，国家整体经济水平大幅提升，这就促使新兴经济体渴望向全球产业链更高端的位置攀升，尤其是在新技术革命的刺激下，部分新兴经济体相继发布了发展国内高新技术产业的支持政策，以提高产业的增加值收益水平，改善自身被"低端锁定"的不利局面。因此，全球产业链在2008年国际金融危机后逐渐表现出"发达国家向下完善与发展中国家向上攀升"的结构性矛盾，而如何平衡各方的利益诉求，成为全球产业链进入调整时期的基础背景。在这一背景下，国际政治经济呈现出"混合互动"模式，即介于冷战时期国际权力高度集中于霸权国与冷战后国际权力分散于各主权国之间的互动，进而在经济层面表现为：第一，在机械汽车、电子通信、纺织鞋类、能源加工等传统产业的分工中，世界各国对自身分工环节的主动性较强，这些领域表现为权力的分散状态，即各国能够相对自由地选择上下游产业链的安置而不受外界的干预。第二，跨国公司的超国家性权力日益崛起，无论是在"生产驱动型"价值链，还是在"需求驱动型"价值链下，这一时期跨国公司对生产布局的干预性较为强烈，其背后的动机不仅有着传统经济学下的成本收益考量，而且还夹杂着国家间政治博弈、经济秩序重构等因素。第三，在高端技术领域，国家间竞争日趋激烈，这种竞争本身具有强者恒强、弱者恒弱的"马太效应"。世界各国为了实现抢占新技术革命的前沿高地，争夺发展主导权，倾向于权力的集中，一方面，统筹国内资源，对关键领域实行重点扶植与突破；另一方面，加强对外干预，通过必要的行政与法律保护，甚至是技术"脱钩"的极端手段，防止其他国家对本国的技术"窃取"，以维护在新技术革命中的竞争优势。因此，在全球产业链调整阶段，国际权力的"混合"模式基本表现为：传统产业领域的分散与新兴技术领域的集中的逆向过程，呈现多主体博弈特征。

最后，就在全球产业链进入调整阶段的同时，随着美国特朗普政府上台，以美国为核心的部分大国开始在经济上推行保护主义和本土主义政策，从而形成了调整阶段的"逆全球化"冲击。在这一时期，国家间贸易摩擦、技术断供现象愈演愈烈，同时叠加了全球新冠疫情的影响，全球范围内出现生产受阻、贸易迟滞、人员交流割裂的局面。在这个阶段，借助于新技术革命的赋能与国家间发展阶段的差异，全球产业链表现出了诸多新特征。

第一，从国际贸易层面来看，全球产业链的"贸易强度"在逐步降低，参与国际贸易的商品结构也正在发生着改变。虽然全球商品产量和贸易量的绝对值都在继续增长，但跨境贸易在全球商品产出中的占比却在下降。据统计，2007—2017年，出口总额在全球产业链的总产出占比从28.1%降至22.5%。与此同时，从国际贸易的参与主体来看，2019年，仅有不足20%的商品贸易属于劳动成本套利型贸易，在过去十年里，这一比例在很多产业链中逐年降低。由此引发了另一种趋势：全球产业链的知识密集度越来越高，越来越依赖高技能劳动力。2000年以来，各产业链中的无形资产投资（例如研发、品牌和知识产权投资）在总营收中的占比翻了一番，从5.5%增长到13.1%。[1]

第二，从国际生产角度来看，全球产业链最重要的作用在于分工，各国依据自身的比较优势和要素禀赋差异，实现了对不同生产环节的占据，基本形成了"研发—生产—销售"三大分工环节。但是，随着近年来新技术革命的日益推进，5G、工业互联网、人工智能、量子技术等新兴技术的生产赋能日益强烈，这就对全球范围内的生产力实现了新一轮解放。对于全球产业链来说，新技术革命的最大意义是实现了分工环节的"精益化"和"专业化"，传统的以规模为指标的评价体系，将让渡于以技术的不可替代性为标准的单位增加值收益。而通过技术对个别企业的生产赋能，能够有效提升企业在产业链内部的增加值收益，进而带动相关企业乃至整个国家的全球产业链位置上升。因此，新技术革命的

---

[1] 麦肯锡全球研究院：《转型中的全球化：贸易和价值链的未来》，2019年，第9页。

出现，刺激了全球产业链下的诸多参与主体推动自身位置上移的趋势。

第三，从国家间关系角度来看，在全球产业链下，生产关联和贸易往来成为国家间关系的连接纽带。然而，在全球产业链变迁背景下，国家间关系也出现了相应的变化。一方面，随着各国国内生产体系的完善，各国均致力于实现产业链、供应链的"本土化"，意味着国际分工网络正在出现萎缩，也是导致"贸易强度"下降的主要因素；另一方面，新技术革命对生产力赋能的能力有目共睹，围绕技术的主导权而衍生出的国家间权力博弈，正在成为国家间关系互动的主要领域，尤其是对大国关系而言，新兴和前沿技术逐渐成为权力竞争的工具。总体来看，在全球产业链的调整阶段，逆全球化现象的出现预示着以自由主义市场经济秩序为基础的全球价值链体系，正在承受着来自贸易、生产、技术以及国家间关系变化的多重因素的动摇，而其中产生的调整必然对产业链安全带来一定的影响。

三 全球产业链的安全性

冷战结束以后，随着全球市场的统一和整合，新一轮的全球产业链逐渐形成。这一时期的全球产业链涵盖了世界主要国家，由世界范围内的企业网络共同构成，国际贸易和生产分工是这个网络的主要表现形式，从而形成"全球产业链"的基本模型。对于世界各国而言，能够有效嵌入全球产业链，参与国际分工，并从国际贸易中获得收益，是实现经济发展和产业升级的重要条件。但是，全球产业链从诞生之日起，就与国家安全息息相关。产业是国家政权的基础，为国家各项事业建设提供着经济保证，也承担着协调国家与国家之间、国家内部各利益集团之间的关系。因此，产业的安全，在一定程度上关乎国家的整体安全。第二次世界大战后，随着全球产业链的布局完成，全球产业链的安全性问题先后呈现不同的表现特征。

20世纪90年代，是冷战结束以后第一个十年，构建全球产业链是在这一时期的主要任务，表现为生产最上游端的"资源安全"问题。这一时期的资源安全主要集中于自然资源领域，包括能源、植被、土地、

| 新时代国家经济安全的战略与现实

空气、水等自然物质，这些资源是地球自身孕育的物质财富。资源是全球产业链的生产源头，负责为生产提供必要的物质资料、能源动力，马克思在《资本论》中说过"劳动和土地，是财富两个原始的形成要素"。而恩格斯则指出"其实，劳动和自然界在一起它才是一切财富的源泉，自然界为劳动提供材料，劳动把材料转变为财富"。[①] 冷战结束以后，随着全球性生产的开展，各国对资源供应链的重视程度日益提升，围绕资源的争夺也随之产生，最先出现的资源安全问题是中东地区的石油危机。1990年8月，伊拉克入侵科威特，酿成了冷战以后第一次石油危机，中东地区石油产量锐减，石油价格上升，影响到西方国家的石油供应安全。随后，以美国为首的多国部队开启了对伊拉克的海湾战争，冷战后第一次石油危机被化解。纵观整个90年代，中东地区、巴尔干地区和非洲地区的多场战争和冲突，都有对区域内资源争夺的影子。在这些资源争夺的背后，可以发现国际关系变迁影响下的对全球供应链安全新解读。冷战后的国际关系，表现为"一超多强"的格局，美国的霸权影响力由冷战时期的高级政治领域，向包括低级政治在内的人类社会发展全领域辐射，[②] 其中资源领域是霸权辐射的主要方向之一。同时，全球产业链的塑造，也是以美国的霸权利益为驱动，构建的一种全球经济新秩序，能够提供全球性的资源供给，服务于美国经济的消耗，从而为国际霸权塑造必要的经济基础。而在这一政治经济背景下，以美国为首的霸权国，致力于建立符合自身利益的霸权体系，包括构建有利于自身生产的资源供应体系。因此，这一时期的产业链安全，集中于全球性的资源安全，本质上是霸权国的权力向全球资源方面的延伸，旨在打造自身所能控制的全球资源供应链。

进入2000年后，美国的霸权地位进一步得到巩固，以美国为主导的全球产业链体系进一步完善，而中国在加入WTO以后，整个东亚生产力进一步得到释放，全球生产供应能力得到了前所未有的提高。但是，这

[①] 《马克思恩格斯选集》第四卷，人民出版社1995年版，第373页。
[②] 高级政治（high politics），以关注国家安全与国际和平为宗旨，包括军事、政治、外交、安全等领域；低级政治（low politics），以促进经济社会福利为宗旨，包括经济、文化、社会等领域，这一名词解释来源于自由制度主义理论，用于对抗现实主义国际关系理论。

第五章 经济基础的存在：产业链与国家经济安全

一时期的产业链安全依然存在风险，其威胁主要来自两个方面：恐怖主义和国际金融危机。"9·11"事件的爆发，使国际恐怖主义问题进入人们的视野，2000年以后，"反恐"成为威胁国际关系、全球经济安全的主要来源。"9·11"事件直接造成的经济损失超过300亿美元，但是，恐怖主义对全球产业链运行的最大威胁，在于非经济因素的崛起，包括社会阶层的对立、文化认同的差异，无不冲击着生产和消费秩序。这引起了全球对经济要素流动的限制，国家间加强了对国际人员和货物流动的审查，也提升了要素流通的安保和基础设施建设标准，从而增加了全球产业链所需的生产要素流通成本。2008年以后，随着国际恐怖主义威胁日益消沉，国际金融危机的爆发则更为深刻地影响了全球产业链安全。金融的作用，在于为全球产业链运行提供资金保障，通过资金的注入，一方面带动产业链上游的研发、采购、物流投入；另一方面在产业链下游，提升消费端的购买力，从而倒逼生产的扩大和产业的多样化。然而，2008年的国际金融危机，则暂停了金融对全球产业链的赋能作用，引起了一系列连锁反应。国际金融危机加速了美元的贬值速度，美元呈现弱势状态，从而造成美国需求端的疲软，而作为全球产业链的最大消费国，美国需求的低迷，又引起了国际贸易的衰退，引起不少全球产业链参与国的经济衰退，最终造成全球产业链整体的震荡。总体来看，21世纪以来的世界经济，全球产业链的广度和深度进一步扩大，国家间的专业化分工也日益明显，但是这一时期的恐怖主义和金融危机成为威胁产业链安全的两大因素，前者的威胁在于生产要素流动的成本提升，后者的威胁在于金融对产业链正常运行的破坏效应。"9·11"事件与国际金融危机的出现，初步反映了全球产业链安全的脆弱性，即随着全球产业链逐渐向更大范围与更多行业领域的扩展，各产业与各分工环节之间的相互影响也日益加大，其中任何环节遭受打击，都可引起全局性的连锁反应。而这种安全脆弱性，在"9·11"事件掀起的非经济因素冲突与国际金融危机后国际资本不稳定的环境下，将更加具有隐蔽性、持续性与不可预测性。

2010年以后，全球产业链的扩张依然在恐怖主义和金融危机的阴影下进行，但这一时期的产业链安全已经悄然发生转移，国内产业安全上升为各国参与全球产业链关注的中心。在冷战结束后的二十年里，美国的霸权主义长期集中于中东地区，多场境外战争牵制着美国的战略资源，使其难以顾及国内的发展不平衡问题；与此同时，欧洲、日本以及部分新兴经济体等主要国家，也未能在冷战结束后的二十年里有效地调节国内产业，反而在国际金融危机的打击下，国内出现了严重的经济动荡。在这一系列因素的作用下，这一时期世界各国的战略重心，将更多地向国内倾斜。这一时期的产业链安全，来源于后工业国家在这一时期出现的产业"空心化"现象。这种现象的产生，一方面是由于后工业化国家在全球产业链的分工中逐渐向增加值含量更高的研发、品牌建设、金融等方向靠拢，从而相继淘汰了国内低端产业，把国内增加值含量较低的劳动密集型产业、部分技术密集型产业向外转移；另一方面，一些发展中国家凭借国内劳动力、土地、资源等生产要素的成本优势，成为后工业化国家产业流出的承接地，相继扩大自身在全球产业链生产端的体量，成为与后工业化国家相对应的"新兴经济体"。而随着新兴经济体的国内产业体系日益完善，这种产业"流出—承接"趋势更加深入并引发质的变化。产业"空心化"的后果是中低端制造业沿着全球产业链的路径，从后工业化国家纷纷转移进入新兴经济体，从而引起了后工业化国家自身失业率的增加、经济的下滑，以及政治社会层面的民粹主义、保护主义崛起，这也被不少后工业化国家和发达国家视为"产业安全"的威胁。为此，2016年以后，发达国家内部产业保护主义和本土主义声音不绝于耳，先后出现了美国"制造业回流"、欧洲"经济主权"等问题的讨论，以期通过政治范畴下的权力强制手段，打破全球产业链下以比较优势为基础的全球劳动分工体系，实现后工业化国家内部的产业保护以维护经济安全。

2020年，是冷战结束以后的第三个十年，全球产业链的分工体系日益专业化和精细化，国家对全球产业链的参与不再单纯地依靠规模和成本优势，而更多地增加了技术要素，科技、知识、标准制定等"非物质"活动对全球产业链的影响越来越大。与此同时，以人工智能、数字经济、工业互联网为代表的新一轮技术革命正在如火如荼地开展，世界各国均出台一系列扶植政策，力推产业升级，实现技术对传统产业的赋能作用。因此，在这一时期，高新技术开始被视为世界各国参与全球产业链的核心竞争力，"技术安全"也成为产业链安全下的一个重要组成部分。在技术安全的影响下，世界各国加大了对先进技术的保护程度，技术民族主义、技术本土主义趋势日益抬头，表现为各国对技术"自主可控"的主动追求，并限制先进技术的出口，以确保自身在产业链位置不受技术外溢影响而遭到其他国家的威胁。而随着国家间的产业链竞争，逐渐体现为以技术含量为标准的增加值竞争，预计未来相当一段时间内，各国对技术安全的重视程度并不会衰退。但是，与"技术安全"相比，2020年全球最大的黑天鹅事件莫过于新冠疫情的全球流行。新冠疫情暴发后，全球产业链和供应链的"安全性"问题在国家政策中的地位凸显。其逻辑在于全球产业链中的任何一个国家，一旦出现生产的停滞，势必通过产业链的"传导"效应，影响到其他国家的经济正常运转。而在疫情影响下，2020年全球生产和贸易几乎处于"停滞"状态，供应不畅、需求疲软，全球经济下滑明显。由于世界各国对这一突发性公共卫生安全事件的应对不同，影响先后有序，进而干扰了产业链的正常运行，继而，许多观点开始认为，基于不确定性和不稳定性，需要对产业链的"分散化"配置进行考虑。包括日本经济产业大臣梶山弘志、欧盟外交与安全政策高级代表博雷利在内的不少各国政要，均提出了现有的全球产业链和供应链集中而带来的"安全性"问题，认为对单一国家（特指中国）的过度依赖，将出现产业链脆弱的风险，并建议从分散风险的角度出发，有必要让生产基地多元化。总体来看，2020年后的产业链安全问题，主要聚焦在世界各国对技术安全和应对公共突发危机的两大因素上，前者的现实影响是世界各国加大了对技术保护的力度，而后者的现实做法则是推动产业链的分散配置，以降低对单一国家依赖的风险。

四　产业链安全问题的来源

全球产业链作为赋能世界经济发展的主要动力，其背后的安全性长期引人担忧。全球产业链就像是一把双刃剑，在为世界各国分享经济红利的同时，也对国家安全造成一定的隐患，那么，该如何理解全球产业链的安全问题？识别全球产业链的自身三大特性：不平衡性、脆弱性、传导性，才能把握对于问题源头的根本认识。

(一) 全球产业链的不平衡性

在全球产业链中，发展失衡一直是国际经济治理的头等问题，这一问题的表现方式体现在，一些国家充分享受到了全球产业链带来的红利，实现了国家经济的发展，还有一些国家则陷入了发展困境，在经济上裹足不前，甚至遭遇了各种各样的发展危机。对于这一现象产生的原因，可分为以下几个方面进行认识。从国家发展基础论看，这一观点认为，发展失衡的原因在于国家间经济基础的差异，工业化较为完善的国家能够分享到更多的国际分工，而工业基础较差的国家则难以承接国际产业转移。从贸易赤字论看，这一观点认为，发展失衡源自贸易失衡，一国拥有大量贸易赤字，而与该国贸易赤字相对应的贸易盈余则集中在其他一些国家，随着全球产业链的扩展，贸易赤字与盈余也就伴随着上升。从政治干预论看，这一观点认为，政治对经济发展的干预过多，影响了产业发展的市场化调节，一些国家过分强调政府调控，政治支出成本严重高于经济收益的创造，引起国家收支不平衡。从霸权支配论看，这一观点认为，全球产业链形成的决定性要素，例如资源、货币、人才等均被霸权国家所垄断，导致一些后发国家难以分享到产业发展要素，故形成了发展的不平衡问题。从这些不同的认识和解释来看，发展不平衡的根本原因在于，全球产业链作为一种分工调节机制，本身依据各国发展不平衡的客观现实，形成了生产的国际化分布和贸易的跨国运行，并产生了增加值收益的微笑曲线分布。与此同时，全球产业链本身并非是一种完善的利益分配机制，利益分配的决定性因素在于各分工环节的不可替代性，不可替代性越强，其分工环节越具有稀缺性，自身的利益获取也就相对较高；反之则收益较低。因此，对于国家来说，当不可替代性环节较多的集中于某个国家的时候，这个国家即全球产业链下的受益国，与之相反，当一些国家的生产环节面临较强的可替代时，意味着这些国家的收益较低，是全球产业链的利益受损国。

理论和逻辑上虽然可以给出理性的解释，但是，全球产业链的不平

第五章 经济基础的存在：产业链与国家经济安全

衡，却在客观上威胁到国家产业链安全。这种威胁可从两个方面给予认识：一方面，在全球产业链中占有主导或有利地位的国家，决定着生产要素的跨区域分配，从而影响到全球产业链下其他国家的经济独立性。生产要素是产业发展的必备条件，可分为有形要素和无形要素，前者包括资源、设备、土地等硬件条件，这是由国家的现实实力所决定的。然而，在进入工业化时代以后，无形的生产要素却对产业更具有决定意义，包括生产上游所需的资本、研发、技术、信息，中游所需的劳动力培训、生产性服务，以及下游面向最终市场的品牌建设等。与有形的生产要素相比，无形生产要素更多地被产业链内的主导国家所控制，换言之，产业链主导地位的来源，很大程度上由无形资产的掌控所决定。这种对无形资产的掌控，决定了生产内容、分工主体与地域分配。这就意味着，在产业链内没有占据主导地位的大多数国家，其自身的产业链布置，将受制于产业链内主导国的控制，这种控制路径表现为主导国垄断着产业链内的关键生产要素，可对其他国家的生产进行直接的干预，进而威胁到其他国家的产业链安全。另一方面，产业链发展失衡问题也会引起一些非经济性问题，将会反作用于国家产业链安全。这些非经济问题首要表现就是社会矛盾的加剧和社会对立的增加。由于全球产业链本身缺乏合理的利益分配机制，从而导致社会贫富差距拉大，引起社会矛盾的扩大。从1999年波士顿反全球化示威游行，到"9·11"恐怖袭击事件的爆发，再到国际金融危机以后暴露出的产业空心化现象，利益分配的不平衡是这些问题出现的根源之一。除此以外，全球产业链的发展不均衡，也会造成了愈演愈烈的环境问题。随着发达国家逐渐把高耗能、高污染、高排放的企业转移至发展中国家，这就导致发展中国家环境问题的恶化。同时，受制于路径依赖性和技术水平的落后，部分发展中国家并未能及时地进行环境治理，环境问题逐渐扩展为全球性问题。总体来看，无论是社会问题，还是环境问题，抑或是其他非经济性问题，这些问题的出现，均对全球产业链的正常运行产生了破坏效应，同时也对国家正常的产业运转有着不利影响。因此，产业链的不平衡性，将从两个方面影响国家产业链安全，即威胁国家经济的独立性和推动非经济性问题的凸显。

(二) 全球产业链的脆弱性

理想状态下的全球产业链运营模式，将遵循自由市场、比较优势、要素禀赋差异等经济逻辑。但是，在现实中，经济逻辑并非全球产业链的唯一运行规律，反而全球产业链受到了诸多因素的干扰，从而暴露出产业链的脆弱性，进而引发国家产业链安全的危机。

其一，政治干扰。全球产业链与国家权力和政权基础高度联系，这一特性使得产业链成为国家政治斗争和权力博弈的主要领域。政治干预主要发生在全球产业链的主导国与崛起国的关系中，表现为主导国为了维护自身的主导地位，而采取的对崛起国的产业压制手段。其主要的方式是通过自身的主导优势，对崛起国进行生产要素断供（主要指技术、资金和关键零部件）、转移生产布局、构建排他性生产体系。其本质是通过政治手段，不再为产业链内的崛起国提供发展所需的公共产品，引起崛起国产业资源缺失的问题，从而阻碍竞争对手的发展。这一问题在近年来美国对中国崛起的遏制中表现得尤为明显，不仅在贸易层面抬高关税，而且在科技领域也发起了技术"脱钩"。政治干预的后果是破坏了全球与国家产业链的正常运行秩序，以外部力量的作用影响其他国家的经济发展，是国家产业链安全的一大隐患。

其二，经济因素干预。全球产业链本质上是一种全球性的经济活动，受到各种经济规律的制约。这些经济问题的出现，影响到了全球产业链正常的供应—需求关系，改变了正常的生产布局，从而暴露了产业链安全的脆弱性。这些经济因素包括：首先，上游大宗产品价格波动影响。大宗产品是产业链的上游供应材料，其价格的波动决定着下游生产成本的支出，最终影响需求市场的稳定。这也就解释了冷战结束后的第一个十年中，为什么美国等西方大国为了能源安全而不惜发起多场战争。其次，产品生命周期定律。与人类相同，任何产品有属于自己的成长与衰老的生命周期。当国家产业链过分依赖于个别处于衰老周期的产业时，那么这些国家的国际权力与国际影响力也将随之衰减，与之相反，能够在新兴产业中尽早占有一席之地，较早形成产业链布局的国家，则在未来发展中有着更多的话语权。新技术革命与新能源经济的出现，就是对传统产业的一次冲击,那些以传统产业为经济基础的国家,必将受到一次产业链变革的冲击。

其三,自然因素干预。全球产业链的脆弱性不仅体现在人为的经济和政治因素干预,还包括非人类行为的自然因素。生产行为的本质是对自然的改造,这就意味着产业链下的生产生活,对自然环境有着深刻的依赖性,一旦发生自然环境的变动,也将势必影响全球产业链的正常运行秩序。新冠疫情的暴发,是全球产业链受到自然因素干预的最大危机。病毒的传播,迫使人类改变了传统的生产方式,企业停止运行、工厂停工是新冠疫情给全球产业链带来的最大风险。而从后果来看,生产的停滞意味着全球供应链体系的中断,这就使得不少国家在考虑后疫情时代的一个问题,即如何推动供应链的分散化,以避免集中依赖造成的抗风险能力不足的问题。供应链分散化是新冠疫情对全球产业链造成的深层次影响,这将从根本上改变产业分工的跨国布局。而对于身处供应链结构中的国家来说,这种供应链的分散化意味自身的产业将有对外转移的风险,而且这种转移并非一种产业自发式转移,更多地带有政治干预的性质,并不被国家主权所完全控制。因此,以新冠疫情为代表的自然因素影响的暴发,揭露了全球产业链的脆弱性风险,这种脆弱性也将引发国家产业链安全的危机。

(三) 全球产业链的传导性

传导性是全球产业链的本质属性之一,指的是各分工环节相互影响、相互联系的特性,并由传导性而构成了产业链的整体。在全球产业链中,各参与主体通过中间产品贸易、人才相互流动、信息与技术传递等生产要素流动,形成了不可分割的整体,这也是全球分工体系能够形成的基本条件。但是,传导性在沟通各分工环节的同时,也在无形中传递风险,使得产业链下任一环节出现风险,都会危及产业链的整体运行,这种风险的传导性,也将构成威胁国家产业链安全的一大隐患。冷战结束以后,全球产业链逐渐走向生产分工的专业化,这也是全球产业链近年来的发展趋势,专业化分工意味着分工环节面临着无限拆分的可能,各环节的相互依赖性日益加强。在这一背景下,风险传导的不可控因素也在增强,这种传导机制表现在两个方向上。

一方面,上游环节的风险,将影响供应链的平稳性,从而诱发下游产生供应断裂的问题,导致产业链内生产延续的暂停。其一,生产源头的原材料价格上涨,引发下游生产成本的上升而带来宏观经济问题。在人类经济发展史中,能源危机的屡次出现,本质上是世界各国对能源价格控制权的争夺,避免能源价格的上涨,防止传导影响下游产业链的成本上升。其二,上游技术供应的断裂,阻碍下游产业的升级。全球产业链的技术升级,能够为生产获取更多的增加值收益,但是,技术作为产业链运行所需的必备品,却面对着个别国家的技术保护主义行为,阻碍下游生产对先进技术的获取,造成下游产业链"低端锁定"的危机。其三,上游关键产品的断供,引发下游生产的"卡脖子"问题。上游经济体对下游经济体的中间产品供应,是下游环节能够延续生产的必要条件。而关键产品的断供,则意味着下游环节难以寻找到相应的替代品,造成下游生产的停滞。因此,产业链上游端的节点波动,在传导性的作用下,将会引发下游生产停滞、低端锁定等一系列连锁反应,最终引发整个供应链的不稳定。

另一方面,产业链的下游靠近最终消费,是产业链终点的标志,因此,下游环节的风险出现,将导致产业链的最终需求疲软,进而影响到整体产业链的经济效益。其一,最终需求的变化,引起上游供应产品的滞涨。生产的最终目的是进入市场,完成产品的最终消耗,这也是市场经济的核心逻辑之一。这一特性要求上游生产能够及时捕捉到需求市场的变化,需要产业链内有着较为通畅的信息传递渠道,一旦上游对此的反应迟缓,就会引起自身的供应无法满足需求,引发产品滞涨。其二,产业链下游不仅包括最终需求环节,还有下游制造环节,这是把产业的研发向现实产品转化的关键环节。而下游制造环节的缺失,意味着整个产业链缺乏具体产品的产出,也就无法形成最终的经济效益。这一现象在近年来华为芯片断供事件中表现得较为明显。华为公司作为国际知名的5G通讯公司,旗下海思公司负责上游最先进通信技术的研发,但是,由于自身缺乏下游生产制造环节,因此长期依赖于台积电的芯片制造。在美国对华为公司的一系列封锁与围堵政策下,台积电公司被迫中止与华为的合作，华为公司也就面临着无芯片可用的不利局面。这一事件表明，尽管中国公司可以在上游研发领先于世界，但是，由于下游制造环节的缺失，也将传导至整体产业链的不完整，最终造成受制于人的困境。

综上所述，产业链安全问题的来源，主要包括不平衡性、脆弱性和传导性三个自身特性。其中，不平衡性是全球产业链内各参与主体的地位差异，由此形成了权力和利益分配不均衡，以及在此基础上的诸多非经济问题；脆弱性则是全球产业链易受到外在因素的干预，包括政治因素、经济因素与自然因素，任一外在因素的出现，都会引起全产业链的运行不畅；而传导性则是由于产业链内各环节具有相互影响、相互关联的属性，从而导致任何一个环节出现问题，都会传导至全产业链的波动，这种波动通过产业链的上下游传导关系得以实现。因此，这三大特性具有明显的双刃剑效应，既是产业链运行的自身规律，也衍生出了产业链安全的风险问题。

五 地缘冲突下的产业链安全问题

在通常的情况下，地缘冲突引发的产业链安全风险问题并不常见，原因是在过往的几十年间的局部地区间冲突，包括美国主导的反恐战争均发生于全球产业链的边缘国和地区。国家对国家的规模性战争，包括国际力量支持的规模性持续冲突并非常态。但在全球经济面临新冠疫情冲击、贸易乏力之时，2022年2月，俄乌冲突爆发。这不仅将进一步加剧全球性的产业链危机，同时，由于俄罗斯、乌克兰在全球资源和农产品中均有重要的上游供应链位置和带有一定的出口权重，他们之间的地缘冲突，包括西方社会对俄罗斯的集体制裁后果，将引发全球经济产生"输入型通货膨胀"的不利影响，进而引起全球宏观经济的"滞涨"风险。

（一）俄乌冲突加剧了全球供应链危机

俄罗斯与乌克兰是全球大宗产品的主要供应国，在能源、粮食、稀有金属等领域具有不可替代的优势。俄乌冲突爆发后，随着西方国家对俄罗斯采取了全面的制裁,将引起大宗产品供应不畅、价格上涨的危机。从危机的表现形式来看包括以下几点。

其一,能源危机。俄罗斯是世界上第二大石油生产国和出口国、世界第一大天然气出口国。俄乌冲突爆发以后,国际能源价格也出现了剧烈的波动,原油价格和国际天然气期货价格分别在三月和四月上涨50%左右。其中,欧洲是俄罗斯能源的第一大客户,欧洲30%石油和40%的天然气来源于俄罗斯,在能源价格上涨趋势下,欧洲居民用电价格已上涨至空前的每度电1欧元,而冶炼、化工、机械、汽车等欧洲传统优势产业,也将面临生产成本上升、原料供应不足的危机。更重要的是,欧洲作为全球分工体系的三大核心之一,欧洲生产成本的波动,必将传导至全球产业链层面,进而引起全球性的产业链安全问题。

其二,粮食危机。优越的地理位置,使俄罗斯与乌克兰拥有肥沃的黑土地,两国粮食生产能力位居世界前列。俄罗斯是世界上最大的小麦种植国,乌克兰是世界上第五大小麦种植国,俄乌两国占全球小麦贸易市场的30%、葵花籽油的80%、玉米的20%。2022年前三个月,小麦期货价格上涨了12%,而同期玉米价格上涨了14.5%。据联合国粮农组织的估计,俄乌冲突或将导致全球粮价上涨20%,目前全球有大约50个国家和地区的30%粮食供应来源于俄乌两国,其中,北非国家对俄乌粮食依赖度高,粮食价格涨至14年来新高,南亚、东南亚部分国家也出现了粮食价格上涨的趋势。不仅如此,俄罗斯还是全球主要的肥料供应国,全球23%的氨、17%的钾肥、14%的尿素、10%的磷酸盐来自俄罗斯,战争与制裁将导致化肥原料价格上涨,进而影响农作物生产。

其三,金属与稀有气体危机。俄罗斯是世界主要的金属原材料供应国,在镍、钯、铝等领域占有绝对优势。其中,镍和钯被视为未来新能源经济的主要构成。俄罗斯镍产量占全球9%,位居全球第三,镍金属是三元锂电池的重要的正极材料,未来三元锂电池将使用更多的镍来代替锰和钴;俄罗斯供应了全球40%的钯金属,钯主要用于燃油尾气的处理,被广泛用于燃油车、机器驱动等领域,是传统产业绿色转型的必备材料。与之相比,铝的应用更为广泛,是生产生活的必需材料,俄罗斯占全球铝供应的26%。除此以外,乌克兰还是全球稀有气体的供应国,在全球氖气、氩气、氙气等的供应占比中分别达到了70%、40%和30%，乌克兰稀有气体具有纯度高、成本低的优势，是半导体制程中的激光混合气体的原料，其中，氖气应用范围相对较广，晶圆代工产能75%的制程区间需要氖气。

（二）产业链危机对我国经济的影响

俄乌冲突引发的产业链危机，将对我国形成"输入型通货膨胀"，引起宏观经济的"滞涨"风险。而对于我国细分产业来说，其影响的差异性也较为明显。

第一，引发我国"输入型通货膨胀"，宏观经济出现"滞涨"风险。俄乌冲突引发全球大宗商品价格上涨，而大宗商品大多属于初级产品或生产原材料，直接影响着诸多下游生产环节。我国作为全球最大的制造业国家，大宗商品价格的上涨，将直接导致我国下游生产成本的上升、生产原材料的供不应求，从而引起"输入型通货膨胀"。2022年3月，受供应链危机与大宗产品价格上涨的影响，我国主要原材料购进价格指数和出厂价格指数分别为66.1%和56.7%，高于上月6.1个和2.6个百分点，均升至近5个月高点。同时，受到新冠疫情的影响，我国需求市场持续萎靡，2022年3月中国制造业采购经理指数、非制造业商务活动指数和综合PMI产出指数分别为49.5%、48.4%和48.8%，低于上月0.7个、3.2个和2.4个百分点，三大指数均降至临界点以下。而上游供应价格上涨、下游社会需求低迷，使中国出现了由输入型通货膨胀引发的经济"滞涨"趋势。

第二，产业链危机对我国细分产业的影响有所差别。产业链危机对我国细分产业的影响可分为三类：第一类产业距离俄乌供应端距离较近，对供应链危机的"缓冲"能力较弱，受大宗产品价格上涨的影响最为敏感。例如：以能源加工为主的汽油、柴油、化工冶炼产业；周期性刚需行业的种子、化肥、豆粕、食用油等农副产品；稀有气体下游的电子特气产业等。第二类产业虽然距离俄乌供应端也较近，但国内库存丰富、可替代产品多样，短期内并不会受到价格上涨的影响。例如，国内镍资源储备丰富，短期内能够满足我国三元锂电池、不锈钢的生产需求；农产品下的小麦、玉米等，我国国内生产尚可替代俄乌的供应短缺。第三类产业距离俄乌供应端较远，位于国际分工的中下游位置，受大宗产品涨价的传导较慢，影响具有长期性。例如，农产品加工下游的肉类、食品、酿酒产业；半导体下游的电子设备、智能驾驶产业；铝、铜资源下游的机械制造、零部件生产等。

第三，产业链危机对我国经济的"间接传导"。在我国深入参与全球分工的背景下，其他国家经济的波动也会传导至我国。俄乌冲突引发的供应链危机，还会通过第三国而"间接传导"至我国。其中，欧洲受俄乌能源供应影响较大，导致欧洲汽车、机械等传统制造的生产周期拉长、成本抬升，这将传导至我国下游产业，面临着部分零部件断货与价格上涨的风险。同时，大宗产品的供应不稳定，也传导至国际金融市场，引起期货交割不稳定、黄金与美元等避险资金价格上涨等风险。2022年3月，我国青山集团就曾在期货市场，遭受国际资本对镍金属的恶意做空，从而引发镍资源交割的危机；同期，随着美联储加息与国际避险情绪的叠加，我国也将承受美元外逃、外资离境的危机。而从更大范围的"间接传导"来看，地缘政治博弈，特别是美西方对俄罗斯的制裁的外溢影响也是多方面的，其中更多的是体现为产业链自身以外的影响，在中国表现为新增外商投资下降，对中国市场缺乏信心等方面。

六 产业链安全的维护

产业链是国家经济发展的主要路径，也关乎国家政权的稳定，因此，如何维护产业链的安全性，是每个国家都要考虑的问题。近年来，世界处于百年未有之大变局，经济全球化遭遇逆风，贸易保护主义、单边主义抬头，全球产业链供应链重构，新冠疫情加速变局，全球经济不稳定性不确定性增强。在这一大的宏观政治经济背景下，产业链安全性问题日益紧迫。而如何实现和维护产业链的安全，需要从多个角度加以考虑。

首先，要构建关键产业的全产业链体系，促进产业链的各环节有机循环，保证关键环节自主可控。产业链是国家经济的主要组成部分，而国家经济又是国家政权的基础，因此，维护产业链安全的核心任务，就

第五章 经济基础的存在：产业链与国家经济安全

是国家政权对产业链的完全掌控，避免产业链受制于政权之外的势力。这就需要国家从产业链有机循环、关键环节自主可控、完善国内市场流通机制三个角度入手。其一，构建产业链的有机循环。这是构建关键产业全产业链体系的基础，即实现各产业链之间和产业链内部的"供应—需求"关系，保证产业与产业之间、产业内各环节之间的相互衔接，促进生产资料的顺利流通。同时，从国家间关系角度来看，这种循环关系还包括国内产业链的本土循环，以及国内与国外产业链的互动循环，即"双循环"模式，其中，国内循环是保障国家经济不受外界干扰的底线，而国内国际互动循环则是为产业链开辟了更大范围的发展空间。其二，关键环节自主可控。关键环节是产业链最重要的组成部分，也是国家间权力博弈、产业链竞争最主要的领域。可以说，关键环节是决定产业链与国家经济安全的核心所在。在产业链中，关键环节具有两个特性，一方面是不可替代性强，即稀缺性，产业链内任何一个环节都无法替代关键环节的作用，关键环节的缺失，将造成产业链的大规模停滞。而关键环节可表现为先进技术、核心装备、战略性资源等；另一方面是关键环节对未来发展具有引领作用，即自身的发展对产业链其他环节有着较强的影响，决定着产业链的未来发展方向、各环节任务分配、各环节的跨地域选择等，包括前沿性研发、品牌能力建设、生产布局投资等。其三，完善国内经济机制。构建国内完整产业链体系，在政策上的着力点是要破除产业链各环节的连接障碍，即疏通产业链。这就需要对国内税收、市场、技术转让、资本市场等要素进行完善，为生产资料的自由流通消除障碍，也为国内产业链的健康运行提供国家政治保障。

其次，紧密着眼于经济发展模式的变革，提升国家对新技术革命、新能源经济的参与能力。对未来发展的主导权，日益已经成为国家间权力竞争和博弈的主要方向。目前，在新技术革命愈演愈烈、新能源经济呼之欲出的形势下，能够及时变革经济发展模式，既是对发展主导权的掌控，也是对国家安全的有效维护。从第一次工业革命的蒸汽机，到第二次工业革命的内燃机，再到第三次工业革命后的互联网经济，及时掌控最新技术，不仅能够避免国家的发展受制于人，同时还能获得更新更快的发展。必须要看到，国家的超前发展，包括世界性的霸权国出现，也都是得益于对历次新技术革命的成果把握。目前，新一轮技术革命表现为数字经济的快速发展。而如何利用数字技术赋能国家经济建设，并带动5G、人工智能、工业互联网等相关技术的发展，是考验一个国家发展空间的重要环节。不仅如此，新兴技术对产业链安全的赋能也日益强烈，以新兴技术带动相关产业链建设、以技术转化为现实的产业收益，是国家产业链能够实现独立发展的关键考量。与此同时，新能源经济的崛起，意味着人类正在从传统能源消耗的经济发展模式向低碳经济、绿色经济转化。新能源经济的发展，对于高度依赖于传统能源的国家来说，无疑是减轻对外依赖，避免能源卡脖子，保持经济结构自主可控的有利契机。更重要的是，新能源经济的崛起，也意味着人类经济将开辟诸多新的产业，包括光伏、太阳能、特高压，并衍生出新能源汽车、锂/氢动力电池、光伏储能等配套产业链，这些新兴产业无疑将改变传统的全球产业链格局。因此，抓住新能源经济的机遇，及时开发相关技术并建立配套的产业链关系，是国家掌握发展主导权、避免对外能源依赖、维护产业链自主可控的机遇。

最后，加强国际协调，完善全球产业链的机制治理，以国家间合作抵制单边主义、保护主义行为。目前，威胁国家产业链安全的一大因素是国家间政治博弈开始向产业链层面的扩展，这就意味着，国家间政治的隔阂会引发经济上的产业链安全问题。而造成这一问题的根源是国家间政治的不信任，国际社会缺乏有效的机制协调，难以调和国家间的利益冲突。这就需要完善全球治理机制，在国家间利益竞争的客观条件下，以机制的力量对国家的行为进行有效规约，防止国家恶性竞争威胁到国家产业链的正常运行。这种治理机制，一方面，表现为政治上的相互信任、相互依赖，防止国家间竞争滑向不可控方向，从而形成更为严重的国家间政治对抗；另一方面，在经济上，完善国际经济治理机制，树立国家间经济合作的基本理念。目前，西方国家盛行单边主义、保护主义，这种以邻为壑的行为，不仅不利于各国国内经济的发展，也是对全球产业链、全球分工体系的否定。而全球治理机制的完善，就是要从规则机制层面，维护国家间经济合作的基本模式，并通过合理分配、关税协调、知识产权保护等措施，实现全球产业链下的普惠式发展。而当世界各国能够较为平等地享受到经济发展的红利,国家间利益矛盾也就会在很大程度上得到消除,国家经济安全、产业链安全也就得以根本实现。

结 语

产业链的出现,是人类产业经济发展到一定阶段的产物,也是国家经济基础的主要组成部分,其安全和稳定关乎国家政权。而全球产业链的诞生,是国家间经济融合、世界经济一体化的表现,世界各国以融入全球产业链为经济发展的前提。然而,与经济发展相伴相随的则是产业链的安全问题。由于全球产业链本身存在不平衡性、脆弱性、危机传导性的三大固有特性,使全球产业链的安全危机频发。冷战结束以后,产业链的安全威胁先后表现为能源危机、恐怖主义、金融危机、产业空心化、新冠疫情、地缘政治冲突、大国主动博弈等。而这一系列问题的出现,影响到了全球产业链的正常运行,威胁到了国家经济安全。而在百年未有之大变局的今天,世界经济仍未摆脱新冠疫情、逆全球化等不利因素的影响。在这样的背景下,中国实现产业链安全可通过新的理念和方式加以推进,其主要抓手为,构建关键产业全产业链体系,促进国家对产业链关键环节的自主可控,推动国家产业链的转型,向新技术革命、新能源经济等未来发展方向靠拢,并以此来扩大内循环能力。同时,还要加强国际协调,在维护全球多边贸易体制的基础上,完善全球产业链的治理机制,保障外循环的环境稳定。从经济基础的角度看,只有充分保证产业链的安全可控,才能够促进国家的经济安全,最终实现国家上层建筑领域范畴内的政治、社会安全。

第六章 霸权的延展与困境
——美国国家经济安全战略

引 言

学术界对"经济安全"这一概念的内涵和外延一直存在着不同维度的理解和适用,而不同国家对"经济安全"概念定义的"不统一性是由他的国家性和历史性造成的"。[①] 在相对广义的层面上,经济的稳定、增长、繁荣、发展,以及在全球化时代下有利的国际经济环境、贸易条件等都被视作经济安全的核心要素和必要指标,或者按照分支领域进行划分,如金融安全、能源安全、供应链安全、市场安全等;而在相对狭义的层面,经济安全则仅仅关涉系统性经济风险。最早将"经济安全"作为一个单独概念使用的是日本于1980年发布的《国家综合安全报告》,其中经济安全即作为国家综合安全的重要组成部分。[②] 而最早在官方政府文件中使用"经济安全"概念的则是美国《1994年国家安全战略报告》,其将强大的经济实力、国防力量及全球的自由市场经济和民主人权列为美国外交政策的支柱。[③]

在中国学者的研究中,杨云霞、齐昌聪基于广义层面提出,将国家经济安全置于开放条件下加以考量,从国家经济发展的战略视角加以认

[①] 叶卫平:《国家经济安全的三个重要特性及其对我国的启示》,《马克思主义研究》2008年第11期。

[②] 秦嗣毅、胡根华:《中国与美国、日本基于经济安全的国家经济竞争优势比较研究》,《世界经济研究》2012年第6期。

[③] 孙效敏:《论美国外资并购安全审查制度变迁》,《国际观察》2009年第3期。

识。并在此前提下将国家经济安全分为国内经济安全与国际经济安全。前者是指一国国内经济的独立稳定、均衡可持续发展；后者是指一国参与的国际市场供需关系持续开放、商品价格稳定，以及经济活动与经济利益免受威胁及损害。而美国作为世界上最大的经济体，被公认为拥有最高的国家经济安全程度，并可供包括中国在内的广大发展中国家借鉴经验。[①] 而在狭义层面对"经济安全"的探讨中，夏先良以对"西方文化中，能力强大代表安全的观念"的批判为基础，否定了"强调经济能力、资源与经济繁荣"的"经济安全"概念，[②] 并认为，"把全部经济活动都看作是经济安全"是将安全与繁荣相混淆的泛泛之谈；进而需要在与"经济风险"的相对性中寻求"经济安全"的定义。而如果把"经济安全应该被界定为反映国家经济发展不确定性、脆弱性和风险性的综合指标"，[③] 那么这一层面的经济安全具有了制度与结构属性，可以与单纯的经济繁荣和经济损失区别开来，这意味着繁荣不等于安全，而安全也不等于不受损失。同时，还可以证明，美国即便作为全球最大经济体，仍然面临着经济不安全的脆弱性与风险性，并且其政策行为选择可能给国际经济秩序带来不确定性。

然而，在美国自身的话语体系中，并没有出现明确的"经济安全"定义。《美国国家安全百科全书》也没有将"经济安全"作为一个独立完整的词条进行解释，只在模糊的程度上指出：自受到20世纪70年代的石油危机震荡后，美国领导人开始将经济安全的概念纳入国家安全问题的范畴，并将能源安全政策作为重点，例如，时任总统杰拉尔德·福特（Gerald Ford）于1975年12月签署了《能源政策与保护法案》（EPCA），正式建立了战略石油储备（SPR）制度并一直沿用至今；其次是苏联解体与冷战结束，为美国国家安全带来了新的挑战，其重点关切从遏制苏联和防止核战争等传统军事战略领域扩大到包括防止化学、生物、

[①] 杨云霞、齐昌聪：《国家经济安全观的国际对照与借鉴》，《河南社会科学》2020年第6期。
[②] 这一经济安全观念在美国案例中表现为"保护或促进美国经济利益"和根据自身偏好塑造国际经济环境与秩序的能力。
[③] 夏先良：《特朗普政府国家经济安全战略正威胁世界经济安全》，《扬州大学学报》（人文社会科学版）2020年第1期。

核武器扩散、关键技术与商业机密信息泄露和窃取等在内的广泛领域，并且克林顿总统于1994年指出，"美国的国家安全当前也意味着经济安全"。①

我国学者也于20世纪末注意到这种"有实无名"的美国经济安全，即美国政府在实践中将经济规模与实力作为"美国的最后防线"，而有活力的国内经济是美国发挥全球领导作用的先决条件。虽然极少使用"美国（国家）经济安全"的类似表述，也几乎没有正式制定过一个系统和明确的国家经济安全战略，然而，随着历史上美国面临的经济安全问题与风险的变动，美国相应地代之以"外部不确定性""国家安全利益""产业竞争力""经济繁荣"等修辞，从而将实际上的"经济安全"议题置于"广义的国家安全"概念框架下加以处理。②

有观点认为，对于美国而言，经济安全概念难以界定且避而不谈的深层原因在于：首先，难以为其概念设定一个范围清晰的边界，对其应该包括的内涵、领域也同样难以准确枚举。而一个含义模糊、指涉不详的概念则容易被特定的利益集团所利用来谋求局部的利益，或当作政治攻讦与权斗的工具。其次，将"经济"与"安全"融入同一个词语的表述中，易于引起美国民众对政府干预经济的担心，不利于维护其自由市场的经济原旨。再次，随着内外政治军事形势、产业与科技水平的发展演进，美国经济安全的领域、目标、利益、风险等关键问题都处于持续的变化之中，在不同的时期与阶段可能存在重要性与战略意义的此消彼长，从而对政府决策与政策实施提出的要求也不尽相同，因此难于形成一个固定的概念。③最后还另一种观点否认"利益集团的利用"与"对政府过多干预经济事务的担心"是造成美国缺失经济安全概念的根本原因；而是在"国家经济安全定义的不统一性是由他的国家性和历史性造成的"这一学理基础上认为，美国对国家经济安全的理解取决于他自身

---

① Richard J. Samuels, *Encyclopedia of United States National Security*, Thousand Oaks: Sage Publications, 2006, p.256.
② 陶坚：《美国经济安全政策的目标、原则及实施方式》，《国际资料信息》1997年第12期。
③ 中国现代国际关系研究院经济安全研究中心：《国家经济安全》，时事出版社2005年版，第368页。

的国家性与历史经验,因为美国"认为自己的利益就是国际利益,自己的经济繁荣就是国际经济安全,各国都必须服从美国的经济霸权",从而使得美国经济安全的概念范围被无限扩大,难以界定。[1]

尽管美国从未对经济安全概念作出统一的官方界定,但通过对美国宪法相关历史的追溯可以发现,在包括美国国家建构起源在内的全部历史进程中,其内外政策从顶层设计开始,无不是对各个历史时期的战略与经济安全威胁与风险的应对反应。经济安全始终被视为美国的立国之本,是美国借以支撑共和理想、自由民主意识形态的基石,也是实现其全球霸权地位的秩序目标。因此,无论美国国内政治力量在理念上支持贸易自由主义,还是拥护贸易保护主义,乃至基于"边疆假说"对国内市场的开拓与国际市场的竞争,都是为特定时期美国经济安全利益诉求服务的思想主张。2018年被提交给第115届美国国会参议院的《国家经济安全战略法案》尽管尚未成为法律文本,但将对大国的战略竞争与经济安全思维相结合,仍可以被视为美国经济安全战略有史以来最大的转向。在这样的宏观背景下,美国的立法、行政体系将被引导成为服务于美国开展深度大国经济战略竞争的国家机器,并为国际经济在通往良性竞争与合作的道路上带来深远的不确定性影响。

一 美国国家经济安全思想溯源:作为国家本质属性的经济安全

在经济安全的视角下审视美国历史进程,可以发现贯穿其中的主线由两部分构成,首先是以强化国内经济实力为基础,其次是积极、充分地利用经济力量并维护其国际经济霸权地位。[2] 而将这内外两部分有机联结起来的是在美国历史中具有思想底色的文化观念,即蕴含在美国宪法中的经济安全观念、贸易保护主义观念,以及"边疆假说",有趣的

---

[1] 叶卫平:《国家经济安全定义与评价指标体系再研究》,《中国人民大学学报》2010年第4期。

[2] 中国现代国际关系研究院经济安全研究中心:《国家经济安全》,时事出版社2005年版,第371页。

是，这些作为对美国历史进程具有重要解释意义的理论和假说，恰恰也是在学术界、思想界最饱受争议的学说，反映出美国社会在思想和实践两个层面上始终存在着的深刻矛盾的张力性特点。

（一）美国宪法中的经济安全观

1787年制宪会议之前的美国，面临着充满敌意的外部环境，使其在保卫和推动自身利益与原则时受困于强烈的无助感与不安全感，而抵抗、消弭这种"不安全"状态成为美国起草和通过联邦宪法的方式以强化中央政府权力运动中的"主要驱动轮"。[①] 英国政府在1783年《巴黎条约》中做出和平承诺后，依然在海上强征美国水手，这一羞辱性行动伴随着对美国贸易施加的限制与歧视，加之葡萄牙和北非海盗之间的阴谋协议，构成了美国建国初期对外商贸活动与海上航运的持续安全威胁。[②] 贸易关系引发的对国家安全的关注将美国建立初期的不同部门以及不同利益统一起来。在支持建立更强有力的联邦政府的立场中，美国西部地区出于在持续扩张中得到公权力与制度性保障的目的，北方地区则是为了改善海外贸易条件。这一利益的弥合正是以维护国家经济安全为基石，并在更高的价值观层面形成了美国国家身份认同及其共和理念。由此观之，美国联邦宪法正是在以安全思维主导的国家主义与维护自由利益的地方主义之间，在贯穿美国历史的持久斗争中首次取胜的成果。[③]

美国宪法中的经济安全观念肇始于美国史学中经济学派的重要创始人之一——查尔斯·A.比尔德（Charles A. Beard），其代表作《美国宪法的经济观》作为运用"经济决定论"解释美国历史和宪法制定过程的权威著作，指出了美国宪法并非所谓的"全民公意"产物，而是由货币与债券、制造业、贸易、航运业四大利益集团构成的资产阶级维护自身

---

① Washington D. C., Marks F. W., *Independence on trial: Foreign Affairs and the Making of the Constitution*, Rowman & Littlefield, 1973, p.50.
② ［美］罗伯特·卡根：《危险的国家：美国从起源到20世纪初的世界地位》，袁胜育等译，社会科学文献出版社2016年版，第111页。
③ ［美］罗伯特·卡根：《危险的国家：美国从起源到20世纪初的世界地位》，袁胜育等译，社会科学文献出版社2016年版，第67—72页。

产业及财产安全的产物,并且这些利益集团群体几乎都能够在费城制宪会议结果中,成为直接且紧密的经济利害关系受益方,而作为当时美国人口绝大多数的小农和小手工业者群体却没有代表出席制宪会议为自身利益代言。①

比尔德提出的美国宪法中的经济安全观所依据的核心文献是《联邦党人文集》,这部具有美国宪法解释性的系列论文集囊括了约翰·洛克的思想,并将财产权利视为天赋人权的最高原则。因此,美国将创建新制度的基础厘定在保障财产权利的任务上,并且政府的首要任务就是经济任务,其中包括调解利益集团之间的经济冲突,关注经济冲突产生的原因,防止在经济冲突中生成具有压倒性优势的单一集团,② 由此可见,这一美国最早的制衡观念正是为了寻求一种经济系统层面的多元、均衡的复杂安全状态。

通过运用朴素的列举性描述和简单归纳方法,比尔德对参加费城制宪会议的54名代表的出身、地区、从事的行业、拥有的产业、获利的途径等方面逐一做了梳理,从而归纳出制定美国根本大法、规约美国300年来运行机制的最高准则性文件的群体特征。他们是以律师身份为绝对多数代表,并同时以东部沿海都市的公共债券(40人)、土地投机动产(14人)、货币等生息动产(24人)、工商航运(11人)、奴隶主(15人)等产业为主体的经济利益集团,制宪会议的出席者本身就有资产资格的标准。

通过对美国制宪会议代表个人财产及相关限制条件的规定的整理可以看到(参见表6–1),美国早期社会结构乃至美国国体性质符合马克思主义基本原理对于国家性质的解释,即国家并非代表全体人民利益,而是代表少数有产的利益群体的资产阶级国家机器。同时可以进一步认为,美国的经济安全观是源出与宪法中对联邦创建之初各殖民地利益集团经济财产安全的种种内外威胁的政治性警觉与制度性回应,从而出于安全与实力的必然要求,美国需要建立与实施新的联邦架构与制度。

---

① [美]查尔斯·A. 比尔德:《美国宪法的竞技馆》,何希齐译,商务印书馆2010年版,第114页。
② [美]查尔斯·A. 比尔德:《美国宪法的竞技馆》,何希齐译,商务印书馆2010年版,第119页。

表6-1　　　　1787年制宪会议前北美各殖民地对公民
　　　　　　　选举权的财产限制条件（不完全统计）①

州	权限	总财产	不动产	动产	其他
新罕布什尔	下院议员	100磅	50磅	—	—
	选举权	拥有不动产的纳税者			
马萨诸塞	参议员	—	300磅	600磅	—
	众议员	—	100磅	200磅	—
	选举权	拥有不动产价值60磅，或不动产年收入达3磅			
康涅狄格—罗德岛		仍依循英国皇家宪章政治规定			
纽约	参议员	—	100磅	—	—
	下院议员		20磅		
新泽西	上院议员	1000磅等值的动产或不动产			
	下院议员	500磅等值的动产或不动产			
	选举权	50磅			
特拉华	两院议员	—	50英亩土地（至少12英亩为已垦地）	40磅等值财产	
宾夕法尼亚	一院制选举权	拥有不动产且年满21岁男子，居住满1年并纳税；及其年满21岁的儿子（无须纳税）			
马里兰	上院议员	1000磅等值的动产或不动产			
弗吉尼亚	两院议员	—	不动产所有者		
	选举权	—	已垦地25英亩或未垦地50英亩		

---

① ［美］查尔斯·A.比尔德：《美国宪法的竞技馆》，何希齐译，商务印书馆2010年版，第57—61页。说明：1.由于当时美国各地称谓差异原因，表中参议院与上议院含义等同，众议院与下议院含义等同；2.货币单位为英镑；3."总财产"项与"动产""不动产"项为包含关系，"动产"与"不动产"项是"或"的关系。

续表

州	权限	总财产	不动产	动产	其他
北卡罗来纳	上院议员	—	300英亩土地	—	—
	下院议员	—	100英亩土地	—	—
南卡罗来纳	上院议员	—	2000磅（本区） 7000磅（非本区）	—	不负债
	下院议员	财产和奴隶或不动产	1000磅（本区） 3000磅（非本区）	—	—
	选举权	50英亩土地或城市地产或等值缴税	—	—	—
佐治亚	一院制议员	—	250英亩土地	250磅	新教徒 21岁
	选举权	10磅且有力纳税	—	—	—

此外，值得指出的是，对美国宪法经济观做出开创性研究的比尔德，在其一生中，对美国的战争（如第一次世界大战和美西战争）的参与大多持支持的立场，这是由当时在谋求本土政治经济安全形势要求下，殖民地反对英帝国对美国统治管辖方式的美国民族主义思潮所决定的，由此，比尔德的思想体系被概括为"大陆美国主义"（Continental Americanism）。[①] 而另一个支持美国积极参与战争的群体，基于同样的经济安全理由，进而在美国历史中对国家经济安全的思想观念体系架构的塑造发挥了重要而持久的作用，即美国的贸易保护主义思想者。

（二）美国贸易保护主义中的经济安全思想与实践

1. 贸易保护主义理论对于维护美国经济安全的理论解释

美国历史上的贸易保护主义思想理论与政治经济实践，始终伴随着与贸易自由主义之间的争论与斗争，甚至其作为完整独立理论体系的形成，就是出于经济安全考量对贸易自由主义的反驳与回应。英国人亚

[①] [美]戴维·米尔恩：《塑造世界：美国外交的艺术与科学》，魏金玲译，新华出版社2017年版，第77、85、109页。

新时代国家经济安全的战略与现实

当·斯密在美国独立当年出版了《国富论》,按照当今的全球价值链理论解释逻辑是,当时的英国对早期殖民地乃至新独立的美国角色规划是,新大陆应该是稳定的农产品与上游原材料供应地。然而,美国社会政治、经济与思想界对美国未来走向与国际地位的认知,包括后来形成的"美国学派"的认知是,美国应该采取制造业立国、贸易保护主义、政府发挥巨大作用、高工资战略、教育与技术创新。[①] 而究其原因在于,如果按照英国对美国的规划,将把美国的国际经贸地位塑造为类似于今天许多发展中国家的"低端锁定"局面,那么对于美国初生的经济体系则是一种生存、独立权上的挑战,也是对其参与国际经济竞争的巨大挑战。因此,出于国家经济独立与生存的原因,美国必须发展自身完整的产业体系。而在美国立国之初将制造业作为核心战略产业,意味着"制造业立国"的美国需要在战略上采取贸易保护主义立场,而贸易保护战略进一步要求在幼稚产业发展初期实施进口贸易关税,这是贸易保护主义作为"美国学派"的核心内涵之一,其在实现美国经济安全中的逻辑链条与作用机制也是美国国家独立的经济反映。

美国独立时代的政治、经济学家亲眼见证了英国,乃至历史上伊比利亚半岛、荷兰等欧洲国家是如何在宣扬自由开放贸易的同时,利用贸易、产业保护政策攫取国际市场份额与国际贸易霸权的。正因为如此,作为第一任美国财政部长的汉密尔顿才出于战略与政治原因,在《关于制造业的报告》中提出了"制造业立国"的保护主义思想雏形与理论架构,并以此作为美国在面临复杂且矛盾的外部环境,以及自身特定历史阶段下维护国家经济安全与独立的必要手段。而从马修·凯里(Mathew Carey)到弗里德里希·李斯特(Friedrich List)[②] 等第一代保护主义理论代表人物普遍认识到,对于工业产业、技术等趋于成熟完善的英国市场来说,自由开放的贸易是有利的政策选择;而对于美国而言,产业体系不完善、技术处于初级阶段的处境使得保护主义成为必要的政策选择。

[①] 贾根良、束克东:《19 世纪的美国学派:经济思想史所遗忘的学派》,《经济理论与经济管理》2008 年第 9 期。

[②] 前者作为爱尔兰裔移民家族后裔,后者则是赴美访学的德国学者,出身地的因素使二者在对外贸易政策立场上站在以英国为主导的自由开放政策对立面上发挥了重要的作用。

制宪会议所在的费城同样是美国保护主义重镇,早期重要的保护主义社会运动与出版物宣传均以费城为中心。例如,马修·凯里在此组织了费城民族工业促进协会,乔治·梯比斯(George Tibbits)的代表性观点与著作均在费城发表和重印出版。① 这也就意味着保护主义运动及思潮作为奠基性作用必然深刻地反映在美国宪法中,从而在整体上塑造了美国的经济安全观。1814年《根特条约》的签订虽然使美英两国在战后恢复了贸易正常化,但贸易条件的恶化却引发了美国1819年的经济危机,第一代保护主义从而针对开放贸易对美国工业造成的负面影响和现实利益损害,将加征进口关税作为保护主义中与制造业立国并立的应对经济安全威胁的核心应对措施,② 由此完成了美国第一代保护主义的理论框架构建。

2. 美国贸易保护主义思想内涵对经济安全的启示

经济萧条与危机通常会成为"以邻为壑"政策的触发条件,保护主义措施的烈度与经济安全形势的好坏成负相关。塔卡什(Tackacs)按照时间序列对美国在第二次世界大战后三十年间的产业保护申诉数量进行了分析,所测得的结果反映出相应产业采取保护主义的倾向随着宏观经济条件的逐步恶化而不断上升:实际国民生产总值越高、失业率越低、产能利用率越高,则保护申诉案件就越少。③ 而经济危机与衰退引起的经贸总需求萎缩,迫使各国无暇顾及贸易伙伴国的产业利益,采取本币贬值、增收关税、海外产业与资本回流等保护主义措施,这通常进一步将经济安全领域的发展与恢复问题,发酵成为国际政治领域的博弈矛盾和恶性竞争问题。④

---

① [美]迈克尔·赫德森:《保护主义:美国经济崛起的秘诀(1815—1914)》,贾根良等译,中国人民大学出版社2010年版,第55、59页。乔治·梯比斯的核心思想是"国内市场说",弃商从政并希望把美国农业学会改组为保护主义学说宣传阵地。

② [美]迈克尔·赫德森:《保护主义:美国经济崛起的秘诀(1815—1914)》,贾根良等译,中国人民大学出版社2010年版,第75页。

③ [美]贾格迪什·巴格沃蒂:《贸易保护主义》,王世华等译,中国人民大学出版社2010年版,第51—52页。

④ [美]贾格迪什·巴格沃蒂:《贸易保护主义》,王世华等译,中国人民大学出版社2010年版,第17—18页。

经济中的物质型或资源型权力在绝大程度上是由"规模"所赋予的，相应地，一国在全球经济中的垄断性力量从根本上也是由其所占据的市场份额所赋予的。这一逻辑决定了，"市场份额"作为衡量"规模"的衡量指标，其变化往往成为触发国家间权力竞争与政策博弈的诱因，其中的机理就是各国基于国际市场份额结构变化的经济安全态势评估。一个经济增速相对更快的国家难免会引起他国内部受冲击的产业对其出口增长的抱怨。① 这一反应过程在国际关系现实中造成的现象，被称为"逐渐缩小的巨人"综合征（Diminished Giant Syndrome）。其体现在国家认知与行为选择两个方面。首先，在认知方面，"规模"的量变引发国家行为体对宏观趋势认知和锚定效应心理的变化。例如，随着第二次世界大战后欧洲、日本乃至更多的亚太区域国家经济恢复，美国感受到自身在国际经济中的支配地位受到侵蚀与威胁。沃尔特·李普曼（Walter Lippmann）将20世纪称为美国的世纪，而林德（Linder）则宣称太平洋时机已经到来。② 历史经验反复见证了规模型力量的结构性变化，进而导致的国家间关系向紧张与竞争方向转变，从第一次世界大战前的英德矛盾到20世纪80年代的美日矛盾、90年代的美欧矛盾，乃至21世纪出现的中美之间的贸易摩擦均是"规模"量变而产生的认知变化。而在国家行为的选择方面，在"逐渐缩小的巨人"综合征的情境下，他国的正常贸易行为都被贴上"不公平"的标签，进而呼吁采取激进的贸易立法，对所谓"不公平"贸易进行更加强硬和严格的阐释与回击，甚至为了在国际谈判中达到目的不惜采用任何高烈度手段和对抗策略。③ 美国历史上多次出现为了使更强硬的对外贸易政策得以实施，将贸易政策的立法提案权和管理权移交给不易屈服于选民压力的行政部门的现象。④

---

① ［美］贾格迪什·巴格沃蒂：《贸易保护主义》，王世华等译，中国人民大学出版社2010年版，第53页。
② ［美］贾格迪什·巴格沃蒂：《贸易保护主义》，王世华等译，中国人民大学出版社2010年版，第57页。
③ ［美］贾格迪什·巴格沃蒂：《贸易保护主义》，王世华等译，中国人民大学出版社2010年版，第59页。
④ ［美］贾格迪什·巴格沃蒂：《贸易保护主义》，王世华等译，中国人民大学出版社2010年版，第20页。

第六章 霸权的延展与困境

因此，认知和行为结果往往是一致的，其背后蕴含着经济决定国家的国际权力的根本逻辑。

对于不同产业，或同一产业的不同发展阶段而言，并非都具有规模依赖性，不同的产业阶段所对应的保护主义措施也完全不同。当一国在某个产业的贸易规模大到足以影响价格，也就具备了所谓的"贸易中的垄断力量"才有经济意义上的可行性。因此，必要的经济实力基础决定了该国外贸政策措施能否有效，而该国得以以此为依托实施报复性保护措施。[1] 所以，报复性保护措施的使用通常以下述条件作为判断依据，即外部市场存在垄断性或扭曲性失灵时，以关税为主的报复性保护措施才应当被作为政策选项；而只有当相应政策措施能够对目标国的市场政策产生符合预期方向的实际影响时，才能认为该国的报复性保护措施是有效的。[2] 从另一个角度看，自由贸易理论的"效率"逻辑中对分工和价格的强调是一种"消费者视角"或"需求视角"，正如生产全球化最初是为了"贸易效率"一样，即规避竞争国家的保护主义政策。而保护主义则更多以"生产者视角"或"供给视角"作为理论工具，谋求"生产效率"。具体而言，前者意图弥合的市场价格与社会成本之间的差额也正是后者的利润空间所在。而贸易保护主义政策往往能够获得最后胜利，成为国家政策，也恰是由于生产端在特定的阶段对国家权力的意义和权重更大。因此，对于新兴初期和高技术密集型等对于国家经济安全具有战略意义的产业而言，需要采取的是扶持性保护措施，这既不同于自由贸易立场，同时也有别于高烈度的报复性保护措施。而将扶持性保护措施与其他二者相混同成为保护主义政策失效的根本原因之一。

总体而言，对外贸的依赖程度决定了对一个国家而言适当的贸易自由程度，或者说决定了一国对外开放与自由政策的敞口。第二次世界大战后西方国家之间的产业内贸易增长推动了开放自由贸易机制的形成。

---

[1] [美] 贾格迪什·巴格沃蒂：《贸易保护主义》，王世华等译，中国人民大学出版社 2010 年版，第 22 页。

[2] [美] 贾格迪什·巴格沃蒂：《贸易保护主义》，王世华等译，中国人民大学出版社 2010 年版，第 26—27 页。

然而，产业内贸易对美国内部产业而言，其影响并非统一或均质：其中美国自身具有禀赋优势的产业实现了产业内专业化程度提升，而美国所让渡的产业或进行大量离岸外包生产的产业则面临国内产能份额的萎缩。对两类不同产业的依赖程度决定了美国对国内产业萎缩损失的承受程度，而国家经济安全是衡量政策是否应该转变的指标。在总体经济的独立、稳定与安全具有保证的情况，由相互依存所引起的贸易开放得以被鼓励，而当经济安全受到威胁时，自由开放贸易的敞口将被收紧。由此可见，无论是实行自由贸易政策还是贸易保护政策，都是特定历史条件和特定经济周期下，国家间关系基于自身经济安全的特定"机制"，而不是独立运行的静态理论，它始终受到作为外部条件约束下的自身经济安全态势评估的影响。

3. 美国贸易保护主义的局限性

随着美国经济阶段的演进，保护主义思想理论与实践也发生了形态上的转变，并且在很大程度上是朝着加剧失衡与畸变的方向转变。保护主义从脱胎于美国宪法中的经济安全观，到作为第一代美国政治经济奠基者应对内外经济安全挑战与威胁的阶段性、策略性选择，发展到第二代以亨利·克莱（Henry Clay）为代表并设计出"美国体制"（American system），保护主义上升成一种具有广泛性的意识形态，要求在美国国家政策顶层设计中贯彻持续、稳定的对外隔离、内部独立发展逻辑，从而意图将美国引向一种"极端的孤立主义"。此外，随着美国自主工业体系的建立完善并取得国际领先地位，保护主义与制造业产业的结合使得这一思想在实践中成为美国工业托拉斯的政治"护身符"，每当大企业财团面临反垄断和维护市场公平开放竞争的政策时，对保护主义产业政策的呼吁就成了万金油式舆论武器。需要看到的是，世界贸易秩序应该是全球自由贸易原则的实质体现，而非形式上的僵化对等。向着"极端化""武器化"发展的贸易保护主义理论与政策，在南北战争后始终在美国对外战略体系中产生挥之不去的影响。而当今阶段美国通过所谓对"公平竞争环境"和市场准入完全对等的追求，则无疑在本质上是一种形式主义的"自由"贸易，却在政治领域为加强其保护主义政策措施悄然设伏。

从分析美国贸易保护主义的时代局限性而言，在国家全产业链时代的经济安全，可以从各个产业的安全度本身进行行业分析，但在全球价值链时代，特别是供应链全球化时代，国家的经济安全在本质上并非可以简单通过国家贸易保护而完成。中美贸易摩擦的结果证明，关税手段对全产业链国家间的博弈具备有效性，但对全球价值链和全球生产网络体系而言其影响是无效的，甚至政策结果也还会带来另一种不安全的出现。如美国2018年开始对中国产品加征关税后，相当的成本被美国本土消费者所承担。同时，缺乏"中国制造"产品的"低价锚定"效应，2020年全球新冠疫情发生后，美国为了挽救社会经济崩溃，大量使用金融宽松政策而带来的全面通货膨胀已经使美国经济面临整体性波动和不安全，而其反过来会使美国政策决策者再反思对中国的贸易战是否达到了美国自身所预期的效果。因此，贸易保护主义的历史局限性与全球生产结构变化高度关联，而无视全球经济基础的结构性变化的贸易保护主义，虽然还会被美国从"政策工具箱"的历史尘封中拾起，但其结果却反而增加了自身的经济不安全。

二　美国经济安全研究的框架

（一）美国经济安全研究的既有框架

除了前文所述的概念辨析和观念认知，根据西方新马克思主义学者罗伯特·考克斯对国际社会问题的研究范式，在本体论层面应从客观方面、主观方面和制度方面进行考察。结合现有的研究文献，美国国家经济安全研究的主体框架至少还应包含以下四个主要部分：客观方面的美国经济安全本体内涵研究与历史演进、主观方面的美国经济安全目标与原则、制度方面的美国经济安全部门架构，以及在行为互动关系方面，美国经济安全面临的矛盾与挑战和战略应对。

首先，对于美国经济安全性质的研究，由于作为独立概念的"经济安全"出现于20世纪80年代末，因此，主要研究文献以冷战结束为分界线。在冷战期间，美国经济安全主要作为一种战略工具或策略手段，为美国对苏联遏制的总体战略服务，具体体现为西方阵营以巴黎统筹委员会（COCOM）在商品贸易与军用、军民两用技术上的封锁，以及里根政府在对苏联内部总体经济结构弱点分析研判基础上，以经济制裁措施遏制其经济命脉产业及造血能力的"经济战"。[1] 冷战结束之后，经济发展日渐取代军事战略成为"新时代"的核心任务，美国经济安全议题相应地从工具、手段，转变成为美国追求的目标本身。大卫·鲍德温（David A. Baldwin）运用边际收益递减理论证了在军事安全策略达到最大张力后，"大炮与黄油"的天秤将不可避免地向经济发展与安全的方向倾斜的时代趋势。[2] 冷战结束后美国经济安全的范围和领域也呈现日益扩大的趋势，包括金融投资、科技开发、人才培养、基础设施建设、产业结构等领域的调整。[3] 而外部经济安全则扩展至反恐与对外援助、联盟市场协调、国际贸易管控与外部市场准入、自由贸易协定体系与区域市场秩序构建、国际组织规则主导以及对跨国公司活动的约束与利用。[4] 在美国经济安全的历史演进方面，自冷战结束从克林顿政府将"经济安全"概念写入官方政策文件开始，经济安全成为美国国家安全战略的组成部分与独立分支，并且以经济外交为最初的典型实施路径；随后的美国的两任总统都在就职之初就面临着巨大的经济安全危机与挑战，小布什时期在对克林顿政府经济安全政策高度继承的基础上，以扩展美国在全球范围内的自由贸易协定体系来促进经济发展，并将经济发展作为美国全球反恐的经济基础。奥巴马在2008年国际金融危机后临危上任，主导了美国金融改革与国际金融监管协同，并推动全球经济再平衡，具体措施是在国际经济秩序方面推动亚太方向的TPP与欧洲方向的TTIP。与

---

[1] 具体参见付瑞红《里根政府对苏联的"经济战"：基于目标和过程的分析》，《俄罗斯东欧中亚研究》2019年第1期；梁孝《美国的经济战、苏联解体及其对中国的警示》，《黑龙江社会科学》2013年第2期；刘金质《美苏关系中的经济制裁》，《政治研究》1984年第2期。

[2] David A. Baldwin, "Security Studies and the End of the Cold War", *World politics*, Vol. 48, No.1, 1995, pp. 117–141.

[3] 江心学：《冷战后的美国经济安全》，《解放军外语学院学报》1998年第3期。

[4] 分别参见储昭根《冷战后美国的经济安全与外交》，《国际观察》2015年第4期；娄亚萍《对外经济援助与美国国家安全战略》，《国际论坛》2009年第5期；张世良《经济安全：美国亚太安全新概念》，《亚太经济》1996年第5期；武桂馥《美国谋求"经济安全"的竞争战略》，《太平洋学报》1995年第1期；李德松、徐李孙《美国如何利用自身国际优势维护其经济安全》，《现代国际关系》1999年第8期。

此同时,其向亚太方向谋求"再平衡"的过程不可避免地对中国形成越来越大的压力,在商品贸易中针对中国的"双反"调查案例数量也在奥巴马任期内达到了有史以来的峰值水平。①

其次,对于美国经济安全的目标与原则,须加以明确的是具体层面与总体层面的区别。在具体层面,以冷战结束为界限划分作为战略工具的经济安全与其后作为国家安全与战略目的组成部分的经济安全,其目标是不同的,而在不同的经济安全领域、不同的历史阶段和政府更替中也有着明显的差异和发展演进特点。而总体层面的美国经济安全目标是所有具体目标的基石和出发点,也是美国各个阶级阶层、各个业界领域能够达成一致的基本共识目标,就是追求内部的"实力"与外部的"霸权",体现为"强大""繁荣"和"有竞争力"三个方面。因此,美国历届政府在不同领域围绕这三个基本目标来分析经济安全形势,从而制定的具体经济安全政策也就表现出了维护全球领导地位、巩固自身经济制度优势进而谋求构建国际自由市场经济阵营的特点。②

美国对经济安全评估与决策的依据标准与指导原则主要有六个方面:第一,在国际政治无政府的假设基础上,立足于现实主义理论,选择"相对安全"而非"绝对安全"的思维理念,这使得美国经济安全策略具有稳定鲜明的务实、有针对性的特点,同时也意味着美国需要持续地识别、评估,进而明确自身在经济安全问题上的"目标对手"。第二,立足于战略性贸易理论,在关注长期收益的思维基础上,对短期经济安全决策加以修正和调适,采取措施对国内的战略性前沿产业进行扶持,以及对国际的战略性民主盟友(或潜在伙伴)进行政策妥协。第三,以美国自身经济实力与地位为支撑,围绕着经济安全的基本目标,在政策选择中坚持"进攻"与"防御"兼顾的双重风格。第四,在全球经贸关系与国际竞争合作中,美国经济安全政策的一个基础是不以"零和"博弈模式作为直接和优先的策略选项,更坚决避免"两败俱伤"的结果,

---

① 储昭根:《冷战后美国的经济安全与外交》,《国际观察》2015 年第 4 期。
② 陶坚:《美国经济安全政策的目标、原则及实施方式》,《国际资料信息》1997 年第 12 期。

而能否实现"共赢"方案,则要以美国自身的经济安全利益和原则标准为参照。第五,在"自由主义"和"保护主义"两种贸易理论的框架范围内,寻求"开放"与"封闭"两个政策极端之间的动态平衡,既要关注国内特定产业的发展利益诉求,又要抵御盲目的"闭关锁国"的情绪化倾向,既要吸引外资刺激美国经济繁荣活力,又要防止对外资过度依赖引发的经济安全与独立方面的风险。第六,最基础也是最核心的一点,是美国始终在"国内法高于国际法"的法理原则基础之上,坚持将国家主权与利益视为比国际规则更高的目标,这是美国的对外战略行动具有颇多长臂管辖性质的原因,也是理解美国何以将自身经济安全利益扩展至更广泛的国际议题,甚至干涉别国事务的根本解释路径。认识这个逻辑,可以解释自特朗普政府以来,美国在国际经济领域的反全球化行为和对中国贸易摩擦中的"主权"观念,是如何在美国经济安全战略决策思维中重新回归与凸显的。

再次,经济安全的部门架构方面的设置关乎经济安全的实践操作层面。一方面,由于美国历史上几乎没有制定独立且明确的国家经济安全战略,因此,国内经济、国际经济、区域政策以及涉及国家安全的经济议题,在美国联邦架构中是由不同的政府职能部门分散进行执行的。[1] 另一方面,由于国家经济安全不能等同于经济各部门中的产业安全和地理上的区域经济安全的简单加总,原因是在于产业和区域经济安全只能作为国家经济安全的必要不充分条件。[2] 因此,理解美国对于国家经济安全的维护,还必须考察美国联邦立法与行政机构的设置,进而才能理解美国在国家层面宏观经济安全维护方面的体系性结构特点。

在美国立法机构系统中,美国第 117 届国会众议院由 29 个委员会组成,其中包括 5 个专门委员会(select committee)和 4 个两院联合委员会(joint committee),再除去 3 个负责行政与运营的委员会,可以清晰地看

---

[1] 杨云霞、齐昌聪:《国家经济安全观的国际对照与借鉴》,《河南社会科学》2020 年第 6 期。
[2] 叶卫平:《国家经济安全的三个重要特性及其对我国的启示》,《马克思主义研究》2008 年第 11 期。

到美国众议院由17个分支领域构成，主要负责各个细分领域日常立法情况的业务性推进、审议和监管，因此，在众议院全部委员会下进一步划分出共99个分委员会或小组委员会。由于美国众议院的业务性立法角色，在美国经济安全体系架构中较少承担安全与战略性职能，而在本届国会中也仅有一个"经济增长差异与公平专门委员会"，关涉到美国社会发展中的贫富差距引发的经济稳定与安全问题。相比之下，美国参议院则由24个委员会构成，细分为71个小组委员会。除去1个"老龄化特殊委员会"、2个专门委员会、4个联合委员会外，同样由17个分支领域委员会组成。①但第117届国会参议院的"农业、食品营养与林业委员会""银行、住房与城市事务委员会""商业、科学与交通委员会""财政金融委员会"4个委员会均下设1—2个与经济安全事务相关的分委会或小组委员会，②由此可见，参议院在美国立法系统中承担了更明显的经济安全与战略性职能。

在美国联邦行政系统中，同样分为两个层级——联邦级机构和下属二级部门（参见表6-2、表6-3）。在白宫直属系统中，经济顾问委员会、国家经济委员会和贸易代表办公室分别负责美国经济安全事务的评估研判、政策议定和谈判实践三方面职能，而科学技术委员会则负责确保美国科技领先地位，为美国经济前沿产业的国内培育与国际优势提供源头动力。在美国政府系统中，由负责开展经济外交的国务院，负责制定经济税收政策、监管金融机构市场、实施对外金融资本制裁的财政部，以及负责国际贸易及其管制、调查、关税等政策制定的商务部三大部门

---

① 众议院5个专门委员会为"情报常务专门委员会""气候危机专门委员会""国会现代化专门委员会""调查1月6日美国首都遇袭特别委员会"和"经济增长差异与公平专门委员会"，3个负责行政运营的委员会为"筹款委员会""规则委员会""众议院行政办公室"。参议院2个专门委员会为"情报专门委员会"和"伦理专门委员会"。4个两院联合委员会为"联合经济委员会""图书馆联合委员会""印刷联合委员会""税收联合委员会"。可见https://www.house.gov/committees；https://www.senate.gov/committees/index.htm。

② 分别是"农业、食品营养与林业委员会"下属的"商品、风险管理与贸易分委会"，"银行、住房与城市事务委员会"下属的"经济政策分委会"和"国家安全、国际贸易与金融分委会"，"商业、科学与交通委员会"下属的"旅游、贸易与出口促进分委会"和"消费者保护、产品与数据安全分委会"，"财政金融委员会"下属的"财政责任与经济增长分委会"和"国际贸易、海关与全球竞争力分委会"。可见https://www.senate.gov/committees/index.htm。

新时代国家经济安全的战略与现实

来开展美国经济安全的维护职能；此外，美国的国际贸易委员会、联邦储备系统和美国国际开发署等，作为独立的联邦机构在美国经济安全相关政策制定与监管实施中发挥重要作用。

表6-2　　涉及维护美国国内外经济安全事务的主要政府机构[①]

系统	部门	职责	成立时间（年）
白宫直属	白宫经济顾问委员会	研究分析、评估预测美国经济状况，向总统提供经济咨询建议	1946
	国家经济委员会	总统行政办公室分支机构，负责组织行政内阁有关经济部门定期集会商讨美国和全球经济议题，并向总统提供政策建议并跟踪推进	1963
	总统贸易代表办公室	代表美国总统与政府参加贸易谈判	1993
	国家科学技术委员会	白宫创新办公室分支机构，确保美国科技领先地位	2017
内阁部门	国务院	开展经济外交	1789
	财政部	制定经济、税收政策，国际金融货币、商业贸易工作计划，财长在IMF、WB等国际经济组织中是美国官方政府代表	1789
	商务部	负责国内国际贸易、进出口管制、贸易救济、外国投资、经贸社会调查	1903
独立联邦机构	国际贸易委员会	最初为美国关税委员会，是独立、无党派的准司法联邦机构，负责调查与协调美国关税、进出口贸易和国外竞争等问题	1916
	国际开发署	监督与实施美国对外经济援助与经济发展政策	1961
	联邦储备系统	货币、汇率政策	1913

[①] 中国现代国际关系研究院经济安全研究中心：《国家经济安全》，时事出版社2005年版，第376页。

表6-3　美国联邦内阁机构中涉及经济安全职能的下属二级部门

部门	委办局	职责
国务院	经济与商务局	在国内创造就业机会，增加海外经济机会，使美国更加安全
财政部	国内财政办公室 经济政策办公室 国际事务办公室 税收政策办公室 恐怖主义与金融情报办公室 美国财政部海外资产控制办公室（OFAC） 美国外国投资委员会（CFIUS）	防疫、税收、经济政策； 政府融资； 金融市场机构及服务； 消费者政策； 小企业计划； 恐怖主义非法金融事务； 金融制裁； 国际事务
商务部	经济分析局（BEA）	主要的联邦经济统计机构，追踪美国最关键的经济指标，如国内生产总值（GDP）和贸易平衡，从而直接影响决策
	工业和安全局（BIS）	通过确保有效的出口控制和条约遵守体系，并促进美国在战略技术方面继续保持领导地位，来推进美国的国家安全、外交政策和经济目标
	经济发展管理局（EDA）	通过促进创新、竞争力、投资与就业，引领美国经济发展议程
	国际贸易管理局（ITA）	通过加强美国工业的国际竞争力，促进贸易和投资，并确保对公平贸易和贸易法律、协定的遵守
	政策和战略规划办公室	制定战略政策优先事项，并向商务部的领导提供政策咨询
	立法和政府间事务办公室	为商务部行政机构与国会立法机构之间、联邦与地方州之间、消费者与企业之间提供信息与协调服务，促进创造就业、经济增长、可持续发展

最后是美国经济安全的矛盾、挑战与战略应对。美国经济安全需要

新时代国家经济安全的战略与现实

解决的主要矛盾是如何在变动的形势与不断调整的经济安全利益诉求之间维持平衡。① 同时,美国还需要在经济安全战略目标与自身掌握的资源、手段、政策工具之间实现协调。②

美国经济安全面临的挑战主要来自对其"实力—竞争力—霸权"这一逻辑链条的内外风险与冲击。在国内与微观层面,如何维持持久的自由市场经济增长效率,以及保持美国企业和产业的竞争力,将直接决定美国经济制度的稳定性和优越性,这也是赋予美国国际霸权的最基本身份定位。在国际层面,如何维持美国经济贸易的国际市场,决定了美国对全球以及地区经济贸易规则与进程主导权的实际有效程度。此外,在新产业变革的技术周期下,如何保证美国在数字经济、能源脱碳、空间技术、量子计算与通讯、生物医药等尖端技术领域的领先优势,决定了美国相关企业、产业乃至美国整体经济在全球经济生产可能性边界谱系中的地位。③ 在上述这些层面和领域中,美国在历史上先后面临过来自苏联(冷战期间)、日本(20世纪80年代后期)、欧盟(21世纪初)的重大竞争与挑战,同时,在21世纪第一个十年中美国还受到恐怖主义和国际金融秩序动荡失衡的巨大威胁与冲击。全方位评估而言,在美国经济安全的诸多挑战者中,历史上只有苏联能够在内部实力、外部竞争力、科技领先优势和全球霸权所有层面上与美国展开总体竞争。而特朗普上台后将中国视为与苏联一样对美国经济安全具有全方位、全领域竞争力和挑战性的国家,也正因此,使得美国内外经济战略在短短两年内极其明显地走向保守、强硬和普遍的安全化。④

正是由于对自身实力评估的认知变化,美国经济安全战略在应对方面,自特朗普执政后出现了两个方面的显著特征,即在安全基调上的内外经济政策武器化,具体包括对外贸的管控措施以及对国外投资的严格

---

① 陶坚:《美国怎样看待和处理国家经济安全问题》,《经济研究参考》1998年第40期。
② 焦健:《论美国亚太政策与经济安全》,《世界经济研究》1998年第4期。
③ 根据联合国贸发会议发布的《数字经济报告2019》,数字经济内容包括区块链、3D打印、物联网、5G移动宽带、云计算、机器人与自动化、人工智能与数据分析。参见https://unctad.org/webflyer/digital-economy-report-2019。
④ 特朗普任期前半段,即2017年至2019年,其间美国对华贸易战逐步深化升级。

监管审查；另一方面是美国的全球与区域经济战略的政治化，即一切部署以应对美国认知中的经济安全威胁为参照前提以及目标。因此，理解美国对经济安全的认识要从"相对"而非"绝对"的观点出发，并从美国维护自身霸权的总战略目标出发，才能把握其经济手段使用和政策调整的实质。

（二）核心驱动要素与美国经济安全的时代划分

在现有的对美国经济安全及其战略的分阶段历史研究中，美国经济安全演变呈现波动摇摆的图景：从冷战中的对苏遏制，到冷战后的经济发展与繁荣，再到全球化时代追求自由开放市场制度的全球扩散。[①] 期间夹杂着因国际形势变动引发的政治、军事安全等方面形势对经济安全议题的冲淡。而在前述对美国经济安全架构梳理的基础之上，如果以安全的思维和视角作为基调回溯美国经济历史，则可以归纳出在美国经济安全形势与政策变动中发挥动力作用的三组关键内核驱动要素：领土—殖民地要素、市场—联盟要素、前沿科技要素。这些内核要素的组合结构为美国实现独立生存、发展、繁荣等经济安全基本诉求提供了根本驱动力，形塑了美国在特定历史时期不同的国际社会地位，而美国的经济安全内涵与核心利益关切正是随着其自身在国际社会地位的变化而改变。

按照角色地位的改变，安全视角下的美国经济史大致经历了8个时段：（1）生存与独立时期（1776年建国—19世纪90年代初）；（2）领土—殖民地体系形成时期（19世纪90年代初—第一次世界大战前）；（3）两次世界大战时期；（4）冷战前段（第二次世界大战结束—20世纪70年代初）；（5）冷战后段（20世纪70年代初—冷战结束）；（6）美国单极自由主义时期（冷战结束—21世纪初）；（7）经济全球化成熟深化时期（21世纪初—2016年）；（8）逆全球化时期（2017年特朗普上台至今）。根据发挥主导作用的内核驱动要素不同，上述不同的时段可以进一步整合为美国经济安全的三个大的时代：前四个时段［（1）—（4）］是基于

---

① 参见顾海兵、李彬《美国经济安全战略及对中国的借鉴》，《学术界》2010年第3期；顾海兵、曹帆、沈继楼《美国经济安全法律体系的分析与借鉴》，《学术研究》2009年第11期。

新时代国家经济安全的战略与现实

"边疆假说"的领土—殖民地时代,中间三个时段[(5)—(7)]是基于争夺势力范围的联盟市场时代,最后一个时段[(8)]则开始进入基于《无尽前沿法案》的科技边疆时代。

按照马克思主义政治经济学基本原理,经济是政治秩序的物质基础,同时,作为上层建筑的政治运行与权力博弈也要以经济作为基础的场域,经济本身的运行同样依托特定的政治秩序。因此,在国家间博弈的政治与战略属性之下,经济领域在三个层面关涉安全议题,即宏观基本面、竞争力层面、对外依赖层面。具体而言,宏观基本面的经济安全议题主要指内外经济结构的均衡性、稳定性与增长的可持续性;竞争力层面的经济安全议题主要是在对外竞争关系中优势地位的稳定性与可持续性,以及赋予对外竞争优势的国内经济与科技产业的巩固程度;而对外依赖层面的经济安全议题是在国家间经济贸易相互依存关系中,一国对国外的特定商品与产业,以及他国经济政策变动的敏感性与脆弱性,尤其在全球化生产阶段与全球价值链环境下,该国产业链、供应链的完整性、通畅性与稳定性。

事实上,在每一个不同的驱动要素主导的时代,美国经济安全都主要围绕上述三方面议题展开,并形成了类似于某种"周期性演进"的发展模式。在周期把握方面,美国往往在各个时代中都较好地把握了驱动要素,并在宏观基本面获得了增长与繁荣,进而形成了对外竞争优势的基础。由于随着国际竞争优势的逐渐加强而使得对外依赖程度不断深化,而对外依赖程度一方面能够在合作阶段促进效率的增长,另一方面也在增长进入"瓶颈"时期进一步强化美国在竞争关系中的脆弱性。因此,当中国作为一个制造业大国融入全球市场并获得持续增长时,站在历史未来演进角度看,美国所面临的一个新的特定时代已经来临。因此,在核心要素的驱动下的发展使得美国在进入瓶颈期后,竞争压力一方面迫使美国对外关系出现紧张态势,另一方面往往在客观上引起驱动要素的"换轨",从而完成美国经济安全向下一个时代的变迁,换言之,驱动要素的转换是美国经济安全时代变迁的根本原因。

三 "无尽的边疆"
——美国经济安全从巩固国内市场到护持国际霸权

(一)"边疆假说"——美国经济安全的领土时代

前文中的时间段划分是以重要的历史特征为依据,而经济安全中的驱动要素的发展转变往往具有更长的周期,它是由人类生产力水平及其组织形式在世界范围内的整体水平所决定的,因此,每次驱动要素的转换通常会贯穿几个历史时段。例如,美国经济安全的第一个时代,以土地作为最核心的经济生产驱动要素。土地体现在经济安全上的意义就是对边疆领土的获取控制与开发利用。这一时代从美国建国一直延续到20世纪70年代布雷顿森林体系瓦解的冷战前段,原因是土地长时间以来都作为实体经济活动中最基本的投入要素,经济安全对土地的依赖也最牢固,因此导致这一时代跨越的历史最久。领土时代的美国经济安全性质主要体现为对国家主权和政权在经济上的自主,以及国内市场的独立和统一的追求,并通过不断地增加对本土之外的殖民地、势力范围、军事基地等形式"疆域"的获取和控制,进一步提升自身的综合国力与国际霸权地位。

从拓殖史的角度看,弗里德里希·特纳的"边疆假说"的确更有助于在本质上认识美国资本主义发展形态的历史意义。但在国家经济安全角度来看,美国历史上的"西进运动"则是其经济系统不断进行生产可能性边界向外拓展,探索更广阔、稳定的市场边界,从而抵御古典经济学关于美国早期以农业为基础的经济体系所面临的生产边际收益递减风险的过程。当西进运动完成国内疆域拓展的基础任务时,19世纪90年代,美国进一步通过"美西战争"在东南亚地区赢得了自身第一批海外殖民地,并以此为基础不断增强对太平洋西岸的政治、军事、经济事务的参与。西方列强在中国与朝鲜的殖民活动,以及在此影响下的中国近代革命进程走向,都日渐成为美国经济安全利益的核心关切。美西战争至第一次世界大战期间,美国不断深化对国际事务的参与在客观上超越了"门罗主义"的限制,使美国从北美区域性国家转变为世界性国家,

新时代国家经济安全的战略与现实

而美国的经济安全的内涵也扩展到了对海外殖民地与势力范围的争夺和控制。因此,殖民主义和帝国主义时代的美国并没有做出"超然"的内敛式选择,其对国家经济安全的理解更是受制于历史时代对于世界市场的认识和行为方式。

两次世界大战期间,军事安全成为压倒一切的时代主要矛盾,然而关于卷入战争的原因,美国历史学家罗伯特·卡根指出,"美国政治中所发生的斗争并非'现实主义者'和'理想主义者'之间的斗争,而是两种相互竞争的美国自由主义愿景之间的斗争",卡根进而以此作为解释美国参与两次欧陆战争的思想根源和理解美欧关系框架的关键线索。① 而在冷战前段期间,虽然世界局势与国际政治经济格局发生了深刻变革,但对于美国而言,驱动经济发展、维系经济安全的基本要素并未发生根本转变。因此,无论是第二次世界大战期间同盟国对抗法西斯的军事对抗,还是卡根揭示的美式"自由主义愿景",乃至冷战前段时期资本主义阵营与社会主义阵营之间的意识形态对抗,虽然形成了联盟阵营,但彼时深刻的国际产业关联尚未发生,国家间的经济生产与发展相对独立。因此,美国在经济安全领域的基本诉求仍然关注对领土疆域、殖民地—势力范围的拓展和控制,包括在经济增长形势、贸易产业结构等宏观基本面,国际社会经济实力对比中的竞争优势保持,乃至在以最终产品形式发展全产业链经济体系独立自主性等层面进行经济安全架构维护。

需要指出的是,第二次世界大战后,美国认识到,发达的军工科技产业在赋予国家综合国力上的巨大作用,由此选择了以科技资源作为立国之本,然后利用科技资源形成高精尖的科技工业体系,而实际上美国的军工产业反过来也建立在美国科学技术的推动基础上。1945年,第二次世界大战后美国时任科学研究与发展办公室(OSRD)主任的科学家万尼瓦尔·布什(Vannevar Bush)在给总统的报告中指出:

> 在没有科学进步,任何其他方面的成就都不能保证我们国家在

---

① [美]罗伯特·卡根:《危险的国家:美国从起源到20世纪初的世界地位》,袁胜育等译,社会科学文献出版社2016年版,第118页。

现代世界的健康、繁荣和安全。……政府才刚刚开始利用科学造福国家,政府内部没有机构负责制定或执行国家科学政策。国会没有专门处理这一重要问题的常设委员会。科学一直在发展,我们应该把它放在舞台的中心,因为它寄托着我们对未来的巨大希望。在科学的某些领域,公众的兴趣很强烈,但如果得不到比私人来源更多的支持,这些领域的培养可能会不足。这些领域——诸如军事问题研究、农业、住房、公共卫生、某些医学研究以及涉及私人机构能力之外的昂贵资本设施的研究——应得到政府的积极支持。到目前为止,除了科学研究和发展办公室进行的密集的战争研究外,这种支持是贫乏的和断断续续的。由于本报告中提出的原因,我们正在进入一个科学需要并应得到公共资金更多支持的时期。[1]

正是在该报告提出建议后,基于对第二次世界大战后形成美国的国家科技政策体系架构的需要,包括继续将科学家、工程技术专家群体留在相关政府机构中贡献力量的国家战略需求,才于1946年催生了至今美国顶尖政府智库——兰德公司的成立。然而,这一时期的美国科技事业刚刚由军事工业用途中孕育出来,在国家层面的职能层面仍为领土的军事占领和巩固战后势力范围的外交战略服务。例如,1949年,杜鲁门在其总统就职演讲中提出美国外交的四点行动原则,其中最后一点指出,"美国必须实行一项新的、大胆的计划,以便使科学进步和工业发展所提供的利益用于欠发达地区的进步和成长"。[2] 因此,将领先的科技作为冷战中拉拢第三世界国家、防止共产主义力量扩大的外交诱饵是美国"边疆假说"向外扩张的手段。此外,在经历了1957年苏联成功发射人造卫星引发美国的"斯普特尼克时刻"恐慌后,美国于次年成立美国"高级计划研究局"(ARPA),旨在对抗苏联领先的导弹、卫星技术研发

---

[1] Vannevar Bush, *Science-The Endless Frontier*, A Report to the President by Director of the Office of Scientific Research and Development, July, 1945, pp. 8 – 9.
[2] The Inaugural Address, January 19, 1949, Document 1, in Dennis Merril, ed., Documentary History of the Truman Presidency (Hereinafter Cited As DHTP), Volume 27; Merrill D., "The Point Four Program: Reaching out to Help the Less Developed Countries", 1999, pp. 1 – 5.

最先进的武器系统。① 彼时的美国事实上已经做好组织机构准备而进行冷战中的新型"领土经济安全"维护。

（二）美国经济安全的联盟市场时代

20世纪70年代初，随着布雷顿森林体系的瓦解，美国经济开始与国际市场发生越来越广泛的关联。这一时期的国际宏观环境主要变动包括几个方面：首先，美苏冷战对抗形势有所缓和，军事安全紧张程度有所松动。其次，20世纪70年代以来，大型企业在东西方阵营的相互制裁以及美国与欧洲盟友之间的商业竞争，使得大型企业的国际商务面临普遍的商品关税和复杂的贸易管控措施，导致从事国际贸易企业的交易成本大幅升高，跨国公司出于规避国际关税、非关税壁垒，以及要素比较优势下的生产效率等原因，对生产、经营、销售活动进行全球化分工和布局，采取海外设厂、离岸生产的策略以规避不利影响，从而引发了经济全球化进程的开端，并搭建了全球产业链、供应链的雏形框架。最后，越来越多介入全球市场的美国经济在获得国际市场份额主导地位与竞争优势的同时，也面临其他国家的激烈竞争。在冷战末期主要以日本经济迅速发展为代表，其在冷战意识形态对抗仍然延续的大背景下，经济贸易活动以国际市场为目标的争夺取代了军事攻防对领土的争夺。而这一时代的经济安全主题着眼于驱动要素，市场成为国家发展、国际博弈的新型战场。

20世纪80年代后期日本对美国经济地位的挑战，体现在宏观经济基本面上的经济增长率、人均GDP水平，以及经常项目账户的赤字率、债务率、科技产业水平、经济规模及国际市场占有率等各个方面。在美国主导下，与日本达成《广场协议》后，从对日本经济发展进行多边协商管控中可以看到，美国对日本施压的理由是日本采取了国家扶持产业造成的不公平竞争。而对历史略作回溯就可以发现，日本经济的崛起既是其自身国家扶持战略性产业的路径选择和努力的结果，同时，日本经济崛起进程也正是在20世纪五六十年代美国的支持下开

---

① 1972年更名为"国防部高级计划研究局"（DARPA）。

第六章 霸权的延展与困境

启的，并且延续至70年代仍然得到了美国的默许。而情况只是到20世纪80年代日本大量收购美国本土资产，才开始引发美国对来自日本经济威胁的感知，从而改变了原有的态度和立场。①与此同时，技术密集型经济模式与相应企业通过民用商业市场开始走上历史前台，其与后续经济安全时代中作为驱动要素的科技角色有所不同。这一时期的技术密集型经济的作用在商业市场初露端倪，是通过帮助企业与国家产业抢占国际市场份额来赋能国家经济安全。美国在20世纪80年代与日本之间的经济博弈就起因，在于美国对来自日本半导体产业在国际市场迅速占据了惊人的份额而感到自身经济发展空间、国际竞争领先地位受到威胁和挤压，并且在半导体产业中对日本中间零部件与制成品的依赖也对美国经济独立自主性产生了巨大的挑战。以至于1987年《综合贸易和竞争力法案》(*Omnibus Trade and Competitiveness Act*) 要求，美国贸易代表与对美国存在大额度及所谓"毫无依据"的贸易顺差国进行谈判，并要求在谈判失败后对这些国家采取报复行动，而如果谈判不能在6个月内达成消除贸易壁垒的协议，该修正案要求对不公平贸易行为进行一对一的报复。②

从冷战结束到进入21新世纪之前的整个20世纪90年代，是美国自由主义盛行的单极时刻，也是美国经济安全的全盛时期。从宏观经济基本面看，经过里根主义的经济改革，美国经济从20世纪80年代开始逐渐复苏，进入90年代后，美国又开启"信息高速路计划"，驱动了知识经济与信息经济快速发展。从国际竞争力方面看，80年代开始，美国对苏联开启隐蔽的经济战和信息战，导致苏联在冷战末期的经济竞争中落

---

① 美日之间这一双边经济安全结构性格局与后续的中美之间的形势高度相似，2001年加入世贸组织是进入21世纪中国经济腾飞的关键历史契机，在当时也同样得到了美国的支持。著名学者尼尔·弗格森正是基于此而提出了"中美共治"概念，来反映全球经济分工中的中美双边关系结构。

② 法案可见 https://www.congress.gov/bill/100th-congress/house-bill/3，历史比较地看，日本高附加值产业和中国的低附加值加工产业作为各自融入国际市场的起点，都没有引起美国的反对和威胁感，换言之，二者最初都是有利于美国的经济利益的。但随着日本和中国在各自选定的发展轨道上规模、实力的增长，美国的经济利润额和产业优势空间逐步被挤压，美国的战略打压必然开启。这就说明美国对战略竞争对手的打压是双边经济发展阶段演进的结构性矛盾的必然结果，与美国所谓的"不公平竞争"理由无关。

| 新时代国家经济安全的战略与现实

于下风，并直接加速了最终的解体；而日本，作为80年代美国在资本主义阵营内主要的经济竞争对手，双方的产业贸易矛盾在90年代的《广场协议》中得到有利于美国的管控；而欧洲方面，针对欧共体内部的自由贸易协定的快速流行与发展，美国也开始构建自己以北美自贸区（NAFTA）为基础的自由贸易协定体系与欧洲相竞争。此外，另一个社会主义大国中国也开始了改革开放进程，主动融入国际社会与参与全球经贸合作。这个总体态势，进一步使得美国在经济对外依赖程度上处于结构合理、程度可控的局面。因此，在当时"华盛顿共识"成为国际经济唯一具有全球影响力的准则和行动指南，在这个"单极时刻"中，貌似整个国际市场都成为美国经济安全的"新疆土"。

进入21世纪，美国经济安全的整体形势和发展方向被突如其来的"9·11"事件所扭转。"反恐"成为美国总体国家安全战略的根本任务，据美国国会估算，国际金融危机之前美国在反恐战争中投入的经济成本为6510亿美元，国际金融危机后至奥巴马第二任期这一数字进一步增加5700亿—12000亿美元，即美国反恐战争的直接成本在1.2万亿—1.85万亿美元。斯蒂格利茨的研究将反恐战争的社会经济发展的机会成本，如基础设施建设更新、政府公共财政项目支出等统计在内，认为美国反恐战争的总成本达到了3万亿美元，而麻省理工研究团队则更将这一数字评估为6万亿美元。[①] 由此可见，全球反恐战争的开启和由此而来的巨大经济投入，包括后续2008年美国金融市场的崩溃，是进入21世纪后美国遭遇的两场系统性经济安全危机，也是其综合国力出现衰落的根本原因。

在应对国内危机的同时，美国经济安全战略在国际层面开始寻求构建反恐、经济复苏和金融治理管控的多重国际协调机制。小布什政府在开启反恐战争之外，通过完善美国"一体两翼"的全球自由贸易协议体系，在超越纯粹市场利润与经济利益的层面加强与以色列、约旦等中东

---

① 参见 https://files.stlouisfed.org/files/htdocs/pageone-economics/uploads/newsletter/2008/200805.pdf；[美]约瑟夫·E.斯蒂格利茨、琳达·J.比尔米斯《三万亿美元的战争》，卢昌崇译，中国人民大学出版社2010年版；https://www.wgbh.org/news/international-news/2020/01/15/the-war-on-terror-has-cost-america-trillions-says-mit-economist。

地区国家的安全合作，以经贸关系纽带辅助反恐行动。① 奥巴马时期则以对欧洲和东亚两个市场方向的广泛国际经济与安全协调机制为目标，发起 TTIP 和 TPP 的建设倡议，一方面希望加强美欧之间的自由贸易纽带，另一方面则开始关注对中国双边经贸关系的结构失衡和中国力量上升问题，奥巴马时期对中国发起的贸易摩擦与调查事件在数量与频率上达到了历史最高水平。

在市场作为经济安全驱动要素的全球化时代，其地位和作用可以从美国对于国内外市场截然相反的"双标"态度中反映出来。在国际市场上，美国的关切所在是厌恶竞争，换言之，美国希望国际市场对于其自身利益而言是"可控"的，对于其自身意愿而言是"可塑"的，美国谋求获得的是对于国际市场份额乃至规则的控制权与塑造权。另外，对于国内市场而言，美国的利益所在则是秉持以"小政府""不干预"的自由市场原则，以保证多元竞争，并且反对市场自身形成垄断格局。这种"双标"本身就反映了美国对经济安全追求的矛盾性和不可兼顾性。

（三）美国经济安全的科技边疆时代与对抗性安全思维的回归

在经历了 20 世纪八九十年代的冷战后段战略贸易理论主导的时期后，国际分工、产业内贸易与知识经济的特征在进入全球化时代后进一步深化。② 美国经济安全的内涵，由传统国际贸易中对外部能源、原材料、中间商品及各种制成品的外部供应安全，转变为以内部科技产业研发与高端制造为内生驱动进而扩展为对国际领先地位与竞争优势的维护。与此同时，美国的经济安全外延也在相应地扩大，并将金融与科技安全纳入理论分析与政策实践的框架之内。

科技的发展进步使得技术更新周期大大缩短，这导致对更高工资与

---

① 余南平、李括：《金融危机后亚太国家自由贸易发展现状与展望》，世界图书出版有限公司 2016 年版。

② 战略贸易理论，也称新贸易理论，因有别于强调自然资源要素禀赋在经济产业分工中作用的传统贸易理论而得名，战略贸易理论关注知识与技术要素密集度对赋予一国比较优势的战略性作用。具体参见朱立群《从战略贸易理论看美国对经济安全的诠释》，《外交学院学报》2000 年第 1 期。

利润回报预期的正向激励，进而促使国家对贸易与产业等方面的经济政策角色的权重增加。这意味着在科技要素的突破性演进的激励下，国家政治力量对市场领域议题的介入，以及在谋求和维系经济安全中对权力的运用的思想重新回归。战略贸易理论基于对知识与技术要素的关注，进而使得产业结构、生产关系、社会机能与政府政策作用等综合因素都被纳入了理论分析架构。[1] 而在此意义上，战略贸易理论是对传统发展经济学的线性理论研究脉络的一种超越，也是对新技术革命重塑国际关系的必然反应。

传统上研究关注的是，在当代自由主义全球化历史进程中，始终是发展中国家作为质疑者与挑战者，控诉发达国家"利用其国际分工格局中的优势，剥削发展中国家，而独享自由贸易带来的收益"。[2] 然而，当下现实中的逆全球化却始于欧美民粹思潮下，发达国家开始自认为在国际自由贸易中成为所谓的"受损者"甚至"受害者"，并要求对当前国际经济秩序加以重构。在进入政府发挥主导作用的经济安全科技新边疆时代，美国将中国标定为主要战略竞争对手，并扭转了以自由主义市场原则作为政策行为约束的内政外交决策模式，进而使得全球化进程发生了阶段性的实质倒退。

尽管在21世纪伊始，中国通过加入世贸组织对经济全球化的参与，以及对全球价值链的嵌入填补了国际经济市场的巨大空间，同时，将国际经济生产与消费活动向广大发展中国家拓展，包括向欠发达国家市场有效下沉与联通，带动了国际经济有效循环。但自特朗普2017年上任执政后，美国迅速发起的对华贸易调查，反映出美国的经济安全利益与国际产业价值链整体布局的结构均衡性并不一致。美国国家权力在国际经济中的突然折返和介入，使得中美贸易摩擦从关税层面对经常项目账户失衡的干预，迅速升级为对关键技术商品的管控、人员交流的限制、资本流通的阻遏，乃至拉拢"联盟"围堵等策略全面推进，意味着中美两国之间的经贸问题已经上升为国家经济利益与安全博弈。2018年4月25

---

[1] 朱立群：《从战略贸易理论看美国对经济安全的诠释》，《外交学院学报》2000年第1期。
[2] 卢周来：《谁"制造"了特朗普——一个经济学的视角》，《读书》2021年第4期。

日,一份名为《2018年国家经济安全战略法案》的提案被提交至美国第115届国会参议院的"银行、住房和城市事务委员会"并进入二读阶段。在特朗普政府"美国优先"政策挑起对中国的战略竞争背景下,美国第117届国会参议院在2021年通过的《无尽前沿法案》,标志着美国经济安全正式进入以科技为主要驱动要素的时代。而在以科技为新边疆和驱动要素的经济安全时代,美国的经济安全困境来自客观与主观两个层面。

在客观层面上,美国将来自中国的经贸层面的赶超、不断升级视为经济安全挑战乃至威胁,实质上是美国整体战略安全困境的一个缩影反映,即美国谋求的战略目标与美国所具备的客观情况,包括但不限于政治、军事、经济、外交、文化等领域的物质力量及其策略工具箱中可运用手段有效性之间不匹配所带来的矛盾张力。这使得美国陷入一种普遍安全困境。首先,在美国自身的认知中,几乎所有议题领域和地缘区域都普遍存在战略与安全威胁,而这种"威胁"的本质是美国所谓的"对手"在某个或某些领域的发展中取得的进步与成功。其次,本来属于所有国家在国际社会中应有的正当发展权利的获得,但这一进步与成功却往往导致美国不断寻求维持其国际霸权的稳定和安全而采取压制行为。再次,由于目标与手段的错配,进而导致美国权力行动不断地制造并遗留下更普遍的、难以得到公平公正解决的矛盾,从而在总体处境陷入更深一层的安全困境中。最后,由于原有的各种矛盾未得到解决,而只能在新的矛盾产生与谋求解决的过程中不断地掩盖、迭代、积压。因此,形成了安全困境的循环往复。

在主观层面上,一方面是美国在其外交关系处理中普遍存在着理想化倾向。具体而言,即当中美关系,或美国与某一国的双边关系处于总体健康的良好阶段,美国往往会对双边关系抱有很高的期望,而这一期望并不以其交往国的现实利益或主观态度为参考,带有美国单方面一厢情愿的色彩。但现实则是,对于不同国家而言,经济安全并不共享同样的思维逻辑,各自实践也不必然朝向同一方向发展。而当美国忽视中方的利益关切,特别是阻碍了中国实现民族复兴道路的情况下,其决策行为与结果通常也会令中方感到失望,从而误导双边关系。①另一方面,自美国1987年开始发布《国家安全战略报告》以来,对该系列报告文本的统计分析可以看出许多变化。② 就全球经济秩序而言,"经济/金融危机"是对经济安全极为重要的影响指标,但在美国自身的政策框架与话语体系中,却并未给予"经济/金融危机"与传统国家安全主题相对匹配的地位。具体而言,在"美国国家安全战略"的框架下,按照侧重点的演变被分为三个历史阶段,第一阶段是20世纪90年代以"后冷战时代"为最重要的主题;第二阶段是21世纪前十年以"反恐"为主题;第三阶段是从21世纪第二个十年,"主权"的话语开始凸显越来越重要的地位。因此,显而易见的是,美国国家安全战略框架体系对美国经济安全的阶段和主题的划分,与客观上按照经济驱动要素划分的时代主题存在着美国方面认知上的主观偏差。而美国在外交关系交往中的理想化倾向,包括美国对外战略决策和客观时代主体之间的认知错位相结合,共同构成了美国一直以来难以摆脱的经济安全困境。

四 全球价值链重构与科技驱动时代的美国经济安全战略

(一) 美国经济安全态势感知的动态模型

国家经济安全是可以在状态与感知两个维度上进行展开分析的(参见图6-1)。其中存在着四个变量要素组合,分别是"感知"维度(横轴)上的"客观(O)"要素和"主观(S)"要素,以及"状态"维度(纵轴)上的"安全(S′)"要素和"威胁(T)"要素。这四个要素进行交叉组合后,形成了经济安全的四种状态(象限),即按象限顺序依次为"主观安全(SS′)""主观威胁(ST)""客观威胁(OT)"和"客观安全(OS′)"。

---

① *The Troubled Triangle: Economic and Security Concerns for the United States, Japan, and China*, Springer, 2013, p.8.
② 邢悦、陆晨:《对冷战后〈美国国家安全战略报告〉的文本分析》,《国际论坛》2019年第5期。

第六章 霸权的延展与困境

进一步按照感知维度与状态维度的匹配、一致程度，组成了四种经济安全感知模式，即跨象限连线所描述的组合关系：第一，代表 OS′ 与 SS′ 状态组合的横线 Ⅰ 是在主观感知与客观状态上均为安全的和谐模式，这一模式可以用来描述具有普遍共识的和平与繁荣年代，客观上有利于经济的发展而行为体在政策意愿上也能够动员国家整体宏观资源集中于经济事务；第二，代表 OT 与 ST 状态组合的横线 Ⅱ 是在主观感知与客观状态上均为威胁的危机模式，这一模式则可以用来描述全面战争与冲突的局面，客观条件对经济发展存在严重威胁而行为体的政策倾向也将抵御这一威胁和维护经济安全作为最高目标；第三，代表 SS′ 与 OT 状态组合的斜线 Ⅲ 是在主观上感到安全而客观上处于威胁之中的危险模式，这一模式可以用来描述对客观威胁在主观上认知不足或存在误判的情形，在历史上以"绥靖政策"和资本主义国家在预防经济危机爆发的失效为典型案例；第四，代表 OS′ 与 ST 状态组合的斜线 Ⅳ 则是在主观上感到威胁但客观上处于安全之中的冲突模式，这一模式可以用来描述行为体在主观认知上对客观形势过于悲观、超越了客观形势对自身经济安全影响的合理限度进行评估判断，从而在战略及政策选择上采取超限、应激的

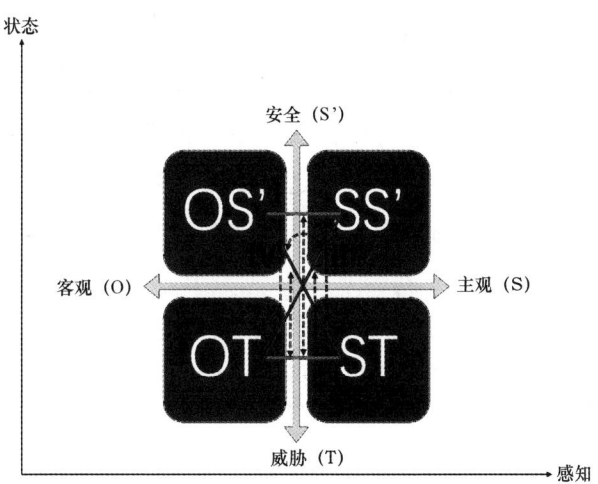

图 6-1 安全与威胁的主客观感知及变动模型

资料来源：笔者自制。

| 新时代国家经济安全的战略与现实

冲突乃至敌对姿态，美国历史上对历次的战略竞争对手所谓的"先发制人"策略和单边主义行动，事实上都可以归为这一对客观形势过度认知和过激反应的冲突模式。

在动态的历史变动周期视角下，上述四种对经济安全的感知模式在不同的历史背景下存在着六种运动演变过程，体现了从一种模式向另一种模式的转换（参见表6-4）。第一，和平战争过程。在线段Ⅰ所代表的和谐模式与线段Ⅱ所代表的危机模式之间互相转换的过程，意味着在和平与战争两者之间的端到端转换的历史长周期进程。第二，主观自信过程。在线段Ⅰ的和谐模式与线段Ⅲ所代表的危险模式之间互相转换的过程，意味着当客观形势在安全与威胁之间相互变换的过程中，主观感知与战略态势上都坚持认为自身处于安全之中的历史阶段。第三，主观摇摆过程之一。在线段Ⅰ与线段Ⅳ所代表的冲突模式之间互相转换的过程，意味着在客观形势始终维持在安全状态并未发生改变的情况下，主观感知与战略态势在安全与威胁两端之间摇摆和相互转变的历史进程。第四，主观摇摆过程之二。在线段Ⅱ的危机模式与线段Ⅲ的危险模式之间互相转换，意味着客观形势持续存在威胁的不安全状态下，主观感知与战略态势在安全与威胁两端相互转变的历史进程。第五，主观自危过程。在线段Ⅱ与线段Ⅳ的冲突模式之间互相转换的过程，意味着当客观形势在安全与威胁之间相互变换的过程中，主观感知与战略态势上都坚持认为自身处于威胁之中的历史阶段。第六，无知—疯狂过程。在线段Ⅲ的危险模式与线段Ⅳ的冲突模式之前互相转换的过程，意味着主观感知与战略态势始终与客观安全与威胁形势相违背的"无知与疯狂"之间的转换。

表6-4　　　　　安全与威胁的主客观感知及变动模型分解

4个要素 （端点）	安全（S'）	威胁（T）	客观（O）	主观（S）
4种状态 （象限）	客观安全（OS'）	主观安全（SS'）	客观威胁（OT）	主观威胁（ST）

续表

4个要素 （端点）	安全（S'）	威胁（T）	客观（O）	主观（S）
4种模式 （实线）	OS' + SS' （Ⅰ和谐）	OT + ST （Ⅱ危机）	OT + SS' （Ⅲ危险）	OS' + ST （Ⅳ冲突）
6个过程 （虚线）	1. Ⅰ—Ⅱ （战争—和平长周期）	2. Ⅰ—Ⅲ （主观感知安全+ 客观形势变动）	3. Ⅰ—Ⅳ （客观形势安全+ 主观感知变动）	
		4. Ⅱ—Ⅲ （客观形势威胁+ 主观感知变动）	5. Ⅱ—Ⅳ （主观感知威胁+ 客观形势变动）	
			6. Ⅲ—Ⅳ （无知—疯狂转换）	

资料来源：笔者自制。

如果将上述经济安全态势的感知模型与美国的历史进程，包括结合当前形势对照可以清晰地看到，美国从冷战以来，就处于在线段Ⅱ的危机模式与线段Ⅳ的冲突模式之间转换的主观自危过程中。具体机制体现为，美国在客观威胁，如世界大战、对苏意识形态对抗、"9·11"袭击、国际金融危机等危机的情势下，在战略选择上开始进入不安全的主观感知模式，即"危机模式"；而随着外在的客观威胁在发展中有所缓解或解除的过程中，美国的主观认知并未出现与环境相应的缓释，而是将这种"自危"认知一直保留了下来，从而进入与已经恢复安全状态的外在环境或外部关系不对称的"冲突模式"。进一步地，由于美国自身的实力及其在国际社会与事务中的地位和影响力下降，使得美国对"冲突模式"的固执坚持，对国际政治经济事务进程带来了"扭曲"性影响，将原本恢复安全的客观环境重新拉入"不安全"的轨道和新一轮的"危机模式"中，而这一"危机"在本质上是由美国的战略政策选择的主观认知所造成的。

（二）全球价值链重构与科技驱动时代的美国经济安全战略

"大战略"从一般逻辑来看，可分为利益、威胁与手段三个组成

新时代国家经济安全的战略与现实

部分。① 上文述及了科技要素驱动的经济安全时代政府角色、主权观念与政治权力手段回归,这是经济安全新时代的一个典型表现特征。而在另一方面,科技作为驱动要素同样代表着经济安全新时代的战略利益所在。主要是因为由于科学和技术进步所形成的优势是以叠加状态存在的,一个时期的既有科技优势与历史上曾经取得的进步优势如果融合在一起的,其在国际社会的表现结果则是,掌握了特定新兴技术的行为体,无论是国家还是企业等组织机构,将受益于技术突进迭代的复合加速度;而行为体失去领先地位则可能由于一个"瞬间即永恒"性的事件,其未来将在不断追赶的过程中处于长久的被动劣势,这就是21世纪的国家经济安全竞争场域与空间。此外,科技优势作为经济安全新时代的战略利益最终是通过全球价值链网络关联,在经济领域实现利润与价值的,即通过对全球价值链高端位置产业的占据和产业布局,以及对微笑曲线高附加值环节的控制,成为价值链网络中的枢纽或通过掌控价值链网络中的关键节点,从而实现基于全球价值链网络关联系统的经济安全。而这一点正是美国在新阶段的国家经济安全战略体系中,以打造"弹性供应链计划"为抓手的供应链安全作为参与大国博弈的关键领域的深层原因。

在美国经济安全战略中所感知的威胁方面,自1987年美国首次发布《国家安全战略报告》以来,30年间共有17份《报告》文本发布。除了如前文阐述"经济危机"始终作为美国安全利益与威胁的次要关切以外,"后冷战"(1990—2000)、"恐怖主义"(1998—2006)和"主权安全"(2015之后)都成了不同时段美国国家安全的集中关注点(参见图6-2)。② 可以清楚地看到,尽管在国际重大事件影响下,美国对外部战略环境的关注点在不断变化,但在自由主义框架下的军事安全、经济繁荣、民主价值观稳定等安全维护目标并没有发生重大变化。而转折点则是发生在2017年美国发布的《国家安全战略报告》中,特朗普政府在美国历史上首次将"大国战略竞争"作为国家安全战略的主题,将竞争

---

① 牛军:《战略的魔咒:冷战时期的美国大战略研究》,上海人民出版社2009年版,第3页。
② 转引自邢悦、陆晨《对冷战后〈美国国家安全战略报告〉的文本分析》,《国际论坛》2019年第5期。

第六章 霸权的延展与困境

对抗的矛头指向中国、俄罗斯等所谓"修正主义国家",也标志着美国首次将国家经济安全战略威胁的来源指向中国。① 实际上,美国与中国之间的战略安全结构性矛盾早在2005—2006年阶段就已经凸显。美国当时就已经形成了对华战略竞争的总体态度,并在一定程度上制定了较为完整的应对措施体系。② 而在同一时期,美国鹰派政治"教父级"人物彼得·纳瓦罗(Peter Navarro)也从2005年开始,一方面,批驳美国民主党政府采取的自由主义经济政策,呼吁采取更为保守的经济民族主义政策;另一方面,指责中国所谓"不公平"贸易竞争方式,同时全面否定全球化进程,其后陆续撰写了多部相关著作宣扬其保守主义政治经济思想,直到进入特朗普内阁出任白宫国家贸易委员会主席,配合特朗普将美国经济安全战略引向对中国战略竞争的轨道。③

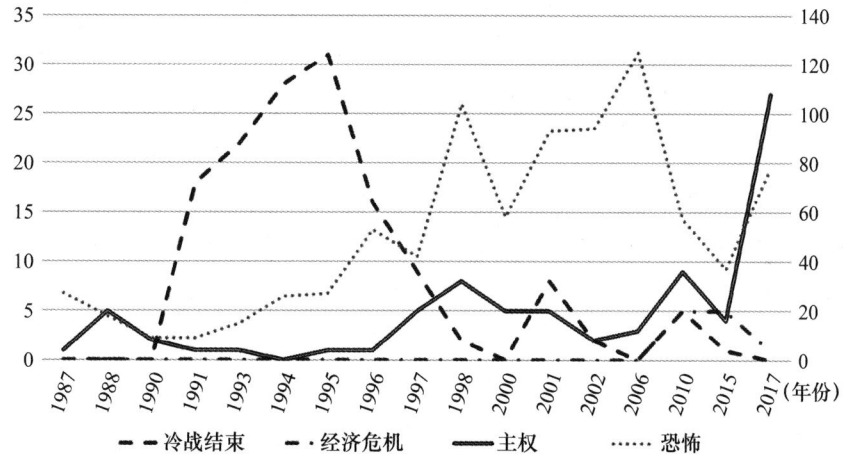

图6-2 1987年以来美国《国家安全战略报告》文本的关切点变化

---

① National security strategy of the United States of America, The White House, Washington, Dc. December 2017, p. 2, https://trumpwhitehouse.archives.gov/wp-content/uploads/2017/12/NSS-Final-12-18-2017-0905.pdf.

② 国家科技发展战略研究课题组:《从〈2005年美中经济与安全评议报告〉看美国对华战略动向》,《中国软科学》2006年第12期。

③ 纳瓦罗相关著作有:《即将到来的中国战争》(The Coming China War, 2006)、《毁灭的种子》(Seeds of Destruction, 2010)、《致命中国》(Death by China, 2011)、《卧虎》(Counching Tiger, 2014)等。

新时代国家经济安全的战略与现实

美国当前的经济安全战略的框架，以大国竞争、科技产业竞争、全球价值链重塑、弹性供应链培育为目标，以经济（投资）贸易（关税）管控、长臂管辖和联盟合作为手段，形成了以立法与行政政策为先导，以开展前沿领域竞争发起挑战，以规则制定和长臂审查管控相结合进行围堵的经济安全战略竞争路径。

1. 行政政策方面，2020年5月30日，美国国防部根据《2019年国防授权法案》授权要求，在延续了2017年制定的美国"对华全政府战略"基调上，发布了《美国对华战略方针》报告文件，并提交国会。[①] 该报告明确了两项对华战略目标：第一，提高美国的机构、联盟和伙伴关系的弹性，以应对中国的所谓"挑战"；第二，减少中国对外战略行动对美国及其盟友核心国家利益的所谓"损害"。[②] 文件发布后的一个月内，白宫网和美国驻华大使馆的官方网站先后转载了该报告。[③]立法层面，自特朗普2017年担任总统至拜登政府前半段任期，美国已有与经济安全直接相关的法案共计12项提交至参众两院，并进入不同的立法程序（参见表6-5）。在具有标志性意义的2018年《国家经济安全战略法案》中，立法要求发挥联邦政府部门在经济安全中有限但重要的作用，例如在美国的科技创新体系中，政府部门普遍发挥着前期引导与扶持的基础护航作用。[④] 而2021年《加强与中国有关的贸易、区域联盟、技术、经济与地缘政治倡议法案》，首先指出了充分重视国家经济安全的意义，提出如果一再将注意力聚焦于对美国经济安全以及国家安全利益并不重要的挑战上，将会削弱美国管控与中国相关的战略竞争能力；其次，法

[①] U. S. Department of Defense, *United States Strategic Approach to The People's Republic of China*, May 20, 2020, https://www.defense.gov/Newsroom/Releases/Release/Article/2193725/united-states-strategic-approach-to-the-peoples-republic-of-china/.

[②] United States Strategic Approach to The People's Republic of China, https://trumpwhitehouse.archives.gov/wp-content/uploads/2020/05/U.S.-Strategic-Approach-to-The-Peoples-Republic-of-China-Report-5.24v1.pdf. p. 1.

[③] https://trumpwhitehouse.archives.gov/articles/united-states-strategic-approach-to-the-peoples-republic-of-china/；https://china.usembassy-china.org.cn/united-states-strategic-approach-to-the-peoples-republic-of-china/.

[④] 115th Congress 2d Session S. 2757, *To Require A National Economic Security Strategy, And For Other Purposes*, p. 3. https://www.congress.gov/115/bills/s2757/BILLS-115s2757is.pdf.

案确定了通过与各国进行双边、多边协调合作的方式,加强监管一致性、标准统一性和技术机构之间的沟通与对话,从而最大程度促进美国的经济和国家安全利益;再次,法案在双—多边协调的内容,主要涉及出口管制政策、供应链安全以及对关键基础设施和军民两用技术的投资许可等,其中建议应借助和利用1995年达成的"瓦森纳协议";最后,法案突出强调了日本在美国双边科技产业合作中的特殊地位和作用,即在加强"印太地区安全伙伴关系"的"印太战略"背景下,启动一个美日国家安全创新基金,以争取和支持私营部门在新技术方面的合作,从而实现美日双边共同安全目标。①

表6-5　特朗普政府以来美国国会关于经济安全立法情况②

	时间	名称	部门与状态
1	2017.06	《2017年外国投资和经济安全法案》（H. R. 2932）	提交至众议院数字商业及保障消费者小组委员会
2	2018.04	《2018年国家经济安全战略法案》（S. 2757）	通过二读程序并提交至参议院给银行、住房和城市事务委员会
3	2019.05	《2019年美中经济和安全审查法案》（H. R. 2565）	提交至众议院犯罪、恐怖主义和国土安全小组委员会
4	2019.11	《2019年全球经济安全战略法案》（S. 2826）	通过二读程序并提交至参议院银行、住房和城市事务委员会
5	2021.03	《加强与中国有关的贸易、区域联盟、技术、经济与地缘政治倡议法案》（S. 687）	通过二读程序并提交至参议院对外关系委员会
6	2021.03	《2021年确保美国在科学技术中的领导地位法案》（H. R. 2153）	提交至众议院科学、空间与技术委员会

① 117th Congress 1st Session S. 687, *To Advance A Policy For Managed Strategic Competition With The People's Republic Of China*, pp. 29, 73, 89, 127, https://www.congress.gov/117/bills/s687/BILLS-117s687is.pdf. "瓦森纳协议"全称为《关于常规武器和双重用途货物和技术出口管制的瓦森纳安排》。

② 资料来源：美国国会网站，https://www.congress.gov/，法案状态进程更新截至2021年8月中旬。

续表

	时间	名称	部门与状态
7	2021.03	《2021年制造业和产业创新政策办公室法案》（H. R. 2279）	提交至众议院消费者保护及商业小组委员会
8	2021.04	《2021年美国关键矿产独立法案》（H. R. 2637）	提交至众议院自然资源委员会
9	2021.04	《2021年通过透明度和持久再投资保护关键电路板和电子产品法案》（S. 1419）	通过二读程序并提交至参议院军事委员会
10	2021.05	《2021年战略竞争法案》（S. 1169）	已列入参议院立法日程
11	2021.06	《无尽前沿法案》（H. R. 2731/S. 3832）	已通过立法
12	2021.07	《2021年国土安全部贸易和经济安全理事会法案》（H. R. 4476）	提交至众议院国土安全委员会

上述两个方面的美国相关行政、立法的措施战略路径选择，标志着特朗普政府发动对华贸易摩擦以来，中美关系中存在的主要矛盾的性质对于美国单方面而言，已经从经贸外交层面的冲突与摩擦正式升级成为国家层面的经济安全战略竞争。

2. 前沿领域竞争方面，美国形成了以权威智库、公私技术研发机构、市场主体（包括了军工企业国防承包商、军民两用技术企业再到民用商业企业）为主体的、先进技术融合的市场化三位一体架构；形成了以基础学科理论研究为起点，到以基于理论突破的模型实体化构成技术先发优势，再到利用技术支撑特定的战略框架，最后通过竞争博弈实践中遇到的具体情况修正战略偏差和理论佯谬的程序闭环。这种前沿技术领域策略与政策从形成到实施再到修正的程序闭环模式，在冷战时期已经通过兰德公司、国防部高级计划局（DARPA）和国防承包商组成的政策利益集团充分的尝试。具体而言，脱胎于战争中如何配置政治经济资源的运筹学理论，以及由此衍生出以约翰·纳什（John Nash）为代表的第一代博弈论理论研究成果，成为当时作为兰德公司高级兼职顾问的冯·诺依曼（John von Neumann）在与美国DARPA合作的计算机运算研发过程中的重要借鉴，而计算机技术直接导致美国核物理与弹道导弹技术的重大突破性进展,从而构成冷战初期美国对苏联核战略的技术基础。例如,包括诺依曼在内的兰德公司分析师对在冷战初期将"囚徒困境"策略中的"不信任"原则应用到核武器发射上,并对研究核军备竞赛策略充满了浓厚的兴趣。[1] 而进入 21 世纪,这一模式仍然在延续发展。2018 年 10 月,兰德公司阿罗约中心发布了题为《"一带一路"的黎明:发展中世界的中国》的研究报告,其在结论部分提出,贸易战前期的中美双方作为"平行伙伴"在发展中世界实施各自的战略与政策,既没有目标一致的现实合作,也没有直接、真实的冲突,成为一种"平行伙伴"(partners in parallel)。[2] 这一关于国际关系格局"平行并治"的基础理论判断,随着中美"贸易战"深入发展,双边日趋深化的战略竞争矛盾日益凸显。在以 DARPA 和 NASA 联合 Space-X 等公私研发机构主导的人工智能、无人机技术和高、低轨卫星链路系统的技术研发进程辅助下,其进程逐渐演化成美国谋求利用先进技术降维竞争、利用科技产业链进行围堵的对华错位竞争优势战略。以至于谷歌公司中国战略团队在 2020 年将美国这一大国经济安全竞争战略总结为在对中国的科技"不对称"竞争(Asymmetric Competition)中谋求美国的领导力。[3] 为了执行这一对华经济安全竞争战略,美国第 117 届国会参众两院在 2021 年迅速通过了《无尽前沿法案》,增设了美国国家科学基金会(NSF)下辖的技术与创新理事会(DTI)、研究安全和政策办公室两个核心管理部门,在立法层面确认了美国经济安全战略进入科技驱动下的大国竞争时代,并进一步完善了历史上以 DARPA 为主的科技研发"单核"架构,采用了公私合作研发模式,为美国谋求前沿科技优势增添了新的驱动源。

---

[1] [美]安妮·雅各布森:《五角大楼之脑:美国国防部高级研究计划局不为人知的历史》,李文译,中信出版集团 2017 年版,第 24、27 页。

[2] Scobell, Andrew, Bonny Lin, Howard J. Shatz, Michael Johnson, Larry Hanauer, Michael S. Chase, Astrid Stuth Cevallos, Ivan W. Rasmussen, Arthur Chan, Aaron Strong, Eric Warner, and Logan Ma, *At the Dawn of Belt and Road*: *China in the Developing World*, Santa Monica, CA: RAND Corporation, 2018, p. 299, https://www.rand.org/pubs/research_reports/RR2273.html.

[3] China Strategy Group of Google, *Asymmetric Competition*: *A Strategy for China & Technology-Actionable Insights for American Leadership*, 2020, p. 31, http://industrialpolicy.us/resources/SpecificIndustries/IT/final-memo-china-strategy-group-axios-1.pdf.

3. 规则修订和标准联盟方面,以美国国家经济安全审查制度为例,除了财政部下属的美国外国投资委员会(CFIUS)负责美国对外金融敞口评估,并负责实施金融制裁措施外,2021年5月,美中经济安全评估委员会(USCC)发布了在美国股票市场挂牌交易的250多家中国企业名录统计情况,对名单所涉及企业的性质进行分类,并对其供应链和业务环节的源头进行追溯,凡涉及中国政府和军方部门的企业,一律采取最严格的监管措施乃至直接威胁退市。① 这将引起对国际产业链、供应链网络的长臂管辖示范效应,势必威胁到全球经贸产业合作的稳定性、透明性与开放性。同时,自2018年11月签署的"美墨加协议"(USMCA)生效以来,美国在区域国际经贸规则制定方面对全球价值链重塑提供了向纵深调整的约束条件,尤其在重新平衡制造业发展方面,主要体现在原产地原则的升级方面。而其具体措施体现在:一是规定将汽车及零部件免税门槛的本区域原产地比例从北美自贸协议框架下的62.5%提高到美墨加协定框架下的75%;二是增加汽车免税门槛条件,即整车必须达到40%—45%以上由美加墨协定成员国工人生产,且工人平均工资不低于16美元/小时,且整车中某些关键零部件必须由美加墨协定国生产。该协定表面上是为美国提供稳定的高工资、高技能就业岗位来源,但实质上,价值链关联的改变还会在未来更高端的人工智能制造与技术服务领域扩散,同时导致全球价值链的结构性调整朝着美国主导掌控的方向发展。②

五 全球价值链时代的美国经济安全战略困境

(一)美国自身经济安全思维的内在缺陷与全球价值链网络的约束作用

如前文分析,美国长久以来就一直处于主观自危过程之中。在客观

---

① U. S.-China Economic AND Security Review Commission, Chinese Companies Listed on Major U. S. Stock Exchanges, 05/13/2021, https://www.uscc.gov/research/chinese-companies-listed-major-us-stock-exchanges.

② 李括:《美国科技霸权中的人工智能优势及对全球价值链的重塑》,《国际关系研究》2020年第1期。

外部威胁的危机情势下,美国在战略选择上经常进入主观感知不安全的"危机模式";而后这种不安全感知或战略恐惧将逐步进入无视客观形势发展的主观"自我强化"轨道,使得在既有危机的基础之上不断叠加自我塑造的新"危机"。这种螺旋式加强的安全战略困境强化,由于美国自身的实力及其在国际社会与事务中的地位和影响力,使得美国对"冲突模式"的固执坚持结果,带来了对国际政治经济事务进程的"扭曲"性影响,而在全球价值链网络结构下,经济体之前广泛而深刻的经济相互依赖与产业关联,又反过来成为约束美国国际权力行为与战略影响力的"枷锁"。

从本质上说,任何权力都是一种带有互动属性的关系。美国在运用着凌驾性结构权力的同时,不可避免地要让渡出某些利益。例如,在产业链的全球布局中,美国获得了贸易体系和规则的制定权,包括价值链的高端地位与附加值收入,但同时必然转移了制造业就业岗位与国内相应的产能布局。这也是20世纪80年代后美国联盟内部先后由日本、欧盟向居于主导地位的美国发起竞争的深层原因。因此,美国实施大国竞争性经济安全战略在打击中国参与的全球价值链网络的同时,也打击了那些以中国机械、设备及产品为中间投入品而建立起供应链系统的美国企业。而美国将中国供应商从全球价值链中精准地剔除,不仅需要较长的产业周期,且也面临高昂的经济成本和福利减损。虽然关税短期的财政效应会使美国政府收入增加,但最终的结果是美国企业将向政府转移资金收入,同时可能削减就业作为支付关税成本增加的对冲。此外,美国对全球价值链体系的重构必然也要求与欧洲之间达成与"美墨加协议"相匹配的贸易协定,否则将使包括美墨加协定在内的战略措施陷入协调性困境。其原因在于,在"美墨加"区域价值链上的加拿大和墨西哥企业能同时以优惠条款进入欧洲和北美市场;而美国的企业则需要面临在北美区域与欧洲市场不对等的市场准入等竞争条件。[1]

---

[1] 李括:《新冠疫情下美国霸权护持与全球价值链重构——基于权力与相互依赖视角的分析》,《国际关系研究》2021年第1期。

（二）美国国内政治经济力量之间的矛盾张力

正如本章在开篇中所介绍的，体现在美国宪法中的美国政体本质是维护一部分有产阶级群体的利益代表。社会层面利益群体的多元化，以及与此相应的政治层面的分权制衡，既是美国建国的理论基石，也是美国政治社会理念所追求的价值基石。而这种政治经济社会结构造成了美国社会利益群体碎片化、政治博弈复杂化碎片化，进而导致美国政治层面对国家治理事务及相关问题解决的低效化、政策制定和执行的实际情况与设计初衷偏差存在巨大的"痼疾"。政治方面的府院力量，军事方面各军种、国防部及参谋长联席会议力量，市场方面的军工企业与国防承包商，乃至各领域产业，学术界的智库、学会、研究所、国家实验室等，不同的利益集团在不同的历史时期，面对不同的利益格局变化，他们在基本面、竞争优势、依赖程度的判断上经常呈现某种"动态马赛克"形式，进而产生矛盾的决策结果。

在政治方面，美国联邦宪法虽然没有从根本上提及关于设置委员会的规定，但是随着工业化时代对专业知识的社会、政治需求，美国立法机构的重要特征转变为国会委员会处于立法程序的核心。立法程序基本上围绕着各种委员会进行组织开展，从而使得国会的大部分权力都被掌握在委员会和小组委员会主席手中。这种各自为政的"多头政治"所产生的不良后果，就是各委员会或小组委员会之间为了保护自己的权限而发生争执和所谓的"地盘战"，迫使各委员会寻找各种渠道与行政机构或压力集团建立特殊的"联盟"关系，企图在政治领域起支配作用。[1]此外，当白宫与国会由不同党派领导人领导时，两党之间关于国家发展道路及相应利益、威胁与手段的认知判断，传统上就存在着根深蒂固的分歧。此时，以府院之争为表现形式的利益分歧就会成为美国国内各项政治经济议程推进的巨大阻力。而府院之间由统一党派领导时，则会出现政治经济利益在部门之间横向内卷、在产业之间纵向切割的"分账"现象。例如，美国各军种部队为了增强自身影响力与福利，往往呼吁将

---

[1] 江心学：《美国国会的分权和立法困境》，《世界经济与政治》1998年第4期。

第六章 霸权的延展与困境

更广泛的议题领域纳入军事管理权限,以及扩大更多的国防军费预算购置先进武器装备,从而与军工企业和国防承包商组成紧密的利益集团,而外事及商务部门往往又支持自由主义国际贸易利益群体,呼吁扩大对外贸易,科技研发的实体经济行业则主张强化知识产权保护,而金融领域则要求放松市场监管,农业从业群体支持低廉的地价而地产行业又与此相反。因此,美国不同的国家职能部门与不同的产业相结合,使得律法政令无不要兼顾统筹各种相互冲突的利益诉求,使得美国在相当长的历史时期难以形成统一的国家经济安全概念乃至战略政策,甚至为数不多涉及经济安全的政策也在很大程度上只是停留在价值倡导的笼统层面。

但值得注意的是,美国媒体在美国社会不同利益群体间塑造安全缺失的恐惧感方面,却经常发挥着巨大的引导、鞭策甚至塑造作用。例如,冷战期间,艾森豪威尔总统否决并压制了将苏联发射卫星的"斯普特尼克"时刻引发对美国安全威胁做出扩大化评估的《盖瑟报告》公开发布,但《纽约时报》刻意通过一场针对该事件的政界内部非正式晚宴,通过媒体泄露给社会各界并加以炒作,利用民意的恐慌成功胁迫美国领导人最终采取与苏联在太空领域展开直接竞争的策略;[①] 无独有偶的是,在中美经贸关系中,《纽约时报》也扮演过同样的角色,该报 2010 年 10 月 20 日就发文称中国正不动声色地停止对美欧稀土出口,引起西方社会普遍惊慌,使得可能被中国"勒住脖子"的担忧情绪迅速蔓延。[②] 因此,美国媒体在殖民地时期关注的是国外竞争对手在全球占领疆土的形势,在联盟市场时期则关注对手的经济制度扩散优势,而在当前的科技发展时期则关注对手的技术产业优势。而这一引领与制造安全恐慌的社会角色,对于美国经济安全战略的"主观自危"模式形成起到了相当关键的塑造作用。

(三) 美国与西方国家之间的发展利益冲突

美国与西方国家在冷战中建立起来的联盟虽然在政治价值观上有相

[①] [美] 亚历克斯·阿贝拉:《兰德公司与美国的崛起》,梁筱云、张小燕译,新华出版社 2011 年版,第 80—83 页。

[②] 唐静松、曹荣:《大国阴谋:美国独霸全球内幕》,广东旅游出版社 2014 年版,第 55 页。

当的认同，但在经济利益和国家发展利益上却经常产生矛盾，这一点无论在 20 世纪 80 年代美西方对日本达成的"广场协议"中，还是美欧经常发生的贸易摩擦中都可以得到佐证。而以当下作为科技驱动时代典型发展趋势的数字经济为例，尽管 2021 年的 G7 峰会是在美国与意大利更换新任领导人后，在全球新冠疫情防控与恢复的背景下，首次就开放经济与"可信性"数据自由流动达成了初步共识。但从欧美围绕数字经济发展博弈的角度看，自 2019 年以来，"欧洲经济主权"概念提出后，欧洲加强了以数据保护为手段的数字竞争，并已经在很大程度上基于宏观"防御"姿态来开展国际经济合作。而美国与欧洲多国间就数字经济服务税问题展开的规则与利益博弈，显然是横亘在美欧传统盟友之间、潜伏在合作倡议话语层面之下的深层结构性阻碍。

欧洲国家的数字经济"防御"姿态具体体现在数字经济服务税问题上，以法国为代表，欧洲多国已确立或拟确立数字服务税制度。数字服务税的实施（Digital Service Tax，DST），将对外国企业（主要是美国大型科技公司）向本国用户提供的某些数字服务所产生的收入进行征税。当前有据可查的实施 DST 或拟议中的欧洲国家，有法国、意大利、奥地利、西班牙、捷克、英国 6 国，欧盟整体层面也提出了 DST 方案。法国作为在数字服务税领域与美国展开竞争的欧洲国家代表，其 DST 中 3% 的份额涉及美国企业。有市场评估显示，2020 年从美国企业经营活动中获得约 4.5 亿美元的 DST 收入，并将在 2021 年超过 5 亿美元。[①] 而美国对欧洲的行动，则授权美国贸易代表在"301 调查"结果基础上，以 2019 年美法两国间美妆用品、清洁洗护皂剂、皮革纺织包袋等产品贸易额（约为 13 亿美元）为基准，加征 25% 从价关税，税额与法国 DST 税额基本对等。[②] 因此，在对等开放市场机会的问题上，美欧依然在关键

[①] Authenticated U. S. Government Information, Federal Register / Vol. 85, No. 137 / Thursday, July 16, 2020 / Notices, PP. 43293, 43297, https://ustr.gov/sites/default/files/enforcement/301Investigations/France_Digital_Services_Tax_Notice_July_2020.pdf.

[②] Authenticated U. S. Government Information, Federal Register / Vol. 85, No. 137 / Thursday, July 16, 2020 / Notices, PP. 43293, 43297, https://ustr.gov/sites/default/files/enforcement/301Investigations/France_Digital_Services_Tax_Notice_July_2020.pdf.

领域有着巨大的分野。

另外，在对待直接数字服务税的态度上，美国在全球处于第五梯队，即观望全球解决方案，这一立场看起来与美国自身数字经济实力明显不符。[1] 结合美国对法国 DST 所采取的基于从价关税，而非以相同的数字税形式进行反制来看，这反映出对美国而言，"301 调查"的本质，一方面是美国认为数字服务税挑战了现行国际税收秩序下的美国税收管辖权，进一步影响的是美国数字经济企业海外业务拓展。[2] 另一方面，与数字关税带来的保护性收入相比，数字税的实施将削弱美国在全球市场引领开放性数字经济格局的主动权和话语权，而顺利进入海外数字经济市场更符合美国的利益诉求。因此，美欧围绕数字经济发展规制与税收的矛盾仅是诸多涉及国家经济安全博弈的典型代表领域，其反映的是主导未来发展方向与数字未来发展能力的竞争，而这种竞争将始终伴随大国竞争而存在。

结　语

美国在"有实无名"的意义上实践着国家经济安全的大战略。这一大战略被作为美国国家创建者，同时也是少数资本利益集团的代理人通过制宪会议写入了美国宪法，从而也成为美国的基本精神。而这种精神在建构初期面临内外经济安全威胁的历史境遇中进行了发酵，并成为美国政治哲学与经贸实践两个层面中隐含的保护主义思潮并延续至今。

美国经济安全的性质以冷战结束为分水岭，呈现了国家战略工具与手段转变为手段与目的并存的双重属性。同时，在宏观与微观两个层面

---

[1] 根据毕马威公司的研究报告，直接数字服务税在全球层面的实施情况大致分为六个梯队：(1) 已经通过立法并实施的国家；(2) 处于法案草拟与公众意见征询阶段的国家；(3) 公开宣称实施 DST 意向的国家；(4) 拒绝就 DST 公布本国立场的国家；(5) 观望全球解决方案的国家；(6) 尚未进入数字经济发展阶段的国家。KPMG, Taxation of the Digitalized Economy: Developments Summary, December 22, 2020, p. 5. https://tax.kpmg.us/content/dam/tax/en/pdfs/2021/digitalized-economy-taxation-developments-summary.pdf.

[2] 励贺林、姚丽：《法国数字服务税与美国"301 调查"：经济数字化挑战下国家税收利益的博弈》，《财政科学》2019 年第 7 期。

被统筹在"繁荣""强大"以及"具有竞争力"三个目标之下,从而形成了无所不包的概念,从而也成为美国政治生态共识的一种理念。而在经济安全维护的执行架构方面,由于历史上独立且明确的国家经济安全战略缺失,从而导致美国由不同的政府职能部门分散且偏独立地执行具体的经济安全职能:在立法层面,参议院及其下属委员会、分委会较众议院承担了更明显的维护国家经济安全职能;在行政层面,则由白宫及下属处室、内阁(主要包括国务院、商务部、财政部)及其二级部门,以及独立的联邦机构具体实施经济安全政策。进而形成了"泛安全"行政机构的特点。

以领土—殖民地、市场—联盟、前沿科技作为不同特点的基本驱动要素,可以按照事件划分将美国历史上八个时段进一步整合为三大经济安全时代。而在每一个大的经济安全时代中,美国经济安全战略都面临着战略目的与战略手段的均衡匹配问题,以及战略风险挑战与战略目标的达成问题。这些问题具体体现在美国如何增强自身经济实力、强化国际经济竞争力,进而实现全球经济霸权的三个方面。

按照主观与客观、安全与威胁这两个维度和四个变量构建的安全认知模式,及其可能的变动模型来看,美国长久以来一直处于一种"主观自危"的进程之中,并在"危机"与"冲突"的模式状态下进行自我循环式的演进。在战略实施上,美国围绕着策略型政策出台、前沿领域竞争、国际规制制定修改,以及长臂管控等方面展开,给国际社会的经济繁荣稳定造成了巨大的扭曲和潜在风险。同时,也使得美国经济安全及其战略面临着主观思维误导,全球价值链网络约束,内部府院、商业、智库、媒体等集团在利益驱使下合纵连横的复杂矛盾,特别是期间内部张力存在造成的混乱,而这种内部利益分配和平衡动态调整带来的夸大不安全的影响,不仅使得美国涉及经济安全战略的考量往往缺乏系统性、统一性,进而带来美国与盟友之间的国家经济利益冲突时常出现困境,同时,在特定的大国博弈阶段,美国社会各界的焦虑与担心还往往放大"主观自危",并使经济安全问题与领域覆盖循环放大,进而影响到全球经济的稳定与供应链的畅通,而这一点在美国确立的对华竞争战略体系框架下尤为明显。

第七章 国家的复兴与困境：俄罗斯国家经济安全战略

引 言

俄罗斯绝对是世界上对经济安全关切最多的国家。近一个多世纪的时间里，俄罗斯经历了工业化后发追赶、"两个平行市场"、经济转型、普京时代重新国有化，以及2008年国际金融危机和2014年至今西方经济金融制裁的洗礼。而在今天全球化收敛、国际格局多中心化加剧、全球经济重心转移、数字经济产业革命的时代背景下，对于俄罗斯这样一个世界能源、军事和政治强国、欧亚区域经济大国和制成品弱国，以及受西方制裁最多的国家而言，国内外经济与安全问题的互动干涉也重新具有了新的紧迫性和现实性。

一 俄罗斯的经济安全观

由于国家禀赋、制度与发展阶段不一，经济安全在不同国家的内涵和外延不尽相同，在讨论该问题之前务必厘清其确切意义与地位。对俄国而言，从概念史角度，苏联时期虽然在国家权力机关内部有类似的保障经济安全的职能部门，如内务部反侵吞社会主义财产处"ОБХСС"的设立，但直到20世纪90年代经济激进转型出现经济结构严重扭曲时，"经济安全"这一概念方才在现实层面作为一种经济现象受到俄罗斯各界关注。[1]

(一) 概念辨析——国家议程的必要条件

在俄罗斯学术、政策、战略等语境下,"经济安全"的定义不一而足。俄罗斯学界主要有四种定义原则:(1) 经济安全是保障国民经济可持续发展的"条件集合"(Л. И. Абалкин, В. Ф. Медведев);(2) 经济安全是确保经济利益的一种"经济状态"(В. К. Сенчагов, В. С. Загашвили);(3) 经济安全是"国家有效活动的保障"(А. И. Архипов, А. Е. Городецкий);(4) 经济安全是"威胁的对立面"(Л. И. Абалкин, Л. И. Шершнев)。综合而言,经济安全是国民经济的一种必要状态,在此状态下,个人和经济主体应有的生活条件得以创立,经济可持续发展和抵御内外部威胁在此基础上得以保障。[2]

在国家视角下,俄罗斯战略制定者在2017年颁布的(迄今最新版)《2030年前俄罗斯联邦经济安全战略》中将经济安全定义为:"国民经济免受内外部威胁的一种受保护状态,在此状态下,国家经济主权得到保障,国家经济空间统一得到保障,实施国家战略优先工作的条件得到保障。"同时被界定的还有一系列相关概念,如:(1) 经济主权——随国际局势实施内外经济政策时客观存在的国家独立性;(2)(俄罗斯在经济领域的)国民利益——国家客观拥有的重要经济需求,满足这种需求将保障俄罗斯国民战略优先工作的实现;(3) 经济安全威胁——直接或间接给俄罗斯国民经济利益造成损失的所有条件和因素;(4) 经济安全挑战——所有在某种条件下会诱发经济安全威胁的因素;(5)经济安全风险——经济安全威胁给俄罗斯国民经济利益造成损失的可能性。[3]

---

[1] Берсенёв Владимир Леонидович Ведущие центры исследования проблем экономической безопасности в России // Экономика региона, 2019, №1, с. 30.

[2] Титов Антон Борисович, Михеенко Ольга Валерьевна Экономическая безопасность в системе национальной безопасности России // Общество: политика, экономика, право, 2017, №1, с. 48. 有关俄罗斯各界对"经济安全"若干定义还可参见 Ивановский Б. Г. Стратегия безопасности национальной экономики: понятие, критерии, угрозы // ЭСПР, 2017, №1, с. 10 – 43。

[3] Указ Президента РФ от 13. 05. 2017 N 208 "О Стратегии экономической безопасности Российской Федерации на период до 2030 года", пункт 7.

比较上述学术定义与政策定义可以发现，各方对经济安全的认识大同小异。差异在于学术定义更具主动性和前瞻性，将经济安全视作经济发展的辅助因素；政策定义则着眼于防御，体现出一种忧患意识下的底线思维。相同之处在于，经济安全被视作一系列国家议程的必要条件，这些国家议程包括国家主权、国家经济空间统一、实施国民战略、国民经济可持续发展、经济利益、国家有效活动、抵御内外部威胁、个人和经济主体的生存条件，等等。

（二）政策属性——国家安全战略的要素

20世纪90年代以来，俄罗斯每十年必遭经济危机的魔咒，已经使经济安全成为俄罗斯国家安全战略的必备要素。

经济安全的战略性表现在专属战略规划的制定上。截至2022年初，俄罗斯政府前后共颁布两部国家经济安全战略。第一部系1996年4月29日总统叶利钦批准的《俄罗斯联邦国家经济安全战略》（包括8个月后即1996年12月27日颁布的《俄罗斯经济安全指标清单》），[1] 第二部系2017年5月13日总统普京批准的《2030年前俄罗斯联邦经济安全战略》（以下或简称《经济安全战略》）。后者的颁布意味着前者被正式废除，[2] 俄罗斯经济安全的威胁与挑战、主要方针、措施、目标和评估指标得以更新。而在具体战略执行方面，现行的经济安全政策文件还有2018年10月3日由俄罗斯联邦经济发展部颁布的《关于俄罗斯经济发展部组织俄罗斯联邦经济安全状况跟踪和评估工作的命令》（以下或简称《跟踪评估令》）。[3] 作为对《经济安全战略》的补充，《跟踪评估令》进一步明确了经济安全评估方法和各部门责任分工。

---

[1] Указ Президента Российской Федерации от 29.04.1996 г. № 608 《О Государственной стратегии экономической безопасности Российской Федерации (Основных положениях)》, http://www.kremlin.ru/acts/bank/9261.

[2] Указ Президента РФ от 13.05.2017 N 208 "О Стратегии экономической безопасности Российской Федерации на период до 2030 года", пункт 3.

[3] Приказ Минэкономразвития России от 03.10.2018 N 532 "Об организации в Минэкономразвития России работы по мониторингу и оценке состояния экономической безопасности Российской Федерации".

新时代国家经济安全的战略与现实

目前俄罗斯五部国家安全战略文件中皆包含对经济安全的宏观判定。① 俄罗斯国家安全战略是经济安全战略的法理基础和总体战略（total strategy）。② 2021 年最新出台的《俄罗斯联邦国家安全战略》（以下或简称《国家安全战略》），涵盖了经济安全与人力资源、国防、国家和社会安全、信息安全、科技发展、生态安全和自然资源合理利用、传统精神文化和历史记忆、战略稳定和国际互利合作等层面要素，并一同构成俄罗斯国家安全体系。同时，2021 年的《国家安全战略》描述经济安全的篇幅超过先前几版，其中对俄罗斯经济安全宏观形势、目标和任务作出较为详细的阐述。相较之下，2021 年出台的《国家安全战略》中的经济安全战略思想虽然基本延续自 2017 年的《经济安全战略》，但内容上更具宏观性和指导性。③

由此观之，俄罗斯国家经济安全战略的政策属性是国家安全战略，而非将经济发展囊括其中的泛化战略，其战略意图是国家生存或经济危机最小化，而非美国式的把经济安全看作个人经济安全或国家经济效益最大化支柱的"进攻型"安全观。④

此外，2011 年 3 月 1 日，根据第 248 号《俄罗斯联邦内务部问题》的总统令，俄罗斯内务部设立"经济安全与反腐败总局"。但该机构主要针对司法领域中狭义的经济安全，如腐败、洗钱、伪造货币等经济犯罪。

在俄罗斯知识界，经济安全的重要性使其自成俄罗斯经济学、国家管理学等学科下的次级学科。俄罗斯有 163 所高校开设经济安全专业，俄罗斯国内关于经济安全问题的著述和争论汗牛充栋。俄罗斯科学院经

---

① 五部国家安全战略文件分别为：1997 年 12 月 17 日叶利钦批准的《俄罗斯联邦国家安全构想》、2000 年 1 月 10 日普京批准的《俄罗斯联邦国家安全构想》、2009 年 5 月 12 日梅德韦杰夫批准的《2020 年前俄罗斯国家安全战略》、2015 年 12 月 31 日普京批准的《俄罗斯联邦国家安全战略》、2021 年 7 月 2 日普京批准的《俄罗斯联邦国家安全战略》。

② Указ Президента РФ от 13.05.2017 N 208 "О Стратегии экономической безопасности Российской Федерации на период до 2030 года", пункт 4.

③ Указ Президента РФ от 02.07.2021 N 400 "О Стратегии национальной безопасности Российской Федерации". 2021 年版《俄罗斯联邦国家安全战略》中关于经济安全的论述见附录 1。

④ 樊莹：《经济全球化与国家经济安全》，《世界经济与政治》1998 年第 5 期。

第七章　国家的复兴与困境：俄罗斯国家经济安全战略

济所每年召开以经济安全为主题的"先恰戈夫讲坛"（Сенчаговские чтения）进行专题问题讨论。当代俄罗斯学界在经济安全问题研究上分为三个主要流派："莫斯科派""圣彼得堡派"和"乌拉尔派"（或"叶卡捷琳堡派"），莫斯科派主要从宏观着眼各层次（从全球、国家到特定部门）经济安全问题；圣彼得堡派聚焦经济法框架下的经济犯罪的安全问题；而乌拉尔派则立足地区，更多使用定量方法，关注俄罗斯地方上的能源安全、社会人口安全等问题。[①] 三个学派构成了俄罗斯经济安全研究不同的特色。

二　俄罗斯经济安全"五步机制"

经济安全战略具有很强的含混特性。一方面，正如克劳塞维茨曾指出的，战略会受到现实世界中无休止复杂情况的干扰，其中绝大多数事物都是不确定和可变的，更何况还包含着极难量化的人的激情、价值取向和信念。[②] 另一方面，绝对的经济安全，即经济上无威胁、无恐惧、无不确定性的状态，是一种理想情形。因为经济安全也取决于多个客观指标和极难量化的主观感受，且无政府状态作为国际体系的最基本特征导致国家无法完全确信自己是否安全，经济安全程度处于安全与不安全之间不断变化的动态平衡当中。为了尽可能将这种处于双重维度上含混的经济安全战略更加清晰地呈现出来，可以尝试按照动态系统均衡逻辑，将经济安全战略的作用机制简化为以下五个步骤（如图7-1所示）：步骤一：初始平衡，即国家经济处于相对安全的状态，或国家政策能够应对不安全因素，即不安全因素可控或可被国家采取的对策所抵消。步骤二：威胁预警，即威胁因素或国家主观感受到某些不安全因素，使（已经、正在或即将发生的）经济安全平衡向不安全一侧移动。步骤三：诊

[①] Берсенёв Владимир Леонидович Ведущие центры исследования проблем экономической безопасности в России // Экономика региона, 2019, №1, c. 29–42.

[②] Carl von Clausewitz, *On War*, translated and edited by Michael Howard and Peter Paret (Princton, 1976), pp.134, 136. 转引自阎学通、徐进编《国际安全理论经典导读》，北京大学出版社2009年版，第118页。

断评估，国家诊断和评估经济安全风险。步骤四：战略决策。步骤五：有效性检验。如若有效，则经济安全回归平衡态（如若无效则重复第四、五步骤，直到回归平衡态；若一直无效，则国家经济安全形势不断恶化，经济实力不断下降）。

此经济安全"五步机制"，有助于我们较为清晰地将俄罗斯的经济安全战略铺展开来进行分析。

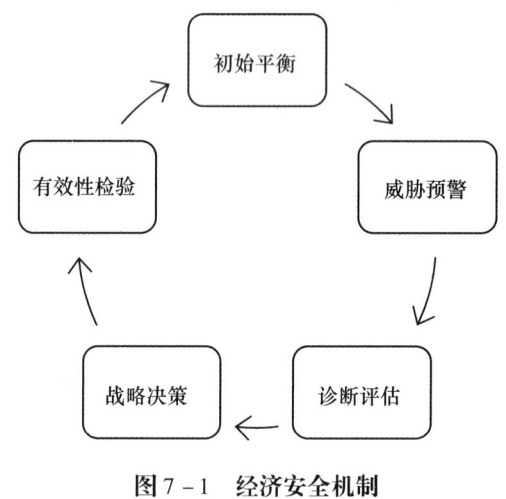

图 7-1　经济安全机制

资料来源：笔者自制。

（一）初始平衡：俄罗斯经济安全战略的六大目标

根据《经济安全战略》，能够确定俄罗斯经济安全的初始平衡态，亦即俄罗斯经济安全战略的六大目标：(1) 经济主权巩固；(2) 在内外挑战与威胁下，经济保持稳定性；(3) 经济增长得到保障；(4) 科技实力达到世界水平，科技竞争力提升；(5) 国家国防工业综合体能够解决国防军事经济保障问题；(6) 居民生活水平和质量提高。

（二）威胁预警：三位一体的经济安全威胁与挑战

在俄罗斯战略制定者看来，在俄乌冲突爆发之前，俄罗斯至少面临着 25 项经济安全威胁和挑战。俄罗斯各界通常将它们分为外部与内部两大类，但为廓清俄罗斯的主观认知与客观现实，可以将之进一步划归为三类，它们分别是世界客观趋势带来的、他国施加于俄罗斯的、俄罗斯自身存在的，具体如下。

世界客观趋势带来的威胁与挑战包括：（1）发达国家意欲把其在经济、高技术（包括信息技术）领域的发展优势用作全球竞争工具；（2）世界经济和金融系统结构性失衡加剧，私人和主权债务上升，实际资产估值与衍生有价证券之间的鸿沟增大；（3）世界商品和金融市场行情振荡加剧；（4）世界能源资源的需求和消费结构变化，节能技术发展，材料密集度下降，"绿色技术"发展；（5）俄罗斯未加入的国际经济组织，通过其经贸和金融投资活动，对俄罗斯的国民利益造成损害；（6）原材料出口的经济发展模式耗竭，传统经济增长保障因素的作用因科学技术变革而锐减；（7）对人才的国际竞争加剧；（8）对生态安全过度要求，保障生产和消费生态标准的成本增加。

他国施于俄罗斯的威胁与挑战包括：（1）俄罗斯关键经济部门被施以歧视性措施，俄罗斯被限制获得外国金融资源和现代技术。（2）在俄罗斯经济利益区域及边界周围，冲突的潜在可能性增强。

俄罗斯自身存在的威胁和挑战包括：（1）俄罗斯财政体系对全球风险（包括外国投机资本）的敏感性，俄罗斯金融银行系统信息基础设施的脆弱性；（2）在世界经济全球领军者中缺少非原料行业的俄罗斯公司；（3）投资环境不良导致的对实体经济的投资量不足，商业成本高企，行政壁垒过高，所有权保护低效；（4）投资活跃度低，新兴技术（包括数字经济技术）研发和应用落后，本国专家的技能水平和关键技能不足；（5）燃料原材料部门的资源基础衰竭；（6）俄罗斯非原材料产品竞争力弱，发达市场基础设施不足，全球价值链中参与度低，非原料产品出口规模有限；（7）经济增速慢，长期融资可获得性有限，交通、能源基础设施发展不足；（8）国民预算体系不稳固；（9）国家管理有效性不足；（10）经济犯罪和腐败猖獗；（11）影子经济比重犹大；（12）居民收入差距增大；（13）教育、医疗的质量和可获得性下降，并导致人力资源质量下降；（14）劳动力资源不足；（15）俄罗斯区域发展不平衡，地区间、行政区域间社会经济发展水平与速度差距增大。

从认识经济安全风险而言，俄罗斯战略制定者已经清楚地看到，外部世界的变化与自身的结构性缺陷构成了俄罗斯主要经济安全风险的来源。

（三）诊断评估：俄罗斯经济安全"期望值—临界值"指标系统

及时发现安全隐患、做好风险管控等实操内容则是经济安全战略的重大版块。在这方面，俄罗斯政府意欲建立一个经济安全风险管理系统，及时发现经济安全问题并制定相应对策。为此，俄罗斯战略界和知识界普遍使用指标分析法以诊断经济安全状况，以定量评估安全威胁水平。

《2030年前俄罗斯联邦经济安全战略》率先设定了40项经济安全指标，将俄罗斯经济安全分为八大类：（1）生产安全；（2）货币和财政安全；（3）劳动力市场安全；（4）对外经济安全；（5）能源安全；（6）科技安全；（7）粮食安全；（8）其他。然而，虽然《经济安全战略》罗列出这40项指标，但并未明确责任分工和工作内容，即由谁、怎样进行经济安全评估工作，直到第二年出台的《关于俄罗斯经济发展部组织俄罗斯联邦经济安全状况跟踪和评估工作的命令》才将此补足。

在职责分工方面，经济安全评估工作由俄罗斯联邦经济发展部负责，由经济发展部副部长塔利博夫（А. М. Талыбов）领导；经济发展部下属的战略发展与创新司负责组织协调经济发展部下属各执行机关工作，并与宏观经济分析与预测司一同负责每年2月25日前编写国家经济安全年度报告，制定相应解决措施；经济发展部各直属机关负责对接联邦行政机关、各联邦主体国家权力机关、俄罗斯央行、俄罗斯科学院、国有企业等单位，收集编写信息分析材料，如战略发展和创新司负责对接俄罗斯科学院，预算规划与国家规划司对接财政部，经济部门发展司对接工业与贸易部等。[①]

在评估方法方面，则通过"临界值—期望值"分析法，评估经济安全状态。步骤依次为：（1）确定指标实际值；（2）定位和比较实际值在

---

① 更详细的分工可参见《跟踪评估令》，位于附件2、附件3。

第七章 国家的复兴与困境：俄罗斯国家经济安全战略

临界值到期望值区间中的位置；（3）根据某一指标的特征，定量估算经济安全解决方案与取得目标的水平（5分制）；（4）确定经济安全积分量值（5分制，加权平均40个经济安全指标）；（5）回顾性分析考察期和过去三年中的经济安全估值；（6）专家评估经济安全状态的变化趋势。

为定位实际值，"临界值—期望值"区间被分为5段，分数由实际值在区间中的位置决定（如图7-2所示）：5分（最优状态）——实际值处在区间80%位置及超过期望值；4分（可持续状态）——实际值处在区间60%—80%的位置；3分（不稳定状态）——实际值处于区间40%—60%的位置；2分（负面状态）——实际值处在区间20%—40%的位置；1分（紧急状态）——实际值处在区间下段或低于临界值。

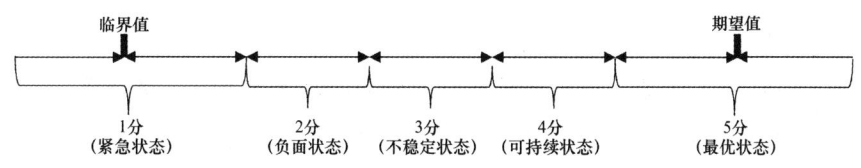

图7-2 俄罗斯经济安全指标水平

资料来源：笔者自制。

注：图中为期望值大于临界值指标的情况（如国内生产总值），若对于期望值小于临界值的指标（如失业率）则为镜像定位。

确定40项指标得分后，俄罗斯经济安全指数将通过40个指标的加权平均计算求得。公式为：$R_{СЭБ} = \sum_{n=1}^{40}(a_n \times L_n) / \sum_{n=1}^{40} a_n$，其中$R_{СЭБ}$为经济安全指数、$L_n$为指标得分、$a_n$为指标加权系数。且在40项经济安全指标中，第1—12项的指标加权系数为1，第13—35项的加权系数为0.5，第36—40项的系数为0.3。由此可见，40个经济安全风险指标的重要性不同，且在2018年10月，俄罗斯官方认为前12个指标最为关键，后5个指标的重要性较弱。当$R_{СЭБ} \geq 3.5$为及格，$2.0 \leq R_{СЭБ} < 3.5$为不及格，$R_{СЭБ} < 2.0$为紧急状态。另外，$R_{СЭБ}$渐增标志着经济安全状态改善，

递减为经济安全状态恶化,在及格区间振荡为"被动稳定状态",在不及格区间或紧急状态振荡则为"负面稳定状态"。

除了官方设计的评估方法,经济安全专家和学者亦制定出各自不同的以指标分析为基础的评估方法。但选取的考察指标和指标域值编制方法不一,有的只规定一个阈值,即指标只有正常和安全威胁增大两种状态;有的则规定多个阈值,即每个指标有 2—3 个阈值标准。而"乌拉尔派"的学者还确定了一套不同于俄官方的经济安全状态评估标准。[1]

显而易见,经济安全指数的计算结果取决于临界值与期望值的确定,只有规定阈值情况下经济安全评估才有实际意义。然而,直到 2019 年 4 月 1 日,俄罗斯经济发展部方才通过国际文传电讯社公开发布了少部分指标的期望值和临界值。[2]

(四) 制定策略:俄罗斯经济安全战略的基本方针和主要任务

为了应对前述 25 项经济安全威胁与挑战,达成六大目标的经济安全平衡态,俄罗斯制定了经济安全八大基本方针和相应的 74 项主要任务。八大方针包括:(1) 发展国家经济管理、预测和战略规划系统;(2) 保障实体经济可持续发展;(3) 为现代技术研发与应用创造条件,刺激创新发展,完善该领域法律法规基础;(4) 国家财政体系可持续发展;(5) 平衡俄罗斯空间和地域发展,巩固经济空间的统一;(6) 提高对外经济合作效率,发挥出口导向型经济部门的竞争优势;(7) 保障经济活动安全;(8) 发展人力资源(主要任务如表 7 - 1 所示)。

---

[1] Криворотов В. В., Калина А. В., Белик И. С., Пороговые значения индикативных показателей для диагностики экономической безопасности Российской Федерации на современном этапе, Вестник УрФУ. Серия экономика и управление, 2019, Том 18, № 6, С. 897.

[2] Минэкономразвития определило критичные для безопасности РФ значения макропоказателей, 1 апреля 2019, https://www.interfax.ru/business/656619.

第七章　国家的复兴与困境：俄罗斯国家经济安全战略

表 7-1　俄罗斯保障国家经济安全的基本方针和主要任务

基本方针	主要任务
（1）发展国家经济管理、预测和战略规划系统	1. 完善战略规划，坚持国家经济安全保障政策 2. 改善投资环境，提高俄罗斯司法环境对企业活动的吸引力 3. 采取一系列针对国民经济去离岸化的辅助措施 4. 针对具有国防和国家安全战略意义的经济部门，完善国家对外资的监管 5. 在外国和国际组织对俄罗斯法人和（或）自然人，以及俄罗斯经济部门实施制裁和歧视性限制情况下，完善应对措施机制 6. 以保障国家经济可持续发展和生产技术现代化为前提，优化对经济主体的监管和税费负担 7. 完善预算规划机制，以及国家和地方采购控制机制，防止卡特尔协议 8. 提高预算支出效力 9. 提高国家对国有企业、国家公司、国家参股公司的管理效力 10. 在解决经济安全保障任务时使用项目活动机制 11. 在广泛引入风险导向办法并发展经济活动主体责任保险实践的基础上，完善监管机关工作 12. 根据国民经济需求，优化劳动力移民流 13. 从法律上巩固俄罗斯专属经济区边界（包括北极大陆架和海域），巩固经济区内俄罗斯经济主体的权利和利益保护 14. 完善创新型技术（包括数字经济技术）、材料在生产和经济活动中的应用规范和标准 15. 打击国有资金挪用和侵吞、腐败、影子经济和犯罪经济
（2）保障实体经济可持续发展	1. 在兼顾工业安全和生态安全基础上，使实体经济部门的生产技术基础实现综合性现代化 2. 保障足够的（安全的）国民经济技术独立水平，特别是战略上尤其重要的生产 3. 建立并稳步发展有前景的高技术经济部门 4. 保障国防工业综合体中具有重要战略价值的单位可持续发展 5. 扶持高技术中小企业 6. 提高生产过程中的劳动生产率、资源和能源利用效率 7. 形成生产集群，发展对工业生产和技术引进活动提供优惠政策的地区 8. 综合发展交通基础设施，建立现代化交通物流综合体，研发并应用现代交通工具 9. 顾及世界向低碳经济过渡的趋势，综合发展能源基础设施，引入富有前景的节能技术，提高能源加工效率，实现能源出口方向多元化 10. 建立国家物资储备和产能的战略储备，以确保俄罗斯的动员需求 11. 扩大利用国防工业综合体的生产技术能力和创新能力，以发展民用产品生产

续表

基本方针	主要任务
（3）为现代技术研发与应用创造条件，刺激创新发展，完善该领域法律法规基础	1. 排除对科学、试验、实验、生产所需之进口设备、仪表、微电子元件、计算技术软硬件、遗传育种材料的重度依赖 2. 整合教育、科研和生产活动，以提高国民经济竞争力 3. 扩大国家对科技创新活动的扶持，并创造吸引私人投资至该领域的有利条件，包括利用公私合营机制 4. 以国民经济利益为上，保障对国外技术解决方案的获得 5. 发展能够保障俄罗斯在全球高附加值产品市场竞争地位的技术，包括光电子学、生物技术、增材技术与新材料 6. 以俄罗斯国民利益为上，监督俄罗斯技术和科研成果的跨境转移 7. 发展创新型融资工具，包括风险融资 8. 在经济活动中刺激智力活动成果的引入 9. 完善知识产权保护和俄罗斯工业产权所有者权益保护的法律和行政体制 10. 完善国民技术倡议项目执行框架下新型高技术产品市场的法律监督与发展
（4）国家财政体系可持续发展	1. 降低国家货币财政体系对国际金融和商品市场波动的重度敏感 2. 在俄罗斯司法管辖权内实施经济活动时，降低外汇使用 3. 发展长期金融资源的内部（国民）来源，保障足以使国民经济可持续发展的投资率 4. 发展投资导向国家财政政策的机制和工具 5. 完善战略性经济部门、科学密集型和高技术生产信贷支持的专项工具 6. 发展国家金融市场、国家支付系统、国家支付卡系统、金融通信传输系统的基础设施 7. 完善对金融机构的监督，发展审慎监督系统和压力测试方法 8. 打击现金影子交易中的非现金汇款，以及非法所得合法化 9. 保障俄罗斯预算系统的稳定与平衡，包括国家预算外资金 10. 完善国家金融资产和债券管理
（5）平衡俄罗斯空间和地域发展，巩固经济空间的统一	1. 在顾及俄罗斯国家安全之挑战与威胁的情况下，完善地域规划体系 2. 完善国家安置体系，为发展城市群创造条件 3. 减小俄联邦主体社会经济发展的地区间差异 4. 扩大和巩固联邦主体间的经济联系，建立跨地区生产和基础设施集群 5. 优先发展东西伯利亚、北极、远东、北高加索、克里米亚和加里宁格勒州的经济潜力 6. 发展北方航道，现代化改造贝加尔—阿穆尔和跨西伯利亚铁路干线

续表

基本方针	主要任务
（6）提高对外经济合作效率，发挥出口导向型经济部门的竞争优势	1. 打造符合俄罗斯利益的国际经济互动法律体系，并杜绝其碎片化、弱化和选择性使用 2. 在独联体、欧亚经济联盟、金砖、上海合作组织等跨国组织框架下扩大伙伴交往和一体化联系 3. 建立符合俄罗斯国家利益的地区和跨地区一体化联盟 4. 促进俄罗斯组织转运，并引入高端技术 5. 扩大非原料产品出口种类和规模，扩大符合俄罗斯利益的对外经济和投资联系的地理版图 6. 保障俄罗斯出口商合法利益的法律咨询支持 7. 为俄罗斯组织提供帮助，包括通过缔结跨政府协议，扩大其在国际经济合作中的参与 8. 推动俄罗斯非原料经济部门的发展，使其达到世界经济全球领先水平 9. 发展市场基础设施，为推动俄罗斯产品进入外国市场提供专业化服务
（7）保障经济活动安全	1. 降低企业活动风险，禁止选择性执法 2. 预防和杜绝金融领域的股权侵占等违法犯罪活动，执法机关、监管机关、国家企业和国有控股公司人士严禁参与 3. 为切割国家机关公职人员和企业人员利益联系创造条件，防止腐败链条的形成，包括有外国商业人士参与的腐败链条 4. 禁止虚假破产等与经济活动主体有关的犯罪行为 5. 提高极端重要和潜在危险对象的安全水平和反恐保护水平 6. 防止外国情报部门和机构破坏俄罗斯战略经济部门，特别是军工、能源和交通综合体
（8）发展人力资源	1. 完善在现代科技成就基础上的通识教育和职业教育 2. 发展不间断教育体系，包括利用公私合营机制 3. 发展国家技能体系，完善对工人的技能要求，以及公民对需求和新职业的了解 4. 公民职业指导 5. 降低居民贫困和财产不平等水平 6. 促进居民就业率和劳动力资源流动性 7. 完善生态安全保障和自然环境保护机制

资料来源：作者根据《2030年前俄罗斯联邦经济安全战略》自制。

（五）有效性检验："期望值—临界值"指标系统再利用

顺理成章地，检验政策有效性可以仍然使用上述"期望值—临界值"指标系统，如果某指标实际值从紧急状态进入最优状态区间，则经济安全在该项指标上呈现好转势头；反之则须进一步改善政策，否则经济安全形势为持续恶化。此处不赘述。但可以认为，俄罗斯对经济安全评估的实证方法已经开始进入政策观察视角，而与全球其他国家不同的是，数量化评估经济安全也是俄罗斯维护和检验经济安全的一个方法特色，其他国家很少有量化的方法来进行经济安全评估，这也可以被认为是俄罗斯在分析和评估经济安全时在很大程度上借鉴了苏联时代的经济管理模式，在细节问题上非常强调数据与实证，但问题是数据的可靠性和动态性也给这种管理方法带来了不小的挑战。

三 俄罗斯经济安全战略的特征

《2030年前俄罗斯联邦经济安全战略》和《关于俄罗斯经济发展部组织俄罗斯联邦经济安全状况跟踪和评估工作的命令》两份文件，共同对俄罗斯经济安全工作进行了较为系统的安排。从中可以发现俄罗斯经济安全战略的一系列明显特征。

（一）原则性特征

首先，俄罗斯经济发展部仅公布了少部分指标的期望值和临界值，在诸多指标缺少阈值设定的情况下，经济安全风险评估如无本之木。阈值常年缺失、加之俄罗斯经济发展部在实际工作中须大量跨部门协作，以及理应每年编写的国家经济安全年度报告事实上很难按预定的工作时间完成和公开发布，折射出经济安全评估工作的复杂性。此外，指标分析法亦仅仅是一种较为简便的宏观方法，若非深入分析生产、财政、劳动力、对外经济、能源、科技、粮食等前述八个微观领域，不足以或全面地，或精准地评估俄罗斯真实的经济安全状况。正如法国战略家安德烈·博福尔曾经明确指出的：战略不可能是简单界定的准则，它是一种思想方法，旨在整理事象，排列优先。[①] 由此观之，俄罗斯经济安全战略目前还是一个原则上的务虚战略，实际约束力较弱，其作用更多在于厘清俄罗斯面临的经济安全形势，构建公民和相关管理人员的经济安全

---

① Andre Beaufre, An Introduction to Strategy, p. 13. 转引自钮先钟《战略研究入门：新版》，文汇出版社2018年版，第52页。

意识。

（二）国家主义特征

考虑到俄罗斯国家与社会的特殊结构关系，经济安全评估中权重的设置反映出俄罗斯认为国家经济安全较个人或社会经济安全更加重要的地位。新冠疫情期间的数据一方面揭示出疫情并未对俄罗斯国家的经济安全造成系统性影响，处于紧急状态的一系列指标，如国内生产总值、进出口和预算赤字，皆为较易恢复和调整的动态指标，生产力破坏并不严重。加之通货膨胀稳定、国家杠杆率较小、外汇储备充足，在国家实施合理的财政（如增税、调高预算支出上限）、货币（如下调基准利率）和投资（国家项目等）等逆周期政策后，经济复苏前景可期。另一方面，未列入经济安全指标的失业率和居民可支配收入两项指标呈现极为负面的走势。失业率从第二季度开始大幅上扬，达到近两年来峰值；居民可支配收入大幅缩减，第二、第三季度同比下降8.4%和4.8%。[1]

但由于这些指标并不在官方经济安全评估指标体系中，相应的社会经济安全状况自然无法体现在该经济安全评估结果之中。按此法评估，新冠疫情虽然打乱了先前的经济安全战略部署，但俄罗斯政府并未经历较大经济安全风险。经济安全指标的改善与经济增长异曲同工，优先工作均在于恢复国内生产、消费和出口。

虽然"国家至上"的观念是战略领域一种共识和基本假定，[2] 但从马克思主义分析的视角看，这种"重国家、轻社会"的特征表现出俄罗斯经济安全战略以国家资本主义利益为中心，保护的是国家资产阶级的福利，一切阶级矛盾都在"国家"一词的涵盖下消失不见，人民福利则是一种副产品。该国家经济安全战略更多针对国家精英内部，而未必能保障更广泛的政治代表性和政治参与。[3]

---

[1] ЭКОНОМИКА, No. 10（58）· октябрь 2020 года, Информационно-аналитический комментарий, 30 ноября 2020 года, С. 1.

[2] 钮先钟：《战略研究入门：新版》，文汇出版社2018年版，第67页。

[3] Вилисов Максим Владимирович Государственная политика: проектный подход // Полит, наука, 2016, №. Спецвыпуск, с.121.

(三) 国内取向特征

正如美国第一任财政部长亚历山大·汉密尔顿曾经指出的,国内市场远比国外市场更受欢迎,因为从本质上讲,国内市场可依靠的程度要大得多,国家政策的首要目标是能够依靠本国土地的产出解决自身的生存问题。[①] 汉密尔顿所在的年代正是美国建国初期重商主义在世界范围内肆行的时期,由于持续受到来自欧洲贸易品的竞争压力,汉密尔顿因此提出保护本国幼稚产业。当下,俄罗斯由于工业生产能力较弱,与最先进国家之间存在发展差距,因此也以国内问题和任务为主要着眼点,强调内部市场建设和保护主义政策。

在威胁预警方面,战略制定者对威胁与挑战的判定在一定程度上彰显出俄罗斯经济安全战略以解决国内问题为导向的自省特征。从俄罗斯主观视角出发,三位一体的威胁与挑战亦可引申为:无法改变而必须适应的、因地缘政治而生且可通过政治经济手段尝试纾解的、行有不得而反求诸己的。从数量上看,俄罗斯官方认知中的经济安全挑战与威胁一部分来自世界经济的宏观演化趋势(8项),但更重要的是,更多的挑战和威胁则源于俄罗斯自身存在的问题(15项)。因此,第一类客观形势和第三类自身问题理论上皆可采取措策主动适应和解决,但第二类他国施于俄罗斯的挑战和威胁则并不一定取决于俄罗斯的主观意愿或努力,屈指可数的第二类问题从一个侧面体现出俄罗斯经济安全战略以发现问题和解决问题为导向的务实特点,最多的第三类问题则更加体现出俄罗斯经济安全战略的自省性。因此可以说,俄罗斯战略制定者对本国经济缺陷拥有清醒认知,他们首先关注自身需要改善的内部问题,其次是世界客观趋势带来的威胁,外国施加的则并非重点。改变能改变的,接受不能改变的。

因此,在制定策略方面,俄罗斯经济安全战略的主要方针和基本任务也以国家内部经济实力巩固为依托,在保持与其他国家互利合作开放

[①] Alexander Hamilton's Final Version of the Report on the Subject of Manufactures, [5 December 1791], https://founders.archives.gov/documents/Hamilton/01-10-02-0001-0007.

性的同时，独立解决俄罗斯自身存在的问题。这也构成了俄罗斯维护国家经济安全的一大特色，即始终重心着眼于内部经济安全问题，但其带来的可能问题是，俄罗斯对于外部世界宏观结构变化带来的安全问题反应不够敏锐，特别是对新技术革命变化对经济结构变化带来的影响，进而导致对俄罗斯特有的资源型经济安全风险上升的长期战略威胁认知不足。

（四）战略环境转型特征

尽管有明显的视野缺陷，但如果比较1996—2017年俄罗斯的经济安全战略的除旧布新可以发现，俄罗斯政府对俄罗斯经济安全形势的认知也发生了"由内而外"的视野转向，外部三个层级所对应的世界、国家和科技变革的战略环境因素，也开始在俄罗斯经济安全中的重要性显著提升。

苏联解体后，照搬西方模式的休克疗法造成俄罗斯严重的国有资产流失。1996年版的俄罗斯《经济安全战略》在此背景下出台并指出："俄罗斯联邦正在经历新型社会经济关系形成的艰难历史阶段，在持续性赤字、经济监管法律自相矛盾、立法落后现实的条件下，俄罗斯正在向国家治理新形式过渡。在国际关系中，发达工业国、大型外企为了自身的经济政治利益，正企图利用俄罗斯和独联体国家的局势。所有这些使俄罗斯务必在统一的国家战略基础上有针对性地保障国家和公民的经济安全。"① 弗拉基米尔·普京于2000年执政后进行了第二次转型，将威胁国家经济安全的分利集团转变为共容性集团，并严格监管外资，建立普惠性能源经济制度，保护本国战略产业。②

时至今日，俄罗斯经济安全战略在国际经济格局转型背景下焕然一新。在俄罗斯政府看来，俄罗斯经济安全正在受到世界经济深度衰退、国家间经济问题政治化、科技革命引发世界经济转型三方面新形势的影

---

① Указ Президента Российской Федерации от 29.04.1996 г. № 608, О Государственной стратегии экономической безопасности Российской Федерации (Основных положениях), http://www.kremlin.ru/acts/bank/9261.

② 关雪凌、张猛：《普京政治经济学》，中国人民大学出版社2015年版，第61页。

响。2017 年颁布的《经济安全战略》指出，"单极世界正在崩溃，多极世界正取而代之……世界经济发展的不可持续性和全球竞争因此加剧。新的经济增长中心和新的政治引力中心试图重构势力范围，国际法、军事政治和经济领域正在发生蜕变。一系列经济安全威胁影响着世界经济关系，带有军事政治特征的挑战和威胁分布于经济领域，经济方法愈加被用以达成政治目的，此系经济领域愈加普遍的趋势"。① 而在该文件正式颁布前半年（2016 年 12 月 7 日），总统弗拉基米尔·普京在联邦安全委员会经济安全工作会议上表示："当前世界的深刻大势包括：世界经济增长新中心的形成；市场、技术、资本领域的激烈竞争；频繁的经济限制、打压和制裁。"② 同时，普京也还特别强调了技术革命对生产、财政、银行、人类生活习惯和整个经济状态的剧烈改变，以及世界经济愈演愈烈的保护主义趋势。

2021 年出台的《国家安全战略》再次明确勾勒出俄罗斯经济安全的战略环境认识包括：（1）世界经济正在经历深度衰退期。市场波动和国际金融体系不稳定加剧，实体经济和虚拟经济脱节增大。在国家之间与地区之间的经济仍旧高度相互依存情况下，新的国际产业链和供应链形成过程放缓，投资流减弱。经贸领域民族国家和区域协议的作用正在增加。（2）积累的社会经济问题、国家间发展失衡、曾经经济刺激工具失效阻碍着可持续发展。由于国际经济监管体制弱化，经济合作问题政治化，国家间互信赤字，单边限制措施（制裁）的使用和保护主义抬头，世界经济前景的不确定性正在提高。（3）由于经济发展技术基础的改变，世界经济正在持续转型。人力资本和生态因此获得更大价值。传统商品、资本、技术和劳动力市场转型，新型经济部门的出现，伴随着一些国家和地区角色和力量的再分配，以及经济影响力新中心的形成。③

---

① Указ Президента РФ от 13.05.2017 N 208 "О Стратегии экономической безопасности Российской Федерации на период до 2030 года", пункт 8 & 9.

② Заседание Совета Безопасности, Владимир Путин провёл заседание Совета Безопасности, посвящённое обсуждению проекта Стратегии экономической безопасности, 7 декабря 2016 года, http://kremlin.ru/events/president/news/53429.

③ Указ Президента РФ от 02.07.2021 N 400 "О Стратегии национальной безопасности Российской Федерации".

按照战略家的观点，战略思想在每个世纪或在每个历史时刻的经验本身之中吸取灵感。① 俄罗斯两版经济安全战略的提出均发生在国际格局转型期——前者发生在两极向单极转型期，后者发生在 20 年后的单极向多极转型期，俄罗斯既是国际格局转型的主要参与者，也面临自身转型以适应外部转型的强烈要求，俄罗斯均面临着内忧外患的经济安全形势。因此，在变化世界中调整自身以抵御内外部威胁是俄罗斯经济安全较易辨识的战略主线。而在微观层面，俄罗斯注重国内安全问题的同时，愈加关注经济安全的外部性问题，即外部冲击对经济运行可能带来的风险。经济安全考量与对外经济活动的结构性互动因此愈加紧密和活跃。

四 经济安全视角下的俄罗斯对外经济战略

安全与发展是国家经济活动需要统筹的两大维度，不安全/不发展、安全/不发展、不安全/发展、安全/发展这四种情况组合均能在世界范围内找到典型的国别案例。对于追求独立与自主的国家而言，安全/发展模式是其追求的目标，二者不可偏废。换言之，经济发展不能危及经济安全，一旦触发经济安全预警，则该项经济活动将遭遇抑制；但如果经济活动能够夯实经济安全，则该经济活动将得到激励。而中国则将安全与发展的这种辩证关系总结为"安全是发展的前提，发展是安全的保障"。②

在一国的国内外经济活动过程中，当某种经济活动在某一环节释放出危及经济安全的信号时，国家中枢便会对该经济活动下游环节的活动强度进行抑制，使其停止或减弱；当经济活动释放出加强经济安全的信号时，则国家中枢会对该经济活动下游环节的活动强度进行刺激，使其发动或加强。正如经济安全状态处于绝对安全与不安全之间的动态平衡

---

① Raymond Aron, "The Evolution of Modern Strategic Thought", *Problems of Modern Strategy* (Praeger, 1978), p.25.
② 《坚持统筹发展和安全——论学习贯彻党的十九届五中全会精神》，《人民日报》2020 年 11 月 05 日第 4 版。

当中一样，一国经济活动以其释放的经济安全兴奋性信号和抑制性信号的平衡为重要基础和前提，两种信号总是相互制衡，在异常情况下，失衡的经济安全信号会引发经济活动波动，甚至导致经济疾病，如发展缓慢甚至停滞抑或经济安全的丧失。

鉴于俄罗斯经济安全战略"由内而外"的视野转向，分析和讨论经济安全信号与俄罗斯对外经济活动的抑制与兴奋关系就显得特别有意义。

（一）抑制性经济安全信号与法律监管通道

结合俄罗斯政府对经济安全外部形势、威胁与挑战的认知，以及设定的经济安全战略目标和主要任务，在对外经济活动中，俄罗斯认为的抑制性经济安全信号有以下五类：（1）经济问题政治化：警惕外国将经济问题政治化或将经济方法用作政治目的；（2）经济主权：避免对外经济关系削弱俄罗斯经济主权；（3）战略经济部门：在具有国防和国家安全战略意义的经济部门，完善外资监管，避免外国情报部门和机构破坏俄罗斯的战略经济部门，特别是军工、能源和交通综合体；（4）技术转移：从俄罗斯利益出发，减少并监督俄罗斯技术和科研成果跨境流出；（5）多边框架：防止外国在区域和跨区域一体化联盟中损害俄罗斯经济利益。

这五类抑制性信号的出现将触发俄罗斯对外经济活动"安全化"的监管通道的打开，包括引起联邦总统、政府总理等国家领导人以及联邦安全会议、俄罗斯反垄断局、政府外资审查监管委员会、知识产权局、国防部、联邦安全局等权力机关介入，在经济问题政治化、战略经济部门和技术转移问题下，俄罗斯将激活《反制裁法》《战略行业投资法》《知识产权法》《刑法》《信息安全法》等一系列已经颁布的法律或行政令。

对于经济问题政治化，俄罗斯于2018年6月出台了《关于美国及其他国家不友好行为的应对（反制）措施》联邦法（可简称《反制裁法》），以应对美国等不友好国家通过制裁对俄罗斯经济政治稳定造成的威胁。当外国和外国组织实施不友好行为时，俄罗斯总统可以根据俄联邦安全委员会建议作出实施和撤销应对（反制）措施的决议，俄罗斯联

第七章 国家的复兴与困境：俄罗斯国家经济安全战略

邦政府将根据俄罗斯总统决议采取或撤销一系列措施，如：停止或中止国际合作；禁止或限制不友好国家商品进口；禁止或限制俄罗斯商品出口至不友好国家；禁止或限制采购不友好国家或组织的劳务和服务；禁止或限制不友好国家的组织或个人参与俄罗斯国有资产投资，以及其他由总统决议的措施。[1]

对于战略经济部门的外国投资，俄罗斯2004年出台了《批准战略企业和战略股份公司名录》（以下或简称《战略企业名录》）[2]；2008年出台了《对保障国防和国家安全具有战略意义之商业公司的外国投资实施程序联邦法》（以下简称《战略行业投资法》）[3]，两部法令对可能威胁俄罗斯经济安全的敏感主体、敏感产业、敏感技术、敏感设施、敏感区域进行了外商投资限制。

在敏感主体方面，根据俄罗斯《战略企业名录》，截至2021年7月2日最新一次修订，俄罗斯共计拥有85家"联邦国家单一制战略企业"以及43家"战略性联邦控股和参股公司（国有公司）"，但遗憾的是，战略性私营公司的官方资料尚无法通过公开渠道获得。[4]

在敏感产业方面、技术、设施、信息则由《战略行业投资法》和具体的行业法律所规定。同样，截至2021年7月2日的最新修订，《战略行业投资法》规定在46个对于国防和国家安全具有战略意义的行业，涵盖了水文气象、地球物理、传染病、核能及放射性物质、密码、信息、军事技术、航空与航天技术、广播电视与出版、通讯、互联网、采矿、

---

[1] Федеральный закон от 04.06.2018 N 127-ФЗ "О мерах воздействия (противодействия) на недружественные действия Соединенных Штатов Америки и иных иностранных государств".

[2] Указ Президента РФ от 04.08.2004 N 1009（ред. от 02.07.2021）"Об утверждении Перечня стратегических предприятий и стратегических акционерных обществ".

[3] Федеральный закон от 29.04.2008 N 57-ФЗ（ред. от 02.07.2021）"О порядке осуществления иностранных инвестиций в хозяйственные общества, имеющие стратегическое значение для обеспечения обороны страны и безопасности государства".

[4] 单一制企业和国有公司系俄罗斯国有企业的两种类型。单一制企业是依照《国家和市政单一制企业法》设立的，根据该法第2条的规定，单一制企业不发行股票，国家是其唯一的所有者，这使得该类型企业与国家事业单位或者国家机关单位相似，大多数国有单一制企业都涉足军工和国家安全领域。国有公司属于股份制公司，由俄罗斯联邦政府或其部委持股，根据《国家和市政财产私有化法》的规定，国有公司的股份可以通过拍卖或公开发行的方式出售，外国投资者可以通过私有化或从私人投资者手中购买已经私有化的股票来投资国有企业。

交通、电子平台运营商等领域，外国投资人应遵守投资比例、投资主体、投资对象、投资程序等方面的规定。具体到某一行业，该行业的法律法规也对外国投资人进行了限制，例如《俄罗斯航空法》第61条第2款规定"从事航空运输的公司可以是合资企业，但外国投资者持有的该公司的股份量不得超过49%"。

敏感区域主要与俄罗斯国防部的活动有关，在未获得国家特批的情况下，外国投资者无权在一些规定地区（被称作"封闭城市"）设立法人单位，《关于外资企业设立和经营的政府法令》还规定，外国投资者应在封闭城市的国家机关单位（国防部或俄罗斯国家原子能公司）获得申办企业的许可，并且公司的注册申请也必须经联邦安全局审核。

外国投资者在向战略企业进行投资时，必须经由俄罗斯联邦反垄断局（初审）和政府外资审查监管委员会（终审）的审批。俄罗斯联邦反垄断局机构能够提前判断交易事务是否需要协调，并可与国家安全局及国防部共同审议申请事项。政府外资审查监管委员会由联邦政府总理担任主席，其可以保护国家安全为由对任何一项外商投资活动（即使为非战略公司）主动启动审查程序，一旦委员会决定对该项交易启动审查，则投资人有义务等待审查结果出台后再实施交易，否则交易即为无效。[①]然而，《战略行业投资法》并未明文规定何种类型的外商投资活动可能被启动审查。同时，委员会有权在审批时对外国投资人提出任何附随义务。因此，外国投资人在对项目进行前期调研或可行性分析和交易过程中面临较大不确定性。

总体而言，俄罗斯国家机关一事一案地判断是否存在控股情况，如果拟进行的交易涉及外国投资者收购战略公司或由外国投资者设立其他形式的控制权时，俄罗斯有权禁止或取消《战略行业投资法》中规定的任何可能对国家安全构成威胁的交易。在限制俄罗斯境内的外国公司和其他外国公司的控股权时，没有明确的限制性条款可遵循；在外国投资者申请设立子公司的情况下，需要事先获得国家安全委员会批准的条件

---

① 关于俄罗斯对外国投资战略行业的具体审查制度，参见薛欣《俄罗斯外国投资国家安全审查制度研究》，硕士学位论文，上海外国语大学，2020年。

缺乏明确的定义。其原因在于：首先，不可能在《战略投资法》中对每笔交易进行阐述，投资者可以利用不同的交易方式来规避法律；其次，对控股权的宽泛定义赋予了政府法律影响力，这能够让政府限制外国投资者与战略公司按照规则进行的任何交易。[1]

此外，俄罗斯政府还禁止受外国控制的审计机构审计俄罗斯战略企业的财务报表。2021年8月18日，俄罗斯财政部对《俄罗斯联邦审计活动法》进行了修订，战略企业只能由不受外国公民、无国籍人士和国际公司控制的公司审计，而且审计机构的负责人只能有一个国籍，即俄罗斯籍。俄罗斯战略企业在购买审计服务时，必须告知其股东。在签订合同时，审计师应当事先获得客户对于审计组成员、参与审计工作的其他人员名单的书面同意。通过通信渠道复制和传输文件、文件副本以及此类文件中包含的数据也需要征得同意。法案禁止审计员引入不符合要求的第三方审计公司，禁止向其透露审计期间收到的信息。

技术转移是外资并购的三大威胁之一。[2] 俄罗斯2000年颁布的《俄罗斯在国际科技合作领域的法律规定》规定，在进行国际科技合作时，需要特别注意本国知识产权不外流。同时，《俄罗斯知识产权法》还规定，要对外转让的单一技术应首先并优先在俄罗斯境内应用，符合此条件者，依照《对外贸易法》可以授权其他国家在俄罗斯境外应用单一技术。该技术应在俄罗斯联邦负责知识产权管理的行政机关登机，任何未登记的单一技术，一律不可进行交易。

在俄罗斯民用技术在国外使用方面，涉及民用技术境外使用的交易，须通过俄罗斯知识产权管理部门的审核。对于涉外的技术交易，当事人须向知识产权管理管理部门提交如下材料并接受审核：技术转让人提交的申请；技术转让人提交的技术所有权证明；境外使用技术转让协议；

---

[1] 《阿列克谢科：俄罗斯对国有公司外国投资的法律限制》，2021年6月26日，https://new.qq.com/omn/20210626/20210626A03C8C00.html。

[2] 美国学者莫兰将外资并购的威胁分为三类：投资接受国对外国供应者的依赖；渗透、监测或破坏的渠道；技术和其他专业知识的转移。可参见Theodore H. Moran, Foreign Acquisitions and National Security: What are Genuine Threats? What are Implausible Worries? OECD Global Forum on International Investment, 2009。

国家订货人签署的书面转让协议；技术转让合同复印件及签订合同双方代表身份证明复印件；协议双方身份证明；授权委托书。

在涉外专利申请方面，《俄罗斯知识产权法》规定：俄罗斯公民向俄罗斯联邦负责知识产权管理的行政机关提交专利申请满 6 个月，且在 6 个月内未收到所提交申请涉及国家机密的通知，即可向其他国家或世界组织提交专利申请。申请人若想在规定时期之前向其他国家或世界组织提交申请，则须通过俄罗斯相应机关的审核，确保所提交专利不涉及国家机密。

俄罗斯联邦《国家机密法》对经济、科学、技术领域属于国家机密的信息作出具体规定，属于国家机密的情况包括：俄罗斯军事培训计划，俄罗斯军事技术装备制造及维修能力，俄罗斯战略储备的种类、布署情况及具体型号，俄罗斯物资储备情况；俄罗斯联邦用于国防及保证国家安全的基础设施的使用情况；为保证国家安全所作的民防部署、俄罗斯联邦交通和通信运行情况、公众安全保护程度；俄罗斯国防订单情况，俄罗斯军事装备生产和供应情况；对国家安全有重大影响的科技成就、科研成果及工程项目；俄罗斯政府确定的战略矿产的储备情况等。俄罗斯政府负责签订政府间合作协定，对于协议中涉及国家秘密的部分，俄罗斯政府应采取措施加以保护，对于涉及国家秘密的材料，经过专家讨论，认为该材料可以对其他国家或国际组织透露，俄罗斯政府才可决定转让。

《俄罗斯联邦出入境管理法》对俄罗斯科研人员出境作出具体规定：掌握国家重要信息及国家机密的科研人员出境将受到限制。根据联邦法律，从科研人员开始涉及国家重要信息及国家机密之日起即受到出境限制，直至出境限制取消，最长期限不超过 5 年。[1]

因此，从法律监管角度而言，无论在机构设置、任务分配、法律、法令设定覆盖等方面，俄罗斯对经济安全维护已经设计了完整的框架，其防御意识之浓厚、领域覆盖之广泛涉及了经济乃至科技安全的方方面

---

[1] 赵囯、张玉侠、宋晓光：《中俄科技合作研究》，黑龙江大学出版社 2020 年版，第 51—52 页。

面,体现了俄罗斯安全监管的一大特色。

(二) 兴奋性经济安全信号与对外经济合作空间

相对于严格的监管,如果在评估上能够释放如下八个方面兴奋性经济安全信号,那么这些层面的对外经济活动,将得到俄罗斯政府的激励,具体而言包括八个层面。

1. 缓解外部压力。俄罗斯经济安全面临的外部压力主要有五方面:第一,外国和国际组织对俄罗斯法人和(或)自然人,及俄罗斯经济部门实施制裁和歧视性限制,俄方被限制获得外国金融资源和现代技术;第二,发达国家将其经济、高技术发展优势用于全球竞争工具;第三,加剧振荡的世界商品和金融市场行情;第四,其他国家碎片化、弱化和选择性使用不符合俄罗斯利益的国际经济互动法律体系;第五,俄罗斯未加入的国际经济组织通过其经贸和金融投资活动,对俄罗斯的国民利益造成损害。因此,能够缓解这五方面外部压力的对外经济活动将被激励。

2. 多边框架。在俄罗斯经济利益区及周边遭遇潜在冲突时,从法律上巩固俄罗斯专属经济区边界(包括北极大陆架和海域),巩固经济区内俄罗斯经济主体的权利和利益保护。在独联体、欧亚经济联盟、金砖国家、上海合作组织等跨国组织框架下扩大伙伴交往和一体化联系。

3. 科技发展。俄罗斯在科技领域的经济安全诉求最多,原则上,俄罗斯欲将本国科技实力达到世界水平,提升科技竞争力,建立并稳步发展有前景的高技术经济部门,提高俄罗斯新兴技术研发和应用能力,提高投资活跃度,增进本国专家的技能水平和关键技能。第一,俄罗斯国际科技合作的目标是保障对国外技术解决方案的获取,促进俄罗斯转运并引入高端技术;第二,发展能够保障俄罗斯在全球高附加值产品市场竞争地位的技术,包括光电子学、生物技术、增材技术与新材料;第三,实体经济部门生产技术基础的综合性现代化;第四,发展能源基础设施;第五,综合发展交通基础设施,建立现代化交通物流综合体,研发并应用现代交通工具;第六,在军事科技相关领域,使俄罗斯国防工业综合体能够解决国防军事经济保障问题,扩大俄罗斯利用国防工业综合体的生产技术能力和创新能力，以发展民用产品生产。

4. 生态环保。使俄罗斯把握世界向低碳经济过渡的趋势，适应世界能源资源的需求和消费结构变化，如节能技术发展、材料密集度下降、"绿色技术"发展，完善生态安全保障和自然环境保护机制。应对全球对生态安全的过度要求，分摊生产和消费生态标准的成本，增加话语权。综合发展能源基础设施，引入富有前景的节能技术，提高能源加工效率，实现能源出口多元化。

5. 对外贸易。增强俄罗斯非原材料产品竞争力，提高俄罗斯在全球价值链中的参与度，扩大非原料产品出口种类和规模，扩大符合俄罗斯利益的对外经济和投资联系的地理版图。推动俄罗斯非原料经济部门的发展，使其达到世界经济全球领先水平。保障俄罗斯出口商合法利益的法律咨询支持，帮助俄罗斯企业进入国际市场，包括通过缔结跨政府协议，从而扩大俄罗斯经济主体在国际经济合作中的参与，发展市场基础设施，为推动俄罗斯产品进入外国市场提供专业化服务。

6. 人力资源。完善俄罗斯在现代科技成就基础上的通识教育和职业教育，发展国家技能体系，完善对工人的技能要求，以及公民对需求和新职业的了解。同时，让人才流入俄罗斯，从而抵御市场、技术、资本领域的全球竞争。

7. 地方发展。平衡区域发展，减小地区间、联邦主体间社会经济发展水平、速度和居民收入差距；促进东西伯利亚、北极、远东、北高加索、克里米亚和加里宁格勒州的国际经济合作，从而优先发展这些地方的经济潜力；发展北方航道，以及贝加尔—阿穆尔和跨西伯利亚铁路干线现代化改造。

8. 改善民生。减小影子经济比重；提高俄罗斯居民生活水平和质量。优化符合俄罗斯国民经济需求的劳动力移民流。

从上述内容来看，俄罗斯对外经济合作在安全视域下也存在一定的空间，基本上是围绕增强俄罗斯国家经济实力，包括经济结构调整和地方经济发展，而在这个视域下，中俄经济合作将有一定的发展空间。

(三) 中俄经济合作空间

具体到中俄经济合作，考虑到俄罗斯的抑制性信号和管制的全面性，中俄在双边和多边机制下的经济合作效率与深度，在能源、军事和交通领域，以及军事技术合作、军民两用技术创新合作中的深度，具有较强的复杂性，特别是在多边框架下围绕上合组织经济职能的拓展，俄罗斯一直持较为谨慎的态度，原因是俄罗斯薄弱的制造业基础如果在市场层面与中国制造业展开竞争，其担心经济以外的溢出性影响，特别是俄罗斯对中亚地区的影响和控制能力。

若对华经济活动能够在以下领域刺激兴奋性信号的产生，则中俄经济合作将得到激励和加强：（1）在缓解外部压力方面，获得中国协助，或从中国获得替代性选择，与中国形成技术经济合力；（2）在金融领域，强化中俄双边金融合作，应对世界金融市场振荡；（3）在国际经济秩序方面，与中国共建符合俄罗斯利益的国际经济法律制度，或在在中国创立或参与的经济组织中取得重要地位；（4）在科技发展方面，获得中国的投资、技术、生产能力与市场，从而提高俄罗斯科技实力和生产技术现代化；（5）在能源经济方面，加大对华非能源出口，扩大中俄在生态、节能、环保领域的合作，吸引中国投资俄罗斯非原料经济部门，推动俄罗斯非原料经济部门发展；（6）在对外贸易方面，规范中俄经贸合作，并使中国帮助俄罗斯企业进入中国和世界市场；（7）在人力资源方面，扩大与中国的人文教育合作，包括职业教育，同时，与中国共建平台和机制吸引国际人才；（8）在地方发展方面，扩大中俄地方间经贸与人文合作，加大与中国在东西伯利亚、北极、远东、北高加索、克里米亚和加里宁格勒州，以及北方航道、贝加尔—阿穆尔和跨西伯利亚铁路干线项目中的经济合作；（9）在民生方面，规范中俄人文与经贸交流，利用中国的民用制造能力，扩大电子商务和双边贸易，扩大中俄劳务合作。

从近些年中俄逐步扩大的经济合作规模来看，其突出的进展是在能源合作方面，中国巨大的市场，持续稳定的需求，使俄罗斯的能源供给获得了长期支付能力的保障，并扩展了俄罗斯传统上除欧洲方向外的新空间。同时，在中国"一带一路"的建设中，俄罗斯也逐步开始重视其主导的欧亚经济联盟与中国框架对接的可能性与现实性，并从相对保守开始向积极态度转化。但不容忽视的是，除了能源、基础设施合作的推动和进展外，中俄的市场合作并未真正完全打开，一方面是由于俄罗斯复杂的市场体系和严格监管，另一方面则是中俄供应链和产业链的全产业链合作还有待双方企业进行务实性加强。因此，如何利用好俄罗斯方面关心的刺激性和兴奋性信号，激发俄罗斯开放市场空间的潜力，对于扩大中俄经济合作空间显然还有更大的发展余地。

五　俄罗斯经济安全走势与西方制裁影响评估

采用上述俄罗斯经济安全战略及其评估方法，尽管在部分指标的期望值和临界值未知、一些年份的经济统计数据不完整的情况下，仍可以粗略窥见苏联解体后俄罗斯经济安全走势，并对2022年因俄乌冲突，而导致的西方国家新一轮经济制裁后的俄罗斯经济安全状况作出一定的研判。

利用俄罗斯国家统计局、财政部、央行等官方机构发布的数据，通过计算俄罗斯经济安全指数可以发现，1992年苏联解体后到1998年，俄罗斯经济安全状况一路下滑至紧急状态，随后1999—2002年恢复至不及格区间。而从2002开始，俄罗斯经济安全水平不断提升，到2006年、2007年已经优化至及格水平以上。但2008年国际金融危机使2009年的经济安全一度跌入紧急状态。随后，其经济安全形势逐渐好转，并于2011年和2012年进入及格区间。但2013—2015年，受2014年乌克兰危机影响，俄罗斯经济安全形势连续三年下滑至不及格状态。从2016年开始，俄罗斯经济安全形势有所好转，并于2017年、2018年、2019年回归及格区间。2020年受新冠疫情影响，经济安全形势下滑，但2021年开始出现好转（如图7-3）。

对于2022年西方开始新一轮经济制裁后的俄罗斯经济安全状况，由于经济数据统计的滞后性，虽然尚无法准确计算，但基于历史经验，考虑到2014年乌克兰危机对俄罗斯经济造成的影响以及本轮西方制裁更加集中于货币金融领域的特征，俄罗斯宏观经济安全形势将大幅恶化。具体表现在俄国内生产衰退或停滞、货币财政状况不良、国际贸易波动以

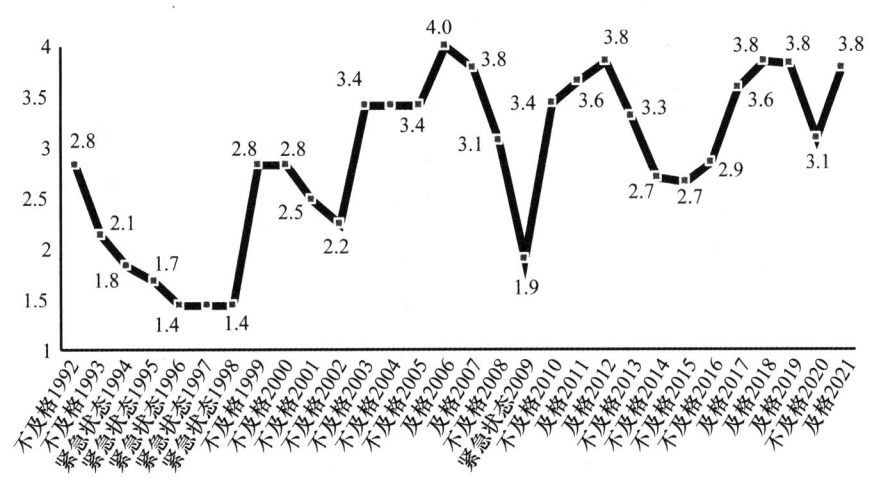

图 7-3 俄罗斯经济安全指数（1992—2021 年）

注：指数 <2.0 为紧急状态；2.0≤指数 <3.5 为不及格；指数≥3.5 为及格。

资料来源：作者根据俄罗斯国家统计局、财政部、央行等机关的数据计算并制作。

及民生经济形势下滑等方面。

在国内生产方面，从国内生产总值物量指数上看（如图 7-4），2013—2021 年，除了 2021 年由于新冠疫情出现补偿性反弹之外，2013—2017 年俄罗斯国内生产安全始终处于紧急状态，2018 年和 2019 年虽然有一定程度好转，但仍然处于不稳定和负面状态。从工业生产指数、劳动力生产指数（如图 7-5）和人均 GDP 指标上看，俄罗斯经济效率和发展水平也不会有显著提高。因此，2022 年新一轮制裁或将使俄罗斯国内生产再次陷入停滞甚至衰退，从而进入紧急状态。

从国家债务上看（如图 7-6），虽然，俄罗斯的外债负债率和国债负担率基本处在最优状态，2014 年制裁也未造成明显影响，但本轮西方国家对俄罗斯主权债务的禁令已从先前的一级市场扩大到二级市场。这种对本币计价国债的精准打击以及由此引起的非理性市场恐慌情绪将在短期内使跨境资金大量流出，从而冲击债市价格。2014 年第一轮制裁时，资本出逃量一度增加三倍（如图 7-7），随后几年虽然有所减少，但仍处于不稳定状态。预计 2022 年新一轮制裁将使资本流出规模再次大幅上涨。

新时代国家经济安全的战略与现实

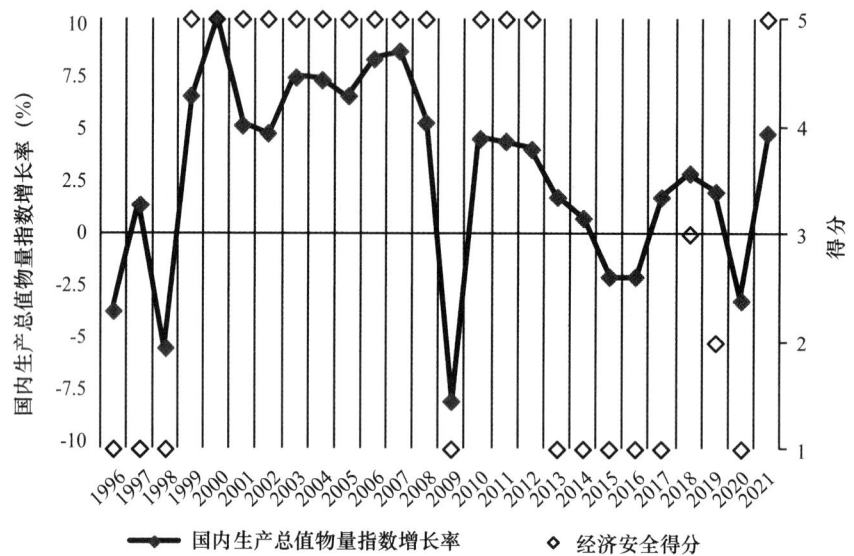

图 7-4　国内生产总值物量指数增长率（1996—2021 年）

注：临界值为 1.5%、期望值为 4%。

资料来源：作者根据俄罗斯国家统计局数据自制。

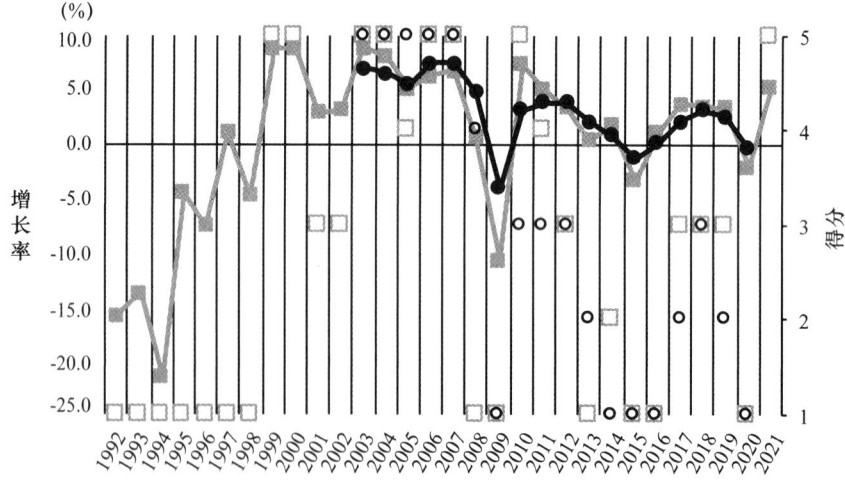

图 7-5　工业生产指数（1992—2021 年）和劳动生产指数增长率（2003—2020 年）

注：两指标临界值均为 0%，期望值均为 6.5%。

资料来源：作者根据俄罗斯国家统计局数据自制。

· 240 ·

第七章 国家的复兴与困境：俄罗斯国家经济安全战略

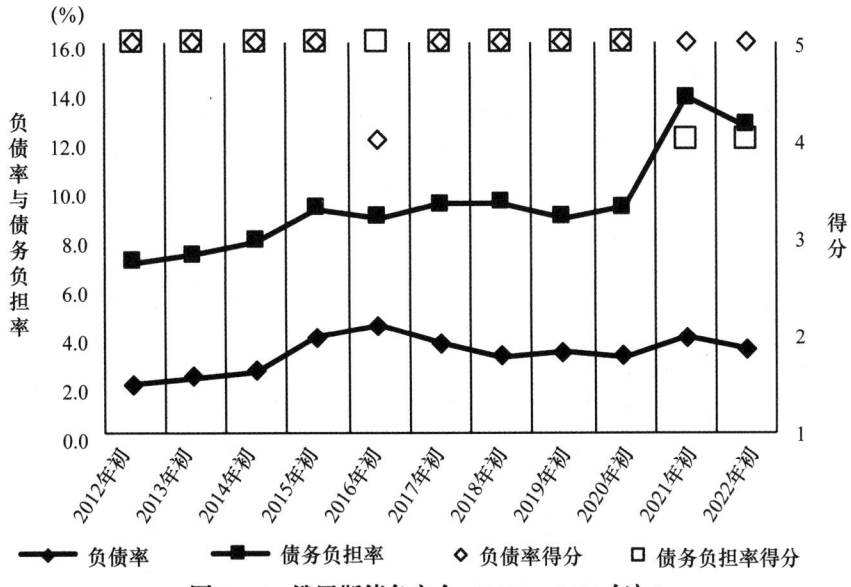

图 7-6　俄罗斯债务安全（2012—2022 年初）

注：负债率（外债与 GDP 比值）期望值为 2.5%，临界值为 10%；债务负担率（内部国债与 GDP 比值）期望值为 5%，临界值为 38%。

资料来源：作者根据俄罗斯国家统计局数据自制。

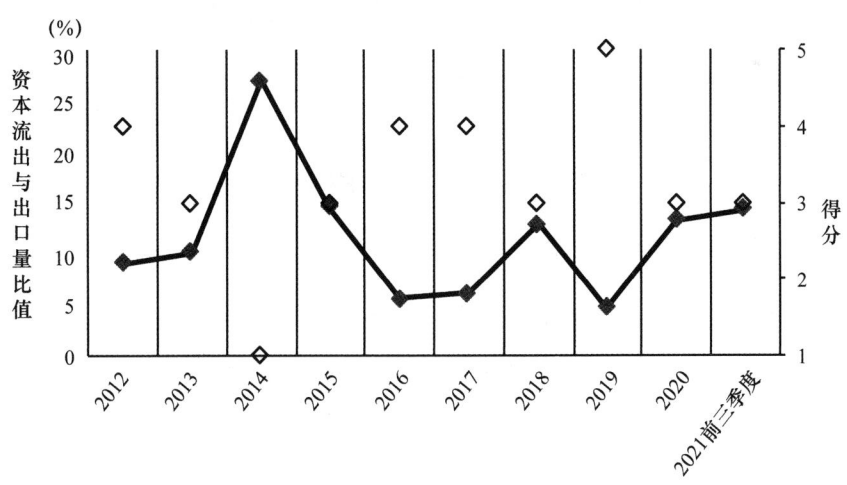

图 7-7　资本流出与出口比值（2012—2021 年前三季度）

注：期望值为 0，临界值为 25%。

资料来源：作者根据俄罗斯中央银行数据自制。

在联邦预算方面（如图7-8），俄政府希望预算赤字率为0%，非油气赤字率为4.5%，但在2008年国际金融危机和2014年受制裁之后的两年内，俄罗斯预算赤字都立即坠入紧急状态，非油气赤字长年来处在不稳定状态以下。因此，在2022年遭受又一轮制裁后，俄罗斯预算安全并

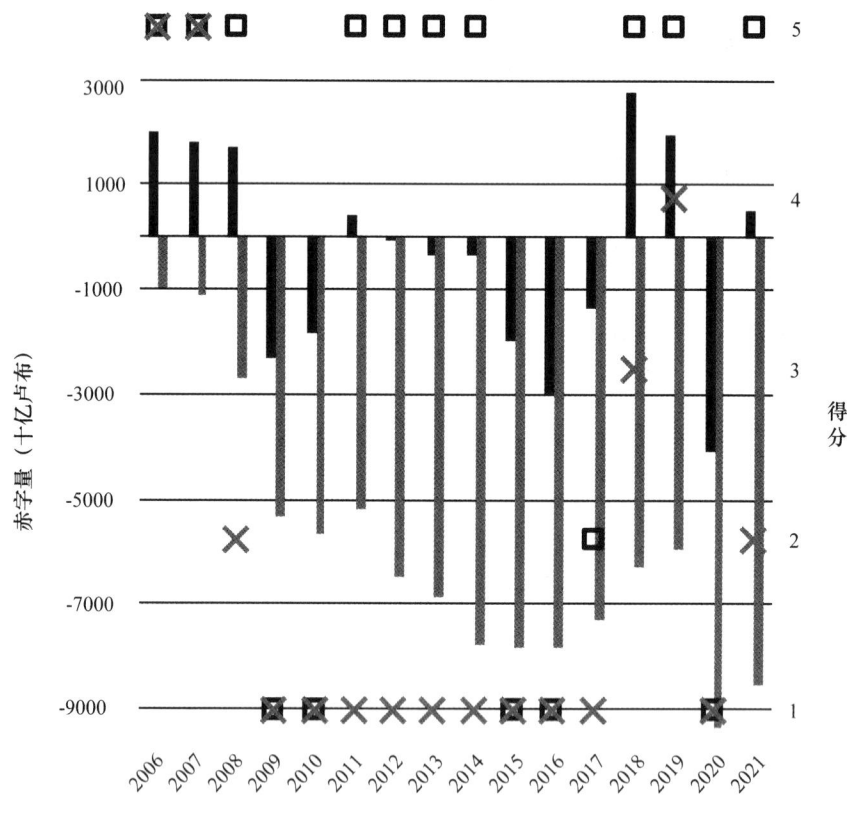

图7-8 俄罗斯预算赤字（2006—2021年）

注1：预算赤字安全通过赤字率（赤字量与GDP比值）计算，为简化图表，图中无GDP（按当年价格计算的名义GDP）和赤字率数据，但得分由赤字率求得。

注2：联邦预算赤字率期望值为0，临界值为2.1%；非油气赤字率期望值为4.5%，临界值为7.7%。

资料来源：作者根据俄罗斯联邦财政部数据自制。

不乐观,其财政收入仍将在40%上下依赖油气收入。考虑到西方国家开始大规模减少俄油气资源采购,俄罗斯未来的财政安全或将进入紧急状态。

从进出口物量指数的增长率来看(如图7-9),2014年制裁及随后两年中,俄罗斯进出口安全立即坠入负面和紧急状态,之后几年也一直处在一种波动状态。预计2022年之后,这种波动仍将持续。而由于其近一半外汇储备被冻结,且其他资产的流动性较差,俄罗斯外汇储备可支撑进口时长将处于不可持续的负面状态。

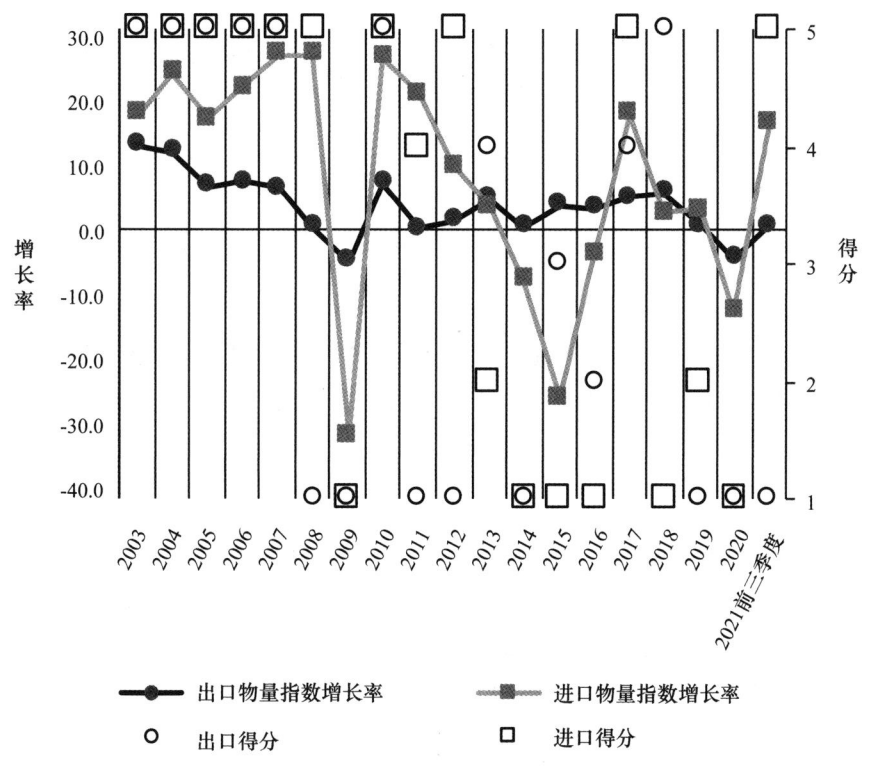

图7-9 俄罗斯进出口物量指数(2003—2021年前三季度)

注:进出口物量指数增长率的期望值均为6%,临界值均为2%。

资料来源:作者根据俄罗斯国家统计局数据自制。

从通货膨胀率来看(如图7-10),2014—2015年俄罗斯通胀率受

新时代国家经济安全的战略与现实

第一轮制裁影响，立即进入紧急状态。2022年受新一轮制裁后，通货膨胀形势或将遵循同样路径。俄政府希望通胀率保持在4%左右，但2022年1月和2月的通货膨胀率已高达8.74%和9.16%的不稳定状态，3月以后的通胀水平大概率将再次恶化。消费物价将大幅上涨，居民可支配收入减少。

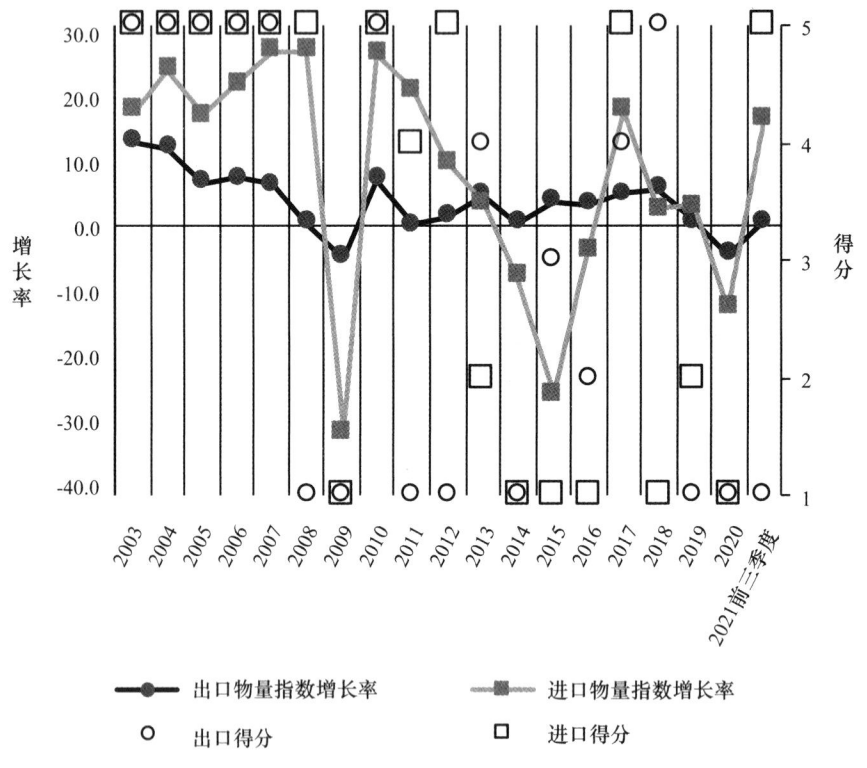

图7-10 俄罗斯通胀率（1996—2021年）

注：通胀率的期望值为4%、临界值为13%。

资料来源：作者根据俄罗斯通货膨胀数据库（Бюро Статистики）数据自制。

总体而言，在2022年2月末俄罗斯对乌发动特别军事行动之后，受西方国家新一轮经济金融制裁影响，俄罗斯经济安全形势将逐步开始从稳定趋于恶化方向发展。而根据其经济安全战略的部署和响应机制，俄罗斯经济的"安全化"进程也将快速展开，并利用地缘政治冲突导致的大宗资源品上涨可以部分对冲制裁的压力。但展望未来，俄罗斯经济问题政治化将变得异常敏感。其在全球多边框架中的转圜空间大幅缩小，俄罗斯对利益声索和安全维护将会更加坚决。在这种背景下，具有国防和国家安全战略意义的经济部门将在更严格的管控下得到加强，同时，俄罗斯科学技术及科研人员的对外交流渠道将被收窄。而俄罗斯长期是否能够在西方的多领域大范围制裁过程中，除了其拥有的能源、农产品、矿产优势外，实现真正意义上的良性经济内循环和维护经济发展性的安全，还有待于观察。

结　语

经济安全战略是俄罗斯制度变迁过程中的有机组件。它滥觞于20世纪90年代初激进的经济转型中，是俄罗斯制度演化过程中自然生成的一个必要的结构要素。在俄罗斯从高度集中的计划经济转向现代市场经济体制过程中，俄罗斯经济出现了以掠夺性和亲权性为特征的非效率制度均衡，而这违背了俄罗斯文化历史传统上强调的国家利益。在效率和利益的驱动下，制度继续向实现效率制度均衡演化，制度结构仍不稳固而同时面临新的要求。1996年俄罗斯首个经济安全战略应运而生，它是对新自由主义"休克疗法"的反思和扬弃，是结合自身情况对制度变迁过程的纠偏和创新，其本质逻辑是利用国家能力跳脱转型的制度陷阱，建立新的效率制度均衡。事实上，从1995年开始，俄罗斯经济上在许多领域基本上停止或放缓了激进的改革措施，而采用凯恩斯主义政策推动经济转型，进一步强化国家在调控经济转型进程中的作用。因此，如果说俄罗斯"第二次转型"正式开始于20世纪90年代末、21世纪初俄罗斯政权平稳过渡和普京对市场化基本方向的坚持，那么1996年俄罗斯经济安全战略的出台则作为关键历史节点，为第二次转型奠定了基础。[①]

[①] 关于俄罗斯围绕效率制度均衡的前后转型，详见杨成《"第二次转型"的理论向度与原社会主义国家转型的多样性——以普京时代的俄罗斯制度转型为例》，《俄罗斯研究》2008年第4期。

新时代国家经济安全的战略与现实

俄罗斯经济安全战略出现的必然性，反映出自由主义经济发展或转型理论对政治的忽视，这种忽视因其产生的安全后果而被额外赋予了更多政治色彩。因此，俄罗斯经济安全的原动力是对第一次转型和随后不断遭遇外部经济冲击等客观现实的主观恐惧。苏联解体后每十年必遭经济危机的魔咒又像不断重复的梦魇引起同一种心悸，令经济安全问题一直成为俄罗斯的悬顶之剑，其重要性和敏感性不断提升。

经济安全战略服务于平时战争。首先，无政府主义的全球政治生态将使国家产生自我保护的动机，既不希望本国经济过分依赖其他国家，又希望别国依附自己，既希望从开放的世界经济体系获益，又不希望自己在世界经济中被剥削。这在俄罗斯的经济安全战略同样有所充分体现，俄罗斯经济安全战略并不是完全保守的，也要求生产要素的国际流动，流出能源资源，引入资本、技术和知识。但这里的前提是，所有这些不能以损害国家经济安全为代价，不能使俄罗斯依附于其他国家，不能削弱俄罗斯的经济主权。

国家在世界经济中同样困于"安全两难"之中。别国经济实力的相对提升甚至领先就是对本国的威胁，这一方面赋予搞好本国经济的动机，另一方面还对比那些对自身构成潜在威胁的国家做得更好提出了要求。更重要的是，这塑造了国家对相对收益和绝对收益的取舍考量。特别是纯农业国或资源输出国在制造业强国的贸易往来中，自身处于分工关系的不利地位，导致本国因大宗商品价格波动而引发经济危机。[1] 囿于安全困境，考虑到贸易伙伴有朝一日会成为自己的主要危胁，无论这种可能有多么遥远，国家在进行利害平衡时都可能会考虑相对收益问题，即因别国收益可能大于本国收益而犹豫再三。[2] 经济相互依赖和国家自主之间的矛盾经常是用有利于自主而不是有利于相互依赖的方式加以解决。[3]

---

[1] ［德］弗里德里希·李斯特：《政治经济学的国民体系》，商务出版社2017年版，第180—181页。

[2] ［美］约瑟夫·M.格里科、［美］G.约翰·伊肯伯里：《国家权力与世界市场：国际政治经济学》，王展鹏译，北京大学出版社2008年版，第79—96页。

[3] ［美］吉尔平：《国际关系政治经济学》，杨光宇等译，上海人民出版社2011年版，第364页。

因此，在高度相互依存却带有利润追逐性本质特征的资本主义全球化中，在提高国民经济福利和保障国家经济安全之间达到帕累托最优是俄罗斯追求的完美目标。俄罗斯的经济史表明，经济安全与发展的关系是比较复杂的，绝不是非此即彼的二元对立。虽然闻名遐迩的几次辉煌都产生于国家强权的荫庇下，但当时真实的安全程度并不能一概而论。同时，以俄罗斯远东地区的经济发展历程为典型，在国家权力式微导致的不安全情况下，当地经济通过东北亚区域国际贸易反而比强权时的所谓安全情况下发展得更好。总体说来，俄罗斯经济安全制度的演化体现出俄罗斯安全与发展的正反合逻辑。20 世纪 90 年代初，移植西方制度时陷入的发展陷阱带来了安全的反题，而世界经济背景下对安全的绝对追求又对其进行了二次否定。因此，安全与发展形成了合题的平衡。

对于与俄罗斯发生经济合作关系的国家而言，如何从对俄经济交往中获益又不触发俄罗斯经济安全响应机制，这是一个必须要考虑的关键问题。世界经济是一个开放与封闭并存的混合体，在世界主义与国家主义的张力下，坚实的政治基础是国际经济合作行稳致远的必要条件。这种政治基础一方面意味着建立有效的跨国家对话机制，对国际经济秩序进行超国家管理，增强各国经济政策和经济战略意图的透明度；另一方面意味着如果一国能够为另一国提供经济安全保护，抑或国际经济合作有利于经济安全的巩固，那这种经济交往受到阻碍的可能性将显著减小。"经济安全困境"也将在这两个条件的合力作用下被破解。

第八章 经济主权构建与加强
——欧盟经济安全战略

前　言

国家主权首先是一个政治概念，同时也是国际法中公认的国家基本权利原则，它体现了国家对内事务的最高统治权和对外事务的独立权，其中包括领土主权、政治主权、经济主权和文化主权等。按照一般意义的理解，经济主权原则体现的是国家对属于本国的全部财富、自然资源以及经济活动等拥有的完全独立且永久的权力。[①] 对于欧洲的欧盟成员国而言，其情况则完全不同于传统意义上的"国家主权"内涵的界定，"欧盟主权让渡"本身就是对传统国家主权理论的突破与创新，同时也为"经济主权"在现代意义上的界定增添了新内涵。[②]

虽然有了突破与创新，但对于许多欧洲国家的内在变化而言，其在全球化过程中所经历和面对的，既不简单的是欧洲国家失去了"威斯特伐利亚体系"国家概念下的国家主权认知与行动自主，使得国家主权特

[①] 主权问题的讨论不仅是一个基础性政治哲学概念，同时也是法理学讨论的主题，源于主权概念自身的结合能力，许多学者对此进行了不同视角的深入研究。在最近有关欧洲主权的讨论中，柏林自由大学政治学教授克里斯蒂安·沃尔克认为："主权概念创造了内在和外在延伸，它包含了内在秩序的政治理念（安全、和平、等级制度）和外在秩序的政治理念（国家平等、禁止干涉等），它创设了关于法律本质的假设（如法律的命令说）、公共权力的基本结构，同时能够把这些思想联系起来"。其具体论述参见 Viktor Orbán, "Hungary and the Crisis of Europe", *Hungarian Review*, No. 26, January 24, 2017。

[②] 徐泉：《国家经济主权论》，人民出版社2006年版，第234页。

别是"经济主权"在过去几十年间在欧盟国家成为一个"淡然概念",①也不单纯是欧洲国家基于自我社会和政治历史结构形成的独特而差异化的经济模式,与新自由主义全球性扩散的简单相逢与较量。其间一个不容忽视的现实是,欧盟作为一个事实上的"超国家经济体",不仅没有足够的工具,像主权国家通常通过垂直化、体系化的宏观政策对"经济主权"进行有效地维护,同时,还不得不与全球其他各大国展开政治经济层面的全面竞争与博弈。

吊诡的是,自2019年起,也就是新冠疫情暴发之前,欧盟范围内维护"经济主权"的战略安全诉求声音突然聚集和放大,而2020年新冠疫情的暴发又促使欧洲加快了强化与落实"经济主权"的行动。究其原因与分析其相应的行动,到底源自美国特朗普执政颠覆全球化既有的多边主义路径、进而导致欧洲开始强化和追求自我战略安全的保护性行为,还是来自当下全球经济格局中欧洲对于自身竞争力蜕化过程中的担忧,包括美国对中国加大博弈力度而引发的欧洲对自身经济基础的焦虑,抑或是欧洲真的意识到"百年变局"已经展开,进而到了必须通过"自我行动"塑造全球独立自主的一种战略力量的时候?种种解释似乎都有合理之处,也符合得出结论判断的基本逻辑。但是,重要的和必须明了的一点是,对于几乎忘却"经济主权"概念的欧洲而言,其重提"经济主权"的动因是什么,其战略行动方向和抓手是什么?这些行动对于已经嵌入全球化的全球价值链影响是什么?是否属于影响未来国际政治经济格局的某种结构性变化?这些问题不仅值得探究和深思,同时也是判断未来欧洲全球角色的重要基础。

一 欧洲加强经济主权的动因分析

从表面上看,重塑欧洲"经济主权"似乎是欧洲人在经历全球化浪

---

① 2017年1月匈牙利总理维克多·欧尔班在《匈牙利评论》上以"匈牙利和欧洲危机"为题公开发表文章,阐述了自身对于国家主权,特别是保卫"文化权利"的观点。在文章中,欧尔班特地使用了"我们、中东欧人"这个刺眼的词汇,引发了布鲁塞尔的一片哗然,并将"新老欧洲"对于国家主权认知的差异公开化。匈牙利总理欧尔班的文章,参见 Viktor Orbán, "Hungary and the Crisis of Europe", *Hungarian Review*, January 24, 2017。

新时代国家经济安全的战略与现实

潮后幡然醒悟,进而重拾历史记忆的一个选择。就历史记忆而言,德国人弗里德里希·李斯特在 19 世纪 40 年代就提出了以"国家为中心"的政治经济学说,其在批判古典经济学理论的狭隘性的同时,强调一个国家的生产力发展比价值本身更重要,国家的生产力强大是思考全球经济问题的基础。① 李斯特的理论学说不仅得到了同时代的马克思、恩格斯一定程度的肯定和相应的批判。② 最重要的是他的"国家经济学"学说,在相当程度上成为同时代德国、美国、俄国等与先进的英国进行国际竞争并加快实现自身工业化的经济行动指南。③ 当然,欧洲并非只有李斯特的经济学说,从经济思想的影响力和扩散性而言,英国人亚当·斯密的自由主义、世界主义经济学说不仅发源于欧洲,同时在历史进程中,包括在全球化的新自由主义扩散中更是影响了几代欧洲人。

当欧洲人近乎忘却弗里德里希·李斯特后,从 2017 年开始,保卫"欧洲经济主权"的各种舆论明显增多。虽然对此已有国内学者给予充分关注,并进行了相应的分析和研究。④ 但我们更关心的是,任何一种政

---

① 早在 1927 年,李斯特的传世之作就在中国以《国家经济学》为名翻译出版,而商务印书馆在 1982 年版的汉译世界学术名著丛书中,再以《政治经济学的国民体系》为名发行出版。在书的自序中,李斯特还特别说明:"我的学说体系中一个主要的特征是国家,国家的性质是处于个人与整个人类之间的中介体。"在自序中完全可以看到作为经济学家的李斯特表达了对自己祖国的热爱。参见 [德] 弗里德里希·李斯特《政治经济学的国民体系》,商务出版社 2017 年版,第 1—9 页。

② 同时代的马克思对于德国同胞李斯特极为熟悉,当李斯特由于健康原因不能履职德国当时最有影响力的报纸《莱茵报》主编职位时,马克思不久就接替了该职位。作为同样以"生产力"视角研究政治经济学的马克思,在其诸多的文章里均对李斯特的观点进行了肯定与批判并存的评价。

③ 李斯特本人与经济学的美国学派有着深刻的渊源,不仅其本人的思想深受美国第一任财政部长亚历山大·汉密尔顿 1791 年提交美国国会的《关于制造业的报告》中的观点影响,包括其本人也在美国长期居留和经商。最重要的是,李斯特作为第一代美国学派的代表人物提出的"生产力"学说,被经济学美国学派后续发扬光大,并形成了世界经济学史上独特而秘而不宣的美国学派,而美国学派的观点和影响一直贯穿和主导着 19 世纪的美国国策,并为美国的"世纪性崛起"提供了务实的经济指导思想。有关经济学美国学派的研究,参见 [美] 迈克尔·赫德森《保护主义:美国经济崛起的秘诀(1815—1914)》,贾根良等译,中国人民大学出版社 2010 年版。

④ 上海外国语大学的青年学者忻华已经对欧洲经济主权与技术主权的提出及其战略内涵进行了相当详尽的分析,参见忻华《欧洲经济主权与技术主权"的战略内涵分析》,《欧洲研究》2020 年第 4 期。

第八章　经济主权构建与加强

治经济思潮，如果要在特定历史阶段成为一种"共识"并能够影响政治决策，那么它的共振肯定不是来自单一的某种理论学说的再诠释，而是来自诸多力量的合力并可以产生实质性行动。而分析欧洲"经济主权"认识的回归，包括对应出现的欧洲"战略自主""技术主权"和"数据主权"等子概念的应用，其内在动因和背景大致可以归结为四个方面。

（一）理论认识上对于全球化的再反思

虽然说意大利米歇尔·马索内教授在国家主权与全球化内在张力讨论（National Sovereignty Vs. Globalization）中提出的观点，开启了 2017 年全球化转折时出现的欧洲"经济主权"概念讨论，[①] 然而其思想深处还未摆脱既有全球化问题认识的基本框架。[②] 马索内强调，国际金融市场的"金色紧身衣"不仅是欧盟自身的约束，[③] 同时对于欧洲的未来而言，欧洲社会民主主义者必须考虑如何保持和增加国家能力，以应对显性的全球化"失序问题"。其观点与新千年开启时澳大利亚经济学教授约翰·奎金对于全球化未来需要关切的认识并无明显的差异。

早在 20 年前，本轮全球化浮现曙光并迎来高光之时，[④] 奎金即已预见到，全球化一定会被当作国家主权的对立面来讨论。他用全景式的手法，从全球经济循环和金融角度，论述了 19 世纪晚期威斯特法利亚国家主权体系下的全球经济失败，讨论了第二次世界大战结束后冷战阶段的

[①] 2017 年全球化转折点的双标识是英国完成脱欧公投与美国特朗普执政后提出"美国优先"。

[②] 在米歇尔·马索内教授看来，全球化与国家主权天然的就是关联性紧密的讨论主体，全球化过程中的主权国家具有天然的脆弱性，全球化对主权的削弱不但是现实的，而且是全球化本身所需要的。在社会民主主义与新自由主义全球化的较量中，民族国家本身的作用并不明显，关键问题在于，政策是否回应民主选民的意愿，还是会受到国际金融市场"金色紧身衣"的严格限制。具体论述参见 Michele Marsonet, "National Sovereignty Vs. Globalization", *Academicus International Scientific Journal*, No. 15, 2017, pp. 47 – 57。

[③] 欧盟的法律基础条约《马斯特里赫特条约》本身就是对于"金色紧身衣"问题作出的回应，其对成员国财政赤字和债务的约束本质上是隐含了对国际金融市场"金色紧身衣"约束的遵循。因此，国际金融市场"金色紧身衣"不仅是一种资本润滑剂，同时也是一种约束，其通过对融资成本、规模以及经济表现为支撑的"国际信用"来放大或抑制民族国家的发展能力。

[④] 自 20 世纪 90 年代冷战结束后，新一轮全球化迎来迅猛发展的标识性时刻。它并非是 1993 年《马斯特里赫特条约》的生效，欧共体完成向欧盟过渡，也不是 1994 年北美自由贸易协定（NAFTA）的生效，完成了高水平经济一体化运行框架，包括 1996 年的世界贸易组织（WTO）取代关贸总协定，确立了当今全球自由贸易多边体系，也不能简单地被视为推动了全球化的迅猛发展的最关键的动力。事实上，恰是 2001 年中国正式加入 WTO 后，中国将自身生产力和潜在放大效能融入世界后，全球化才获得超越以往规模、领域、深度的迅猛发展，并迎来了全球化的"高光时刻"。

新时代国家经济安全的战略与现实

全球政治结构失效和无序,回顾了20世纪50—70年代西方国家"黄金时代"的短暂性,批判了英国安东尼·吉登斯"第三条道路"在"混合经济"与新自由全球主义对立之间奢望超越的"混乱妥协",① 并对以美国经济持续繁荣为基础支撑向全球推广的"新自由主义"全球化表示质疑。奎金注意到了欧洲大陆的特殊性,在承认欧洲一体化影响扩大的同时,认为欧洲社会民主一定会与新自由主义的全球化相遇与较量,国家主权也会在新自由主义浪潮下波动与起伏,这取决于欧洲大陆经济体与外生变量的美国、英国经济繁荣的相互比较。②

理论认识的反思总是随着环境的变化而不断加深。欧洲中央银行执委会成员、法国经济学家伯努瓦·科尔(Benoît Cœuré)在《2018年欧洲舒曼报告》中已经注意到了全球政治经济格局的某些显性变化,并以"重获主权"(Regaining sovereignty)为主题进行了专门论述。③ 他认为,欧洲退回边境封锁、重新实施再国家化政策,不仅无法逃避全球竞争并与全球价值链隔离,而且剥夺了欧盟自20世纪50年代以来取得的成就。面对欧洲如何"重获主权"的问题,科尔的解释是,欧盟的创设者们已经设计了一种集体管理开放市场的机制来应对挑战,它为成员国提供了一个独特的平台,以恢复全球化侵蚀的某些国家职能。因此,无须在开放和主权之间做出选择,只要在欧洲机构内部共享主权便可使各国"重新获得主权"。④

---

① 20世纪90年代,英国社会学家安东尼·吉登斯所描绘的政治经济社会发展的"第三条道路"不仅被当时的英国工党领袖托尼·布莱尔视为"治国方略",同时其思想影响也扩散至欧洲大陆,并带来了欧洲社会民主主义发展的巅峰时刻。中国翻译出版了安东尼·吉登斯的大量学术著作。

② 澳大利亚国立大学约翰·奎金教授的文章参见 Henry Farrell and John Quiggin, "How to Save the Euro—and the EU: Reading Keynes in Brussels", *Foreign Affairs*, Vol. 90, No. 3, 2011, pp. 96 – 103。

③ Benoît Cœuré, "Taking Back Control of Globalisation: Sovereignty through European Integration", European Central Bank, March 28, 2018, https://www.ecb.europa.eu/press/inter/date/2018/html/ecb.in180328.en.html.

④ "重获主权"来自2017年欧洲罗伯特·舒曼基金会研究主管蒂埃里·肖邦提出的概念,其认为"主权欧洲"应该变成一项欧盟政治新议程。作为法国人,肖邦在文章中突出强调了法国可以捍卫欧洲世界范围内的战略地位的同时,重新解释了"差异化欧洲"的涵义,并认为应该承认国家利益的异质性,要在开放的前提下推进"差异化"发展,而法国和德国必须在欧洲关于主权问题的政治和地缘政治的新战略中发挥推动作用。具体文章参见 Thierry Chopin, "Defending Europe to Defend Real Sovereignty", *Jacques Delors Institute Policy Paper*, No. 194, 2017, https://www.robert-schuman.eu/en/doc/actualites/defending-europe-to-defend-real-sovereignty.pdf。

第八章 经济主权构建与加强

依据科尔的观点，欧盟本身现有的架构与施展空间，已经为美国哈佛大学肯尼迪学院教授、著名经济学家丹尼·罗德里克在2011年提出的"全球化悖论"提供了"欧洲化"的解释答案。根据罗德里克的分析和研究，全球化的特质使得民族国家不可能在同时追求民主、国家主权和全球经济一体化中取得"三角平衡"。[①] 因此可以认为，2017—2018年，在英国脱欧和特朗普执政引发的"全球化进程异动和逆反"中，欧洲人已经在理论上反思了国家"经济主权"弱化的问题。但无论如何，大部分欧洲学者还是在理念上将传统的"国家经济主权"与一体化融合后的"欧洲主权"视为一体，并希望以欧盟的力量来解决全球化与国家之间不可回避的现实问题。

（二）全球政治经济格局变化引发的战略竞争考量

现实环境的变化总是使人们主动和被动地采取符合自我认知的应对，欧洲人也并不例外。进入2019年，受美国对中国和欧洲主动挑起贸易摩擦而引发的全球政治经济格局变化的影响，在欧洲公共舆论界，关于"欧洲主权"的讨论陡然剧增，并已从边缘话题开始向中心话题聚焦。

从应对现实的战略环境变化角度看，2019年4月，德国国际政治与安全事务研究所研究总监芭芭拉·利珀特（Barbara Lippert）从全球竞争力角度审视了欧洲战略自治和国家产业政策问题，认为需要对欧洲全球市场地位进行持续性的防御。[②] 而更具影响力的是，欧洲外交关系委员会的联合创始人和主任马克·伦纳德（Mark Leonard）、欧洲著名智库布

[①] Dani Rodrik, *The globalization paradox: Democracy and the future of the world economy*, New York: WW Norton & Company, 2011.

[②] 芭芭拉·利珀特（Barbara Lippert）在题为"欧洲战略自主：角色、问题与利益冲突"（European Strategic Autonomy: Actors, Issues, Conflicts of Interests）的文章中认为，全球竞争意味着需要对非欧洲竞争者的市场地位进行持续防御，这对企业家的主动权和国家产业政策提出了新的挑战。如果是前瞻性的规制体系，德国和欧洲将很难捍卫自己的竞争力。因此，经济绩效和技术创新是实现欧洲战略自治的必要先决条件。具体文章参见Barbara Lippert, Nicolai von Ondarza, Volker Perthes, "European Strategic Autonomy: Actors, Issues, Conflicts of Interests", *SWP Research Paper*, No.4, 2019, p.39。

新时代国家经济安全的战略与现实

鲁盖尔（Bruegel）的研究员让·皮萨尼·费里（Jean Pisani-Ferry）等人在 2019 年 6 月公开了一份名为《重新定义欧洲的经济主权》的政策建议报告，认为欧洲人都乐于相信欧盟具有决定其自身经济命运的集体经济规模和能力。但是，其他全球大国的行为正在使这种能力受到质疑，特别是中国和美国两个大国没有像欧盟那样将经济利益与地缘政治利益区分，反而越来越多地利用各种联系来获取地缘政治优势，并寻求使用经济工具来确保地缘政治优势，结果就是欧洲的经济主权受到威胁。对此，欧洲应该在不加重贸易保护主义或退出全球化的情况下，提高欧盟运用经济实力的能力。为此，欧盟委员会应制定一项经济主权战略，并建立一个经济主权委员会，纳入经济和安全的考量。[①]

从全球竞争看待战略安全而言，欧洲改革中心首席经济学家克里斯蒂安·奥登达尔博士，于 2019 年 10 月在德国著名的 Ifo 经济研究所召开的慕尼黑学术研讨会上发言时强调，经济主权意味着可以制定自己的经济政策、发挥经济实力，稳定整个国内经济。从理论上讲，美元和欧元都可以是储备货币。[②] 进入 2020 年，新冠疫情暴发并未降低全球主要经济体战略竞争的强度，进而引发了欧洲人对于战略安全的焦虑。2020 年 9 月，利珀特再次撰文认为，欧洲可以自由决定其国际贸易联系和经济联系，而不受外界影响，欧盟必须扩大其手段范围，以抵消域外制裁的法律效力并增强欧洲经济的自我主张；[③] 德国外交政策专家、保护欧洲免受经济胁迫任务小组（ECFR）负责人乔纳森·哈肯布罗伊奇（Jonathan Hackenbroich）等人则在 2020 年 10 月撰文认为，欧洲人经常孤立地审视美国的制裁，从而在一定程度上忽视了这样一个事实：这些制裁是源自几个国家的更广泛的经济威胁现象的一部分，从而侵犯了国家和欧洲的主权。最危险的胁迫不是来自欧洲最亲密的盟友美国，大多数经济

[①] Mark Leonard, et al., *Redefining Europe's Economic Sovereignty*, Brussels: Bruegel, 2019.

[②] 在具体的表述中，我们明显看到了德国奥登达尔博士思想有重回李斯特国民政治经济学的痕迹，参见 Christian Odendahl, "Europas ökonomische Souveränität", Paper Presented to the Conference on "Münchner Seminar", October 21, 2019。

[③] Barbara Lippert, "Krisenlandschaften und die Ordnung der Welt", *SWP Studie*, 2020, p. 108.

胁迫将来自中国,可能还有俄罗斯。①

因此,就应对全球地缘政治新格局和欧洲战略安全而言,一方面,可以清楚地观察到,在过去几年间,欧洲人对于"经济主权""战略自我"的讨论已开始从理论宏观层面思考全球化问题,向具体的国家进行转移与聚焦;另一方面,像让·皮萨尼·费里这样的学者(曾是法国总统马克龙的竞选项目总管和主要智囊,同时又任法国政府战略规划总监)也加入其中。那么可以推断的是,欧洲"经济主权"的讨论,事实上已不再停留于全球化的理论认识层面,而将落实到各类政治行动中去。

(三) 新技术革命与技术竞争加速带来的战略恐惧

虽然欧洲人的自信使他们从未公开承认过,自身既有的产业链面对全球新技术革命时的准备不足,包括新技术产业链始终无法形成生态闭环,特别是数字经济转型无法突破困境。② 但很显然,相比20世纪90年代爱立信、诺基亚在移动通信行业的风光,在新一代5G通讯领域,中国华为公司的技术与市场能力已使欧洲人认识到必须在国家"战略安全"与经济成本和技术领先上进行困难抉择;同样,在云计算、大数据等数字技术研发和应用领域,欧洲也无法应对来自美国的亚马逊、谷歌、脸书等超级公司的竞争,只能启动"数字税收"加以回应和博弈;而在先进半导体计算芯片(CPU、GPU、TPU)等领域,欧洲人不仅毫无建树,同时其自身拥有的意法半导体、英飞凌等传统强势半导体器件公司,还得面对美国科技巨头自身技术"异变"的威胁,包括欧洲本土通过数十年孵化并有创新技术生态能力的软件公司 ARM(英国公司),最终还

---

① Jonathan Hackenbroich, "Defending Europe's Economic Sovereignty: New Ways to Resist Economic Coercion", ECFR, October 20, 2020, https://ecfr.eu/publication/defending_europe_economic_sovereignty_new_ways_to_resist_economic_coercion/.

② 最新发布的2020年全球创新报告显示,虽然在全球创新指数国家(GII)排名上,根据世界知识产权组织(WIPO)的排序,欧洲的瑞士、瑞典、英国、荷兰、丹麦、芬兰和德国均在全球得分排名前10之内(德国为第九),但以2020年GII经济指标排名最高的GII全球经济体来看(投入产出总得分),在十个全球经济体中欧洲只有卢森堡、丹麦和瑞士入围,分别位列第4、8、10名,最好的水平与中国相当,明显落后于美国,而中国是连续5年上升速度最快的国家。具体参见 Soumitra Dutta, Bruno Lanvin and Sacha Wunsch-Vincent, "The Global Innovation Index 2020: Who Will Finance Innovation", *World Intellectual Property Organization*, 2020。

是被美国的英伟达公司高价收购。上述种种严酷的事实,使得欧洲人不得不认真审视自身在全球新技术革命的竞争中拥有的战略实力。

早在 2019 年 3 月也就是全球 5G 商业网络建设启动期,欧盟委员会给欧洲理事会提交的文件《欧盟—中国战略展望》中已经公开表示:"外资在欧盟战略领域的投资、关键技术和基础设施的收购、参与欧盟标准制定和关键设备的供应都可能对欧盟的安全构成风险,例如 5G 网络。"① 而欧盟委员会内部智库欧洲政治战略中心(EPSC)则在 2019 年 7 月发表了《反思数字时代的战略自主性》的报告,强调"工业和技术基础是关键,强大的工业和技术基础对欧洲的战略自主都是至关重要的,尽管进口有助于弥补欧洲的一些不足,但过度依赖外国技术也会带来风险。欧盟成员国将越来越多地集中资源,它们需要就数字技术的地缘政治优先事项推进达成共识"。②

虽然政治家们对于技术本身的变化反应较为迟钝,但是,技术的快速进步并通过全球竞争带来的广泛政治经济影响,使得他们不得不对技术"链式裂变效应"做出反应和应对。2019 年 9 月,法国法兰西银行行长弗朗索瓦·维勒罗伊·德·加尔豪(François Villeroy de Galhau)在巴黎国际事务学院以"欧洲的经济主权是什么"为题进行了学术讲座。他指出:"目前,对欧洲经济主权的挑战主要有两类:第一类与政治决策有关;第二类与技术力量的出现有关。这些技术力量的影响范围超出了单个国家的技术制造范围。"③ 显然,其强调的"技术"本身已被纳入影响"经济主权"的战略视野。面对欧洲官员的公开呼吁和欧委会智库的战略报告,欧盟委员会不可能无视更不可能无所作为。2019 年底,新任欧委会主席冯德莱恩发表 2020 年欧盟国情咨文时明确提出:"现在复制超级规模企业可能为时已晚,但在一些关键技术领域实现技术主权还不算

---

① European Commission, "EU-China-A strategic Outlook", Join (2019) 5 final, 2019.
② European Political Strategy Centre, "Rethinking Strategic Autonomy in the Digital Age", Publications Office of the EU, 2019.
③ 该讲座内容折射出欧洲技术官僚的历史学、金融学和经济学的交叉学科视野和宏观问题驾驭能力,具体参见 François Villeroy de Galhau, "What Economic Sovereignty for Europe? Facing the Threats with Lucidity, and Boldly Seizing an Opportunity", Paper Presented to the Conference on "The Paris School of International Affairs, Sciences Po Paris", September 18, 2019。

太晚。为了引领下一代超级规模企业,我们将投资于区块链、高性能计算、量子计算、算法和工具,以实现数据共享和数据使用,我们将共同制定新一代技术的标准,这些标准将成为全球规范。"[1] 她的演讲等于承认了一个事实,即欧洲目前已经没有复制超级规模企业的机会了。而所谓的超级规模企业代表,就是苹果、微软、亚马逊、谷歌等全球性技术公司。这是欧洲政治家不得不面对的现实。

(四)民粹主义运动的长期影响

民粹主义与"国家主权",包括与"经济主权"的天然联系是符合其政治考量和政治动员的基础逻辑的,几乎没有一个民粹主义者会忽视"国家主权"的主题并使之在政治、经济和社会层面放大。虽然有理论研究更关心民粹主义本身的"反自由、反民主、反多元、垄断人民概念"的理论讨论。[2] 也有学者专门论述了2008年经济衰退对跨大西洋两岸民粹主义崛起的影响,包括当下欧洲民粹主义的典型特征。[3] 但是,这些论述都没有详细展开讨论,民粹主义究竟能以什么形式推动对"国家主权"与"经济主权"的认同。

从前后的关联性角度看,对于大部分研究者而言,无论是法国国民阵线(FN)的历史性崛起和起伏,还是德国选择党(AFD)在欧债危机后的出现,大多关注的是经济危机和金融危机导致的经济衰退与失业率上升对民粹主义浪潮产生的助推作用,或者说在关联性上可以证明经济衰退与所有的民粹主义运动呈正相关关系。但如果深入探究民粹主义的底层政治逻辑,包括分析其所鼓动和所能动员的对象群体(沉默的大多

---

[1] 欧盟委员会主席的2020年度咨文报告原文参见 European Commission, "Von der Leyen Commission: One Year On", 2020, https://ec.europa.eu/info/sites/info/files/first_year_of_the_von_der_leyen_commission.pdf.

[2] 如欧洲思想史和政治理论杰出的学者、普林斯顿大学教授德国人扬 - 维尔纳·米勒以"人民"的宽泛视角全面论述了民粹主义的本质与政治表现。具体参见扬 - 维尔纳·米勒《什么是民粹主义》,钱静远译,译林出版社2020年版。

[3] 著名政治分析家约翰·朱迪斯全面总结了美国与西欧民粹主义的异同,并分析了民粹主义在欧洲发展的历史,包括其21世纪新特征,具体参见约翰·朱迪斯《民粹主义大爆炸:经济大衰退如何改变美国和欧洲政治》,马霖译,中信出版集团2018年版。

数）的特征可发现：虽然表面上是"全球化失败者"构成了民粹主义的中坚力量，但事实上，无论是社会底层还是社会精英，所有民粹主义者无一例外地宣称自己是"真正的爱国者和真正的精英"并坚持诉求"国家主权"①。所以，当民粹主义政治人物一方面以"人民的利益"来进行底层社会政治鼓动时，从未放弃自身在"他类政治精英"群体中的力量凝聚。②

正是由于民粹主义"他类政治精英"的特点，包括民粹主义政治逻辑本身共同塑造了认知需要，近年来，泛欧洲的各类民粹主义政党精英们，在面对民众的政治鼓动中从未忽视"国家经济主权"的概念推广。如 2015 年欧洲最大的民粹主义政党——法国国民阵线的领导人玛丽娜·勒庞（Marine Le Pen）在接受采访中明确表示，欧盟的金融市场只在乎他们自身的利益，法国要有自己的经济主权。③ 2019 年，法国民粹主义政党塑造的年轻右翼政治明星乔丹·巴尔德拉（Jordan Bardella）在参加欧洲议会选举中也无一例外地宣称："要从欧盟委员会手中夺回主权。"④ 时任意大利副总理的马特奥·萨尔维尼（Matteo Salvini），作为意大利极右翼同盟的领导人和欧洲冉冉升起的民粹主义明星，在 2019 年欧洲议会选举中同样表达了"意大利优先"的国家主权至上的观点。当然，更坚定和极端的看法来自欧洲东部国家匈牙利的执政者欧尔班。⑤ 因此，民

---

① 仔细考察德国选择党的发起人和党员构成可以看到，德国选择党无疑是标准意义上的"社会精英"党，而且其在德国如巴登—符腾堡、巴伐利亚、北莱茵—威斯特法伦等富裕州的党员人数与受欢迎程度远高于德国非经济核心地区。有关德国选择党与法国国民阵线的构成特点分析，参见余南平《当下反全球化思潮的辨析与展望》，《欧洲研究》2017 年第 5 期。

② 美国历史学家、乔治城大学教授迈克尔·卡赞（Michael Kazin）以《民粹主义的诱导》为题论述了美国历史上人民党运动，并提出了民粹主义是一门语言，讲这门语言的人将普通人视为一个高尚的群体，但该群体深受其自身阶层的限制的观点。但这个判断却无法解释和说明德国选择党的出现，包括目前获得数量可观的州选举席位的新现象。参见 Michael Kazin, *The Populist Persuasion: An American History*, Ithaca: Cornell University Press, 1998。

③ Marine Le Pen, "Need to Return to Economic Sovereignty: Marine Le Pen", *Squawk Box Europe*, April 29, 2015.

④ Victor Mallet, "Le Pen Protégé vows to Reclaim Sovereignty from EU", *Financial Times*, January 20, 2019, https://www.ft.com/content/1e110d78-19ba-11e9-b93e-f4351a53f1c3.

⑤ Sylvia Poggioli, "Italy's Matteo Salvini Hopes To Lead Nationalist Wave In Upcoming European Elections", National Public Radio, May 22, 2019, https://www.npr.org/transcripts/725023096.

粹主义政党的领导人似乎天生就是为"国家主权"而战的"民众代表",他们持续不懈的努力与鼓动不可避免地在潜意识上影响欧洲的政治生态,许多即使不赞成反移民和反多元化的欧洲人,在"国家主权"问题上对民粹主义的主张却有相似的认同。

总体而言,无论是全球化理论认知演化和全球政治经济格局变化,还是新技术革命带来的战略竞争强化,包括欧洲民粹主义运动潜在影响的各种因素的综合影响叠加,都使得欧洲范围内"强化经济主权"的认识已经成为政治经济行动的"选择共识",必将在更广泛意义上影响欧洲对内和对外战略的调整。

二 欧洲强化经济主权的行动落实

欧洲强化经济主权的各种理念的交织与互动,包括政治家的言论,甚至是政策设计与制度构建,包括战略规划,只有转化为具体可见的经济行动才具有战略实践价值。换言之,判断欧盟加强"经济主权"的具体行动计划、机制协调,包括资源分配,可以来自对欧盟的各类规划文本的分析,[①] 但更多的还需要从产业链端,如动力电池、医药与医疗物资、清洁能源、新一代计算机算力等标志性项目的落地和未来产业配套形成中才能对欧洲"经济主权"的行动落实一窥究竟。

首先,欧洲强化战略支柱产业——汽车工业向新能源转型是明确和坚定的。而这也遵从了欧洲"气候中和"的广泛政治认同,并落实到了欧洲强势产业端。早在2016年,欧洲电池供应商诺斯伏特的创始人瑞典的彼得·卡尔森即已表示,在电动汽车起步时,中国政府已经为企业提供服务和各种优惠政策,并形成发展电动汽车的政策导向,集中力量打

[①] 对于欧盟强化经济主权的战略规划和政策机制建立已有研究进行较为详尽的分析,具体参见忻华《"欧洲经济主权与技术主权"的战略内涵分析》,《欧洲研究》2020年第4期。而值得特别指出的是,对于欧洲而言,产业链构建的驱动力和承担者是公司,包括在整个欧洲范围内的价值链构建也需要依靠市场的力量,而欧盟作为战略规划、政策设计者其形而上层面的努力是否能够成功,必须要得到来自经济基础的产业链端的支撑。因此,从产业链端进行自下而上的分析也更具实践价值。

造电动汽车市场，但在欧洲，这种情况却不会发生，这是欧洲需要反思和未来努力的方向。① 法国财政部长布鲁诺·勒梅尔则更直接地指出，欧洲需要重新思考产业政策，汽车工业对于欧洲的工业基础至关重要，首先要考虑的就是电池产业。电池成本大概是电动汽车成本的40%，如果欧洲国家只能通过进口来获得汽车电池，那么欧洲就会失去这个行业中全球价值链的增值以及核心技术，也就失去了全球价值链的核心地位。② 基于战略上的共识，2019年5月，法国与德国达成协议，共同组建电动汽车电池生产商。③ 而在德法采取联合行动之前，欧盟层面上的欧洲电池产业联盟已于2017年正式成立，并得到西门子、戴姆勒等欧洲著名企业的支持和参与，旨在为欧洲电池产业提供全方位的帮助。法国、德国、意大利和芬兰等七国申报的电池产业"欧洲共同利益重要计划"（IPCEI）也得到了欧委会的批准。欧洲各大企业本土布局计划也纷纷落地，尤其在2020年新冠疫情暴发后，欧洲"战略自主"下的电动汽车产业链"补短板"行动明显加快（见表8-1）。

其次，医药和医疗物资供应链的安全问题在欧洲得到明显的重视。2020年疫情的暴发，使得欧洲范围内出现了防疫物资短缺和医疗资源被"挤兑"的现象，欧洲国家之间甚至还发生了截留防疫物资的事件。欧洲公共医疗卫生体系不仅承受了极大的考验，医疗物资供应链的"安全问题"迅速成为欧洲政治家和公共舆论关注的话题。为此，欧洲方面旋即做出快速反应，建立旨在加强和保障医疗物资的欧洲范围内的本土化供应链，进而减少对外部供应链的依赖（见表8-2）。

再次，欧洲的能源供应的战略安全问题也正在通过欧洲项目投资加以解决。除了新能源电动汽车产业链的自主能力加强以外，对于新能源

---

① Richard Milne, "Battery Maker Northvolt Scales up Ambitions with Factory Push", *Financial Times*, November 26, 2019, https://www.ft.com/content/bc4a55f0-0e9f-11ea-a225-db2f231cfeae.

② Cabinet de Bruno Le Maire, "Feu vert de la Commission européenneau projet européen sur les batteries, coordonné par la France", Site Internet du ministère français de l'économie et des finances, 9 décembre 2019, https://cn.ambafrance.org/Feu-vert-de-la-Commission-europeenne-au-projet-europeen-sur.

③ "France, Germany Plan to Create Leading Battery Industry", Associated Press, May 2, 2019, https://www.insider.com/france-germany-plan-to-create-leading-battery-industry-2019-5.

第八章　经济主权构建与加强

表8-1　欧洲动力电池投资一览

项目名称/类型	时间	地点	参与企业/组织/国家	投资金额&来源	目标
1. 欧洲最大锂离子电池厂	2018年6月开始建设，预计2021年投入生产	瑞典	诺斯伏特（Northvolt）	总投资445万欧元，欧盟投资380万欧元	①生产更低成本、更高技术、更环保低碳的太阳能电池 ②使欧洲在太阳能电池制造领域具有竞争力，以摆脱对亚洲制造的依赖
2. 德国电池超级工厂	2019年签署协议	德国萨尔茨吉特	诺斯伏特 大众汽车集团	该项目将耗资10亿欧元，大众汽车向诺斯伏特持股一半。大众汽车向诺斯伏特投资9亿欧元，部分资金将用于该合资企业建设，另一部分资金则直接投向诺斯伏特	规划最终每年产能最高可达到24千兆瓦时
3. 高压电池模块生产基地	2020年9月23日宣布	德国莱比锡	宝马	其计划到2022年对莱比锡动力电池生产线投资超过1亿欧元（1.17亿美元）	扩大其在德国的电动汽车零部件生产能力。最快在2021年，宝马集团在欧洲销售的汽车中，预计每四辆车中就有一辆是电动车型，到2025年，这一比例将达到三分之一，到2030年将达到二分之一
4. 全球动力电池网络	2020年上半年	多国	戴姆勒	戴姆勒旗下品牌梅赛德斯-奔驰宣布将为其全球动力电池生产网络投资10亿欧元以支持其生产电池	打造一个包括中国、德国和美国等多个国家和地区在内的电池生产网络，这一网络覆盖了3大洲7个区域，共有9家电池工厂

· 261 ·

续表

项目名称/类型	时间	地点	参与企业/组织/国家	投资金额&来源	目标
5. 斯洛伐克超级电池工厂	2020年	斯洛伐克	斯洛伐克 InoBat Auto 公司	分阶段投入10亿欧元	建立一个10GWh超级电池工厂，到2024年每年可为24万辆电动汽车生产电池
6. 巴斯夫第二座欧洲电池材料工厂	2020年2月12日宣布	德国东部勃兰登堡州	巴斯夫	这是该公司4亿欧元投资计划的一部分 德国政府将为巴斯夫的这个国家项目提供超过1亿欧元支持	预计可满足40万辆电动企业的阴极材料需求
7. 电池生产迁回法国	2020年5月26日	法国	标致雪铁龙集团（Peugeot SA）能源巨头道达尔集团（Total SA）	共同投资约20亿欧元	将电动汽车的电池生产从中国迁回法国
8. Automotive Cell Company (ACC)	2020年1月宣布成立	法国新阿基坦地区、德国	标致雪铁龙集团 道达尔公司集团 Saft（法国电池制造商研发）德国电气电子行业协会（ZWEI）欧盟委员会"欧洲共同利益重要项目"（IPCEI）	法国和德国政府财政支持（13亿欧元）欧盟委员会的公共预算资金 整个项目将动员超过50亿欧元投资	按照规划，法国境内的工厂在2021年中期启动，投资金额2亿欧元，进行先期研发性投入，而后将产能逐步提升至24GW，然后是德国同等产能工厂建设，到2030年这两座电池工厂的产能达到同等的48GW，年产100万车用电池，约占欧洲市场的10%—15%

资料来源：作者通过公开报道的信息汇总整理。

第八章　经济主权构建与加强

表8-2　欧洲医药、医疗物资类投资一览

项目名称/类型	时间	地点	参与企业/组织/国家	投资金额&来源	目标
1. 药厂扩张项目	2019年、2020年投资	塞尔维亚	德国制药商史达德（Stada）	2000万欧元资金	对在塞尔维亚的产业布局进行扩容
2. 医疗防护用品生产项目	2020年3月	德国巴登—符腾堡州拉施塔特市	德国DACH防护用品制造公司机器制造公司	暂无估计	缓解对中国供应链的依赖
3. 制药项目	2020年4月	法国	法国赛康世（Seqens）制药公司	暂无估计	①新设工厂，增加产能 ②缓解对亚洲原材料的依赖，配合政府树立标杆
4. 新冠疫苗项目	2020年6月	法国	法国赛诺菲（Sanofi）生物制药公司（全球第三大疫苗生产商）法国政府欧盟	Sanofi公司投资10亿欧元	①建立疫苗生产基地和疫苗研究中心，提高法国疫苗的生产和研发能力 ②实现疫苗的大规模生产，增加应对疫情风险的灵活性
5. 药厂回迁项目	2020年6月	法国	法国赛诺菲（Sanofi）生物制药公司法国玉莎（UPSA）制药公司法国政府	暂无	①缓解对中国原材料和生产线的依赖，开发法国境内的扑热息痛（乙酰氨基酚）生产线 ②配合政府促进产业回迁

· 263 ·

续表

项目名称/类型	时间	地点	参与企业/组织/国家	投资金额 & 来源	目标
6. 计算机辅助药物设计项目（LIGATE 项目）	2021 年 1 月 1 日启动	欧洲多国	欧洲高性能计算联合事业部（EuroHPC）	590 万欧元（EU Horizon 2020 项目资金）	充分利用超级计算功能来改善计算机辅助药物的设计，用于支持各国对全球新冠流行性危机的及时反应
7. 抗生素项目	2021 年 1 月 5 日	奥地利	瑞士诺华（Novartis）制药公司旗下公司山德士（Sandoz）药厂奥地利政府	山德士（Sandoz）药厂提供 1.5 亿欧元资金奥地利政府提供 5000 万欧元公共资金	①提高欧洲的综合抗生素生产量，提高欧洲基本药物的生产能力②应对来自中国的价值竞争，提高欧洲的竞争力

资料来源：作者通过公开报道的信息汇总整理。

第八章 经济主权构建与加强

其他领域如风能、太阳能、氢燃料和储能等，欧洲也正在按自主可控和规模扩大的原则，加大力度推进项目落地（见表8-3）。从欧洲的"战略自主"和"战略安全"的意义来看，这些基础类新能源项目的启动，表面上是为欧洲的"碳中和"目标实现而进行欧洲能源结构调整，但其隐含的"能源战略安全"的潜在价值，则是为了未来彻底摆脱欧洲对俄罗斯的能源供给依赖，并在战略上实现自主选择和突破"安全制约""瓶颈"。[①]

最后，在前沿科技领域，特别是欧洲短板的"算力"和半导体设计芯片领域，欧洲认识到了全球新技术竞争的基础性、前沿性以及以往对美国技术的过分依赖。而面对全球快速的"数字经济"转型，欧洲奋发直追加大投资力度（见表8-4），并希望未来在全球"算力"市场拥有欧洲自主的关键技术和市场生态体系的构建能力。

从上述各项前沿技术和关键技术，特别是欧洲领先产业如汽车行业转型项目的落地情况看，欧洲的强化和建设经济主权的"战略自主"目标并不仅仅是学者、智库们的纸上讨论，也不仅仅是欧洲政治家的口头表达。在整个欧洲范围内，特别是在2020年全球新冠疫情暴发后，供应链与产业链短板问题，包括新技术竞争加剧的问题已经得到欧洲各个层面的重新审视和重视，而本土化、欧洲区域化的投资项目部署已渐次展开。这不仅是欧洲抓住抗疫机会、扩大共同救援行动经济层面的努力，更是欧洲通过产业链重塑、实现欧洲"经济主权"和"战略自主"的共同行动。而这些行动在未来产生的影响，不仅将体现在欧洲产业链层面，更重要的是，可能会对全球价值链本身进行一定程度的重构，进而产生微妙的全球政治经济格局的调整性影响。

---

① 摆脱对俄罗斯的能源依赖一直是欧盟政治的辩论话题，就在特朗普政府针对北溪二号天然气管道建设施压无果后，欧盟内部却因管道项目引发巨大争议。欧洲议会2021年1月以压倒性优势要求德国停止北溪二号管道项目，给德国默克尔总理带来了巨大的压力。具体报道参见 Andrew Rettman,"Nord Stream 2：MEPs Call for Halt to Russian Gas Pipeline", BBC, January 21, 2021, https：//www.bbc.com/news/world-europe-55756282。

新时代国家经济安全的战略与现实

表 8-3　欧洲清洁能源投资一览

项目名称/类型	时间	地点	参与企业/组织/国家	投资金额 & 来源	目标
1. NEXTBASE 太阳能项目	2016 年 10 月至 2019 年 9 月	欧洲多国	迈耶伯格研究公司，来自德国、比利时、瑞士、法国、荷兰、意大利、捷克、挪威 8 个国家的 14 个合作伙伴	总投资 445 万欧元 欧盟投资 380 万欧元	①生产更低成本、更高技术、更环保低碳的太阳能电池 ②使欧洲在太阳能电池制造领域具有竞争力，以摆脱对亚洲制造依赖
2. 风能制氢项目 (Wind-to-Hydrogen Project)	预计 2021 年 1 月投入生产	丹麦	西门子歌美飒（Gamesa）公司 丹麦 Everfuel 公司	①西门子公司 ②欧盟"氢战略"（hydrogen strategy）投资	①主要应用于运输业、重工业，实现欧洲电力供应脱碳和全球能源转型 ②氢能源得以储存，用于今后解决其他行业的问题
3. Horizeo 太阳能项目	2021 年 1 月 12 日宣布启动	法国西南地区	法国 ENGIE 集团 法国 Neoen 可再生能源公司	暂无估计	①确保向工业公司直接供电，是与法国目前可再生能源经济模式的真正突破 ②将太阳能与电力储存等技术创新相结合，加快法国的能源转型
4. 风力发电厂项目	2021 年 1 月 19 日签订合同	西班牙	西班牙可再生能源开发商 Greenalis 西门子歌美飒（Gamesa）公司	7760 万美元	为该地区家庭提供电力

续表

项目名称/类型	时间	地点	参与企业/组织/国家	投资金额&来源	目标
5. 英国大型储能综合设施	①计划于2022年开始建设 ②2024年投入使用	英国埃塞克斯物流园区	全球动力公司（InterGen）英国商业、能源和工业战略部（BEIS）	2亿英镑	①支持和稳定现有的电力供应 ②提供低碳、灵活的电力解决方案，支持欧洲能源转型
6. 绿色氢燃料项目	预计2022年启动并运行	智利南部	西门子歌美飒（Gamesa）公司 保时捷公司 埃克森美孚公司 德国政府（德国国家氢战略）意大利国家电力公司（Enel）	德国政府出资823万欧元 保时捷公司投资2000万欧元	①从国外获取绿色燃料，以解决德国国内可再生能源氢生产空间有限的问题 ②建立一条全新的供应链；可再生能源将不只在市场国生产，而是在自然资源丰富的地方大规模生产

资料来源：作者通过公开报道信息汇总整理。

表8-4 欧洲计算机投资一览

项目名称/类型	时间	地点	参与企业/组织/国家	投资金额&来源	目标
1. 超级计算机项目	2018年签署，2019年正式启动，预计2023年建成	卢森堡	欧盟工业部	欧盟投资10亿欧元 欧盟25个成员国拨款	①开发欧洲超级计算基础架构 ②支持旨在开发欧洲超级计算生态系统的研究和创新活动 ③加强欧洲HPC技术供应链，以提高欧洲在全球的技术竞争力
2. 量子计算机项目（欧洲第一台量子计算机系统）	2019年9月签署，计划于2021年初投入运行	德国	IBM 德国联邦政府	德国政府投入6.5亿欧元	①德国作为欧洲的研究基地，将成为欧洲的量子技术中心 ②保证欧洲在拥有数据主权的情况下，开发面向应用的量子计算策略
3. 半导体项目	2020年12月9日签署项目，未来2-3年内大力发展	欧洲多国	17个欧盟成员国	1450亿欧元资金	①加强成员国在半导体价值链上的合作，包括设备和材料，设计以及先进制造和包装方面 ②半导体行业是欧洲绿色计划、数字议程的核心部分，对提高全球技术竞争力有关键性作用
4. 超级计算机项目（SCALABLE工业项目）	2021年1月1日启动	欧洲多国	欧洲高性能计算联合事业部（EuroHPC）	300万欧元（欧盟"地平线2020"计划资金）	利用计算机流体动力学来提高工业性能，为将来欧洲百亿兆级系统提供效率和扩展性

· 268 ·

第八章 经济主权构建与加强

续表

项目名称/类型	时间	地点	参与企业/组织/国家	投资金额&来源	目标
5. Hexa-X项目（6G技术）	2021年1月5日	欧洲多国	欧盟诺基亚、爱立信牵头的总共25个行业和学术合作伙伴	现已获得1200万欧元资金	①是欧盟"地平线2020"计划的一部分，旨在建立互联智能、具有可持续性和全球服务覆盖范围、可信赖性的跨引擎结构 ②加快欧洲数字化步伐，保护欧洲技术主权，提高全球竞争力

资料来源：作者通过公开报道信息汇总整理。

三 欧洲强化经济主权对全球价值链重构的影响分析

技术革命进步的原有路径与新冠疫情突然暴发的双重叠加影响,引发全球价值链出现实质性的结构调整。全球价值链呈现整体规模萎缩、本土化和区域化加强、全球价值链数字化转型加速、世界主要大国对中国实施价值链拆解五大典型特征。[①] 至于欧洲强化经济主权落实到全球价值链层面将带来怎样的变化,首先要分析欧洲的全球价值链现有特征和结构,其次归纳其约束因素,最后判断未来的影响。

(一) 欧洲占据复杂全球价值链,但市场"内卷化"程度下降

首先,毋庸置疑的是,以实证数据支撑的全球价值链拓扑结构变化分析表明,以疫情前 2000—2017 年全球供应枢纽区域中心国的变化来看,2000 年全球传统贸易网络三大中心分别是美国、德国和日本,而到 2017 年,北美和欧洲的网络拓扑结构没有显著变化,但在亚洲发生了巨大的变化,中国取代了日本,成为贸易增加值出口的全球第二大供应枢纽,并以枢纽的作用链接高收入经济体与新兴市场国家。研究还发现,就复杂全球价值链网络演变来看,在 2000—2017 年的长时段变化中,贸易更加集中于区域贸易伙伴之间,区域枢纽之间并未产生重要的直接联系。复杂全球价值链的增长快于全球平均国内生产总值,且美国和德国仍然是复杂全球价值链网络中最重要的枢纽。[②] 因此,疫情前全球价值链的长时段结构性变化的特征表明,全球价值链在以产业链层级和关键技术控制进行的梯次全球分工模式下,虽然出现了典型的区域和区域枢纽中心国的结构性变化,但在复杂全球价值链中,全球高收入国家仍然占据主导地位。因此,欧洲以德国为代表的高收入国家依然在全球复杂

[①] 关于后疫情时代全球价值结构调整的研究分析参见余南平《新冠疫情下的全球价值链结构调整特征与未来挑战》,《国际关系研究》2021 年第 1 期。

[②] 具体分析参见 WTO 等《全球价值链发展报告 (2019)》,对外经济贸易大学出版社 2019 年版,第 9—54 页。

价值链中扮演中坚力量的角色，但在简单全球价值链贸易网络中，欧洲的规模与能力已经明显下降。

其次，就行业部门的价值链特征而言，中国在纺织部门的简单全球价值链贸易网络中，几乎覆盖全球所有经济体，并拥有增加值出口的绝对优势，而欧洲范围内像意大利、德国、法国还具有一定的规模，但中国是通过意大利、德国展开价值链活动，与法国联系较少，且欧洲范围内则是以意大利为中心和节点进行纺织行业的贸易增加值活动；在信息与通信技术部门的简单全球价值链贸易网络中，跨区域的是中国对美国的贸易增加值活动显著大于对欧洲的德国，中国和其他欧洲国家几乎没有直接的产业价值链活动，亚洲区域内日本、韩国与中国的产业链和价值链联系活动和规模却是非常显著，而这个现象同样存在于信息与通信行业的复杂全球价值链中，其差别仅在于中国对美国贸易增加值的减少；服务部门方面，在简单全球价值链贸易网络中，美国对中国的增加值活动明显，并通过荷兰链接德国，进而辐射欧洲，中国与欧洲之间没有明显的增加值活动，而在复杂全球价值链贸易网络中，美国与中国却同样没有明显的产业价值链活动联系，美国依然是通过荷兰、卢森堡与欧洲的德国、英国发生联系，且占据相当大的优势。[①]

最后，值得关注的是，受经济全球化进程与"中国制造"能力对全球价值链的结构改造，包括亚洲区域价值链活动愈加紧密等多重因素影响，以欧盟内部贸易占比的指标来衡量（见图 8-1），自 2007 年开始，欧盟内部贸易额占比持续下降，中间虽经反复，但下降的趋势没有出现改变。这既表明欧盟对于外部市场的供应链依赖明显增加，同时也体现出经过一体化的内部市场充分整合后，欧盟"内循环"能力出现了一定程度的下降，其"内卷化"的市场扩张出现相当程度的松动。

（二）欧洲（欧盟）的全球价值链的行业特征比较分析

全球价值链的拓扑结构只是体现了全球经济体之间的贸易增加值联

---

① WTO 等：《全球价值链发展报告（2019）》，对外经济贸易大学出版社 2019 年版，第 9—54 页。

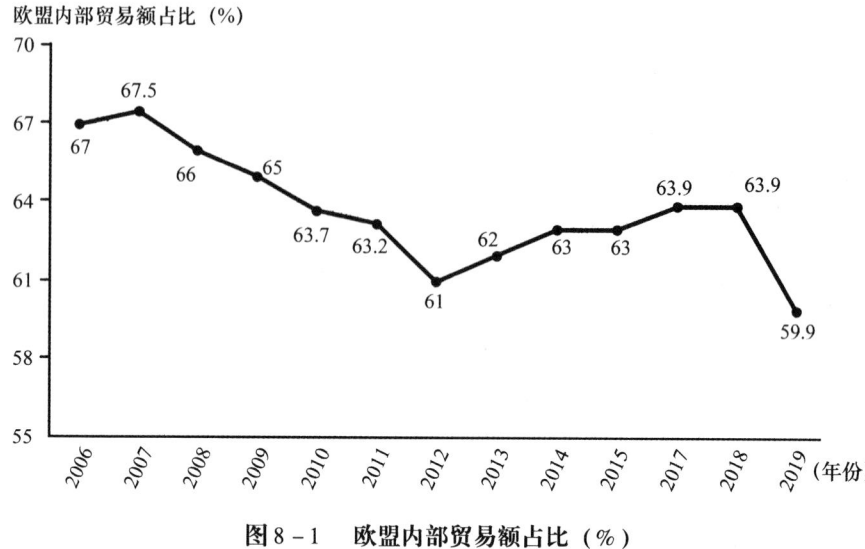

图 8-1　欧盟内部贸易额占比（%）

资料来源：作者根据欧盟统计年度报告（https://ec.europa.eu/eurostat/web/main/search? p_p_id = estatsearchportlet_WAR_estatsearchportlet&p_p_lifecycle = 1&p_p_state = maximized&p_p_mode = view&_estatsearchportlet_WAR_estatsearchportlet_action = search&_estatsearchportlet_WAR_estatsearchportlet_theme = empty&_estatsearchportlet_WAR_estatsearchportlet_collection = empty&p_auth = MsynekP0&text = key + figures + on + Europe）和 UNCTAD 数据库（https://unctadstat.unctad.org/wds/TableViewer/tableView.aspx? ReportId = 24397）绘制。

系，如果要深入理解一个经济体的产业竞争能力和价值链结构特征，还需要对一个经济体进行必要的价值链测度和比较，比较准确的测度方法可以采用世界贸易组织（WTO）首席经济学家罗伯特·库普曼的研究和改造公式，来测算一个国家在全球价值链的参与度和位置。[①]

纵向观察 2005—2016 年 11 年间欧盟在全球价值链中位置和参与度的变化（见图 8-2）可以看到，欧盟这一阶段在全球价值链的参与度从 0.51475 略微下降到 0.50390，位置指数从 0.2450 下跌到 0.2175。欧盟在全球价值链的参与度存在较大波动，2008—2009 年参与度持续降低，

[①] 库普曼提炼的计算公式表述参见余南平、夏菁《俄罗斯经济结构现状与俄罗斯在全球价值链中的角色分析》，《俄罗斯中亚东欧研究》2021 年第 1 期。本文不再赘述，而是直接给出计算分析结果。

2010年后参与度回升并保持稳定,而自2012年起欧盟在全球价值链的参与度逐年下降。相对而言,欧盟在全球价值链的位置指数虽总体比21世纪初略有下滑,但一直较为稳定。这表明在过去的十几年间,欧盟的产业结构本身未有实质性的变化,强势产业基本固化。

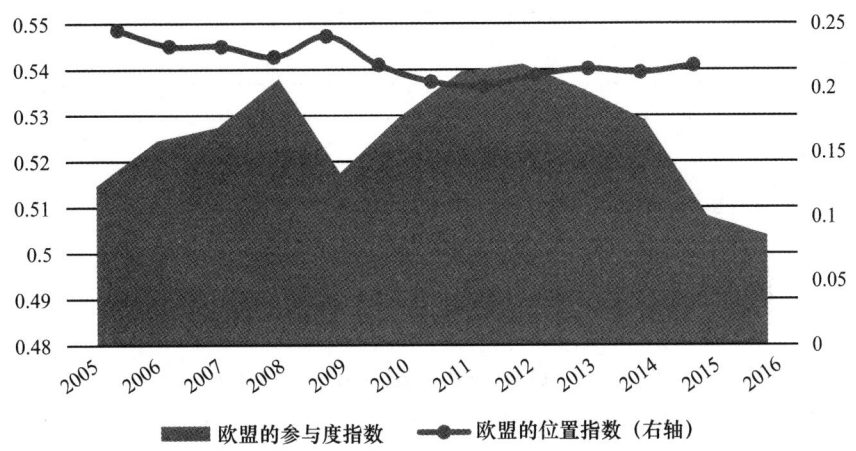

图8-2　欧盟2005—2016年参与全球价值链的变化

资料来源:作者根据经济发展与合作组织(OECD)数据库增值贸易(TiVA)主要指标计算,https://stats.oecd.org/。

如果将欧盟和中国、美国、东盟整体相比较(见图8-3)可以发现,欧盟在全球价值链上的位置和参与度远不如中国,稍高于美国,位置指数远高于处于末端的东盟,但参与度却逊于东盟。这表明,除了德国还有以中间件方式,如汽车发动机、变速箱、IGBT功率器件等产品获得全球增加值外,后加入的欧盟的13国并未深度参与全球价值链活动,更多的是作为"配属产能"并依附于德国在全球价值链中参与活动。

按照具体的行业划分(见图8-4),在信息通信行业价值链上,欧盟的参与度很高,仅次于东盟和中国,但位置指数较低,远不及中国。其位置和美国差不多持平,这表明截至2015年,欧盟在全球信息通信行业的价值链活动中还是占据相当重要的地位,并接近最后下游用户市场。德国博世、英飞凌、意法半导体、荷兰恩智浦等半导体芯片公司在全球

新时代国家经济安全的战略与现实

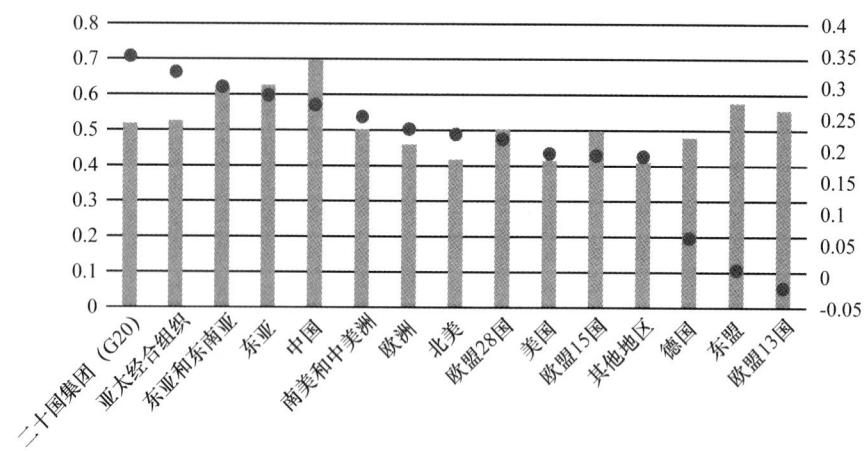

■ 价值链参与度指数　● 价值链位置指数（右轴）

图 8-3　欧盟在全球价值链的位置和参与度

资料来源：作者根据经济发展与合作组织（OECD）数据库增值贸易（TiVA）主要指标计算，https://stats.oecd.org/。

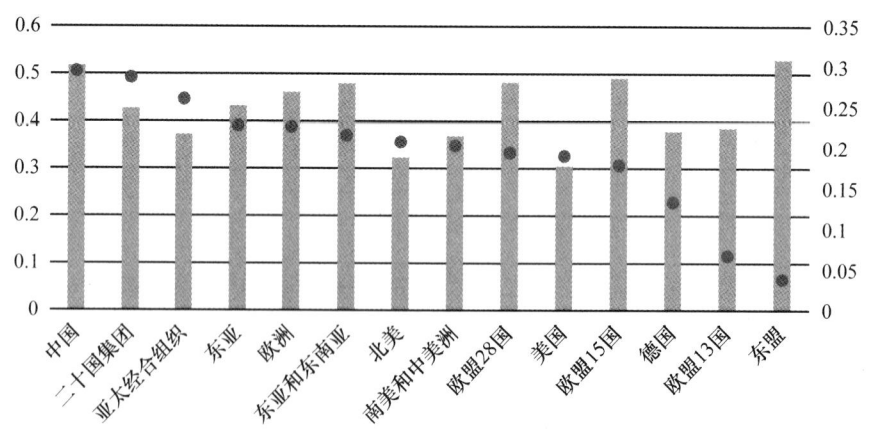

■ 参与度指数　● 位置指数（右轴）

图 8-4　欧盟在信息与通信行业价值链的位置和参与度

资料来源：作者根据经合组织（OECD）数据库增值贸易（TiVA）主要指标计算，https://stats.oecd.org/，受数据库更新所限，行业数据为 2015 年最新数据。

第八章 经济主权构建与加强

信息产业中的关键能力，为欧盟全球价值链参与度的提升提供了基本保障。需要特别指出的是，在2015年那个时点，欧洲的诺基亚、爱立信、阿尔卡特—朗讯依然是全球主力通信厂商，也是终端手机通信设备提供商，在全球占据相当大的市场份额，而这对欧洲信息和通信行业在全球价值链参与上发挥的作用是不可忽视的。①

以德国为代表的欧盟优势行业运输设备价值链分析来看（见图8-5），欧盟的位置和参与度仅处于中游水平。欧盟在运输设备价值链上的参与度不及中国、美国和东盟。德国在运输设备价值链上的位置指数为负数，欧盟13国的位置则更低，这表明欧盟运输设备对国外增加值具有相当高的依赖，同时也表明德国的全球汽车巨头更多的是采用了全球价值链组合方式，形成了在欧洲境外大量部署一般零部件产能，而在本土完成设计、总装和关键零部件生产的全球配置产能模式。

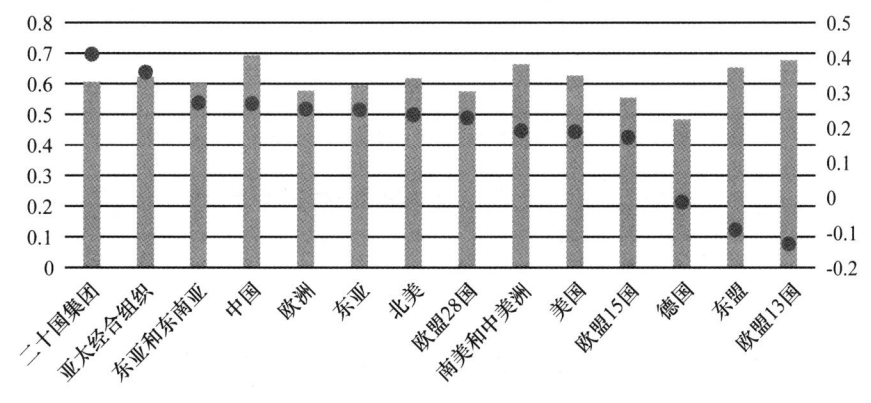

图8-5 欧盟在运输设备行业价值链的位置和参与度

资料来源：作者根据经济发展与合作组织（OECD）数据库增值贸易（TiVA）主要指标计算，https://stats.oecd.org/。

---

① 虽然在2015年的时点上，欧洲爱立信、诺基亚已经在个人终端用户市场上出现了明显的颓势，但根据爱立信、诺基亚、阿尔卡特三家欧洲通讯公司的年报与全球其他巨头公司的数据比较分析，还是可以看到，在手机终端市场上欧洲三大公司依然还有10%的份额，而在信息传输设备方面其全球市场占有率还有36%。但到了2019年，欧洲通信产品市场整体业务全球占比只有8%，而信息设备传输市场份额也下降到26%，手机终端业务几乎全军覆没。

化工与制药行业作为全球经济的基础产业,其在全球产业链中的能力高低,既反映了国际竞争力,同时还对应区域和国家之间的环保水平差异。从欧盟的横向比较来看,其在化工行业价值链的参与度和位置均低于中国,参与度比美国略高,但位置比美国略低,参与度远远低于全球领先的东盟,但位置依然比位于末端的东盟高。这表明高环保标准下的欧盟化工产业对于中国、东盟基础化工品外部产能具有某种高度依赖。

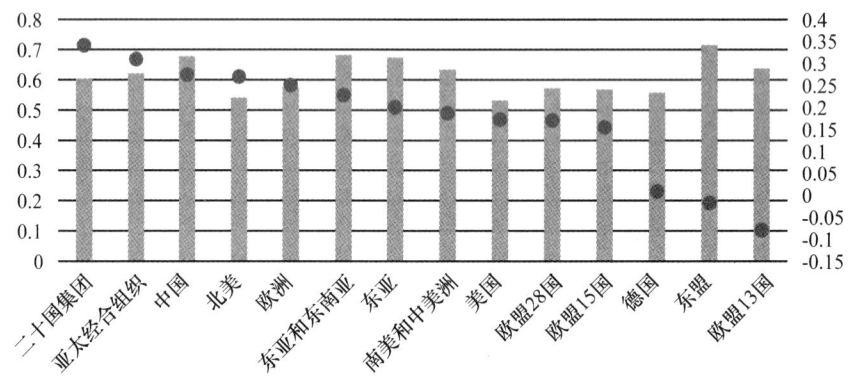

图8-6 欧盟在化工行业价值链的位置和参与度

资料来源:作者根据经合组织(OECD)数据库增值贸易(TiVA)主要指标计算,https://stats.oecd.org/。

再看由于新冠疫情而备受关注的制药产品价值链(见图8-7),欧盟在制药产品价值链上的参与度位于全球中游,低于中国和东盟,但高于美国。同样地,欧盟在制药产品价值链上的位置也不及中国和美国,但远高于东盟。其产业链特征也与化工行业类似,虽然欧洲有瑞士诺华、罗氏这样全球排名第一、第二的制药巨头,同时也还拥有法国赛诺菲、英国葛兰素史克等全球制药巨头,但其具有与美国制药企业同样的共性,即医药原材料严重依赖中国和亚洲市场。

最后,来看制造业外的服务性行业。欧盟服务业发达,占GDP的比例明显高于全球平均水平。因此,其在服务业价值链上的参与度较为突出,高于中国和美国,但稍逊于东盟。虽然欧盟服务业价值链的参与度较高，但位置特征也非常明显，更接近终端服务市场，而不是类似中国和美国还有部分环节依赖外部市场的服务供应并产生相应的增加值活动（见图8-8）。

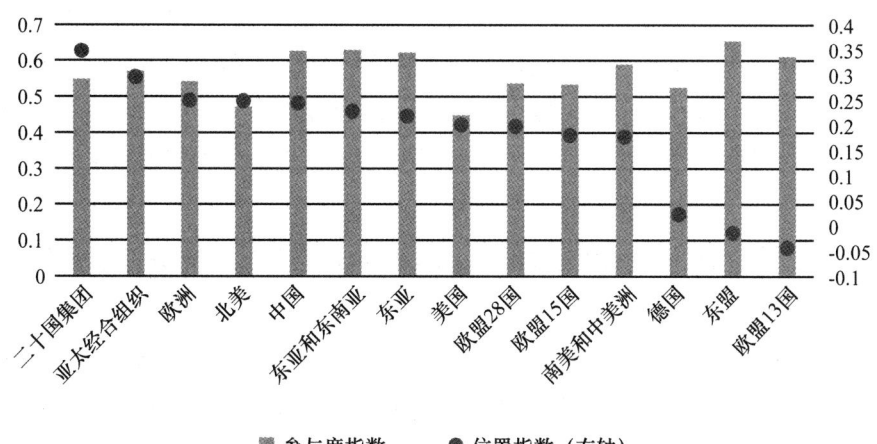

图8-7　欧盟在制药产品价值链的位置和参与度

资料来源：作者根据经合组织（OECD）数据库增值贸易（TiVA）主要指标计算，https://stats.oecd.org/。

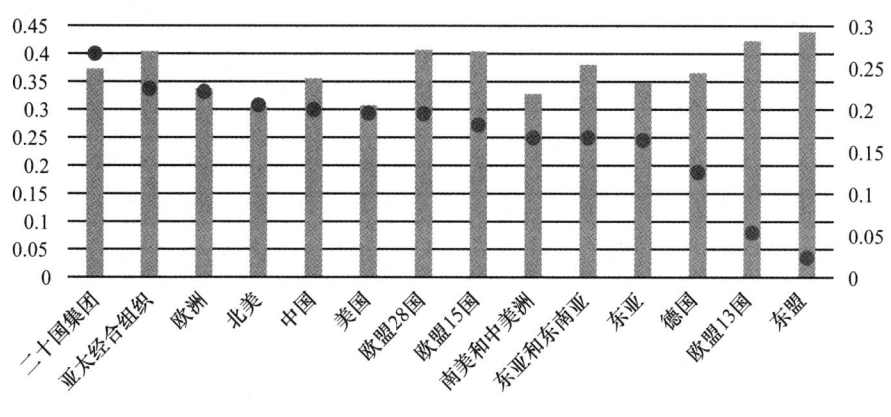

图8-8　欧盟在服务业价值链的位置和参与度

资料来源：作者根据经济发展与合作组织（OECD）数据库增值贸易（TiVA）主要指标计算，https://stats.oecd.org/。

综上所述，对于欧洲（欧盟）的主要行业在全球价值链的结构分析清楚地表明，如果欧洲想要实现真正意义上的"战略自主"，不能脱离价值链基础能力而进行凭空构建，"经济主权"的构建基础是主要产业链必须完成部分"本土化"和"区域化"的部署和配置，进而减少对外部市场的依赖。而上文所列欧洲强化经济主权行动的项目落实，恰好是对欧洲产业链短板的补齐。因此，欧洲（欧盟）的"战略自主"并不是一项简单的政治呼吁和政策共识，而是已经在产业链层面开展的实质性行动。

（三）欧洲强化"经济主权"的全球价值链约束与未来可能的结构调整影响

在当下的国际经济格局中，欧洲强化"经济主权"，加强"战略自主"，推动产业链供应链的重构，特别是在既有的全球价值链约束中并非没有"瓶颈"与难题。

首先，就产业链和供应链调整本身的特点而言，完成配套和补齐短板需要比较长的时间段，如同过往中国在全球价值链中的扩张一样，一般需要5—10年左右的周期，才能影响全球价值链结构并在数据上得到清晰的验证。同时，实现供应链的调整更需要产业链的完整性配套，而整个欧洲在历经了几十年长周期的"去工业化"后，其产业链配套体系重建和合格劳动力整合需要更多的时间。[①] 另外，鉴于全球价值链目前的结构特点，特别是欧洲抗击疫情不利因素的影响，最乐观的估计也是要到2021年末，欧洲规划的项目才能实质性地逐步落地和推进，而在这个供应短缺的"窗口期"，全球、包括欧洲的自身需求的订单将继续向亚洲特别是中国集中，这不仅会固化和强化欧洲与已有的亚洲和中国供应链体系，同时，对于欧洲强化自身供应链体系显然是具有负面影响。

其次，欧洲推动基于产业链和供应链重构的"战略自主"，将面对利润与市场收缩与本土化运营的矛盾难题。以德国三大汽车巨头的情况

---

① 以欧洲力主推动的电动智能汽车行业转型而言，全球行业翘楚特斯拉在全球共计89个配套厂商，且90%在中国，德国三大汽车巨头近些年来在转型中也加大了对中国配套投资力度，而如果要离开亚洲在欧洲建设完整的配套体系，其时间与经济成本压力巨大。

来看，根据奔驰、宝马和大众三大公司公布的2019年年报统计来看，戴姆勒奔驰乘用车和商用车总销量为334万辆，其中，中国市场总销量702088辆，占21%；宝马公司在2019年中国市场的销量达到72.37万台，同比增长13.1%，占全球总销量的28.71%，并且中国也连续8年成为宝马集团全球最大单一市场；而大众集团的最新财报显示，中国市场仍是大众集团全球最大单一市场，2019年，大众集团在中国市场销423.36万辆，占大众集团全球销量的38.6%①。因此，德国三大汽车巨头近三成的单一市场在中国，如果不能在中国完成就地配套，或者是采用欧洲与中国双系统配套，那么三巨头损失的不仅是利润，同时还将因为供应链距离过长而可能失去最大的单一市场。这对三大汽车巨头而言，是无法承受之痛。

最后，值得注意的是，虽然欧洲加大了联合行动，并表示需要在前沿技术领域，如芯片和计算机算力领域进行突破，但客观地从产业内在属性和特点来看，自20世纪80年代日本开发"第五代"计算机失败后，全球近几十年的计算体系、架构包括技术生态均几乎由美国掌控。虽然中国在过去相当长的研发积累中，通过巨大的各类资本投入在计算体系的自主可控上有了长足的进步，但距离全面塑造独立的高性能计算体系还有不小的差距。而欧洲在过去几十年里，过度和严重依赖全球信息产业技术分工结构，并未在计算领域培养大批的欧洲本土化人才。其信息技术应用和数字化转型，无论是囿于欧盟GDPR规制的约束，还是受制于欧洲市场的分散，在欧洲范围内要完全实现数字化自主并实现技术生态扩张，进而达到全球价值链扩张显然极为困难。② 这对于正在快速形

---

① 德国三大汽车公司的销售数据根据其2019年度财务年报分析整理，具体可见 BMW Group Annual Report 2019, https：//www.bmwgroup.com/content/dam/grpw/websites/bmwgroup_com/ir/downloads/en/2020/hauptversammlung/BMW-Group-Annual-Report-2019.pdf; Volkswagenag, "Annual Report 2019: Mobility for generations to come", Daimler, "Annual Report 2019: Move Perform Transform", https://group.mercedes-benz.com/documents/investors/reports/annual-report/daimler/daimler-ir-annual-report-2019-incl-combined-management-report-daimler-ag.pdf。

② 德国在2019年主导了一项针对泛欧洲市场的云计划（Gaia-X）旨在建立一个基于"欧洲主权"的数据基础架构，以减少欧洲对域外云厂商的依赖，但由于欧洲各国市场的分裂却没有产生实际效果。具体参见 Matthias Bauer, Fredrik Erixon, "Europe's Quest for Technology Sovereignty: Opportunities and Pitfalls", *ECIPE Occasional Paper*, No.2, 2020。

成的未来新一代全球价值链中欧洲的产业链地位显然具有严重的负面影响。

虽然,存在上述种种制约与不利因素影响,但是必须看到,欧洲强化经济主权、实现"战略自主"的行动是从产业链端和垂直行业集中展开的,其有明确投资落实产能计划。鉴于欧洲在全球经济中的体量规模和市场空间,包括德国在全球价值链中的枢纽地位,特别是欧洲许多跨国公司在许多垂直细分行业中的"价值链链主"地位,即便推动产业回迁和配套完成需要时间和资本投入,但一定会引发行业供应链结构重组。同时,不可忽视的是,欧洲国家包括欧盟成员国具有长期形成的全球竞争力基础,瑞士洛桑国际管理学院的世界竞争力中心发布的 2020 年世界竞争力排名显示,在全球竞争力前 20 个国家中超过一半的是欧洲国家。① 因此,欧洲较强的全球竞争力也会在欧洲产业链转型中持续发挥作用,包括长期带动全球价值链结构性变化等。其结果不仅会增加欧洲的全球价值链参与度,同时还会强化已经出现的全球价值链"区域化"特征。而当全球一部分产能未来以"非经济因素"留在欧洲的时候,则会引发全球制造业国家的新一轮全球市场竞争,包括贸易条件的再竞争。

结 语

首先,可以认为,全球政治经济格局的"百年变局",包括跨大西洋关系在特朗普时代的恶化,特别是全球新冠疫情的暴发,使得欧洲的全球"战略焦虑感"陡然上升。其一方面感受到全球价值链能力向亚洲特别是向中国聚集带来的经济竞争压力,另一方面也感受到了在全球经济数字化急速转型的时代,欧洲存在的产业链和技术短板困局。如果要将欧洲政治家提出的强化"经济主权"通过"战略自主"的行动来实

---

① IMD, "IMD World Competitiveness Ranking 2020: showing strength of small economies", June 2020, https://www.imd.org/news/competitiveness/updates-imd-2020-world-competitiveness-ranking-revealed/.

第八章 经济主权构建与加强

现,摆脱传统上美国的控制和对美国的依赖,与中国实现"战略平衡"以达到"战略安全"的诉求,那么欧洲就不得不牺牲自身的经济全球化的利益而展开必要的行动。进而言之,经济全球化的结果形成了全球价值链,并带来了全球化历史上的"大合流",[①] 虽然,在当下全球价值链体系中,以政治战略诉求的简单主动行动,哪怕是激进的和损失各方利益的单方面行动,也不能完全影响全球价值链的底层链接基础,而这一点已经被特朗普政府单方面与中国实行"经济脱钩"的战略失败所证明。同时,欧洲与全球生产体系,特别是与全球三大价值链中心之一中国的产业链底层联系,并非单纯的政治力量所能够左右。但是,欧洲主动的产业链体系重构与欧洲区域化部署,还是会产生一定的产业链和市场整合度的"切割效应",而其引发的全球价值链结构性变化的力度和强度,则取决于欧洲对经济整体损失的忍受能力。

其次,欧洲通过产业链供应链层面展开的"战略自主"行动,包括未来打造的产业链体系,究竟是一个开放生态还是一个"欧洲全自主"封闭体系,值得长期跟踪判研。"全产业链"国家在欧洲的消失已是历史事实,也是经济全球化的结果。而如果欧洲以"战略安全"考量,运用欧盟的整合能力推动和打造"欧洲全产业链",且该体系对外进行选择性和排斥性的封闭,那么,不仅现有的、基于跨区域配套的全球产业链和价值链的联系将会出现明显的阻断和割裂,碎片化的配套体系可能会迎合新冠疫情下的特定的思维逻辑而显著增加经济"安全性",即便这会极大地损耗欧洲与全球经济体系的效率。同时,全球产能的重复投资增加也会带来全球范围内投资效益的下降,进而影响到全球长期经济福祉的增长。而这将是摆在欧洲政治家和产业界面前的选择性难题。

再次,新的地缘冲突也不断强化和改造欧洲的经济主权认识,并使经济安全与战略安全进行了必要的联系。2022年爆发的俄乌冲突,直接将欧洲推到了冲突危机的前沿。欧洲在广泛参与美国发起的俄罗斯的全

[①] "大合流"这一概念由瑞士日内瓦高级国际关系及发展研究院的国际经济学教授鲍德温所创设,其以信息技术推动"新全球化"的视野,包括对"价值"的重新解读的分析结论续新了美国历史学家彭慕兰的"大分流"概念,具体论述可见理查德·鲍德温《大合流:信息技术和新全球化》,李志远、刘晓捷、罗长远译,上海人民出版社2020年版。

方位制裁时，直接面对了全球能源价格上涨带来的严重通胀问题，欧洲不得不将以低碳为目的的能源转型与能源安全供给进行直接关联。而其产生的直接影响是，欧洲运用上层建筑力量加速能源转型的产业链构建，同时，欧洲还需要调整其传统的能源供应链结构，而这个过程中面对的经济安全威胁因素也在考验着整个欧洲社会的承受力。其中，价格的上涨削弱了欧洲企业竞争力并使社会层面的压力加大，而未来欧洲能够在多大程度上实现"能源安全"框架下的能源转型，还有待于观察和评估。

最后，不能忽视的问题和变局是，鉴于欧洲在新技术革命领域丧失了先发优势并缺乏构造技术生态的能力。那么欧洲以"数字税"和内部市场封闭构造的方式来应对全球技术跳跃，显然是不可为之的战略举措。而欧洲究竟是选择与跨大西洋的美国进行某种"和解"，共同联手打造"技术联盟"和"市场联盟"来抗衡中国，并参与新一轮的全球技术博弈，还是以开放的心态共同平等推动"数字全球治理"？这个选择不单是全球技术治理和新一代数字规范标准的问题，还会撬动和影响更深层次的全球政治经济战略格局变动。从当今科技的发展特性来看，既有的全球价值链已经在产业链的底层端开始了快速的数字化进程，而欧洲，包括"欧洲经济发动机"的德国在产业与消费的数字化层面也并不具备明显的先发和比较优势，因此，欧洲如何应对"数字经济"革命带来的未来全球政治经济格局变化，必须做出自己的明智选择。

第九章　权力的追求与限制
——日本经济安全战略

引　言

第二次世界大战以后，在美国的占领下，日本成为只能进行有限防卫的"非正常国家"，并一度被排除在所有的政治性国际会议之外。但美国由于对苏联冷战的利益需求，不仅没有彻底清算日本帝国主义，而且借助朝鲜战争迅速对日媾和，并缓和日本解除军国主义分子公职的政策。由此，日本保守势力在重夺日本政坛的支配性地位后，重新点燃了日本成为"正常国家"的野心。之后，日本依托美日同盟框架，通过美国对日经济、技术援助以及追随美国的冷战策略，利用朝鲜战争大发战争财，再次实现经济高速增长。

到了20世纪80年代，随着经济实力的增强，日本越来越不满足于经济大国地位，而开始寻求成为一个政治大国，此时，日本又借助美国的中东战略，逐渐突破日本宪法的约束。但事与愿违的是，20世纪90年的经济泡沫破裂，使得日本陷入了"失去的二十年"，动摇了长期支撑其走向"正常国家"的经济基础。

近些年来，伴随美西方国家和新兴国家的经济实力变化而引发国际关系的权力结构转变，再加上新冠疫情加剧了这一转变的进程，作为曾经霸主的美国在实力相对下降的背景下，违背多边主义精神，愈发将经济作为一种实现本国利益的"武器"看待，运用经济制裁等措施将其意志强加在他国之上，企图重塑对自身有利的世界秩序。与此同时，日本作为亚洲地区曾经的"龙头"亦深受此轮国际权力格局巨变的影响。2010年，日本GDP被中国超越后，中日之间的整体差距在此后10年之内迅速扩大，其直接后果是日本在亚洲地区的影响力逐渐下降，并且已无力独自对抗中国。

在此背景下，自2016年以来，趁美国不断强化"大国竞争"，着力在经济、科技方面打压中国之际，日本将美国全方位升级对华战略遏制视为其走向"正常大国"的又一次重要机遇而坚定地追随美国，不断推出与遏制中国有关的经济安全政策，并且将制定经济安全战略提高到国家安全战略的高度。

一 日本对于经济安全的认知

日本官方对于经济安全的讨论，最早可以追溯到1980年。当时，日本首相大平正芳委托日本综合安全保障研究小组，对日本安全战略进行研究，并最终出版了研究报告《综合安全保障》。[1] 其中，虽然直接采用"经济安全"说法的内容不多，但对于日本如何从国家安全战略看待经济问题则有不少着墨。

> 第二次世界大战后，以美国为中心构建的国际经济秩序中，经济安全并不构成一个问题……鉴于日本的宪法，日本的角色以经济为中心，但日本也必须发挥重要的政治作用，并对全球安全问题感兴趣……1973年的石油危机以极端的方式暴露了（日本的）能源问题，并告诉我们必须考虑经济安全。

同时，报告中列举了三项经济安全措施：第一，建设和维护相互依赖的体系，包括维持自由贸易体系和解决南北问题；第二，走中间道路，即对本国经济具有重要性的数个国家保持友好关系；第三，自我努力，包括储备、一定程度的自给自足能力、维持生产力和出口竞争力三个

---

[1] 内閣官房内閣審議室分室・内閣総理大臣補佐官室編：『総合安全保障戦略：総合安全保障研究グループ（大平総理の政策研究会報告書5）』，https://worldjpn.grips.ac.jp/documents/texts/JPSC/19800702.O1J.html。

方面。

这份报告中可以看到，日本总体上是希望在追随以美国为中心的世界经济秩序基础上，发挥日本的经济实力，提升国际影响力，从而为走向正常国家提供动能，而在这其中，经济安全主要是与能源危机相联系。该报告出版后的第二年（1982年），日本通商产业省下设的经济安全保障问题特别委员会发表了题为"确立经济安全保障"的报告。该报告将"经济安全"定义为"通过活用经济手段来保护我国经济免受国际因素的威胁"，同时，提出确保经济安全的三项方针：第一，维持和强化世界经济体系；第二，确保重要资源的供给安全；第三，通过技术开发对国际社会做出贡献。①

但是，就在综合安全保障战略颁布后不久，日美之间爆发了激烈的贸易战，最后日本全面妥协，并引发了经济泡沫破裂，陷入"失去的二十年"。日本官方在较长一段时期内再也没有针对"经济安全"进行新一轮的集中讨论。② 从当时历史背景看，在日美贸易战下的美国和日本必然不可能在经济安全战略存在交集，而从美国角度看，日本反而对其经济安全造成影响，同时，经济泡沫的破裂也使得日本在推动走向正常国家道路上失去了足够的能力和动力。2013年，安倍内阁出台日本首部《国家安全保障战略》，并借鉴美国做法，设立"国家安全保障会议"及下属部门"国家安全保障局"（下文简称NSS）。该战略报告虽然将日本在国际社会中的角色定位为"拥有强劲经济实力及高度技术实力的经济大国"，但依然没有关于"经济安全"的专门论述，只强调了发展经济和维护自由开放的国际经济体系对实现日本繁荣、稳定、和平具有重要意义。③

2018年后，围绕中美贸易纠纷和新冠疫情使得日本发现其走向正常国家道路又迎来了新的机遇。一方面，中美关系紧张不仅源自两国的地

---

① 通商産業省産業構造審議会編：『経済安全保障の確立を目指して』，通商産業調査会1982年。

② 或者可以说，日本官方认为，1980年代所商定的关于经济安全政策的运行方针没有必要进行更新，故而一直沿用旧的政策。

③ 全文见https://www.cas.go.jp/jp/siryou/131217anzenhoshou.html。

新时代国家经济安全的战略与现实

缘竞争，也包含第四次工业革命主导权竞争，两国冲突已超出纯粹的贸易范畴，而是进入到了经济和安全的重合领域①。在此背景下，美国推出印太战略，试图拉拢盟友及伙伴国遏制中国发展。另一方面，新冠疫情暴露了日本对海外生产供应链的依赖所导致的经济脆弱性，即一旦海外生产基地因疫情等原因停产，则会对日本经济造成重大影响，②由此，日本国内呼吁通过重塑供应链等措施加强本国经济安全能力的声音日益加大。2020 年 4 月，NSS 新成立的"经济小组"在日本国会质询中提到，"将就经济领域的国家安全问题尽快采取全局性、战略性的应对措施"。③ 同年 7 月，日本内阁发布的《2020 年经济和财政管理和改革基本政策》中强调，为了建立稳健的经济和社会结构，需要从"经济安全"的角度出发，推动促进供应链多样化、价值观相同国家间的物流规则制定等方针。另外，日本文部科学省、公安调查厅等将在内部设立负责经济安全的部门及岗位，以及日本将创设防止尖端技术信息泄露制度等消息亦被日本媒体广泛报道。

但围绕如何界定"经济安全"的问题，截至 2021 年 2 月，日本官方并没有提供权威性的解释。就目前来看，作为执政党的日本自民党下设的新国际秩序创造战略本部（以下简称为战略本部）关于"经济安全"的论述最可能成为日本官方解释的版本。战略本部在 2020 年 12 月 16 日发表的《建议：面向制定"经济安全保障战略"》（下文简称《建议》）中提到，经济安全战略应当基于日本的国家安全保障战略进行定义。在日本的国家安全战略中，将日本的国家利益界定为三个方面：第一，维持日本的主权、独立、领土完整，确保日本国民的声名、身体、财产安全，传承文化和传统，维护以自由和民主主义为基础的日本的和平与安全；第二，通过经济发展，实现日本和日本国民的繁荣，强化日本的和平与安全，为达此目的，要强化自由贸易体制，实现稳定性、透明性、

---

① 宫本雄二、伊集院敦、日本経済研究センター編著：『技術覇権 米中激突の深層』，日本経済新聞出版社 2020 年版。
② 経済産業省：『通商白書 2020』，https://www.meti.go.jp/report/tsuhaku2020/index.html。
③ 第 201 回国会参議院予算委員会会議録第 18 号 21 頁（令 2.4.30）。

可预见性的国际环境；第三，尊重自由、民主主义、基本人权，维持和拥护基于法治等普遍价值与规则的国际秩序。因此，战略本部认为，经济安全要实现上述三个目标，并将经济安全定义为："从经济层面确保我国的独立、生存及繁荣。"[1]

从上述的日本国内的讨论及行动来看，当前日本无疑再一次加强了对于"经济安全"的关心。值得注意的是，这一轮关于"经济安全"的新动向中，日本对于"经济安全"概念的理解发生转变。在20世纪80年代，"经济安全"主要是指维护日本的经济利益或者说能源安全，而在当前，"经济安全"已经成为日本维护、提升其在国际社会中的政治、经济、军事权力的重要组成部分，这成为日本推动所谓国家正常化的内部动力。同时更为重要的是，美国对华遏制为日本推动国家正常化提供了此前所没有的外部环境，因此，日本更紧密地将自己绑定在美国的印太战略中，通过美日同盟来实施经济安全战略。

二 日本经济安全的制度建设及特点

前文已述，日本政府对于经济安全概念的重新认识始于2018年前后。此时正值美国对华政策发生重大改变，特别是在对华出口和审核中国投资方面愈发呈现遏制姿态。受此影响，日本政府也开始加速推进有关经济安全方面的制度改革[2]。

（一）日本经济安全制度的最高决策机构——日本国家安全保障会议

日本国家安全保障会议成立于1954年，最初名为"国防会议"，目的是审议国防方针、军备计划等专守防卫政策背景下的国防事宜。到20世纪80年代，高速经济发展使得日本国力极大增强，时任首相曾根康弘

---

[1] 自民党政務調査会新国際秩序創造戦略本部：『提言——「経済安全保障戦略」の策定に向けて』，2020年12月16日，第3页。
[2] 『【PHP総研特別レポート】日本の技術経済安全保障政策—米中覇権競争の中の「戦略的不可欠性」を求めて』（https://thinktank.php.co.jp/wp-content/uploads/2020/10/pdf_policy_20201023.pdf），第9页。

萌生了追求政治大国的想法。在此背景下，日本政府推动"国防会"改革工作，于1986年颁布了《安全保障会议设置法》，以"安全保障会议"取代"国防会议"。该会议在1999年和2003年又进行了革新，最终形成了由9名大臣组成的内阁级会议①，成为日本政府商讨有关国家安全问题的最高审议机关。

然而，日本的安全问题更多是由各行政部门自行应对，安全保障会议在制度上并不具有统筹各部门行动的功能，因此在应对突发紧急状况时，无法通过安全保障会议作出国家层面的决断，各行政部门往往也难以单独应对。因此，2006年，安倍晋三首次成为日本首相后，试图效仿美国的国家安全委员会，创设日本特色的国家安全委员会。但这一构想由于安倍因身体原因下台而最终搁置。直到2012年，安倍第二次上台后，安全保障会议的改革工作才开始推动。2013年，日本国会通过《国家安全保障会议设置法》，宣布以"国家安全保障会议"取代"安全保障会议"。至此，历经数十年的改革后，国家安全保障会议不仅作为日本安全政策的最高审议机关，同时新增设国家安全保障会议的事务部门国家安全保障局（NSS），授权NSS成为日本国家安全问题的总指挥部，统筹所有与日本国家安全有关的议题。新体制分为三个部分：四大臣会议、九大臣会议、紧急事态大臣会议。四大臣会议由首相、内阁官房长官、外务大臣、防卫大臣组成，是国家安全保障会议最核心的会议形式，并且定期召开。当四大臣会议需要对更广泛的领域进行决策时，会纳入财务大臣、总务大臣、国土交通大臣、经济产业大臣、国家公安委员会委员长组成九大臣会议。紧急事态大臣会议则主要为应对突发重大事件，由首相根据实际情况进行自由裁量来决定会议形式。

迄今为止，日本国家安全保障会议主要以外交、安全问题为核心。从2018年开始，日本国内对于经济安全的关切骤然上升后，2021年2月19日，国家安全保障会议第一次将经济安全纳入会议议程。

---

① 九位大臣分别是：首相、内阁官房长官、外务大臣、防卫大臣、财务大臣、总务大臣、国土交通大臣、经济产业大臣、国家公安委员会委员长。

(二) 日本经济安全制度的"司令塔"——国家安全保障局经济班

2014年1月，NSS作为日本国家安全保障会议的事务性机构开始运转，并具体承担三项主要职能[①]：一是为国家安全保障会议提供支持，利用内阁官方的综合协调权力，致力于与国家安全有关的外交和国防的基本政策及重要事项的企划立案和统筹协调。二是在处理紧急情况时，从与国家安全相关的外交和国防政策角度出发，提供必要意见。三是要求相关政府机构向NSS提交必要的资料和情报。此外，利用国家安全保障会议中的资料和情报来进行政策立案等活动。

NSS由总括调整班、政策1班、政策2班、政策3班、战略企划班、情报班6个部门组成，分别由来自防卫省、外务省、警察厅的官僚作为各班负责人。2020年4月，NSS成立了专门负责经济领域的"经济班"，成为NSS第7个部门。据悉，经济班将牵头制定日本的经济安全战略，[②]并作为日本经济安全的"司令塔"，执行NSS的上述职能。

经济班成立的直接原因是，由于中美高科技竞争，美国加强了对中国的外资限制并建立相关的经济安全制度，而日本的外资管控则缺乏统筹各部门的有效机制。外资管控涵盖的技术范围很广，包括经济产业省、总务省（与通讯有关）和厚生劳动省（与制药有关）等，但除了经济产业省外，其他部门对于外资审核的制度都存在漏洞。因此，日本政府内部认为需要一个从安全角度审视经济政策的组织，所以在NSS下成立了"经济班"[③]。此举与经济产业省2019年对外资管控的审查行动相吻合，反映了经济产业省在经济安全方面的长期关切，而经济产业省官员被任命为经济班的最高负责人一事也证实了这一情况。

经济班由经济产业省官僚担任负责人，组成人员来自于经济产业省、财务省、总务省、外务省、警察厅等多个部门，共20余人，占到了NSS

---

① 详细内容见日本国家安全保障局网站，http://www.cas.go.jp/jp/gaiyou/jimu/anzenhosyou.html。
② 共同通信配信：『経済安保戦略、年内策定へ』，2020年2月22日，https://news.goo.ne.jp/article/kyodo_nor/business/kyodo_nor-2020022201001858.html。
③ 読売新聞：『技術守り、育てる体制を』，2020年5月20日，https://www.yomiuri.co.jp/politics/20200519-OYT1T50245/。

总人数的约20%，并计划继续扩大规模。当前，经济班的最主要任务是围绕经济安全进行法律、制度的起草和建设工作。2020年底，战略本部提出要在2021年出台《经济安全统一促进法》，经济班也参与了该建议的制定。与此同时，经济班在同步推进针对重要产业领域的经济安全法案修订，包括电子通信事业法、电子事业法、航空法、银行法等。其理由是，当前日本相关部门对于所管辖产业的审核缺乏法律依据，经济班修订法案就是为了填补监管漏洞，防止机密、技术泄露。

经济班工作的另一个重点是引入了一种称为"秘密专利"的机制。当前，即使是可以用于军事目的的先进技术的专利申请原则上也向公众开放。因此，经济班正在考虑修改《专利法》，以使与国家安全有关的专利可以在一定时期内保密。同时，经济班还试图建立针对掌握先进技术的民间人士的安全审查制度，即由政府对这些民间人士进行安全审查后，给予其信用担保[①]。

另外，2020年暴发的新冠疫情作为重大紧急事态，经济班也曾主导疫情应对工作，但由于人数有限，经济班逐渐将应对新冠的工作移交给其他部门，专注于经济安全政策制定。

（三）日本经济安全制度的执行机构——政府各行政部门

1. 经济产业省

经济产业省是日本最深入参与技术和经济安全问题的政府机构之一。这是因为该部门对出口管制（安全贸易管制）和外资管制两个领域具有管辖权，在这些领域中，经济和安全往往围绕技术问题交织在一起。

日本出口管制的历史最早可以追溯到1952年加入巴黎统筹委员会。之后，以1987年东芝机械违反巴黎统筹委员会规定为契机，日本开始大幅度加强了出口管制。由于出口管制与全球政治、经济环境变化具有高度关联性，因此，经济产业省经常对出口管制规则进行调整。2002年，

---

① 朝日新闻：『対中掲げず、経済安保を推進 NSS 経済班 1 年』，2021 年 4 月 1 日，https://digital.asahi.com/articles/ASP413SDQP3ZUTFK005.html?_requesturl=articles/ASP413SDQP3ZUTFK005.html&pn=7。

经济产业省引入"大规模杀伤性武器"全面管制措施,对于所有可能被用于大规模杀伤性武器的货物和技术进行出口限制,并且这一措施在2008年后被扩大到常规兵器。2009年,为响应USB存储器等存储介质的广泛使用,经济产业省更新海关限制条例,禁止将敏感技术携带至海外。2017年修正案还大大加强了对该违法行为的行政制裁和处罚。

对于外资投资日本的管制在2006年之前只有《外汇及对外贸易法》第27条适用,为填补该方面的漏洞,对于外资投资的管制在2007年进行了第一次大规模修订。2007年的外资限制调整,主要围绕武器装备方面的内容展开,其中包括许多以前不受管制的军事和民用技术。[1] 2019年,经济产业省又进行了一次重大修订,主要是将审查条件从外资占比10%以上的投资扩大到外资占比1%以上的投资。

如上所述,从经济安全角度看,经济产业省通过出口管制和外资管制确保日本经济安全的历史较长,且这一举动在最近得到了进一步加强。经济产业省于2015年在其内部的制造业局设立了制造业技术战略办公室,以界定重要的军民两用技术,并根据情况制定保护和培育措施。此外,经济产业省将对中美之间的高科技竞争亦做出快速反应。2019年6月,经济产业省在其经产大臣官房处设立了经济安全办公室,扩大了制造业技术战略办公室的职能,并新成立了技术研究办公室以分析重要技术的供应链和海外投资有关的技术研究。同年10月,经济产业省将美国国防部出台的外资管控和出口管制的措施纳入到日本的外资管控议题,并在其下设的产业构造审议会上提出要将经济政策与安全政策一体化[2]。2020年8月,经济产业省和总务省基于保护技术安全的目的而共同颁布《特定高尖端情报通信技术活用系统的开发供给及推动引进的相关法律》,针对在日本开发和普及5G、无人机等的企业进行低利率融资、减税等措施。

---

[1] 村山裕三:『M&Aのグローバル化と安全保障上の規制:日本のケースを中心に』,『国際問題』,No.567,第5—13页。
[2] 産業構造審議会、通商·貿易分科会:『安全保障貿易管理小委員会 中間報告』,https://www.meti.go.jp/shingikai/sankoshin/tsusho_boeki/anzen_hosho/pdf/20191008001_01.pdf。

2. 防卫省

防卫省在经济安全战略上的关切核心主要是军民两用技术。1998年，日本自卫队开设"经济和安全"的系列讲座，时任防卫厅（现防卫省）技术研究总部主任研究员的渡边秀明受此讲座启发，通过防卫厅技术研究总部发表名为《关于实施研究开发的指南》的报告（下文简称《指南》）。报告中首次提出，决定积极引进和应用优秀的民用技术，有必要实现军用技术和民用技术之间的相互循环，并促进国防部门与独立行政机构、大学、特殊公共公司等的交流。① 这份报告为之后防卫省关于技术安全研发的制度建设提供了基本框架。②

《指南》出台后，防卫省逐渐摆脱技术研究本部和国防产业挂钩这一陈旧的框架，开始与外部机构合作进行研发，而军用技术也开始可以转化为民用技术。2002 年，日本防卫厅（现防卫省）与日本新能源和工业技术开发组织（NEDO）合作，在毫米波传输设备等领域开发军民两用技术。2003 年，防卫省与 NEDO、日本宇宙航空研究开发机构、信息技术促进机构和大学进行了研究合作，推动民用技术开发。此外，2008年开始，防卫省和 NEDO 利用日本的中小企业技术革新制度，将中小企业的优秀技术纳入国防装备，同时，防卫省还通过日本内阁综合科学技术会议中的政府跨部门合作项目，将日本政府旗下的理化学研究所的研究成果运用到反恐措施③。

军民两用技术开发的推动工作在 21 世纪初开始制度化并扩大规模。2015 年防卫省启动安全保障技术研究推进制度，该制度是聚焦能够在防卫领域开发研究中发挥作用的先进民用技术及相关基础研究，实现军民两用技术发展。该制度最初只有 3 亿日元的财政预算，但仅

---

① 报告全文见防衛庁：『研究開発の実施に関わるガイドライン～防衛技術基盤の充実強化のために～』，2001 年 6 月，https://dl.ndl.go.jp/info:ndljp/pid/1283419。

② 渡边秀明 2015 年在担任防卫厅厅长后，以该指南为蓝本制定了《防卫技术战略》，报告全文见：防衛省，『防衛技術戦略～技術の優越の確保と優れた防衛装備品の創製を目指して～』，2016 年 8 月，https://www.mod.go.jp/atla/soubiseisaku/plan/senryaku.pdf。

③ 村山裕三：『軍民両用技術をめぐる日本の動向と将来への展望』（平和・安全保障研究所編：『年報　アジアの安全保障 2013－2014：混迷の日米中韓　緊迫の尖閣、南シナ海』），2013 年，第 10—18 页。

仅过了两年，2017年的预算额就达到了100亿日元。同时，为了更为直接地推动军民两用技术发展，防卫省在2017年又推出了《关于进展迅速的尖端民用技术的早期实用化的举措》，旨在将民用领域的尖端技术能够在3到5年内转化为军用技术，并降低相关费用减轻企业负担①。

2020年11月，防卫省在2021年预算中决定在防卫省下设的防卫政策调查科中新增"经济安全保障信息企划官"一职，负责收集和保存有关可用于军事目的的先进技术的信息，以及与日本内阁、各政府部门的经济安全相关工作进行协调。其目的是通过掌握国内外有关先进技术的趋势，确保日本不落后其他国家，同时，还旨在防止日本技术流向中国的"军民融合"领域②。

3. 外务省

第二次世界大战后，外务省就已设立有经济局，之后虽然经历过多次组织架构变革，但经济局始终是外务省重要的机构部门，负责双边及多边经济合作、资源能源安全、知识产权等对外经济相关的工作。但从经济安全的角度看，由于外务省在很长一段时间内的主要任务是推动美日同盟发展等政治及军事安全议题，一直到2019年，外务省才正式启动经济安全工作。

2019年10月1日，日本外务省对与安全相关的组织部门进行改组，废除经济局经济安全保障课并重新设置资源安全保障室，同时，调整综合外交政策局设置，把安全保障政策课所属的宇宙网络政策室改编为经济安全保障课题室，负责外交政策中与经济、技术和网络安全等有关的安全保障课题并进行企划、立案、统筹，强化经济领域的安全保障体制③。从外务省对于综合外交政策局和经济局的描述中就可以了解到上述改组方

---

① 尾崎圭一：『新技術短期実証に関する取組について』，『防衛技術ジャーナル』，2019年3月，第30—38頁。
② 共同通信：『防衛省、経済安保情報官を新設へ中国へ技術流出を防ぐ狙い』，2020年11月20日，https://this.kiji.is/702456634259309665？c=39546741839462401。
③ 日本経済新聞：『経済・技術安保の体制強化　外務省が組織改編』，2019年10月1日，https://www.nikkei.com/article/DGXMZO50446700R01C19A0PP8000/。

式的原因（见表9-1）。

表9-1　　　日本外务省对综合外交政策局和经济局的功能描述

综合外交政策局	为了解决日本面临的诸多问题，从综合性的、中长期的角度制定政策，并从外务省的角度统筹协调分区域、分职能的政策
经济局	积极参与国际经济的基本规则制定；扩充多层次的经济关系；确保能源、食品、海洋、渔业等资源的稳定供给；支援日本企业

出处：日本外务省，https://www.mofa.go.jp/mofaj/annai/honsho/sosiki/index.html。

原经济局经济安全保障课的功能主要是应对传统的经济问题，包括经济合作、确保资源安全等，但这一功能并不符合近年来关于经济安全的新认知。因此，外务省将传统经济问题交付给资源安全保障室，显得更加名副其实，而在具有全局性的综合外交政策局单独设立经济安全保障课题室，象征着外务省开始将经济作为达成外交目的的途径。据报道，外务省力图通过此次改革，积极参与网络、宇宙等新兴领域的规则制定，以及加强与拥有共同价值观的伙伴的经济安全合作①。

4. 其他部门

除了经济产业省、防卫省、外务省与日本经济安全问题最为紧密之外，日本政府其他部门在经济安全工作上虽并不处于舞台中央，但其亦是今后日本经济安全的重要参与者，此处列举一些部门围绕经济安全的相关动态。

（1）文部科学省。2003年4月，受到"9·11"事件和反恐战争的影响，文部科学省启动了"关于通过科学技术政策推进构建安全、安心社会的恳谈会"。其目的是通过在反恐等领域中活用、发展日本的相关技术能力，实现日本在国际社会中的地位提升。该会议邀请了来自科学、国际政治、商业、风险管理等诸多领域的专家，进行了集中讨论。之后，恳谈会在2004年4月发表了总结报告，其中写道："加强技术基础，实

---

① 時事通信社：『外務省、経済安保に本腰 「コロナ後」見据え積極外交』，2020年10月1日，https://www.jiji.com/jc/article?k=2020093001155&g=pol。

现安全可靠的社会，为促进国际安全与安心作出贡献，是在经济技术能力背景下日本安全的重要措施。"虽然以"安全"和"安心"为由，但这份报告显然已意识到日本的国家安全问题。此外，报告提到"不仅要关注尖端科技发展，也要重视既有技术向安全、安心领域的转化"，显示出文科省开始重视军民两用技术。2017 年，文部科学省发布公告称，将按照经产省修订的《与安全贸易有关的核心技术管理指南》（大学·研究机构版）对包括核心技术出口，留学生、教职员工管理，研究人员海外出差和共同研究等涉及日本国家安全和产业竞争力的现象进行管控。

（2）总务省。2017 年起，日本总务省每年发布《IoT 安全综合对策》报告，强调信息通信技术是日本社会经济活动的基石，通过制度建设、研究开发、官民合作等手段确保相关技术服务于日本经济、社会发展的同时，防止网络攻击[1]。2020 年 8 月，经济产业省和总务省共同颁布了《促进开发和引进特定先进信息通信技术利用系统法》。该法律是以确保安全为宗旨之一的产业振兴法案，允许在日本从事 5G 和无人机研发及传播的公司获得低利率贷款和减税措施，即以确保技术领先来获取经济安全的政策。

（3）综合科学技术会议。内阁下设的综合科学技术会议曾就经济安全和军民两用技术进行了讨论。该学习会的成果之后被发展为综合科学技术会议下设的"推动科学技术助力安全的计划小组"，该计划小组在 2006 年 6 月发表报告称，充分利用日本的科学技术能力并建立国际技术优势，对加强日本的技术安全和综合安全至关重要。该报告内容最终被写入了综合科学技术会议的《科学技术基本计划》（第三期），并长期指导日本的科学技术发展工作[2]。2016 年，在第五期（2017—2022 年）的《科学技术基本计划》中强调，在基于日本国家安全保障战略的基础上，通过相关部门和大学、企业的合作，并构建合适的国际合作机制来推动日本的技术研发。在这一过程中，凡是涉及日本产业竞争力或国家安全的研

---

[1] 総務省：『サイバーセキュリティ統括官の紹介』，https://www.soumu.go.jp/main_sosiki/cybersecurity/ind ex.html。

[2] 総合科学技術会議：『第 3 期科学技術基本計画 分野別推進戦略』，2006 年 3 月，https://www8.cao.go.jp/cstp/kihonkeikaku/kihon3.html，第 278—279 页。

究成果和数据等都基于《不正当竞争预防法》《外汇及对外贸易法》等相关法令进行严格管理①。2018年，该会议成立名为"安全、安心"的专家会议组，专门针对AI、生物科技等领域的安全问题进行讨论②。

（四）日本经济安全制度的三层结构

综上，截至2021年2月，结合已有信息，日本的经济安全制度可以分为三个层。第一层是决策层，由日本内阁下设的国家安全保障战略会议定期召开内阁会议，听取NSS经济班以及其他相关行政部门的汇报，决定和发布经济安全相关政策。第二层是企划立案层，由NSS经济班主持工作。一方面，NSS经济班按照国家安全保障会议的决定，要求相关政府部门提交经济安全工作所需的资料和信息，并协调政府部门之间的合作。另一方面，NSS经济班通过对获取的资料和信息进行分析，制定相关经济安全政策草案或建议，提供给国家安全保障会议进行决策。第三层是执行层面，在国家安全保障会议和NSS经济班的指挥下，日本政府各部门内部则分别成立各自的经济安全工作部门，或涉及经济安全的工作小组等与NSS进行对接，推动经济安全政策执行。

需要指出的是，日本行政部门之间相互独立的特点并没有改变，除非国家安全保障会议正式就某一经济安全议题发文，不然各部门依旧是相对独立地执行经济安全政策，因此，日本经济安全制度的核心在于NSS经济班如何统筹、协调原本相对分散的经济安全工作。由于日本行政部门在经济安全政策上的措施不同，各部门间所涉及的利益也不同，因此难免出现矛盾。比如，在推动《外汇及对外贸易法》修订时，重视经济开放、反对过度投资限制的财务省和重视经济安全的经济产业省之间就出现一部分意见分歧，最终导致修订法案的管控范围缩小。又如，NSS原本以外交和国防为工作重点，因此，外务省和防卫省在其中扮演了重要角色。第一任局长为原外务省事务次官谷内正太郎。但是，出身

---

① 内閣府：『第5期科学技術基本計画』，2016年1月22日，https://www8.cao.go.jp/cstp/kihonkeikaku/index5.html。
② 統合イノベーション戦略推進会議：『「安全・安心」の実現に向けた科学技術・イノベーションの方向性』，2020年1月，https://www8.cao.go.jp/cstp/siryo/haihui048/siryo5-2.pdf。

警察厅的北村滋依托由于和安倍晋三的关系成为NSS第二任局长，且一手提拔了经济产业省官员藤井俊彦担任经济班负责人。有消息称，日本外务省对于夺取第三任局长位置的呼声很高，导致政府内部担心，如果NSS重新由外交人员掌控，可能会放缓经济安全工作的推动。因此，国家安全保障会议、NSS及NSS经济班成为日本政府各部门在经济安全问题上进行博弈和妥协的平台。当然，不论日本内部政治斗争如何，NSS经济班的成立正式宣告日本告别以经济问题为核心的传统经济安全政策，开始系统性地推动与政治、军事相融合的经济安全政策（见图9-1）。

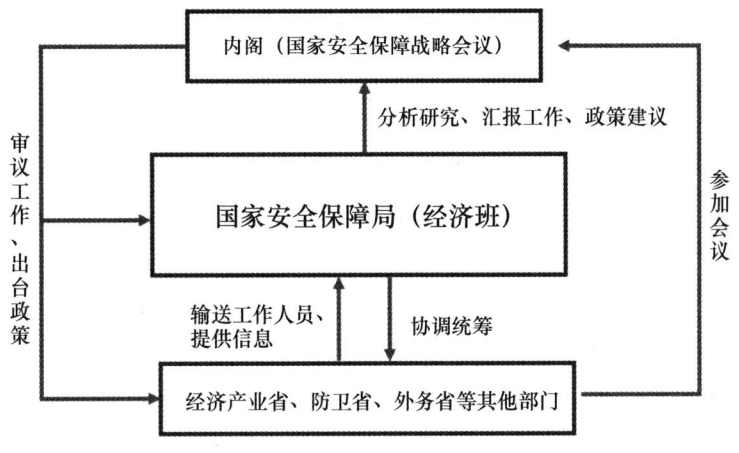

图9-1 日本经济安全制度

出处：作者根据相关资料整理绘制。

三 日本国内关于经济安全战略的思考

2017年以来，日本已经采取了一系列以"国家安全"为名义的措施来介入经济领域，包括加强对"敏感领域"的外资投资监管、降低供应链对中国的依赖、通讯领域全面禁用中国生产的设备、积极参与国际经济规则制定等。① 但需要注意的是，上述政策仍然是基于日本政府已有

---

① 相关措施的整理可见于孙文竹《当前日本经济安全政策剖析》，《和平与发展》2020年第4期。

的国家安全战略的范畴展开，并不是基于明确的经济安全政策，因此，经济产业委员会调查室的调查报告就谈到关于安全概念在经济领域被泛化的担忧，并强调政府要有明确的经济安全政策定义。①

2020年末，日本媒体就透露，日本政府将在2022年完成《经济安全保障推进法》的立法工作，为正式出台经济安全政策提供合法性。该法案将分两个阶段实施，第一阶段是在2021年的国会期间，提出限制涉及国家安全设施周边地区的土地交易的法案。第二阶段是在2022年出台一系列防止秘密泄露的法案，包括防止尖端技术外泄、跨国合作研究的资质审查等。② 媒体报道之后，2021年2月19日，日本政府在国家安全保障会议上首次将经济安全作为会议主题进行讨论，并明确提到了土地交易问题。③ 由此可见，日本政府确如日本媒体所透露的那样，开始推动经济安全战略及政策的落地工作。

围绕日本加强经济安全政策的动机，国内外研究已指出多种要素，诸如新技术的竞争、对华战略的需要、参与国际秩序塑造等。④ 但经济安全和军事安全最大的不同点在于，经济安全不存在一个相对固定的理论基础，而是伴随着国际环境变化而变化，这就要求研究者既能了解日本可能实施的经济安全政策，更要把握在这些动态变化的政策的背后，日本政府相对不变的战略思考。因此，本节将分为两个部分对日本经济安全政策进行说明，第一部分将分析日本政府关于经济安全战略的思考，第二部分梳理日本经济安全政策可能涉及的具体议题。

在说明上述内容时，将以自民党战略本部的《创设国家经济会议建言》（以下简称《建言》），为核心展开分析。《建言》这份报告之所以

---

① 通商产业省产业构造审议会编：『経済安全保障の確立を目指して』，通商产业调查会，1982年。
② 日本経済新聞：『経済安保、2段階で法整備　21年は土地取引規制、22年までに機密保護』，2020年12月7日，https://www.nikkei.com/article/DGXZQOFS15BT90V11C20A2000000。
③ 産経新聞：『政府、NSC開催　経済安保を議論』，2021年2月19日，https://www.sankei.com/politics/news/210219/plt2102190053-n1.html。
④ 九位大臣分别是：首相、内阁官房长官、外务大臣、防卫大臣、财务大臣、总务大臣、国土交通大臣、经济产业大臣、国家公安委员会委员长。详细内容见日本国家安全保障局网站，http://www.cas.go.jp/jp/gaiyou/jimu/anzenhosyou.html。

重要，不仅是因为战略本部隶属于执政的自民党，还有一个重要原因在于战略本部的主要负责人甘利明。甘利明曾在安倍内阁期间负责 TPP 协议的谈判，并且被誉为促成 CPTPP 的背后功臣。正因为有过经济外交的丰富经验，甘利明是自民党内部最早开始关注经济安全的政治人物。他在 2017 年 4 月于自民党内成立"规则形成战略议员联盟"探讨经济和安全的战略问题，并担任会长至今。2019 年 3 月，规则形成战略议员联盟向日本政府提交了《创设国家经济会议（日本版 NEC）建言》，呼吁日本政府效仿美国建立国家经济会议应对日益激烈的经济和安全竞争。[1] 据称，这份建议一定程度上与日本政府后来在 2020 年 4 月成立"经济班"有关联。[2] 2020 年 10 月，甘利明又牵头成立战略本部并向政府提交《建言》，强调从立法层面确认经济安全战略的重要性之后，日本媒体便透露了日本政府推动相关立法的消息。[3] 同时，《建言》的内容事实上也已经逐渐在现实中得到反映，比如《建言》提到土地交易立法的问题已在 2021 年 3 月被纳入日本国家安全保障会议。由此可以推断，甘利明主持的两个自民党组织在日本经济安全政策及战略中扮演了重要角色，这份专门为日本经济安全战略打造的《建言》具有风向标意义。

《建言》在谈及日本经济安全战略时，提出两个基本概念：战略自主性和战略不可替代性。战略自主性，是指通过强化日本国民生活及社会经济活动所不可或缺的基本要素，避免在任何情况下对他国的过度依赖，实现国民生活和经济的正常运营。战略不可替代性，是指在国际社会整体的产业构造中，扩大无法替代日本产品、技术的领域，以此实现日本的长期、可持续的繁荣和国家安全。

其中，"战略自主性"概念延续了日本自 20 世纪 80 年代以来所秉持的部分经济安全战略理念，如在资源、能源领域，既确保日本既有一定的自给自足能力，又要确保海外市场的稳定供给。不同之处在于，当前日本的经济战略自主性不再仅仅是有关资源、能源方面的内容，而是以

---

[1] 『提言「国家経済会議（日本版 NEC）創設」』，2019 年 3 月 20 日，https://amari-akira.com/02_activity/2019/03/20190320.pdf。
[2] 村山裕三：『日本の技術経済安全保障政策』，PHP 综合研究所，2020 年，第 9 页。
[3] 日本経済新聞：『甘利氏「経済安保の法整備を」 自民が中間提言』，2020 年 10 月 16 日，https://www.nikkei.com/article/DGXMZO65083680W0A011C2EA3000/。

"战略基础产业"这一概念为基础,拓宽到了日本社会的各个方面。《建言》认为,政府需要界定一部分对日本国民基本生活和日常经济活动具有重要意义的"战略基础产业"(如交通、通信、能源、粮食、医疗、物流、建筑等方面的核心基础设施等),了解这些产业的薄弱环节,降低这部分产业的对外依赖,确保足够的储备以及拥有相关产业的替代性方案。在此基础上,政府再界定哪些领域的产业领域对于维持日本的长期繁荣具有战斗力和潜力。在这些领域中,日本将以民间企业的活动为主体,政府则着力于辅助民间企业,为其提供良好的经营、生产环境,如保护知识产权、推动日本标准国际化、防止技术机密泄露等。

"战略不可或缺性"概念则是日本经济安全提出的新战略方向。《建言》中的"战略不可或缺性"的概念,来源于日本 PHP 综合研究所在 2020 年 4 月发表的政策建议《技术霸权竞争时代下的日本道路——确保"战略不可或缺性"以实现自由开放的一流国家》(下文简称《日本道路》)。

《日本道路》认为,经济安全战略与国际环境的变化存在紧密联系,而当前影响日本最重要的国际事件就是中美霸权竞争的长期化。在此背景下,日本需要在国际社会中获得他国难以替代的地位,即"不可或缺性",使其能向中国和美国展示日本的价值和立场,提升中、美等大国与日本合作的意愿,并增强日本抵抗外部压力的能力。为此,《日本道路》则主张应当推动以技术为核心的经济安全战略来确保"战略不可或缺性"。

《日本道路》主要撰写者、亦是日本经济安全战略概念提出的第一人村山裕三明确指出,以技术为核心的经济安全战略需要包含三种手段:(1)依托于自由贸易规则的国家间技术流动;(2)通过技术转移、技术合作来提高国际影响力;(3)实施出口管理、管控外资等技术管理政策。他认为,迄今为止,日本的经济安全战略主要集中在(1)和(3),即依照国际规则来管控技术和推动自由贸易,但是当前的国际环境要求大国能够通过自身技术来提高外交、军事等方面的国际影响力,因此,日本需要转向以（2）和（3）为核心的经济安全战略①。首先，在管控技术方面，日本今后不仅需要按照国际标准进行管控，更需要根据实际情况，日本政府制定国内规则，防止日本优势技术的泄露。其次，为了能够通过技术转移、技术合作来提供日本的国际影响力，日本政府应当通过提供资金、技术等方式积极介入民间企业的技术开发，如此，一方面，可以掌握当前日本技术开发的具体情况；另一方面，当政府就有了正当理由让这些技术服务于外交、军事需求。最后，日本对于技术管控的操作应当通过多边框架来实现，即与同盟国或者伙伴一起就出口管制、外资管制等议题进行共同探讨，防止他国认为日本是保护主义国家。特别是美国对中国采取"脱钩"政策的背景下，日本有必要让美国同意日本加入到这一政策的讨论中，以防止美国的单边行为伤害日本，同时，也能将美国拉入到保护日本技术的战线上。

作为对《日本道路》的呼应，《建言》将技术保护和培育定位为日本经济安全战略的基本方针，并提出四项具体措施：第一，由政府培养和保护对国家安全具有重要意义的领域，再在这些领域中划定对确保日本技术优势地位具有重要作用的关键技术；第二，政府通过跨部门的联合讨论来制定保护关键技术的制度，包括专利公开、人才培养、国际合作、信息保密等内容；第三，及早建立大学、企业、研究机构等申请国家研究资金时的审核制度，审核内容包括要求其公开是否接受外国的资助等，同时强化对于留学生及外国研究人员的审查；第四，在国际层面，日本政府要与伙伴国强化合作，完善相关国际机制。

在《建言》中，基于经济安全的自主性和不可替代性的考量，日本经济安全战略被划分为16个重要对策课题，分别是：能源、资源安全，海洋开发，粮食安全，金融基础设施，通讯基础设施，宇宙开发，网络安全，实时数据运用，供应链多元化、强韧化，维持和发展技术优势，提升创新能力，审查土地交易，应对大规模传染病，基础设施出口，通过国际机构参与规则制定，强化经济情报能力（见表9-2）。

---

① 村山裕三：『日本の技術経済安全保障政策』，PHP综合研究所，2020年，第11页。

表9-2　《建言》所涉及的16项日本经济安全政策重点课题

重要课题	目标①：战略自主性	目标②：战略不可或缺性
能源、资源安全	确保能源、资源（石油、天然气、稀土等）供应链的稳定。推动海洋资源开发。推动火力、核能发电的发展。保护电力设施免受人为和自然灾害威胁	发展"碳中和"、减排相关的技术，以及推动相关使用相关技术的基础设施出口
海洋开发	推动海洋、海底资源调查和开发。保护海上航线的安全。加强海运和造船能力。强化与海洋沿线国家合作，推动海洋执法能力、港口共同开发和运营、海上安全体制建设。参与北极航线开发	
食物安全	推动小麦、大豆等食物的国产化。强化水资源和渔业管理	保护日本和牛等遗传资源。防止日本优良作物的种子流向海外
金融基础设施	推动日本央行尽早着手日元电子货币的研究工作，并拉拢美国一起主导电子货币的国际标准制定	
通讯基础设施	推动和强化5G、光纤等通讯基础设施。维持和强化日本在海底光缆的枢纽地位。研究卫星通信的制度构建。注意对网络假新闻、假消息的管控	集中研发6G，掌握6G技术主导权和国际规则话语权
宇宙开发	构建、管理、运用国产的宇宙情况监视平台。加速开发国产卫星	主导印度太平洋地区的监视制度、宇宙交通管制国际规则、宇宙资源获取权利等规则制定。研究未来用于宇宙开发的各项技术
网络安全	预防数码产品的开发、制造、设置、管理、废弃等过程中遭遇窃取、破坏、病毒植入等供应链安全问题。建立网络安全情报收集制度。培养网络安全人才	
实时数据运用	构建实时数据运用平台和数据交易市场，防止阻碍数据流动的因素。推动日本提出的"可信赖的自有数据流通"倡议（DFFT），主导产业数据利用的国际规则制定	

续表

重要课题	目标①：战略自主性	目标②：战略不可或缺性
供应链多元化、弹性化	对于生产据点高度集中的产品、零件以及对国民健康重要的产品进行支援，帮助其回国生产或是分散其海外生产据点。政府需要全面检讨民营部门的供应链构成	
维持和确保技术优越	从确保战略自主性角度出发，界定一批战略基础产业，对其进行保护；从获取战略不可或缺性角度出发，界定一批尖端技术产业，对其进行扶植和人才培养	
提升创新能力	推动跨学科研究，鼓励跨学科研究与政治、行政结合。推动尖端半导体创新成为立国之本，促进半导体在国内的研发和生产，扩大对内投资，开拓海外市场市场，管控尖端技术。重点对AI、量子技术、环境技术、材料技术等领域进行集中投放战略资源	
审查土地交易	立法限制外国人及外国法人对日本的土地收购，建立审查收购者信息的制度，确保其不会对日本安全造成威胁	
应对大规模传染病	强化医用物资（药物、疫苗、防护用具等）的国内生产和供给体系。强化应对大规模传染病的危机管理体制	
基础设施出口		围绕海上安全、互联互通、依法治理等重点领域对相关伙伴国家（特别是ASEAN）加大硬件设施以及医疗卫生等软件设施的支援、合作力度
通过国际机构参与规则制定		与伙伴国一起主导国际规则制定。加强向国际组织输送日本人。在国际经济秩序，特别是跨国数据管理上，日本要主导规则制定，并在美国和欧洲之间发挥桥梁作用。反对扭曲市场、强制技术转移等行为
强化经济情报能力	强化情报收集、分析、汇总、共享等能力和体制。加强相关国际合作，包括加入五眼联盟	

资料来源：『提言「国家経済会議（日本版 NEC）創設」』，https://amari-akira.com/02_activity/2019/03/20190320.pdf。

新时代国家经济安全的战略与现实

　　综合分析领域宽泛，内容详尽的16项日本经济安全政策课题，虽然其名义上为对策研究，但鉴于《建言》提出者的特殊背景以及现实中的政策实施落地，还是可以看到日本经济安全政策的某些主要特点和根本性变化方向。

　　首先，无论是出于战略自主性的目的，还是出于战略不可替代性的目的，日本经济安全政策已经超越了传统的经济议程范围，而是包含了国家整体发展的各个方面，即为走向"正常国家"和国际政治大国做铺垫。与1980年日本的《综合安全保障》研究报告相比，《建言》所列出的16个课题（见表9-2）显示出，日本对于经济安全的认知发生了根本性转变，即经济安全概念的政治化。按照《建言》的内容，经济安全战略的目标除了实现经济繁荣、维护贸易体制等传统经济议题外，还要致力于推动实现安全、自由、民主主义等政治、军事层面的需求。由于人类社会的各种活动都或多或少要涉及经济，如果上述经济安全概念被最终写入日本政府的报告中，那么日本政府就可以对其国内的各个领域以"经济安全"的名义进行审查，这意味着日本将经济安全视为在国际权力竞争中的"武器工具"。防止日本在经济安全上的权力遭到侵蚀。如2017年以来，日本多次修订《外汇及对外贸易法》及相关政府规则，要求海外投资者如果获得上市公司10%或以上的股权，或持有非上市公司的股票，必须依法预先通知日本政府，并接受审查。若被认为存在问题，日本政府有权要求海外投资者变更或中止投资计划。[①]

　　其次，正是因为将经济安全视为权力竞争的"武器工具"存在，日本政府正试图在经济活动中扮演更为积极的角色。前文已述，日本政府目前正在各部门设立经济安全相关机构，并通过NSS的经济班进行统筹，强化政府对于各个部门及其相关领域的控制。在涉及具体议题方面，《建言》要求日本政府承担更多角色，特别是有关"军民融合"的内容，事实上突破了日本以往"官民合作"的概念。在"官民合作"概念中，日本政府更多是协助者的角色，例如向海外日本企业提供当地信息或法

---

① 环球网：《日本新增20个领域限制外商投资 强调国家安保、防止技术外流》，2019年5月28日，https://finance.huanqiu.com/article/9CaKrnKkL0g。

律援助，并为国内的日本企业营造良好营商环境等。而现在，日本政府则会以参与者的身份加入到日本民营部门，意图实现"军转民"或"民转军"。比如在宇宙开发领域，在日本内阁的综合科学技术及创新会议主导下，日本政府旗下的宇宙航空研究开发机构向国内各种宇宙领域创业公司开放技术支持，供其创业和二次创新，推动日本的宇宙开发市场①。同时，日本将经济作为施压他国达成本国目的的"武器"进行使用②，最主要表现特征就是出口管制。日本是东亚乃至全球生产制造网络中高技术精密零件的"关键供给者"。③ 因此，其出口管制政策对地区乃至世界经贸往来具有影响力，如2019年，日本通过限制半导体、OLED材料出口，从而对韩国的劳工征用赔偿诉讼进行报复和施压④，又如，2020年5月，日本经济产业省将77家中国相关实体列为出口管制名单⑤。

最后，日本对于经济安全战略的规划离不开美日同盟及其联盟网络。日本方面认为，围绕新技术革命、中美竞争等现象所引发的一系列经济安全议题，需要以美日同盟为核心，联合欧洲、澳洲等西方民主国家一起进行相关议题的探讨、采取共同行动。⑥ 达成盟友、伙伴国之间的经济安全网络。特别是在日本所强调的战略不可替代性的经济政策与传统的经济政策相比，更突出与盟国、伙伴国之间的排他性合作。这一方面是指，日本能够在面对非盟国、非伙伴国的竞争时，利用其相对的经济优势，通过投资、贸易、技术供给等手段维持自身的权力优势；另一方

---

① 『日本の宇宙スタートアップ市場が開花』（Translated：Japan's Space Starup Market Blooms），2020年11月，http://interactive.satellitetoday.com/via/november-2020/translated-japans-space-starup-market-blooms/。

② NHK：『新たな「防衛力」経済安全保障とは何か』，2020年10月21日，https://www.nhk.or.jp/politics/articles/feature/46667.html。

③ 陈友骏、赵磊、王星澳：《日本出口管制政策及其对华影响》，《现代国际关系》2021年第6期。

④ 观察者网：《日本制裁韩国：限制半导体、OLED材料出口》，2019年7月1日，https://www.guancha.cn/internation/2019_07_01_507678.shtml。

⑤ 日本经济产业省，2020年5月8日，https://www.cistec.or.jp/export/express/200508/3_userlist_asof2020_comparison.pdf。

⑥ 村山裕三：『日本の技術経済安全保障政策』，PHP综合研究所，2020年，第54页。

面是指，日本能够通过提升其在盟国、伙伴国中的重要性，比如提供重要的技术提供和关键器件保障等，来确保日本在联盟体系内部的权力地位。因此，如何对经济安全战略进行外交布局对于日本而言至关重要。而在联盟体系的维护上，日本恰好迎合了美国的印太战略，美国急需在亚洲寻找有足够经济体量和技术储备的合作者，而日本在印太框架下恰好提供了这一角色。

四　日本经济安全战略的外交布局

伴随日本国内对经济安全关注的不断升温，2021年6月，日本经济产业省最新的《通商白皮书》提出，要构建"可信赖的全球供应链"，并以此作为日本经济安全战略对外开展的基础。[①] 围绕这一战略目标，日本政府以美日同盟为核心，对经济安全进行了一系列布局。而从公开的信息看，日本政府的经济安全战略布局相当聚焦，在双边层面主要围绕与美国、欧盟、澳大利亚、印度等国家及地区的合作，而在多边层面则主要是以日澳印、四国集团（QUAD）、G7等架构展开。

（一）对美国的印太战略呼应

尽管面对新冠疫情，但日美两国还是在2020年4月到2021年4月期间举行了5次首脑会谈和16次部长级官员会谈，体现了美日同盟的紧密关系，并就推动双方在印太地区和全球层面的经济合作达成了诸多成果。

在印太地区，日美两国就实现所谓的"自由开放的印度太平洋"开展了诸多合作项目。比如在能源领域，两国在2017年开启了"日美战略能源伙伴关系"项目，旨在投资和援助印太地区对日美两国能源安全有重要意义的能源基础设施，以此确保两国的能源供给安全。2021年日美首脑会谈后，日美在原有的能源项目上新设了"日美绿色能源伙伴关

[①] 日本经济产业省：《通商白皮书》（2021年版），https://www.meti.go.jp/report/tsuhaku2021/index.html。

系"项目,强调要确保绿色、安全、廉价的能源供给。在数据领域,双方成立由两国专家组成的工作小组,专门负责对两国在印太地区的重要基础设施项目进行网络安全保护及演练工作。在基础设施领域,两国正在印太地区推动高质量基础设施建设及对地区内各国政府及基础设施相关部门提供培训等项目。

在全球层面,日本在拜登政府上台后即与美方举行了首脑会谈,双方就加强在气候变化、新冠疫情、科技创新等国际问题上的合作达成共识,再通过日本外务省、经产省等事务部门与美方对接,落实首脑会谈的有关内容。比如2021年3月,日美举行"2+2"会谈,确认两国推动在新冠疫情、地缘竞争、气候变化、恢复民主主义、维持印太地区秩序等方面的合作。① 同年4月,日本经济产业省大臣梶山弘志与美国商务部长雷蒙多举行会谈,双方就出口管理、半导体供应链、能源与环境等领域的合作进行了交流。② 之后,日美首脑又相继发布了《新时代日美全球伙伴关系》《日美竞争力、强韧性伙伴关系》《雄心、去碳化、绿色能源的日美气候伙伴关系》等声明,确保其所谓的自由民主国家协同应对国际秩序变动、新冠疫情、气候变化等议题。

(二) 与澳大利亚的双边合作加强

近年来,随着澳大利亚有意图地跟随美国对华战略、破坏中澳关系,日本与澳大利亚在经济问题上的合作迅速升温。2020年11月17日,日澳举行首脑会谈,双方在共同声明中就一些与经济安全相关的重要议题达成共识。首先,他们认为,在数字化转型、信息通信技术创新和新型冠状病毒感染的全球流行的推动下,确保经济安全变得更加重要。其次,加强经济安全领域合作是双边安全合作的重要内容,表示有意继续推进并采取具体措施深化该领域合作,包括信息交流等。最后,日澳首脑强调,日本和澳大利亚之间的共同繁荣建立在安全可靠的基本商品和服务

---

① 日本外务省:『日米安全保障協議委員会(日米「2+2」)(結果)』,2021年3月16日,https://www.mofa.go.jp/mofaj/na/st/page1_000942.html。
② 日本経済産業省:『梶山経済産業大臣はレモンド米国商務長官と電話会談を行いました』,2021年4月8日,https://www.meti.go.jp/press/2021/04/20210408003/20210408003.html。

供应链的基础上。双方还将在空间和网络问题、数字和关键技术、5G 网络和海底电缆等基础设施以及开放、安全、稳健和高效的关键矿产资源供应链、资源安全等领域开展合作①。

日本与澳大利亚的合作除了在产业层面，他们还在地区与国际经济秩序建设方面进行了深度的双边合作。如 2021 年 6 月 9 日，日澳举行"2+2"会谈，进一步确立双方在经济安全领域的合作。在"2+2"会谈的共同声明中，他们表示，对强压式的经济做法表示关切，并与合作伙伴合作解决经济挑战，以支持自由、开放、包容和繁荣的印太地区。日澳将应对非法技术转让，建立相关供应链弹性，加强国防工业基础设施协调，推动适用国际法和公认的网络空间国家行为规范，包括寻求更深入的合作。同时，还将从促进研发、区域能力建设和产业韧性等相关主题合作的角度，深化网络和关键技术合作，包括发展双边伙伴关系。为实现这一目标，双方将加强在各种多边论坛中标准制定的信息共享和协调②。因此，日本与澳大利亚利用地区间中美博弈的剩余空间，强化双边合作，意在提升和加强自身的区域能力和影响力，进而实现更多的战略话语权。

(三) 对印度进行战略远景投资

日本近年来逐渐将印度作为替代中国的重要供应链节点，并与其开展了多领域、多层次的经济合作，进行了结构调整的战略投资。2019 年 12 月，日本经济产业大臣梶山弘志访问印度，与印方建立"日印产业竞争力伙伴关系"，并设立会议机制进行事务磋商，旨在通过各个领域的日印合作来强化印度的产业能力和营商环境。③ 2020 年 2 月，日印双方为提升印度物流效率及强化印度在纺织业的竞争力，成立了物流工作组

---

① 日本外务省：『日豪首脑会谈』，2020 年 11 月 17 日，https://www.mofa.go.jp/mofaj/a_o/ocn/au/page3_002927.html。
② 日本外务省：『第 9 回日豪外务・防衛閣僚協議（「2+2」）の開催』，2021 年 6 月 9 日，https://www.mofa.go.jp/mofaj/press/release/press3_000491.html。
③ 日本経済産業省：『梶山経済産業大臣がインドへ出張しました』，2019 年 12 月 10 日，https://www.meti.go.jp/press/2019/12/20191210003/20191210003.html。

会和纺织业工作组会。2021年3月,作为落实"日印产业竞争力伙伴关系"的一环,日本和印度共同召开了由产官学界代表组成的"全球经济中的印度潜力"论坛,集中讨论了如何提升印度在相关产业领域中的竞争力等议题。

在具体的产业合作领域,如在钢铁领域,2019年12月,日本和印度共同创设了"日印钢铁对话",旨在推动印度钢铁制造中的节能技术、促进钢材在建筑行业运用等合作项目,双方于2020年12月正式签署了合作备忘录。在纺织领域,日印双方在2021年签署了有关提高纺织制品质量、促进相关贸易等方面的合作备忘录;在物流领域,日本物流系统协会等专业机构在2021年对印度工业联盟下设的物流部门进行了物流管理者资格认证培训;在数字领域,日本和印度在2018年建立"日印数字伙伴关系",以推动双方在跨境数据流动、活用数字技术、IT人才培养、开拓第三方市场等方面的合作。[①] 因此,日本与印度的合作,在某种程度上可以看成是对印度的远期投资,这是日本在评估印太发展前景后一个基于自身战略利益最大化的考量,其目的是意图以"印度工厂"来取代中国,并进一步实现日本自身认为的"经济安全"。

(四) 与欧盟扩大市场技术合作

日本政府认为,在国际秩序变革之际,欧盟是与日本共享自由、民主、人权等基本价值观和原则的重要伙伴。2019年2月日欧经济合作协定(EPA)正式生效后,日本经产省提出,必须构建日本、美国、欧盟的三边框架来主导全球性议题的讨论。2020年5月,日本与欧盟举行视频首脑会议,日本政府首次从安全角度,表达了希望同欧盟加强在可靠的通讯基础设施、弹性供应链、数据流通等方面的合作意愿。[②] 2021年5月27日,双方再次举行视频首脑会议,其中达成了诸多关于贸易、投

---

① 日本经济产业省:『日本国経済産業省とインド国電子IT省との間の日印デジタル・パートナーシップに係る協力覚書』,2018年10月29日,https://www.meti.go.jp/press/2018/10/20181029004/20181029004-2.pdf。

② 日本外务省:『日EU首脳テレビ会議の開催』,2020年5月26日,https://www.mofa.go.jp/mofaj/er p/ep/page4_005157.html。

资、大数据、科技等重要方面的行动共识,其中包括:(1)探索在建设包括半导体及原材料等重要物品的弹性供应链、实现绿色增长、第三方市场合作、基准和适应性评估、汽车、机器人等方面的合作,进行日本欧盟产业政策对话;(2)继续推动由日本、美国、欧盟组成的关键材料对话机制;(3)推动行政层面落实欧盟"哥白尼计划"和日本卫星数据平台之间进行数据、情报交换方面的合作;(4)推动双方在宇宙政策上进行合作,比如有关卫星航空法、宇宙研究及探索的合作;(5)在联合国其他多边框架中,确保宇宙空间的安全、可持续,敦促有关行为体进行负责任活动等;(6)强化双方研究机构在量子技术上的合作与伙伴关系等[①]。因此,从合作角度看日本与欧盟在市场和技术领域均存在着明确的对接。

应该注意到的是,日本为了提升自身的大国地位,一直将欧盟视为平衡美国的关键力量,而日欧经济合作协定(EPA)实施带来的好处,特别是对国内经济保守势力的有效压制和日本国民的适应度增加,使得日本认为,更大规模的经济开放,包括数字技术合作有助于日本自身的经济结构调整与进步,同时更有助于日本与欧盟共同规划未来的全球经贸秩序,而欧盟在印太地区的"非冲突性"存在,可以更好地提升日本的政治经济地位,因此,其与欧盟的合作具有更多的主动性和迫切性。

(五)日澳印弹性供应链建设

日本注意到了美国加大对中国博弈力度所腾挪出来的"剩余空间",开始加大与除美国外的盟友之间的合作,并利用新冠疫情造成的全球供应链结构不平衡,开始以供应链为抓手进行经济基础建设。2020年9月,日本、澳洲、印度三方召开经济部长会议,强调为维护自由、公开、包容、开放、透明的贸易投资环境,为应对新冠疫情及世界规模的经济和技术变化,必须确保印太地区的弹性供应链建设和风险管理,防止供

---

① 日本外务省:『第27回日 EU 定期首脑协议 共同声明(仮訳)』,2021年5月27日,https://www.mofa.go.jp/mofaj/files/100195012.pdf。

应链中断。2021年4月，三方将上述共识落实为"弹性供应链倡议"（SCRI），并决定今后每年至少要召开一次经济部长会议，以确立相关具体政策和项目来推动"倡议"实施，并在适当条件下探讨其他国家和地区加入该协议的事宜①。

而在该倡议提出一个月前，日澳印邀请东盟共同召开"弹性供应链"论坛，讨论构建印太地区弹性供应链议题。在会议上，日本方面介绍，日本政府今后对弹性供应链建设的支援方针主要集中在供应链的数字化和可视化，采购、供给、生产基地的多元化，物流便利化，规则和标准的融合化等几个方面②。

虽然，在表面上，日澳印三边弹性供应链建设是为了应对区域供应链安全问题，但呼应前述的日本与澳大利亚、印度的双边合作，可以认为，在大国区域博弈强化的背景下，日本、澳大利亚、印度所组合的三边合作，事实上反映了在印太地区"少边主义"的出现态势，具有一定规模和经济能力的国家正在组建符合自身利益小集团，以提升自身在大国博弈中的权重。

（六）四国集团（QUAD）提升科技实力

2021年3月21日，日本、美国、澳大利亚、印度召开四国集团首脑会议，强调要基于普遍价值，支持和平与繁荣，强化民主的韧性，作为早期行动方案，成立了四国疫苗伙伴关系、四国气候问题工作组会、四国重要技术和新兴技术工作组会。其中，关于四国重要技术和新兴技术工作组会的成立目的，四国集团声明提及五点内容：（1）制定技术的设计、开发、利用等方面的原则；（2）推动制定技术标准的协商程序，包括各国技术标准机构间的合作以及更广泛的伙伴关系等；（3）在运用

---

① 日本経済産業省：『オーストラリア、インド、日本の貿易大臣によるサプライチェーン強靭化イニシアティブに関する共同声明（仮訳）』，2021年4月27日，https://www.meti.go.jp/press/2021/04/20210427004/20210427004-2.pdf。

② JETRO：『ジェトロ、サプライチェーン強靭化フォーラム開催、日豪印ASEANの産官学で連携目指す』，2021年3月18日，https://www.jetro.go.jp/biznews/2021/03/e9c607bc119f8043.html。

电子通信、电子通信器材供给多样化以及面向未来的电子通信发展等方面，推动包括民间、产业界合作在内的一切合作举措；（4）在监控包括生物技术在内的重要技术和新兴技术等方面推动彼此的合作；（5）实施关于重要技术供应链的四国对话机制。

2021年7月13日，四国集团主管科技的部级领导共同出席了由美国"AI国家安全保障委员会"主办的全球尖端技术峰会。会议上，四国集团就民主国家加强彼此在尖端技术上的合作达成共识。日本科技大臣井上信治在会上发言称，"包括物联网、5G、AI和量子技术等尖端科技不仅能够产生经济效益，同样会影响人权、自由和国家安全……对于共享价值观的QUAD集团来说，应当在尖端科技上进行合作，以此来确保印太地区的稳定、包容、弹性经济"。[①] 随后，四国代表再次就在尖端科技领域强化合作的必要性上达成了一致。

作为美国印太战略的主要架构，QUAD不仅在政治对话上保持高度协同，同时，在科技竞争上也不断进行整合，而日本在其中作为仅次于美国科技实力的国家，凭借其在关键领域拥有的技术对强化QUAD的科技竞争力将起到关键的作用。

（七）G7集团的重新整合

2021年6月13日，G7集团在英国发布首脑共同声明，其中第一次加入了被称为"未来前沿领域"的内容，其中强调"从虚拟空间到宇宙空间，世界经济、社会的前沿领域会持续影响人类的繁荣和利益"，为此，G7集团将组建以分管数字、技术的部长级官员为核心的工作组。其工作重点包含如下几个领域：（1）建立"关于DFFT的G7合作框架"，通过倡导可信赖的、自由的数据流动，以更好地利用有价值的数据驱动技术的潜力，同时继续应对数据保护挑战；（2）建立"关于可电子传输的记录数据的G7合作框架"，使经济界能够使用可电子传输的记录数据来提高效率和节约成本，从而支撑经济复苏；（3）建立"网络安全性原

---

① The Japan Times，"*Quad*" *Nations Agree to Strengthen Cooperation Over Advanced Tech*，14 July 2021，https://www.japantimes.co.jp/news/2021/07/14/national/quad-tech-cooperation/.

则",确保包括表现自由在内的人权及基本自由,同时对抗网络暴力;(4)建设先进、安全、稳健、有竞争力、透明、可持续和多样化的数字、电信和 ICT 基础设施的供应链;(5)深化在数字竞争方面的合作,防止拥有强大市场力量的参与者可以滥用其权力来扰乱数字市场和更广泛的经济。①

值得注意的是,在 G7 集团的 2021 年共同声明中,前所未有地十余次提及"价值"一词,强调要守护 G7 共同的价值体系,以确保应对各种挑战。而在 2017 年的共同声明中,"价值"一词只被提及两次。因此,可以认为,传统的 G7 集团,包括其在科技前沿的领导力已经不能完全适应变化的世界形势,而强化 G7 集团在科技层面的合作,反映了 G7 集团本身在新科技革命下对科技竞争的焦虑,其必须要重新进行整合以适应宏观环境的变化。

上述外交活动的开展尽管并非都以"经济安全"为名义,但从其内容实质上看,所有的活动都与日本国内对经济安全战略的思考高度匹配,日本方面显然在为经济安全战略进行全方位的外交布局。

五　日本经济安全战略的目的分析

在不断变化的世界格局中,日本积极调整自身的经济安全战略定位,无论从国内层面,还是国际合作层面都在加码经济安全战略意识。而深入认识日本经济安全战略内在的目的,还必须从如下视角进行分析,才能更好地把握日本经济安全战略的本质。

第一,日本经济安全战略的外交布局是以追随美国为基础,试图通过美国主导下的美日同盟拉拢其他国家为自己的经济安全战略服务。日本政府在所有关于经济安全及相关合作的表述中,都强调要与拥有共同价值观的伙伴进行合作。这并非意味着日本不会与非共享价值观的国家

---

① 日本外务省:『G7カービスベイ首脳コミュニケより良い回復のためのグローバルな行動に向けた我々の共通のアジェンダ』,2021 年 6 月 13 日,https://www.mofa.go.jp/mofaj/files/100200083.pdf。

新时代国家经济安全的战略与现实

进行合作,而主要是借价值观外交形成一个排他性的核心圈,并在涉及"安全"领域时,圈内的国家之间保持高度信任和合作,形成对其他竞争者的规模优势。目前,日本经济安全战略是以美日同盟为主导、以美国的盟友和伙伴国如欧盟、印度、澳大利亚等国为核心的"美日同盟＋"体系。[1] 日本虽然也注重与东盟的合作,但其仍然是以传统的经济议题为导向,并非涉及前沿科技,包括安全合作。因此,无论从官员层级、开会频率、内容深度来看,日本与东盟的合作都无法与"美日同盟＋"体系相比。同时,日本充分认识到了其经济安全保障必须以美日同盟的军事安全保障为基础,日本自身无法单独追求大国地位上的经济安全,而追随美国不仅体现在其政治和外交上,同时也深刻地反映在经济安全层面。

第二,日本经济安全战略外交布局的目的是管控供应链和争夺国际话语权,为实现政治大国和最终走向正常国家做基础铺垫。一方面,日本基于所谓的"安全"逻辑意图与共享价值观的盟友、伙伴国一起打造包括数据移动、技术共享、关键原材料等在内的可信赖供应链网络,并减少与"不可信赖国家"之间供应链的风险,对不可信赖国家进行出口管制,以此确保日本在面对"圈外"竞争者时拥有优势,维持其在国际权力竞争中的地位。同时,通过同盟、伙伴国的网络也能够借他山之石来强化日本的技术发展,比如在 5G 等新兴领域方面,日本事实上已不在全球前列,因此其强调要与伙伴国家合作占据后 5G 时代的技术高点。另一方面,日本积极参与经济安全相关的国际规则制定。日本学者也是战略本部的智囊之一的国分俊史就指出,新技术革命的爆发和与之相伴的国际格局调整,必将导致国际秩序深刻变革,引发企业、市场、国家共同卷入"规则竞争",因此,日本必须确保其在新一轮的国际经济规则制定中具有一定话语权。[2] 日本近年来一直在与欧洲、美国等传统盟友一起进行布局,制定符合所谓基于"自由、开放的价值观"的国际规

---

[1] 孟晓旭:《日本国际安全战略的新动向及其影响》,《国际问题研究》2021 年第 4 期。
[2] 國分俊史:『エコノミック・ステイトクラフト 経済安全保障の戦い』,日本経済新聞出版,2020 年。

则。除了积极推进建设 CPTPP、日欧 EPA 等"高水平自贸协议"外，日本也着力在其共享价值观的盟友、伙伴国间推动 DFFT 的落地，率先推动"朋友圈"内部建立数据流通机制，在阻止数据流向"非朋友圈"的同时，促进圈内各方充分共享数据。

第三，日本经济安全战略的假想战略对手是中国。虽然日本围绕经济安全的外交活动从来没有具体点名中国，但其议题内容以及各种行为举措，事实上都明确表明，日本经济安全战略的主要目标之一就是推动与中国经济进行部分"脱钩"，在制衡中国技术发展的同时，以摆脱自身的供应链对中国的过度依赖。日本强调的"自由、开放的印度太平洋地区"、理念相同的伙伴等概念塑造，本身迎合了美西方国家将中国描绘为"威权主义国家""对自由世界构成威胁"的话语体系，并意图与美西方国家一起将中国打造成"共同的敌人"。而在行动和举措上，首先，自从美国开始打压以华为为代表的中国企业时，日本就积极跟进并出台了一系列措施，名义上说要排除一些不利于国内安全的国外产品，事实上就是针对中国。其次，日本不仅将作为其第二大贸易伙伴的中国排除在所有关于前沿技术发展、供应链合作等重要经济安全议题之外，而且，日本国内也不断传出要对中国投资、出口中国产品、中国研究人员来日等事宜加强审核的声音。最后，日本积极构建"弹性供应链"的背景就是将日本在中国的一部分产业链转移到其他国家及地区，目前已有 87 家企业在日本经产省补助下，将其产业链从中国移出。[①]

因此，日本当下的经济安全战略并不是简单着眼于国内经济、金融，包括产业链、供应链安全维护意义上的狭义经济安全战略，日本的经济安全战略与日本政治、外交，包括军事进行互动延伸，已经成为有明确博弈对象的外延式经济安全战略，而从这个角度而言，日本经济安全战略并不是防守性的，期间夹杂着隐蔽的进攻性，并有积极参与大国博弈的特征。

---

① Digima-japan：『加速する〝中国撤退｜経産省が中国撤退の「補助金」を支給？／外資企業が中国を撤退する方法や注意点とは？』，2021 年 6 月 16 日，https://www.digima-japan.com/knowhow/china/170 79. php。

六　对权力的追求与限制

综上所述，当下阶段的日本经济安全战略框架已然明晰。日本经济安全战略是美国印太战略框架下的直接产物，其战略方针显然与美印太战略，包括对华遏制战略进行紧密联动。日本以美日同盟为基础，建立以共享价值观的盟国、伙伴国为核心的小圈子，推动其垄断前沿技术、构建弹性供应链、主导国际话语权。

（一）日本对权力的追求

日本的经济安全战略诉求，从更高层面的追求权力的角度看，其目的是通过协同美国的印太战略强化自身国际地位，符合了日本重夺亚洲地区主导权，并进一步实现政治大国化、国家正常化的战略诉求。而日本对于权力的内在追逐典型地反映在如下层面。

首先，日本需要借助"中国威胁"提升在美日同盟中的地位。美日同盟在可预见的未来必将继续维持和深化，但包括军费分摊、美军基地搬迁等问题中所体现出两国地位不平等的事实，对于追求成为"正常大国"的日本而言是一直存在的隐疾。近年来，日本正试图通过塑造自身在对华外交战略中的作用来提升在美日同盟中的话语权，如特朗普政府单方面退出TPP协议后，日本促成CPTPP协议落地一事在日本国内被认为是日本发挥领导力的重要事件。特别是在特朗普政府对华打压失败证明其无力独自承担对华外交战略成本的情况下，日本国内要求日本政府"挺身而出"的论调甚嚣尘上。这些言论所强调的核心观点是，美国由于难以独自遏制中国且受困于新冠疫情等国内问题，所以会更加依赖同盟国家的作用，日本此时应当主动出击，扮演维系美国与亚洲同盟、伙伴关系的领袖角色。2020年12月，美国智库战略与国际问题研究中心（CSIS）发布的第五份《阿米蒂奇报告》首次称日本为美国"平等的同盟国"，事实上也反映了上述趋势。[1] 而在美国战略能力下降的背景下，

---

[1] 每日新闻：『日米同盟「初めて日本が対等な役割」 難題は中国と明示 第5次アーミテージ・ナイ報告書』，2020年12月7日，https://mainichi.jp/articles/20201207/k00/00m/030/167000c。

日本有足够的动力来强化自身的权力追求。

其次，提升区域影响力和领导力也是日本政治大国化追求的反映。正如有研究所指出的那样，日本需要"借助部分国家对华防范之心并利用美国对华开展战略竞争之机向中国施压，削弱中国影响力的提升，谋求日本对印太安全秩序的主导"。① 在日本的战略认知中，当前国际秩序是在美国领导下，以日本、欧洲、澳大利亚等发达民主主义国家为核心所构建，并且由这些国家主导的人权、自由、民主、法治等基本价值观作为基石，而崛起的中国并不接受这套秩序，这会从根本上动摇日本赖以生存、发展的秩序模式。② 因此，日本必然将中国视为维持其在亚洲地区主导地位的最大且唯一障碍，而且事实上，仅仅凭借日本自身的实力已无法抗衡中国。在此背景下，日本方面虽然表明上强调要与中国维持合作关系，但将中国视为竞争者，甚至是某些方面的敌人的趋势则更为明确。显然，日本企图通过煽动"中国威胁论"来为自己成为"正常国家"提供"正当性"和"合法性"。

最后，日本经济安全战略跟随美国一起对华进行遏制的立场必然是长期难以动摇的，日美双方合作也必然深化、甚至出现高度一体化。特别是在经济安全中最为核心的技术领域，由于该领域是日本的立身之本且是为数不多能够对中国产生重大影响的领域，因此，面对中美博弈日益加剧，日本运用出口管制等政策对中国进行打压的可能性增大。同时，日本会利用其在亚洲的影响力，特别是经济影响力更加积极地在遏制中国战略中向美国"建言献策"，并在美国的亚洲，包括欧洲同盟和伙伴关系网中扩大其影响力，发挥在遏制中国的"亚洲包围网"中的领导作用，以试图让美国的对华外交战略对日本产生内嵌的路径依赖，部分扭转美日同盟中的不平等关系，甚至是在美国霸权彻底衰落后，依靠美日同盟关系吸收美国在亚洲地区的权力遗产，实现重回政治大国行列的

---

① 國分俊史：《エコノミック？ステイトクラフト経済安全保障の戦い》，日本経済新聞出版，2020年。

② 「『インド太平洋時代』の日本外交 —Secondary Powers/Swing States への対応—」，日本国際問題研究所，https：//www2.jiia.or.jp/pdf/resarch/H26_Indo-Pacific/H26_Japanese_Diplomacy_in_the_Indo-Pacific_Age.pdf。

夙愿。

(二) 日本对权力追求的限制

虽然，日本的经济安全战略在以美日合作为基础，以日本和盟友合作为外延，包括在强化自身经济安全体系做出了积极的调整和安全框架设计，但囿于日本实力的相对下降以及地区发展潮流，日本经济安全战略的实施也受到一定制约并充分地体现在如下方面。

第一，就美国自身的政治格局来看，特朗普虽然下台了，但以美国政治生态中的民粹主义、白人至上主义和反全球化主义为核心的"特朗普主义"并不会就此消退。对于支持和需要多边主义的日本而言，"特朗普主义"本身就如同一颗定时炸弹，可能会打乱日本的外交部署。《日本道路》的作者村山裕三就明确指出，当美国采取对华遏制的做法走向极端，则最终会受到反噬，日本不能一味追随美国，要从长远的利益和自身原则进行对华外交的考量。这意味着追随美国战略本身可能成为限制日本的因素。而美国政治结构自身的变数可能会长期左右和限制日本在多边主义和联盟框架下对大国权力和所谓经济安全的追求。

第二，新冠疫情背景下，中国经济的强韧性以及紧密的中日经济关系显然是日本无法回避的事实。从宏观经济看，由于中国在主要经济大国中率先实现经济发展和控制疫情两大目标，中国在2020年的日本总出口额中占比首次超过两成，时隔二年后再次成为日本最大出口国，日本对华投资由2019年的1400亿美元增长到了2020年的1630亿美元，而日本对美国投资则从2510亿美元下降到了1340亿美元。特别是大量日本企业早就在中国扎根，融入中国经济发展的大格局，要强行让它们"退出、缩小在中国市场的规模，转移生产基地，调整采购来源，并不是一件容易的事情"。① 所以，中日经济关系与日美经济关系的此消彼长将对日本经济安全战略形成强大制约。

---

① LIMO,『日本企業は"脱中国化"に及び腰？経済安全保障との向き合い方』，2021年6月13日，https://news.yahoo.co.jp/articles/6982dd75151370b46dba582005fe53e61fd81464。

第三，日本推动基于价值观的"圈子外交"，并不符合当前地区融合发展的历史潮流。2021 年 4 月底，日本国会迅速通过 RCEP 审核，而该协议一直被认为是符合中国主张的贸易协定。但即使如此，日本仍然接受 RCEP 一事显示出，经济往来的开放符合作为贸易国家的日本的利益。而经济安全战略与经济开放理念是背离的，因此，日本所要建立的"经济安全朋友圈"，很大可能是停留在某些小范围的领域，一旦将经济安全涉及的范围扩大，必然影响日本与地区国家之间的正常经济往来。不同于美国，日本经济深度扎根东亚、东南亚地区，因此，其难以承担与该地区经济发生脱离的成本。

综上所述，对于日本而言，其经济安全战略将在对华制衡和对华合作之间维持微妙的平衡，既防止全面对华敌视，也不会对华过于友好。从短期来看，追随美国的对华政策、重新成为"正常国家"的野心等要素会使得日本对华制衡的态势强于对华合作。从长期来看，在中国崛起不可阻挡的历史潮流下，日本经济发展的需求以及和中国的地缘关系必然要求日本认识到，其只能在有限的范围内实行经济安全政策，同时，若想要成为"正常国家"，日本必须与中国开展良性对话和正常互动，才能在根本意义上维护日本所诉求的经济安全。

第十章 理想与现实的困惑
——印度经济安全战略

引 言

经济条件决定国家的社会政治结构。经济表现可以决定军事实力：经济越强，军事力量就越强；经济越弱，军事力量就越弱。[①] 因此，一个国家的资源数量及其经济发展为国家能力建设和国际关系发展提供了坚实的基础，维护经济安全成为国家在不同阶段所重视的任务。尤其对于印度而言，被殖民的历史、特殊的地缘位置等因素更是加剧了其对经济安全的深刻理解与认知。

"经济安全"的概念是"全面安全"概念下一种以"经济"为要素的安全状态，分别结合经济基础（"经济"）和上层建筑（"安全"）两层属性。随着对国家主权概念的重视以及引发的包括冲突、战争在内的高烈度争端，国家对"经济安全"属性的强调日益增强。在两次世界大战以及冷战期间，"经济安全"成为国家在对立与冲突中实现并保持军事优势的最主要手段。战争的巨大破坏性以及核威慑的出现，国家对"经济安全"决定国家安全的认识开始转移到综合实力提升方面，"经济安全"中的对抗性与冲突性概念逐步被淡化。而2008年国际金融危机以及后续大国博弈出现，使得"经济安全"概念再次被激活，并赋予其和平时代的"经济武器"的寓意。

---

① Fe Rg Uson A., "The Uneasy Relationship Between Economics and Security", *Prism*, Vol. 4, No. 2, 2013, pp. 76–86.

一 印度经济政策和印度经济安全

自印度 1947 年获得独立以来，印度的国家安全一直是决策者关注的主要问题。尤其是 1962 年中国对印度的自卫反击战后，印度更加关注其国家安全的全面性。而一个国家的经济安全是国家安全的核心支柱。对于像印度这样的发展中国家来说，经济表现和能力是国家安全和权力的重要基础。印度必须维持更高的经济增长率，才能改变其认为的亚洲和全球的战略平衡，以发挥其发展优势。

从整体而言，印度经济发展经历了四个时期，这与印度外交政策的主要驱动因素和意识形态相吻合，并在一定程度上折射出印度的经济安全观。第一阶段是尼赫鲁的理想主义阶段，该阶段主要受到印度经济脆弱性的抑制和能力约束，其特点是印度通过领导不结盟运动以避免受到大国冲突和冷战的影响，并开辟国家发展的"第二空间"；第二个阶段是国内经济脆弱性和与西方日益紧张的关系，促使印度产生了一种强硬的现实主义态度，表现为与苏联的高度战略协同；第三个阶段是海湾战争、苏联解体、长期经济停滞和国内动荡等各种事件的结合共同造成了印度自由化改革；第四个阶段，中印关系紧张、大国博弈以及印美关系实现"战略拥抱"，印度积极利用机会实现以自身为核心的战略主动，加强与西方国家的关系。

（一）资本主义和共产主义折中（1947—1966 年）

1947 年 8 月 14 日，印度总理尼赫鲁在印度制宪会议上表示，多年前，我们（印度）与命运幽会，现在是我们（印度）兑现承诺的时候了。我们（印度）今天庆祝的成就只是向等待我们（印度）的伟大胜利和成就迈出的一步。同时，他进一步提醒到，未来的任务包括"消除贫困、无知、疾病和机会不平等。这些是印度自 1947 年独立以来走上发展道路的基础"。[①] 在 1947 年殖民统治的混乱结束时，印度继承了

[①] "Tryst with Destiny", Address to the Constituent Assembly of India in New Delhi, https://www.americanrhetoric.com/speeches/jawaharlalnehrutrystwithdestiny.htm.

一个世界上最贫穷的经济体，工业发展停滞不前，其农业生产无法养活快速增长的人口。[1] 从经济结构看，当时印度经济主要是农业经济为主，印度大约60%的国内生产总值主要依赖农业活动。[2] 因此，在印度1947年实现独立时，尼赫鲁就下决心带领印度彻底摆脱其前殖民者英国的帝国主义影响，包括其对经济发展制约的影响。

尼赫鲁制定的印度发展战略旨在通过自力更生、社会正义和减轻贫困的经济增长来建立社会主义模式。这些目标试图在所谓的民主政治框架内实现，即利用公共和私营部门并存的混合经济机制来实现发展目标。尼赫鲁一直坚持社会主义信仰而对消费主义不屑一顾，并试图学习苏联模式将印度转变为重工业的巨人。[3] 印度于1950年成立了计划委员会，负责监督整个规划，包括资源分配、实施五年计划评估。"五年计划"是以苏联计划为蓝本实施的集中经济和社会增长计划。随着计划委员会的成立，印度开始了国民经济发展计划。第一个"五年计划"采用"哈罗德—多马模型"为理论指导，其目标主要侧重于第一产业的发展，特别是农业和灌溉，提高国内储蓄以促进增长，并帮助印度经济从殖民统治中恢复过来。[4] 该计划的有效实施，推动印度在独立初期实现了每年3.6%的GDP增长，甚至超过了该计划设定的每年GDP增长2.1%的目标。而如果说第一个"五年计划"侧重于农业和能源，那么印度第二个"五年计划"侧重于公共部门的发展和快速工业化。第二个"五年计划"是与第一个"五年计划"完全不同的路线，其采用了"费尔德曼—

---

[1] Tirthankar Roy, *The Economic History of India, 1857 - 1947*, Delhi: Oxford University Press, 2000, p.1.

[2] S. Mahendra Dev, "Agriculture and Rural Development: Policy Issues for Growth and Equity", in Manmohan Malhoutra ed., *India: The Next Decade*, New Delhi: Academic Foundation, 2006, p.205. Also see G. S. Bhalla, *Indian Agriculture Since Independence*, New Delhi: National Book Trust, 2007.

[3] Thakur R., "India in the World-Neither Rich, Powerful, nor Principled", *Foreign Affairs*, Vol.76, 1997, p.15.

[4] "哈罗德—多马模型"分别由罗伊·哈罗德与埃弗塞·多马提出，是现代发展经济学最早的数理模型。该模型意味着经济增长取决于通过增加储蓄和通过技术进步更有效地利用投资来增加投资的政策。

马哈拉诺比斯模型"①,把投资资本增加带动商品制造能力加强放在首位。根据该计划,在比莱、鲁吉拉和杜尔加布尔等地区建立水力发电项目和钢铁厂。因此,这个阶段印度经济发展,包括其经济安全观的基本逻辑是以建立自主经济体系为出发点。

(二) 专制与社会主义有毒混合(1966—1990年)

与苏联经历的历程类似,印度对快速工业化的追求导致资金从农业部门大量重新分配。在印度第二个"五年计划"中,印度农业支出几乎减半至14%,粮食短缺加剧,通胀飙升。粮食进口耗尽了宝贵的外汇储备。而印度前三个"五年计划"所依据的战略假设是,一旦建立了增长循环过程,那么体制变革将确保增长的利益惠及穷人身上。但是,事实上其有效性及其消除贫困的能力并没有在战略设计中得到实现。原本,印度第三个"五年计划"的重点是使其经济独立,并在自力更生水平上得到更高的发展。然而,它的预想却在1965年与巴基斯坦的战争中被打断,同年印度又发生了严重的干旱。第三个"五年计划"的预期目标在1965年增长率为5.6%,但该财政年度的实际完成增长率仅为2.4%。此后,1966—1969年间有三个年度计划。这段时间也被称为"计划假期",即没有明确的长期规划,经济发展有放任自流的倾向。随后,印度的第四个"五年计划"是在1969年才提出的,后续第五个"五年计划"希望通过启动强调再分配增长的计划来纠正其过程,而在这个阶段印度的经济并无任何亮色。②

随着环境的变化,为了加快生产进程并使印度与当代现实保持一致,20世纪80年代中期印度开始了温和的经济自由化改革。20世纪80年代初印度成立了三个重要委员会。纳拉好西姆委员会是关于从实物控制到

---

① "费尔德曼—马哈拉诺比斯模型"是一种新马克思主义的经济发展模型,由苏联经济学家费尔德曼于1928年独立创建。1953年由印度统计学家马哈拉诺比斯引入国内实现印度化。该模式的本质是工业投资模式向建立国内消费品部门的转变。因此,该战略表明,为了达到高消费标准,首先需要投资建设资本货物的生产能力。

② All about the First Five-year Plan that was presented by Nehru nearly 70 years ago Today, https://theprint.in/india/all-about-the-first-five-year-plan-that-was-presented-by-nehru-nearly-70-years-ago-today/457511/.

财政控制的转变的;森古普塔委员会是关于公共部门的;侯赛因委员会是关于贸易政策的。其结果是,20世纪80年代放松管制的进程在印度取得了一些进展。推动了两类去许可和放松监管的改革措施:一是放开32类行业的监管,不设投资限制;二是1988年除明确规定的26个行业负面清单外,其他行业均免于许可。这些改革措施使得印度投资进入工业实体部门变得更便利,但出口仍然受到严格的控制。① 横向比较而言,在这个长周期内,印度经济并没有表现出自身预期的高增长,实际上它依然是发展中国家中增长率最低的国家之一,公共赤字不断增加,支付危机周期性平衡。1960—1990年,印度的增长率平均每年不到4%,而当时,包括撒哈拉以南非洲和其他最不发达国家在内的发展中国家的增长率为每年5.2%。② 因此,这个阶段,印度事实上是在不断地进行内耗型探索,并没有找到合适自身的发展道路,没有明确的经济安全取向。

(三)经济与全球化依存(1990—2015年)

1990年海湾战争引发的油价飙升给印度国际收支带来了严重压力,巨额财政赤字和外债增加使印度经济变得更脆弱,国际收支危机迅速膨胀,继而转化为政治信任危机。1991年印度外汇储备降至12亿美元,几乎不足以应付两周的进口,而且对外支付违约似乎是不可避免的。外汇短缺迫使进口继续收紧,进而导致工业产出严重下降。在这种背景下,自1991年在纳拉辛哈·拉奥政府的领导下,印度开始进行了大规模的经济改革。此次印度经济改革有两个广泛的目标:一个是将印度经济从国家主义、中央导向和高度控制的经济重新定位为"市场友好型经济";另一个是减少直接控制和经济计划,通过市场来提高经济效率。③ 到20世纪90年代结束时,印度的经济自由化已经开始改变印度在世界秩序中的地位,包括通过改革也革新了自我观念。特别是印度已经发现,可以通过南亚和东南亚经济体的自由化和一体化来促进自身进一步的经济

---

① Vyasulu V., The Lndian Economy Since Independence, 2007.
② Vyasulu V., The Lndian Economy Since Independence, 2007.
③ Vyasulu V., The Lndian Economy Since Independence, 2007.

第十章 理想与现实的困惑

增长。

在全球化高涨期，印度的发展愿景是建立一个多极化世界。在这个世界中，发展中国家将获得通过经济一体化取得快速发展和获得更多机会，印度将"准备使其邻国成为印度经济命运的完全利益相关者"。①因此，印度周边地区的外交政策目标主要涉及经济层面上的区域一体化问题，并越来越多地将重点放在能源和资源安全上。印度的政策文件清楚地反映了一个基本的认识，印度的经济只有在同样扩大的资源需求得到满足的情况下才能继续增长。②鉴于印度经济的快速增长，印度加大了经济安全的维护力度，这些措施包括对海上通信线路（SLOC）的控制以及海军现代化。印度国家安全目标的一个主要原则是，相信经济安全是国家安全不可或缺的一部分。鉴于全球化经济的相互联系，最好通过综合手段来追求经济安全。

（四）地区主义与民族主义结合（2015年至今）

在2014年5月接任总理后的八个月内，印度总理纳伦德拉·莫迪用印度国家转型研究所取代了原有的印度计划委员会。印度计划委员会是苏联式的国家机构，负责制定国家"五年计划"，并在制定中央资金分配方面发挥协调性作用。而新设立的印度国家转型研究所作为政府的智囊团，制定中长期战略，并在与各州协商后将其分解为年度计划。③这个机构调整后的功能转变使得印度在原有的经济自由化基础上，又向放松管制，激发地方活力的市场化方向进一步得到了迈进。

执政后的印度总理莫迪将印度的"东望政策"升级为"东进政策"。虽然从字面上看印度的"东进政策"政策似乎是"东望政策"的改进版，但它标志着印度开始加深与整个亚太地区接触的承诺。印度在更大

---

① Bagia A. B. G., Understanding Lndia's National Security Objectives Through Lndian Sources, Georgetown University, 2011.
② Bagia A. B. G., Understanding Lndia's National security Objectives Through Lndian Sources, Georgetown University, 2011.
③ A Short History of Indian Economy 1947 - 2019: Tryst with Destiny & Other Stories, https://www.livemint.com/news/india/a-short-history-of-indian-economy-1947-2019-tryst-with-destiny-other-stories-1565801528109.html.

程度上与亚太国家在经济领域进行接触,并通过进一步加强其在双边、少边和多边的海上外交,印度朝着成为重要的区域大国和区域安全提供者的雄心迈进了一步。在不断积极接触亚太其他国家的同时,印度更加注重降低对中国经济的依赖程度。2020年4月,印度政府修改了对包括中国在内的周边国家的外国直接投资规则。① 而按修订后的规定,来自这些国家的外资投资必须通过印度政府的审查,不再像以往那样可以通过更直接的途径进入。此举据称是印度政府试图保护本国公司,维护自身竞争力的一个战略举措。而从印度的转向来看,美国主导的亚太地区大国博弈加剧,特别是作为"印太战略"框架主要成员的印度,意识到地区主义和保护主义在全球增长的态势,其充分利用印太区域中美博弈战略中的"第三方杠杆"机遇,在延续其民族主义传统思维下,开始强化对于地区事务的扩大影响,其对经济安全已经开始进入国内与国外,自身与区域的设计范畴。

二 印度实现经济安全的制约因素

通过上述分析可以看到,印度的经济安全思维并不是固定不变的,其对经济安全的认知,包括战略和政策制定一直随国际大环境和印度自身认知的战略机遇发生变化。但无论如何变化,印度的经济安全一直存在明显的制约因素,其实现经济安全的制约因素具体分析而言主要有四对典型的矛盾并充分地反映在现实之中:既定目标与实际推动之间的鸿沟、短期政治逻辑与长期经济理性之间的冲突、自由裁量的地方官僚控制与中央政策控权的弱化的博弈、内生的自我保护主义与融合全球价值链的担忧的矛盾。

---

① 更新后的条款为:非居民实体可以在印度按照FDI政策对除特定受限行业外的领域投资。但与印度有陆地接壤的国家的实体和公民,或该投资实际受益人来自上述国家,必须通过"政府审批路径"才能投资印度。此外,巴基斯坦公民和巴基斯坦实体投资印度,除了需要通过"政府审批路径外",在原有FDI限制的行业外,也不能投资国防、航天和核能等领域。尽管全文并没有直接提到中国,但此政策新增的受限国家为"与印度有陆地接壤的国家",即巴基斯坦、中国、尼泊尔、不丹、孟加拉和缅甸。这些国家里,有能力进行大额投资的,只有中国。

（一）既定目标与实际推动能力之间的鸿沟

尽管印度已经宣布了其核大国的地位，但在印度真正被视为军事和核大国之前，仍有一个可信度和能力上的差距必须被弥补，而这个差距与其邻国之外的世界息息相关。在弥合潜力与现实、承诺与表现之间的差距方面，没有什么比印度经济的持续增长更重要。经济发展和增长是印度重新成为大国的基础。如果印度能够成功地保持高速的经济增长，并且能够创造出不仅用于国防和安全的资源，而且能够投资于人类的能力和福祉，并确保其周边地区的和平与安全，那么美国前国务卿基辛格口中的"可能大国"资格就真正变为"大国"了。[①]

无论是印度的外交政策还是经济政策，印度都有一个特点就是"宏伟的计划、艰难的执行"。当然，这其中既有后帝国意识形态的塑造，但也离不开其自身组织能力和国内外紧张局势压迫等因素。自独立以来，印度一直将自身视为亚洲地区甚至世界大国，也就是辛格口中的"可能大国"地位。但是，印度也具有亨廷顿口中谈论的"摇摆文明"的角色。印度对国家地位和经济安全实现，存在着严重的战略实施能力弱和激进思想并存的状况。逻辑上，在冷战期间，印度独立于美苏两大阵营的博弈，可以为印度争取充足的时间发展工业基础和经济。但是，印度并没有利用该契机充分专注发展自己，反而不断发展地区大国主义，导致自身与周边国家关系紧张。冷战结束后，印度意识到融入亚洲经济圈的必要性和重要性，提出东望政策等政策，但即使莫迪上台后将东望政策提升为东进政策，但是其战略实施效果依然有限。经历了30多年的经济自由化和改革，印度与亚洲的全面联系始终处于尴尬状态。随着中国在亚洲地位的角色以及经济赋能影响力的扩大，印度意识到中国发展对印度的"威胁"，但是由于缺乏强大的经济基础和产业链枢纽，包括与亚洲深度的经贸联系，印度无法利用自身体量实现对中国的"挤出"。因此，对于印度而言，其既定目标和战略设想与其依赖经济基础进行推动之间长期存在巨大的落差。

---

① Baru S., *Strategic Consequences of Lndia's Economic Performance*, Routledge, 2013, p.2583.

(二) 短期政治逻辑与长期经济理性之间的冲突

印度的经济现代化和市场自由化计划进展缓慢，这主要是由于：一方面，印度在国家参与经济和充分发挥私人机构市场效率上存在政治和意识形态差异；另一方面，印度政治生态一直具有缺乏远见、政治意愿和官僚主义的障碍，导致印度当前的情况及其预期潜在的全球经济和政治角色之间的脱节。尽管印度在经济领域近些年也呈现了持续的高增长，但其国内政治观念的变化却较为缓慢，进而与市场经济发展需要的动力之间缺乏匹配。因此，在民主框架内就印度的政治、经济和安全问题建立国内共识一直具有挑战性，并反映在历届政府采取的各种战略中。[1]因此，印度如果需要发挥其潜力，他就必须应对经济方面的重要挑战，因为经济能力直接关系到其战略能力。然而，印度中央和各邦的历届政府都无法一心一意地关注经济改革。

政治上的不确定性和脆弱性严重影响了印度的经济能力建设，印度政治结构的变幻莫测和社会冲突局势不断转移着政府对经济改革计划的注意力，进而也影响了印度的经济改革。经济政策、战略能力、政治影响力之间互动结果最直接的反映领域是财政政策和贸易政策。前者限制了国家的经济实力，后者则决定了一个国家如何利用其经济实力作为外交工具，在国家之间建立相互依存的关系并塑造体制。[2]而从印度的具体情况来看，其国内政治的博弈性使得其政治逻辑一直具有短期化的特征，而这与经济发展需要的长期持续政策稳定性，包括经济发展内在理性存在着冲突，使得经济基础与上层建筑的矛盾在底层约束了印度的可预期稳定发展，进而也折射到印度对内外的战略层面，包括其对经济安全的措施采取的不稳定性和不可预期性。

(三) 自由裁量的地方官僚控制与中央政策控权弱化的博弈

随着尼赫鲁的去世，印度国大党"一党独大"统领政治的局面开始

---

[1] Bava U. S., "Lndia's Role in the Emerging World Order", *FES Briefing Paper*, 2007, p. 4.
[2] Baru S., *Strategic Consequences of Lndia's Economic Performance*, Routledge, 2013, p. 2589.

瓦解，地方州政党力量开始崛起，导致权力更多地向各州转移和流散。在此之前，印度外交和国防政策的制定和实施由中央政府和议会全权负责，地方州政府在处理当地法律和秩序活动中作用有限。此阶段印度外交政策体现为中央政府基于国家利益基础上追求外交和国防目标。而20世纪90年代，印度经济自由化和地方政党日益崛起迫使中央政府调整其外交和国防政策，外交政策制定开始屈服于地方州政党和领导人的短视政治利益，不再遵循国家外交政策利益和目标。[1] 中央政府对外交和国防政策控制力度不断减弱分别表现在以下几个方面：第一，赋予某些地方州特殊宪法地位，地方州领导人对外交政策影响力增强；第二，地方州领导人利用政治影响力影响政策制定；第三，由于中央联盟政府是由地区州政党组成的，导致中央政府赋予州政府和领导人更大发言权[2]，而这种局面的出现大大弱化了中央政策的控权力度。

印度各州参与印度外交政策关键领域包括外国经济、资源管理、安全问题等。第一个是外国经济管理方面，地方各州有权确保其参与外国经济活动时不受中央政府的阻碍。外国公司可以投资任何部门，但必须得到地方州和中央政府的双重许可，其中涉及土地等各种审批问题。中国当初对古吉拉特邦的投资正是受到时任古吉拉特邦首席部长莫迪的支持和鼓励。第二个是资源管理，领土争端、水资源共享等问题的解决很大程度上取决于特定州与邻国的关系。印度和孟加拉国持续40多年的陆地边界问题的解决，正是西孟加拉邦州政府在与孟加拉国谈判和签署协议中发挥了重要作用，而印度和孟加拉国关于提斯塔河水资源共享问题长期未能解决则与西孟加拉邦首席部长玛玛塔·班纳吉的反对息息相关，对此，印度外交部部长斯瓦拉吉曾表示，如果没有西孟加拉邦的加入，就无法签署关于分享提斯塔河水的协议。[3] 第三个是环境和安全问题。

---

[1] CP Bhambhri, Indian foreign policy: Foreign or provincial?, https://economictimes.indiatimes.com/indian-foreign-policy-foreign-or-provincial/articleshow/12475841.cms.

[2] Mattoo, Amitabh, and Happymon Jacob, "Republic of India", Foreign Relations in Federal Countries, edited by Hans Michelmann, McGill-Queen's University Press, 2009, p.176.

[3] Likelihood of Agreement on Teesta Water Sharing, https://www.thedailystar.net/opinion/likelihood-agreement-teesta-water-sharing-1597378.

在印度如果没有让边境州参与的情况下实施"邻国优先"政策是无法想象的。印度地方州与邻国有陆地或海上边界的事实，使得莫迪政府重新考虑将州利益纳入邻国外交议程。但印度边境州自古以来就对周边邻国持谨慎态度甚至敌对态度。而莫迪政府将各州纳入外交政策制定过程，导致这些措施都是临时性和功能主义的，而不是整体的和结构上的变革。莫迪政府过度重视外交工具促进经济发展和外国直接投资的作用，而很少关注战略安全问题。[①] 而这种局限性也限制了印度对广泛安全问题的能力强化。

（四）内生的自我保护主义与融合全球价值链的担忧矛盾

一直以来，印度是一个经常让外界感到"困惑"的国家。一方面，从历史文化、人口规模和地理位置等层面来看，印度完全具备了一个世界大国的前提基础。另一方面，印度却希望借助自身内部力量，对于外部力量的排斥甚至敌视态度使印度陷入封闭保守的境地。这种典型的"国家自我认知分裂症"表现，在印度参与区域和全球经济事务中体现得非常明显。

2020年11月15日，东盟10国和中国、日本、韩国、澳大利亚、新西兰签署《区域全面经济伙伴关系协定》（RCEP），全球规模最大的自由贸易协定正式达成。但令人诧异的是，先前酝酿参与的印度却在2019年底退出RCEP谈判。而印度放弃加入RCEP，其背后凸显了印度执政的"莫迪困境"存在，即印度既希望借助亚洲区域经济一体化，实现其从全球价值链的"链边"向"链主"转移，助其实现大国梦想；但同时又担心由于自身产业竞争力较弱，以及中国对RCEP的主导等阻碍其发展计划。

面对自由度更高、参与度更深的多边区域发展协定RCEP，印度自身存在的客观因素限制则制约了其全面参与的能力，具体表现在以下几个方面。

---

① Putting the Periphery at the Center: Indian States' 2019 in Foreign Policy, https://carnegieindia.org/2016/10/10/putting-periphery-at-center-indian-states-role-in-foreign-policy-pub-64724.

第一，印度加入 RCEP 的关键问题没有解决或达成。这些关键问题主要包括关税基准、自动触发机制和原产地规则等。在关税基准方面，自 2014 年以来印度提高了多种商品关税，所以更倾向于将 2019 年作为基准税率，以便征收更高的关税；自动触发机制方面，印度提出了自动触发机制，保护本国工业免受 RCEP 协议下调关税后进口激增的影响；在原产地规则方面，印度希望对原产地规则采取严格的规定，以保护自身利益。印度担心某些协议成员国在商品市场准入方面给予更大的让步，而其他国家的物品可能通过降低关税的方式进入印度。

第二，印度的全球价值链整合。以印度出口的外国增加值和印度中间产品出口的国内增加值的角度衡量，印度全球价值链的能力仍然很薄弱。由于印度市场规模庞大，过去印度一直实施并主导具有内向型的工业政策，而没有考虑成为全球或区域更大价值链的一个组成部分，因此其参与完整意义上的国际分工产业能力并不强。全球价值链整合需要高效的基础设施和能力，要求在制造、营销和物流方面具备竞争力。目前，印度积极建设并完善国家基础设施，与缅甸、泰国建设印缅泰三边公路，并计划扩展到柬埔寨、老挝和越南，努力促进与亚细安的自由贸易和商业发展。但是，印度后续的配套、协调、整合等措施没有跟上，影响了其对区域价值链的介入。

第三，参加 RCEP 会破坏莫迪政府的"印度制造"和"自力更生"政策。莫迪上台后实施了全面改革，并提出"印度制造"倡议，其具体措施包括，打造全国工业走廊、加强基础设施建设、加快发展制造业和改善外商投资环境、放开工业许可证等，试图以此来增加印度的产业竞争能力。然而，印度的工业产品暂时还是无法与来自中国、日本、韩国等国的商品进行竞争。如果加入 RCEP，印度的企业并不具有足够的竞争力面对进口狂潮。小米、三星、VIVO 等手机在印度的崛起，已经引起了莫迪政府的警觉。如果印度加入 RCEP，就意味着更多进口依赖而非自力更生。

第四，印度加入 RCEP 受到印度反对党、民间团体、贸易专家以及多个行业的质疑和反对。印度国大党主席索尼娅·甘地表示，印度加入 RCEP 的任何决定都会给农民、店主、中小企业带来"巨大的困难"。农业是印度最敏感的领域，因为它雇用了印度50%以上的劳动力，农民多以此谋生。农民、农业学家、乳制品生产商都担心，加入RCEP将使他们面临来自澳大利亚和新西兰的大规模农业综合企业的竞争。在他们看来，印度加入RCEP无异于玩火。而就印度的政治格局而言，在莫迪的领导下，印度人民党艰难地巩固了其相对于国大党的稳定地位，因此，绝不会允许因加入RCEP一事而引发政治和社会动荡，导致执政基础前功尽弃。

三　大国博弈时代下印度经济安全的取向

（一）印日澳"三方供应链弹性计划"

与美国主导的"五眼联盟"和"四方安全对话"等组织不同，印日澳所倡议"三方供应链弹性计划"是以经济名义进行的，并试图排除中美等大国因素。这就使得该组织在架构上，一方面，可以避免卷入中美大国竞争的纠缠，增强自我战略自主性和行动性；另一方面，也可以减缓中国对该组织的抵触和反制。同时，该架构还试图为形成地区平衡框架奠定基础。具体分析印日澳"三方供应链弹性计划"优势和目的主要有四个。

第一，印日澳具备一定的经济互补性和产业协同。印度拥有庞大的消费市场、年轻富足的劳动力；日本拥有先进技术制造、加工能力；澳大利亚拥有丰富的自然资源和农产品。三国在产业承接、转移和升级方面具备良好的协同合作能力。虽然印度与中国相比，其消费能力较低、营商环境较差、关税壁垒较高。但是，其巨大人口规模所支撑的消费水平潜力依然存在，这也是澳大利亚和日本所极其看重的。从协同点来看，日本、澳大利亚对华产业链的严重依赖可以转移至印度，同时，印度对先进技术和资金的需求完全可以从日本获取。如日本可以在印度可以扩大发展汽车制造业务，印度制药业务也可通过该架构进入澳大利亚和日本，并成为澳大利亚和日本产品进入中东和非洲的枢纽，包括附带限制中国在这些地区的贸易地位。正如穆迪评估报告表示，亚洲地区大国将受益于远离中国的多元化，只要这些国家拥有良好的经济基础、可靠的基础设施、人力资本存量、低地缘政治和供应安全风险。目前,印日澳三国的产业链在这些方面具有明显互补性,也具备将产业链进行重塑和搭建的能力。

第二,在"去中国化"和"去美国化"中增强自身战略自主权。目前,亚太地区秩序体现出两大特征,中美对抗加剧以及印日澳等国谨慎选择加入反华阵营,对于亚太地区许多国家,包括印度而言"去中国化"和"去美国化"算是最好的折中方案。在"去中国化"方面,新型冠状病毒感染的暴发与流行带来的供应链结构性问题,使得印日澳等国看到供应链过于集中暴露出的过度依懒风险。同时,这些国家认识到,随着美国对中国战略博弈的强化,表明"经济上的相互依存可以防止潜在的冲突"的理论解释似乎有点过时。印日澳等国对华政策也开始由"软对冲的合作性参与"向"硬对冲的竞争性参与"的方向进行转变。而在"去美国化"方面,在美国的印太战略框架下,在印太地区存在两套体系,一是美国主导并参加的联盟,如"四方安全对话";二是仅由地区大国自发的组成的联盟。第一套体系存在的问题和遗漏可以用第二套替补,"三方供应链弹性计划"正是由第二套体系不断发展并落实产生的结果。印日澳等国家自我行动强化的逻辑,包括所产生的"去美国化"与美国自身的不确定性有关。这些不确定性表现在两个方面:第一,与美国的地区参与的可持续性有关。随着美国相对实力的衰减,包括美国国内政治的变动性,使得印日澳等国家对美国的地区安全承诺感到担忧,其需要寻求战略自主。第二,与中美关系不确定有关。在中美大国博弈中,这些国家"选边站"或者实施"追随战略"都可能降低其讨价还价的能力和杠杆作用,同时也降低了自我在国际社会行动的自主权和发言权。美国政府的不可预测性迫使地区大国重新考虑外交和经济政策。

第三,减少战略和政治意识形态的干涉和约束。由于美国的主导性等原因,"印太战略""四方安全对话"等概念已经与"反华""遏华"进行了等同性挂钩。换言之,"印太战略""四方安全对话"等掺杂了过多的意识形态和政治因素,如上述所言,第一套安全体系架构过于庞大、政治色彩浓重,在这些框架内任何的经济合作行为都会被中国视为遏制自身的行为，无疑会加剧印日澳等国家与中国的战略冲突。而"三方供应链弹性计划"排除了美国因素进行多边合作，对中美两国对其战略施压可以起到很好的解释和缓解作用，从而使得印日澳等国可以在"印太战略"框架外真正进行实质性，尤其是经济性合作。从长期前景来看，印日澳"三方供应链弹性计划"极有可能拉拢东盟加入。东盟一般坚持两大原则，即统一性和中心性，只要不破坏这两大原则，同时有助于东盟经济发展和地位提升，东盟对这一计划的认可度还是比较高的。而一旦东盟的加入，那么将使得"三方供应链弹性计划"合作的非政治性以及衍生的道德优势继续扩大，从而使得区域力量更加开始向第三方倾斜。

第四，不断自我迭代和扩展。"三方供应链弹性计划"目前主要在印日澳三国之间达成潜在共识，但是，正是由于该架构所具备的"非政治性、非大国性、非全球性、非公害性"等特征，将对东盟，尤其越南、新加坡等国家形成巨大的吸引力。而在排除政治等因素的条件下，参加该倡议的国家将在区域全面经济伙伴关系（RCEP）框架外构建一个自由贸易、产业协调、安全协同的非正式组织。这对中国而言是好事，避免了这些国家加入美国主导的遏制联盟。但同时也构成了挑战，这些国家在所谓政治框架外的经济合作存在"掩人耳目"嫌疑，同时深化彼此间的类同盟关系。在后疫情时代，通过增强供应链的稳健性和弹性来确保供应安全将成为这些国家和政府的重点工作。随着这种情况的发生，全球贸易体系将变得更加分散，导致全球范围内效率和时效性下降，而在以地区为中心的生产增加的同时，将进一步降低全球化的速度，并对中国作为全球价值链枢纽中心的地位构成挑战。

（二）印日"第三国合作计划"

从全球层面来讲，美国、日本、印度、澳大利亚，欧洲的英国、法国、德国、荷兰等国都有基于自身利益版本的"印太战略"，涉及国别种类的繁杂必定带来利益分配不均的分歧与矛盾。对中国崛起的担忧以及衍生的对华战略遏制单一要素并不能支撑其战略与合作的长期性。因此，地缘博弈背景下经济要素的开发与拓展也是其重要诉求。因此，"第三国合作计划"很好地提供了这一战略机遇。通过对拥有特殊地缘地区的开发，日本、印度等国将其利益进行模块化组合并进行复合分配。日本的技术和资金支持、印度的地理对接等要素可以进行相互匹配与融合，从而通过阶段性落实、分步式合作和技术性交叉对其他各国的"印太战略"进行融合。

从区域层面来讲，"印太战略"由西侧的"南亚印度洋战略"和东侧的"东南亚太平洋战略"两部分构成。目前，"东南亚太平洋战略"在"四方安全对话""四方安全对话+""印日澳三边供应链弹性倡议"等多重机制联网下日趋成型并不断完善。同时，随着中国在"一带一路"倡议下对斯里兰卡、缅甸、泰国的港口建设、经济援助的推进，中国在南亚地区影响力快速提升，美国、日本、印度等迫切需要在南亚印度洋地区加大资源投入，并将之前尚未完全重视的南亚印度洋国家纳入其"印太战略"，以对冲中国的战略影响。届时，印太战略西侧的"南亚印度洋战略"和东侧的"东南亚太平洋战略"将实现板块的完整化、集团的规模化。二者可以进行首尾相连，交相呼应。而印日的"第三国合作计划"，则可以借助经济名义将两地（南亚、东南亚）和两洋（印度洋、太平洋）融合进"印太战略"，进行政治目的的连通。此外，印日的"第三国合作计划"不仅承担着"印太战略"连接点的角色，同时还是"印太战略"具体实践和政策落脚的核心链条。

"第三国合作计划"实施中最典型的代表就是日本、印度共同参与缅甸大威经济特区建设。对于印度而言，缅甸是唯一处于印度"邻国优先"政策和"向东行动"政策交叉点的国家。因此，缅甸被印度视为"向东行动"政策的跳板和"第三战略边界"。虽然，印度实施"向东行动"政策已有数年，但是印度与东亚、东南亚的接触范围非常有限，与该地区战略伙伴关系缺乏深度，限制了印度的地位和影响力。在印度看来，如果印度不提升印缅关系，并通过缅甸切入东亚、东南亚的经济价值链，意味着中国的影响力，尤其经济影响力将通过更大的区域合作辐射至南亚地区。而对于日本而言，缅甸是"亚洲的最后疆界"，也是最后一个可以实现全球性联系的大型亚洲经济体。改善南亚和东南亚的物理连通性是实现更大程度的经济一体化的关键一步，于是，日本提出了湄公河南部经济走廊计划，同时，缅甸的民主化进程和经济一体化规划也为日本和印度提供了机遇,日本在迪拉瓦经济特区的投资取得相对显著的经济成功。而现在缅甸大威经济特区特殊的地理位置和地缘角色,使得日本可以进一步促成印太地区的经济整合,印度也可以借助大威经济特区合作加大与中南半岛、东南亚的经济融合。因此,无论是对企图建立替代方案来减少对中国供应链的依赖的"印日澳三方供应链弹性计划"(SCRI),还是对开展加大战略协作的"印日与第三国合作计划"而言,缅甸大威经济特区可能成为一个良好的起点和机遇。而日本和印度在缅甸等第三国的合作,既可以保持与共同对手政经合作的灵活性,又可以避免被拖入合作伙伴的纠纷及可能冲突。此外,还可以在保持联盟状态下单独行动的能力。但是,为避免缅甸因美国制裁而全面倒入中国阵营的可能风险,美国将被迫默认印度和日本在美国战略之外的"编外联合行动",日本、印度参与缅甸大威经济特区建设,既可以实现美国盟友之间的联合关系,同时,还可降低缅甸等地区国家对美国介入的担忧。

(三)"四方安全对话 + N"机制

2020 年 3 月 20 日,来自"四方安全对话"国家的官员聚集在一起讨论了一个新的话题,即 COVID-19 的全球大流行。这次线上视频会议除了既有的四国外,又新加入三个合作伙伴韩国、越南和新西兰。根据印度外交部的说法,这七个国家分享了各自对 COVID-19 的当前状况的评估,并讨论了协同努力以应对其传播的方法。该电话会议由美国副国务卿史蒂夫·比根组织,会议决定这七个国家将每周举行电话会议,主要讨论议题涉及疫苗开发,公民滞留的挑战,包括对有需要国家的援助和保障全球经济运转等问题。

疫情期间的视频会议似乎不是正式的"四方安全对话"机制倡议,而是决心解决共同挑战的"志同道合"的国家的一个应急集会。但无论哪种方式,都体现出"四方安全对话"的内容的扩展,尤其是全球疫情出现,已经使得传统的"安全对话"开始明显向经济合作领域全面扩散。2020 年 5 月 12 日,印度总理莫迪在政府会议上表示,新冠疫情大流行最大的启示就是,印度需要自给自足,满足国内大部分需求,避免再次陷入危机,同时,印度需要在全球供应链中占据一席之地,并在全球供应链中发挥重要作用。而为了实现全球供应链切入的战略目标,印度打算从过去阻碍外资在印度投资的最大障碍的土地问题入手。来自印度的相关报道称,印度进行了的总面积为461589公顷的外商投资土地开发储备,其中包括印度的古吉拉特邦、马哈拉施特拉邦、泰米尔纳德邦和安得拉邦等少数几个重要州的115131公顷现有工业用地。印度政府亲自挑选了10个行业,包括电气产品、药品、医疗设备、电子、重型工程、太阳能设备、食品加工、化学和纺织产业,作为促进印度制造业发展的重点的领域。另外,印度总理府也已经要求政府部长与行业首席执行官定期举行针对特定行业的磋商,政府各部委还准备了各自领域内的改革清单以加快促进吸收外来投资。

由于印度自身的积极改革和越南作为全球经济"黑马"的加入,目前形成了由美国主导,并由日本、澳大利亚、韩国和印度,包括越南、印度尼西亚等国的加入的组合。"四方安全对话+N"的经济联盟在要素上满足后,可以提供一个有相当市场规模的、有技术和资本支持、高中低加工搭配的有效的供应链,其中越南的中低端制造、印度尼西亚的矿产资源都为该供应链完善增添了关键要素,而该供应链除了可以满足美国所主张的"可信赖"要求外,也可以在自身磨合中提供相当的全球价值链扩张机会。而越南和印度是肯定不会放弃这个重大的经济战略机遇的。

"四方安全对话+N"战略联盟最大的特征就是对内发展和对外反华。换言之,该组织以遏制中国及其发展为战略目标,但是又以不同国家之间经济等方面的协作作为支撑点和推动力,摒弃过去北约那种以单一意识形态遏制苏联的做法。在遏制中国方面,"四方安全对话+N"战略联盟具有明显的反华意识。正如《印度时报》的资深外交编辑声称,"4+N"会议也是一次"中国之行",试图将四国以上的更多国家控制在一定的势力范围和战略方向之内。兰德高级国防分析师德里克·格罗斯曼也表示,"四方安全对话"也不再是象征性的,而是具体的,这将增强该集团对中国的威慑价值。在自我发展方面,"4+N"战略联盟不再坚持"经济与政治二元分离"做法。印日澳等国传统上的"经济靠中国、政治靠美国"的对冲战略正逐渐被边界和海洋问题的加剧，包括后疫情时代产业链本土化、安全化等因素所冲击。这些国家开始认为经济上相互依存的增加，实际上是为中国提供更大的政治工具，而限制中国的有效手段就是加强和扩大产业链的转移与协调，在美国框架内组建"可信赖产业联盟"，而在美国框架外组建"印日澳三方供应链弹性计划"。

归纳而言，经济安全本身就具有内外兼顾的需要，在全球化时代不存在单一导向的国家经济安全战略，而在特定的环境下，外部因素对经济安全的选择方向更为影响巨大。而在后疫情时代，特别是美国主动加大对华博弈，深度介入印太事务的背景下，印度的经济安全取向最大的变化就是其开始将安全视角向外延伸，试图通过其区域大国的地位而影响未来区域经济结构，而这种变化恰是充分体现在印度参与"印太战略"的各项活动之中。

四 大国博弈时代下印度经济安全的未来发展方向

大国博弈时代下印度经济安全维护的未来发展方向可以归纳为三个层面，对内而言，主要的是印度降低对外经济依赖关系，维护自身经济体系，赋能制造业以支撑印度经济动能；对外而言则是将经济安全纳入"印太战略"，同时，力争构建以印度为主导的区域和全球价值链强化自身的经济安全。

（一）赋能制造业产业支撑印度经济动能

相关研究显示，印度的 GDP 为 2.3 万亿美元，是世界第九大经济体，按购买力平价计算为 8 万亿美元，居全球第三位。然而，制造业仅占该国 GDP 的 16%，而服务业则占近 52%。印度仅占世界制造业产出的 2%，仅为中国 GDP 贡献的十分之一。显然，印度在制造业方面的表现明显低于其经济体量。① 印度经济学家蒙泰克·辛格·阿卢瓦利亚也指出，尽管印度在减少贫困方面取得了一定的成功，但它在创造高质量的工作方面并不十分成功。他认为，这背后的主要原因之一是因为印度的经济政策并未专注于发展基于劳动密集型产业的出口导向型制造业。② 同时，蒙泰克·辛格·阿卢瓦利亚还指出，印度未能像东亚国家那样发展以出口为导向的劳动密集型产业的三个原因分别是，对小规模产业的保留政策、基础设施质量差和劳动法的限制。③ 因此，横向比较而言，印度的制造业薄弱也是其明显的经济短板，就印度自身强调的自主性而言明显面对了经济安全的风险。

随着中美关系的日益脱钩以及国际权力结构的变动，印度政府已经意识到以美国为代表的西方国家开始寻找可以替代中国的制造业中心。而印度巨大的消费市场、大量的工程师，年轻且廉价的劳动力，加之印度存在对华严重的战略敌视，使得美国等国家试图将产业尤其制造业转移至印度，将其塑造为全球主要的制造业基地。印度充分抓住中美博弈带来的机遇，加大对美国等国家的政策倾斜力度，以充分满足"新供应链主要供应商"的角色需要。对此，印度政府主要采取两种措施。

第一，主动降低对华制造业依赖关系。自1962年中国对印度自卫反击战以来，印度始终背负着沉重的历史包袱，将中国视为印度崛起最大的障碍，并将"龙象之争"视为印度最大的战略竞争。同时，中国与印度宿敌巴基斯坦的关系不断抵近，更是被印度视为中国试图构建反印联盟。随着中美关系竞争力度加大以及关系脱钩的深化，西方国家在各种因素影响下开始逐步集体转向对华战略遏制，并逐步进行产业链转移。在这种情况下，印度也随之加大对华遏制力度，采取对中国商品选择性

---

① Make in India: how manufacturing in India can become globally competitive, https://www.kearney.com/industrial-goods-services/article/?/a/make-in-india-how-manufacturing-in-india-can-become-globally-competitive.

② Ito T., Iwata K., McKenzie C., et al., "Modi's Economic Reforms in India: Editors' Overview", 2019, p.7.

③ Basri M. C., "Comment on 'India's Economic Reforms: Achievements and Next Steps'", *Asian Economic Policy Review*, Vol.14, No.1, 2019, pp.65-66.

抵制、歧视性关税等手段，遏制中国商品流入印度、迫使中国企业选择更加透明和主动的问责机制。而与此同时，西方国家的投资取代中国对印度的投资、印度主动利用地缘政治和外交处理对华贸易逆差，以逐步降低对华经济，尤其是制造业产业的依赖关系。

第二，印度也开始模仿中国的发展模式，试图以市场换技术，最终实现制造业国产替代。印度意识到美国等西方国家正在有意识将产业链，尤其制造业转移出中国，而这种大规模的产业转移必须要寻找到可以替代中国的巨大市场和生产基地。无疑，在印太地区而言，印度似乎是完美地满足了转移条件。但是，印度植根于历史文化的自我保护和保守性质，使得印度政治传统上拥有强烈的独立意识。莫迪政府提出的"印度制造"计划，其中核心目标之一就是试图借鉴中国制造业推动经济持续发展的模式，并在此基础上实现关键产业的国产化。因此，在未来发展中，印度势必以保护自我制造业为前提，同时利用中美战略博弈中美西方对印度的战略需要，要求美国等西方国家在寻求市场替代过程中进行技术的转移和升级，借而帮助印度弥补技术和产业短板。

（二）将经济要素纳入"印太战略"

在对外战略上，此前，印度一直奉行印度版的"门罗主义"，对大国势力介入南亚地区持排斥态度，试图建立一个以印度为核心"一超多弱"的一个地区安全架构。但随着中国的崛起以及影响力拓展到南亚，南亚地区的权力架构发生变化，域内的大多数国家开始采取平衡策略，印度自身能力不足，难以应对中国在南亚地区的影响力提升对印度产生的自然挤压。而在这种地缘政治背景下，印度开始接受美日等国提出的"印太战略"构想，并提出印度自己的"印太战略"，试图借助域外大国的多级力量平衡抵制中国的势力存在。但是，印度也深知，"印太战略"作为遏制中国的宏观战略布局，不应该仅仅是一种宏大的政治口号和故事叙事，其更应该以务实主义的态度制定具体可行的计划加以推进。而"印太战略"本身需要纳入一条经济可行路线，为中国在广阔的区域经济中的影响力提供替代选择。而这种观念的产生，还主要是印度受到中国在亚洲地区发展影响力的启发。

第一,中国在亚洲采取了软性的经济辐射方式,完全不同于印度的地区霸权主义。中国注重推进互惠友好型的双边架构。在这种模式下,即使日本、东盟与中国存在一定的领土/领海纠纷,但强大的经济依赖关系限制了彼此对冲突方式的诉诸。

第二,经济要素可同时扮演"胡萝卜"和"大棒"双重角色。在国家间经济互动发展初期,国家基于建设和发展的要求往往采取"经济自由化"举措,以实现和推动自由贸易和投资扩大。但是随着双方经济互动能力达到一定程度,就会出现贸易优势基于竞争结果的不对等性,并迫使处于弱势的一方客观上接受优势的一方的条件。

第三,国家对经济利益的追求远远大于政治承诺。中国在亚洲地区的影响力增长方式,如"一带一路"倡议、亚洲基础设施投资银行等,都迫使印度不能仅仅寄托于地区安全组织,如"四方安全对话"等机制所带来的地区话语权,其更需要以普惠性的措施切实吸引印太国家。虽然,中国"一带一路"倡议一直被西方国家和部分政客污名为"新殖民主义"和制造"债务陷阱",但是发展中国家参与度与参与热情并未减少。而旨在遏制中国的"四方安全对话"等地区安全组织,即使被西方宣称为民主安全集体联盟,但是亚洲国家对其却讳莫如深。因此,强化经济竞争并将经济要素纳入"印太战略"也是印度必然的选择。

因此,在推进"印太战略"过程中,印度将会放弃对宣传口号的务虚行动,而是注重对其架构的务实性夯实。以经济要素填充"印太战略",不仅使该战略可以成为"军事北约",同时更现实的是成为"经济北约",以形成对中国在亚洲地区经济赋能的挤压。

(三) 构建以印度为主的区域/全球价值链

无论是冷战时期对不结盟政策的强调,还是如今印度实行的多联盟政策,都突出了印度实现"战略自主"的国家诉求。这种诉求在冷战时期体现为内向型的经济发展政策主导,将他国资本完全排除在国家之外,通过自我资本积累的发展方式实现国家能力建设。随着全球化的到来和全面扩展,印度被迫加入全球价值链的生产网络。但是,印度保守主义的思想主导依然限制印度参与全球价值链的力度和深度,导致了印度依然处于全球价值链的边缘和非中心角色。这种保守或谨慎，一方面是由于印度传统保守意识形态的影响，另一方面是自身产业能力和经济能力薄弱所带来恐惧的塑造。而当印度处于开放与半开放矛盾的时候，大国博弈和新冠疫情时代又为印度提供了一个重新选择的机会。巨大的人口规模、低廉的劳动力成本、与西方国家良好的关系、全国英语的通用等可见要素存在，都使印度在西方眼中成为替代中国供应链的最好选项，美国、日本、欧盟等国家纷纷开始注重在印度来实现所谓的弹性供应链建设。而印度看中这不可回避的时机，于是提出了建立以印度自身为主的区域/全球价值链的设想，试图利用此次西方国家从中国集体转移和分散产业链的机会，将自己塑造成为一个可以替代中国的全球制造业中心和价值链中心。

2020年9月4日，印度总理莫迪在新德里举行的美印战略与伙伴关系论坛第三届领导人峰会上，突出地强调了印度的地理位置、可靠性和政策稳定性，并将该国定位为后疫情时代世界的全球供应和价值链中心。而印度构建以印度为主的区域/全球价值链的能力并不在于其制造能力，而是在于其需求、发展动力和人口的独特组合。到2030年，印度有望成为世界上人口最多的国家和第三大经济体。[1]该国的消费市场预计将从2019年的1.5万亿美元增长到2030年的约6万亿美元，增长300%。[2]理论上崛起的中产阶级将极大促进国内消费。到2030年，近80%的印度家庭将处于中等收入阶层，高于2019年初的约50%。[3]从逻辑角度看，印度的自身优势，加之大国博弈留出的战略空间，似乎给印度通过强化自身的全球价值链的能力来增加自身的经济安全提供了机遇，

---

[1] "India Will be the World's Most Populous Country by 2027, Says United Nations Report", https://scroll.in/latest/927416/indias-population-will-surpass-chinas-by-2027-says-united-nations-report；Business Standard, "India Likely to Become 3rd Largest Economy by 2030: Report", https://www.businessstandard.com/article/economy-policy/india-likely-to-become-3rd-largest-economy-by-2030-report-113110600810_1.html.

[2] Ojha, Nikhil and Zara Ingilizian, "How India will Consume in 2030: 10 Mega Trends", https://www.weforum.org/agenda/2019/01/10-mega-trends-for-india-in-2030-the-future-ofconsumption-in-one-of-the-fastest-growing-consumer-markets.

[3] World Bank, "GDP Per Capita (Current US $) -India", https://data.worldbank.org/indicator/NY.GDP.PCAP.CD?locations=IN.

但是，如果深入考察印度在全球，包括区域价值链中的能力可以发现，未经过全面工业化的印度生产体系，虽然在服务业上有一定的优势，但是，未经历过制造业全产业链的磨合和生产配套体系完善，印度是否真能够像自己所预想的那样顺利有效嵌入价值链？这不仅可以从美国、欧洲、日本发达国家的工业化历史进程中找到阶段不可跨越的佐证，同时，中国融入全球化与成为全球价值链中心的现实明证也可以说明，构建国家在全球价值链中的主导角色和形成全球价值链枢纽中心，其核心决定要素不简单是人口规模和劳动力，改革开放的制度性因素，特别是持久不变的稳定政治社会环境更是决定一个国家在全球价值链中能力塑造的关键，而在这个方面，印度本身在结构上恰好却存在着明显的短板。

结　语

印度经济安全战略设计与实施中出现的摇摆性，集中反映了印度政治的基本底色。其中，保守主义的本土化理念一直在左右着印度经济安全架构，同时，地方政府对于经济安全事务的不同认识也在左右着印度经济安全的实践。但随着中美战略博弈的加剧以及西方集体对印度的拉拢，印度将充分利用该机会提升自己的战略位置和外交空间，而经济安全则成为印度主要的抓手和工具，其经济安全的定位与角色发生了较以往印度历史上不同的改变。突出地表现在，印度将充分利用西方提供的战略优势和技术援助，不断提升和巩固自己的全球或区域价值链中心的地位，意图将自己打造成为一个集西方、东方、南方、北方汇集其中的核心节点或平台。但是，以印度目前的国内产业链基础，特别是制造业长期远离全球价值链中心和价值链网络嵌入的配套能力，其经济安全战略设想与战略能力之间依然存在巨大的落差。

但值得注意的是，从战略全局角度看，随着美国提出"印太经济框架"（IPEF）的运行，特别是美国和西方国家不断加大对亚洲地区的经济渗透和资金技术援助，印度基于大国地位追逐梦想也会逐渐放弃其保守的经济发展模式，逐渐融入亚洲价值链和西方价值链。印度和西方之间的靠拢以及关系的融合,将促使印度在国际体系中可以扮演更重要的角色,包括其关注的国际地位提升。但从本质上看,由于印度政治本身的波动性,特别是中央与地方政府的博弈性,使得印度在宏观治理能力上存在难以克服的短板,同时,其经济基础的薄弱性也并非在短期能够出现明显的改善。而这些短板的存在,不仅给印度的发展一直造成理想与现实的困惑,同时也制约着印度采用全球价值链能力扩张为路径的方式来全面提升自身的经济安全。

第十一章 资本扩张与流动：金融视角下的中国经济安全

引 言

金融是现代经济的血液，一个稳定的金融系统可以为国家经济社会的发展提供强有力的支撑。经济学家熊彼特在《经济发展理论》一书中就表示，金融对经济增长有巨大的促进作用。① 首先，金融的中介服务可以对国民储蓄进行调动，优化资本配置，提高经济运行活力；其次，金融在进行投资时会对项目进行评估、风险管理和管理者监督，筛选出新兴具有发展潜力的企业，促进整体产业的技术创新和发展；最后，金融为商贸活动提供了一系列的便利化服务，大大降低了企业的成本，提高企业的运行效率和改善国家的营商环境。简而言之，金融贯穿了整个国民经济的方方面面，金融安全是国家经济安全的重要组成部分，是一切生产、消费等经济活动的重要基础。在十八届中央政治局第四十次集体学习中，习近平总书记就指出："维护金融安全，是关系我国经济社会发展全局的一件带有战略性、根本性的大事"②，这个判断对金融安全的重要性给予了高度的浓缩总结。2023 年 10 月，习近平总书记在中央金融工作会议中指出："高质量发展是全面建设社会主义现代化国家的首要任务，金融要为经济社会发展提供高质量服务。"

---

① 约瑟夫·熊彼特：《经济发展理论》，商务印书馆 2020 年版。
② 习近平：《中共中央政治局第四十次集体学习讲话》，中国政府网，2017 年，https://www.gov.cn/xinwen/2017-04/27/content_5189185.htm。

2024年7月，党的二十届三中全会通过的《中共中央关于进一步全面深化改革、推进中国式现代化的决定》中34次提到"金融"关键词，这充分体现了党中央对金融工作的高度重视。因此，要贯彻落实党的二十届三中全会精神，坚持中国特色金融发展之路，加快建设金融强国。

从本质上看，金融天生就兼具了安全和风险的双重属性。一方面，金融市场的存在为公司和个人提供了风险分散和风险共担的机会，有利于保障国家经济安全的健康发展；另一方面，金融市场自身的波动性有时会隐藏巨大的风险，又剧烈地反馈给宏观经济，给一个国家的国民经济带来巨大的冲击。因此，金融的安全和风险是伴生现象，金融市场不存在绝对的安全，金融风险或危机未爆发前的任何一刻都可以说是相对安全。所以，从事物的运行规律而言，任何安全都是相对的和表象的，都伴随着一定的风险，而当风险积攒到一定阈值时，危机就会爆发。因此，在进行金融安全研究时，仅靠对金融机构的监管不足以保证金融体系的安全[1]，更要对风险进行预测和预警，并关注潜在的危机爆发点。通过研究和分析金融安全和风险，对未来可能的危机进行预测和提前应对，延缓危机爆发的时刻或者平抑危机爆发的程度，才能促进我国金融市场的健康运行，助推国家经济的稳定和高质量发展。

一 中国现阶段金融安全总体概况

近年来，全球经济周期进入了深度变革和调整时期，世界经济的不确定和不稳定因素持续上升，对中国的金融安全造成了很大的考验和冲击。任何一个国家的崛起与强大均离不开金融系统的支持，拥有一个稳定而强大的金融系统是国家走向世界、走向国际化的必要条件和必要工具。中国的现代金融体系建立时间较短，但发展飞速，正在经历一个从无到有，从小到强的过程。在中国不断深化改革的新时期，中国也不断地推进金融改革，建立现代化金融体系，努力实现金融对实体经济良好

---

[1] 何建雄：《建立金融安全预警系统：指标框架与运作机制》，《金融研究》2001年第1期。

的支持作用，发挥金融整合资源和促进资金有效配置的作用。金融体系的基本面是一个国家金融安全的重要表现，一个完善健康的金融基本面具有更强的韧性和政策调整空间，在面对国内外"黑天鹅"式的风险冲击时，能够有更强的抵抗冲击能力，成为实体经济和国民经济的护城河。而从金融体系的结构看，按照从微观指标到宏观指标，从内部指标到外部指标的分类，分别从金融机构安全、金融市场安全、宏观经济安全和外部金融安全四个方面，来评估中国金融基本面的安全状况，对中国现阶段金融发展的风险予以评估。

（一）金融机构安全

金融机构是金融市场的重要主体，承担了金融业务的中介职能，金融机构之间、金融机构与实体经济之间都具有极强的联动作用，在风险与危机发生时，金融机构会通过这些内在联动将权益损失进行快速扩散和外溢，最终影响到整个金融系统安全。因此，金融机构本身由于其杠杆和嵌套关系具有强大的传导和传染能力，一家金融机构出现问题，如果没有进行妥善处理的话，就极有可能产生连锁反应，造成数倍甚至数十倍于这家金融机构本身的损失。因此，金融机构的安全性对整个金融系统的健康运行影响巨大。2008年国际金融危机的爆发，其导火索就是以雷曼兄弟银行为代表的金融机构的破产。从主要类别上看，目前金融机构主要有银行业金融机构、保险业金融机构和证券业金融机构。

首先，从银行业来看，妥善处理和化解不良资产已经是我国商业银行近几年首要的风险管理目标。根据国家金融监督管理总局2024年2月发布的数据显示，2023年四季度末，商业银行不良贷款余额3.2万亿元，较上季末基本持平；商业银行不良贷款率1.59%，较上季末下降0.02个百分点。商业银行正常贷款余额199.3万亿元，其中，正常类贷款余额194.8万亿元，关注类贷款余额4.5万亿元。总体来看，我国商业银行的信贷资产质量经过调整后明显改善。为实现对风险的有效应对和预防，银行对风险的抵御主要通过三种手段进行，分别是盈利能力、拨备覆盖率和资本充足率。在盈利能力方面，2023年全国商业银行的净利润为2.38万亿元，同比增长3.24%；2023年全国商业银行的平均资本利润率为8.93%，较上季末下降了0.52个百分点。在拨备覆盖率方面，商业银行贷款损失准备余额为6.6万亿元，较上季末减少864亿元；拨备覆盖率为205.14%，较上季末下降2.74个百分点；贷款拨备率为3.27%，较上季末下降0.08个百分点。在资本充足率方面，2023年商业银行的资本充足率为15.06%，较上季末上升了0.29个百分点；2023年四季度末，商业银行的核心一级资本充足率为10.54%，一级资本充足率为12.12%。总的来说，虽然我国商业银行的利润较过往的GDP高增长期略有下降，但风险抵补能力却在明显改善。金融业的流动性风险是一种综合性风险，也是商业银行重点关注的风险之一，流动性风险分为资产流动性风险和负债流动性风险。2023年四季度末，商业银行流动性覆盖率为151.6%，较上季末上升8.06个百分点；流动性比例为67.88%，较上季末上升2.73个百分点；人民币超额备付金率2.23%，较上季末上升0.75个百分点；存贷款比例（人民币境内口径）为78.69%，较上季末上升0.5个百分点。总体来说，我国商业银行的流动性水平较为稳健。但不能忽视的是，虽然我国银行业经过强监管后改变了以往扩张性战略，但近些年经济调整过程中暴露出来的风险也不能忽视，突出表现在部分村镇银行资产质量不高，流动性风险存在；个别股份制银行内部管理混乱，股东关联业务规模过大；个别银行的贷款投入在房地产领域过重，对经济与政策周期敏感。而这些安全风险可能会在各种因素触发的经济放缓中爆发，进而影响到金融安全。

其次，从保险业来看，2023年四季度末，保险公司总资产29.96万亿元，较年初增长10.4%。其中，产险公司总资产2.8万亿元，较年初增长3.3%；人身险公司总资产25.9万亿元，较年初增长10.9%；再保险公司总资产7471亿元，较年初增长11.2%；保险资产管理公司总资产1052亿元，较年初增长1.6%。在支出方面，保险业的发展对社会经济起到了巨大的支持和稳定作用，特别是在新冠疫情期间，保险业的赔付保障了大量的企业和个人的财产安全，2022年提供总保险金额为4.7万亿元，同比增长4.6%，总赔付支出1.5万亿元。而在保险业的利润方面，2022年A股及H股上市保险公司归母净利润1863.51亿元，同比降低了34.08%。保险公司的利润率主要来源于负债端和投资端两个方面，负债端即保费收入与赔付的比率，而投资端则是通过资金池对外投资进行保值和升值。其中，近年来保险行业整体因受新冠疫情、地缘政治冲突、自然灾害等因素影响的负债端相对有所下降，而投资端也因宏观经济承压而收益下滑。偿付能力充足率是保险公司的核心安全指标，一般来说，偿付能力充足率越高，意味着净资产越多，对客户的偿债能力也就越高。截至2022年，纳入统计范围的保险公司平均综合偿付能力充足率为196%，平均核心偿付能力充足率为128.4%。国内49家保险公司风险综合评级为A类，105家保险公司为B类，16家保险公司为C类，11家保险公司为D类。总体来说，2022年保险业为国家经济稳定运行提供了巨大支撑，但与银行业类似的是，保费收入增速放缓反映了保险业发展遇到了阶段性瓶颈，而投资回报率下降也使保险业遇到挑战。更为关键的是，在过往经济高增长时期，保险业凭借强大资金的对外高额投资项目也可能因经济结构调整而遭受损失。因此，如何降低潜在风险损失，精细化管理而提高收益率，已经成为中国保险业防范风险的首要问题。

最后，从证券业来看，受到美联储加息、俄乌冲突、股债市场双跌、疫情因素等多重超预期因素冲击[①]，证券行业整体业绩承压。2024年中国证券业协会发布的《证券公司2023年度经营情况分析》，公布了2023年全年证券行业的经营数据及发展态势。2023年，证券行业经营情况整体稳定，资本实力稳步增强，去年全年实现营业收入4059.02亿元，同比增长2.77%；净利润1378.33亿元，同比下降3.14%；净资产收益率4.8%，同比下降0.51个百分点。

截至2023年12月31日，145家证券公司总资产为11.83万亿元，净资产为2.95万亿元，净资本为2.18万亿元，客户交易结算资金余额（含信用交易资金）1.76万亿元，受托管理资金本金总额8.83万亿元。在业务方面，证券公司充分发挥了其社会融资的功能，帮助企业在疫情期间发行上市，解决发展所需资金问题，渡过难关。2022年，整个证券

---

① 吴婧：《2022年证券行业经营业绩承压营收同比下滑21%》，《中国经营报》2023年3月20日。

行业帮助实体企业实现股票 IPO 和再融资的募集金融分别为 5868.86 亿元和 7844.50 亿元。在资产安全方面，截至 2022 年底，中国证券行业总资产 11.06 万亿元，净资产为 2.79 万亿元，净资本 2.09 万亿元，分别同比增长 4.41%、8.52%、4.69%。证券行业的整体风险控制指标均优于行业监管标准，发展状况较为健康。但是，不容忽视的是，中国资本市场尚在发展阶段，受各种因素影响波动剧烈。虽然中国证券业已经通过降低自营比例来规避风险，但资本回报率与扩张规模之间如何实现平衡，依然是中国证券业发展面临的主要问题。同时，如何真正做大做强并形成国际定价权，也是中国证券业发展的瓶颈问题。而这些问题的存在需要中国证券业在风险管理上，特别是针对证券市场特有的波动中提升风险管控能力，进而实现有序平稳发展。

从以上金融机构的基本面可以看出，我国金融机构目前发展较为迅速，规模实力不断壮大，风险管控体系不断完善。同时，金融机构的社会功能发挥也越来越重要，服务实体经济的水平不断提高，特别是在疫情期间，金融机构对实体经济在融资方面起到了巨大的支持作用，有效地帮助了实体经济应对突发事件的风险冲击，实现经济的良好稳定运行。显示了近些年我国金融体系强加监管和防范风险工作取得了一定的积极成果，化解了过往累积较多的系统性金融风险。

（二）金融市场安全

金融市场是一个国家国民经济的晴雨表和气象台，金融市场的良性健康发展代表了充足的投资信心和合理的资金流向，对于引导一国的产业发展和科技创新具有重要作用。受到全球疫情带来的投资风险冲击，我国金融市场自 2020 年新冠疫情暴发后也出现了显著的波动。疫情冲击引发的一系列黑天鹅事件加剧了投资者的负面情绪，但与此同时，为稳定就业，刺激企业复工复产以及维持产业链、供应链的安全，中国人民银行通过降低利率以及提高信贷供应量的方式，降低了企业的生产成本并刺激了社会总需求，中央政府同时通过一系列有效的财政刺激和货币投放，使我国的金融市场率先实现了复苏。具体而言，自 2020 年 3 月末上证指数跌至 2648 点以及深证成指跌至 9600 点后，上述两大指数出现

第十一章 资本扩张与流动：金融视角下的中国经济安全

了将近一年的迅速走强，长期观测的市场行情向好，不能反映短期的股市稳定性以及国内外市场的实际避险情绪。基于此，可以分别从国内金融市场以及国外经济形势的角度，从股票市场、外汇市场选取数据并测算上证股指波动率、深证股指波动率、人民币兑美元汇率的日度数据，数据区间为2020年1月1日至2021年6月1日。

股指波动率反映了股票市场的短期稳定性。根据国泰安数据库股指数据测算日均变化率，并根据月度加权平均计算股指波动率的月均数据。从图表可知，上证指数和深成指数的整体月均波动率都控制在0.6%以内（见图12-1）。在国内外市场黑天鹅事件的冲击下，国内股票指数的

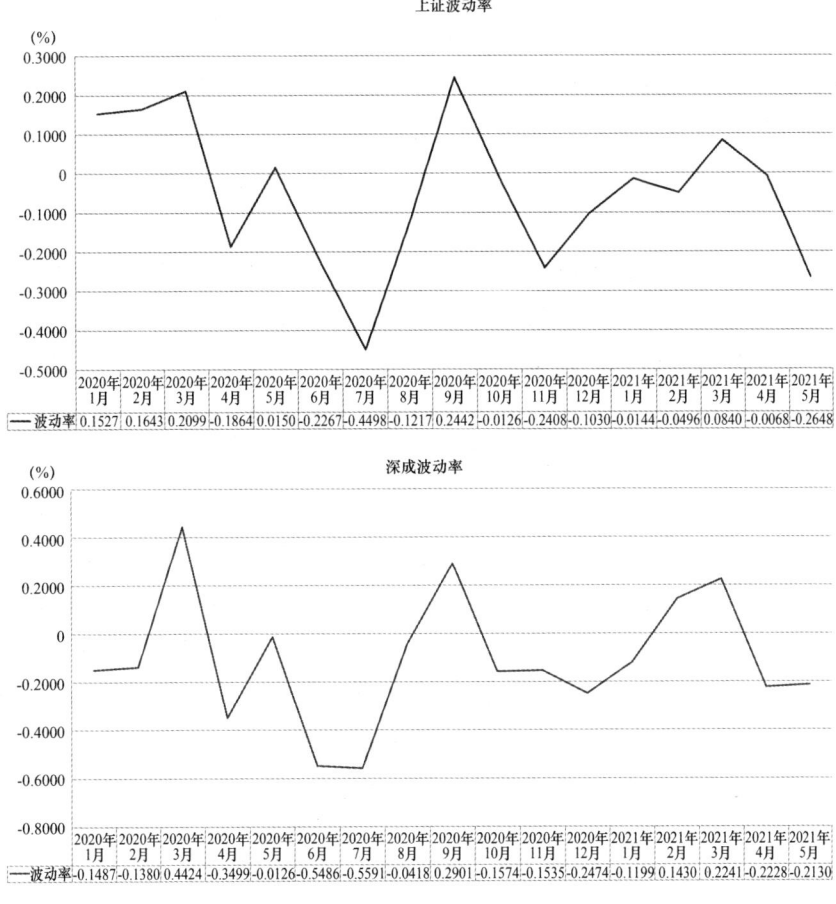

图12-1 中国证券市场波动率

波动仍整体保持较为稳定的态势，且将近半数以上的月份呈现正向波动，反映了我国金融市场具备一定的抗风险能力。但2020年上半年的月均波动率较高，也反映了国际金融市场的不稳定冲击对我国金融市场也有足够的影响力。

国际经济形势的不稳定性以及相继发生的美股熔断和原油期货负价事件，给国际金融市场的稳定性带来了较大冲击。而人民币在国际化的过程中属于国际金融市场的新兴货币，带有一定的风险性。而金融市场的投资是一种风险性投资，汇率与金融市场两者对于风险因素的反馈具有较高的一致性，同时在趋势性变化的过程中还存在系统内部的相互影响。2020年在疫情影响下，世界各国央行大量超发货币，全球货币流动性充裕。中国得益于较早控制住疫情，实现复工复产，良好的经济基本面对中国金融市场稳定起到了支撑作用，吸引了境外资金大量流入中国股市，外资流入股市的人民币需求为离在岸人民币汇率提供支撑，而人民币升值增加了外资股市收益之外的汇兑损益，进一步吸引更多的外资流入中国股市。

长期来看，受益于我国强有力的疫情防控能力以及科学有效的经济政策，在新冠疫情的大背景下，中国经济在全球率先取得较为显著的复苏，伴随着国内股市的回暖带来的人民币币值的逐渐稳定以及升值，加之以海外各国为化解债务以及刺激经济所施行的长期宽松货币政策，海外资金对于国内金融市场的投资将在未来一段时间内给国内金融市场释放相对繁荣的信号。但根本上看，金融市场的稳定性来自于有效的实体产业发展信号以及良好的投资者情绪，而我国长期以来强调保障产业链和供应链安全，并鼓励实体经济不断创新以获得更高附加值，向国际产业链的高端上游环节迈进。因此，我国金融市场的稳定性仍具有强有力的安全保障。但不能忽视的是，我国股票市场由于发展还尚不成熟，机构投资与普通个人投资者的投资习惯还较为关注中短线，因此，波动率受投资习惯影响而放大也是我国股票市场作为新兴市场的一个特征。而这个特征经常在特定情况下受外界因素影响而被放大，进而也存在着投资损失的安全性风险。

（三）宏观经济安全

宏观经济安全是金融安全的基石。现阶段，我国已经具备较为完善的国内工业生产体系，并逐渐承担了世界制造业产业链和价值链中的"供给—需求"双中心的重要枢纽地位，自2019年以来，虽然经历了中美贸易摩擦冲击和新冠疫情的蔓延，但得益于中国积极有效的宏观政策和有效的社会管理，中国很快从疫情中恢复并调整过来，较早地实现全面复工复产。中国宏观经济的良好发展对我国的金融安全起到了支撑作用，既助推了金融行业的繁荣，也稳定了金融市场的情绪。而从本质角度看，宏观经济稳定是金融安全的基本面，两者相互影响，相互交融。

在经济总量指标的视角下，近五年我国GDP增长率保持6.6%的季度平均增长率。受到疫情冲击，我国2020年第一季度至第二季度GDP呈现同比负增长态势，但在第三季度开始同比增长迅速转正，在2021年第一季度实现18.3%的同比增长率，经济增长具有韧性，复苏势头强劲，其后，也持续保持了较高的增长势头（见表12-1）。

表12-1　　　　　　　　　中国国内生产总值年度变化

季度（累计）	国内生产总值（亿元）	单季度同比（%）
2023年第一季度	284996.6	0.045
2022年第一至第四季度	1210207.2	0.029
2022年第一至第三季度	874699.3	0.039
2022年第一至第二季度	565428.7	0.004
2022年第一季度	271509.2	0.048
2021年第一至第四季度	1149237.0	0.043
2021年第一至第三季度	823337.5	0.049
2021年第一至第二季度	532049.4	0.079
2021年第一季度	249310	0.183
2020年第四季度	1015986.2	0.023
2020年第三季度	719688.4	0.007

续表

季度（累计）	国内生产总值（亿元）	单季度同比（%）
2020年第二季度	454712.1	-0.016
2020年第一季度	205727	-0.068
2019年第四季度	986515.2	0.061
2019年第一至第三季度	709717.2	0.062
2019年第一至第二季度	458670.9	0.063
2019年第一季度	217168.3	0.064

在居民消费和生活视角下，居民消费价格指数在合理区间内良性增长，根据中国国家统计局三年的数据显示，2018—2020年近三年居民消费价格指数稳定在102%以内的健康水平，显示了中国经济低通胀和高增长的良性循环。在失业率维度上，截至2023年4月的最新数据显示，全国城镇失业率为5.2%，已实现了连续两个月的下降，总体就业形势相对稳定。但与此同时，也要认识到，当前外部环境恶化、国际需求下降的情况，给中国经济带来更多的不确定性，中国需要在稳定经济大盘和扩大就业中做出更积极的行动。

（四）外部金融安全

外部金融安全是金融不稳定因素的导火索，当前我国与国际金融市场的联系日益密切，人民币国际化地位取得显著进展，贸易总量和贸易增速均位居世界前列。因此，在涉及国际贸易与国际资本流动的领域，风险性因素对国内金融市场的传导和冲击作用将愈发明显。

在供应链安全的视角下，外贸企业的原料供应、产品运输以及供应链均存在较大的不确定性。对于产品的交割存在时间上的延误以及空间上的数量减少等问题，引发了外贸出口坏账率的提高，给外贸企业的经营带来了较大压力，也对偿债能力带来了巨大挑战，2020年1—4月，我国货物出口总额同比下降6.4%，贸易风险进一步转嫁到金融系统风险之中。

此外，海外投资品的震荡加剧以及美联储的无限量化宽松，致使国际市场上大量的游资在寻找对冲套利机会，投机性资本的增长对于我国国内市场的金融稳定性带来了巨大的不确定因素。如何防范国际游资的掠夺性收割,应对这一风险,不仅需要依靠较为庞大的外汇储备以稳定汇率,同时还要有效应对多个金融市场的异常波动,如外汇、股票、大宗产品的链式和连锁反应,而这对金融安全管理的协同性带来的新的挑战。对此,中国早在2017年就设立了国务院金融稳定发展委员会,并以综合协调管理来应对金融风险,并及时处置了各个领域不同的安全风险。

在考虑外汇储备的存量作为应对外部金融风险的能力时,同样需要将外汇储备的未来预期纳入监测范围。而消耗外汇储备的一大重要因素便是短期外债,世界各国金融风险爆发的经验表明,作为偿付期限小于或等于一年的短期外债存量与国家的金融系统风险存在密切联系。短期外债比率过高容易造成偿付危机,而当外汇储备被大量用于偿债时,则国内市场抗衡国际资本冲击的能力将下降。而从偿债能力看,我国短期外债与外汇储备的比例已长期控制在国际警戒线(47%)之下,但自2011年以来该比例呈现逐年上升趋势,而2017年以来则得到较为稳定的控制,我国短期外债占比逐年下降,大致稳定在40%的比率(见图12-2)。因此,在防控外部金融风险时,既要对我国保障外部金融安全的能力充满信心,现阶段外汇储备绝对数额仍相当庞大,作为应对短期金融风险的外汇储备相对充裕,但同时也应当对债务规模和结构进行

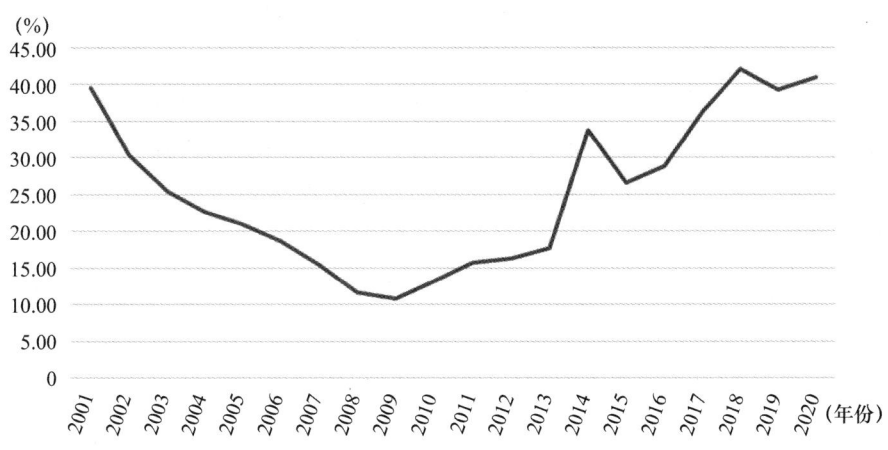

图12-2 中国短期外债与外汇储备比例

必要的安全性评估，特别是注意防范房地产企业短期外债的规模性扩张，必须看到房地产通过短期外债进行高杠杆扩张可能带来的风险，而一旦地产销售不能支持高杠杆时，不仅会引发金融系统的风险，同时还会引发对应不可控的社会风险。

二　中国主要面对的内部金融风险

在充分吸收近几十年全球金融危机经验的基础上，中国对于金融安全有了更清晰的认识，并提出要牢牢守住不发生系统性金融风险的底线，抓好各种存量风险化解和增量风险防范。而金融危机的爆发往往就是某一个领域风险点的不断积累，最终达到临界点而产生链式扩散反映，并进一步导致了系统性风险的产生。因此，对于金融风险的早期识别，可以进行提前部署，妥善处理矛盾，及时化解危机。对内部金融风险点的防控是金融安全工作重点强调的内容，金融体系内部的风险如果长期未能得到妥善处理，很容易成长为国家金融安全系统的薄弱点，进而引起来自外部投机势力的攻击，造成难以估量的损失。

(一) 政府债务积累风险

我国依靠强有力的财政支持保障了宏观经济的稳健运行，但也以此积累了较为庞大的政府债务。存量的债务风险首先应当关注政府债务的累积问题。自 2008 年国际金融危机以来，为了保障社会整体的流动性充裕，刺激有效需求，防止经济衰退，我国通过长期的财政刺激计划以稳定国内经济运行。而以土地开发和公共基础设施建设为主的财政支出也让各地政府有了更大的融资需求缺口，为弥补财政资金的不足，国家支持地方政府通过发行政府债券，包括与社会资本合作发展 PPP 项目和构建地方政府投融资平台等方式开展融资活动。[1] 在此过程中，银行等金融机构仍作为主要的资金提供方，向政府及政府投融资平台提供了大量

---

[1] 《国务院关于加强地方政府性债务管理的意见》，http://www.gov.cn/xinwen/2014-10/02/content_2759933.htm。

的贷款。长期以来，我国地方政府债务呈现持续累积的态势，虽然从整体上地方政府债务被控制在人民代表大会批准的限额之内，但仍不能忽视债务所带来的潜在内部风险。由于我国仍处在渐进式的市场化改革过程中，政府投资与私人部门投资之间仍存在一定程度的模糊边界，许多竞争性、盈利性较高的领域仍须依赖政府较大的资金投入。而受到政府绩效考核指标的驱动，大规模的基建改造有利于促进当地的招商引资，推动产业结构转型升级，因此，政府也有将资金投入具有高绩效关键项目的现实需求。但不能忽视的是，政府债务的积累容易从以下三个方面造成金融风险的累积。

首先，金融部门向政府部门提供的贷款虽然回收周期长，基础设施建设项目如果不能与当地实际发展水平良好结合，长期容易导致项目回报低于预期，产生基建泡沫，并引发地方政府长期赤字累积。同时，金融部门在提供中长期贷款时，并不可能对不可预见的未来各种风险进行全覆盖，特别是对地方经济的发展未来进行完全符合事实的预测。因此，地方政府金融杠杆的过度使用还是具有潜在的长期风险。

其次，在政府向银行筹措资金的过程中，通常以土地为抵押的方式获得银行贷款，进而使得债务风险转移至土地资产。然而，土地交易价格受到更为复杂的市场环境的影响，且中国内陆中小城市的土地价格在经历投资热潮后也呈现较为明显的颓势，土地价格的走低导致了地方政府偿债能力下降，基建的潜在泡沫逐渐转变为金融泡沫。

最后，出现隐性债务的潜在危害。区别于预算法规定的"政府性债务"——负有偿还责任的债务、负有担保责任的债务和可能承担一定救助责任的债务，隐性债务属于是游离于预算法统计范围之外的，违规或变相举债所形成的政府债务，具有多样化和隐蔽性的特点。部分地方政府隐性借债的资金流向不明确，缺乏落实监管。相对于投向实体经济，隐性举债更有可能将资金投入资本市场或房地产市场以获得更高额和短期的盈利，违规的资金使用加大了资金回收的不确定性，隐性债务扩张也将带来更为严重的金融风险。

自2020年初新冠疫情蔓延以来，我国政府通过积极的财政投入提高公共医疗卫生保障水平，与此同时积极的财政政策也旨在稳定社会的宏观流动性。分析2019年下半年至2020年3月以来的政府债务数据以及整体的利率水平，可以看到政府债务水平出现了显著的提升。同时，为刺激社会总需求，保障疫情下的生产和就业稳定，在积极的财政政策实施的同时，中国也实施了积极的货币政策，从利率变化的曲线中可以看到，利率水平在2020年初出现了明显的下调（见图12-3），而这一下调在给企业投资减负的同时也让政府偿债能力有了一定程度的提高。但是在2020年6月开始的利率缓慢回调的过程中，中国政府债务却没有显著下降，反而开始呈现持续积累的态势。对此，需要对疫情冲击下的债务风险和金融安全予以高度重视，特别是对财政政策实施过程中的流动性风险向偿债风险的转化进行必要的监管。

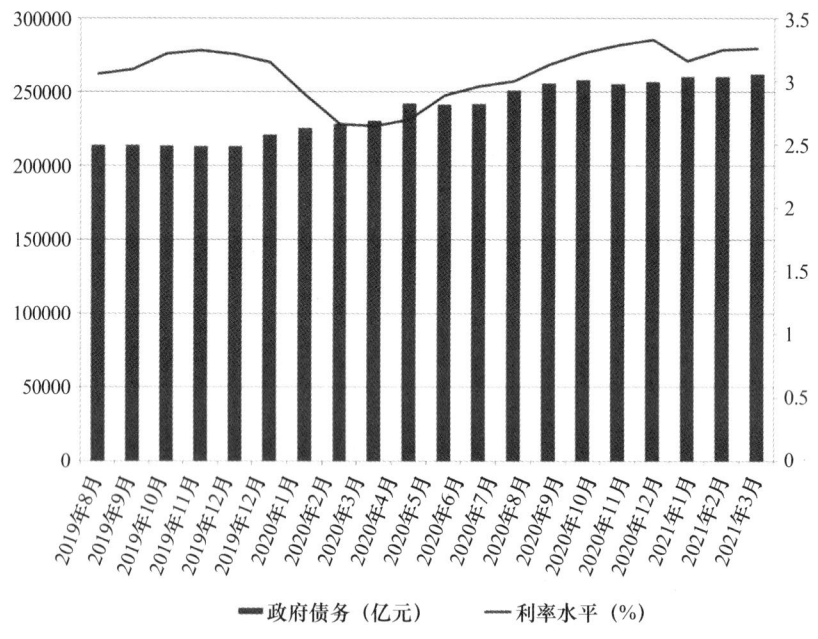

图12-3 中国政府债务规模和国债利率水平[①]

---

① 政府债务数据整理自http://yss.mof.gov.cn/zhuantilanmu/dfzgl/sjtj/index_2.htm，利率数据整理自http://www.chinamoney.com.cn/chinese/sddsint/。

第十一章 资本扩张与流动：金融视角下的中国经济安全

需要注意的是，在对政府隐性债务加强监管及对其引发的风险加以防范时，更需要严防房地产市场的"灰犀牛"风险对金融市场安全与稳定的冲击。要提前采取有针对性的举措，针对房地产泡沫破灭可能产生的更大层面负面影响予以警觉，妥善处理好各种矛盾，在完善现代金融监管体系中切实降低隐含风险。进一步分析中国房地产热潮的成因来看，伴随着我国成功的经济建设以及快速的城市化过程，诸多农村劳动力向城市涌入，中小城市人口向大城市集聚，城市住房的刚性需求日益提升。近年来我国实行的稳健的货币政策在保障物价稳定有序的范围内增长时，房地产市场却因购房者日益提高的需求而呈现繁荣景象，房价迅速抬升，并吸收了大量的社会资金和杠杆投资，但与此同时，房地产市场的过度繁荣与房价持续上涨也存在着较大程度的泡沫风险。鉴于居民购房多以按揭贷款形式实现，目前中国房地产贷款占银行贷款的比率已达到较高水平。根据中国国有六大行的信息披露显示，2019年六大行新增贷款6.4万亿元人民币，其中，个人住房贷款新增2.53万亿元，占比将近40%，较高的房地产贷款存量余额降低了购房者承受风险冲击的能力。与此同时，长期的土地财政刺激计划也使地方政府债务的存量风险与当地房地产发展产生密切联系，地方政府有较大一部分收入来自土地出让金，房地产市场的风险、特别是房价短期的迅速下跌将造成地方政府偿债能力的显著下降，加剧债务违约风险。

基于上述问题，中国已出台相应措施合理防控房地产市场的灰犀牛风险。2020年12月31日，中国人民银行与银保监会共同发布《关于建立银行业金融机构房地产贷款集中度管理制度的通知》，该通知要求建立银行业金融机构房地产贷款集中度的管理制度。[①] 根据银行所属的机构类型、规模以及偿债能力等属性，将银行划分为五个等级，实行不同档次的房地产贷款集中度管理要求，从第一档中资大型银行的40%房地产贷款占比上限到第五档村镇银行12.5%的房地产贷款占比上

---

① 《中国银行保险监督管理委员会关于建立银行业金融机构房地产贷款集中度管理制度的通知》（银发〔2020〕322号），中国人民银行，2020年12月31日，http://ww.pbc.gov.cn/tiaofas/144941/3581332/4156267/index.html。

限，科学有序地将房地产市场的贷款控制在合理规模。有利于防止债务资金过度积累带来的隐性风险，强有力地防范了房地产市场带来的系统性金融风险以及与此产生的金融危机。但不可忽视的是，中国的房地产累积沉淀资金过大，地方政府通过土地出让维系财政的模式尚未彻底改变。因此，全面化解中国房地产市场泡沫与风险并不是短期可以实现的，期间可能会出现个别房地产公司因资金断裂而违约交房，包括债务偿还不及时而引发的金融风险，对此，必须始终以系统性风险防范为原则，妥善处理与房地产相关的债务问题，以防处理不当而引发的连锁性社会风险。

（二）科创板僵尸企业与杠杆问题

我国的科创板企业融资在现阶段存在较大的融资不足问题，且小部分公司融资后在市场上已存在较为明显的低换手率、低成交额问题，我国科创板企业平均市值规模仅为40亿元，且多数企业规模未超过10亿元。科创板企业市值规模整体较小，但其战略地位却至关重要。中国设立科创板旨在服务于科技前沿创新，以突破核心技术并在国际战略竞争中取得优势。此外，在应对突发事件，如全球新冠疫情蔓延之时，科创企业的产品和技术优势是帮助国家攻坚克难的重要途径。如科创板公司在疫情期间较早实现复工复产，生物医药类科创公司积极协助国家研发新冠病毒检测试剂盒与治疗药物，化工、电子企业为抗击疫情新建医院与救治提供新型建材、配套设备，云计算企业为优化线上办公、线上教育提供更为便捷的网络服务。

然而，具有重大战略意义的科创板公司，在市场交易中却面临着严重的流动性不足风险。截至2021年5月7日，科创板交易中的269家企业仅有11家企业成交额超过5亿元，高流动性企业仅有4.1%，146家企业成交额不足0.5亿元，低流动性企业占据科创板的半数以上。而中国股市"股王"贵州茅台成交额近101亿元，食品饮料板块的白酒普遍成交额在15亿元以上，科创板面临的低流动性风险显而易见。

从整体环境对市场板块的影响来看，科创板的低流动性是否来自于

第十一章 资本扩张与流动：金融视角下的中国经济安全

宏观经济的流动性不足？结合中国银保监会2019年及2020年度最新公开数据整理发现，从银行存贷比数据变化来看，2019年全年金融部门向社会投放的流动性从72.2%提升至75.4%，2020年初由于新冠疫情导致社会整体宏观流动性连降两个季度后，通过国家精准高效的宏观调控政策，我国的宏观经济流动性在遭受疫情冲击后实现了较快的回升，该指标在2020年下半年显著提高，存贷比相较去年同比呈现大幅度上涨，国内市场的资金运行和投资情绪整体向好。与此同时，股票市场的资金流动也处于相对充裕的阶段，观察银保监会公布的"客户交易结算资金余额"季度数据以反映股票市场内部资金流动量，整体而言，2020年场内资金未明显受到疫情冲击而减少，股票市场资金持有量和流入量相较于2019年保持相对充裕的状态，我国宏观经济运行以及证券交易市场在疫情冲击下，并未出现明显的萎缩，反而极具韧性地保持稳定增长（见图12-4、表12-2）。

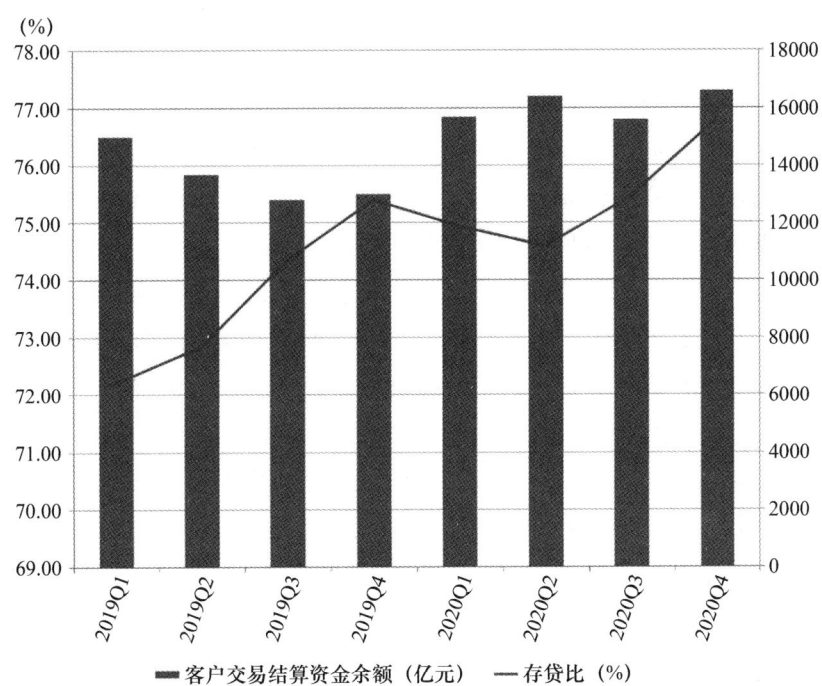

图12-4 国内宏观流动性与证券市场场内资金

资料来源：根据中国银行保险监督管理委员会公开数据整理制图。

表12-2　　　　　国内宏观流动性与证券市场场内资金

季度	2019Q1	2019Q2	2019Q3	2019Q4	2020Q1	2020Q2	2020Q3	2020Q4
存贷比（百分比）	72.22	72.85	74.36	75.40	74.94	74.60	75.46	76.81
客户交易结算资金余额（亿元）	15000	13700	12800	13000	15700	16400	15600	16600

在排除客观的宏观流动性对科创板市场的影响后，探究科创板企业存在的流动性不足，须聚焦于科创板企业本身以及融资方式以及市场主观投资方向问题。

从科创板企业的发展过程来看，自2019年7月科创板成立以来，该"试验田"在成立之初吸引了大量的资金流入，诸多创新型科技企业也陆续在科创板上市。但总体分析，科创企业的研发投入较大，回报周期较长，处于研发阶段的科创型企业尚无法实现产出的有效增长，且由于高速的技术迭代，导致概念性研发与设计存在较多的沉没成本，这一现象在短期反映在公司资产负债与利润表上的低利润率，甚至出现一定程度的亏损。上述问题容易导致科创型企业短期估值受压，而作为逐利性的证券市场交易资金，其对于公司估值以及盈利能力的高度敏感性，使其在短期内将表现为对科创板企业较低的投资热情。

从融资方式以及投资方向来看，出于科创板成立初期的稳定性以及保护投资者权益的考量，目前中国科创板还存在较高的投资门槛。根据科创板投资权限规定，其要求个人投资者在开户前20个交易日持有不低于50万元人民币的证券资金资产，同时须满足参与证券交易达24个月以上的年限规定。因此，诸多投资者只能通过申购基金的方式参与科创板投资。较为收窄的投资渠道也让短期低盈利的板块特征被显著放大。自科创板基金开放申购以来，以易方达科创混合、南方科创混合、博时科创混合为代表的科创基金均处于净值亏损的状态，这一行情结果将不利于进一步地吸收新增资金，也给科创板的可持续融资带来更为长期的阻力。但从长远来看，科创板代表的高成长预期和国家的战略未来，这一根本属性预示着科创板企业如果能保持良好的研发和生产经营，在不远的将来扭亏为盈并获得更为良好的融资势在必行。

因此,现阶段科创板企业的流动性不足,极大程度来自于短期低盈利的研发生产模式以及较高的投资门槛,导致作为逐利性的证券市场资金选择流入盈利性更为良好的消费品板块,无法有效流入科创板企业。但需要看到的是,作为国家长期坚持的战略方向,政府继续对科技制造业保持高强度的投入支持,并以政策激励和市场引导的方式让创新型人才源源不断地流入实体科技制造业。基于此,科创板的市场前景预期仍较为乐观。但同样需要看到的是,科创板现阶段在市场交易层面面临的诸多困难,以及短期的高速成长风险。

必须要认识到,出于关键技术研发周期和研发难度,某些科创板企业自身也无法完全把握研发结果,科创投资具有相对的风险性,其需要成熟的、能够承担一定风险的资金进行投资,同时,相较于主板市场传统的企业,科创板企业信息披露也相对有限,这也给投资者带来了更多的不确定性。因此,一方面,需要培育更多长期和成熟的投资者,投资科创型企业以带动国家整体科创能力的提升,同时,国家也需要切实加强对科创板上市企业的监管,对于无法开展有效生产、技术已明显丧失竞争优势的真实"僵尸企业",须参照市场机制予以退市处理。通过鼓励和监管双向强化的方式,有利于投资者对科创企业成长预期抱有更大的信心,也有利于降低整体科创板企业的负债率与金融风险,通过优胜劣汰的市场机制有效"去杠杆",并使社会资金得到更好的利用。

(三) 互联网金融增量风险

增量风险,重点在于互联网科技巨头过度扩张所带来的新增垄断风险。在关注政府隐性债务、僵尸企业以及宏观杠杆率等问题所引致的金融风险之时,须意识到新时期的金融风险也与我国数字经济的发展密切相关。我国具有庞大的人口基数,近年来随着手机移动用户的不断增加,互联网市场迅猛扩张。互联网企业的迅速成长是我国数字经济蓬勃发展的重要体现之一,在这一过程中,业务范围广且经营时间长的大型互联网企业,依靠其技术优势以及客户群体的市场依赖产生巨大虹吸效应,形成了数家垄断性的互联网巨头。根据中国信息通信研究院公布的

《2023年一季度我国互联网上市企业运行情况》，现阶段互联网行业存在较高的垄断性，具体表现为十强互联网企业的市值总和达到8.48万亿元。[①] 同时，根据上述公开数据，如果测算市场集中度，中国前八名企业所占据的市场份额（CR8）达到76.1%，属于极高寡占型市场（见表12-3）。

表12-3　　2023年中国互联网公司市值数据与市场集中度

公司名称	市值（2023年一季度市值，单位：亿元）
腾讯控股	32316.1
阿里巴巴	18589.7
美团	7840.5
拼多多	6594.6
京东	4764.2
网易	3991.6
百度	3625.6
东方财富	2646.8
合计	84843.4
总市场市值	111489.3
集中度	0.761

互联网巨头的高垄断性，也为其拓宽市场范围提供了更大的可能性。拓宽市场意味着需要互联网巨头有更为庞大的资金支持，相对于传统的融资渠道，互联网公司利用其技术垄断优势与成熟的客户市场，进一步将其业务延伸至交易、信贷业务领域。诸如蚂蚁金服、京东金融以及微信钱包等应用的研发与推广使用，这些融合使互联网公司从支付和借贷等多个维度涉足金融领域。

在支付领域，支付宝和微信钱包等数字支付平台，区别于传统的现

---

① 《2023月一年季度我国互联网上市企业运行情况》，中国信息通信研究院，2023年5月29日，http://www.caict.ac.cn/lkxyj/qwfb/qwsj/202305/P020230529621205022414.pdf。

金支付和银行卡支付手段，数字支付平台具有储蓄资金的功能。原有用于交易动机的货币不再以现金或活期储蓄的方式被个体所持有，而是储存在支付平台之中，直接导致银行支付业务的收入大幅减少。从长远来看，主流支付工具从传统的银行卡转移至互联网巨头的金融支付平台，将带来传统银行的中小型客户的流失，导致银行活期储蓄减少，降低了银行的盈利能力与风险偿还能力。同时，线上支付的监管不力可能还会引发各种违规和违法交易，诱发了其他领域各种安全风险放大的可能。

在跨界领域，从申请第三方支付牌照到券商基金牌照，互联网公司凭借庞大的客户群体，通过跨期消费、开放式基金平台等方式进行融资和借贷，开拓金融市场业务。区别于传统银行的投融资和贷款业务，互联网公司的受众主要是广大消费者和小微商户，资金借贷量单笔规模小，但数量庞大。从消费者个体看，垄断性互联网巨头可通过对消费者的行为偏好的模型测算，在大数据分析的基础下，以将近零成本的方式，有针对性地对不同消费者提供不同的定位产品以及跨期支付额度。跨期消费意味着风险向未来的转移，诸如花呗等消费平台配合余额宝盈利的经营方式，会给消费者以超前消费的激励，在隐蔽性的角度下催生了更大的长尾客户风险。而对于融资平台而言，在数以亿计的用户中，纵使是较低的坏账率，也会在庞大的基数下出现较大规模的坏账，区别于受国家安全监管的银行系统，互联网投融资平台在挤兑传统金融业务的同时，也产生了更大的体外循环借贷风险，给传统金融秩序带来了更大的不稳定性。

总体而言，互联网经济的发展是国家数字产业和市场生态建设的有效成果，但技术的高门槛以及规模性在发展中也形成了垄断型企业，其所具有的技术优势和客户惯性依赖，为互联网巨头进入金融市场开展支付与投融资业务创造了更多的可能性。但互联网巨头的金融业务模式，对传统银行体系的金融稳定性造成了巨大的挑战，同时也通过跨界经营催生了新的金融风险。为合理利用数字经济时代下的技术进步与融资便利带来的成果转化，并为实体经济的发展注入更大的活力，国家需要防控互联网巨头所造成的金融风险，实行更为严格的金融监管。自2021年国务院反垄断委员会制定发布《国务院反垄断委员会关于平台经济领域的反垄断指南》以来，我国监管部门通过反垄断执法、引导信息公开和合规经营等方式，有效规范了诸多互联网巨头金融平台的不良融资行为，进一步健全平台经济的良性健康发展。而防范互联网金融风险，有序引导金融创新活动的持续发展，有利于更好地服务实体经济，实现互联网普惠金融的长远功能正是规范引导互联网金融的正确发展方向。

三　中国主要面对的外部金融风险

随着中国综合实力的不断强大，全球化的步伐不断朝着纵深走去，中国的金融开放程度越来越高，金融运行效率也在明显改善，金融市场活跃度也在显著增加，中国与世界金融市场的联系也在向深度链接发展。但与此同时，中国承受世界经济波动的风险也不断加大，中国的金融系统更容易受到外部金融风险的冲击。

外部金融风险主要来自客观和主观两个方面。其中客观性外部风险，主要是随着中国金融市场走向国际化，受到国际金融风险外溢影响的可能性开始加大。在经济全球化的时代，一国的金融系统发生危机，很有可能产生联动和连锁式反应，诱发区域性，甚至国际金融危机的产生。2020年一季度，全球突然遭遇新冠疫情的冲击，原油期货市场"负油价"事件，美股三次熔断接踵而至，结果就造成了全球股市的持续低迷。目前，世界经济秩序呈现出动荡与混乱的状态，国际金融形势复杂多变，经济不确定性持续上升。而这种不确定已经充分地反映在，受美元加息周期影响的全球资本收缩，俄乌冲突引发的全球大宗产品价格上涨，全球主要国家的高通胀，包括新冠疫情继续蔓延带来的全球供应链的不稳定等方面。外部金融市场波动加大增大了中国金融市场的波动性和不确定性。而主观性产生的外部风险，则主要来自近几年来以美国为代表的西方国家，在金融领域对中国的遏制和围堵政策，包括打击在美上市的中国企业，包括未来可能的限制中国使用SWIFT等隐患。美国现在依然是全球金融领域的霸主，美元体系影响了整个世界的金融环境，未来美国如果在金融领域针对中国发起更直接的攻击，中国将面对非常严峻的外部金融风险挑战。

近年来，中国政府对外部风险的重视程度也在不断地提高，2019年政府工作报告指出，2018年外部金融风险开始上升，需要对来自外部的输入性风险保持警惕。2019年6月，中国人民银行在专题会议中强调，当前要特别关注外部输入风险，防止外部冲击、市场波动传染。[①] 2019年12月的中央经济工作会议再次强调了全球动荡源和风险点显著增多的现状，以及对于强化风险意识的重要认识。2020年4月，国务院金融稳定发展委员会表示，中国金融的外部风险高于内部风险。[②] 因此，在新形势下，判断并识别主要的外部风险点，确定风险大小，进行提前部署，是维护我国金融市场安全的必要选择。

（一）来自美国内部风险外溢的冲击

受到新冠疫情的冲击，美联储为防止流动性危机和经济衰退的出现，实行了大规模的降息和量化宽松政策。这一扩张性货币政策给美国国内市场注入了极大的风险隐患（见图12-5）。从短期来看，股票市场繁荣，资产价格上涨带动了美国国内乐观情绪，推动了消费与就业的复苏，但同时也在启动通胀的加速。因此，到通胀拐点到来时，美联储进入持续加息周期，将引发资本市场从风险性投资转向稳健性投资，引发股票价格的迅速下跌。疫情之前，美国的市场利率长期处于较低水平，在过去几年间美国上市公司为稳定公司股价，提高投资者信心，采取多次大规模出售债券并进行股票回购的方式。在低利率的环境中发行债券显然有利于企业募集资金，但当股票价格大幅下跌时，意味着持有自身大量股票的公司市值迅速缩水，公司偿债能力急剧下降，债务过高的公司面对可能违约的风险。

[①]《人民银行党委开展"不忘初心、牢记使命"主题教育集中学习研讨》，中央纪委国家监委驻中国人民银行纪检监察组，2019年7月2日，http://www.pbc.gov.cn/jiwei/148195/148198/4165675/index.html。

[②]《刘鹤主持国务院金融稳定发展委员会第二十六次会议》，中国政府网，2020年4月15日，https://www.gov.cn/guowuyuan/2020-04/15/content_5502798.htm。

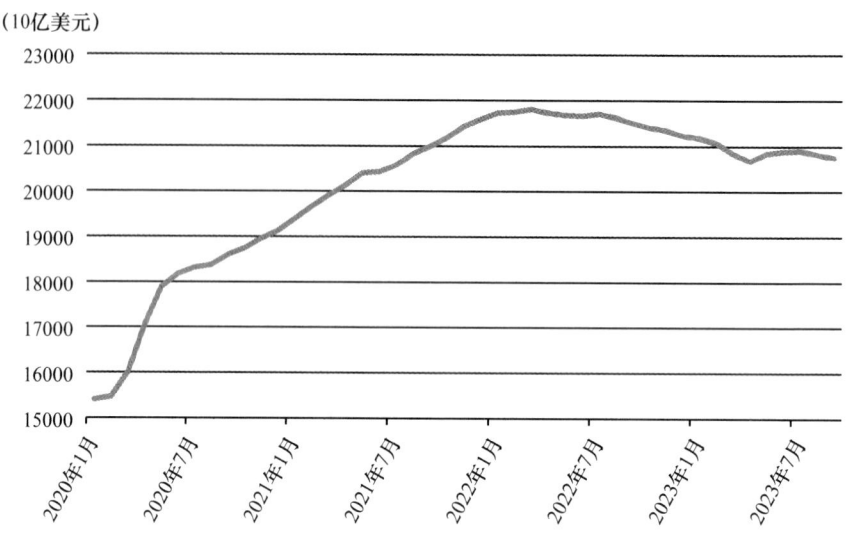

图 12-5　美联储货币供应量（M2）

一旦出现企业偿债能力下降以及产品市场收缩，就代表金融市场的衰退风险开始向实体经济传导。在国际关系的大国博弈层面，为维持实体经济的安全稳定发展，美国和欧洲企业强调产业回流、实行对华产业链脱钩和本国全产业链建设等措施，代表了后疫情时代新的产业链布局方式。这意味着我国企业不仅面临着海外企业债务违约的风险，也面临着供应链被迫切断，产品上游供应商流失而导致生产不畅通重大风险。对此，中国在金融领域保障国内企业融资有序且稳定开展的同时，也应当在产业领域支持本土企业加大自主研发，保障产业链和供应链安全，构建更为完善且具有韧性的本土供应链体系。

而从更为直接且重要的影响，来自由疫情引发的美元无限量化宽松已经导致美元大量流向新兴经济体，产生新一轮的资产价格泡沫的基础。而随着中国金融市场的开放程度不断提高，境内外资本的流动将更为自由。在美国低利率、无限量化宽松的环境下，要谨防人民币被动升值引发的大量资本流入与风险溢出，并促使股价和房价泡沫化上涨。流入中国的跨境资本有相当一部分会选择投资于收益较高与风险较大的资产，而当人民币升值预期受到内外部冲击而下降时，这一部分资金又会从市场中抽离,导致资产价格的稳定性遭到较大挑战,而资产价格波动带来的安全风险将可能导致中国资本错配的风险。

必须要看到的是,中国股票市场北向资金的不断流入,代表外资对A股的持续性增配。但这种输入性的海外资金重点投向中国高收益率行业领域、其中以大消费品板块最为显著。逐利性资本是以中短期市场回报为目标,并不以长期投资资本市场和中国战略方向为目的。一旦国内消费品股票泡沫累积至过高阈值,全球经济萎缩,美元需求量大幅提高,则大量美元被收回的同时,北向资金必然率先撤资高收益回报品种而转投其他行业,或将资本撤出中国市场,进而带来资产价格的迅速非理性下跌。因此,要警惕国际资本的输入性泡沫风险,对跨境资本流动带来的安全隐患识别与防控是长期须坚持的工作,以便在金融市场不断开放,以及人民币国际化道路不断前进的过程中,保障后疫情时代下国家金融体系的安全稳定以及与国内市场的有序。

(二) SWIFT 金融制裁风险

在我国已深度融入全球跨境支付市场的今天,美国所控制的环球银行间金融通信协会(SWIFT)体系,已经对于我国的金融安全存在着潜在而更为巨大的安全隐患。美国在"9·11"事件后打着"国家安全"和"反洗钱"的旗号,利用其所建立的全球金融霸权体系和强大的综合国力,逐步掌握了SWIFT的监控和操作权,可通过每个成员的身份信息追溯资金流水的同时,也可将成员作为金融制裁对象的国家纳入SWIFT的黑名单。2022年乌克兰危机爆发以后,美国联合欧盟、英国、韩国和日本等国一起对俄罗斯发动了SWIFT制裁,将俄罗斯的几家主要银行从环球同业银行金融电讯协会(SWIFT)支付系统中剔除,制裁声明发出后,俄罗斯官方货币卢布当天大跌28%。这足以显现出SWIFT制裁的强大威力。因此,应从长期战略角度考虑美国对中国的全球贸易领域的潜在威胁。

具体而言,SWIFT系统不同于储存交易数据的"库",而是全球用户结算的必经之"路",负责为社群提供报文传送平台和通信标准,帮助全球用户社区交换标准化金融报文。现阶段全球资金流水信息的传输主要是依靠SWIFT所提供的网络进行传输,每一个成员统一的身份标识导致某一成员一旦被列入制裁名单,将直接跟全球的资金流通结算中断。被制裁国可能陷入与全球所有金融机构都切断联系的局面,而无法使用美元、欧元等国际或区域性货币进行跨境结算,进而导致一国的产品出口直接中断。最后导致本币直接脱离世界体系,货币出现大幅度贬值的同时,国内可能出现严重的通货膨胀,给经济发展带来严重负面影响。[1]

以中国现有的贸易体量以及国际产业链供应链地位来看,美国若采用 SWIFT 制裁的方式切断中国与世界的贸易往来将面临巨大的成本和压力,其结果可能导致国际贸易体系崩溃。但在大国战略博弈和金融领域竞争日益激烈的今天,中国还是必须时刻警惕各种潜在的风险,考虑各种极端可能,以维护自身的金融安全。因此,中国需要努力实施数字化战略建设,通过央行数字化货币(DCEP)建立新型的全球跨境支付系统,同时基于现阶段去中心化分布式记账货币的广泛挖掘,顺应时代的潮流,结合当前全球领先的 5G 技术和海外通信基建,构建新型的支付架构和抗风险能力。而在金融安全领域通过数字战略避免受制于他国的同时,中国也应当积极推动双循环模式的建设,同时牢牢把握扩大内需这一战略基点,强化中国的本土供应链和市场韧性,以产业链的安全为基础来维护金融体系的安全。

(三) 美国对华金融遏制影响

从美国对华遏制战略来看,美国近年来对中国科技企业的海外融资以及产品市场进行了针对性的打压。由于中国在人工智能、半导体和量子计算技术取得长足突破,诸多赴美上市的中概股公司也获得了较为良好的国际融资。中概股公司的良好成长势头引起了美方的警惕,美国在贸易领域执行科技封锁的同时,在金融领域也旨在限制中国科技企业的融资并实现抑制中国公司发展的战略目的。

早在特朗普政府执政时期,美国参议院批准通过《外国公司问责法案》,美方持续性对赴美上市的中概股公司进行打压。拜登政府则完全延

---

[1] 陈尧、杨枝煌:《SWIFT 系统、美国金融霸权与中国应对》,《国际经济合作》2021 年第 2 期。

续了特朗普政府对中国企业海外融资限制政策。美国《外国公司问责法案》的最终实施，代表着美国监管部门将执行由国会授权的上市公司信息披露要求。具体而言，法案要求上市公司披露其与所在国政府的关系，如果上市公司雇用了不受美国监管的会计公司，导致美国审查机构无法审计其财务报告，美国有权对其进行问责。在该法案正式实施后，在美上市的中概股普遍遭受重创。腾讯音乐、爱奇艺、唯品会等多家知名企业当日盘中跌幅超过20%。在美国法案颁布的第四个交易周结束后，跌幅前50名的中概股公司中有20家为信息通讯设备、互联网、半导体和生物科技领域企业，可见美国在金融领域对中国企业打压时效之快、作用之显著。

在美国《外国公司问责法案》颁布造成中概股大幅下跌的同时，国内资本市场也出现明显避险情绪，大量国内上市科创型企业股价因海外同类公司估值下降而被动下调国内估值，避险资金进一步回归传统行业。可见中国资本市场现阶段在遭遇国际金融风险以及国内投资情绪下滑状态下，资本市场依然无法对实体经济行业提供更为充分有效的支持。中国的科技型企业更多的是依靠海外估值进行定价，而国内缺乏对科技公司的定价权，也使得美国通过市场联动对中国企业进行金融抑制的手段获得了效果。而这恰是反映了中国金融市场定价权缺乏，过度依赖海外的风险。

需要关注的是，拜登政府的万亿美元刺激计划启动了美元的超发，加快对美国内需的刺激，也极大程度地带动了美国海外进口需求增长。对此，德国安联集团旗下的裕利安怡发布的报告称，美国拜登政府的1.9万亿美元刺激经济方案将提振美国本土内需，并为2021—2022年带来额外3600亿美元货品及服务额外进口需求。而由于供应链结构和供应规模，美国现阶段对于中国制造的日常消费品仍具有大量的需求。因此，美国的货币超发也刺激了中国对美出口，美国的内需增长所带动的进口增长存在高弹性。但这一短期机遇却可能对长期带来负面影响，一方面，企业可能因对全球经济周期误判而加大投入，包括更多资本投机短期业绩回报；另一方面，则体现为资本错配带来的长期问题。现阶段，我国科创型制造业在供给端和需求端均面临着美国的深度打压，且在融资领域遭受着巨大的负面看空情绪，所以消费品出口的增长所带动的资金流入，实质上是对我国重点要发展的科创性实体经济领域的反向进一步做空，让资本不断从关键领域撤出转而投向消费领域以"追求安全稳定"。

需要认识到新形势下，拜登政府对华政策的延续性，以及可能带来的我国经济发展"脱实向虚"与风险泡沫加剧。虽然拜登上台前宣称要缓和对华关系，但是，在经济领域，拜登政府政策却存在更大的对华经济对抗性与隐蔽性。这一对抗性具体表现在贸易领域的针对性关税和金融领域对中概股的融资限制，双手管控的目的旨在遏制中国企业的全球价值链参与及融资成长，而隐蔽性则表现为通过贸易政策引导中国消费品出口美国，并限制中国大型科技制造巨头产品进入市场，可能进一步导致我国关键产业的出口竞争力下降，引导中国资本市场的资本投资错配，进而达到"锁定中国产业"的目的。这种隐蔽性是中美博弈在贸易和资本市场持续的新特征，需要中国加以重视和防范。

引导和健全我国资本市场，促进关键技术领域融资的良性发展，是中国当前迫在眉睫的工作。为此，需要注重加强对国内投资机构从业人员的国际博弈意识和政治素养的培育。需要深刻认识到，中国的发展未来在于推动关键制造业和研发领域自主核心技术进步，明确国内消费品市场只是资本追求盈利性质表象下的错误投资引导。国家"十四五"规划明确提出，要"强化国家战略科技力量"，深刻把握当前国内外形势变化和我国经济社会发展对高质量科技供给的迫切需要。为使战略性新兴产业能够迎来资本和市场方面的支持，必须进一步在金融市场领域加强党的思想和组织建设，在战略高度上把控资本流向以维护中国长期战略安全。

四　中国应对金融风险的思路与对策

金融是现代经济的核心，在很大程度上影响甚至决定着经济的健康发展，而金融安全是国家安全的重要组成部分。"金融活，经济活；金融稳，经济稳。"[1] 维护中国金融安全，要关注国内与国外两个方面，既

---

[1] 习近平：《金融活经济活金融稳经济稳　做好金融工作维护金融安全》，《人民日报》2017年4月27日第1版。

第十一章 资本扩张与流动：金融视角下的中国经济安全

要提升被动防御能力，也要主动提升本国金融的整体实力与地位，内外兼修才能更有效地应对未来全球经济动荡与内部变革带来的金融风险。

(一) 维护宏观经济稳定

宏观经济安全是金融安全的基石，其良好发展对我国的金融安全起到了支撑作用，是金融行业长久繁荣和稳定性因素。从宏观经济角度来看，主要有两个方面的任务：一方面是妥善处理好虚拟经济与实体经济的关系，在此基础上进一步推进我国数字经济与实体经济深度融合，更好地发挥两者的互补属性。金融与实体经济是共生共荣的关系，虚拟经济需要实体经济的支撑来确保其稳定性和价值，而实体经济则需要虚拟经济提供的融资、风险管理等服务来推动其发展。通过将金融资源集中到高质量发展的战略方向、重点领域和薄弱环节，可以促进经济和金融的良性循环，为实体经济提供更高质量、更有效率的金融服务。首先，需要强化金融服务实体经济的功能，确保金融资源优先流向实体经济领域，特别是关键领域和薄弱环节，如制造业、科技创新、绿色发展等。推动金融体系向更加多元化和均衡的方向发展，包括银行、证券、保险、私募股权和风险投资等，以满足不同实体经济部门的需求。除此之外，还需要建立健全的金融监管体系，对金融市场进行有效监管，防止过度投机行为，确保金融市场的稳定和透明。同时，注重培养长期投资者，鼓励养老基金、保险公司等投资于实体经济的长期项目，减少短期投机行为。最后，在技术日新月异的当下，需要鼓励和引导金融科技的发展，利用大数据、人工智能等技术提高金融服务效率，同时确保创新不脱离实体经济的需求。

另一方面，从维护金融安全的角度来看，稳定就业、维持社会总需求以及实现生产和需求端同步的良性健康增长是确保经济持续稳定发展的关键。首先，需要继续实施就业优先战略，突出重点群体就业帮扶，加强职业技能培训，强化创业政策的支持，将就业作为经济社会发展的优先目标，加强财税、金融等政策对稳就业的支持，加大促就业专项政策力度，具体包括：深入实施就业优先战略，发挥各项政策的协调作用，强化部门协同和多元主体联动；重点开发城市就业机会，尤其是为大学毕业生、进城务工人员、退役军人和城市就业困难群体提供就业岗位。同时，支持企业保持现有岗位稳定，通过失业保险返还和提供在职培训等措施减轻企业负担，扩大就业机会。此外，建立创业孵化基地和返乡创业园区，激励新型就业模式的发展，以促进就业市场多元化和创新。①其次，在生产端与新需求端同步修复，平衡生产效率和交付绩效。这要求我国提高居民收入水平，特别是中低收入群体的收入水平，增强消费能力。通过税收、社会保障等政策调节收入分配，缩小收入差距。同时，深入实施供给侧结构性改革，持续提高全要素生产率，通过市场机制和政策引导，促进资源向高效益、高附加值领域流动。"统筹扩大内需和深化供给侧结构性改革，不仅是实现高质量发展、构建新发展格局、全面建成社会主义现代化强国的必然之举，也是应对外部冲击，破解当下各种宏观问题，增强我国的生存力、竞争力、发展力、持续力的有效手段。"②

（二）确保国内金融市场总体平稳

国家主席习近平同志在多次会议中强调要防范"系统性金融风险"，防止系统性金融风险是金融工作的根本性任务。通过建立健全完备有效的金融监管体系，守住不发生系统性风险的底线，可以确保金融系统的稳定运行，支持经济社会发展。金融监管是维护金融安全的重要手段。通过全面强化机构监管、行为监管、功能监管、穿透式监管和持续监管，可以提升监管的前瞻性、精准性、有效性和协同性，从而有效防范和化解金融风险。金融市场的稳定性来自有效的实体产业发展信号以及良好的投资者情绪，而我国长期以来强调保障产业链和供应链安全，并鼓励实体经济不断创新以获得更高附加值，向国际产业链的高端上游环节迈进。除此之外，对于国际、国内金融市场突发事件造成的冲击，我们可以通过一系列措施来维护我国金融市场的稳定：首先，需要加强监管与

---

① 方长春：《稳就业：成效、挑战与政策指向》，《人民论坛》2024年第5期。
② 刘元春：《搞好统筹扩大内需和深化供给侧结构性改革》，《光明日报》2023年2月14日第11版。

第十一章 资本扩张与流动：金融视角下的中国经济安全

风险防范。一方面加大对金融机构的监管力度，确保其业务运营符合规范，防止系统性风险的发生。另一方面，增强金融体系韧性，通过压力测试等手段，评估金融机构的稳健性，并制定相应的应急预案，以应对潜在的市场冲击。同时，也应促进风险的妥善处理，引导金融机构遵循市场规则和法律法规，有效运用债务重构、资产置换等策略，协助融资平台处理债务问题。① 其次，保持货币流动性与人民币汇率稳定。综合运用多种货币政策工具，保持流动性合理充裕，并且确保人民币汇率在合理均衡水平上的基本稳定，降低外部市场波动对国内金融市场的冲击。最后，加强金融市场建设，推动金融市场高水平对外开放，加强金融市场制度建设，完善债券承销、估值、做市等规则，提升债券市场定价准确性和货币政策传导效率。强化重要金融基础设施统筹监管，建立健全统一的金融基础设施监管框架和准入制度。②

维护国内金融市场总体稳定还需要关注金融市场内部的金融机构与投资者。对于金融机构，一方面需要强化风险管理和监管合规性，金融机构应建立健全的风险管理体系，包括信用风险、市场风险、流动性风险等的评估与控制，确保金融机构遵守监管规定，强化合规性检查，防止违规操作引发市场动荡。另一方面，深化金融机构改革，完善公司治理结构，提高风险抵御能力。同时，着力推进中小金融机构改革化险，健全金融风险处置常态化机制，落实机构、股东、高管、监管、属地、行业六方责任，形成工作合力。③ 除此之外，还应当采取：定期对金融机构进行压力测试，评估其在极端市场情况下的稳健性，并制定应对计划；提前制定金融市场应急预案，以便在市场出现大幅波动时迅速采取行动，稳定市场情绪；加强金融监管机构之间的协调合作，形成统一的监管框架，共同应对市场风险等措施。对于投资者，重在保护和教育，

---

① 《如何统筹化解房地产、地方债务、中小金融机构等风险》，《人民日报》2024年2月19日第3版。
② 中国人民银行：《加快建设中国特色现代金融市场体系 提升服务实体经济质效》，https://www.financialnews.com.cn/jg/zc/202403/t20240310_288677.html。
③ 《金融监管总局明确2024年八项重点任务 坚决做到监管"长牙带刺"有棱有角》，《中国证券报》2024年1月31日第1版。

对此应当提高信息披露标准，确保投资者能够获取准确、及时的金融信息，做出明智的投资决策。还应当加强对投资者的金融知识教育，提高他们对市场风险的认识和风险管理能力，培养理性的投资文化。

（三）关注高风险产业，激活科创投融资

2024年7月，党的二十届三中全会通过的《中共中央关于进一步全面深化改革、推进中国式现代化的决定》中指出：完善政府债务管理制度，建立全口径地方债务监测监管体系和防范化解隐性债务风险长效机制，加快地方融资平台改革转型。当前，中国的房地产累积沉淀资金过大，地方政府通过土地出让维系财政的模式尚未彻底改变。因此，全面化解中国房地产市场泡沫与风险并不是短期可以实现的，其间可能会出现个别房地产公司因资金链断裂而违约交房，包括债务偿还不及时而引发的金融风险。对此，必须始终以系统性风险防范为原则，妥善处理与房地产相关的债务问题，以防处理不当而引发的连锁性社会风险。破解中国房地产带来的金融风险需要综合运用多种策略，从政策、监管、市场调控等多个方面入手：加强金融监管和风险管理，强化对房地产企业的主体监管和资金监管，健全房地产企业主体监管制度，确保其财务透明度和合规性；[①] 推动去杠杆和融资创新，持续收紧房地产金融政策，收缩去杠杆加剧行业分化，促进房地产行业的健康有序发展；查处虚假违法房地产广告、价格违法等问题，维护市场公平竞争环境等。

互联网投融资平台的兴起，虽然为传统金融业务带来了创新和便利，但也伴随着体外循环借贷风险的增加，对金融秩序稳定性构成挑战。为应对这一挑战，我国监管部门采取了一系列措施，包括执行反垄断法规、推动信息透明度提升以及强化合规经营等。未来，监管部门还需加强对互联网金融风险的防范，有序引导金融创新活动，确保其持续发展。这不仅有助于更好地服务实体经济，还能实现互联网普惠金融的长期目标。

---

① 周建军、鞠方：《强化主体监管与资金监管：房地产行业的可持续发展之路》，《人民论坛》2024年3月1日第4版。

具体而言，监管部门应继续完善法律法规，建立和完善风险监控体系，特别是对于体外循环资金的管理对策，提高监管科技水平。同时利用大数据、人工智能等技术手段加强风险监测和预警。并且，应当着力聚焦影响金融稳定的"关键事"、造成重大金融风险的"关键人"、破坏市场秩序的"关键行为"，严肃处理违法违规第三方中介。[①] 鼓励金融机构与互联网企业合作，探索合规的金融创新模式，不断提升服务质量和效率，满足消费者的多元化需求。当前，科创板上市公司面临的流动性短缺问题，主要源于其短期盈利能力有限的研发生产模式和较高的投资者准入门槛。这导致追求短期收益的资本市场资金更倾向于流向盈利性更强的消费品板块，而非科创板企业。对此，首先政府应当加强对科创板上市公司的监管力度，确保上市公司的质量。对于那些无法有效开展生产活动、技术落后且失去市场竞争力的所谓"僵尸企业"，应依据市场规则进行退市处理。其次，通过严格审核提升上市公司质量，增强市场信心。高质量的公司能够吸引更多投资者参与，从而提高整体市场的流动性。同时，通过推出新的金融产品，来吸引更多的中长期资金进入市场，增加市场资金流量。最后，还可以通过完善新股发行定价机制、优化信息披露机制来更好地服务投资者。

（四）防范与调控国际资本流入

当前我国所面临的国际资本流入风险，主要源自国际资本流入与流出过程中可能引发的消费品股票泡沫问题。在全球经济一体化日益加深的宏观背景下，我们必须对国际资本可能带来的输入性泡沫风险保持高度警惕。随着国内金融市场的不断开放以及人民币国际化进程的加速推进，跨境资本流动的频率和规模均呈现出显著增长的态势。这一趋势无疑为我国的金融体系注入了新的活力，带来了前所未有的发展机遇，但同时也伴随着不容忽视的安全隐患。跨境资本流动的复杂性在于其可能

---

① 新华社：《切实提高金融监管有效性　妥善应对各类金融风险挑战——国家金融监督管理总局党委书记、局长李云泽接受新华社记者专访》，中国政府网，https：//www.gov.cn/lianbo/bumen/202312/content_ 6918285.htm。

触发多重风险，这些风险涵盖了市场波动、资产价格泡沫、货币汇率不稳定等多个方面，对金融市场的稳定运行构成潜在威胁。更为严重的是，这些风险还可能对国内经济秩序产生深远而复杂的影响。因此，对跨境资本流动所带来的安全隐患进行持续、深入地识别与有效防控，无疑是一项长期而艰巨的任务。为了保障后疫情时代下国家金融体系的安全稳定，以及维护国内市场的有序运行，我们必须建立健全的跨境资本流动监测和预警机制，通过技术创新和手段升级，提升金融监管的智能化和精准化水平。与此同时，我们还需要积极加强与国际金融监管机构的合作，共同应对跨境资本流动带来的全球性挑战，共同维护全球金融市场的稳定与安全。总的来说，防范国际资本的输入性泡沫风险是一项系统工程，它要求我们在监管体系、市场透明度、国际合作机制、市场抗风险能力以及投资者保护等多个方面付出努力，形成合力。只有这样，我们才能在充分利用国际资本促进经济发展的同时，有效防范和化解潜在的金融风险，确保国家金融体系的稳健运行和国内市场的持续繁荣。

从根本上看，周期性的国际资本流入风险主要源于"美元潮汐"现象，即当美国实行宽松的货币政策时，大量美元流入全球市场，导致全球流动性增加。这可能刺激新兴市场国家和其他依赖外部融资的经济体的资本流入、货币升值和经济增长加速。而当美国收紧货币政策时，美元通常会回流美国，导致全球美元流动性减少。这可能使一些国家面临资本外流、货币贬值和经济减速的压力。对于金融市场而言，在美元潮汐的扩张阶段，投资者可能寻求更高收益的投资机会，推动股市和其他风险资产上涨。而在收缩阶段，投资者可能转向更安全的资产，如美国国债，导致其他资产类别下跌。面对美元潮汐带来的资本流入风险，我国采取了一系列跨周期和逆周期调节措施，以稳定宏观经济、防范金融风险并促进经济的长期健康发展。跨周期调节的目标是解决产业结构调整、人口老龄化、系统性风险等长期问题，调控着眼点在经济的长期健康运行和有序增长上。早在2020年11月，我国就出台了《中共中央关于制定国民经济和社会发展第十四个五年规划和二〇三五年远景目标的建议》，该建议中提到要搞好跨周期政策设计，提高逆周期调节能力。①在逆周期调节方面，通过一系列宏观政策工具及时熨平经济运行可能出现的短期波动。例如，中国人民银行在 2016 年底至 2017 年初采用逆周期资本流动管理，并出台人民币汇率逆周期因子等政策，成功稳定了人民币兑美元双边汇率，缓释了资本流出的巨大压力。除此之外，央行和银保监会建立了逆周期资本缓冲机制，以维护金融体系稳定运行。② 同时，监管部门也采取针对性监管措施，提前采取适当监管手段对股市进行逆周期调控，减少股市非正常波动。

面对资本错配问题，国家"十四五"规划明确提出，要"强化国家战略科技力量"，深刻把握当前国内外形势变化和新时期我国经济社会发展对高质量科技供给的迫切需要。为使战略性新兴产业能够迎来资本和市场方面的支持，必须进一步在金融市场领域加强党的思想和组织建设，在战略高度上把控资本流向以维护中国长期战略安全。2024 年 4 月，国务院发布关于金融企业国有资产管理情况专项报告审议意见的研究处理情况和整改问责情况的报告时提到，要推动金融国资国企提质增效，集中力量打造金融业"国家队"，国家将支持头部证券公司通过业务创新、集团化经营、并购重组等方式做优做强，打造一流的投资银行，发挥服务实体经济主力军和维护金融稳定压舱石的重要作用，使金融未来更好地服务于国家战略，减少资本的错配现象。

（五）提高国际金融制裁应对能力

中国在反金融制裁方面已经采取了一系列法律和政策上的反制措施。例如，通过《中华人民共和国反外国制裁法》（下称《反外国制裁法》）和《不可靠实体清单规定》与《阻断外国法律与措施不当域外适用办法》（下称《阻断办法》），初步建立了反制裁的法律体系。③ 中国在

---

① 《中共中央关于制定国民经济和社会发展第十四个五年规划和二〇三五年远景目标的建议》，《人民日报》2020 年 11 月 4 日第 2 版。
② 郑联盛：《货币政策与宏观审慎政策双支柱调控框架：权衡与融合》，《金融评论》2018 年 10 月第 4 期。
③ 王燕、李菁：《美国出口管制清单制度对中国的影响及应对》，《经贸法律评论》2022 年第 5 期。

2021年通过《中华人民共和国反外国制裁法》，依据本法可以使我国依法对个人、组织实施反制裁手段，能够有效地对西方国家霸权主义和强权政治进行反击。[1] 未来，中国应当建立一个完善的反金融制裁法律体系，确保国家不受外部金融制裁的非法干涉，维护国家金融稳定和安全。同时，能够为企业提供法律保障，防止其因不合理的金融制裁而遭受损失，以及保护个人免受金融制裁的负面影响。

除了立法手段，中国还应通过加速数字化战略的实施，强化自主可控能力，以科技的力量引领金融与经济的全面发展，确保国家金融安全和经济稳定。具体来看，面对全球经济的复杂形势，中国正站在新的历史起点上，迫切需要加快数字化转型的步伐。全球货币市场正面临数字化颠覆，世界各地的消费者纷纷涌向加密货币，开启了全球金融更加去中心化的时代，比特币等数字货币对中心化的美元霸权带来新的挑战。在这一转型过程中，央行数字货币（DCEP）的推出具有里程碑意义。DCEP不仅代表着金融创新的前沿，更有望成为推动国际交易流程优化、资金流转效率提升的关键力量，为全球经济的进一步融合与发展提供新动能。近些年来成为各国政府竞相追逐的对象，被认为是货币未来发展的一个合乎逻辑的步骤。[2] 据2019年国际清算银行统计，全球66家央行中，有80%开展了央行主权数字项目的研究。[3] 早在2014年，中国便开始了由央行主导的数字货币DC/EP的研发工作，计划用10年的时间，实现数字货币替代纸币的目标。当前，中国在多座城市开展数字货币试点工作，完善数字货币运行机制，并且与滴滴、美团等互联网企业合作，测试数字货币在智慧出行、网络消费领域的应用场景。除此之外，央行还计划在2022年冬奥会期间，通过大规模的跨境交易，对数字人民币进行更大规模的封闭测试。[4] 为了有效应对可能的金融制裁，中国未来还

---

[1] 中国人大网：《中华人民共和国反外国制裁法》，2021年6月10日，http：//www. npc. gov. cn/npc/c30834/202106/d4a714d5813c4ad2ac54a5f0f78a5270. shtml，2023年8月4日。

[2] The Digital Dollar Project，2021，https：//digitaldollarproject. org。

[3] 《研发和测试在多国展开　全球央行数字货币研发驶入快车道》，《人民日报》2020年10月14日第17版。

[4] 魏桥：《试点逐步扩大　场景日益丰富　数字人民币离我们越来越近》，2021年1月13日，http：//finance. people. com. cn/n1/2021/0113/c1004-31997844. html。

需要深化对区块链等去中心化技术的探索与应用。通过与5G等前沿技术的结合，构建一个高效、安全、稳定的新型支付系统。这样的系统将大幅提升支付效率，同时增强金融体系的韧性，为数字经济的稳健发展提供有力支撑。发展自主金融交易平台，降低对单一金融交易平台的依赖，发展本国的金融交易平台，提高金融自主性。未来，中国还可以通过加强专业人才培养，提高法律、金融等领域的专业水平，以更好地应对金融制裁和国际法律争端。通过设立国家层面的反外国制裁工作协调机制，负责统筹协调相关工作，确保国务院有关部门加强协同配合和信息共享，提高反金融制裁能力与效率。

（六）扩展金融在国际上的有效延伸

为了从发展与合作的角度维护好我国的金融安全，并将其从一个金融大国不断建设成为一个金融强国，我们必须采取更加积极、开放和多元的战略思维，不断提升我国金融系统在国际货币体系中的韧性和影响力。重视国家金融安全，绝不仅仅是构筑防御体系、以防御思维来应对潜在威胁那么简单。实际上，从更深层次的角度来看，一个国家对外金融活动的有效延伸与拓展，同样是国家分散和化解金融风险的一种重要且有效的手段。这意味着，我们需要在保障金融安全的同时，积极寻求和拓展国际合作的空间与机遇。因此，为了更全面地维护我国的金融安全，我们必须深化中国与世界各国以及地区性国际组织之间的金融合作。这种合作不仅有助于提升我国金融体系的国际竞争力，还能够通过共享资源、信息和经验，共同应对全球性的金融挑战。例如：中国主导成立了亚洲基础设施投资银行，并积极参与其他多边开发机构的合作，如世界银行和国际货币基金组织。除此之外，我国通过"一带一路"倡议，加强与沿线国家和地区的双边、多边金融合作。通过丝路基金，为"一带一路"沿线国家提供投融资支持。此外，还设立了多边开发金融合作中心，促进国际金融机构间的联结。未来，中国将继续发挥其在国际金融治理中的积极作用，持续创新金融合作模式，继续倡导和参与设立新的国际金融机构，鼓励传统金融与新兴金融的融合，利用互联网金融在全球范围内拓展国际合作空间。继续加大对"一带一路"沿线国家的基础设施投资，推动普惠金融的发展，确保更多发展中国家能够融入国际金融体系，分享发展红利。

　　同时，加速推动人民币国际化的进程也是至关重要的一环。人民币的国际化不仅能够提升我国在全球货币体系中的地位，还能够为我国企业提供更加便捷、低成本的国际融资和交易渠道，从而进一步分散和降低我国金融体系对外部风险的暴露。2008 年后，中国与多国签署双边货币互换协议，跨境贸易人民币结算开始试行，人民币国际化加快推进。中国人民银行《2022 年人民币国际化报告》显示：人民币国际化各项指标总体向好，人民币支付货币功能稳步提升，投融资货币功能进一步深化，储备货币功能不断上升，计价货币功能逐步增强。截至 2021 年末，人民币已经成为第五大国际储备货币、第五大支付货币，在国际货币基金组织（IMF）特别提款权货币篮子中的权重排名第三。[1] 未来，还应当扩大人民币国际化范围，提高人民币在国际贸易、国际支付、国际结算、国际投资等领域的应用，强化人民币与贸易投资的关联性，加快国际金融中心建设，增强人民币币值稳定性。[2] 此外，构建国际金融安全网络也是维护我国金融安全的重要途径。通过与国际伙伴共同建立和完善金融安全合作机制，我们可以更好地应对跨境金融风险，确保我国金融体系的稳健运行。未来我国还将持续推动区域内金融基础设施建设，加强关键金融基础设施保护和数据安全国际合作，协调处置网络安全风险，完善风险应对和危机处置制度安排，探索构建区域性金融风险预警系统与综合服务平台，构建网络空间命运共同体。

结　语

　　金融是国家重要的核心竞争力，美国的全球霸权地位很大程度上就是倚靠了美元霸权的存在，同时，金融实力的强弱与国家实力的发展高

---

[1] 中国政府网：《2022 年人民币国际化报告》，2022 年 9 月 24 日，https://www.gov.cn/xinwen/2022-09/24/content_ 5711660.htm。
[2] 何德旭、龚云、郑联盛：《金融强国的核心要素、建设短板与发展建议》，《证券市场导报》2024 年第 3 期。

第十一章 资本扩张与流动：金融视角下的中国经济安全

度相关，且相辅相成。随着中国综合实力的不断强大，目前，中国的金融体系越来越开放与现代化。近年来，中国不断深化金融体系改革，解除利率管制，推动人民币国际化，提升国际货币组织的特别提款权货币地位等。而在这个新形势下，一方面，要认识到，一个高效稳定的现代化金融市场是支持中国迈向国际舞台、展现大国实力和担当的必要条件；另一方面，也要清醒地看到，金融具有高度的渗透性和全局性影响，金融安全是国家安全的重要组成部分。随着中国经济的开放和国际化，中国的金融体系复杂性也在明显地增加，并开始承受错综复杂的内部风险和外部溢出风险相互交织联动的影响，不断地面临新问题、新挑战。因此，统筹好国内和国际金融市场两个大局，维护金融安全是中国长期需要重视的战略任务。

得益于中国宏观经济的高质量发展和金融体制改革的不断深化，近年来中国金融体系的基本面表现良好，大部分的金融安全指标都保持在一个健康的区间，金融脱实向虚、盲目扩张的趋势得到了有效扭转，金融风险整体上明显收敛。但不能忽视的是，金融具有天然的脆弱性和感染性，我们依然要时刻防范潜在的金融风险的冲击。在内部金融风险方面，地方政府债务和房地产风险、科创板僵尸企业和杠杆问题、互联网企业的跨界经营风险，等等，都是不容忽视且急迫需要解决的问题。未来还需要不断加强金融监管，建立严格的法制化违约处置机制，积极处置存量风险，科学化解增量风险，促进金融市场对实体经济的服务和支持强化。在外部金融风险方面，当前中国的外部金融环境较为严峻，面临着较大的不确定性。一方面，受新冠疫情的影响，世界经济复苏乏力，经济增长滞缓，各国超宽松的货币政策透支了降低风险的政策调控空间，世界经济潜在风险大大增加，而以美国为代表国家的内部风险外溢可能会对中国金融安全造成巨大冲击。另一方面，自特朗普上任以来，中美战略竞争不断加剧，拜登的上任更是把中美博弈深化到了科技、金融等领域。未来，美国利用各种手段遏制中国发展的可能依然存在，需要时刻提防和警惕美国对中国金融市场进行精准打击，并提前做好安全防范部署。

重视国家金融安全不能简单地以防御思维思考问题。从本质上看，一个国家对外金融的有效延伸也是国家分散金融风险的一种有效手段。因此，要深化中国与世界各国和地区组织间的金融合作，加速推动人民币国际化的进程，构建国际金融安全网络，不断增强中国金融系统在国际货币体系中的韧性，从发展与合作的角度维护好我国的金融安全，并把我国从一个金融大国不断建设成为一个金融强国。

第十二章 木桶定律的困局：产业链视角下的中国经济安全

引 言

2024年，习近平总书记在中共中央政治局第十一次集体学习时强调，要及时将科技创新成果应用到具体产业和产业链上，改造提升传统产业，培育壮大新兴产业，布局建设未来产业，完善现代化产业体系。2024年7月，党的二十届三中全会通过的《中共中央关于进一步全面深化改革、推进中国式现代化的决定》中指出：健全因地制宜发展新质生产力体制机制。推动技术革命性突破、生产要素创新性配置、产业深度转型升级，推动劳动者、劳动资料、劳动对象优化组合和更新跃升，催生新产业、新模式、新动能，发展以高技术、高效能、高质量为特征的生产力。在管理学研究中，有一个著名的定律——木桶定律。这是讲一只水桶能装多少水取决于它最短的那块木板。一只木桶想盛满水，必须每块木板都一样平齐且无破损，如果这只桶的木板中有一块不齐或者某块木板下面有破洞，这只桶就无法盛满水。在现实中，国家经济是由诸多产业链共同构成，每条产业链就如同构成木桶的每一块木板。当这些产业链能够协同发展，有着相对协同的长度之时，也就带动国家经济走向结构完整、进而实现安全；与之相反，当产业链出现了严重短板与缺陷，那么木桶定律的困局也就随之产生，即国家经济安全出现明显的漏洞，而这一漏洞将由产业链短板部分表现出来。目前，中国经济安全在很大程度上并不是通过宏观层面体现，而是通过产业链安全所体现，尤其是在国际战略竞争日趋激烈的背景下，中国部分核心产业链发展不健全、关键环节对外依赖度较大的问题在地缘政治博弈中明显体现，同时也成为制约中国经济转型发展的一大障碍。

一 中国嵌入全球产业链的历程

中华人民共和国成立后，由于意识形态与国际政治斗争的需要，中国曾短暂加入以苏联为首的社会主义阵营，苏联对新中国的建设予以了极大的经济援助。这种援助并不能称之为完整的产业链建设，其主要的贡献是在新中国成立初期，为中国提供了必要的生产资料建设，包括交通运输、能源化工、机械汽车等重工业建设，这为后期中国完全嵌入全球产业链奠定了最早的物质基础条件。在中苏关系破裂以后，中国曾经历了至少二十年的被国际社会所孤立的时期。这一时期，中国在经济上遭受了巨大困难，生产秩序紊乱、经济增长乏力。但是，这种经济混乱局面，也为随后的改革开放提供了现实条件，以经济建设为中心的思想就是在这一环境下萌芽产生；同时，这一时期，中国与美苏两大霸权国在外交上展开合作与斗争相并行的策略，为我国随后的经济发展赢得了必要的和平环境，同时中国也探索出以国家利益为导向的外交理念，这些均为随后的改革开放与嵌入全球产业链做了铺垫。总体来看，在中华人民共和国成立至改革开放这段时间内，虽然中国在经济与外交上出现了较大的困难，但是，这一时期却初步构建了国家基础设施体系，为改革开放后经济发展奠定了基本的工业体系，同时，这一时期对经济发展模式的探索，有利于未来经济建设思想的萌芽，也为改革开放后国家经济发展提供了稳定的国际环境。

改革开放以后，中国经济进入了发展的快车道，而其中的主要原因则是中国有效地嵌入了全球产业链，承接了新一轮的国际产业转移，通过分工，并在对外贸易扩大中实现经济的持续增长。中国对全球产业链的嵌入，大致经历了三个阶段。

第一阶段是1980—2000年。这一时期是中国改革开放初期，随着外围环境的改善与全球化浪潮驱动，中国人口红利急剧释放，这非常有利于一些劳动密集型产业的发展，其特征表现为低增加值、低技术、专业化水平要求低，集中在基础设施建设、轻工业加工等生产行业。与此同时，这一时期也是全球产业转移的高涨期，东亚地区是本次产业转移的核心区域，中国大陆凭借劳动力优势，承接来自欧美、东亚日本的劳动密集型产业转移。这种产业转移的底层逻辑是，随着全球发达经济体的产业升级，自动化生产对传统人力生产的替代，形成了资本和技术密集型产业的崛起，同时劳动密集型产业也有逐渐衰退的趋势。而中国的人口规模优势，迅速转化为劳动力红利，叠加中国自身的土地、资源、基础设施等成本优势，成为东亚地区的产业洼地。以纺织、机械制造、电子装配为代表的劳动密集型产业相继涌入中国，形成了"两头在外"的来料加工型贸易模式，即中国通过进口原材料、生产设备与引进技术，开展以订单为主导的标准化生产，把最终消费品出口至海外。这就促使中国逐渐从低端位置融入全球与区域产业链。可以说，这一时期，中国在自身劳动力成本优势和改革开放政策支持的条件下，顺利转化为嵌入全球产业链所需的成本优势。而东亚地区的产业升级与全球低端产业区域转移，则为中国嵌入全球产业链的低增加值环节提供了外部环境。

第二个阶段是2001—2017年。这一时期，中国对全球产业链的嵌入表现为三个特征：首先，在承接全球和区域产业链转移过程中，中国的生产力得到了极大的解放，基础设施日趋完善，国内产业链布局基本成型，东亚区域的产业链已经不能满足中国的生产力快速发展需求，中国日益需要在全球范围内进行生产承接。而随着中国对世界贸易组织的加入，依托于开放的国际贸易环境，中国逐渐在全球产业链的生产环节扩大规模。也就是说，凭借国内生产力的进一步释放与国际上有利的贸易环境，这一时期中国在地缘经济结构上正式全面嵌入全球产业链，进而在扩大产业链链接中成为名副其实的"世界工厂"。其次，随着中国国内的生产体系日益完善，中国在产业结构上逐步摆脱了低端劳动密集型产业的约束和桎梏，开始向技术和资本密集型产业以及产业链研发端方向升级，产生了诸如电子产品制造、机械装备生产、成套装备等优势产业链。这就意味着，中国在全球产业链中逐渐开启了规模化与专业化相并行的全球供应链模式，其中，规模化能够满足国际上广泛的弹性需求，而专业化则为中国采取定制化生产提供了可能。最后，这一时期也是中

新时代国家经济安全的战略与现实

国经济实现高速发展和提升的飞跃时期,带动了国内需求能力的释放。中国在全球产业链需求端的份额也开始日益扩大,需求为全球产业链的运行提供了新动力,包括消费需求和生产需求,前者是生产结束的标志,被市场所最终消耗。从全球消费需求新增动能来看,中国规模人口的收入持续增长,带动了中国国内消费能力的快速提升,对应了中国生产能力、生产环节复杂度的增加,进而也带动了中间产品需求的快速上升。

第三个阶段是2017年以后。这一时期是中国在全球化逆境中转型成长的关键时期。一方面,这一时期是全球产业链变革的关键时期,这种变革来源于原有经济发展模式的升级转换。随着新技术革命的逐步到来,以人工智能、5G通讯、新能源技术、工业互联网为代表的新兴产业链不仅开始成为引领人类发展的前沿驱动力,同时,对新技术的全面有效掌握和应用,将对全球产业链的发展方向起到关键性主导作用。而经过三十年左右改革开放的高速发展,无论是在生产供应层面,还是在最终需求领域,中国已成为全球产业链不可或缺的组成部分,这就促使了中国在新技术革命中具备了一定的相对优势,甚至能在个别新兴产业链的部分环节起到主导作用,诞生出了诸如华为、小米、中芯国际等产业链主导型企业。因此,新技术革命的出现,对中国嵌入全球产业链赋予了新的意义,即通过技术的升级,向全球产业链中更高的位置攀升,进而塑造中国的新国际竞争力。另一方面,中国在全球产业链中的规模扩大与位置上升,也意味着传统的国际分工格局发生了改变,这必将为中国带来更多的风险与挑战。这些风险既有来自国际政治层面的权力博弈,也有着国际竞争中面临的不可控风险,更有全球产业链自身的结构性调整困境。在现实中,中国在这一时期面临的风险与挑战包括逆全球化、贸易摩擦、技术断供,以及新冠疫情等叠加性影响。而在应对这些风险与挑战中,开始反映出中国在全球产业链中尚有诸多缺失,产业自身的抗风险能力有待提升。更重要的是,这一时期,产业链安全性问题逐渐引起重视,从过去的单纯重视产业规模扩张与对外联系扩大上升为产业结构优化与安全相并重。

归纳而言,从中国嵌入全球产业链和价值链的历程可发现,中国国内产业链的日趋完善与生产力的逐步解放,推动着中国逐步扩大着在全球产业链中的规模，并推动着自身在全球产业链和价值链中的位置升级。而全球范围内的多边自由贸易体系与相对开放的产业转移、技术扩散环境则也为中国带来了有利的外部条件。但伴随着中国在全球产业链中的快速发展，产业链安全性问题也随之产生和凸显，而如何在发展中维护产业链安全，是未来中国经济转型升级和有效应对外部挑战的关键问题。

二 中国产业链安全的主要问题

中国产业链安全的问题在近些年来日益显著，这是由于新冠疫情、全球产业链调整以及关键环节缺失等多种因素相互交织而成，暴露出中国产业链尚有诸多脆弱环节，而这种脆弱性在国际权力博弈的环境下被无限地放大，使中国在全球产业链中的既有优势遭受打击和遏制。

首先，在疫情的冲击下，中国面临的产业链安全问题表现为两个方面，即全球产业链断裂和去中国化的风险加大。近三十年来形成的全球产业链的网络化分工结构形成，其在提升全球效率的同时，同时也蕴含着全球产业链环节过多、运输距离过长、物流聚集分散等问题，这增加了全球产业链断裂的风险，特别是全球化网络生产结构的产业链一旦遭遇自然灾害、疫情等重大突发事件引发的全球性危机，就会打破其原有的产业链平衡。而中国作为全球产业链主要的生产中心，是全球复杂生产网络体系的最主要供应方。在全球新冠疫情暴发初期，受全球与中国部分地区的停工影响，一度引起电子、汽车、纺织、机械等全球产业链的供应停滞，造成上游研发与下游生产的中断。新冠疫情导致的生产停滞带来了中国第一轮的产业链安全问题。随着中国疫情防控的措施得力，复工复产后的中国又要开始面对全球产业链本土化和分散化的新挑战。疫情的蔓延使得全球产业链进入了区域性碎片化的生产状态。产业链配套的缺陷使得一些国家意识到，既往对中国产业链的深度依赖，将无法抵御不可预知风险对自身生产和供应带来的亚洲影响。许多国家宁愿承担更多的生产成本，分散对中国的产业链依赖，以保障本国供应链稳定和安全。2020年4月，欧盟外交与安全政策高级代表博雷利撰文指出，

新时代国家经济安全的战略与现实

在"后疫情"时代,欧盟有必要"摆脱对中国的依赖",实现"供应链多样化",并借助日本政府支持企业把工厂搬迁出中国的案例,提出欧盟要重新安置一些企业活动,使它们尽可能地靠近消费地点,这将是欧盟在"安全需求"与"消费者最低成本"之间的折中。①除欧盟以外,日本、印度等国也相继出台一系列政策,鼓励企业减少对中国的依赖关系,实现自身的国际供应链进行分散化和多样化配置,从而降低对单一国家产业链和供应链的依赖风险。而在其中,美国以国际权力博弈为战略出发点,加大自身关键产业回流,同时遏制中国产业全球扩张的政策推动也进一步放大了疫情的不利影响。上述国家在全球产业链和供应链体系中因各种原因产生的"去中国化"的做法,构成新冠疫情背景下中国产业链的安全新问题。

其次,中国产业链的部分关键环节长期受制于人,"卡脖子"技术已经形成中国产业链安全的关键痛点。目前,虽然中国已经完成了联合国产业目录下的全产业链构建,从而实现了"从无到有"的全面飞跃。但是,目前中国产业链仍然存在着"大而不强"的核心问题,在一些前沿性的技术密集型的产业中,中国明显还存在"关键环节"的缺失。2020年,中国科学院发布报告指出了中国产业链关键环节的受制于人的问题,并列举出了当前35项"卡脖子"技术,包括光刻机、芯片、操作系统、手机射频器件、激光雷达、核心工业软件、核心算法等。其中,以半导体为代表的高端装备产业则是中国"关键环节"缺失的主要领域。目前,中国半导体行业市场规模持续快速增长,但需求与供给结构严重不平衡,关键产品高度依赖进口,国产核心芯片自给率不足10%。2020年,中国集成电路出口金额为1016亿美元,进口金额为3500亿美元,连续4年芯片进口金额超过原油成为中国第一大进口商品。从供应链结构角度和特性出发考虑,中国半导体产业对外依赖度严重全面影响了中国技术升级,并带来了科技安全、信息安全等诸多衍生问题。总体来看,目前中国产业链关键环节缺失具有两大特征:一是这些关键环节

---

① Josep Borrell, *The Post-Coronavirus World is Already Here*, 30 April 2020, https://ecfr.eu/publication/the_ post_ coronavirus_ world_ is_ already_ here/.

集中于前沿技术产业,是新一轮技术革命的主要领域,也是国家间竞争的最主要关注点;二是这些关键环节并没有被中国自主产业链构建所完整掌握,其中在架构设计、高端制造、软件研发、材料装备等诸多核心环节依然受制于其他国家。正是基于这两点因素,2017年以后,美国为了维护自身的国际政治与产业链霸权,垄断对高新技术的绝对掌控,开始对中国产业链的诸多关键环节进行"精准打击"。其采取了多轮有针对性的制裁,涉及对中国华为公司等多个中国技术型企业的技术遏制、对中芯国际EUV光刻机发布出口禁令,并将中国诸多研究机构纳入美国的"实体清单"进而试图阻断中国技术的对外联系。可以认为,在新技术革命强化技术竞争并可能带来颠覆性变革的背景下,关键技术环节与核心技术不仅日益成为国家间竞争的主要方向,同时也关乎着国家产业链的安全构建,而如何在关键环节上能够全面摆脱国外各种因素的控制与干扰,也是未来中国构建以自主技术主导的完整产业链的主要思考方向。

再次,西方国家的制造业回流,对中国产业链完整性构成安全威胁。全球化背景下全球产业链的形成,推动了制造业生产布局的全球再构建和效率提升。西方发达国家在追求技术研发与服务经济发展的同时,把增加值低和成本投入大的制造业转移至广大的发展中国家。在这一背景下,中国在全球化过程中积极承接国际产业转移,完善了国内产业链布局,奠定了"世界工厂"的地位。然而,近年来西方发达国家逐渐意识到,制造业的大量外移造成了自身的产业空心化现象,不仅加剧了本国失业增加、中产阶级收入固化、贫富差距扩大等综合性社会问题,同时还引发了西方政治的极化转向。更重要的是,全球产业的转移历史客观上提升了中国在全球产业链的影响力,从而威胁到西方国家的全球产业链主导地位和控制能力。有鉴于此,2017年以后,以美国为代表的西方国家开始把制造业视为自身的产业链薄弱环节,相继提出了制造业回流战略。一方面,西方国家又通过补贴和税收优惠政策,推动原本位于中国的产业链搬迁至本国,致力于发展本土的先进制造业,涵盖了从传统的军工、电信等行业扩展至芯片、半导体、人工智能等产业。另一方面,西方国家开启了对自身有战略价值的国际供应链审查,试图减少本国供应链关键环节对中国供应商的依赖。2021 年初，美国拜登政府着手开始对美国半导体、稀土矿产、电动汽车大容量电池、药品 4 种关键产品的供应链进行为期 100 天的审查，以判断美国在关键产品中对中国的供应链依赖。而在此之后 2022 年美国连续通过《芯片与科学法案》和《能源安全与气候变化投资法案》旨在进一步与中国供应链"脱钩"。对于中国来说，制造业长期以来都是中国经济保持发展的根基，也是国家安全的命脉所在。西方国家的制造业回流和出口管制政策，试图从根本上动摇中国国内产业链的完整性，降低中国在全球产业链中的影响力，遏制中国制造业向高增加值升级。而综合影响将引发中国产业链安全问题。

最后，中国产业链安全的关键核心问题已经与全球化高涨时代不同，表现在中国在全球产业链中的"不可替代性"受到了各种影响的综合冲击。在嵌入全球产业链的数十年时间里，中国已具备了全球主要产业的生产能力，兼具了产业链的规模性与专业性。这两大特性逐渐发展为中国在全球产业链中的"不可替代性"。其中，产业链的规模性保证了中国对多样化需求的供应满足，构建出了弹性供应链体系与世界第二大的经济体量；而专业性则是中国能够针对不同的客户开展定制化生产，是中国向全球产业链高增加值升级转化、进而积极参与新技术革命的必要条件。这种涵盖规模与专业的双重性优势，也助推了中国综合国力的大幅上升，引发了近年来传统发达国家相对衰落、新兴经济体群体性崛起的国际权力格局变迁。但是，中国参与全球产业链的格局，仍然存在明显的缺陷即中国的规模优势主要反映在中低增加值产业的供应链中，而中国的专业性生产则又依赖于发达国家的技术、设备与材料等关键环节的供应。而在中国与西方发达国家竞争加剧，特别是美国加大对华博弈的战略大背景下，西方发达国家主动对中国进行全方位的战略遏制与战略围堵，意在消除中国在全球产业链中的"不可替代性"，遏制中国的产业链规模扩张与压制中国的专业化升级并维护自身的国际产业链主导权。而从这一深层次逻辑来看，西方国家推动的制造业回流与供应链多元化政策，其根本目的在于遏制中国在全球产业链的规模效应，打击中国在全球供应链中的不可替代性；而关键环节和"卡脖子"技术的断供则突出了在专业化层面对中国进行压制。因此，必须认识到，不可替性是中国在全球产业链中的实力基础,而西方发达国家对中国产业规模性的打击与对专业化升级的遏制,则是西方发达国家对中国不可替代性的战略博弈,其具体实施将威胁到中国产业链安全的关键核心领域。

三 新发展格局下中国产业链安全实现路径

维护产业链安全性和竞争力是构建我国新发展格局的基础,也是统筹发展和安全的内在需要。2021年初召开的中央全面深化改革委员会第十八次会议明确指出,要围绕畅通经济循环深化改革,在推动产业链供应链优化升级等方面推出更有针对性的改革举措,促进各项改革融会贯通和系统集成。因此,如何聚焦影响产业链供应链安全的风险点和制约竞争力提升短板弱项,提升我国产业链供应链自主可控能力和现代化水平,加快塑造我国产业国际竞争新优势,是构建新发展格局和推动构建产业链安全需要着重思考的问题。

一是锻长补短以提升产业链和供应链现代化水平。目前,中美权力博弈日益开始向产业链层面进行延伸。美国企图通过产业层面的围堵、断供、脱钩等手段采用,在全球产业链层面完成对我国的战略切割,进而遏制我国高新技术产业的发展。在这一客观现实的国际环境变化的背景下,及时锻造产业链长板与补齐产业链短板则成为我国产业链重构和维护产业链安全的未来重点方向。其经济学逻辑在于,充分发挥我国产业链比较优势与弥补产业链比较劣势相结合,可以构建和提升产业链的现代化水平,提升国际竞争力与安全防范能力。首先,锻造产业链长板和发挥我国产业链比较优势是我国继续强化中国产业不可替代性的基础所在,其能够主导产业的未来发展方向、产业规则制定以及产业链的各环节分布。而实现这一战略目标就需要在我国在具有竞争优势的高铁、电力装备、新能源、通信设备等新兴技术产业领域,进一步与国外拉大技术差距和巩固领先优势。同时,通过产业链技术的提升和优化组合锻造一批具有全球竞争力的优势企业,并形成自主可控的"撒手锏"技术谱系。从而在日益激烈的国际权力博弈下,通过强化"经济基础"进而形成可持续竞争优势,以提升中国应对复杂国际环境的能力和保持战略主动。其次，要补齐产业链短板，及时发现和弥补我国产业链的比较劣势。在全球产业链的竞争中，比较劣势环节存在是产业链的脆弱性表现，其决定着我国竞争力水平和抗风险能力的下限。同时，补齐产业链短板也是我国构筑产业链现代化、推行产业升级的必经之路。面对近年来西方国家对我国的战略竞争，特别是经历美国主动实施的对华战略遏制反映在产业实践，可以发现，我国产业链短板凸显在核心技术、高端设备、关键材料等领域，其不仅遏制了中国产业有效升级，而且也形成了我国产业链的"卡脖子"问题。因此，补齐短板和解决"卡脖子"问题的策略，就是要针对我国短板弱项突出的重点产业链和供应链关键节点问题，通过技术进步和替代，积极推动产业链本身的补链强链，特别是在断供风险较大领域构建必要的备份系统和多元化供给方案，增强我国产业链和供应链弹性、韧性。同时，还要加强顶层设计，综合考虑发展需求和现实条件，强化"窗口指导"，防止无序投资和无序竞争。总体来看，锻长补短是在国际战略竞争日益加剧、国家构建产业链现代化背景下的客观现实要求，也是实现国家产业链安全的必要路径。

二是整合科技力量攻克核心技术，实现关键环节的自主可控。随着新技术革命推动的生产力进步，新兴技术对经济发展的赋能作用越来越明显，这就导致技术成为影响国家间实力对比变化的主要变量。回顾近年来我国产业链面临的主要安全问题可发现，在以美国为主的西方国家对核心技术的封锁中，暴露出我国在产业链的关键环节中对外技术依赖程度较大，从而产生了核心关键节点的被动受控制问题。西方国家对我国的技术封锁目标在于把我国从新技术产业链中剔除，最终切断我国经济发展的技术动力。在这个大战略背景下，维护我国产业链安全的一项主要工作，就是需要在关键环节层面的研发攻关，从而构建自主可控的国内技术供应链体系，摆脱对外依赖的不利局面，其主要内容包括，首先是"卡脖子"技术的攻克能力。"卡脖子"技术如鲠在喉，是制约我国技术升级和国外对我国产业链风险的最主要领域。这就需要我国建立高技术领域的"卡脖子"技术清单，因"技"制宜，分类施策，采取"挂图作战"和"揭榜挂帅"等攻坚方式，加快攻克基础材料、基础零部件、关键装备、工业软件等领域的"卡脖子"技术。其次，以产业链

第十二章　木桶定律的困局：产业链视角下的中国经济安全

的整体性建设为出发点，克服局部的技术困境，发挥产业间协同优势。维护产业链和供应链安全不仅仅局限于突破关键核心技术和短板环节，更为重要的是要推动全链条协同创新和整体产业升级，包括通过加强全产业链的创新能力建设，提升产业链和供应链自主可控能力和现代化水平。目前，在日益激烈的国际战略竞争中，产业链的完整度是国家间实力的表现，也是应对国际战略竞争与对抗的"战略纵深"。在近年来美国主动发起的中美贸易摩擦中，中国凭借自身的产业链的完整度，不仅在不利局面中表现出极强的经济与产业韧性，同时也使得美国自身开始承受对其经济的反噬。最后，动员社会多力量参与技术创新。新技术革命的出现，是全社会生产要素的重新组合，也是人类生产关系的重新变革，这就需要动员社会各阶层力量的广泛参与。尤其是政府政策推动和市场化的有机结合，通过以科研院所和领军企业为主导，联合产学研用及产业链各层级企业，强化产业链各分工环节之间的利益绑定与战略合作才能形成全社会技术创新协同效应。同时，全社会的参与还要打通国内技术链和终端应用市场的匹配，进而才能形成产业链供应—需求的国内良性循环体系。

三是以高水平开放推进产业链和供应链国际合作，在国际竞争与合作中强化中国产业链的国际地位。维护产业链安全，离不开安全稳定的国际环境和深度参与国际合作。回顾中国经济的崛起，其中很大的推动力在于中国对外构建了广泛的国际合作，完成了对全球产业链的嵌入过程。这就说明，国内产业链的健康发展与安全目标的实现，需要在全球产业链的竞争与合作中加以完成。近年来，威胁我国产业链安全的最大影响因素，是国际政治对国际经济的过度介入与干扰，国际产业链出现了不稳定与结构错配，产业链在某种程度上成为国家间政治冲突的博弈工具和牺牲品。而破除国际产业链对我国安全威胁的最有效手段，就是促进国家间的相互开放，促使产业链的运行重新回到经济逻辑的轨道。实践证明，在全球化时代，产业链和供应链越是开放，越是能够通过韧性组合实现安全，同时也还能实现全球生产要素的最优效率组合。因此，通过开放竞争，产业链和供应链才有发展动力和活力。同时，保持高水平开放，也是破除部分国家对我国产业链封锁与围堵的有效手段，只有通过做大全球产业链组合下的朋友圈和合作圈,才能有效抵制个别国家对我国产业链孤立和切割的行为。目前,随着美国等西方大国日益走向保守的经济本土化和贸易保护主义战略,全球产业链受地缘政治博弈影响而发生剧烈波动和某种程度的运行障碍,我国产业链也受其冲击影响。在此背景下,实现我国产业链安全,需要拿捏好科技自立自强和开放合作的辩证关系,既要坚持底线思维,加强重点领域和关键环节自主创新,加快构建自主可控的产业链和供应链,牢牢掌握产业安全的主动权。同时,还要秉持人类命运共同体的理念,以高水平的扩大开放深度融入全球经济中,加强与一切友好国家的产业链和供应链合作,有效化解个别国家对我国的打压限制,做全球产业链和供应链安全稳定的维护者和深化国际合作的推动者。

四 中国产业链安全的案例分析
——以半导体产业链安全为例

近年来,半导体成为中国产业链安全的核心领域之一。这是由于半导体是诸多电子产品制造所必需的上游材料,同时是影响新技术革命和社会经济发展的重要一环,在某种程度上对国家的发展具有战略意义。与此同时,半导体也是中国产业链中较为薄弱的一个环节,中国尚未完全实现半导体产业链的自主可控,诸多生产环节和所需的供应链材料高度依赖其他国家,这就导致半导体成为近年来西方国家对我国技术脱钩、供应封锁的主要领域。而以半导体产业链作为典型案例,结合近年来世界主要国家在全球半导体产业的竞争现状,可以分析我国半导体产业链所面对的安全风险,并以此进一步提出安全解决对策。

(一)半导体产业链安全是国家安全的重要一环

2021年2月25日,美国白宫发布公告称,拜登政府签署了第14017号总统行政命令,将对四种产品的供应链展开为期100天的审查,主要包括半导体芯片、电动汽车大容量电池、稀土矿产品和药品领域。2021年6月8日,拜登政府发布了一份250多页的审查报告,既写明了美国

第十二章 木桶定律的困局：产业链视角下的中国经济安全

供应链呈现脆弱的原因，同时也表明了美国后续加强供应链建设的强烈意愿。而后经过长达1年多的美国内部立法博弈，2022年8月9日，拜登签署了《芯片与科学法案》使得半导体芯片正式成为美国加强自身内部产业链能力提升，对外加强竞争与遏制的重点聚集领域。

让美国政府大张旗鼓调查并通过立法重金投入的领域，同样也值得中国政府警惕和关注，而首当其冲的就是半导体芯片领域。半导体也有"芯片"或"集成电路"等各种名称。一般说来，集成电路占据半导体市场规模的80%以上。狭隘的"集成电路"强调电路本身，而广义的集成电路也可以包含半导体、芯片等各种含义。半导体是一种介于导电体和绝缘体之间的材料，在集成电路领域、光伏领域和新型显示器领域有着广泛的应用。而芯片（chip）则是集成电路的载体，也是集成电路经过设计、制造、封装、测试后的结果，通常是一个可以立即使用的独立整体。

2021年，微软、苹果、AMD、英特尔、ARM、三星、台积电等公司共同组成了名为SIAC（Semiconductors in America Coalition）的半导体联盟，目前该联盟已拥有多达64位成员。[①] 该联盟敦促美国国会领导人专注于美国国内的芯片制造和研究，这一游说也有着显著的成效。同年5月，美国政府就出台了《2021美国创新与竞争法案》，其中第一部分就是针对美国半导体和微电子领域在本土制造能力的下滑，从而拨款520亿美元用于美国国内芯片激励措施。

毫无疑问，半导体行业是全球尖端制造业的焦点。作为电子设备的重要组成部分，保障电信和电网等基础设施的运行，支持着关键的商业和政府系统，小到家用冰箱，大到军事战斗机等众多产品，半导体无处不在。[②] 这种特质赋予了半导体极强的先导性和战略性，从而引领着现

[①] Brielle Jaekel, "Fight for Semiconductor Sourcing Heats Up", SDC Executive, May 12, 2021, https://www.sdcexec.com/sourcing-procurement/news/21427522/semiconductors-in-america-coalition-fight-for-semiconductor-sourcing-heats-up.

[②] The White House, Building Resilient Supply Chains, Revitalizing American Manufacturing, and Fostering Broad-based Growth, June 2021, https://www.whitehouse.gov/wp-content/uploads/2021/06/100-day-supply-chain-review-report.pdf.

| 新时代国家经济安全的战略与现实

代经济的发展、政治战略的博弈以及军事科技的防御。现代经济发展的实证数据表明,每1—2元的半导体集成电路产值能带动10元左右的电子信息产业产值,进而带动100元左右的GDP增长。且随着经济发展,这种拉动作用还表现出日益增长的趋势。① 世界半导体产业和世界GDP的增长也有着密不可分的相关性,据统计,2010—2017年间,全球GDP增长与IC市场增长的关联度为0.88,随后,这一数值有望在2022年底达到0.95。② 除了其自身庞大的产值之外,半导体集成电路作为一个基础性产业,也对其他产业的发展也提供了很多支持作用,例如一辆新能源车可能需要超过100多个半导体芯片,用于支持触摸屏操作、发动机控制、驾驶员辅助摄像头等功能。因此可以认为,未来任何的电子化、智能化的产品都离不开半导体产业,它作为一个智能化的心脏载体,在现代经济中起到了举足轻重的作用。

经济与技术发展方向的变化,必然带动世界政治博弈的改变。科技作为影响百年未有之大变局的重要变量,深刻冲击现有的全球治理体系。从推动国家竞争力的本质角度看,谁占有了先进科技,谁就拥有了先进技术的国际话语权,谁就能在国家间的权力博弈中占据主动地位。正如美国总统科技顾问委员会报告所强调的"全球的半导体市场从来就不是一个完全竞争的市场"。③ 尤其是在2018年中美贸易摩擦之后,美国对外贸易中加强施行的长臂管辖使世界各国意识到半导体核心技术自主权的重要性。不难理解,当大国间竞争逐渐汇聚到以半导体产业为代表的高技术产业时,中国作为正在崛起的新兴大国,也必然将半导体产业的发展列入国家发展的大战略中。④ 值得重视的是,半导体产业具有极高的军事价值,特别体现在先进武器、精确制导和远程打击方面。从半导

---

① 周子学:《中国集成电路产业投融资研究》,电子工业出版社2015年版,第75页。
② David Manners, "IC Market Tracking global GDP More Closely", Electronics weekly.com, https://www.electronicsweekly.com/news/business/gdp-growth-vs-ic-growth-2020-01/.
③ Executive Office of the President President's Council of Advisors on Science and Technology, "Ensuring Long-Term U. S. Leadership in Semiconductors", 9 January, 2017, https://obamawhitehouse.archives.gov/blog/2017/01/09/ensuring-us-leadership-and-innovation-semiconductors.
④ 冯锦锋、郭启航:《芯路:一书读懂集成电路产业的现在与未来》,机械工业出版社2020年版,序言(一)第3页。

体的发展历史来看,其前身是晶体管技术的进步,而晶体管本身就是美国军方为了提高军事打击的精准度而在20世纪重点资助的项目,因此,半导体技术的发展直接关联着一个国家的军事水平。这不仅给半导体产业带来了极大的民族主义的色彩,同时也是美国筛查该领域供应链是否安全的动力之一。除了军事武器外,电子设备的通信功能、车载芯片的供应能力也是各国极力保证自己半导体供应链安全的重要原因。多用途的半导体内涵价值已经成为世界各国建立起可靠芯片供应链的重要动机。[①]

(二) 半导体产业链的安全风险分析

无论从政治、经济,还是军事来看,半导体产业都是国家供应链安全典型体现领域。如果说美国的战略目的是强化和维护技术领先,并同时修补自身半导体供应链中的薄弱之处,那么中国则是要在该领域填补空白和补齐短板。尽管经过多年的发展,中国的半导体产业已经实现了从0到1的突破,尤其是在下游的测封领域已经在全球生产环节中占有较高的市场份额。但是,在技术含量较高的芯片设计和制造领域还严重依赖外部环境,面临的"断链"风险较大。从产业特征来看,半导体产业的产业链分为五大模块,原材料端、设备端、设计端、制造端、测封端。具体到不同的产业链环节中,中国半导体领域所面临的安全风险也各不相同。其中,中国只有在半导体产业链的下游测封端占据比较优势,而中国半导体产业链的原材料端、设备端、设计端和制造端还面临很大的安全风险。

1. 材料端

半导体制造材料包含硅片、光刻胶、溅射靶材、CMP抛光材料、湿电子化学品、电子特殊气体和石英材料等。当前日本、韩国、美国等跨国企业主导着全球半导体材料端,中国国内半导体材料对外依存度仍然较高。

---

① VerWey, John, "Chinese Semiconductor Industrial Policy: Prospects for Future Success", *Journal of International Commerce and Economics*, August 2019, United States International Trade Commission, https://www.usitc.gov/journals/.jice_home.htm.

以晶圆制造的材料为例，硅是半导体最原始的材料，硅元素本身也有着十分丰富的全球储量。虽然材料普遍存在，但半导体材料单晶硅需要高达99.99%的纯度以上，这给制备工艺和后续加工环节提出了很高的生产要求。随着单晶硅制造技术的提升，硅片的尺寸也在逐步提升，从6英寸到8英寸，再到12英寸，硅片的尺寸越大，后续的生产成本也越低，因此，目前大尺寸晶圆生产逐渐成为主流。但从实际情况来看，目前，中国12英寸硅片的国产化率大约为13%，绝大部分还要依靠进口。[1] 日本是中国12英寸硅片进口的主要来源国，而在全球的硅片供应商中，全球一半的产能也是由日本提供。按市场占有率排名来看，全球前五大硅片供应商包括日本信越化学（ShinEtsu Chemical）、日本胜高（Sumco）、中国台湾的环球晶圆（Global Wafers）、德国Siltronic和韩国SK Siltron公司，这五家公司占据了全球超过九成的市场份额，其中仅日本两家公司就在全球的市场占有率已经超过五成，足可以见到日本在全球半导体制造中对材料的控制能力。[2]

当硅片被制造成适宜加工的晶圆时，接下来就进入了集成电路的制造环节。当生产者根据电路设计图进行加工时，需要经过光学显影、刻蚀、气相沉积、清洗、切割等环节，每一个环节都需要相应的生产材料。例如，光学显影和刻蚀工序需要的关键材料就是光刻胶，气相沉积需要专门的化学气体进行工序沉淀。以关键材料光刻胶来看，高端光刻胶也基本上被日本企业所把持，究其原因，主要是技术和市场两大壁垒过高导致的。从技术难度角度来看，不同的客户有着不同的应用需求，这就需要不断调整光刻胶的化学配方，来满足差异化和小批量需求。从市场特征来看，2019年，半导体光刻胶的市场规模为19亿美元，全球光刻胶整体市场规模约82亿美元。[3]

---

[1] 新浪财经：《半导体行业新材料深度报告》，2020年3月4日，https://finance.sina.com.cn/stock/stockzmt/2020-03-04/doc-iimxyqvz7850460.shtml。

[2] 尹丽波：《集成电路产业发展报告（2018—2019）》，社会科学文献出版社2019年版，第173页。

[3] 前瞻经济学人：《2021年全球光刻胶行业市场现状及发展前景分析》，2021年2月8日，https://www.qianzhan.com/analyst/detail/220/210208-e4b86525.html。

在既往的全球化国际贸易体系之下，半导体环节所需要的生产材料可以进行全球性采购，但是，一旦这种生产能力被裹挟了国家安全与国际权力时，事情会变得异常复杂。2019年，日韩发生冲突，日本对韩国封锁了三种关键的半导体材料，分别是氟化氢、聚酰亚胺和光刻胶。虽然韩国和中国都可以生产出这三种材料，但受制于生产成本、材料纯度、专利壁垒等因素，韩中两国的材料实用性和性价比均都低于日本，这也是目前中国半导体材料业无法实现完全自主可控的核心问题所在。目前，中国政府已经意识到自身在材料产业中的短板，2020年中国国家发展与改革委员会出台《关于扩大战略性新兴产业投资培育壮大新增长点增长极的指导意见》明确提出，中国要加强新材料产业中的弱项，微电子领域需要加快在大尺度硅片、光刻胶、高纯靶材等领域的自主突破。[1] 而在国家的政策支持下，国产高端光刻胶和高纯靶材已经得到产学研的高度重视，并处于行业孵化状态。

2. 设备端

生产设备是半导体产业发展的基石。从设备行业细分产品层面看，半导体设备通常可以分为前道工艺设备（晶圆制造和加工设备）和后道工艺设备（封装与测试设备）。晶圆制造设备主要由硅片厂进行采购，最终产品为硅片。晶圆加工设备主要由集成电路代工厂或整合器件制造商（IDM）企业进行采购，最终产品为芯片，封装与测试设备主要由集成电路封测厂进行采购。2018年以来，全球半导体设备业市场规模继续稳步提升，韩国继续稳坐龙头宝座，中国也强劲发展，以高达56%的市场增速首次超越中国台湾地区，跃升至全球第二位，之后的排名为中国台湾地区和日本。但从设备端的供给来看，目前全球半导体核心设备制造技术由美国、日本、欧洲等少数国家和地区掌控。[2] 根据2020年的美国半导体产业调查公司VLSI Research公布的产业数据，在全球前十大半

---

[1] 中华人民共和国发展与改革委员会：《关于扩大战略性新兴产业投资培育壮大新增长点增长极的指导意见》，2020年9月8日，https://www.ndrc.gov.cn/xxgk/zcfb/tz/202009/t20200925_1239582.html。

[2] 尹丽波：《集成电路产业发展报告（2018—2019）》，社会科学文献出版社2019年版，第162页。

导体设备生产商中,美国、日本和欧洲的市场份额分别为38.9%,19.4%和18.3%。其中,欧洲的市场份额以荷兰的ASML公司为设备生产主力,ASML不仅是全球最大的光刻机厂商,并且也是全球唯一一家EUV光刻机供应商。① 而中国想要提升半导体高制程的能力,需要向欧美公司购买相应的先进生产设备。但是,在美国对中国发起的战略遏制背景下,目前,中国事实上已经难以从荷兰进口全球最新的EUV光刻机,而没有最新光刻机技术的加持,中国大陆的芯片制造技术在高制程上存在明显的短板,同时也很难和全球顶尖公司相竞争。

除了这些硬件设施外,集成电路的设计还需要运行专门的设计软件。虽然集成电路的配套工具产业,如IP(Intellectual Property)、自动化电子设计软件(Electronic Design Automation,EDA)的授权市场并没有像设计、制造环节那样引人瞩目,但是,其在产业链安全上的战略意义是绝对不容忽视的。IP是由其他公司提供的可重复使用的设计方案,从而节约设计人员的设计周期。在IP领域,英国超威半导体公司(ARM)利用半导体架构的生态圈,形成极强的用户粘性,从而占据了41%的市场份额。② 其他主要的公司还有美国的新思科技(Synopsys)、铿腾(Cadence)以及英国的幻想科技(Imagination Technologies),三者在2019年的市场份额分别为18.2%、5.9%和2.6%。可以看到,主流的IP市场强国还是以英美为主。③

自动化电子设计软件同样如此,2018年全球EDA软件市场规模约为97亿美元,2019年第一季度全球EDA营收达到26亿美元,同比增长了16.3%,初步测算2019年全球EDA市场规模超过100亿美元,达到105亿美元。④ 目前来看,全球市场份额基本被三家巨头瓜分,分别是美国

---

① 芯语:《2020年全球半导体设备厂商TOP15:中国仅一家上榜!》,2021年3月27日,https://www.eet-china.com/mp/a44217.html。
② 数据来源:《2021全球十大半导体IP厂商》,腾讯网,2022年5月7日,https://new.qq.com/rain/a/20220507A093K600#:~:text=;。
③ 电子发烧友:《2019年全球半导体IP市场总价值达39.4亿美元 全球TOP10厂商排名出炉》,2020年3月27日,http://m.elecfans.com/article/1191808.html。
④ 以上数据参考前瞻产业研究院,2020年6月16日,https://bg.qianzhan.com/report/detail/300/200615-445e8e6f.html。

的新思科技（Synopsys）、铿腾（Cadence）和明导（Mentor Graphics），其市场份额达到了 60% 以上。中国的自动化电子设计软件销售额的 95% 也都由这三大巨头垄断。① 而这也是 2022 年 8 月美国宣布将 EDA 软件列为管制出口的核心缘由。其实中国早在 1986 年就开始了国产集成电路辅助设计软件的艰辛探索即"熊猫系统"的开发，但是，由于资金、人才的短缺以及国内科技的创业热情不够，这一系统逐渐淡出行业。当前国产 EDA 龙头以华大九天为代表，还有芯禾科技、广立微电子等公司主打中国特色的 EDA 软件，以便和国外海外巨头在进行差异化竞争的同时，提升自主可控性，但从现实角度看，中国 EDA 公司无论在规模还是技术实力上都还存在不小的差距。

归纳而言，从半导体设备和设计软件领域来看，中国企业并不占据优势地位，由于市场、资金、人才等因素的"瓶颈"，半导体设备，包括设计软件的国产化道路仍然任重而道远。但是，半导体设备作为半导体产业的上游生产端必不可少的关键环节又是如此重要。这也意味着中国发力补足半导体设备端短板对于维护产业链安全的重大意义。

3. 设计端

集成电路设计位于半导体产业的上游，是半导体产业的核心基础，具有极高的技术壁垒，也需要大量高端人才的投入，以及长时间的技术积累和经验沉淀。当前，集成电路设计业随着大数据、智能产业的兴起不断发展，目前规模已经超过千亿美元，占集成电路产业总规模的四分之一以上。②

根据集邦咨询（TrendForce）2020 年 3 月发布的榜单（如表 13 - 1 所示），在 2019 年全球前十大集成电路设计公司收入中，美国公司收入占比为 80.6%，美国高通、博通和英伟达等设计巨头包揽了全球集成电路设计公司的前三强。可以看到，美国在全球集成电路设计产业中占据

---

① 以上数据来源于前瞻产业研究院，2020 年 6 月 16 日，https://bg.qianzhan.com/report/detail/300/200615-445e8e6f.html。

② 尹丽波：《集成电路产业发展报告（2018—2019）》，社会科学文献出版社 2019 年版，第 112 页。

极大的优势地位,并且在资本、人才和专利上都具有不俗的实力。① 其次为中国台湾地区,占比为17.7%,目前,中国台湾地区在2019年的前十名中占据了三席。②

表13-1　　　　2017—2019年全球顶尖集成电路设计公司收入　　（单位:十亿美元）

公司名称	国家/地区	2017年	2018年	2019年
博通(Broadcom)	美国	18.45	18.55	17.25
高通(Qualcomm)	美国	17.03	16.37	14.52
英伟达(NVIDIA)	美国	8.69	11.16	10.13
联发科技(MediaTek)	中国台湾地区	7.94	7.88	7.96
超微(AMD)	美国	5.25	6.48	6.73
赛灵思(Xilinx)	美国	2.44	2.87	3.24
美满电子(Marvell)	美国	2.39	2.82	2.71
联咏(NOVATEK)	中国台湾地区	1.59	1.81	2.09
瑞昱(Realtek)	中国台湾地区	1.38	1.52	1.97
戴乐格(Dialog)	德国	1.35	1.44	1.42

资料来源:Trend Force, Revenue of leading integrated circuit (IC) design companies worldwide, from 2017 to 2019 (in billion U. S. dollars), In Statista, 17 March, 2020-03-17, https://www-statista-com. ezproxy. gavilan. edu/statistics/546477/worldwide-fabless-integrated-circuit-design-top-companies/。

集邦咨询(TrendForce)的这份权威榜单并没有把中国大陆的海思公司和美国的苹果公司计算在内。海思作为中国电信巨头华为的一个子公司,其集成电路设计主要供货华为的手机和电信设备——如旗下的高端"麒麟"芯片而非外销,因此很多机构并未将海思看作一个独立的集成

---

① 尹丽波:《集成电路产业发展报告(2018—2019)》,社会科学文献出版社2019年版,第112页。
② Jeet, "Media Tek Led Smartphone Chipset Market in 2020 With 27% Market Share: Report", 30 March, 2021, https://www. gizmochina. com/2021/03/30/mediatek-smartphone-chipset-leader-2020/。

电路设计公司。苹果公司的 A 系列处理芯片也是只供应自身产品也并不外销。实际上，根据中国半导体协会统计的中国大陆地区集成电路设计企业的销售情况，2018 年和 2019 年海思全年营收分别为 70.83 亿美元和 119.1 亿美元，在上面榜单中分别排名为第五名和第三名。[①] 苹果贵公司现在则是世界第三大无晶圆厂，仅次于博通（Broadcom）和高通（Qualcomm）的芯片设计商，如果该公司销售芯片，其年收入也将在 150—200 亿美元，与高通几乎持平。

概括而言，在半导体设计领域，美国占据绝对的优势地位，中国台湾地区实力强劲，欧洲保留了一定的研发能力，中国以华为海思为代表的公司也在该领域发展迅速。海思排名上升如此迅速，从某个角度而言也和美国对华为的芯片禁运和技术封锁有关，其导致了中国通信巨头华为公司将大多数需求转移到海思旗下。近年来，在中国政府的支持下，中国集成电路设计业表现得颇为突出，领先企业快速成长，在全球集成电路设计企业前 50 强中，中国大陆企业数量明显上涨，从 2009 年仅 1 家上升到 2017 年的 10 家，其分别为海思半导体、紫光集团、中兴微电子、华大半导体、南瑞智芯微电子、芯成半导体、大唐电信、兆易创新、澜起科技和瑞芯微电子。目前以海思、紫光和中兴为代表的企业至今仍在高速发展，[②] 反映了中国在各种不利局面下，加速追赶的产业发展势头。

4. 制造端

2020 年全球集成电路晶圆生产呈现供不应求的状态，对于集成电路制造公司来说，工艺技术是其竞争力的关键，而在工艺技术中芯片的纳米制程是关键。纳米制程越小就可以在相同面积的芯片中承载更多的电晶体，可以让芯片在保证原有大小的同时，提高处理器的运算效率、降低耗电量，满足未来轻薄化的需求。当前全球半导体制造行业，只有英特尔、台积电和三星电子踏入了 10 纳米以内的芯片制造。2020 年台积

[①] 以 2020 年 6 月 22 日汇率计算，数据来源于 2018/2019 年中国半导体行业协会集成电路设计分会年会。

[②] 尹丽波：《集成电路产业发展报告（2018—2019）》，社会科学文献出版社 2019 年版，第 121 页。

电和三星电子都已经开始有 5 纳米的芯片量产，也是目前全球集成电路制造技术最先进的代工厂。其他主要的芯片代工公司如日本的东芝，还处于 12 纳米阶段。[①] 另外，从 2019—2020 年全球十大晶圆代工厂营收中可以看出不同的国家（地区）的产业格局特点，即集中度还是相当明显（见表 13-2）。

表 13-2　　2019—2020 年全球十大晶圆代工厂营收　　（单位：百万美元,%）

公司	总部所在地	2019 年营收	2020 年预期营收	市场份额
台积电（TSMC）	中国台湾地区	7750	10105	51.5
三星（Samsung）	韩国	3180	3678	18.8
格芯（GlobalFoundries）	美国	1358	1452	7.4
联电（UMC）	中国台湾地区	1162	1440	7.3
中芯国际（SMIC）	中国大陆	791	941	4.8
高塔半导体（TowerJazz）	以色列	306	310	1.6
华虹半导体（Hua Hong）	中国大陆	230	220	1.1
世界先进（VIS）	中国台湾地区	223	265	1.4
东部高科（DB HiTek）	韩国	185	193	1
力积电（PSMC）	中国台湾地区	174	298	1.5
总计		15359	18903	96.4

注：三星计入 System LSI 及晶圆代工事业部之营收。格芯计入 IBM 业务收入。力积电仅计入晶圆代工收入。华虹半导体仅计入财报公开数字。资料来源：拓墣产业研究院研究院，2020 年 6 月发布，https://new.qq.com/omn/20200614/20200614A07PV300.htm.

中国台湾地区的台积电在全球晶圆代工的技术优势仍然稳固。除三星外，台积电是唯一一家能够生产 5 纳米制程的芯片公司，目前占据着世界上 51% 的晶圆代工市场，行业竞争优势突出。[②] 排名第二的韩国三

[①] OECD Trade Policy Paper, "Measuring Distortions in International Markets: The Semiconductor Value Chain", *OECD Publishing*, Paris, 2019（No. 234）, p. 41, http://dx.doi.org/10.1787/8fe4491d-en.

[②] Gulf Business, "Taiwan Manufacturer TSMC Now Controls 51% of Global Chip Market", 7 July, 2020, https://gulfbusiness.com/taiwan-manufacturer-tsmc-now-controls-51-of-global-chip-market/.

第十二章 木桶定律的困局：产业链视角下的中国经济安全

星集团占据了世界将近19%的份额，其余没有一家公司拥有超过8%的市场份额。虽然，美国的格芯公司还有一定的市场份额，但它于2018年8月28日宣布将无限期暂停7纳米制程研发，并将人力物力转至14纳米与12纳米制程的研发上。[①] 可以想像其未来的竞争力也会大打折扣。因此在晶圆代工行业，美国仅剩英特尔仍然有挑战前沿芯片制造的能力。长期以来，英特尔的3D晶体管工艺一骑绝尘，长时间走在台积电和三星工艺之前，并且领先两年以上，但是当22纳米制程缩小到14纳米，以及从14纳米升级到10纳米的过程中，英特尔的工艺良品率迟迟得不到解决，而台积电2018年就已经量产7纳米工艺，2020年量产5纳米工艺，足足领先英特尔两代。[②] 这种制造格局给美国的集成电路尖端制造的全产业链发展带来了很大的困扰，进而导致美国在2022年通过国内法案与外交活动竭力推动先进制程厂商在美国本土芯片厂的落地活动。

对于中国来说，以中芯国际为代表的集成电路制造业仍然在奋力追赶之中，2017年中芯国际突破了14纳米FinFET制程难关，2020年已经可以稳定量产，7纳米的工业技艺也在研发验证当中。[③] 但是，与国际一流水平相比差距仍然不小。这本身也和荷兰阿斯麦尔（ASML）因为美国的"长臂管辖"的技术禁令，而迟迟无法交付第五代EUV极紫外光刻机有关。[④] 不过随着新建产线产能释放，未来三年中国的晶圆制造产能将迅速提升，中国大陆本土公司晶圆制造产值有望增至2022年的145亿美金，复合增速高达20%，高于同期大陆IC制造总产值（涵盖非本

[①] 《格芯重塑技术组合，重点关注日益增长的差异化产品市场需求》，Globalfoundries，2018年4月27日，https://www.globalfoundries.com/cn/xinwengao/gexinzhongsujishuzuhezhongdianguanzhuriyizengzhangdechayihuachanpinshichangxuqiu。

[②] 但是据英特尔发布的消息，由于制造工艺的不同，英特尔的10纳米技术和台积电的7纳米芯片效率并没有差距太多，因此想要通过修改10纳米的命名规则重新夺回销售市场。具体内容见冯锦锋、郭启航《芯路：一书读懂集成电路产业的现在与未来》，机械工业出版社2020年版，第73页。

[③] FinFET全称Fin Field-Effect Transistor，中文名叫鳍式场效应晶体管，是一种新的互补式金氧半导体晶体管。澎湃新闻：《半导体设备行业深度报告：国产突破正加速》，2020年5月13日，https://www.thepaper.cn/newsDetail_forward_7371806。

[④] Trump Administration Pressed Dutch Hard to Cancel China Chip-equipment Sale：Sources, Yahoo News, January 2020, https://www.reuters.com/article/us-asml-holding-usa-china-insight/trump-administration-pressed-dutch-hard-to-cancel-china-chip-equipment-sale-sources-idUSKBN1Z50HN.

土厂商）的13%复合增速。①

通过上述结构分析可以看到，在芯片代工领域，中国台湾地区以超过60%的市场份额成为该行业的全球订单聚集地，韩国、美国、中国大陆也在不断追赶。虽然美国近几十年来制造业的产业空心化日益严重，集成电路尖端制造疲态已显，但在特朗普执政时代美国就对台积电在美国设厂开始进行邀请，要求其在美国制造这些部件，以确保没有来自中国的"干涉"。②而在美国的产业链重构布局下，预计全球的集成电路制造业的分布格局还有待进一步的发展。而对中国半导体产业链安全来说，补足高性能的芯片制造的短板可能是半导体全产业链中最为紧迫的战略任务。目前全球只有中国台湾地区的台积电能最早突破了3纳米制程的生产"瓶颈"，而在美国发布对中国华为的禁令之后，台积电已经停止接受华为的设计订单。而目前中国大陆仍然没有可以替代的制造厂商，没有能给华为海思设计公司代工的晶圆代工厂，这就意味着，不论海思的芯片设计能力再强大，也无法落到生产实处。因此，半导体制造端的短板制约着中国半导体产业链的升级并影响其安全性，而现实和恰当的做法则是尽快通过"非美技术线"的完善，能够确保中国在14纳米制程端能够构建完整的自主产业链。

5. 封测端

封测也称为OSAT（Outsourced Semiconductor Assembly and Test），是提供第三方集成电路封装和测试的公司。一般来说，生产出来的晶圆片需要经过一系列的检测，确认质量合格后才能包装投放市场。根据Verified Market Research的数据，2018年全球封测产业市场价值为306.79亿美元，预计到2026年将达到440.476亿美元，从2019年到2026年的复合年增长率为4.65%。③尽管和集成电路的中上游相比，

---

① 澎湃新闻：《半导体设备行业深度报告：国产突破正加速》，2020年5月13日，https://www.thepaper.cn/newsDetail_forward_7371806。

② TechSpot, "The US Government Still Wants TSMC to Produce Chips in America", 16 January, 2020, https://www.techspot.com/news/83579-us-government-wants-tsmc-produce-chips-america.html.

③ "Outsourced Semiconductor Assembly And Test（OSAT）Market Geographical Analysis, Segment Analysis, Key Developments And Forecast", Semiconductor Engineering, October 2019, https://www.verifiedmarketresearch.com/product/outsourced-semiconductor-assembly-and-test-market/.

第十二章 木桶定律的困局：产业链视角下的中国经济安全

其市场规模并不大，但是，由于技术门槛较低，因此，全球涉及该产业的公司高达300多家。①

集成电路的封测环节很早就从国际生产环节中分离出来，目前来看，全球集成电路封装测试代工市场继续向龙头公司集中，目前国际前十大公司的年销售总额约为227亿美元，占该环节市场份额的80%以上，同比增长4.3%，增速高于市场平均。

全球封测代工行业市场已经基本稳定。中国大陆和中国台湾地区是生产环节的最大产出者。2019年芯思想（Chip insight）列出全球十大封测公司，其中中国台湾地区以第一名的日月光、第四名的矽品精密、第五名的力成科技、第九名的京元电子和第十名的顾邦科技包揽全球42%的市场份额，而中国大陆以第三名的长电科技、第六名的通富微电、第七名的华天科技占据全球20.7%的市场。其余仅有美国的安靠（Amkor）公司和新加坡的联合科技（UTAC）两家，它们在全球的市场份额分别为15.4%和2.8%（如表13-3所示）。

表13-3　　　　　　　2018年全球封测TOP10排名

序号	公司	国家/地区	2018年市占率（%）
1	日月光（ASE）	中国台湾地区	19
2	安靠（Amkor）	美国	15.4
3	长电精密（JCET）	中国大陆	13
4	矽品科技（SPIL）	中国台湾地区	10.3
5	力成科技（PTI）	中国台湾地区	8
6	通富微电（TF）	中国大陆	3.9
7	华天科技（HUATIAN）	中国大陆	3.8
8	联合科技（UTAC）	新加坡	2.8

---

① 封测端也有一定的技术创新，光是封装就有直插式、贴装式和阵列式等多个方案。"Outsourced Semiconductor Assembly And Test (OSAT) Market Geographical Analysis, Segment Analysis, Key Developments And Forecast", October 2019, https://www.verifiedmarketresearch.com/product/outsourced-semiconductor-assembly-and-test-market/。

续表

序号	公司	国家/地区	2018年市占率（%）
9	京元电子（JYEC）	中国台湾地区	2.5
10	颀邦（Chipbond）	中国台湾地区	2.2
总计			80.9

资料来源：芯思想研究院，2019年2月，https://www.sohu.com/a/298436147_132567。

因此，在封测领域，2018年上半年全球测封产业的前十大厂商中，中国台湾地区占据5家，中国大陆3家，美国1家以及新加坡1家。亚太地区以自己低劳动力成本红利和产业链集中的生产优势，逐步占据全球半导体封装测试业的生产重心。[1] 由于中国和美国相比在产业链、市场、劳动力成本等方面都占有优势，这也是美国政府担忧的来源所在。2021年6月，在美国白宫发布报告《建立弹性供应链，振兴美国制造业，促进基础广泛的增长》提出"对于技术含量相对较低的测封端，美国严重依赖集中在亚洲的外国资源。随着芯片变得越来越复杂，先进的封装方法代表了重要技术进步的潜在领域。然而，美国缺乏必要的材料生态系统去发展先进包装行业去应对中国在该领域的威胁。"[2] 而强化和优化中国在半导体封测环节的优势，是中国占据全球半导体产业链的基础所在，而在此基础上进一步提升全产业链组合能力则是未来努力的目标。

（三）实现中国半导体产业链安全的应对之策

当前，全球半导体产业正进入重大调整的变革期。一方面，全球市场格局加快调整，投资规模迅速攀升，市场份额加速向优势企业集中；另一方面，移动智能终端及芯片呈爆发式增长，云计算、物联网、大数

---

[1] 王鹏：《2018—2019年中国半导体产业发展蓝皮书》，电子工业出版社2019年版，第67页。

[2] Building Resilient Supply Chains, Revitalizing American Manufacturing, and Fostering Broad-based Growth, The White House, March 2022, https://www.whitehouse.gov/wp-content/uploads/2021/06/100-day-supply-chain-review-report.pdf.

据等新业态的快速发展，集成电路技术演进出现新趋势。我国拥有全球规模最大的集成电路市场，市场需求将继续保持快速增长。新形势下中国半导体产业发展既面临巨大的挑战，也迎来难得的机遇，应充分发挥市场优势，营造良好发展环境，激发企业活力和创造力，带动产业链协同可持续发展，加快追赶和超越的步伐，努力实现半导体产业跨越式发展。

1. 强化基础研究，补足产业链漏洞

作为资本和技术密集型产业的典型代表，半导体产业一直都需要人力和资本长时间高强度的投入。我国凭借人口红利和过去几十年来经济的迅速发展，已经逐渐成长为世界上最大的半导体消费国，但是，中国目前并没有形成一个完整的半导体产业链体系。这既不利于国内半导体产业的内循环，同时，也给国内该产业链安全带来极大的隐患。

大致来看，国内对半导体产业的上游端——原材料和设备进口的依赖度极高，中游设计环节和制造环节正在重点发力不断赶进，但仍然离世界先进水平还有很长一段路要走。面对国外的技术封锁，中国半导体企业发展的基本立足点就是自力更生，要在"核心技术是要不来、买不来、讨不来的"的理念激励下，不断集中力量，攻坚克难。这就需要中国半导体企业充分利用好国内大市场，不断优化产学研的生产研发体系，坚持以市场为导向、企业为主体、政策为引导，推进产、学、研、用、创的紧密结合，加强国内创新投入，尤其是对基础研究不求短期回报的投入。要在国内半导体产业链的空白处和短板上下功夫，根本改变关键领域核心技术受制于人的局面。如前述提到的 ASML 最新一代的极紫外光刻技术，以及大量进口的高端光刻胶。这些都需要国内科研人员甘坐冷板凳，不断攻关，同时也需要政府不断完善鼓励创新创造的分配激励机制，落实科技人员科研成果转化的股权、期权激励和奖励等收益分配政策。

2. 完善国内配套政策支持

维护国内半导体产业链的健康发展与安全。首先，要充分贯彻执行 2019 年颁布的《国家集成电路产业发展推进纲要》，既要加强组织协同领导，也要加大国内配套金融资本的支持力度。前者通过成立国家集成电路产业发展领导小组，加强了对半导体产业的顶层设计和统筹协调；

同时成立相关咨询委员会对产业发展的重大问题和政策措施开展调查研究，进行论证评估，提供咨询建议。后者则是支持设立地方性集成电路产业投资基金，鼓励社会各类风险投资和股权投资基金进入集成电路领域。这既要以国家需求为导向，同时注重市场化的运作手段。在支撑市场材料、设备、设计、制造等环节企业深入研发的基础上，注重推动企业提升产能水平和实行兼并重组、规范企业治理，形成良性自我发展能力。2014年设立的国家集成电路投资基金就是其中的典范，该基金在短短一年内募集了大约1500亿美元的启动资金，为支撑中国整个半导体供应链的市场化发展作出了探索性的贡献。自2014年9月启动以来，该基金一直采取双管齐下的策略，即通过对外收购外国公司，对内促进外国直接投资的手段，推动中国集成电路产业的良性循环。其次，国内相关政策还须进一步落实税收减免等优惠，对符合条件的集成电路重大技术装备和产品关键零部件及原材料继续实施进口免税政策，以及有关科技重大专项所需国内不能生产的关键设备、零部件、原材料进口免税政策，适时调整免税进口商品清单或目录，通过税收工具推动核心研发提升。再次，应结合微电子产业学科的发展规律，大力培养和孵化相关专业人才，利用好中国"人口红利"转向"人才红利"的档口期，不断扩充半导体专业人才的培养规模。同时做好专业人才的出国出境等培训项目，推动相关国际人才培训基地的建设。最后，要重视对境外半导体优秀人才的吸引，做到"栽得梧桐树，引得凤凰来"。中国有条件的一二线城市须充分落实相关高层次人才的引进政策，保障境外半导体人才来华的生活便利，从而满足多层次、多领域的半导体人才梯队建设。

3. 继续扩大开放，优化国际产业链合作

中国在埋头苦干攻坚关键半导体技术领域的同时，也要注意加快融入国际产业链和生态链，构建国内国际双循环的发展格局。面对以美国为首的半导体产业链的围堵，中国要有"发展进步势力、争取中间势力、孤立顽固势力"的战略定力。首先要发展进步势力，即以国内超大规模市场为战略支点，积极建立满足自体循环的半导体生态链。如华为现在已经着手与中国设备供应商共同创建一个"去美化"的晶圆厂，构建自身技术主导的半导体产业链体系。同时，也要积极与国外半导体科技企业加强合作以争取中间势力，从而规避国外的技术封锁。既要鼓励国际半导体企业在国内建设研发、生产和运营中心，也要鼓励境内半导体企业扩大国际合作，整合国际资源，拓展国际市场。目前，华为已经开始探索与欧洲意法半导体公司合作，以"联合开发"的形式获得相关软件的授权使用。除此之外，中国还要牢牢把握住自己产业链的优势所在，以有效威慑和抵制遏华势力。比如稀土是半导体产业生产不可或缺的原料，目前在已探明世界各国储量中，中国位居世界第一，同时也是世界稀土产量第一的大国，因此，合理利用中国在稀土原材料出口方面的优势，也是中国在必要时考虑对外反制措施的可选择途径之一。

结　语

全球化背景下的中国改革开放，推动了中国经济成功嵌入全球产业链，成为全球分工的重要一环，也为中国经济的高速发展提供了必要路径。但是，在中国的产业链扩张构建过程中，中国产业链自身的短板也相继暴露，已经开始成为国家经济安全的一大隐患。

目前，中国产业链的短板包括疫情导致的产业链风险和外部去中国化风险的加大，而关键环节和卡脖子技术的受制于人，西方国家的制造业回流等，这些安全隐患放大了中国产业链自身的脆弱性问题，使中国在原有全球产业链中的"不可替代性"遭受了一定的冲击。而在新的国际环境变化和自身经济转型升级的发展阶段，中国需要更科学地评估疫情反复对产业链带来的不利影响，进而进一步整合资源，攻克卡脖子技术，实现关键环节的自主可控，最终提高产业链供应链的现代化水平。

在中国产业链短板与安全威胁中，半导体产业链已经成为近年来影响中国产业链安全的一个典型代表。半导体产业链本身具有全球分工环节多样性、材料供应稀缺、生产技术要求高等多种特性，处于全球产业链的高端位置。由于半导体产业自身的诸多壁垒性，同时中国产业长期致力于中低端的生产制造环节，中国国内尚未培育出完整的高技术含量的半导体产业链，这也导致近年来频繁地出现半导体产业链供应危机，并成为西方国家遏制中国技术进步的主要领域。为此,中国可通过强化基础研究、推出有效政策支持、扩大国际产业链合作等方式,加强半导体产业链的技术攻关,最终实现半导体产业链的自主可控,进而在更高层次上构建中国作为产业链强国的地位并同时实现经济安全的产业保障。

第十三章　链主与节点的制约
——全球价值链与中国经济安全

引　言

　　2023年9月，习近平总书记在中共中央政治局第八次集体学习时强调，要加快建设贸易强国，升级货物贸易，创新服务贸易，发展数字贸易，以数字化绿色化为方向，进一步提升国际分工地位，向全球价值链中高端迈进。同时，要注意维护国家经济安全。2024年7月，党的二十届三中全会通过的《中共中央关于进一步全面深化改革、推进中国式现代化的决定》中指出：健全提升产业链供应链韧性和安全水平制度。抓紧打造自主可控的产业链供应链，健全强化集成电路、工业母机、医疗装备、仪器仪表、基础软件、工业软件、先进材料等重点产业链发展体制机制，全链条推进技术攻关、成果应用。建立产业链供应链安全风险评估和应对机制。完善产业在国内梯度有序转移的协作机制，推动转出地和承接地利益共享。建设国家战略腹地和关键产业备份。加快完善国家储备体系。完善战略性矿产资源探产供储销统筹和衔接体系。在全球价值链重构、大国博弈和科技革命的背景之下，国家之间和企业之间的竞争正演变为产业链分工及地位的竞争，这对国家的经济安全产生着深刻的影响。"链主企业"指的是在产业链中占据主导地位、具备产业上中下游核心凝聚力的企业。链主企业往往占据着全球价值链的高端位置，并掌握着产业链中的"卡脖子"节点环节，在关键的技术或产业环节上可以对竞争者产生制约。而一国拥有的链主企业越多，其受到的经济安全威胁也就越小，并越易在全球价值链中掌握控制权和主导权，从而成为"链主国家"。而当科技竞争和技术权力争夺愈加成为国家博弈的主要领域，也就对链主的科技实力提出了较高的要求，如何从国家产业顶层设计层面以及企业实践层面培育更多的链主企业，是我国亟待解决的重要问题，并高度关联到中国经济安全风险的有效化解。

一　链主的形成及重要性

（一）链主的理论渊源

在国内的研究中，"链主（Chain Leader）"一词最早见诸于《IT经理世界》记者贺志刚（2002）发表的《谁为链主》一文，其指出，"在供应链的整合中，利益的协调要优先于信息的透明。在控制和整合供应链资源时，总能找到新利润增长点的企业往往能够成为链主"。可见，链主的概念脱胎于对于供应链的研究。华中科技大学马士华教授将供应链定义为围绕核心企业，通过对信息流、知识流、物流、资金流的控制，从采购原材料开始，制成中间产品以及最终产品，最后由销售网络把产品送到消费者手中的将供应商、制造商、分销商、零售商直到最终用户连成一个整体的功能网链结构模式。[1] 而供应链中的"核心企业"概念在产业界通常称为链主，顾名思义就是"一链之主"。

另外，核心企业不仅是供应链的链主，同时也是产业链和价值链的链主。"供应链"一词最早来源于现代管理学之父彼得·德鲁克（Peter Drucker）提出的经济链概念。[2] 而后经由哈佛教授迈克尔·波特（Michael Porter，1985）在《竞争优势》一书中发展成为"价值链"的概念，波特定义的价值链即为企业经营过程中覆盖的对整个产品开发设计、

---

[1] 马士华：《论核心企业对供应链战略伙伴关系形成的影响》，《工业工程与管理》2000年第1期。
[2] Watson G. H., Peter F., "Drucker: Delivering Value to Customers", *Quality Progress*, 2002, 35 (5), pp. 55 – 61.

生产、销售、配送等环节的相联结构。① 早期在波特所提出的价值链的概念中，链主主要针对的是垂直一体化公司，强调单个企业的竞争优势。20世纪90年代开始，波特开始把价值链研究的重心从企业内部转向企业外部，价值链的范围开始从单个企业层面向产业层面扩展，价值链的空间分布研究成为重要的方向，由此在价值链语境下"链主"的概念也开始向产业层面延伸。

产业链相较供应链和价值链是一个更为宏观的概念，它的本质是用于描述一个具有某种内在联系的企业群结构，既包含供应链的空间结构属性，又包含价值链的价值属性。② 北京邮电大学产业经济学教授黄秀清等对产业链作了较为全面的定义并指出，产业链是从原材料和资源（上游）开始，通过若干产业环节的生产活动，将资源转化为产品和服务，不断向制造、销售（下游）环节产业转移，直至到达消费者的路径。在这一路径中，从资源到最终产品和服务，每经历一个环节，便会形成上下游环节之间的价值交换关系，上游环节为下游环节提供产品和服务，下游环节向上游环节进行信息反馈，因此，产业链也可以被称为产业价值链。③ 另外，刘贵富等人认为，"产业链核心企业是产业链的链主，是产业链的物流中心、信息中心和资金周转中心，在产业链竞争中，核心企业承担产业链组织者和管理者的职能"。④ 而王继祥则在《中国制造业供应链的实力与短板》中以网络结构形式勾勒了"链主企业"特征，而从结构图中可以较为清晰地看到链主企业的活动特征（见图14-1）。⑤

随着产业链建设的重要作用被愈发重视，近年来我国还提出了"链

---

① Michael Porter, "Technology and Competitive Advantage", *Journal of Business Strategy*, 1985.
② 陈柳钦：《论产业价值链》，《兰州财经大学学报》2007年第4期。
③ 黄秀清、吴洪、任乐毅编著：《通信经济学》，北京邮电大学出版社2018年版，第55页。
④ 刘贵富、赵英才：《产业链核心企业研究》，《中国管理信息化》（综合版）2006年第10期。
⑤ 王继祥：《中国制造业供应链的实力与短板》，https://www.sohu.com/a/393195638_100051977。

| 新时代国家经济安全的战略与现实

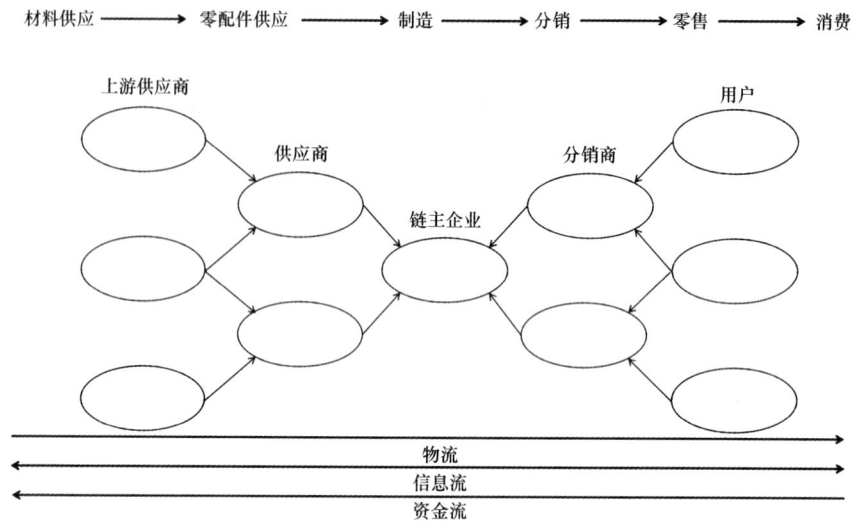

图 14-1 链主企业网络结构

长"的重要概念，2019年8月，考虑到复杂国际经贸形势对国内产业链的冲击，浙江省商务厅发布了《浙江省商务厅关于开展开发区产业链"链长制"试点进一步推进开发区创新提升工作的意见》，"链长制"应运而生。① 目前在国务院国资委层面已分两批遴选出包括国家电投、中国移动、中国宝武、中国中车在内的16家链长企业。我国的链长企业主要由国有企业担任，链长制通过主要领导亲自挂帅，实现统筹内外部资源，集中力量在产业链薄弱环节进行重点突破，加速构建完整产业链条。② 那链长和链主有什么区别？杨秋云（2023）发表的《链长+链主"链"出新动能》一文中，较为明确地对"链长"和"链主"作出了定义，其指出"链长"是产业链倡导者、支持者、维护者、守望者，一般由地方政府高级公务员担任；"链主"是在产业链供应链中居核心或主导地位，能够协调产业链上下游各环节资源的企业，一般由相关产业龙

---

① 《产业链链长制与现代供应链》，《中国工业和信息化》2020年第7期。
② 陈小兰、苏晓红、郑云龙等：《中国产业"链长制"实施现状与对策研究》，《中国商论》2023年第1期。

头企业担任。可见，在产业链培育中，既要发挥"链长"的行政引导作用，也要发挥"链主"的市场主导力量。①

通过归纳相关研究可见，无论是在供应链、产业链，还是价值链中，链主都是一个极为重要的概念。链主企业贯通每个产业链条进行正常的生产经营活动，以链主企业为核心，从提供原材料和零配件的上游供应商，到提供整体组装的中游制造商，再到掌握销售渠道的下游分销商，以及最终的消费用户群体在物流、信息流和资金流层面形成了供应链、价值链和产业链三层意义上完整的闭环。进一步而言，如果将链主企业视为网络活动的关键节点，那么在网络科学理论下则可在更深层次上透视链主企业的内在价值。②

（二）全球价值链语境下的链主认识

由于产业链的概念难以进行价值量化，因此，价值链的概念伴随着投入产出分析法（Input-output Analysis）、增加值（Value-Add）等数理统计层面量化方法的发展，特别是对于传统贸易理论和贸易统计方法的改进而不断得到进一步的认识。尤其是进入20世纪90年代，冷战结束的时代背景使得东西方之间的壁垒被打破，技术和制度的进步排除了一系列阻碍国际贸易顺畅进行的障碍，经济全球化在以世界贸易组织（WTO）为核心而构建的多边贸易秩序下快速发展，在全球范围内掌握资源配置优势的跨国公司数量激增，全球价值链（Global Value Chains，GVC）的快速发展成为了全球化最重要的组成。2020年由世界银行发布的《在全球价值链时代以贸易促发展》报告，全面论证了所有国家都通过提供初级产品，参与制造业、通过服务业活动以及创新活动的形式融入到了全球价值链中（见图14-2）。③而正是基于全球价值链的发展和扩张，链主企业的概念也就开始被赋予了全球化的属性。

---

① 杨秋云：《链长+链主"链"出新动能》，《淄博日报》2023年4月23日第1版。
② [美] 艾伯特-拉斯洛·巴拉巴西：《巴拉巴西网络科学》，沈华伟、黄俊铭译，河南科学技术出版社2020年版。
③ 世界银行，https://pdf.dfcfw.com/pdf/H3_AP201911251371103092_1.pdf?1574703092000.pdf。

| 新时代国家经济安全的战略与现实

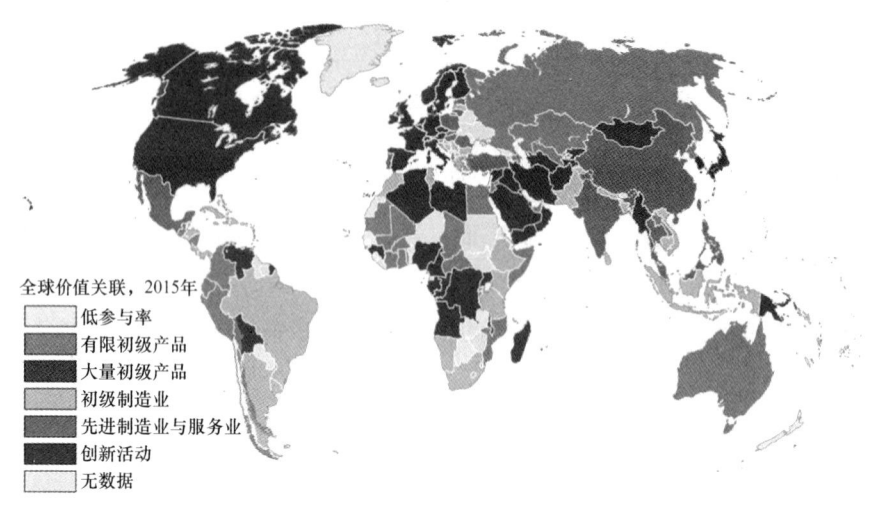

图 14-2　全球价值链参与情况

资料来源：世界银行。

　　链主概念区域属性的研究，最早可追溯到英国雷丁大学教授艾伦·拉格曼（Alan Rugman）和加拿大多伦多大学的约瑟夫·克鲁兹（Joseph D'Cruz）（1997）的研究文章《链主理论》（*The Theory of the Flagship Firm*），其论述中采用的旗舰企业（Flagship Firm）即为"链主"之意。他们的研究进一步指出，旗舰公司一般是跨国公司，通常拥有四大要素组成的商业网络，其中包括了领先的供应商、客户、竞争对手和非商业基础设施，而在吸收和利用了国内资源和全球资源后，旗舰公司在全球范围内形成商业网络。并能够将产业链上下游的核心资源和商业伙伴集中自身的权力之下。[①] 从该研究中可以发现，学者们在将链主的概念扩展到全球范围内的同时，同时也将权力的属性赋予了链主。

　　联合国工业发展组织（UNIDO，2003）在2002—2003年度全球工业发展报告《通过创新和学习来参与竞争》（*Competing Through Innovation and Learning*）中，完整阐释了全球价值链的定义即"全球价值链是指在

---

① Rugman A., D'Cruz J., "The Theory of the Flagship Firm", *European Management Journal*, 15 (4), 1997, pp. 403–412.

第十三章 链主与节点的制约

全球范围内为实现商品或服务价值而连接生产、销售、回收、处理等过程的全球性跨企业网络组织，涉及从原料采集和运输、半成品和成品的生产和分销直至最终消费和回收处理的过程。它包括所有参与者和生产销售等活动的组织及其价值利润分配，并且通过自动化的业务流程和供应商、合作伙伴以及客户的链接，以支持机构的能力和效率。"① 该定义强调了全球价值链，不仅是由大量互补性的企业组成，而且是通过各种经济活动联结在一起的企业网络的组织集。② 而这些认识为全面认识全球价值链自身的增值、网络、结构联系特点提供了很好的视角。进一步而言，如果以价值链环节为视角，可以发现，事实上价值链环节嵌入于产业运转的全部过程中（见图14-3）。

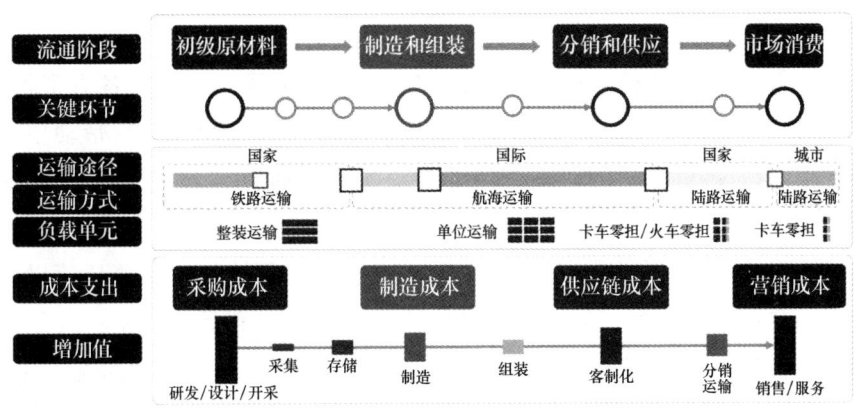

图14-3 全球价值链环节细分

资料来源：作者根据 The Geography of Transport Systems 相关资料自行整理。

分析全球价值链的特性，结合学者杨城、童利忠对于链主企业的共同特性分析。③ 可以将链主定义为，在供应链/产业链/价值链上处于核心和优势地位，能够协调各生产环节活动，具有不可替代的作用，使整

---

① Krawczyk Z., "UNIDO: Industrial Development Report 2002", *Przemysl Chemiczny*, 82 (2), 2003, pp. 65–69.
② 陈柳钦：《全球价值链：一个关于文献的综述》，《兰州财经大学学报》2009年第5期。
③ 杨城、童利忠：《供应链环境下的链主模式》，《企业管理》2009年第1期。

个生产活动作为一个有机整体正常工作的区域性或全球性企业。因此,从本质上看,链主就是某条供应链/产业链/价值链上的"当家人"或"主导者",其影响和辐射供应链/产业链/价值链的能力范围可以是区域性,也可以是国际性的,并在全球经济活动中扮演驱动性和主导者的角色。

(三) 链主的特征与分类

虽然链主企业出现在不同的产业链端,但作为企业其有相当多共性的特征。对此,有研究者归纳为:首先,聚焦主业,是本产业内的龙头企业。其次,不断创新,集聚高端生产要素,完成企业迭代升级与蜕变。再次,是成为产业集群中心,即在本领域的产业链条内触角可达到各个产业链节点,集合产业链上各个规模企业的生产、供需等环节,形成以"链主"企业为核心的网状产业集群结构。最后,多方资源协同,"链主"企业在发展过程中逐步积累政府、资本、市场、人才等各方资源,并具备科学合理运用的能力,在经济发展新阶段可以起到持续带动中小企业不断创新发展、驱动整个产业转型升级、推动经济高质量发展的作用。[1]

基于链主上述特征,可将链主企业按照链主所处的价值链环节以及所在的产业进行分类,如分为设计链主、制造链主和品牌链主;或是按照产业进行分类则可分为半导体链主、通信业链主、汽车制造业链主、生物医药业链主等。需要说明的是,设计链主、制造链主和品牌链主,其分别对应的是设计、制造和营销价值链的三大主要环节,并同时对应于"微笑曲线"理论而产生。微笑曲线理论由宏碁集团的创始人施振荣于1992年所提出,被广泛应用于分析和观察各企业或国家在生产中由低附加值位置向高附加值位置的转变历程。"微笑曲线"理论认为,曲线左侧的技术、专利和右侧的营销、品牌、服务工序附加价值高,利润空间大,而处在曲线中间弧底位置区域的加工、组装、制造等环节,技术含量不高,附加价值低,利润微薄。

---

[1] 田轩:《上海证券报·我国将着力培养一批 产业链"链主"企业》,http://news.cnstock.com/paper,2020-12-25,1410126.htm。

第十三章 链主与节点的制约

在过去相当一个阶段，中国产业界对"微笑曲线"奉为经典并认为制造业转型升级的方向，就是必须向所谓的价值链高端延伸，特别是走品牌化的道路。但事实上，就产业实践而言并非所有企业的价值创造都遵循微笑曲线，尤其是对于"专精特新"的制造业企业而言，加工、组装和制造的环节并不一定就意味着低附加值和低利润。隐匿在制成品之下的零部件和制造工艺若能在品质和技术上做到极致，则同样可以产生巨大的价值，其对于特定领域或环节下的制造企业更是如此。因此，"武藏曲线"的提出则纠正了微笑曲线在认识上的缺陷。通过大量来自产业的实证案例分析，2004年日本索尼中村研究所所长中村末广提出了"武藏曲线"，即和微笑曲线相反的拱形曲线，并认为真正最丰厚的利润源正是在"制造"上（见图14-4）。①

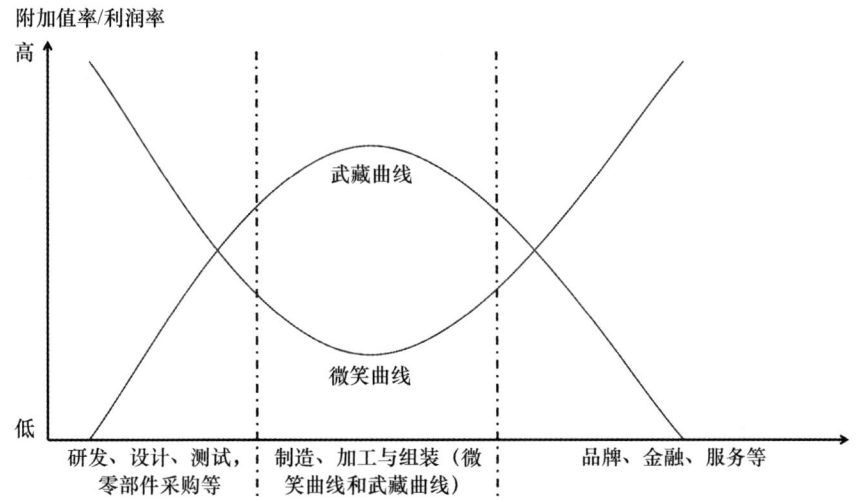

图14-4 "微笑曲线"和"武藏曲线"比较

资料来源：笔者自制。

---

① 武藏曲线得名于日本剑圣宫本武藏创立的"二刀流"剑术，其思路是，根据市场变化，用其中一把剑优化出货，另一把剑优化材料和制造，通过降低库存来提高利润，就如同"二刀流"。参见日経BP社『日本製造業の勝ちパターンとは—ものづくり白書にみる部材産業の競争力』，2005-09-06。

新时代国家经济安全的战略与现实

武藏曲线理论基础是建立在日本产业发展的特征之上而总结的。日本的"精工制造"和"精益制造"在世界范围内闻名遐迩，据统计，在日本超过百年历史的企业有2万余家，超过200年历史的也有上千家。[①] 而日本数十人的小企业之所以能够主导某个产业的全球市场，这与日本长期在单一领域精工细作，追求卓越品质的工匠精神，长期稳定发展的企业文化，以及为顾客提供最优产品及服务的经营学理念（"现场力"）不无关系。[②] 除日本之外，德国企业的案例也是武藏曲线的最佳印证者。德国著名的管理学家，被称为"隐形冠军"概念之父的赫尔曼·西蒙（Hermann Simon）最早于1992年提出了隐形冠军理论，专指那些在细分领域做到行业领先地位，极少为人所知，但却又在全球市场中控制着50%以上的份额的中小企业，隐形冠军理论是德国制造企业经验的普遍提炼和总结，同时，其也揭示了德国制造业之所以强大的秘密。[③]

因此，如果从微笑曲线和武藏曲线的角度重新解读和认识链主的价值，那么可以看到，虽然设计和品牌链主价值巨大，但制造环节对于人口大国的内在战略价值在于，存在于制造环节的链主可以承载较多的就业人口，兼具推动国家产业升级和科技创新进步的重要作用，进而可以成为国家间国际竞争的有力工具。同时，置于制造环节掌握绝对优势的企业还可以成为某个细分领域的链主，这些链主企业皆在所处的产业领域中形成了由自身所控制的产业生态，掌握高增加值的关键环节，具备安排跨区域生产环节的布局能力。而这些内在延伸价值的存在，对于大国竞争环境下国家核心竞争力保持，特别是自主可控安全体系完善更有着特殊的重大战略意义。

在2023年5月5日召开的第二十届中央财经委员会第一次会议即提出要推动传统产业转型升级，不能当成"低端产业"简单退出的论断，

---

① 尚侠：《日本企业长寿之道的文化解读》，《日本问题研究》2012年第1期。
② 现场力指具有在现场进行判断的能力，以及无须等待上级指示或批准即可机动解决问题的能力。参见［日］长岛聪《工业控制与智能制造丛书 新工业革命 现场力和可视化下的日本工业4.0》，康英楠译，机械工业出版社2017年版。
③ Simon H., "Lessons from Germany's Midsize Giants", *Harvard Business Review*, 70 (2), 1992, pp. 115–123.

试图纠正当前存在的因过于推崇高端产业从而导致面向大众消费的纺织、服装、家电、家具等制造业被迫清退或向东南亚国家转移,使得我国经济发展基本盘发生松动,社会经济脱实向虚的问题。可以说所有的链主无不经历了从小到大,从弱到强的发展历程。爱马仕被称为奢侈品中的奢侈品,其发迹于一间小小的马具专营店。被誉为世界汽车业英特尔的德国博世第一款为世人所熟知的产品是一台普通的压缩机冰箱。因此,对于正在努力实现从价值链中低端向高端迈进的中国而言,更不能忽视每一家"小微"企业迈向"专精特新""瞪羚"企业,乃至最终成为"独角兽""链主"企业的可能性。

二 链主对节点的制约与中国经济安全

(一) 链主对节点的制约

马克思主义政治经济学突出强调的是"经济基础决定上层建筑""生产力决定生产关系"。而在经济全球化条件下,全球价值链已经成为世界经济基础的重要表现方式,同时,也成为全球生产要素有机组合下推动生产力发展的新生产模式。而在逆全球化、美国对华战略博弈和新技术革命的复杂因素叠加的大背景下,对于全球价值链的控制权已成为世界各国产业竞争的战略重点,同时也是全球企业国际竞争能力新的表现形式。

全球价值链生产方式下对全球价值链的掌控,不仅充分体现马克思主义政治经济学所主张的经济基础决定上层建筑宏观理论建构,同时也能够从国际政治经济学理论视角对于"生产性权力"进行重新认识。国际政治经济学创始人、英国学者苏珊·斯特兰奇(Susan Strange)对生产性权力的解释为"由谁决定生产什么?怎么生产?为谁生产?",而斯特兰奇的这一基于生产视角的理论构建,为上层建筑的"主导权"获得提供了产业角度的认识基础,同时,也为链主之所以能在全球价值链中获得控制权也提供了必要理论支撑。[①]

---

① Strange S., "States and Markets: An Introduction to International Political Economy", *VRÜ Verfassung und Recht in Übersee*, 22 (2), 1989, pp. 235–236.

探讨链主的控制权必须从价值链的治理角度出发进行分析。美国杜克大学教授加里·杰里菲是首先提出价值链治理的学者。他在研究中提出了基于经济全球化的价值链治理体系结构的基本概念，并认为价值链治理通常会以"采购商驱动链"（买方驱动即消费者驱动，适用于供不应求的市场环境）和"生产商驱动链"（卖方驱动即供应商驱动，适用于供大于求的市场环境）两种方式呈现。[1] 而后，有国内研究者根据杰里菲的价值链类型分类将链主分为了两种类型，而对链主的分类也在某个程度上解释了链主控制权的来源。在买方驱动的价值链中，链主往往是那些在价值链中牢牢占据品牌和营销环节、拥有定价权、具有制定标准和设定参数能力的品牌商、零售商、营销商或者大型企业；在生产者驱动的价值链中，链主往往是那些决定技术标准、掌握技术标准制定权、能够主导行业技术革新和演化方向的核心企业。从价值链收益分配的角度来看，链主则掌握了价值链中的绝对利益份额。[2]

通过对链主在产业链中的作用和影响分析可以看到，链主主要通过占据价值链的某一关键节点，包括上游研发、中游制造和下游营销等环节，并对产业链进行精准的节点制约，从而获得对价值链的控制权。越是那些占据优势资源并形成规模效应的大型链主，越是掌握着对价值链和产业链关键节点的制约能力。而当这种制约能力一旦被作为国家间博弈的政治手段和工具时，即会通过供给方式的改变而产生"卡脖子"行为，进而成为威胁一国经济安全的重要因素。

（二）"卡脖子"节点与技术权力争夺

所谓的"卡脖子"是指缺少国外供应的某些部件或材料，国内产业无法实现国内生产或降低标准生产的状况。国内学者辨析了国家在当前全球价值链中所存在的两种权力模式并提出，在全球价值链中，制造业广泛的生产属性决定了全球价值链中的国家权力主要围绕制造业供应链

---

[1] Gereffi G., "The Organization of Buyer-driven Global Commodity Chains: How US Retailers Shape Over Seas Production Networks", *Contributions in Economics and Economic History*, 1994, pp. 95–95.

[2] 张建忠：《链主控制与中国产业安全》，博士学位论文，南京大学，2011年。

展开。由于分工和国家生产能力存在差异，在供应链上下游的国家之间存在不对称的相互依赖关系，传统上全球价值链权力模式是"上游控制下游，高端制约低端"。而随着中国凭借"举国体制"的优势深度参与全球价值链，成为全产业链国家，出现了中国对所有中下游产生垄断供应的情况，供应链的中上游各国反而对中国这个处于中下游位置的制造业总枢纽更加依赖，因此"下游制约上游"的权力模式也出现在全球价值链中。① 但需要指出的是，虽然产业的中下游制造产能规模庞大可以使外部需求产生一定的依赖性，但若存在某关键设备依赖进口或材料依赖进口的情况，那么如果出现境外厂商断供，产业链即会立即陷入停摆状态，因此，从现实的情况来看，特别是这几年美国对华加大博弈和强化遏制的行为来看，所谓"下游制约上游"是存在可替代的约束的。具体来看，我国半导体产业"卡脖子"便是一个典型案例。中国《科技日报》曾推出系列文章报道了目前制约我国工业发展的三十多项"卡脖子"技术，而这些"卡脖子"技术即为国际企业链主所掌握的关键节点，其制约着我国的产业升级并对我国的经济安全产生相当的影响（见表14-1）。

表14-1　　　　　　　　　"卡脖子"技术的相关领域

序号	技术名称	描述
1	光刻机	中国最高水平的光刻机来自上海微电子所，加工精度是28纳米。而国外的荷兰阿斯麦尔（ASML）已经做到了1纳米
2	芯片	虽然低速的光芯片和电芯片已实现国产，但高速的仍全部依赖进口。国外最先进芯片量产精度为5纳米，我国目前能做到7纳米，但是依然需要依赖国外的EDA软件和光刻机等半导体设计及制造设备。在计算机系统、通用电子系统、通信设备、内存设备和显示及视频系统中的多个领域中，我国国产芯片占有率依然非常低
3	操作系统	截至2020年，全球市场份额最高的操作系统是谷歌的Android系统，占全球操作系统41.58%市场份额，其次便是微软的Windows操作系统，同样也凭借31.73%市场份额，位居全球第二，苹果IOS系统位居全球第三，拥有16.58%市场份额，随后便是MacOS、Linux以及其他，市场份额分别为7.08%、0.81%、2.95%

---

① 翟东升:《从地区价值链到亚洲命运共同体——国际政治经济学视角下的中国崛起和东亚复兴》,《教学与研究》2019年第6期。

续表

序号	技术名称	描述
4	航空发动机短舱	短舱是飞机上安放发动机的舱室，属于低温部件技术，其成本约占全部发动机的1/4左右。全球能独立研制高推力大涵道比涡扇发动机短舱的公司仅有两家，分别为美国古德里奇公司和GE赛峰合资的奈赛公司
5	触觉传感器	目前国内传感器企业大多从事气体、温度等类型传感器的生产，而日本欧姆龙、日本电装、美国飞思卡尔等为国际上较为领先的触觉传感器企业
6	真空蒸镀机	真空蒸镀机是OLED面板制程的"心脏"。日本Canon Tokki独占高端市场，Canon Tokki能把有机发光材料蒸镀到基板上的误差控制在5微米内，目前我国还没有生产蒸镀机的企业
7	手机射频器件	射频芯片将数字信号转化成电磁波，高端市场基本被美国Skyworks、Qorvo和博通3家垄断，美国高通也占一席之地。射频器件的另一个关键元件滤波器，国内外差距更大
8	重型燃气轮机	燃气轮机广泛应用于舰船、火车和大型电站。我国具备轻型燃机自主化能力；但重型燃机仍基本依赖引进。国际上大的重燃厂家，主要是美国GE、日本三菱、德国西门子、意大利安萨尔多4家
9	激光雷达	激光雷达自带光源，主动发出激光，感知周围环境，像蝙蝠通过超声波定位一样。它是自动驾驶汽车的必备组件，决定着自动驾驶行业的进化水平。目前能上路的自动驾驶汽车中，凡涉及激光雷达者，使用的几乎都是美国Velodyne的产品，其激光雷达产品是行业标配，占八成以上市场份额。目前华为已经研发出96线程的激光雷达，其在自动驾驶领域的可靠性还有待持续验证
10	适航标准	目前在国际上，以美国联邦航空管理局（FAA）和欧洲航空安全局（EASA）的适航审定影响力最大，认可度最高。由于国产航空发动机型号匮乏，缺乏实际工程实践经验，使我国适航规章目前缺少相应的技术支撑
11	高端电容电阻	高端的电容电阻最重要的是同一个批次应该尽量一致。日本的村田、TDK等企业代表了国际最高水准，国内企业差距大
12	核心工业软件	在研发设计类软件中，以达索、西门子PLM、Autodesk为代表占有技术和市场优势，在生产控制软件领域，西门子继续保持行业龙头地位，电子设计自动化（EDA）国外三大巨头公司Cadence、Synopsys及Mentor，则占据了全球半导体设计软件行业每年总收入的70%

续表

序号	技术名称	描述
13	ITO 靶材	ITO 靶材用于制作液晶显示器、平板显示器、等离子显示器、触摸屏、电子纸、有机发光二极管等各领域，在全球拥有广泛的市场。目前 ITO 靶材制备几乎由日、韩垄断，代表企业有 JX 日矿金属、三井矿业、日本东曹、韩国三星等，其中日矿和三井两家几乎占据了高端 TFT-LCD 市场用 ITO 靶材的全部份额和大部分的触摸屏面板市场
14	机器人核心算法	由于没有掌握核心算法，国产工业机器人稳定性、故障率、易用性等关键指标远不如工业机器人"四大家族"发那科（日本）、ABB（瑞士）、安川（日本）、库卡（德国）的产品
15	航空钢材	国内用于制作起落架的国产超强度钢材有时会出现点状缺陷、硫化物夹杂、粗晶、内部裂纹、热处理渗氢等问题，这些问题都与冶炼过程中纯净度不够有关，我国在高纯度熔炼技术方面与国外还有较大差距
16	铣刀	铣刀的材料是一种超硬合金材料。对其中金属成分我国已然了解，但不清楚具体配比和制造方法。奥地利的 Linsinger 公司、MFL 公司瑞典山特维克、美国肯纳金属、日本三菱综合材料是国际上领先的铣刀制造商
17	高端轴承钢	我国的制轴工艺已经接近世界顶尖水平，但材质也就是高端轴承用钢几乎全部依赖进口。高端轴承用钢的研发、制造与销售基本上被世界轴承巨头美国铁姆肯、瑞典 SKF 所垄断
18	高压柱塞泵	高压柱塞泵是高端液压装备的核心元件，被称作液系统的"心脏"。中国液压工业的规模在 2017 年已经成为世界第二，但产业大而不强，尤其是额定压力 35MPa 以上高压柱塞泵，90% 以上依赖进口。美德日等国外 4 家龙头企业占据中国高性能的柱塞泵市场 70% 以上份额
19	航空设计软件	自 20 世纪 80 年代后，世界航空业就迈入数字化设计的新阶段。设计一架飞机至少需要十几种专业软件，全是欧美国家产品，包括法国达索的 CATIA、美国 ANSYS、Matlab 等
20	光刻胶	我国面板产业整体产业链仍较为落后。目前，LCD 用光刻胶几乎全部依赖进口，核心技术至今被 TOK、JSR、住友化学、信越化学等日本企业所垄断
21	高压共轨系统	柴油机产业是推动一个国家经济增长、社会运行的重要装备基础。中国是全球柴油发动机的主要市场和生产国家，而在国内的电控柴油机高压共轨系统市场，美国和日本等企业占据了绝大份额，包括德国博世、英国德尔福、日本电装、德国西门子等

续表

序号	技术名称	描述
22	透射式电镜	冷冻电镜可以拍摄微观结构高清3D"彩照",是生命科学研究的利器,透射式电镜的生产能力是冷冻电镜制造能力的基础之一。目前世界上生产透射电镜的厂商只有3家,分别是日本电子、日立、FEI,国内没有一家企业生产透射式电镜
23	掘进机主轴承	主轴承,有全断面隧道掘进机的"心脏"之称,承担着掘进机运转过程的主要载荷,是刀盘驱动系统的关键部件,工作所处状况十分恶劣。与直径仅有几百毫米的传统滚动轴承相比,掘进机主轴承直径一般为几米,是结构最复杂的一种轴承,制造需要上百道工序。就掘进机整机制造能力而言,国产掘进机已接近世界最先进水平,但最关键的主轴承全部依赖进口。德国的罗特艾德、IMO、FAG和瑞典的SKF占据全部市场
24	燃料电池关键材料	燃料电池关键材料和核心零部件亟待国产。具体主要包括电堆系统集成的核心技术,膜电极、催化剂、质子交换膜等环节国产化。国际主流的膜电极生产企业有戈尔、3M等。巴拉德、丰田、本田等燃料电池及整车生产商也都自主开发了膜电极。美国戈尔公司是全球质子交换膜龙头,国内大多数企业还处于中试阶段。催化剂方面,英国Johnson Matthey是目前应用最广泛的,国内高质量活性、低铂载量的催化剂还主要依赖进口
25	高端焊接电源	深海焊接的实现靠水下机器人。虽然我国是全球最大焊接电源制造基地,年产能已超1000万台套,但高端焊接电源基本上仍被国外垄断。国外焊接电源全数字化控制技术已相对成熟,国内的仍以模拟控制技术为主,国外主要生产商包括奥地利的福尼斯、芬兰的肯比、美国的林肯、米勒等
26	锂电池隔膜	作为新能源车的"心脏",国产锂离子电池(以下简称锂电池)目前"跳"得还不够稳。电池四大核心材料中,正负极材料、电解液都已实现了国产化,唯独隔膜仍是短板。国际主要厂商主要包括日本旭化成、美国Celgard、日本宇部兴产、住友化学等
27	医学影像设备元器件	先发优势加上良好的市场环境与创新氛围,让医疗电子元件这一小众市场在欧美地区蓬勃发展。如美国Analog Devices主要的医疗电子产品为传感器、模拟信号链、电源、处理器,德州仪器主要医疗电子产品为模拟与混合信号芯片、电源、嵌入式处理器,瑞士泰科电子主要医疗电子产品为特种针头、医用传感技术、金属管和海波管技术、医用级热缩管等,全球前十五大医疗电子元器件公司均为美欧日公司

续表

序号	技术名称	描述
28	超精密抛光工艺	该工艺广泛用于集成电路制造、医疗器械、汽车配件、数码配件、精密模具、航空航天,目前美日牢牢把握了全球市场的主动权。美国 Moore 公司、Precitech 公司等生产的超精密切削设备,SatisLoh 公司、Optech 公司生产的光学铣、磨、抛设备等都属于通用设备,这些机床具备齐全的功能和较高的精度,但价格较昂贵
29	环氧树脂	高端碳纤维用得最多的是在飞机上,如在波音 B787 机型上,使用日本东丽公司生产的碳纤维复合材料占总材料用量的 50%。碳纤维质量能比金属铝轻,但强度却高于钢铁,还具有耐高温、耐腐蚀、耐疲劳、抗蠕变等特性,其中一个关键的复合辅材就是环氧树脂。但目前国内生产的高端碳纤维,所使用的环氧树脂全部都是进口的,全球环氧树脂生产和消费主要集中在美国、西欧和亚洲地区,主要生产企业及核心生产技术集中在陶氏化学、Resolution、亨斯迈等跨国大公司手中,全球前六的环氧树脂生产企业产能之和已经占到全球总产能的 61.8%
30	高强度不锈钢	高强度不锈钢精密带钢的产品技术是当今世界不锈钢生产领域公认高精尖的核心技术。由于其精度公差、力学性能、表面粗糙度、光亮度、硬度等指标要求非常苛刻,目前世界五大不锈钢巨头为安赛乐米塔尔、新日铁、蒂森克虏伯、浦项制铁、奥托昆普
31	数据库管理系统	目前全世界最流行的两种数据库管理系统是 Oracle 和 MySQL,都是甲骨文公司旗下的产品。竞争者还有 IBM 公司以及微软公司的产品等。甲骨文、IBM、微软和 Teradata 几家美国公司,占了大部分市场份额
32	扫描电镜	扫描电镜被广泛地应用于材料、生物、医学、冶金、化学和半导体等各个研究领域和工业部门,被称为"微观相机"。目前我国科研与工业部门所用的扫描电镜严重依赖进口,每年我国花费超过 1 亿美元采购的几百台扫描电镜中,主要产自美、日、德和捷克等国。国产扫描电镜只占约 5%—10%,主要进口扫描电镜生产商包括:赛默飞(FEI、飞纳)、日立高新、日本电子、蔡司、泰思肯、库赛姆等

资料来源:作者根据公开资料报道整理。

全面分析这些卡脖子技术的存在,应该看到技术背后所对应的是牢牢掌握关键技术节点和产业链关键环节的全球产业链链主企业,它们专注于自身主业,在高精尖技术领域精耕细作,掌握了产业的控制权和主导权,并具备协调产业链上各类规模企业的能力。虽然这些链主企业并不一定具备强大的品牌号召力,但具备绝对的技术控制力,其凭借硬核技术协调产业链上各企业之间的生产关系,虽然其并不一定呈现为整个网状产业集群结构中的核心枢纽位置,但却是不可或缺的重要技术联结点或是全球生产网状结构中的核心节点。

链主的节点制约和技术卡脖子状况出现,所映射的实则是当前国际社会日益突出的技术权力争夺问题。在新技术革命影响下,科学技术作为"第一生产力"的核心重要性日益突出,新技术革命成果如新型材料、智能制造、大数据、云计算、物联网、智能传感、空间探索、生物制药、基因工程、量子计算和区块链等新一代技术应用,已经逐渐发展成为了推动全球生产范式改变的新动力。技术研发能力强的国家目前正在抢占新技术研发高地,力争向供应链源头和技术控制方向发展,而研发能力较弱的国家,则只能被动性地被选择而承接全球技术转移,技术发达与技术落后国的"技术鸿沟"在日益扩大。进一步而言,世界各国对价值链主导权的竞争已经在国际关系层面展开,并在全球价值链各个环节中实现全覆盖。如在研发阶段,政府、研究机构、企业相互合作,通过政策、资金、协同等多个层面推动新技术的研发;在制造阶段,谁能够组织起更有效率的生产集群,以先进的工艺和技术提升产品的质量,并同时保证生产和制造的规模,谁就能够在制造环节掌握话语权;而在应用阶段,随着新兴产业和技术的大规模普及,已经在智能应用领域出现了各种突破性技术,并开始从根本上变革人类的生产力和生产关系,目前国际社会已呈现了"个别国家领先,少数国家追赶,多数国家暂时落后"的新技术研发和应用金字塔型层级化格局。

"上游控制下游,高端制约低端"反映的是全球价值链中国家权力扩散影响的新型模式,也是我国在实现产业升级跃迁和发展科学技术道路上必须实现的重要环节。这种权力模式也可被视为"技术权力"。中国学者舒建中研究认为,国际关系中的技术权力,就是指国家运用技术实力和优势,影响和支配世界经济、政治、军事等领域发展的权力。[①] 在当下新技术革命大变革的时代,科学技术本身正愈发成为一国权力的

---

① 舒建中:《美国与国际制度:技术权力的视角》,《美国问题研究》2019 年第 1 期。

来源。而从价值链的角度看，一国的企业和产业的技术（知识）密集程度越高，越能从根本上提升生产效率，其在全球贸易中获得的增加值也越大，也越易通过技术嵌入全球价值链而获得不可替代的地位。因此，当科学技术作为全球价值链生产网络勾连的关键因素，在国际关系层面演变为"技术权力"，并成为衡量一国实力和价值链控制权时，技术权力的争夺就成为大国博弈下的关键场域。

（三）大国博弈下的中国经济安全风险

技术权力争夺所映射出更大的时代背景业已展开，以中美竞争为代表的大国博弈，在科技革命的背景下，"科技战"更是成为大国博弈的聚焦，美国以科技领域为核心开展的对华遏制与竞争对我国的经济安全造成了严重的风险。中美之间的博弈本质是霸权国家对新兴大国的战略遏制，在大国战略竞争中美国的文明冲突、冷战思维的意识形态、国家治理模式、地缘政治等认知均服务于美国对华博弈。

从经济基础的演变而言，自2008年国际金融危机以来，全球价值链深度调整，世界经济重心加速向东半球和新兴经济体转移，大国的竞争和博弈比以往更加激烈，对于价值链控制权的竞争也愈发激烈。1978年，彼时中国的经济总量（GDP）仅为1495亿美元，美国GDP是2.3万亿美元，中国GDP只有美国GDP的6.3%，时至2021年，中国的GDP已经达到14.7万亿美元，美国则为20.9万亿美元，中国GDP总量达到了美国的70%（见图14-5），引发以优胜劣汰、弱肉强食为生存法则的西方守成国家的警惕。

从世界霸权兴替的历史发展过程来看，守成大国压制新兴崛起大国是必然规律。新兴大国崛起，可以获得更大的话语权和国际地位，而守成大国的霸主利益、国际权威及利益规则受到挑战，天然具有压制崛起大国的内在动力。除20世纪以来美国的崛起史外，历史上守成大国压制新兴崛起国家的案例比比皆是，如17世纪中后期至18世纪中期的英荷海上争霸、18世纪后期至19世纪中期英法之争以及英国对德国的打压等。

大国博弈的历史规律不变，但博弈的领域却随生产力发展而不断变

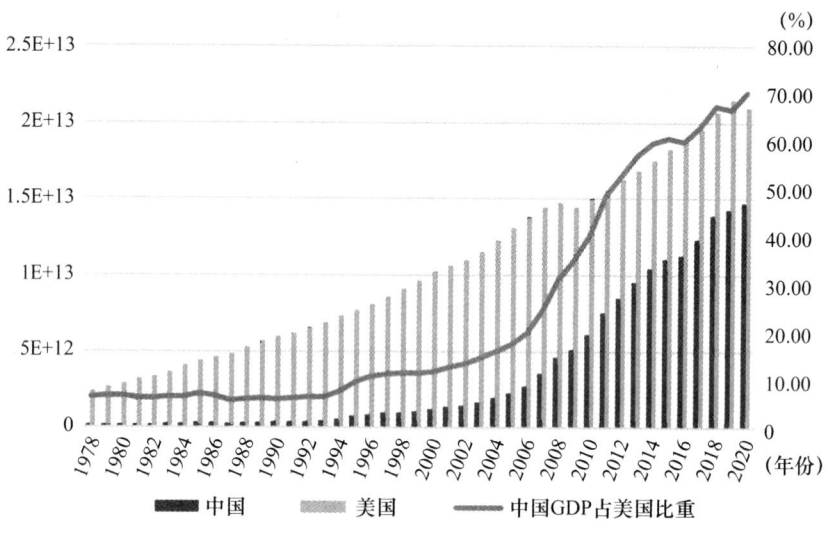

图 14-5 中美 GDP 的历史变化对比

资料来源：作者根据世界银行数据整理制作。

化。21 世纪科学技术的进步，使得科技企业成为研发创新的前沿阵地以及科技强国的微观细胞，因此，科技型链主企业的数量和质量就成为取得技术权力，进而获得国家间博弈主动的重要砝码。在国家间博弈中，政府可以通过政策修订操控链主企业，并通过"卡脖子"行为对竞争对手的关键节点进行制约，链主的概念也由此被上升到了国家产业、经济安全以及竞争博弈的层面。一国所拥有的科技型链主企业越多，就越能够充分实现对他国的产业钳制，"链主国家"的存在对今天国家间博弈有了不同于产业链意义的战略价值。

作为绝对链主国家的美国，以 2018 年特朗普政府挑起贸易摩擦为起点，意图推动贸易政策从 WTO 倡导下的多边自由贸易导向转为具有保护主义特征的美式"公平贸易"，力图主导 WTO 规则体系改革，重构有利于维护西方发达国家垄断利益的全球经济秩序，并竭力打压和遏制中国产业升级和高技术产业发展。特朗普时期，美对华"科技战"按针对主体可以分为三个层次，第一针对高科技企业，工具手段包括切断供应链、出口管制、限制海外市场扩张、配合金融战限制海外资本市场融资、巨额罚款、剔除行业标准制定组织甚至逮捕高管；第二针对科研人才，包括阻碍赴美留学、减少签证时间、阻碍学术交流、打击审查华裔科学家；第三针对政府的科技创新体制和产业政策，包括指责施压迫使中国放弃自主的产业政策和产业升级计划、减少对特定行业领域的补贴支持等。除了利用高科技垄断地位打击对手薄弱环节，美国往往还会利用舆论战、金融战等一系列政治、经济、外交工具发起全面进攻。①

拜登政府更加注重精细化管理，不仅延续对华的技术限制和封锁，而且通过全方位的政策调整，进行"小院高墙"式围堵。其主要变化在于：一是重视美国科技领域的自身研发投入，保障其在全球的领导地位。一方面致力于加强基础研究和技术开发，例如《美国芯片与科学法案》提出在未来五年内，新增520亿美元用于芯片和5G领域研发，并计划对本土半导体投资提供25%税收抵免，同时，推动美国制造业本土化，保护创新性研究。二是借助外部力量，组建西方科技联盟，加强美国同日本、欧洲在半导体研发方面的合作。三是多渠道限制中美技术交流，对华技术封锁成为常态。以美国和日本之间的对华技术遏制手段为例。2023年1月27日，日本、荷兰已与美国达成协议，同意限制向中国出口制造先进半导体所需的设备。2023年3月31日，为防止半导体技术外流，日本经济产业省宣布修改《外汇及对外贸易法》，将6类（23种）②芯片制造设备的出口加设逐案审批限制，即设备制造商须先申请到出口许可，才能将设备向境外运输（见表14-2）。③

---

① 任泽平：《中美科技战：国际经验、主战场及应对》，chrome-extension://ibllepbpahcoppkjjllbabhnigcbffpi/http://pdf.dfcfw.com/pdf/H3_AP201909051349020426_1.pdf。

② 这23项设备包括：3项清洗设备、11项薄膜沉积设备、1项热处理设备、4项光刻/曝光设备、3项刻蚀设备、1项测试设备。该新规则于3月31日公布并征求公众意见，将于5月正式发布并于7月开始实施。届时可能会影响到十多家日本半导体设备公司，包括刻蚀设备龙头东京电子、曝光设备龙头尼康、清洗设备龙头 Screen Holdings、测试设备龙头爱德万测试等。

③ 平成三年通商産業省令第四十九号：輸出貿易管理令別表第一及び外国為替令別表の規定に基づき貨物又は技術を定める省令，https://elaws.e-govgojp/document? lawid = 403M50000400049。

表 14-2　　　　　　　　　　拜登政府主要对华科技政策调整

时间	对象	主要内容
2021年1月21日	对内	拜登就职首日表示："在与其他国家（特别是中国）在新兴产业的投资和技术进步程度的比较中，美国的领先地位黯然失色，我们的未来取决于我们在能够决定未来经济的领域中与竞争对手保持同步的能力。"
2021年2月23日	对华	美国商务部宣布，将包括奇虎360、哈尔滨工业大学、云从科技、东方网力等在内的3家中国公司及机构列入"实体清单"
2021年2月24日	对内	拜登签署行政命令，指定联邦政府部门对全球供应链和美国在关键行业的潜在弱项进行百日评估，其中包括半导体产业中的制造和先进封装供应链、用于电动汽车等产品的高容量电池产业供应链、包括稀土在内的关键矿物和战略材料供应链，以及与制药和活性药物成分有关的供应链
2021年3月3日	对内	拜登发布《过渡时期国家安全战略指南》。对内科技方面，提及人工智能，量子计算，清洁能源，生物技术，5G等方面加大资金投入；放宽STEM移民政策，确保吸引最优秀的人才；加强网络安全强度，参与全球网络安全构建，追究恶意破坏网络安全国家的责任；提出在多个领域中国政府具有不公平优势，尤其在经济，网络安全，非法贸易等方面
2021年3月12日	科技联盟	拜登在与日印澳首脑的"四方联盟"峰会提出建立科技合作框架，"四方联盟"提出的技术合作是迈向"科技联盟"的第一步。美国为此列出了五大重点领域：技术研发和使用原则；技术标准的发展；电子通信技术的部署和供应商多样化；最新科技趋势；关键科技供应链
2021年4月8日	对华	美国商务部公告称，已将包括中国国家超级计算中心在内的7家中国实体列入"实体清单"，实施出口管制。理由是从事活动违反美国国家安全或外交政策利益。这是拜登就任美国总统以来以"国家安全"为由首次对中国公司实施制裁
2021年4月12日	科技联盟	美国白宫召开半导体峰会视频会议，讨论如何解决当下美国芯片短缺问题，拜登强调要像中国一样加大对半导体产业的投入
2021年5月7日	对内	美国推出《2021战略竞争法案》，美国必须领导制定国际标准的机构，制定关键数字技术的治理规范和规则，确保这些标准技术在"自由、安全、可互操作且稳定"的数字域内运行。这对"中国标准2035计划"的实施无疑将构成重大挑战
2021年5月13日	对华	美国总统拜登正式宣布，延长前总统特朗普签署关于中国芯片限制的行政命令1年

续表

时间	对象	主要内容
2021年5月17日	对内	美国参议院通过《无尽前沿法案》，这项议案建议在五年内投入1200亿美元，支持关键技术领域的基础与先进研究、商业化、教育和培训计划，这些领域包括太空商业化、人工智能、半导体、量子计算、先进通信、生物技术和先进能源等
2021年6月3日	对华	美国总统拜登以"应对中国军工企业威胁"为由签署行政命令，将包括华为公司、中芯国际、中国航天科技集团有限公司等59家中企列入投资"黑名单"，禁止美国资本与名单所列公司进行投资交易。规定行政令将于未来60天（即8月2日）后正式生效，美国投资者不得买入，365天后（到2022年6月3日）不许继续持有

资料来源：作者根据美国商务部、美国国会、公开媒体报道整理。

除了美国主动发起的对华遏制外，还需要看到，2020年突如其来的新冠疫情，对全球产业链稳定和供应链畅通带来了前所未有的冲击，对我国的经济安全也造成了巨大的负面影响。疫情导致的全球供应链结构性不均衡问题，使得不少国家开始警惕"把鸡蛋放在同一个篮子"的供应链风险，并开始更多从兼顾生产效率和产业安全角度考虑产业链的全球配置问题。进而推动了全球价值链向"区域化""本地化"和"分割化"方向进行结构调整。而中国也同样面对了供应链转出以及需求国自身供应链重构的竞争。这使得我国在全球经济竞争格局中面临着美国对华博弈主动遏制、新冠疫情反复、全球地缘政治博弈力度加大、国内自身产业升级转型等多重挑战，经济安全的维护面对复杂而多变的环境。

三　国际链主的发展现状

根据世界银行的测算，全球价值链的发展大都是由高科技制造业推动的，其中有两大产业对全球价值链的扩张和发展占据绝对的重要地位。其一是电气和光学设备，主要包括消费品、资本品以及中间产品；其二是交通运输设备，包括飞机和其他航空航天设备、铁路设备等。而在上述产业中，又以手机为代表的智能终端和汽车制造最能代表一个国家制造业水平以及科技实力的高低强弱（见图 14-6）。

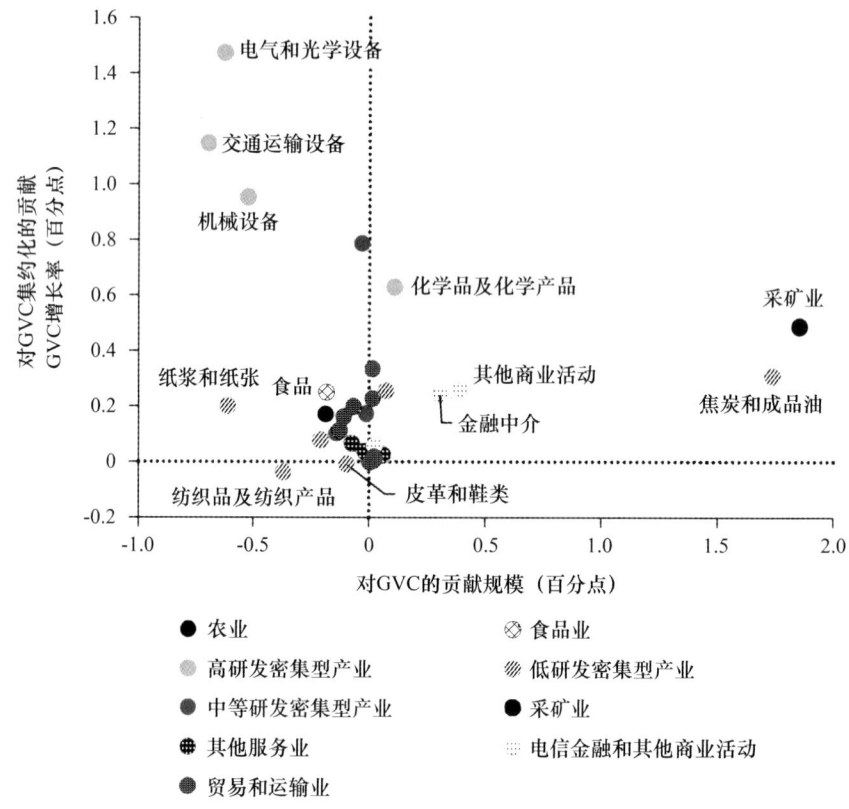

图 14-6 推动全球价值链扩张的行业贡献（1995—2011 年）

资料来源：世界银行，https://www.worldbank.org/en/topic/global-value-chains。

从智能终端产业来看，智能终端作为人工智能、物联网和 5G 时代的重要硬件，是万物互联的重要节点和枢纽，其中手机是智能终端中的典型代表，其作为技术密集型产业的集成产品，仍然是物与物连接，人与"虚拟"世界连接的重要纽带。根据中国产业信息网的数据及预测，2019 年全球物联网设备数量已达到 107 亿台，预计 2025 年物联网连接数将达到 251 亿台，保持 12% 以上的增长。而在市场规模方面，相关数据显示，2020 年全球物联网市场规模达到 2480 亿美元，到 2025 年预计市场规模将超过1.5万亿美元,复合增长率达到44.59%。[①] 在行业高增长的背后,必须看到,我国的手机产业也是最容易被国际链主企业扼住"卡脖子"节点的产业。手机产业中的设计软件、芯片及其制造材料等都是欧美西方国家的专长。

从汽车产业看,汽车是国民经济的战略性和支柱性产业,是衡量一个国家制造业综合实力的指标。目前,汽车产业约占我国GDP的10%,对上、下游产业链具有明显拉动作用,统计分析显示,汽车制造业每增值1元,可带动上下游关联产业增值2.64元。汽车产业是全球化程度最高的产业之一,也是全球贸易当中出口金额最大的单一工业。从全球范围来看,德、美、日等制造业大国,无一例外都是汽车行业的制造大国。当前,汽车产业电动化、智能化、网联化、共享化的"新四化"发展路径日渐清晰,随着新能源、5G、自动驾驶等先进技术的搭载,汽车产品迭代更新加速,未来汽车产业有望迎来从"大哥大"到智能手机一样的颠覆性变革。[②]

分析两大行业既可以看到一个国家科技综合能力的展现,同时,分析两大行业的国际产业链链主,更可以发现国际产业链链主的结构构造,以及它们如何对全球生产体系产生影响。而在行业的国际链主中,苹果、特斯拉二者分别作为手机智能化、汽车智能化领域的革命者都在各自产业领域占据了绝对的核心地位,成为当之无愧的国际链主。下面将对其特征分别展开分析。

(一) 链主之苹果——以 iPhone 12 为例

苹果公司作为全球手机行业的绝对链主,其地位毋庸置疑。从产品构成上看,一部苹果手机需要的零部件数量高达1000种左右,影响的全球供应商数量达到200家以上,产生了广泛的产业集群链接与辐射效应。与苹果相关的业务在这些供应商的总收入中所占比例往往超过50%,说苹果能够决定众多供应商的兴衰也毫不为过。因此,以 iPhone 12 为案

[①] 高宇洋、汪敏:《物联网产业链全梳理》,https://pdf.dfcfw.com/pdf/H3_AP202106221499317526_1.pdf?1624371887000.pdf。

[②] 中华人民共和国国家发展和改革委员会:《稳定汽车消费 助力汽车产业突破"瓶颈"》,https://www.ndrc.gov.cn/fggz/jyysr/jysrsbxf/202003/t20200311_1222869.html?code=&state=123。

例，通过解剖一部苹果手机从设计到用户使用的全过程，可以窥视整个价值链的运行，并可以探究作为国际产业链链主的苹果公司是如何引领科技创新，构建起全球性的商业帝国的底层逻辑。

2020年10月14日，苹果公司正式发布iPhone 12苹果手机，在5G时代迅速成为全球电子市场的热门产品。从表面上看，苹果公司的核心产品，包括手机、电脑、平板、耳机在内的系列产品已经深入世界各地的用户生活，然而，在这一现象背后，则是支撑起整个苹果帝国的"全球价值链体系"。作为5G时代的代表性产品，iPhone 12的理念最初诞生于2015年的美国加利福尼亚州公司总部，苹果公司认为，当下的4G技术已经进入发展的成熟阶段，主宰未来的必然是更为快速的5G时代。为此，从2014年底起，苹果公司的5G手机计划便酝酿而出。而从市场验证的角度来看，当时这一判断需要对技术更迭的规律、时代发展的特征、市场需求的变化有着准确的把握和科学的预测，或者说，正是类似苹果的科技公司的带动和主动推动，在一定程度上引领了技术变革的产生。

在苹果的5G战略得以立项之后，苹果的研发团队则开始进入实质性的研发设计阶段。作为世界上品牌力度最强的科技公司，苹果在设计研发层面一直有着不遗余力的投入，据统计数据显示，2007—2019年，苹果对研发层面的资金投入由7.8亿美元上升至超过160亿美元，其研发投入占总收入的比例，在2019年已达到7.9%。[①] 正是对研发的大规模投入，使苹果公司在创新性理念、颠覆性技术、公共性标准层面长期保持在世界前列，并构成了苹果公司的核心竞争力。除了加大研发投入，还有研发产品的协同工作推进。据统计，苹果公司在全球各地的研发团队人数接近十万人，而如果加上与各地高校科研部门的合作，间接服务于苹果公司研发的人数则达到了百万人之众，为此，如何把规模庞大的研发团队进行整合，成为苹果公司研发阶段的一项重要任务。2019年以后，苹果公司开始对自己的研发团队进行优化，明确了各部门的任务分

---

① 数据来源：Statista, *Apple Inc's Expenditure on Research and Development from Fiscal Year* 2007 *to* 2019, https://www.statista.com/statistics/273006/apple-expenses-for-research-and-development/。

工，形成了以"开发者计划成员资格"（Apple Developer Program）为核心、下设 Apple Developer 和 App Store Connect 两个组成部分的研发团队格局，主要对5G的信号接收、IOS系统更新、App应用等组件进行设计与升级，这部分团队直接服务于苹果公司，其研发成果将直接应用于包括 iPhone 12 在内的一系列苹果产品;① 同时，苹果研发团队还整合了外围的多个理论科研团队，这些队伍主要分布于世界各地的高校实验室，致力于对5G通信、JAVA语言、大数据分析等层面的理论突破，并为苹果的技术创新寻找理论支持，并进行5G通信和应用的"标准制定"，进而形成了"理论外脑、技术自我"的创新研发模式（见图 14 - 7）。

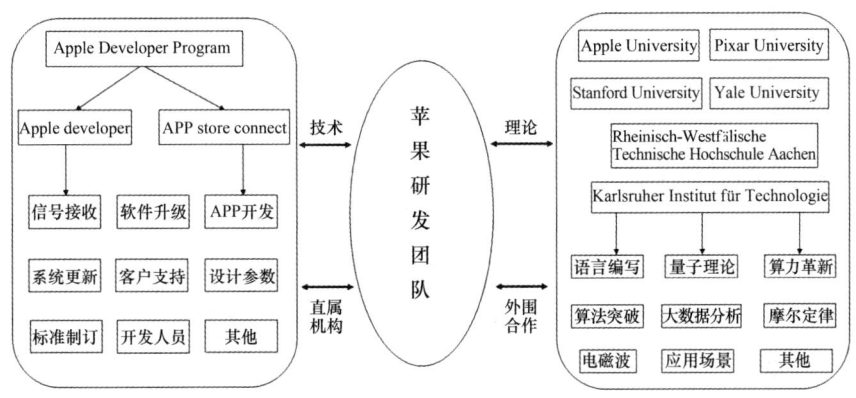

图 14 - 7　苹果研发团队示意

资料来源：作者根据"苹果开发者计划"自制。

在设计与研发完成以后，苹果公司将会把新产品的一系列参数和标准交给生产制造环节，iPhone 12 也就进入了价值链生产领域。苹果公司的生产并不由公司本身完成，而是通过生产制造"外包"的形式，交给了遍布全球 200 多家"代工厂"，从而形成了更为广泛的生产"供应链"。

根据苹果最新发布的供应商列表（Supplier list）显示，全球共计 200 家工厂肩负着98%苹果产品的代工和供应，而如果计算间接为苹果产品

---

① 参见《苹果开发者计划》，https://developer.apple.com/programs/。

提供生产设备的公司，苹果供应商的列表将会超过 800 家公司。[①] 虽然众多的供应链公司承担着 iPhone 12 不同零部件的生产任务，但细分来看，美国本土公司一般从事手机核心部件的生产，例如半导体和芯片、基带处理器、电源管理模块以及 GSM／CDMA 接收器和收发器，主要公司包括高通（Qualcomm）、英特尔（Intel）、AMD 等，这些核心部件不仅具有科技含量较高的特征，也是涉及"技术安全"的主要部分，本土化产出程度较高。中国台湾地区则依托于富士康、台积电、和硕、纬创等公司成为 iPhone 12 最大的"代工厂"，这些企业承担着处理器代工、印刷电路板、侧封、整机组装等环节，贯穿了 iPhone 12 从中上游一直到终端领域的生产链条。同时，这些企业自身也衍生出了一系列产业链，形成了苹果公司的二级、三级供应商生态系统，并成为苹果公司最大"供应来源地"。相对于中国台湾地区"大而广"的企业特征，中国大陆的企业则具有"小而精"的优势，集中于对屏幕、PCB 板、声学系统、镜头、连接器等具体环节的生产，其在苹果产品中供应所占份额仅次于中国台湾地区，近年来诞生了诸如立讯精密、蓝思科技、歌尔股份、东山精密等具有专业化能力的代工企业，目前，这些中国大陆企业也在扩展自身的产业链，并成为 iPhone 12 不可或缺的中游生产环节。在中国（包含中国台湾地区）产业链之后，则是遍及于东南亚和南亚国家的低端环节供应链，这些国家所从事的为劳动密集型环节，主要依靠人力劳动的大规模投入，负责 iPhone 12 的低端装配等任务。这些国家的代工特点表现为，通过引进中国（包含中国台湾地区）产业链扩张红利，进行资源、土地、人力等低成本投入，但是，由于这些国家缺乏本土的主导型企业，只能分担个别的生产和制造环节，增加值收益相对较低。此外，日本、韩国、欧洲的一些企业虽然在苹果产业链中所占供应份额较小，但也是 iPhone 12 中高端生产不可或缺的环节，它们主要负责提供存储、电子控制、陶瓷材料等部件，如日本的夏普、索尼，韩国的三星、海力士和欧洲的意法半导体等。

[①] 数据来源：Apple Supplier list：https://www.apple.com/supplier-responsibility/pdf/Apple-Supplier-List.pdf。

在生产环节结束以后,苹果 iPhone 12 正式进入市场销售。虽然,目前大部分手机的营销模式皆为"公司直销+渠道商"的混合模式。但是,苹果公司为了维持自身的品牌价值,采取了终端产品、渠道、内容应用一体化的销售链,即整合了手机、软件和营销渠道,在苹果公司的直接控制下进行市场销售。其利润来源主要分为整机销售和软件应用分成两个部分,销售渠道可分为线下的苹果直营店和线上网络销售两种。至此,苹果 iPhone 12 构建了整个价值链流程,进入用户的使用阶段。纵观苹果 iPhone 12 的产出和销售全部流程,可以发现研发、生产、销售是价值链不可或缺的三大环节,而苹果公司的角色主要立足于价值链的研发和销售两大环节,控制着整个流程的起始和终结部分,而规模庞大的中间生产环节,则通过"外包"的形式由生产供应链的企业网络完成,从而形成了"两头在内、中间在外"的苹果价值链模式(见图 14-8)。

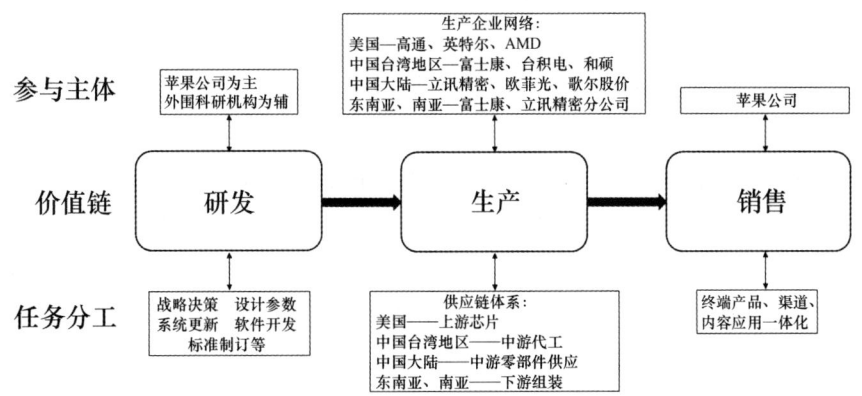

图 14-8 苹果 iPhone 12 价值链构建流程

资料来源:笔者自制。

(二)链主特斯拉——以 Model 3 为例

相较拥有 1000 余个零部件的手机而言,一辆汽车则由 1 万多个不能拆卸的独立部件组成。汽车在产业链的长度和深度上要远远超过智能手机。特别是当前汽车产业还出现了智能化、网联化和节能化的趋势。在汽车的节能化趋势中主要是燃料的多元化,而电动化是主要方向,这大大促进了新能源电动车的发展。虽然,新能源电动车减少了一定的汽车零部件，提升了车身设计自由程度，但其电子控制芯片的增加也使其系统复杂性同时提升。而在全球新能源智能汽车的突起中，美国特斯拉公司凭借颠覆性的技术创新和商业模式创新，已经成为全球新能源汽车的第一品牌，其构建了迥异于传统汽车供应链的新产业链体系并成为无可撼动的国际产业链链主。

从特斯拉涉入电动汽车的历程来看，其自 2003 年 7 月 1 日成立，2004 年，伊隆·马斯克（Elon Musk）以 A 轮投资人的身份，领投 650 万美元加入这家公司，成为特斯拉最大股东和董事长。马斯克于 2006 年 8 月提出特斯拉发展的路线图"Master Plan"，即"三步走"战略：（1）打造一台昂贵、小众的跑车（Roadster）；（2）用挣到的钱，打造一台更便宜、销量中等的车（Model S/X）；（3）用挣到的钱，打造一台更具经济性的畅销车型（Model 3）；（4）在做到上述各项的同时，还提供零排放发电选项。[①] 除了在战略规划上进行设定以外，特斯拉在具体实施上也是分领域进行推进。

首先，在研发设计环节上，特斯拉历年研发支出强度基本在 10% 以上，远超传统车企 5% 的平均水平。尤其在三电（电池、电机、电控）领域，特斯拉拥有不少黑科技技术，例如高镍电芯和高精度电池管理系统的组合，开关磁阻电机和碳化硅功率半导体的首次应用，自研车载操作系统和自动驾驶芯片设计等。据日经新闻与专利数据分析公司（Intellectual Property Landscape）联合开展的专利申请研究显示，特斯拉从 2003 年成立到 2021 年 3 月，一共累计申请 580 多项专利。其中，281 项专利可归类为电机专利；其余是 168 项与运输有关的专利；第三大类专利有 71 项，可以归类为半导体，其中也包括太阳能电池；计算机技术是特斯拉的第四大类专利，共有 60 项，其中计算机技术相关专利每年增加的速度已经超过了运输相关专利。在特斯拉的专利中，设备制造、电池以及电池控制相关的专利占比较高，表明这些技术为特斯拉重点布局的技术，也是电动汽车的核心技术。通过对特斯拉公司申请的发明专利并按照被引用次数进行排名，筛选出了特斯拉公司被引用最高的 10 个专利（见表 14-3）。

---

① Elon Musk, Master Plan, https://www.tesla.com/blog/master-plan-part-deux.

表 14-3　　　　　　　　特斯拉公司引用最高重点专利

专利号	标题	申请日
US11/053,524	安装光伏模块的方法和设备	2005/2/7
US14/023,403	采用多个移动机器人的太阳追踪系统	2013/9/10
US12/386,684	密封电池外壳	2009/4/22
US12/962,851	电动车扩展范围混合动力电池系统	2010/12/8
US12/782,413	用于电动车辆的双电机驱动和控制系统	2010/5/18
US12/566,459	高效率低成本品晶体硅太阳能模块	2009/9/24
US14/106,153	连接光伏阵列组件	2013/12/13
US13/601,441	带有氧化隧道的背结太阳能电池	2012/8/31
US12/952,127	多通道气体轨送系统	2010/11/22
US13/308,206	单件车辆摇臂面板	2010/12/20

资料来源：作者根据 Patentics 数据库资料整理。

其次，在生产布局规划上，特斯拉计划在全球共建设 10—12 座超级工厂。2020 年，特斯拉在全球范围内已经规划设计了六家工厂，其中美国 3 家、中国 1 家、欧洲 2 家，还有两家待建工厂。欧洲的德国柏林工厂最快将在 2021 年 10 月开始生产特斯拉新版 Model Y，特斯拉美国得克萨斯州奥斯汀工厂已开始建设，主要生产电动皮卡、卡车 Semi。有研究分析认为，2025 年或将成为特斯拉的"突破之年"，届时特斯拉营收规模将达到 940 亿美元，汽车交付将超过年 200 万辆。不过，这个目标的实现仍然要取决于特斯拉产量和需求增长，特别是取决于特斯拉在美国得克萨斯州和德国的超级工厂建造进度。因此，从布局来看，特斯拉是依托于全球三大价值链中心美国、中国、德国而展开的，凸显了特斯拉公司对于价值链中心产业集群和制造业能力的倚重（见图 14-9）。

再次，在生产组织模式上，特斯拉奉行高度垂直整合的生产模式，在电芯、电机等核心零部件上基本采用自主设计+代工，或者合资的组织形式，牢牢把握供应链主导权，通过规模效应不断降低生产成本。特斯拉自行生产组装众多核心部件，包括电池包、BMS 系统（电池管理系统）、充电接口和设备、电机等。该模式的最大特征为产业链的高度垂

| 新时代国家经济安全的战略与现实

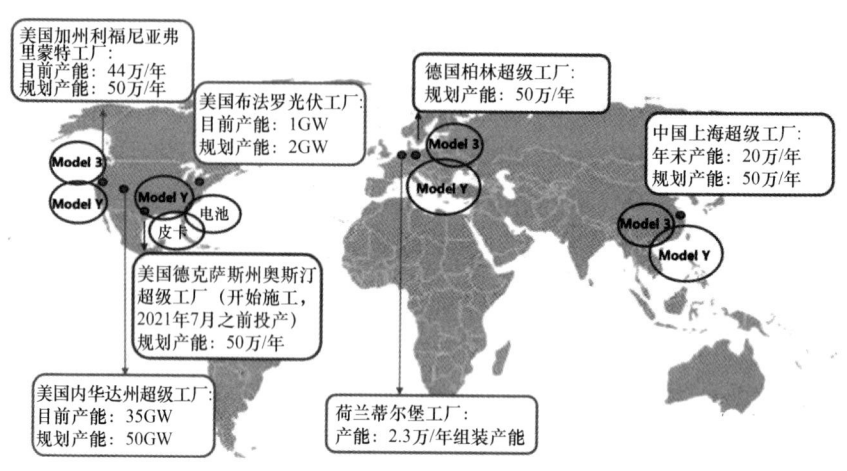

图14-9　特斯拉全球工厂布局（截至2021年底）

资料来源：作者根据相关资料整理。

直整合，在核心技术和零部件上不容易被供应商"卡脖子"。但与此对应的是，掌握大量核心技术必然带来前期的大量研发资本投入。因此，特斯拉必须通过打造精品和保持销售领先爆款，才能通过规模效应摊薄研发、模具设计等前期巨大的投入。

特斯拉的供应链可分为量产传统零部件、量产创新零部件和北美创新零部件三大类。其供应链阵容十分庞大，共涉及十大部分，包括了：动力总成系统、电驱系统、充电、底盘、车身、构件、中控系统、内饰和外饰等。涉及直接、间接供应商130多家，而中国企业目前占据了特斯拉供应链的半壁江山。以特斯拉最受欢迎的车型Model 3为例，其动力总成系统分为锂电池组、热管理和直流换流器三个部分。涉及直接和间接的供货商就有30余家。而仅在锂电池组中，又可分为锂电池组电池、电池管理系统（BMS）、电池热管理系统和电池组组件四个部分。其中，中国企业如先导智能、杉杉股份、天齐锂业、亿纬锂能、南洋科技、长园集团、长盈精密、旭升股份等公司均为主要供应商，同时，特斯拉并未将锂电池组的供应链完全押宝中国企业，其还同时选择了日本的松下、住友化学、日立化学、三菱化学等企业作为同等

· 446 ·

对应的供应商,而这样的平衡性选择同样体现在特斯拉电动汽车的整体结构中。中国、日本、美国、德国等供应商分别提供了特斯拉汽车的最优配置选择。

最后,在品牌营销环节上,有别传统车企的多层次经销模式,特斯拉效法了苹果的营销管理模式,选择自建展示厅和体验店,并采取"线上销售+线下展示+后续服务"。直销模式有利于降低营销和渠道费用、优化库存管理。通过"线上预定—接单生产"模式可以优化库存管理,避免库存过多情况。此外,从营销的例外来看,特斯拉打破了传统的营销模式,从来不进行广告推广。其依靠特斯拉灵魂人物马斯克塑造的"硅谷钢铁侠"形象和强大的互联网平台Twitter的互动,为特斯拉带来超高流量和媒体曝光度。根据"2021年Brand Z全球品牌价值100强"的榜单显示,目前,特斯拉品牌价值达到426亿美元,远超越保时捷等老牌豪车品牌。

归纳而言,研究具体的产业链环节,分析构成国际产业链链主的共同特征来看,苹果与特斯拉二者在战略上均聚焦于底层生态、运算力以及核心硬件的价值增量环节,在注重两个轻资产环节生态、运算力的打

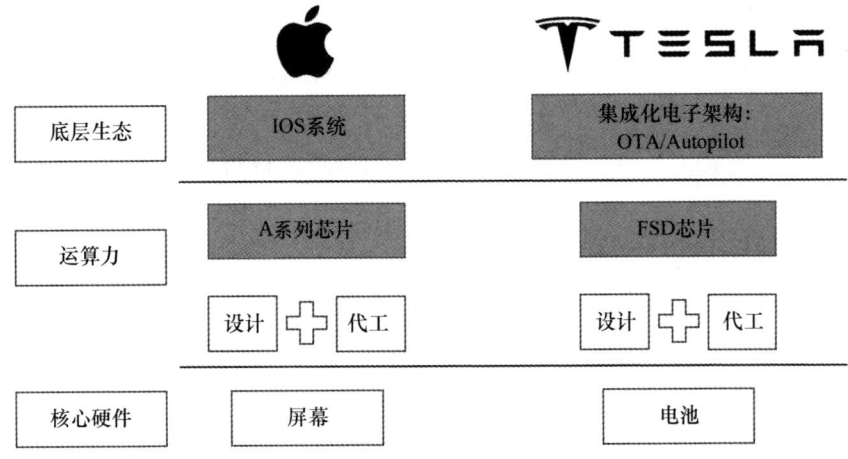

图14-10 苹果与特斯拉聚焦底层生态、运算力以及核心硬件示意

资料来源:作者根据相关资料分析整理。

造同时，更注重自身产品的关键重资产环节把控，如屏幕和电池系统。在生态领域：二者皆注重提高硬件与软件的融合度，重塑生态系统。IPhone 的 IOS 系统实现更高的硬件与软件的融合度，提供更流畅、更具可操作性的用户体验。特斯拉则构建集成化的汽车电子架构，并与 OTA、Autopilot 完美结合：使得在不改变汽车硬件的条件下通过 OTA 升级即可改善车辆驾驶性能，打造极致智能化体验。在运算力领域，苹果和特斯拉拥有的强大性能的处理器，iPhone 的 A 系列芯片以及特斯拉的 FSD 芯片也是智能化的重要保障。因此，分析苹果与特斯拉作为国际产业链链主时，更需要关注它们依赖的技术和竞争力基础，包括，它们能够控制产业链和维护自身供应链体系安全的核心要素。

四　中国链主企业发展案例

（一）华为公司的产业版图

选择苹果、特斯拉作为典型的链主企业进行分析，是因为在第四次科技革命和全球碳中和背景之下，智能手机和电动智能汽车产业已经成为国民经济中不可或缺的战略性产业，深度关乎各国的经济发展和安全问题。在中国，同样亦存在类似特斯拉和苹果这样在国民经济中占据重要地位的链主型企业，华为就是其中最典型的代表。2019 年 5 月 15 日美国宣布将把华为及其子公司列入出口管制的"实体名单"，而为了阻止华为的发展，美国一再修改其对华为的禁令并进行技术封锁；从 2020 年 5 月 15 日禁止华为使用美国芯片设计软件，到 2020 年 8 月 17 日禁止含有美国技术的代工企业生产芯片给华为，再到 2020 年 9 月 15 日禁止拥有美国技术成分的芯片出口给华为。华为已然成为美国对华博弈和技术权力争夺战中重要的链主型企业，其生存和发展俨然与中国国家经济安全深深绑定。

分析华为公司不断成长的历程，除了其自身独特的管理和文化外，最为重要的就是华为自 1994 年开始就奉行的技工贸战略，这一战略使得华为至今保持着高强度的研发，铸就起了高耸的技术壁垒，不仅使得华为拥有了维系自身发展的护城河，也使得华为成长为一家以打造和扶持国产科技供应链为己任的伟大企业，成为筑起中国经济与产业安全的一道重要防线。而从研发投入的数据来看，2020年华为的研发总费用为1418.93亿元，超过中国知名互联网企业百度、阿里、腾讯、京东（简称BATJ）2020年研发投入的总和。[①] 高强度的研发也为华为带来了在供应链上的绝对优势。华为作为中国制造业的龙头企业，其在智能手机、平板电脑、5G设备、无人驾驶等多领域链条布局，并在通信领域布局尤为出色而成为全产业链企业，而且对国外的技术依赖极少。

在消费者业务领域，华为消费者业务坚持"1+8+N"全场景智慧生活战略，以鸿蒙操作系统和HiAI为核心驱动力，支持HiLink智能家居生态和HMS服务生态的协同创新，升级软硬件体验，使包括手机在内的全场景终端实现互联互通、能力共享。手机是华为消费者业务中最为核心的部分，华为手机原有的供应链主要包括两个部分：一是给华为手机供货的关键组件厂商；二是上游的半导体厂商。从华为手机的关键组件来看，绝大部分均是国内供应商提供，但从其供应链的上游核心芯片来看，大部分关键芯片则均为美国供应商（见表14-4）。2020年5月15日，美国商务部颁布管制规定，凡使用美国技术在海外制造芯片的半导体厂商，在和华为合作之前，都必须获得美国政府的许可。这导致了中国台湾地区的台积电公司为华为半导体公司海思提供的代工芯片面临断供，给华为高端手机的发展设置了极大的障碍。虽然，华为不得不寻求可替代的厂家为其继续代工芯片，但补救工作仅能满足低端手机需求，从而迫使华为退出与苹果、三星高端手机市场的竞争。

除了消费者业务之外，华为另一重要的业务是5G通讯业务。5G作为第五代移动通信技术，以高速率、低时延、大连接的特点，开启了万物广泛互联、人机深度交互时代。5G通过与云计算、大数据、人工智能、虚拟现实等技术的融合，在多个领域展开应用，尤其在汽车领域加快布局。

[①]《华为投资控股有限公司·2020年年度报告》, https://www.huawei.com/cn/annual-report/2020。

新时代国家经济安全的战略与现实

表14-4 华为手机及消费电子领域核心供应商

部件	公司名称	产品	部件	海外供应商	国内供应商或其他潜在供应商
电池	德赛电池				
	欣旺达		AP	高通	海思
	比亚迪				紫光展锐
连接器	立讯精密				联芯科技
	中航光电	核心芯片	CPU	Intel/AMD	海思
	电连技术		基带芯片及部分	高通	联发科
	联创电子				海思
镜头	舜宇光学		GPU	英伟达	海思
	大立光		FPGA	赛灵思	紫光国微
盖板玻璃	蓝思科技				复旦微电子
	呈呈科技		DSP	德州仪器	高云
声学零部件	歌尔股份				海思
	共达电声				圣邦股份
	欧菲光		模拟器件	高通/博通	华睿
摄像头模组	水晶光电			Dialog/安森美	进芯电子
	舜宇光学				圣邦股份
	丘钛科技				全志科技
滤光片	水晶光电				瑞芯微
					华大半导体
					闻泰科技（安世）

· 450 ·

续表

部件	公司名称	产品	部件	海外供应商	国内供应商或其他潜在供应商
屏幕模组	长信科技				唯捷创芯
	同兴达				慧智微电子
屏幕	京东方		射频芯片	博通/Qorvo/skyworks	汉天下
	TCL集团（华星）				三安光电
	深天马	核心芯片			卓胜微
精密结构件	安洁科技				兆易创新
	比亚迪		存储芯片	三星/海力士/镁光	北京夕成
	星星科技				合肥长鑫
	长盈精密				长江存储
机壳	领益智造（东方亮彩）		SSD/HDD/HHD	西部数据	紫光国微
	三环集团		摄像头芯片	索尼	韦尔股份
天线	信维通信		触控芯片	新思	汇顶科技
	硕贝德		指纹识别芯片	新思/FPC/神盾	汇顶科技
无线充电	信维通信				思立微

新时代国家经济安全的战略与现实

续表

部件	公司名称	产品	部件	海外供应商	国内供应商或其他潜在供应商
摄像头马达	TDK 株式会社	设计软件	EDA 软件	Cadence	华大九天
PCB/IC 载板	比路电子				概伦电子
	中蓝电子				芯禾科技
	兴森科技		android	谷歌	华为鸿蒙
	深南电路		芯片制造	台积电	中芯国际
元器件	顺络电子	制造及封装	封装测试	日月光	长电科技
	风华高科				华天科技
声学零部件模组	瑞声科技				通富微电

资料来源：作者根据中商产业研究院报告整理。

· 452 ·

在目前业已拉开帷幕的全球5G竞赛中，华为的领先优势明显。从产品来看，为更好适应5G时代到来，华为根据不同场景推出不同的核心芯片，例如手机SoC麒麟系列、服务器鲲鹏920、人工智能AI芯片昇腾系列、5G通讯基带芯片巴龙和天罡等。目前我国5G网络已实现商用，在网络体验方面，华为4G/5G协同方案构建最佳体验的融合网络，提升边缘和室内用户体验。华为联合中国电信在上海完成全球首个5G超级上行网络覆盖，为5G在垂直行业广泛应用提供有力保障。华为室内数字化方案实现5G室内大容量和室内外一致体验，可支持面向未来的网络演进，2019年，华为已在全球28个国家和地区近40家运营商部署。而在5G基站建设方面，截至2020年底，我国开通5G基站超过71.8万个，实现所有地级以上城市5G网络全覆盖，5G终端连接数超过2亿。至2021年7月，中国三大运营商中国移动、中国联通、中国电信已于中国建设91.6万个5G基站，合计占全球的70%，不仅显现出中国市场可观规模，同时5G通讯业务也成为支撑华为在消费电子业务急速下滑下，继续维持公司投入的关键。[①] 目前，华为已经开始生产不含美国元器件的5G基站。华为的基站供应商基本都是国内企业（见表14-5），显示了通过技术研发和攻关，产业链主华为与国内配套企业的高度协同，维护了产业链安全，摆脱了美国对中国产业的"卡脖子"遏制。

表14-5　　　　　　　华为5G产业核心产品供应链情况

部件产品	企业名称
固件存储	Cypress、兆易创新、东芯、旺宏、华邦
FPGA	赛灵思、紫光国微、安路信息
高速光芯片	华为、三安光电
交换芯片	海思
小基站	邦讯技术、日海智能
LDMOS PA	安普隆（已被建广私有化）

---

① 中华人民共和国中央人民政府最新数据显示：我国已建成全球最大5G网络，http://www.gov.cn/xinwen/2021-01/31/content_5583838.htm。

续表

部件产品	企业名称
Gan-SIC PA	海思、三安光电、山东天岳
滤波器	三安光电、信维通信、东山精密
模拟芯片	海思、韦尔股份、圣邦股份
天线	世嘉科技、信维通信、硕贝德、通宇通讯
高速连接器	立讯精密、中航光电、意华股份、电连技术
覆铜板	生益科技、华正新材
PCB	深南电路、沪电股份、景旺电子
被动元器件	顺络电子
光纤光缆	亨通光电、长飞光纤、中天科技
光模块	光迅科技、中际旭创

资料来源：作者根据中商产业研究院报告整理。

总结而言，以手机为代表的消费者业务、5G通讯业务以及企业云服务，构成了支撑华为发展的重要支柱，也是华为能够成为中国最具代表性的链主企业的核心产业基础。必须注意到的是，自2019年5月华为公司被美国纳入"实体清单"作为重点制裁和打压的对象那一刻起，华为就被赋予了别样的意义。美国对华为的制裁和打压，可以被认为是美国对中国高科技链主企业的全面打压，是对中国科技发展的遏制、也是国家战略层面的较量和对抗。而从华为被美国全面遏制所产生的后续结果来看，在2021年华为由于缺乏高端芯片而导致的手机业务急剧下滑后，虽然其他业务继续增长，但总体销售额却下降近30%左右。从中我们也可以客观地看到，正是由于华为在产业链上缺少了最为关键的芯片制程环节这个节点，再好的芯片设计也不能转化为最终产品，进而使得美国的"长臂管辖"才产生了实质性效果。因此，关键节点的缺失使得华为还不能形成产业链闭环，进而也就无法保障自身的产业链安全。而从华为案例中我们需要深刻理解的是，链主的形成固然有其内在的核心竞争力，但其产业链安全也是建立在各个关键产业节点协同基础之上的，在大国博弈的背景下，战略竞争对手可以采用超常规的遏制手段，对他国产业链链主实施关键节点的"精准打击",进而遏制链主企业的扩张。对此,从维护产业链安全的角度看,强化协同,补足关键节点的短板成为我国科技创新、自主可控的新发展目标。

(二)光伏产业链与链主企业案例

除了华为之外,中国还存在相当数量的其他链主,这些链主活跃在中国的各个主要产业链中。它们的共性即在于具备核心竞争力以及具有和全球同业龙头对标的能力。核心竞争力是指能够适应中国经济从高速增长转向高质量增长的新形势,在行业优胜劣汰中胜出,实现强者恒强,它们具有与产业链上下游利益相关者的议价能力,与潜在进入者、替代品以及同一行业公司等的竞争方面具有的不易模仿、不易复制的特定优势或能力。而从更高的层次看这些链主的核心资产行业特点,需要在全球范围内对标研究行业龙头。第一,中国14亿人口的消费升级的需求,在全球来看都具有竞争力,而能够满足中国消费升级趋势的企业可以称为核心资产。第二,中国制造业处于厚积薄发阶段,机械、化工、汽车、TMT、机电等领域具备技术突破、进口替代优势,并且逐步走出去在全球扩张的企业可以称为核心资产。第三,科技创新领域具有全球领先优势的公司,比如BAT为代表的互联网巨头,以及5G、人工智能、新能源、军工科技、生物医药等领域都会涌现出中国的核心资产。以下我们以中国发展最快的光伏产业进行分析。

光伏是太阳能光伏发电系统的简称,是一种利用太阳电池半导体材料的光伏效应,将太阳光辐射能直接转换为电能的一种新型发电系统,有独立运行和并网运行两种方式。太阳能光伏发电系统分为两类:一种是集中式,如我国西北地面大型光伏发电系统;另一种是分布式,如工商企业厂房屋顶光伏发电系统,民居屋顶光伏发电系统。光伏产业链,从上游到下游,依次为:上游原材料(硅料)和设备提供商;中游包括硅片、电池片、组件的生产厂商;下游,包括电站建造、运营商。而在光伏各产业链环节中,我国企业均有一定的核心竞争力并形成了完整的闭环(见表14-6)。

表 14-6　　　　　　　　　　光伏产业链及相关企业

产业链环节		产业链特点	相关公司
上游	硅料	2020下半年至2021年供需总体偏紧	保利协鑫、新特能源、通威股份、大全新能源、亚洲硅业、鄂尔多斯
	多晶硅	技术门槛高，有一定的垄断性	江苏中能（龙头、接近国内50%的产能）、通成般份、特变电工、大全新能源、亚洲硅业
	单晶硅	单晶替代多晶趋势明显	隆基股份、中环股份、晶科、晶澳、上机数控、京运通、阳光能源
	硅片	硅片用于生产电池片，技术含量不高、资本密集型环节，全球前十家企业中，中国占8家	隆基股份、晶盛机电、美畅股份、中环股份、京运通、向日葵
中游	设备	完全格局集中，设备厂的长驱动取决于新技术路线推进后光伏制造厂商的扩产	晶盛机电、京运通、迈为股份、捷佳伟制、连城数控、帝尔激光、奥特维
	电池片	电池片用于生产组件，资本和技术密集型环节，光伏产业链"冠上的明珠"	通威股份、爱旭股份、晶澳科技、晶科能源、韩华、隆基股份、爱旭股份、福斯特、协鑫集成、东方日升、赛伍技术、爱康科技、航天电机、中来股份、中利集团、拓日新能、英杰电气、亿晶光电、向日葵
	组件	建造电站的终端部件，中国是全球第一大光组件生产国，海外市场占有率70%	金辰股份、隆基股份、天合光能、协鑫集成、晶澳科技、东方日升、赛伍技术、爱康科技、京运通、航天电机、中来股份、中利集团、拓日新能、芯能科技、亿晶光电、向日葵、ST天龙
	EVA胶膜	寡头格局，福斯特一家独大	福斯特、斯威克、海优威新材
	光伏玻璃	行业集中度较高，双寡头	信义光能、福莱特、亚玛顿、南玻A、安彩高科、旗滨集团
下游	逆变器	行业集中度较高，双寡头	阳光电源、锦浪科技、上能电气、固德威、科士达、禾望电气
	电站	资本密集型，一超多强	中国电力投资集团、正泰电器、林洋能源、太阳能、中利科技、特变电工、爱康科技

资料来源：作者根据东方财富网相关资料整理。

第十三章 链主与节点的制约

从表 14-6 分析中已经可以看到，中国的光伏产业发展虽然起步较晚，但经过近些年的科技创新和产业链构建，中国光伏产业已经形成全球领先的核心竞争力。下面以行业内领军企业隆基股份具体案例来看。

隆基绿能成立于 2000 年，总部位于陕西西安，组件和单晶硅片是公司核心业务。目前公司已发展成为全球最大的单晶硅片制造商，单晶组件出货量连续多年位居全球第一，单晶 PERC 电池和组件转换效率连续多次刷新世界记录。在隆基创业之初，恰是光伏行业萌发之时。那时，业内存在单晶和多晶两种技术路线，孰优孰劣争议不断。受制于成本、工艺等多重因素，当时的大部分企业都集中在多晶路线上进行扩产。单晶硅片对硅料纯度要求高，加工工序复杂，同等条件下，往往需要投入更多用料，更多人力、物力和时间。但在硬币的另一面，单晶硅的优势也很明显，单晶的电能转换效率会比多晶多 1.5%—2%。对于动辄兆瓦级的光伏电站来说，这样的效率提升空间很具诱惑力。深入调研后，隆基绿能选择了单晶硅。从 2006 年起，其在银川、西安、无锡等地相继建设单晶硅产线。随着竞争的加剧，5 年后国内硅料原材料价格直降 96%，而隆基绿能则成为这波技术迭代的最大受益者，2011 年公司成为全球最大的光伏级单晶硅片生产制造企业。

在单晶硅切片环节，隆基早在 2011 年前后就已经具备金刚线切片的专利，但是由于装备尚未国产化、供应链不完整、工艺成本也很高，因此隆基最开始投产的产能依旧是传统的砂浆切割产能。经过数年努力，2013 年末公司选定了金刚线技术路线，培育了稳定的数控供应设备，并与金刚线生产企业确认了稳定供应关系，迅速地在 2015 年成为行业内首家实现 100% 金刚线切割的企业，赚取了 2—3 年的技术进步利润。同样，在电池环节，隆基绿能在 2015 年即开始对 PERC 电池进行量产研究，但最开始投产的电池产能依旧多为单晶 BSF 电池，原因在于设备国产化不足、衰减问题、成本尚高。通过持续的高研发投入，公司掌握了光致衰减的减小与控制技术，在此期间，国产设备经过多方使用后也逐步成熟，投资成本大幅降低，2018 年公司迅速将原有生产线全部升级为 PERC 产线，同时启动大规模扩产计划，凭借低成本高效率的新电池产能，成为组件环节头部企业。据统计，2015—2020年，国内单晶硅的市场份额从18%扩大至90.2%，隆基成为光伏产业链上的最大受益者。截至2020年末，隆基绿能的单晶硅片产能达到85GW，单晶组件产能达到50GW。硅片出货量58.15GW，其中对海外销售31.84GW，同比增长25.65%；单晶组件出货量24.53GW，全球市占率约19%，比2019年增加了11个百分点。两者的出货量均位列全球第一。①

从产业发展的前景来看，随着中国碳中和目标的确立，特别是美欧新能源需求加速释放背景下，光伏产业已经展现电网平价后的产业爆发力。在全球碳减排政策的推动下，2021年全球光伏装机同比增速达到34%，实现近十年最高增长，而中欧美三个地区光伏装机占比有望达到全球的67%。② 目前，我国光伏产业在全球技术、成本和产能规模均具有压倒性的优势。也是全球光伏行业中占比规模最大的国家。2022年7月7日，国际能源署（IEA）发布《光伏全球供应链特别报告》指出，截至2021年，中国拥有占世界总量79%的多晶硅产能，另外，该报告还预测，中国生产的多晶硅占世界总产能的份额将很快上升至95%，到2025年，在用于光伏组件生产的关键部件上，世界将几乎完全依赖中国。目前中国光伏组件的成本比印度低10%，比美国低20%，比欧洲低35%，具有绝对的性价比优势。而从中国光伏产业的海外市场拓展来看，根据光伏咨询机构PV InfoLink对中国海关出口数据的分析，2022年1—5月，中国光伏组件出口达到了63.4吉瓦（GW），同比增长102%。其中，欧洲地区1—5月累计进口33.3吉瓦，同比增长144%，占出口总量的52%，是需求总量最多的地区。由此可见，经过科技创新和产业链协同，中国光伏产业不仅形成了以规模、技术、成本作为核心竞争力的产业链链主企业，同时，产业链也形成完整的闭环，有效地增强了产业链的韧性，并在自主可控基础上维护了产业链安全。

---

① 相关报道见：https://www.china5e.com/news/news-1118114-1.html。
② 《光伏产业2021年度展望》，具体报道见https://www.glass.cn/glassnews/newsinfo_130409.html。

五 链主的培育与经济安全风险应对

通过对国际链主型企业和中国链主型企业的案例对比分析，不难看出链主对于产业发展的巨大推动作用，链主的成长历程一般较为相似，或出自于极富能力的行业领导者，或出自于拥有核心关键技术的科技型企业。而从国际链主型企业与中国链主型企业的比较中同样也不难发现，中国链主的发展遵循的模式是，先进行跟踪模仿，随后通过改变或精进技术路径实现弯道超车。无论是通讯还是光伏产业，其技术发展的起点都不在国内，但通过吸收、消化和技术突破，许多中国企业也开始具备了强大的国际竞争力并开始向产业链链主的角色进行过渡。从本质上看，国际链主的发展与地位维护必须有较强的内生创新动力，无论是苹果还是特斯拉，都具有较强的创新基因和属性，它们大都在技术领域掌握了较强的先发优势，并且通过持续研发保持技术创新优势。因此，在充满竞争力的国际链主企业和链主国家面前，我们应该看到自身产业链的短板，并导致我国的经济安全仍然存在着较大的风险。

（一）中国链主企业的脆弱性

从宏观的政治经济格局来看，随着中国经济实力的增长，国际影响力的日渐扩大，美国为了维护其国际霸权，必然对中国采取各种手段的遏制行为。而在这场即将持续多年的大博弈中，双方的链主将在其中起到至关重要的作用。一国能拥有多少链主企业，能否围绕链主形成良好的产业生态，对促进社会就业、科技创新、人才培养和经济发展的战略大局将变得至关重要。但从目前的状况来看，我国的链主企业在大国博弈中仍然具备相当的脆弱性，这些脆弱性也对我国的经济安全产生了相当的挑战，并主要体现在以下几个方面。

1. 低端锁定困局

"低端锁定"是指全球价值链参与过程中，发达国家掌握着核心技术与重要的专利技术，并利用其核心技术压制发展中国家企业的知识创造和竞争力提升，致使发展中国家的企业丧失核心竞争力而被限制在价值创造的低端环节。因此，低端锁定亦可被视为链主控制产业链的行为。发达国家链主的控制行为主要集中在三个方面：（1）通过一个持续、稳定和合理的利润激励将外国企业长期锁定在全球价值链的低端，从而产生低水平的代工均衡；（2）利用发展中国家间和国家内部不同代工者之间的可替代性、造成代工者之间的相互竞争性，再利用代工所形成的专用性生产投资锁定特征，通过持续压低采购价，来控制处于价值链下游环节发展中国家代工者的利润空间；（3）通过技术授权收取技术租金，采取知识产权保护制度提高外国企业模仿和学习的成本，从而降低国外自创品牌的利润预期，最终将国外产业锁定在低端。

从20世纪90年代开始，全球价值链分工体系不断深入，中国凭借要素禀赋和基础设施的比较优势，成为"世界工厂"。但是，中国制造业大而不强的难题始终没有得到根本解决，大部分产品仍长期处于全球价值链中低端。长期以来，我国产业发展依赖进口国外技术、关键装备和重要零部件。虽然我国实现了生产能力和市场竞争力的快速提升，但是基础不牢、底子不稳。如何在技术跨越中实现"低端锁定"的破局，是我们亟待解决的问题。从产业链的结构上看，发达国家链主控制行为往往集中在研发、品牌营销与关键技术节点环节。它们掌握着定价权并且决定技术创新的方向。价值链两端的市场结构是完全垄断型的市场结构。这使得中国在全球价值链中通常只是承担组装中间产品的角色，在跨国公司主导的全球价值链利益分配格局当中，我国企业只能得到很少的利益。

2. 关键环节受制于人

跨国性链主企业的成长经验表明，几乎所有企业都是先从国内市场起步，以母国为基地开始发展，同时实施企业国际化发展战略，通过国内外并购扩张最终走向世界，成为掌控全球价值链的跨国"链主"企业。这些国际化企业占据全球价值链高端，对世界范围内的技术、人才、信息、资本等资源进行优化配置和重组。核心关键技术、规模优势和对产业链的控制主导能力是支撑跨国企业"链主"地位的重要基础。

从企业层面看，中国本土的跨国公司刚刚崭露头角。如在电动汽车领域，比亚迪等中国企业作为智能汽车和新能源汽车产业的重要代表飞速发展,成为除特斯拉以外最具实力的本土新能源链主企业。中国手机品牌的另一领军企业小米则通过"生态链"战略组织起了一个以"米家"品牌为核心,以品控和价格为抓手,产品覆盖消费生活方方面面的企业联盟,带动了诸多生活品牌企业的发展,目前已有200多家中国企业加入到了小米生态链中。而在新能源电池领域,宁德时代在多元化发展策略指引下,不仅在锂离子动力电池领域做到全球第一,同时也还持续推动钠离子动力电池新技术发展。

尽管中国已有不少颇具雏形的链主企业诞生,中国也已建成了门类齐全、独立完整的制造业体系,拥有世界上最为丰富的制造产业链条,企业在全球供应链中的地位不断得到提升,并由此支撑中国成为有全球竞争力和世界影响力的经济大国。但与世界制造强国相比,中国的供应链体系建设仍处在初级阶段,产业链主导权、安全性、有效性、智能化水平等差距明显。微观基础支撑的缺失将影响到中国在全球价值链重构上的话语权。

具体而言,中国企业对制造业的高端环节缺乏控制力,许多关键设备仪器与核心技术受制于人。例如,中国医疗器械领域,80%—90%的CT、80%的超声波仪器、80%—90%的磁共振设备、85%的内窥镜、90%的起搏器、85%的化学发光仪、70%的麻醉机等均被美欧日外资企业垄断并获取了高额利润。2019年,中国工程院对26类有代表性的制造业产业进行国际比较分析,分析结果显示,在这些产业中,中国世界领先的产业有5类,分别是通信设备、先进轨道交通装备、输变电装备、纺织、家电。世界先进产业有6类,分别是航天装备、新能源汽车、发电装备、钢铁、石化、建材。而与世界差距大的产业有10类,分别是飞机、航空机载设备及系统、高档数控机床与基础制造装备、机器人、高技术船舶与海洋工程装备、节能汽车、高性能医疗器械、新材料、生物医药、食品。与世界差距巨大的产业有5类,分别是集成电路及专用设备、操作系统与工业软件、智能制造核心信息设备、航空发动机、农业装备。在上述26类产业中,6类产业自主可控,占23%,10类产业安全可控,占38.5%;2类产业对外依赖度高,占0.77%;8类产业对外依赖度极高，占30.8%。① 因此，必须看到关键环节受制于人是中国企业，包括成长过程中的中国链主型企业最大的短板。

3. 基础研究能力薄弱

基础研究是所有科学技术的理论和知识源头，是科技、技术、产业和社会发展的源动力。一个国家基础研究能力的强弱决定着其科技水平的高低和国际竞争力。美国等西方科技强国均高度重视基础研究对经济发展的特殊贡献作用。虽然我国当前多项科技指标位居世界前列，但对现代知识体系的基础科学贡献仍不多见，领先技术屈指可数。时任国务院总理李克强也在2019年9月2日主持召开的国家杰出青年科学基金工作座谈会上明确指出："基础研究决定一个国家科技创新的深度和广度，'卡脖子'问题根子在基础研究薄弱。"② 而中国工业经济联合会会长李毅中也认为，"中国工业规模已经很大，但大而不强最大的问题在于中国的工业'四基'依旧薄弱。"③ 而所谓工业"四基"问题：一是核心技术零部件和元器件；二是先进基础工艺；三是关键基础材料；四是工业技术基础。

我国基础研究能力薄弱的原因，就是缺少原创理论或原始创新的突破，很多企业过于急功近利，不愿意投入基础研究。对于企业而言，很多具有世界级影响力的企业，或者具有国际竞争力的大企业都有自己的基础研究。以汽车行业为例，丰田于20世纪40年代中期就成立了物理和化学研究所，并在1960年成立中央研究院，两者的核心职能就是基础研究，这也是丰田能在汽车产业后来居上、极具竞争力的原因所在。美国通用汽车公司有6个科学办公室，2010年就有约2000名搞基础研究的博士，涉及物理学、化学、数学。德国大众之所以能成为全球汽车业规模第一的企业，也与重视基础研究息息相关，其总部从事基础研究的有6000多人。在中国企业中，华为之所以具有国际竞争力，也正是因为其非常重视基础研究，华为专门建立了2012实验室，在全球聘用了

---

① 中国工程院：《中国8类产业对外依赖度极高，部分关键技术受制于人》，http://news.moore.ren/industry/168678.htm。
② 报道可见http://www.nsfc.gov.cn/publish/portal0/tab440/info76292.htm。
③ 报道可见https://www.sohu.com/a/406020092_680938。

1600多名科学家，其中包括700多名数学家、800多名物理学家、120多名化学家。①

另外，我国技术工人收入不高也对基础研究转化为产业能力产生相当的掣肘。技术工人是我国产业工人重要组成部分，也是实施创新驱动发展战略不可或缺的宝贵人才资源。从最新数据上看，我国技术工人有1.65亿人，其中高技能人才仅有4700多万人，仅占整个就业人员的6%。而从市场供求看，技术工人在人才市场上的求人倍率一直保持在1.5以上，高级技工的求人倍率甚至达到2以上的水平，供需矛盾非常突出。而这一结果充分地反映在制造业全员劳动生产率差异上，2019年中国制造业每人每年创造的增加值为19.5万元人民币，仅是美国的19.2%，是德国的27.8%。② 因此，提高技术工人待遇和重视技术工人保障，包括有效地调整人才供给结构，加大技术职业教育发展，是将基础研究转化为产业能力的关键环节。

（二）链主培育与风险化解

当前，中国正处在经济和历史发展的一个重要转折点上。在百年未有之大变局和百年不遇之大疫情叠加的背景下，中国企业应当主动适应新变化，增强应变能力。而只有加强内功的修炼，不断提升企业的科技创新水平，才是化解各类内外部风险，助力维护国家经济安全的有力保障。而在这一过程中，中国企业更应当主动适应全球产业链和供应链重构变化，主动融入新发展格局，发挥好国内超大市场规模优势，找准定位，有意识地将上下游整合到国内外双循环中。在产业链的调整与重塑过程中，"链主"企业更应该充分利用内外部资源，发挥比较优势，整合各类资源和要素，形成某一产业链的核心凝聚力。而从提升产业链的现代化水平来看，中国需要围绕产业链性质和特点，培育一批具有全球竞争力的世界一流企业，成为本产业链的"链主"。

---

① 报道可见https://www.163.com/dy/article/FORG4J7M05509P99.html。
② 报道可见https://www.163.com/dy/article/FORG4J7M05509P99.html。

1. 强链、补链、延链

在培育"链主"企业的过程中,政策设计要引导其主动补链、延链,向上下游延伸,形成自身的全产业优势,具备优异的盈利能力和稳定的经营抗风险能力。强链即是采用协同合作与重点工程并行,把产业链做大做强,各企业应对深化开展上下游、企业间、企地间等合作,打造形成产业聚合优势;同时积极协调推进投资规模大、辐射范围广、带动作用强的重大工程、重点项目建设,促进全产业链顺畅运转。延链即是通过技术创新推动产业升级。企业需要以技术创新引领产业延伸、转型、升级,努力做好新基建产业链的投资者、研发者和建设者,不断优化产业链结构、提升产业链价值,继而形成增长新动力,推动实现高质量快速发展。补链即是通过协同让产业能够正常"运转"起来。针对在科技产业链暴露出的一些缺位、短板问题,企业应当梳理存在困难、精准施策,着力打通产业链的堵点、畅通痛点、补上断点,帮助解决物流运输、资金周转、消费下挫等难题,助力产业快速恢复正常运转。

2. 促进大中小企业融通发展

推动大中小企业之间的融通发展对于培育链主而言也至关重要。处于产业链核心位置的龙头企业可以带动上下游形成产业集群,可以通过整合创新资源和生产要素,培育出产业链的链主。同时,通过政策设计支持更多的中小企业,形成专精特新企业,与链主企业形成良好协同效应,促进企业创新和产业转型升级。进而可以形成良好的产业生态。

中小企业一直是中国经济发展中极其重要的微观主体,它们贡献了全国50%以上的税收,60%以上的GDP,70%以上的技术创新成果和80%以上的劳动力就业,是中国经济的基本盘和经济发展的基层依托。面对中小企业,特别是中小型创新企业的特殊价值,我国的"十四五"规划纲要和中央政治局会议中反复强调要发展中国"专、精、特、新"中小企业。而"专、精、特、新"的中小企业具体是指具有"专业化、精细化、特色化、新颖化"特征的中小企业,这些中小企业在国民经济每个行业都可以成为"隐形冠军"。而横向比较"隐形冠军"的价值,我们可以看到德国、日本的许多中小企业均掌握着核心关键技术节点,并在产业链上有足够的议价权,具有与链主相当的价值链获取能力。因此,在关注中国企业的链主建设同时,切不可忽视中小企业的重要性,它们不仅是中国链主形成的基层保障,同时其核心竞争力也可以给中国供应链提供更广泛意义上的安全保障。

3. 持续跟踪未来技术

《日经亚洲评论》记者威廉·佩塞克在其著作《日本化:世界可以从日本失去的几十年中学到什么》中指出,世界发展正日趋"日本化"。① 而"日本化"的基本特征可以总结为:低增长、低利率、高货币、高债务。② 这一特征原本是对日本20世纪90年代经济大衰退后所产生社会经济现象的总体概括,然而近年来却成为世界各国普遍面临的共同问题。虽然,中国当下依然处在良好的战略机遇期和快速发展期,但面对未来,特别是经济"日本化"可能也不能不进行提前防范。而从产业链和价值链的角度,如何依靠链主解决未来发展中可能碰到的问题?日本的经验或许也值得参考和借鉴。2020年6月日本文部科学省发布了《2020科学技术白皮书》指出,随着新型冠状病毒感染的蔓延,全球的日常经济生活、公共服务和各类产业都受到严重影响,未来的社会形态可能发生变革。因此,日本将加速实现超智能"社会5.0"(Society 5.0),并通过最先进的科技应对未来社会变化,解决当前和未来的社会问题。③ 同时,我们还可以看到美国政府科研机构和全球科技领先公司也在频频发布未来科技展望,而通过技术进步解决未来社会发展难题是国际社会的共识。对此,我国的链主企业或可参照日本所列的"技术清单",对其进行跟踪和研发突破,通过切实可行的技术手段助力中国实

---

① Pesek W., *Japanization: What the World Can Learn from Japan's Lost Decades*, John Wiley & Sons, 2014, p.5.

② 滕发才:《OECD国家结构性赤字的通胀效应研究》,《湖南商学院学报》2016年第6期。

③ 超智能社会是日本政府所定义的人类社会的进阶发展形态,是继原始的狩猎社会(社会1.0形态),进阶的农耕社会(社会2.0形态)、工业革命后的工业社会(社会3.0形态)、信息技术革命后的信息社会(社会4.0形态)后在以人工智能为核心的新技术革命不断演进的形势下诞生的未来社会形态,构建这一社会形态的途径主要是通过对于信息通信技术的最大开发和灵活运用,利用人工智能(AI)、传感器和自动化等技术,构建网络空间(虚拟空间)和物理空间(现实空间)高度融合的体系将第四次工业革命的技术创新融入各行各业和社会生活中来创造需求,刺激投资。

现经济安全发展。①

结　语

　　通过本章分析可以看到，全球化推动了全球价值链的产生和全球生产范式的变化。而在全球价值链结构中，国际产业链链主掌握着产业链的主导权，不仅可以获得更多的产业链端经济收益，而且对产业链还形成了相当程度的控制权，同时，产业链中关键节点企业虽然可能没有规模性经济产出，但却也对整个产业链的供应安全保障和良性运作起着至关重要的作用。而这些产业特征和结构性优势的存在，在大国博弈的环境下，可以被某些技术大国和链主企业大国通过自身国家政策修订，推动和实施"长臂管辖"，进而将链主与关键节点企业作为战略博弈工具对战略竞争对手实施"精准打击"，并产生遏制他国产业链现代化升级和削弱他国经济基础的战略效应。

　　研究和分析国际链主企业共性特征可以发现，保持对未来先进科技的追踪，领先性的基础研发投入，知识产权掌握与控制，特别是通过产品市场竞争形成的庞大的技术生态体系等特点，是国际产业链中构建链主企业的基本共同特征，而关键节点企业则更多是通过"专、精、特、新"的某一关键技术和制造环节的支撑，进而形成产业链运转不可或缺的环节。而这些通过产业链能够传导出的优势地位获得，也正是中国企业在当下具有一定规模优势后需要进行突破和发展的方向。

　　必须认识到的是，链主控制和关键节点制约的实施本质上并不可怕，关键在于我国是否已经在战略上做好直面经济安全风险所带来挑战的全面准备，并对大国在今天科技环境下的战略技术竞争有清醒的认识。而在当下大国间地缘政治、经济与技术博弈日趋强化的今天，只有全面正视我国企业，包括国内链主企业所存在的产业链脆弱性和核心技术短板问题，并以长期的战略竞争眼光，配合以行之有效的政策手段，努力在

---

① 日本文部科学省所列出 37 项未来新技术清单可见 https://www.mext.go.jp/b_menu/hakusho/html/hpaa202001/1421221.html。

第十三章 链主与节点的制约

产业实践中进行链主企业的培育,并将其作为一项需要历经长期考验的重要时代任务与使命,才有可能推动我国诞生更多的核心技术来补足产业链短板。而只有在各个重要和主导产业链中,产生更多的卡位关键环节的中国链主和关键节点企业,才能成为真正意义上的全球型链主国家,并最终实现对全球价值链低端锁定困局的全面摆脱。因此,努力占据全球价值链高端位置和树立培育链主国家的产业模式,不仅是全面和有效化解中国经济安全风险根本发展之路,而且也是当下应对国际局势风云变幻中维护我国经济安全的正确战略选择。

第十四章 技术的新边疆博弈
——技术经济融合与技术链安全

引 言

2023年12月，中央经济工作会议中习近平总书记指出，要以科技创新推动产业创新，特别是以颠覆性技术和前沿技术催生新产业、新模式、新动能，发展新质生产力。完善新型举国体制，实施制造业重点产业链高质量发展行动，加强质量支撑和标准引领，提升产业链供应链韧性和安全水平。2024年7月，党的二十届三中全会通过的《中共中央关于进一步全面深化改革、推进中国式现代化的决定》中指出：加强关键共性技术、前沿引领技术、现代工程技术、颠覆性技术创新，加强新领域新赛道制度供给，建立未来产业投入增长机制，完善推动新一代信息技术、人工智能、航空航天、新能源、新材料、高端装备、生物医药、量子科技等战略性产业发展政策和治理体系，引导新兴产业健康有序发展。以国家标准提升引领传统产业优化升级，支持企业用数智技术、绿色技术改造提升传统产业。强化环保、安全等制度约束。人类迈入工业时代后，经济发展与技术进步之间的勾连就从未停止。而在进入信息时代以来，国家经济发展的持续性和稳定性越来越依托本国的技术创新能力，掌握了技术链的上游和核心技术的国家，往往控制了相关产业的绝对话语权，从而提升了国家的抵御风险能力和绝对实力。从人类发展历史回顾而言，科学、技术与创新是人类无止境的追求。1945年，美国著名科技管理学家、时任白宫科学研究与发展办公室主任万内瓦尔·布什在呈递给时任美国杜鲁门总统一篇名为《科学——没有止境的前沿》的报告中，将美国的科学研究事业形容为在"无限边疆"上的开拓，布什在报告中说，随着传统边疆的消失，美国必须在科学这一富含无穷创造力的新边疆上加快开拓的步伐。①

从当下的时代特征来看，目前中国正处于"百年未有之大变局"的时代背景之下。纵向来看，我国正深度嵌入于更广泛的经济全球化进程，并积极参与着第四次技术革命；横向而言，我国又面临着国家实力上升带来的内外部环境风险增加的难题。一方面，国内改革开放进入深水区、经济增长速度与经济发展质量的新协同问题呈现；另一方面，美欧等传统西方大国为维护自身的霸权地位，对我国的遏制与打压等一系列问题都使得经济发展与技术进步互动关系日趋复杂化。5G通信、人工智能、大数据等新兴技术作为时代前进的"新边疆"越来越通过产业博弈而影响着国家的经济安全。而在这样问题复杂交织的背景下，讨论"技术—经济"之间的关系与融合，特别是分析技术链安全对经济安全的影响的重要性就显得不言而喻。

一 技术进步与经济增长的关联性

技术的突破往往改变时代的走向，人类社会的发展进程本身就与新技术的发明和应用有着密切关系。马克思高度重视科学技术对社会进步的推动作用，并把技术进步推动生产力发展视作所有形式社会进步的原动力。虽然马克思没有关于技术进步对经济影响的专门著作，但是，关于技术进步及其与经济增长关系的探讨一直贯穿于马克思的各种著作写作之中，如《资本论》《1844年经济学哲学手稿》《雇佣劳动与资本》《机器、自然力和科学的应用》等。在马克思的著作中，机器的运用、生产力的发展、劳动资料的革命、资本有机构成提高等都是技术进步的相似概念；财富的增长、社会总产品的增加、社会总资本的扩大再生产等都是经济增长的同义表述。如马克思明确指出，"科学是一种在历史

---

① [美] V. 布什等：《科学——没有止境的前沿》，范岱年、解道华等译，商务印书馆2004年版。

上起推动作用的、革命的力量"。① 而在科学技术与经济发展的关系上，马克思还深层次地认识到"随着大工业的发展，现实财富的创造较少地取决于劳动时间和已耗费的劳动量，较多地取决于在劳动时间内所运用的作用物的力量，而这种作用物自身——它们的巨大效率——又和生产它们所花费的直接劳动时间不成比例，而是取决于科学的一般水平和技术进步，或者说取决于这种科学在生产上的应用。"②

除了马克思以政治经济学视角认识技术与经济增长的关系之外，西方经济学派也对技术与经济增长之间的关系问题展开了丰富的研究。如经济学家索洛在其开创的新古典增长理论框架中认为，技术进步是推动经济在达到稳态均衡后保持持续增长的动力，技术创新和资本积累有利于经济的稳步提升。③ 而在技术进步与经济增长关系的研究中，国内绝大多数学者都从西方现代经济增长理论视角来研究这一问题，基本都认同经济增长与技术进步正相关。其中，王小鲁等学者通过考察自主创新对全要素生产率的影响来判断技术创新对经济增长方式转变的影响，④ 陈继勇等学者从引进技术对全要素生产率的影响来判断创新性与生产发展的联系，⑤ 傅元海等学者则从投入产出率的变化判断引进技术对经济增长方式转变的影响。⑥ 事实上，撇开抽象的理论框架，回顾人类历史的进程，可以发现历史变化的过程更能够凸显技术进步与经济发展的密切关系，同时也能够提供最好的实证研究。而技术变革一次又一次地拓展人类社会的新边疆，创造和改变新的人类生活方式，无不为我们展现经济增长的原始动力和核心源泉。

第一次工业革命以蒸汽机的广泛应用为标志，起源于18世纪60年

---

① 《马克思恩格斯文集》第3卷，人民出版社2009年版，第602页。
② 《马克思恩格斯文集》第8卷，人民出版社2009年版，第195—196页。
③ Solow R. M. A., "Contribution to the Theory of Economic Growth", *The Quarterly Journal of Economics*, 1956, p.1.
④ 王小鲁、樊纲、刘鹏：《中国经济增长方式转换和增长可持续性》，《经济研究》2009年第1期。
⑤ 陈继勇、盛杨怿：《外商直接投资的知识溢出与中国区域经济增长》，《经济研究》2008年第12期。
⑥ 傅元海、唐未兵、王展祥：《FDI溢出机制、技术进步路径与经济增长绩效》，《经济研究》2010年第6期。

代的英国中部,并逐步扩散到整个欧洲大陆和北美地区。这次技术革新的特点主要体现在两个方面:一是蒸汽机的推广使用,极大地改善了以往的生产只能依赖人力和畜力的局限,为工业生产、交通运输提供了廉价而充足的动力;二是工业革命起源于棉纺织业等轻工业、纺织、机器制造、冶金、采煤、交通运输等部门成为资本主义工业体系的五大支柱。其中冶金行业采用焦炭炼钢等技术革新,能够炼出韧性和强度更好的钢材,为技术革新生产各种新机器,推动了现代社会工厂化的进程。

蒸汽时代的来临推动了以欧洲为主导的资本主义经济在世界范围内的大规模贸易活动,形成了早期的城市集聚和城市化进程。随着技术革新带来交通运输的革命性变化,世界各地区之间的联系变得紧密起来,并为资本主义的全球扩张奠定了基础。资本的迅速集中推动了资本主义世界市场的初步形成,先进的生产方式和生产技术传播到世界各地,猛烈冲击着旧思想和旧制度,催生了新思想和新制度的产生。面对19世纪的巨大变化,马克思写道:"资产阶级在它的不到一百年的阶级统治中所创造的生产力,比过去一切世代创造的全部生产力还要多,还要大。自然力的征服,机器的采用,化学在工业和农业中的应用,轮船的行驶,铁路的通行,电报的使用,整个大陆的开垦,河川的通航,仿佛用法术从地下呼唤出来的大量人口,过去哪一个世纪料想到在社会劳动里蕴藏有这样的生产力呢?"①

就在马克思以历史眼光对技术变革与资本的结合并带来生产力巨大变化发出感叹的同时,英国作为第一次工业革命的发源地,由于其创造了工业革命的主要技术和变革了生产方式,英国在经济发展高速持续增长的同时,还借助工业革命成果,建立起超越其他后发技术变革国家的综合实力。彼时的英国,不仅是世界发展的中心和驱动力,而且还通过逐步确立"世界工厂"的地位和强大的军事实力,获得世界范围内的商品市场和生产原材料,英国在建立起以殖民地为核心支撑的"大英帝国"的同时,还获得了世界政治与经济的支配权和主导权,并在相当一个时段引领着世界的技术发展和推行自身制度的对外构建。

---

① 《马克思恩格斯文集》第2卷,人民出版社2009年版,第36页。

新时代国家经济安全的战略与现实

第二次工业革命紧跟第一次工业革命,其以电力的广泛应用为显著特点,率先在西欧和北美发酵,并迅速影响到全球各地。而"电气时代"的来临,使这次革命具备以下三个特点:第一,自然科学开始同工业生产紧密结合起来,科技发展促进技术革新,进而推动生产力的发展,科学技术成为推动生产力发展的直接动力,二者的结合使第二次工业革命取得了较第一次工业革命更巨大的成果;第二,不同于第一次工业革命英国的一家独大,第二次工业革命几乎在几个先进国家同时进行,其规模更大,范围更广,发展更迅速;第三,在一些后起的国家,两次工业革命是同时并发,使其能够充分利用其成果,加速经济的发展。[1]

电力革命的影响同样广泛而深远:生产力快速发展推动资本主义经济进入高速发展阶段,资本主义世界市场最终形成。资本与产业的结合使得垄断和"卡特尔合谋"现象出现,并推动主要资本主义国家进入列宁所称之的"帝国主义"阶段。美国和德国作为第二次工业革命的两大技术发明中心,凭借重工业和电气化的发展,迅速崛起为世界两大工业强国,并使得旧有世界政治经济格局受到巨大冲击,后发的美国、德国、日本等新兴资本主义强国开始挑战旧有的国际秩序,帝国主义在疯狂的全球市场掠夺中,不仅形成了国家间的"秘密外交"模式,产生了联盟对抗的国际组织形式,同时更是为20世纪开始的两次世界大战埋下伏笔。

回顾19—20世纪的第二次工业革命的全球技术发展历程,可以深刻观察到,英国作为老牌工业化国家,其凭借先发技术优势确立了"大英帝国"世界地位,但是,后发的工业化国家,如德国、美国在第二次工业革命新兴的重要关键产业,如钢铁、化学和电力行业取得了突破性发展,工业发展引领力也从英国开始向德国和美国转移,特别是德国,通过自身独特的工业化道路,在化学和电气领域的技术快速突破,使之在很短的时间内获得了工业强国的地位,并开始有能力与昔日世界权力主导者英国展开真正意义上的世界权力之争。[2] 在关注到德国作为后发工

---

[1] 人民教育出版社历史室:《世界近代现代史》,人民教育出版社2002年版,第107页。
[2] [德]于尔根·奥斯特哈默:《世界的演变:19世纪史》,强朝晖、刘风译,社会科学文献出版社2016年版,第909—1220页。

业化国家依靠技术突破快速崛起的同时，另一引人瞩目的历史进程现象是，俄国如何能够从一个沙俄时代的落后农业化国家，在苏维埃新政权建立后快速成长为一个第二次工业革命技术的掌握者，甚至是后来的一度的领先者，并为日后长期的美苏冷战奠定了雄厚的物质基础？而究其原因也是苏联抓住了20世纪资本主义世界大萧条的历史机遇，通过引进、消化和吸收西方先进工艺技术，并通过特殊的体制推动了工业技术的"弯道超车"，并为国家创造了强大的物质基础。①

第三次工业革命起源于第二次世界大战后技术融合发展的美国，也是人类文明史上继蒸汽技术革命和电力技术革命之后，人类科技创新的又一次重大飞跃。它以原子能、电子计算机、空间技术和生物工程的发明和应用为主要标志，涉及信息技术、新能源技术、新材料技术、生物技术、空间技术和海洋技术等诸多领域的一场信息控制技术革命。② 分析这次技术革命可以清晰地看到如下特点：首先，科学技术的飞速发展极大地推动了生产力的发展，技术之于经济发展的重要性得到了飞跃式提高，科学技术转化为直接生产力的速度加快。其次，科学和技术密切结合，相互促进。随着科学实验手段的不断进步，科研探索的领域也在不断开阔。再次，工厂化生产转向社会化生产，不同于前两次工业革命于工厂范围的集中型生产方式，本次工业革命中，信息技术的飞跃发展使大量物质流被成功虚拟化而转化为信息流，故此除必要的实物生产资料和产品外，生产组织中的各环节可被无限细分，从而使生产方式呈现出社会化生产的重要特征，全球化分工和全球产业链开始真正意义上地建立起来。最后，科学技术各个领域之间相互渗透。第三次工业革命在推动现代科技融合创新中出现了两种趋势：一是学科越来越多，分工越来越细，研究越来越深入化；二是学科之间的联系越来越密切，相互联系渗透的程度越来越深，科学研究朝着综合性方向发展。第三次工业革命使人类社会步入信息化时代，科学技术日新月异，人们的生活得到了

---

① 论述可见［美］乔舒亚·弗里曼《巨兽：工厂与现代世界的形成》，李珂译，社会科学文献出版社2020年版。
② 人民教育出版社历史室：《世界近代现代史》，人民教育出版社2006年版，第106页。

全面的提高，第一产业、第二产业在国民经济中比重下降，以服务业为代表的第三产业的比重逐步上升。而在第三次工业革命历史发展过程中，不仅可以看到科技发展受到世界各国的高度重视，同时，对于冷战中处于对峙和博弈的美苏两国的力量对比变化而言，很显然的结果是，由于苏联没有抓住科技革命带来的机遇，技术落后和科技创新能力下降，最后致使综合国力下降而走向解体，而美国则凭借第三次工业革命带来的科技创新力在大国博弈中占据了优势地位，并在冷战结束后的相当长一段时间内主导了美式全球化进程。

回溯人类迈入工业化时代以来的三次技术革命，不难发现，在科技作为第一生产力，技术创新加速推动经济与社会发展，技术革命的结果迅速提高了技术领先国的社会劳动生产率，也直接地改变了国际的社会政治力量对比，从而推动了世界秩序的重构。由此可见，技术进步与经济增长总体呈正相关联系，技术革命的发生与发展在历史上不同阶段都推动了国家生产力改变，并通过生产力变革影响生产关系，导致国家间的力量对比变化而影响国际关系构建，因此，研究经济安全必然不能或缺技术因素的考察，技术的重要性在技术自身的颠覆性变革下更是不言而喻。

二 技术与经济安全

2014年4月15日，习近平总书记在主持召开中央国家安全委员会第一次会议时提出，坚持总体国家安全观，走出一条中国特色国家安全道路，并首次提出"总体国家安全观"的概念，科技安全与经济安全都被明确纳入国家安全体系的16种安全之中。[①] 而从当下技术发展的特点与经济产业实践来看，新一轮科技革命和产业变革互动加速，技术与经济融合愈加深入，一国技术水平对国家安全的影响也越来越明显。技术已经成为影响国家安全，尤其是经济安全的重要因素。为落实国家总体

---

① 中国政府网，http://www.gov.cn/xinwen/2014-04/15/content_2659641.htm。

安全观，强化经济安全战略，中国国家发展改革委于2015年首次提出了"技术经济安全"研究方向。

技术经济安全是一个全新的概念，国内外尚未有清晰的系统性研究，但不妨碍学者们进行前瞻性探究。如，刘志鹏等从一个新兴学科建设的视角，提出了技术经济安全的概念，从时间、空间与技术—经济三个维度阐述技术经济安全的9个特征，分析了技术经济安全与产业安全、技术安全、技术经济等相关研究的联系与区别，并提出了技术经济安全研究应关注的重点问题。[1] 陈星星等通过对我国国内技术经济学研究的前沿问题整合，结合当前我国政策演变、国际形势变动，对我国未来涉及技术经济安全领域产业安全进行了展望和建议。[2] 代涛等基于已有的研究和实践，分析了技术经济安全的概念、技术经济安全评估须解决的关键问题、技术经济安全评估方法选择等关键问题，并从持续开展基础理论方法研究、加强人才队伍建设、加强评估工作与决策需求的紧密结合等方面提出做好技术经济安全评估工作的建议。[3] 蔡跃洲归纳出技术经济学研究方法体系多学科综合交叉、定量定性分析相结合等特点，并通过特点分析讨论了技术经济学的安全相关问题。[4] 通过上述学者们对技术经济安全的研究和讨论，结合我国当前所处的国际大环境和国际局势新变化，可以归纳出技术经济安全涉及的几个主要内容。

第一，我国目前关键核心技术依然受制于外国、对外依赖性带来的技术经济安全问题。自20世纪80年代全球化进程加速以来，跨国公司推动了全球网络式生产体系构建。伴随着产业链的全球分布式链接，产业的核心技术逐渐趋于分散化，但核心技术依然掌握在跨国公司手中，跨国公司或是通过技术链的层级控制，或是通过母国本土化部署，依然

---

[1] 刘志鹏、代涛、李晓轩、程燕林：《技术经济安全的概念与内涵——从新兴学科建设的视角》，《科学学研究》2018年第3期。

[2] 陈星星、李平：《国内技术经济学研究前沿——兼述中国技术经济2015年（南京）论坛》，《数量经济技术经济研究》2016年第1期。

[3] 代涛、刘志鹏、甘泉、孟祥翠、张斌：《技术经济安全评估若干问题的思考》，《中国科学院院刊》2020年第12期。

[4] 蔡跃洲：《技术经济学研究方法及方法论述评》，《数量经济技术经济研究》2009年第10期。

控制着研发产出和关键产品的生产。因此，对于不具备完整的产业链链条、处在全球创新价值链中低端的发展中国家而言，虽然，其可在全球产业链生产体系中获取一定的价值链收益，但由于其在产业链中不具备控制权和主导权，因此，核心技术对外依赖的国家在产业链的控制层面上依然缺乏经济安全保障。目前，虽然经历了改革开放后的持续经济发展和产业构建，我国核心技术受制于人的局面没有根本改变。例如，高端芯片等硬件、基础软件和高端工业软件，以及关键材料、尖端设备等高度依赖国外。而在美国对中国发起的战略竞争中，美国通过核心技术控制对我国高科技产业进行全面遏制，进一步凸显了核心技术"卡脖子"问题已成为影响我国经济安全的重中之重。

第二，技术优势被抵消或削弱带来的技术经济安全问题。在相关领域具有较强技术优势的国家，其技术安全问题主要集中在如何维持和保护其技术领先优势，以及防止技术扩散带来的技术经济安全风险。美国在其历次发布的《国家安全战略》中，均明确着重强调要通过巩固技术优势来保障国家安全和经济安全，并通过技术出口管制等措施防止其优势技术外溢。虽然我国在 5G 通信等一些领域已经通过自主创新走在世界前列，具有较强的国际竞争力。但这些优势技术如果不能被很好地保护，不能通过全球市场扩张而转化成经济效益，或在技术转移过程中被竞争对手掌握，甚至被他国利用反制于我国，这将导致我国的优势被抵消或削弱，我国经济利益也将因此受损。而目前，美国鼓动盟友排斥中国领先的 5G 技术，事实上就是采用了技术削弱策略。

第三，新兴技术和颠覆性技术竞争力不足而带来的技术经济安全问题。新兴技术和颠覆性技术的突破可以改变现有的经济结构、就业结构，包括重塑国际竞争格局。例如，数码相机代替胶卷、移动支付冲击传统的现金支付等。必须要看到颠覆性技术对经济安全，特别是社会就业安全的深远影响，如人工智能技术发展对传统劳动力就业的重大冲击。麦肯锡全球研究院 2017 年发布报告称，技术的发展，特别是全球范围工作场所的自动化将涉及全球 12 亿劳动力，其中，我国 51% 的工作内容可以通过改进现有技术而实现自动化流程，对此，约有 3.95 亿的就业岗位将受影响。① 而从国际竞争角度来看，目前新兴和颠覆性技术已成为大国博弈的战略重点。例如，2018年8月美国出台的《出口管制改革法案》首次提出了要对新兴技术进行严格管制，2018年11月美国商务部工业安全局进一步明确了人工智能、生物技术等14类关键新兴技术的出口管制框架。② 因此，如果我国在新兴技术和颠覆性技术方面准备不足，竞争力不强，一旦这些技术发展成熟和产业化运用，那么我国又将面对新的受制于人的新技术，而技术能力代差的形成，将直接影响我国未来产业的持续发展和安全。

第四，因技术不成熟或者不当应用带来的技术经济安全问题。技术具有两面性，在提高生产力的同时，技术安全事故、技术的不当使用等也可能会对人类健康、生态环境、经济发展和社会稳定带来重大负面影响。例如，2016年三星Galaxy Note7手机电池爆炸事件，不仅给消费者造成了人身伤害，还直接导致该型号手机的停产，由此对企业经济利益和品牌形象都带来较大冲击。近年来，新能源汽车的锂电池爆炸、网络安全漏洞造成的信息泄露、基因编辑等生物技术的不当使用等问题也较为突出。特别是，随着人工智能、生物技术等新兴技术发展，因技术不成熟或对其认识不充分将给经济社会发展带来不可预测的附加风险。因此，需要加强对技术发展的风险识别和跟踪，才能在更宏观层面保障技术经济的安全。

通过对上述技术经济安全内涵的理解，并从国际竞争的背景及技术与经济的互动关系角度出发，可以看到技术经济安全具有贯通性、相对性、复合性和关联性等特点。而在安全的意义上需要我们进一步提升认识。

首先，技术经济安全是一个宏观、中观和微观贯通的概念，涉及国

---

① 麦肯锡全球研究院：《人机共存的新纪元：自动化、就业和生产力》，2017年1月1日，https://www.mckinsey.com.cn/wpcontent/uploads/2017/02/MGI_%E4%BA%BA%E6%9C%BA%E5%85%B1%E5%AD%98%E7%9A%84%E6%96%B0%E7%BA%AA%E5%85%83_%E7%AE%80%E4%BD%93%E4%B8%AD%E6%96%87-2.pdf。

② Export Control Reform Act of 2018, February, 2018, https://www.congress.gov/bill/115th-congress/house-bill/5040/text。

家/区域技术经济安全、重点领域/行业的技术经济安全、具体技术或企业的技术经济安全。其中，国家/区域的技术经济安全是重点领域、重点企业、具体技术的技术经济安全的宏观表现。同时，技术经济安全也涉及技术与经济贯通。要从技术与经济相互作用的角度考察安全性，而不是孤立地研究技术或经济本身。因此，要从系统论的视角看待技术经济安全问题，追求系统性的安全，以及系统内部各要素之间的互动关系产生的安全问题。

其次，从安全学看，安全是一种可接受的风险程度，它是一种相对的状态，也是一个心理和政治概念。不同国家、不同行业、不同企业、甚至不同人对风险的接受和忍耐程度不一，因此会导致安全的标准不一和判断迥异。对于美国等发达国家而言，技术经济安全的重点是维护其技术优势，防止技术扩散；而对于发展中国家而言，技术经济安全的重点则是维护核心技术的自主可控，减少对外依赖。同时，还必须看到，安全状态是动态变化的，其与竞争对手的技术经济发展水平紧密相关。技术经济安全与否要基于战略竞争对手的特定发展阶段、特定发展情景和特定战略规划进行全面综合判断。

再次，技术经济安全涉及技术、经济、安全三个概念，其与技术经济、技术安全、经济安全等概念既有内在联系，又有一定的区别。技术经济主要是从技术成本收益的角度来研究技术与经济的关系，注重从经济价值方面考察技术。技术经济安全则是从安全视角研究技术与经济的关系，以经济安全为前提约束，从技术因素对经济安全的影响视角来考察技术安全，它是技术安全和经济安全的交集。因此，技术经济安全评估须综合运用技术经济、技术安全和经济安全已有的研究成果，同时，又要更深层次地揭示技术、经济与安全之间的内在互动性关联。

最后，要深刻认识到技术的叠加性问题。随着技术的发展，各种技术之间的联系越来越紧密，各种技术之间的互动嵌套错综复杂、密不可分。一个技术安全的问题不仅仅影响一个技术、一个产品，甚至将通过技术间的关联、产业间的关联辐射到更广泛的范围，影响产业链上下游的技术、产品，甚至整个行业或多个行业。技术的关联性和嵌套性，特别是其辐射扩散性决定了要从价值链、产业链、供应链的角度，系统地考虑技术经济安全问题，并在判断中以网络化思维进行分析。在当下全球化生产网络体系中，技术经济安全并不是要追求所有技术的自给自足，孤立于世界，而是要确保在全球的分工体系中找到自己的不可替代性和技术竞争领先性。

三　技术链的特征与掌控

"技术链"一词在学术界的研究尚不完整，其概念也尚未有明确定义。技术链主要有两种不同的描述方式：一是各种技术本身可能存在承接关系，即一种技术的获得和使用必须以另一种技术的获得和使用为前提，因此，相关技术之间形成了一种链接关系；二是产品之间存在上下游的链接关系，因此，物化于上下游产品中的各种技术依据产品的链接关系形成了一种技术链的链接，这两种描述都部分地阐释了技术链的两个核心因素——技术+链接。

学界目前关于技术链的单独研究较少，20世纪90年代，以格里菲（Gereffi）为代表的学者们提出了全球商品链（global commodity chain，简称GMC）理论，集中探讨了包括不同价值增值部分的全球商品链的内部结构关系，并研究了发达国家的主导企业如何形成和控制商品链的发展。后来的研究为了摆脱商品这一词汇的局限，突出强调了链上运营企业相对价值创造和价值获取的重要性。[1] 国内学者远德玉教授较早提出产业技术链概念，从技术形态论的角度分析了产业技术链，产业技术链是一个具有某种内在联系的产业集群的链条。生产技术只能完成产品生产的一部分或一个环节，只有产业技术才能生产出完整的产品。生产技术链形成了产业技术，并生产出产品来。从社会生产总过程来看，产业技术所生产出的产品又多是中间产品，于是出现了上游企业与下游企业之分。因此，基于产业的技术链从结构上存在前向联系与后向联系。并可以依

---

[1] Gereffi G., "International Trade and Industrial Upgrading in the Apparel Commodity Chain", *Jouranl of International Economics*, 1 (48), 1999, pp. 37–70.

据这种关系共享终端产品市场，使用共同技术，以及通过交易关系连接链条中的各个节点，进而在此基础上，衍生、分裂而逐步形成产业集群。[1] 另外，蒋廷学从石油能源的技术革新角度入手，认为颠覆性的重大技术创新和引领是创造完整的创新技术链的重要方式。[2] 毛荐其通过分析技术链的分布与技术升级路径，研究了全球技术链的初步形态。[3] 崔焕金通过对产业技术链、技术链的价值背景对全球技术链的产业升级进行了深入分析研究。[4]

除了对于技术链本身的研究以外，许多学者还围绕技术链、产业链、价值链之间的协同关联或差异进行了比较研究。如张巍等以电力、油气行业为案例，通过对工业物联网技术链、产业链、价值链的分析，研究了三者之间的互动机理关系。[5] 王发明等以产业技术链理论框架为指导，对全球半导体照明产业技术链的空间分布、空间特征及治理结构进行剖析，并对我国半导体照明产业升级进行指导。[6] 林森等从资源配置的视角，分析了科技成果产业化中的综合资源供给—需求关系，并指出技术链、产业链和技术创新链三者之间存在的结构性失衡，是导致科技成果转化不畅的根本原因，并着重阐述了战略技术联盟模式。[7] 高汝熹等回顾和评述了现有的产业选择理论指出，随着全球一体化和贸易自由化的浪潮席卷全球，技术因素对产业选择的重要性正在加强。[8] 岳中刚则通过对战略性新兴产业技术链与产业链协同发展研究，认为要以专利和标准战略构建自主技术链，避免产业发展陷入"技术空心化"，要以商业

---

[1] 远德玉：《产业技术界说》，《东北大学学报》（社会科学版）2000年第1期。
[2] 蒋廷学：《打造创新技术链重在颠覆性技术》，《中国石化报》2021年8月12日第3版。
[3] 毛荐其：《全球技术链的一个初步分析》，《科研管理》2007年第6期。
[4] 崔焕金：《基于全球技术链的产业升级分析》，《技术经济与管理研究》2010年第S1期。
[5] 张巍、高汝熹、车春鹂：《工业物联网技术链、产业链、价值链互动机理研究》，《上海管理科学》2010年第6期。
[6] 王发明、毛荐其：《技术链、产业技术链与产业升级研究——以我国半导体照明产业为例》，《研究与发展管理》2010年第3期。
[7] 林森、苏竣、张雅娴、陈玲：《技术链、产业链和技术创新链：理论分析与政策含义》，《科学学研究》2001年第4期。
[8] 高汝熹、纪云涛、陈志洪：《技术链与产业选择的系统分析》，《研究与发展管理》2006年第6期。

模式创新整合自主产业链，避免技术创新进入"尘封的殿堂"。[①]崔焕金从全球技术链的视角，研究了后进国家通过链内升级、链间升级、跨链升级等三种模式实现产业升级。[②]

在充分认识和了解技术链之前，需要对其相关的另外两个概念——产业链和价值链进行分析。产业链一般而言包含从原材料到成品的所有环节，每个环节表现为存在上下游关系的不同产品形式或服务，由生产同质产品或服务的独立企业群构成，每个环节可能只有一种产品或服务，也可能是多种产品或服务，如果只有一种产品，则该环节即是一个细分领域；如果有多种产品，则该环节包含多个细分领域。总之，产业链由存在上下游关系处于不同环节，或处于平行关系同一环节的多个细分领域构成。对于产业链中的每个细分领域的认识，都需要分析其需求状况、要素投入结构、市场结构三个方面的特征，进而才能对产业链的完整性进行考察。另外更重要的问题是，产业经济学的研究已经通过实证研究发现，产业链由于其构造结构不同也会出现韧性不同和规模效应不同，而产业集群的产生，特别是区域相对集中同类产业汇聚既能够提高产业链抗风险的韧性，同时还会带动竞争创新的持续出现。价值链则是指产业创造的总体附加价值，在产业链各个环节和环节内不同细分领域的分布状况，总体价值的分散与分布随着产业链内部的产品流动形成一条从原料到中间品，再到最终产品的价值增值链，从现实产业的情况考察而言，大多数产业链的价值纵向分布状况是非均衡化的。全球价值链作为一种全球生产和交换领域的客观经济活动现象，现实地嵌入在当下全球化的生产体系过程中。而将"价值链"本身作为一种理论工具对企业活动进行结构性分析，始于哈佛商学院教授迈克尔·波特率先提出的"价值链"概念。其观察点是立足于企业的创造价值行为，并认为企业涉及增加值的活动相互联系、相互影响，从而构成了一条紧密的链条，即为

[①] 岳中刚：《战略性新兴产业技术链与产业链协同发展研究》，《科学学与科学技术管理》2014年第2期。

[②] 崔焕金：《基于全球技术链的产业升级分析》，《技术经济与管理研究》2010年第S1期。

企业间的"价值链"。①

而技术链的分析主要是考察产业链上每个可供选择的细分领域和环节的基本技术状况,进而可以得知一国或地区在某个产业内部各个环节或产品上面临的技术壁垒。一国或地区克服技术壁垒可能采取不同选择,不同选择的成本也不相同,成本相对最小的才是一国或地区克服技术壁垒的所需要花费的实际成本。根据技术链含义的第二种解释,即"产品之间存在上下游的链接关系。因此,物化于上下游产品中的各种技术依据产品的链接关系形成了一种技术链"。那么可以将技术链和产业链联系起来进行分析。即产业链中的每个环节乃至每个环节上的不同产品都要运用到不同技术,更广义而言,某种产品的生产往往是多种技术组合的结果,物化于不同产品中的技术依据产品的上下游关系链接成链。另外,考虑到技术本身的承接关系,某种技术的使用可能又必须以某些上

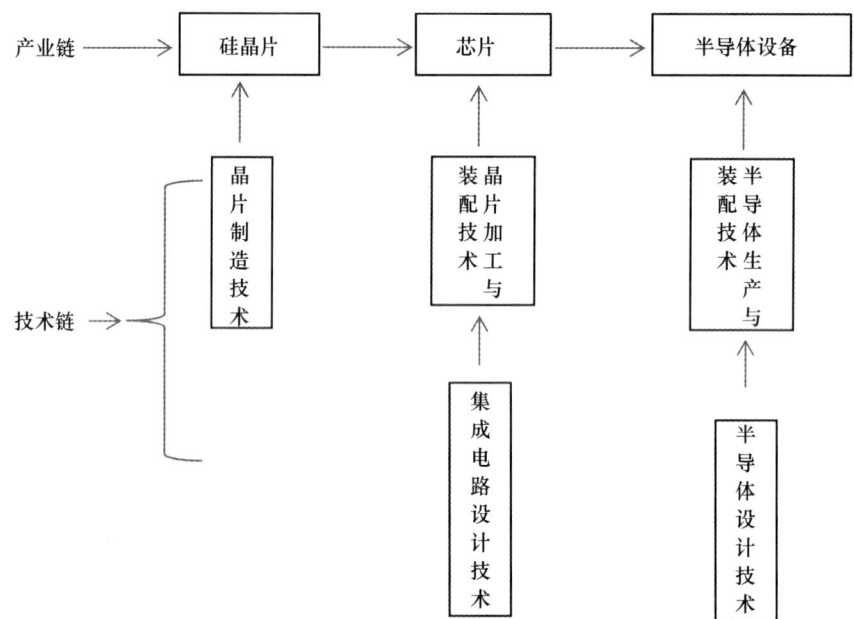

图 15-1 对应简化半导体设备产业链的技术链

---

① 余南平、黄郑亮:《全球与区域中的国际权力变化与转移——以德国全球价值链的研究为视角》,《欧洲研究》2019 年第 2 期。

游技术的使用为前提，如此一来，对应于产业链的技术链的结构形态就极其复杂，考虑一个极其简化的例子，假设某种半导体设备的产业链仅仅包括最简单的原料（硅晶片）→芯片→半导体设备三个环节，其中，假设硅晶片的生产只需要晶片制造技术；假设芯片生产只需要晶片加工技术和晶片装配技术，这两项技术又以集成电路设计技术为前提；假设半导体设备生产需要半导体生产技术和半导体装配技术，而这两项技术又以半导体设计技术为前提（见图 15-1），那么由技术交叉叠加而产生的技术链、产业链、价值链的互动关系就显得十分复杂。[①]

四 技术链、产业链和价值链的互动关系

进一步从技术链、产业链和价值链之间存在的复杂互动关系来看，首先，技术链决定产业链和价值链。从单一环节看，该环节的技术束状况，决定了该环节的产品种类、市场结构和竞争状况，进而决定了该环节的价值回报。而从整体上看，技术链的完备是产业链形成的必要条件，而各环节劳动密集、资本密集、或知识密集的不同技术特征，决定了产业链上的核心环节和价值分布。其次，价值链对产业链和技术链的影响在于：如果价值分布在产业链中极不均衡，则回报率高的环节会吸引较多的企业进入，进而改变该环节的市场结构和竞争行为，而竞争行为的变化可能引发该环节技术束的本身变化，例如高回报和激烈竞争会加速技术的升级换代。最后，从产业链各个环节的需求特征看，某一环节的技术变化可能产生重要的拉动和改造作用。例如，能源成本大幅提高将会鼓励节能和替代能源的技术研发和运用。同时，产业链某个环节的竞争状况也可能会影响其他环节的技术状况。例如，半导体设备商为了分散风险和降低成本，可能会向发展中国家外包芯片生产并提供相应的生产技术，而整车制造商也会为了产业链的稳定性向零配件供应商提供精益生产、柔性生产、物流等技术。因此，从有效资源配置角度看，理论

[①] 王发明、毛荐其：《基于全球技术链的我国产业技术安全研究》，《经济与管理研究》2009 年第 10 期。

上完整的技术创新链的形成演进过程，在没有政策外力的作用下，实质上也是一个多种资源的自我不断动态优化配置过程。但现实中，特别是在国家间竞争中，技术链本身包含更高的安全价值，其作为"工具"的使用也往往是国家竞争中的战略武器。

正是由于技术链的特点和隐含重要性，需要我们更加关注某一行业及其相关产业链的技术特征，以及国家或地区在各个环节或产品上面临的技术壁垒。而在产业链中对技术链分析需要包括以下几个方面的认识。

第一，生产某种产品需要哪些技术。前述分析已经表明某种产品的产业化往往是多个技术共同作用的结果，缺一不可。因此，一国或地区即使掌握了某种技术，也不一定意味着技术壁垒的消除，从我国现实情况来看，在尖端技术掌握上，我国与发达国家在许多方面差距并不是十分悬殊，甚至处于同一技术水平，但在产业化上却总是不尽如人意，其中有很多是技术链环节上的工艺能力和材料技术能力导致。虽然，某一技术成果的产业化还与资金、市场、体制等原因有关，但技术链的特点则指出了另一个重要的可能性原因，即某种技术成果的产业化还需要其他技术的共同作用和协同。

第二，某种产品技术的发展趋势与前景。不同技术的生命周期差异可能很大：某些技术可能在较长一段时间内不会发生变化，因此一旦掌握这些技术，即可以被认为是克服了技术壁垒。但某些技术的生命周期可能很短，例如，目前国际先进的芯片设计的周期只有三到六个月，因此即使一国或地区设计出某种芯片，如果不能形成持续更新能力，很快也会被技术迭代而淘汰。因此，对于生命周期较短的技术，一国或地区要想克服该类型技术的进入壁垒，就必须以全面和系统的技术持续更新能力为前提，而不是某一单向技术的突破。

第三，正确判断对应于发展某种产品所需的技术。一国或地区可以判断自身是否掌握了某些技术，如果已经掌握，则技术壁垒不存在。相对而言，对于生命周期较长的技术，只要掌握该技术即认为克服了进入壁垒；而对于生命周期较短的技术，一国或地区不仅要掌握当前使用的技术，还要有适应技术生命周期的持续更新能力，才能认为完全克服了进入壁垒。一般而言，掌握程度可以分成两个层次：一是完全未掌握，那么则要考虑所需技术种类以及每种技术的掌握成本,即克服技术壁垒需要多高的成本;二是部分掌握,那么就要分析还需要获得哪些技术,才能克服所存在的技术壁垒,其所需的技术可能与本地掌握的技术是平行关系,也可能是上下游关系。

第四,克服技术壁垒的方式选择。从技术来源角度看,有自主研发、合作开发、外部引进等不同方式组成,而采用不同方式的成本可能也差别非常大。对于后发国家或地区而言,由于技术创新能力远远落后于发达国家,因此,在许多领域通过自主创新获得技术的不确定性也较大,这种情况下,直接使用发达国家的技术则可以避免研发投入和规避研发风险。但有时候,外部引进的成本也可能高于自主研发的成本,或者有时候技术本身是以 know—how 的形式存在。同时,更多的情况是因国家间和企业间天然存在竞争关系,包括安全可控环节的需要,只能采取自主研发。总之,一国或地区克服技术壁垒可能采取不同选择,不同选择的成本也不相同,但对于成本的认识不能仅从经济角度考虑,对于"成本"要从宏观战略和国家安全等更深层的问题上加以权衡。

五 重视新技术革命对技术链的重新构建

当今世界对技术的依赖程度已经远远超越前几次工业革命时代,经济发展与技术突破之间的关系变得更加紧密。第四次工业革命以制造业的数字化、智能化、网络化为核心,推动着整个工业生产体系和社会服务体系的结构性变革。经济的动能和创造力越来越依赖于包括互联网、云计算、大数据、人工智能、物联网等新一代信息技术的创新。这场技术革命的核心是网络化、信息化与智能化的深度融合。在这场技术革命中,工厂内外的生产设备、产品及人员之间将连接在一起,收集分析相关信息,预判错误,不断进行自我调整,以适应不断变化的环境。[①] 同时,技术进步使得越来越多的技术系统或产品能够在无人介入的情况下

---

① The Boston Consulting Group(BCG(1)):《工业 4.0——未来生产力与制造业发展前景》,http://www.bcg.com.cn/cn/news and publications/publications/reports/report20160517003.html。

自主执行某些功能。例如，装载了 GPS 的汽车能够"知道"自己在哪里；通过内置微型相机和传感器，一个系统可以"辨认出"另一个系统；通过优秀的程序化控制，一个系统能够独立地对外界条件作出反应，在一定程度上优化自己的行为。① 而这些基于技术融合和创新的变化，必然引发第四次工业革命过程中，社会生产方式将会发生深刻变化并突出地体现在以下几个方面。

一是产品生产方式从大规模流水线制造向大规模定制和柔性化制造转变。以人工智能为基础的自动化设备、连接企业内外自动化设备和管理系统的物联网，能够推动企业的研发、生产以及销售过程更加迅捷、灵活和高效。就生产过程变化而言，消费者的需求会更及时地传递到工厂，而工厂也会更灵活地切换生产线以满足不同需求。原来的单一产品大规模制造方式将逐渐被大规模定制方式所取代，进而以更低的成本和弹性的生产方式组织生产，其必然引发企业的组织管理模式，包括就业模式发生改变。

二是工业增值领域从制造环节向服务环节拓展。在大数据、云计算等技术的推动下，数据解析、软件算法、系统整合能力将成为工业企业竞争力的关键与利润的主要来源。利用大数据研究客户或用户信息，能够为企业开拓新市场，创造更多价值。比如，设备制造企业借助大数据技术，向设备使用企业提供预测性维护方案与服务，可以延伸服务链条，实现竞争力的提升和价值增值。如通用电气公司原来是以制造为主的企业，但现在已经将业务领域拓展到技术、管理、维护等综合服务领域，这部分服务创造的产值已经超过公司总产值的三分之二。② 因此，制造业与服务业的融合发展已经在技术创新中得到了崭新的展现。

三是程序化劳动被智能化设备所取代。由于数字技术的飞速发展，机器人在速度、力量、精度优势的基础上，其识别、分析、判断能力也将大大提高。2017 年 5 月，人工智能围棋程序"阿尔法狗"（AlphaGo）与世界排名第一的中国围棋选手柯洁进行三场比赛并全部

---

① 乌尔里希·森德勒、阿尔冯斯·波特霍夫：《工业 4.0》，机械工业出版社 2015 年版。
② 通用电气公司：《工业互联网：打破智慧与机器的边界》，机械工业出版社 2015 年版。

获胜，这说明人工智能在某些分析博弈领域的能力已经超越了人类。从生产服务过程来看，原来的技术能力只是使重复性、手工操作的业务被自动化设备替代，但现在的设备技术能力已经可以识别多种业务模式，能够在相当广的范围担任非重复性、需要认知能力的工作。比如，在律师业务中，计算机系统已经代替了法律助理、专利律师的一部分工作。以前一直被认为难以程序化，只有人才能胜任的工作，由于传感器、大数据和人工智能的进步，也使得人机协同可以处理更复杂的工作。比如，"机器人床"可以变身为轮椅并自动行走，能够自动升降，并平稳地将病人扶起坐上轮椅。因此，在未来，大多数程序化工作以及部分非程序化工作将被智能设备所替代，或得到智能设备的辅助而大幅度提高效率。[①]

归纳而言，第四次工业革命将极大地提高生产力，推动产业结构与劳动力结构的迅速转变，进而改写人类历史发展进程。回顾每一次工业革命的发生，世界各国的竞争地位就会发生变化，一些国家崛起并成为某些领域甚至世界经济的主导者。在第一次工业革命中，英国凭借蒸汽机等技术成为"世界工厂"。在第二次工业革命中，美国依靠大规模生产方式成为世界工业及科技霸主。在第三次工业革命中，除了美国的信息产业外，日本依托精益生产方式在汽车、家电等行业崛起。而第四次工业革命的结果也会和以往类似，其必将引起世界经济格局的变化和通过技术变革本身而重构全球技术链。谁抓住了历史性技术进步机遇，以最快的速度实现超越行业实现企业跨边界的"智能连接"，谁就能率先进入大规模定制生产时代；谁越有效地应用了大数据和智能设备，谁就能在价值链、技术链中占据优势，并通过技术链延伸进而重组产业链和价值链。因此，从技术链变革的意义上说，第四次工业革命不仅会通过技术链重塑未来经济格局，而且还会通过技术链的附加性作用，在本质上改变国家间的竞争格局。

---

① 刘湘丽：《第四次工业革命的机遇与挑战》，《新疆师范大学学报》（哲学社会科学版）2019年1月第1期。

六 我国技术链安全的紧迫性

分析技术链安全性不仅需要以关键先导产业为出发点，同时，更是要以未来前沿技术需要来展开，而从这个角度上，我国技术链的安全隐患主要体现在以下方面。

首先，从第四次新技术革命的代表性产业发展情况分析。目前，中国高技术产品贸易竞争优势远低于发达国家，中国集成电路进口占国内市场需求约70%、传感器芯片占90%，高端机床装备、高端工业软件基本被国外垄断。而从最关键的基础性芯片半导体行业来看，2020年美国布鲁金斯学会发布了《全球中国：科技》系列报告，这篇报告的副标题为"维持中国对民主国家先进芯片的依赖"，其不仅将报告的目的表露得非常直白，同时也暴露出我国芯片自给率极低的现状，报告引用了美国半导体协会的数据认为，中国半导体国产化率大概是15%。[①] 而从半导体加工和制造设备领域看，美国、日本和荷兰基本垄断了这个市场，这三个国家控制了全球半导体设备制造业90%以上的市场份额。全球光刻机基本上被荷兰和日本把持，荷兰的ASML和日本的尼康，这两个公司覆盖了90纳米以下晶体管制造必备的12种光刻机，并受到美日严格的出口限制。全球前十大半导体设备生产商中，美国企业占4家，而日本企业达到5家。

在半导体价值链附加值最高的如电子设计自动化（EDA）、核心知识产权（IP）等领域，美国目前依然是毋庸置疑的链主国家。EDA/IP处于半导体产业链的最前端，虽然其在全球半导体供应链中占比很小，但在价值链上却举足轻重，被称作半导体"皇冠上的明珠"，并可以撬动数千亿美元的半导体产业。美国在EDA/IP细分市场上独占鳌头，市场占有率高达74%，中国大陆在这一市场上的比重仅为3%左右。从技术能力上分析，目前全球最先进的芯片晶体管制造工艺是5纳米级别的，

---

① Brookings, Global China: Technology, April 2020, https://www.brookings.edu/research/global-china-technology/.

全世界只有两个晶圆代工厂具备这样的能力分别是中国台湾地区台积电和韩国的三星公司，美国的英特尔公司计划在未来几年内达到这一高制程级别。而中国国内最顶级制造商中芯国际，也是改变中国制程落后现状最有竞争力的企业，其目前制程水平还只是停留在 14 纳米级别，跟国际最先进水平还有 5 年左右的差距。

从关键产业半导体产业链的技术现状来看，在半导体附加值最高的设计和知识产权领域，美国、日本、韩国等发达国家仍具备绝对统治地位，欧洲也有关键的半导体设备制造商，而中国国内仅在附加值较低的组装、封装、测试领域占有较大份额的市场，其产业的核心技术竞争力与其他领先国家仍有明显差距（见图 15-2）。

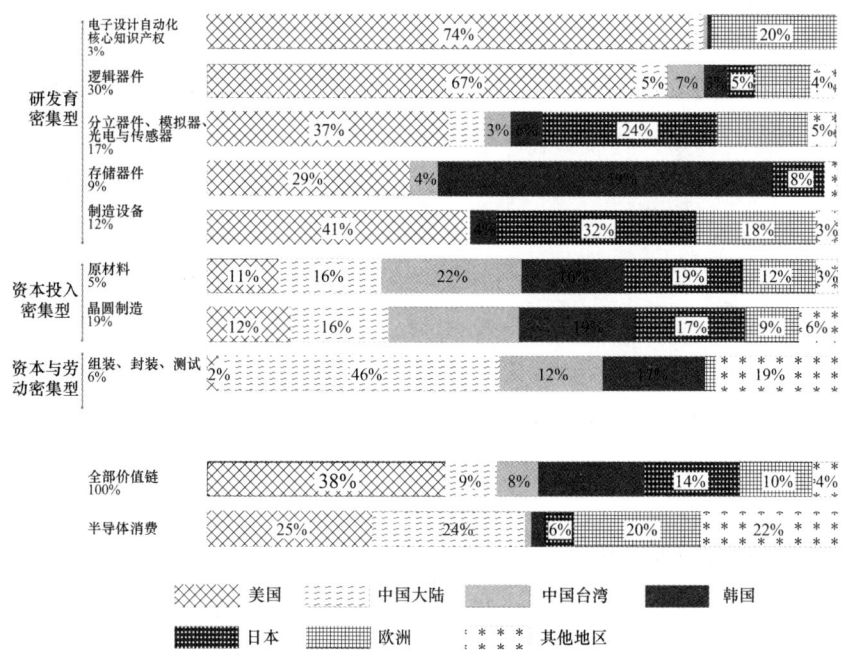

图 15-2　2019 年各地区按分工划分的半导体产业增加值

资料来源：作者根据国际半导体产业协会（SEMI）相关资料分析整理。

其次，从未来前沿技术的竞争现状进行分析。近年来人工智能已经成为世界各主要国家加紧布局和争夺未来技术制高点的主要领域。从竞争布局来看，美国国防部高级计划研究局（DARPA）自2010年起就开始长期扶持人工智能在各领域的研究，其在2013年设立了"推进创新神经技术脑研究计划"，并计划在未来12年内投入研发资金45亿美元，力求在该领域的先发地位。2016年美国白宫又密集出台有关人工智能的战略，其中包括"为未来人工智能作准备""国家人工智能研究与发展战略规划""人工智能、自动化和经济"等不同版本的人工智能发展计划，同时，欧洲与日本也在加快自身的人工智能研究计划展开。对应地，中国也积极布局人工智能战略发展。其中2016年5月中国推出"互联网+人工智能三年行动实施方案"，2017年7月推出"新一代人工智能发展规划"，2017年12月又推出"促进新一代人工智能产业三年行动计划"。

人工智能的发展是综合性技术的叠加，也是综合国力的体现。根据中国科学技术信息研究所发布的《2020全球人工智能创新指数报告》显示，目前，中国人工智能创新指数在参评国家中排名第2位，仅次于美国。中国及时把握住人工智能发展机遇，数据中心、超算中心等基础设施建设加快推进，科技创新成果数量持续增长，人工智能企业队伍不断壮大，人工智能综合实力已跻身世界前列。[①] 该报告从多个维度评估了全球主要国家的人工智能创新指数。根据总得分排名，全球46个国家可以划分为四大梯队。美国独列第一梯队，以66.31的总分遥遥领先于其他国家；中国、韩国、加拿大、德国、英国、新加坡、以色列、日本、法国等14个国家位居第二梯队，得分处在30—60分；卢森堡、比利时、奥地利、捷克、意大利等24个国家属于第三梯队，得分在15—30分；越南、沙特阿拉伯、土耳其、阿根廷、罗马尼亚、墨西哥、印尼等7个国家处在第四梯队，得分在15分以下。

从四大梯队不同国家的发展特点看，美国在基础支撑、创新资源和环境、科技研发和产业应用四个方面均具有明显优势，除人工智能创新资源与环境的得分位列第三名之外，其余三个一级指标得分均位列第一。第二梯队国家各具发展优势，14个国家中有9个国家都拥有

---

① 《2020全球人工智能创新指数报告》，2021年7月9日，https://www.sohu.com/a/476579199_478183。

排名前五的一级指标。第三梯队国家科技研发能力较为薄弱，科技研发平均得分约为第二梯队国家的五分之一。第四梯队国家人工智能发展普遍比较落后，尤其是在人工智能创新资源与环境，包括科技研发方面。

人工智能创新资源与环境是推动人工智能持续创新的核心动力。报告同时显示，中国"人工智能创新资源与环境"排名第8位，人工智能顶级学者和从业人员人口参与率不高，高校基础学科建设相对滞后。中国在人工智能顶级学者参与率、人工智能从业人员参与率两项指标上分别排在第23名和第28名。中国平均每百万本科及以上学历人口中仅有17位人工智能顶级学者，与排名第1位的卢森堡（567人）差距很大；每百万劳动人口中人工智能从业人员有290人，而排名第1的新加坡则有7133人。而在人工智能基础学科建设方面，中国离美国还有较大差距。美国在数学、物理、神经科学三个专业上排名世界前200的高校分别有49所、57所、70所，而中国分别有27所（约为美国的1/2）、8所（不到美国的1/7）、6所（不到美国的1/10）。人工智能科技研发产出是国家人工智能技术水平的直接体现。中国"人工智能科技研发"排名第3位。论文和专利总量遥遥领先，反映出中国已经成为全球人工智能领域内一支重要的研究力量。通过报告可以直观地感受到，中国的人工智能发展已经位于世界前列水平，人工智能创新能力稳步提升，并已具有一定领先优势。但是，在人工智能持续创新的核心动力"人工智能创新资源与环境"的指标上，我国排在第8位，人工智能顶级学者参与率、人工智能从业人员参与率两项指标上也分别排在第23名和第28名，尚有较大追赶空间。

从上述中国存在的技术链安全隐患来看，在关键产业半导体领域的技术缺乏自主可控体现了现有主导性产业的安全性隐患，而对前沿技术人工智能的战略投入，虽然使中国在论文与专利技术上获得了一定的优势。但考虑到人工智能最后的产业端落地还是要依靠半导体技术所提供的先进物理算力来支撑，而从这个角度来看，中国的人工智能发展基础并不牢固，而如何解决算力自主可控短板问题仍然面临艰巨的挑战。

七 美国与我国开展技术链博弈的安全隐患

由于近年来我国整体实力的迅速崛起,欧美等西方发达国家开始从贸易、人员、技术、金融等领域对华展开"脱钩"进程。2018年中美贸易摩擦的打响,成为以美国为首的传统技术大国对华展开全面遏制和规锁的标志。美国此次对华的全面遏制与规锁,带有深刻的"技术民族主义"特征。该主义发酵于美国传统的保护主义与"美国优先"思维的共振。早在2013年就有西方学者注意到中国在全球价值链能力中的全面进步,并向美国发出对中国进行技术遏制的"战略警告"。[①] 此后,美国就逐渐对中国采取了一系列技术遏制政策,即使在全球新冠疫情持续蔓延、全球经济和公共卫生领域需要加强国际合作之际,美国也未调整这一政策,反而加速对中国的技术遏制并强化对核心技术的管控。

从2018年美国对中国发起贸易摩擦开始,美国各种官方文件中就反复提及《中国制造2025》这一关键词。[②] 从战略认识转变而言,虽然很难精确和全面分析美国在多大程度上受到技术民族主义的影响,并加快形成对中国技术遏制的战略共识,但是来自政治视野之外的技术领域的舆论影响却不容忽视。[③] 早在2017年,美国著名智库新美国安全中心(Center for A New American Security, CNAS)以《战场奇点》的醒目标题发表了对中国人工智能领域的发展充满"美国式担忧"的报告。这份报告的惊人之处不仅在于它的逻辑体系和推理结果,而且在于它详细列举

[①] 2013年"全球百位思想家"之一瓦科拉夫·斯米尔以历史叙述方式全面介绍了美国制造业的世纪性崛起与衰落,包括美国目前面对中国全球制造能力所面临的问题。具体论述参见 [加] 瓦科拉夫·斯米尔《美国制造:国家繁荣为什么离不开制造业》,机械工业出版社2016年版。

[②] White House Office of Trade and Manufacturing Policy, "How China's Economic Aggression Threatens the Technologies and Intellectual Property of the United States and the World", June 19, 2018, https://www.whitehouse.gov/wp-content/uploads/2018/06/FINAL-China-Technology-Report-6.18.18-PDF.pdf.

[③] 余南平、戚仕铭:《技术民族主义对全球价值链的影响分析——以全球半导体产业为例》,《国际展望》2021年第1期。

了许多信息源的分析和判断,并隐含性地提供了美国对于中国进行技术管制的庞大清单。① 2019 年,世界各国陆续推动 5G 网络商业化,而中国的 5G 技术优势明显。对此,美国总统特朗普于 2019 年 4 月底在白宫发表电视讲话,称"美国必须赢得先进网络技术国家竞赛的胜利",美国随后将华为等中国技术公司纳入制裁的"实体名单"。随后,国际组织发布的《2019 全球价值链发展报告》提供了实证数据,指出中国在全球简单和复杂价值链中的地位稳固且不断上升;中国在信息与通信技术(ICT) 等各贸易领域增加值上升和网络枢纽地位形成,让美国各界产生了广泛和深层次的担忧与战略威胁认知。②

受 2020 年全球新冠疫情的影响,技术民族主义的观念认知在全球范围内加速扩张,美国对中美竞争本质的认识也愈发清晰和具体。2020 年 5 月 18 日,美国《外交政策》杂志发表题为《中美竞争加剧的五种方式》的文章指出:中美均已将对方视为主要竞争对手,并正在军事、经济、科技、国际秩序及信息五大关键领域进行全方位竞争,而此次新冠疫情暴发将进一步加剧双方对抗。③ 与此同时,美国白宫于 2020 年 5 月 20 日发布《美国对中国战略方针》报告,系统阐述了美国如何在《国家安全战略》指导下对中国进行战略竞争的思路。④ 2020 年 6 月 24 日,曾担任奥巴马政府国防部副部长的米歇尔·弗卢努瓦在"美中经济与安全审查委员会"(U. S. -China Economic and Security Review Commission)作证时也特别提出,"这场中美技术竞赛是美国必须关注的主要竞争领域,并将在接下来半个世纪对美国的繁荣与安全产生最深刻和持久的

---

① Elsa B. Kania, "Battlefield Singularity: Artificial Intelligence, Military Revolution, and China's Future Military Power", CNAS, November 28, 2017, https://www.cnas.org/publications/reports/battlefeld-singularity-artificial-intelligence-military-revolutionand-chinas-future-military-power.

② World Bank, "Global Value Chain Development Report 2019", https://www.worldbank.org/en/topic/trade/publication/global-value-chain-development-report-2019.

③ Charles Edel and Mira Rapp-Hooper, "The Five Ways U. S. -China Competition Is Hardening", Foreign Policy, May 18, 2020, https://foreignpolicy.com/2020/05/18/united-states-competition-coronavirus-pandemic-tensions/.

④ White House, "United States Strategic Approach to the People's Republic of China", May 26, 2020, https://www.whitehouse.gov/articles/united-states-strategic-approach-to-the-peoples-republic-of-china/.

影响"。① 2020年10月,美国白宫又发布《关键技术和新兴技术国家战略》报告,该报告继续强化和突出了美国加强技术管控和结盟遏制,确保技术优势的基本战略。② 而在美国不断推出政策文件和战略,并放大社会认知的同时,美国在行动上也在对中国技术遏制进行逐步升级,具体表现在以下方面。

第一,强化对华技术投资与并购审查。自2017年美国外国投资审查委员会(CFIUS)强化了对中国投资的审查力度。2018年美国国防部在一份针对中国的白皮书中称,中国正在通过技术投资窃取美国的顶尖技术。因此,美国需要授予外国投资委员会更大的权限,对中国企业投资美国敏感初创企业进行更严格的审查。③ 美国总统特朗普也以行政命令的方式多次阻止涉及中国的技术型收购。④ 2020年5月20日,美国财政部对《外国投资风险评估现代化法案》(FIRRMA)进行全面修订,标志着美国外国投资安全审查的关注角度和理念发生新的转变,一是管辖范围扩大到关键技术、关键基础设施、敏感数据等诸多领域;二是新兴技术领域投资审查结果发布之后,往往伴随着一系列出口管制规则的密集出台;三是选定英国、加拿大、澳大利亚作为"合作国",组成协同审查委员会建立同一标准投资审查机制。⑤ 美国此举不仅对技术对外转移设置了障碍,而且也极力将自身对华遏制的做法扩散至全球,并已产生

---

① 弗卢努瓦是美国重要智库"新美国安全中心"与战略风险咨询公司West Exec Advisors的联合创始人,其观点代表着美国民主党精英对中国问题的主流看法与策略。相关证词参见 https://westexec.com/michele-flournoy-testifies-before-the-u-s-china-economic-and-security-review-commission-the-chinese-view-of-strategic-competition-with-the-united-states/。

② White House, "National Strategy for Critical and Emerging Technologies", October 15, 2020, https://www.whitehouse.gov/wp-content/uploads/2020/10/National-Strategy-for-CET.pdf.

③ Defense Innovation Unit Experimental, "China's Technology Transfer Strategy: How Chinese Investments in Emerging Technology Enable A Strategic Competitor to Access the Crown Jewels of U. S. Innovation", January 14, 2018, https://admin.govexec.com/media/diux_chinatechnologytransferstudy_jan_2018_(1).pdf.

④ "Presidential Order Regarding the Proposed Takeover of Qualcomm Incorporated by Broadcom Limited", White House, March 12, 2018, https://www.whitehouse.gov/presidential-actions/presidential-order-regarding-proposed-takeover-qualcomm-incorporated-broadcom-limited/.

⑤ Investment Security Office, "Provisions Pertaining to Certain Investments in the United States by Foreign Persons", Federal Register, May 21, 2020, https://www.federalregister.gov/documents/2020/05/21/2020-10034/provisions-pertaining-to-certain-investments-in-the-united-states-by-foreign-persons.

恶劣的连锁效应。德国、英国、荷兰等国也纷纷以维护国家安全为由，对中国的海外技术并购加强审查。

第二，对华发起以技术转让为重点的贸易调查。美国贸易代表办公室动用关税工具对中国发起"301调查"，调查的重点为高技术领域的知识产权和技术转让。美国贸易代表办公室认为，中国存在要求美国企业在中国大陆设立研发机构，以换取美国企业进入中国市场的准入资格，而这将严重削弱美国企业对核心技术的掌控力。① 分析美国以国家安全名义对中国采取的各种遏制行动，可以发现，美国对华关注的重点已从传统的贸易平衡开始转向对核心产业和技术的管控。这也体现了美国对中国技术发展速度的担忧，进而加快采取技术民族主义行动。

第三，强化对中国企业的单边技术出口管制。围绕新兴和关键技术的管控，美国通过国内法设计已经打造了一套完备的技术出口管制体系。美国的出口管制制度作为冷战时期大国战略博弈的遗留产物，一直充当着美国在经贸领域对全球的"长臂管辖"工具。2018年中美贸易摩擦爆发后，美国商务部工业与安全局（BIS）就不断扩大对华行动规模，频繁将中国企业纳入"实体清单"，以切断美国对华技术输出。②

第四，推动构建对华技术出口管制的多边体系。美国已开始推动《关于常规武器和两用物品及技术出口控制的瓦森纳协定》下的多边框架共同行动，并采用类似美国的出口管制体系，以防止中国科技公司使用其他国家技术替代美国技术。在美国的压力下，荷兰政府推迟了签发光刻机制造商ASML向中国的出口许可证，瑞典则以法律形式将中国华为排除在其5G网络建设之外。美国对华技术出口管制的多边框架行动，本质上是在技术民族主义的驱动下，通过严格的措施限制中国企业获取美国和全球其他发达国家的先进技术，以维护美国的技术

---

① Office of the United States Trade Representative and Executive Office of The President, "Findings of the Investigation Into China's Acts, Policies, and Practices Related to Technology Transfer, Intellectual Property, and Innovation Under Section 301 of the Trade act of 1974", March 22, 2018, https://ustr.gov/sites/default/files/Section%20301%20FINAL.PDF.

② 美国商务部工业和安全局（BIS）专门负责根据《出口管理法》和《出口管理条例》等法律对美国技术的出口实施管制，是美国对他国进行技术遏制的实际操作部门。目前美国按照技术扩散风险的大小及安全关切的程度将出口目的国分为A、B、C、D、E五个组别。

领先优势。

美国自第二次世界大战后受益于两次技术革命的沉淀，已经积累了相当丰富的科技成果，但其传统思维中的危机意识和守成心理使近两届美国政府对崛起中的中国加大了技术遏制力度。相比过激的对华政策，拜登政府执政后在中美科技竞争上采取了一条新的路径，更强调从正反两方面放大中美两国科技"加速器"的差距，在追赶期中快速拉大与中国的技术差距。拜登政府认为，只有进一步发挥美国创新体系的传统优势，才是赢得这场世纪对决的关键因素，美国不能坐以待毙，而是需要采取主动刺激的措施。

在此基调下，美国国会"中国特别工作组"下设的科技小组在2020年11月发布了《美国的技术竞争新战略》。该报告在反思特朗普政府时期科技政策效果后，提出"小院高墙"和"选择性脱钩"的策略主张，并认为美国必须在科学技术能力和基础研究方面大幅度扩大投资来保持领先地位。报告宣称，是美国的政策错误，而不是中国的行为，造成美国科技力量削弱。随后，美国的"中国战略组"（CSG）智库在2021年1月发布了《非对称竞争：应对中国科技竞争的战略》的报告。该报告采用竞争分析和推演方法，提出中美科技竞争的四个维度，即卡脖子、零和竞争、安全风险和加速器作用。报告特别强调科技领域竞争的非线性特征，呼吁美国更加重视一些具有广泛应用领域的前沿基础技术。[①]同样，美国著名的科技智库"信息技术与创新基金会（ITIF）"在2021年1月发布了题为《国会和拜登政府在2021年推进优质技术政策的24种方法》的报告。这份报告为美国国会在技术法规制定和联邦拨款方面提出了15条建议，同时也为拜登政府第一年工作提出9条建议。报告中包含了多项关键技术的政策建议，涉及美国国内、美国与欧盟对华的具体方针，为拜登政府在未来尖端技术领域的战略指出了方向。[②]

从上述报告的基调中可以看出，美国国内各种类型智库都在竭力推

---

① 具体可见"Asymmetric Competition: A Strategy for China & Technology"，https://assets.documentcloud.org/documents/20463382/final-memo-china-strategy-group-axios-1.pdf。

② 具体可见https://www2.itif.org/2021-year-ahead.pdf。

动拜登政府将战略竞争理念转化为政策实践，而拜登政府也恰是在这个背景下加快了科技竞争战略的实施，并具体表现为：首先，加快科技创新投入的指数性跃升。美国国会在反复修订后通过了美国《2022年芯片与科学法案》，授权资金总额高达约2800亿美元。该法案授权对美本土芯片产业提供巨额补贴和减税优惠，并要求任何接受美方补贴的公司必须在美国本土制造芯片。此外，该法案还将授权增加投入巨额资金用于尖端技术研究和科技创新。该法案的三个部分均涉及科技创新研发投入，这意味着美国改变了以往基础科研投入增速基本与国内通胀挂钩的惯例，进而使得科技投入迈向指数级跃升阶段。其次，美国采用主动刺激措施补齐美国创新体系短板。美国注意到自身在半导体加工制程上的短板，通过法案为半导体制造业的投资提供25%的投资税收抵免，涵盖制造设备以及半导体制造设施的建设，并允许补贴资金集中在对美国经济和国家安全特别重要的前沿半导体技术上。最后，美国扩展在科技规则和数字贸易谈判上的先发优势。在科技规则确立上，拜登政府在政治上重塑跨大西洋伙伴关系，并借助美欧贸易和技术委员会（TTC）构建美欧在核心半导体技术上的深度合作。[①] 同时，在贸易谈判上美国通过美墨加（USMCA）协议达成，塑造了美国作为数字贸易大国地位，2019年10月美国又与日本正式签署了《美日数字贸易协定》（UJDTA）。在美国与日本新签署的数字贸易协定中，更是进一步增加了数字产品知识产权保护、密钥非强制性转让等条款。这表明美国正努力通过扩大高水平的数字贸易规则签订与实施，试图将美式数字贸易模板推广到对其他国家的数字贸易自由化谈判中。

而上述变化不仅将加快中美大国之间的科技竞争，同时美国针对中国的科技博弈还会给我国带来相应的安全挑战。一是中美在科技项目、人才和市场上的竞争态势将加剧。相比美国对华脱钩政策带来"选边"

---

① European Commission, "EU-US Launch Trade and Technology Council to Lead Values-based Global Digital Transformation", 15 June 2021, https://ec.europa.eu/commission/presscorner/detail/en/ip_21_2990.

的不确定性，我国未来可能面临更为严峻的外部竞争。美国科研投入的快速增幅将带来虹吸效应，全球人才和科研项目竞争，将对我国提升引才能力和改善创新环境提出更高要求。二是全球科技体系分叉的风险正在升高。美国采取的"非对称竞争"将加大两国政策发力点的差异，使得中美两国与全球科技体系的连接方式发生变化。而作为当今科技全球化的两个主要中心，两国有可能形成技术理念、市场和需求缺乏交集的不同科技链条。这与包括我国在内的广大发展中国家推进科技全球化和塑造人类命运共同体的共同愿望相背离。三是美国科技"换道"的风险正在浮现。在研发投入增加后，美国正在逐步降低对中国的"赶超焦虑"，不再寻求在 5G、人工智能初级应用等领域与中国展开正面竞争。美国将更多资源和精力集中在下一轮科技革命中的强人工智能、量子计算、低轨卫星通讯等技术前沿，并希望重新确立主导权。这使得美国研发投入的效果可能在未来更长时间内充分集中展现，对其他国家的技术赶超造成困难。

八 技术链"变轨"带来的安全风险

技术发展虽然有其固有路径，许多技术也是采用原体系架构不断迭代而演化，犹如微软操作系统与苹果公司的系列产品。但技术新边疆的存在，也使得技术本身可以采用跳跃式的"变轨"发展方式而形成新的技术链，并对原有技术体系实现"降维打击"，进而彻底淘汰和击溃原有技术体系。

近年来，以中国华为为代表的科技公司在 5G 领域取得了突破性发展，美国在对中国 5G 技术通过政治制裁和技术封锁的双重打压之后，同时也将视线展望到未来的新一代跨越式突破性技术。其典型标识就是 2015 年美国 Space X 公司提出一项名为"星链"的近地轨道卫星互联网计划，该项目计划在 2019—2027 年间，通过发射 1.2 万颗卫星至距地球 340 千米、550 千米、1150 千米的三层近地轨道，最终使所有卫星链接成一个巨大的卫星星座，而其技术的本质是一项覆盖全球的低成本、高宽带、低轨道的全球互联网卫星星座系统。"星链"计划作为世界最先进的卫星宽带互联网计划，具备许多优势与技术特点。

第一，"星链"计划的发射成本低。"星链"的运载火箭是 Space X 公司自行研发的"猎鹰9号"，这一型号的火箭拥有全球最先进的火箭回收技术，可以对运载火箭进行重复利用，从而大大降低了发射成本。其中，2020年8月18日和10月18日的 Starlink10 和 Starlink13 两次发射都实现了"一箭六飞六回收"。同时，"星链"的单星制造成本低于50万美元，具有极高性价比。

第二，"星链"计划可以实现全球覆盖。低轨卫星互联网突破了地面基站的固定连接方式，通过太空基站的动态覆盖连接方式，与地面通讯相比，以"星链"为代表的低轨星座具有"居高临下"优势，可面向全球和全域提供信息通信服务。

第三，"星链"计划的网速很快。"星链"超越传统光纤传输，通过低轨卫星间的互联而实现快速网络传播。根据技术规划"星链"将提供至少1Gbps/秒的宽带服务，这个速度是目前家庭宽带的30多倍，并与5G的网速不相上下。

第四，"星链"计划的潜在商用价值巨大。大型电信公司服务未能覆盖的地区，如人口密度较低的农村、海洋、太空旅游、能源开发和航空市场均是"星链"的切入目标。同时"星链"卫星宽带系统可以显著降低消费者的宽带价格，并将对全球通信市场形成巨大的冲击。

第五，"星链"计划的军事用途丰富。具体表现在，全球覆盖无死角的通信系统大幅提高美军的通信能力与信息化能力；大幅提高美军在全球范围内全地域、全天时、无缝隙侦察监视能力；大幅提高美军空间目标态势感知能力及天基防御、打击能力；大幅提高美军非线性作战、超视距远程精确打击、无人设备特种作战等战术执行能力等。而这些应用已经在2022年的俄乌冲突的战场实践中得到了现实的充分体现。乌克兰凭借"星链"通讯体系提供的帮助，建立了相较于俄罗斯明显优势的战场通讯和侦查指挥能力。

"星链"计划的构建与实施，虽然是现代卫星通讯技术与火箭发射回收技术融合创新的结果，也体现了人类开发太空新边疆的努力。但是

新时代国家经济安全的战略与现实

不可否认的是，推动技术跳跃式"变轨"发展的背后，也蕴藏美国技术超越的战略意图。

第一，抢占新兴技术领域和太空空间的战略制高点。"星链"代表的是前沿的卫星互联网通信技术，自2015年提出以来，美国政府和军方通过与Space X公司签订多份合同，支持"星链"计划的开发和实施，旨在该领域抢占战略制高点，遏制他国的发展。同时，由于"星链"需要在近地轨道部署4.2万颗卫星，国际电信联盟（ITU）对与频轨问题的申请采取的是"先到先得"的规则，一旦"星链"完成全球组网，实现全面部署，将几乎布满整个近地轨道。这不但意味着低轨轨道资源越来越稀缺，类似的项目想要规避"星链"轨道也将变得越来越难，而且要付出更多的额外成本。因此"星链"的另一大战略意图是抢占低空轨道，进而遏制其他国家的太空事业发展。

第二，通过技术"变轨"参与5G的竞争，遏制中国5G技术的发展。与5G技术需要建设大量地面基站相比，"星链"通过在近地轨道发射数万颗卫星"组网"，可以实现对全球无死角、全天候的覆盖，另外，"星链"的网速与5G处于同一水平。而5G技术的标准和技术来源主要在中国，为了避开对中国技术的依赖，美国通过太空另行创造一个高速全球通讯市场，而一旦其市场扩容到足够规模，必然对中国的5G既有技术投入带来巨大的冲击。[①] 同时，全球通讯市场在"星链"和5G的选择中甚至也可能出现平行的两个技术体系。同时，从行业前景看，"星链"计划具有潜在的巨大商用价值和产业价值链。据美国摩根斯丹利公司估计，到2040年全球航天产业的收入可能超过1万亿美元，而目前这一数字为3500亿美元。最重要的机会可能来自卫星宽带互联网访问。[②]

---

① 目前，星链已经在全球多个国家进行布局，其中Space X在美国、加拿大、新西兰、澳大利亚已经获得了商业运营许可，其他落地的国家还将包括法国、英国、德国、西班牙、奥地利、爱尔兰、希腊、瑞士、日本、南非、智利、墨西哥等。"星链"正逐步构建一个与华为5G竞争的平行市场，随着越来越多国家在5G和"星链"的选边站中选择"星链"，将逐渐剔除华为在欧洲和其他地区的影响，对华为的海外市场开拓以及我国未来的5G发展布局产生重要的影响。

② Morgan Stanley, "Space: Investing in the final frontier", July 24, 2020, https://www.morganstanley.com/pub/content/msdotcom/en/ideas/investing-in-space/.

按照商业场景推测，不仅是"星链"公司的"一箭多星，来回往返"的火箭发射技术，其本身将塑造国际卫星商用市场的独特产业价值链，同时其对应的商业场景市场扩展也会打造未来新一代的新产业价值链。

第三，将核心技术政治化，对华实行全方位技术遏制。"星链"计划的最初定位是商业卫星互联网，但在其发展过程中一直伴随着美国政府和军方的身影。随着美国近年来将国家对外战略重心转向"对华竞争"，"星链"计划的迅速发展已成为美国对华进行遏制的全新手段。美国空军和陆军曾分别在2017年和2020年5月分别授予Space X公司两份外包合同，名为"商业空间互联网国防实验"（DEUCSI）和"合作研究与开发协议"（CRADA），目的旨在探索利用"星链"卫星为美军构建全球范围内高弹性、高可用性、高带宽、低延时的通信设施，支持美军在全球的各项军事行动。同时，"星链"计划与美国国防高级研究计划局（DARPA）和国防部太空发展局还达成了"针对未来通信技术安全"的全新合作，其针对中国的指向性意图十分明显。而"星链"作为商业计划的不断政治化过程，是伴随美国在全球不断推行"去华为化"和"去中国化"的行为而形成的，也是美国试图在商业市场和战略安全层面对华形成的双重打击。同时，美国还通过不断吸纳其传统盟友和合作伙伴，逐步剔除华为和中国在其他国家的影响力，对华实行全方位遏制。

除了进行太空技术的"变轨"超越外，另一可见的技术"变轨"还体现在Space X公司和特斯拉（Tesla）新能源智能汽车的技术系统整合中。由于技术同源于同一公司实际控制人马斯克，目前，"星链"与特斯拉已经逐渐形成了天地一体化、高精度、高速度的数据信息通讯。具体体现在，特斯拉目前最重要的应用软件Autopilot相较于传统的汽车应用软件具备明显数据优势，作为最早搭载自动辅助驾驶系统的电动车品牌，同时拥有全球规模最大的辅助驾驶车队，截至2020年12月，特斯拉Autopilot行驶里程超过28.9亿千米，远超其他竞争对手，并且车队规模保守估计以每年约40万辆递增（Model S/X 10万辆/年 + Model 3 30万辆/年）。庞大的数据量使得特斯拉在高精度地图、障碍物识别等方面的数据积累显著领先于竞争对手。此外，与大多数自动驾驶初创公司大量采用模拟数据进行算法学习不同，特斯拉车队采集的全部为现实动态数据，数据质量更高，更加有利于算法迭代更新。特斯拉通过地面数据的采集联合星链的近地空中感知，可以极大地增强天地一体动态感知能力，可以进行全地域、全天时、无缝隙侦察，进而在军事层面上严重影响着国家安全。

此外，特斯拉自身具备强大的感知能力。根据特斯拉 2020 年 12 月公布的最新 FSD（完全自动驾驶系统）测试版可以看出，特斯拉自动驾驶将视觉系统的识别率，包括对于道路的各种动静态目标、道路标识、道路结构，以及最关键的"可行驶区域"，提升到了一个前所未有的高度。在没有借助高精地图级别的先验信息，没有借助厘米级别的高精度定位系统的情况下，FSD Beta 却已经把 Autopilot 的自主能力提升到一个新的高度。仅从这一点上看，特斯拉的视觉识别（包括神经网络的能力）在 FSD Beta 的设计中，是对比参照了人脑能力，不但具备对于识别的信息进行准确的绘制能力，对于看不到的信息也能具备准确的推测能力。如果特斯拉市场进一步扩大，对于驶过特斯拉旁的车辆信息也将被 Autopilot 系统捕捉。其后台数据捕获量将是异常庞大的，如果这些数据被黑客或者不法分子利用，不仅威胁到公民的人身财产安全，同时数据后台的安全风险更是隐患巨大。

通过"星链"与特斯拉智能汽车的"技术变轨"，包括其技术融合产生的可能影响分析，可以清楚地看到，在当下的大国技术竞争中，"技术变轨"产生的结果对国家安全的影响非常巨大。竞争对手既可以通过新体系和新技术链创新构建来遏制原有技术领先国家的先发优势，创造出新的产业链和价值链，进而在经济意义上进行国家实力超越。同时，"技术变轨"除了有显现的商业意义以外，还蕴含着新技术拓展性应用带来的隐性国家安全上升风险，而这些风险的出现往往并不在原有的国家安全体系认知范围和能力之中。因此，保持对"技术变轨"的前沿跟踪，努力培养自身的超越性技术，以"技术对技术"是维护国家安全的最可靠保障。

九 维护中国技术链安全的政策选择

为应对技术变化可能带来的风险挑战，我国应加强对相关产业的关键技术的开发，努力把握独立自主的技术链核心。同时，我国高技术产业还应采取畅通国际合作渠道、通过实施产业链"强链补链"工程、加强人才队伍建设、完善工业信息基础设施建设等途径，针对性地防范并化解风险。

第一，我国应坚守技术主权安全的最高原则，在技术及其生态产业链领域确立独立自主、自力更生、艰苦奋斗的战略决心。避免开启实质性的大国博弈冷战式竞争是底线，警惕陷入科技竞争陷阱是关键。需要在主权与安全的战略高度上认识科学与技术的核心地位和战略价值，核心科技安全等不来、要不来、买不来。在核心关键技术领域要以国民经济安全观来统领和布局产业经济，在保证国家政治主权与国民经济体系安全的基础上，再考虑市场效率的发挥。

第二，必须进一步明确科技创新的战略方向，利用国际社会地缘政治冲突不确定和全球经济增长乏力，各国疲于应对国内通胀等因素产生的战略空窗期，加强关键技术的自主创新能力，实施产业链"强链补链"工程，强化国内经济大循环，构建国内国际产业链多环流体系。要全面发挥中国超大规模市场潜力和完整产业链的良好基础，加快创新密集型产业的布局，重点围绕5G、半导体制造、航空航天、生物医药等产业部署创新链，逐步提高上游研发设计环节的自给率。在实施产业链"强链补链"过程中，要加强产业链集群优势，系统梳理我国供应链高风险环节，对"卡脖子"关键领域持久攻坚，以锻造颠覆性、非对称的"杀手锏"技术，寻求关键零部件本土化供应的突破。通过产业链与创新链的双螺旋式推进，夯实国内经济循环产业基础。

第三，针对疫情造成的欧美经济衰退、需求萎缩的外部环境，要积极推进国内产品供给标准与国际标准的对接和协调，鼓励出口型企业深化对国内市场需求的理解，加强国内合作网络，扩大内销份额，纾解中小微企业现金流压力，提高中国内部市场的消费能力，为国内经济循环营造良好的市场条件。要进一步加快推动"内循环"发展。紧紧抓住扩大内需这一战略基点，使生产、分配、流通、消费各环节更多地依托国内市场实现良性循环，明确供给侧结构性改革的战略方向，促进总供给和总需求在更高水平上实现动态平衡。坚持把依靠自己力量解决"卡脖子"技术作为基本立足点，推动中长期科技创新发展的战略转型。确定关键核心技术创新突破的战略方向。同时，要全面研判西方主要国家产业和技术政策变化，及时调整科技对外合作的方向与策略。并针对自身技术短板制定突破性的技术路线。必须在理念和行动上克服跟踪、模仿、较少自主归纳研发的"路径依赖"。在整合国内外各种资源的同时，通过国家与市场的多方努力，实现关键核心技术的联合攻关与突破。

第四，我国应加强与其他国家价值链和技术链的合作，保证产业链的稳定、安全、自主可控，从而维护我国的国家安全。中美间的博弈目前从经贸、投资到科技，包括产业链层面竞争全面展开，"国家安全"的色彩越来越浓厚。美国已经将"国家安全"置于中美博弈和竞争的首要任务，拜登政府不断强调供应链稳定的"安全属性"。而在"十四五"规划中，我国也明确了"加快发展现代化产业体系""推进产业基础高级化、产业链现代化""加强国际产业安全合作，形成具有更强创新力、更高附加值、更安全可靠的产业链供应链"等明确的战略目标。而当下要做的就是坚持"国家安全"的宏观统领，主动突破外部技术遏制，强化中国在全球价值链和产业链中的地位，巩固中国在关键价值链中的"链主"地位，并依托"一带一路"倡议、RCEP协定等对外合作建设，推动和促进有关国家的核心生产要素、区域优势资源和产业链上下游环节的衔接与整合，畅通各国和区域经济外循环，进一步提升国际开放合作新高度，最大限度降低各种复杂因素对全球产业链安全的冲击。

第五，为保障技术链为高质量内外循环提供有力支撑，必须要强化高科技人才体系建设。当今世界经济形势依然严峻复杂，特别是俄乌冲突的外溢性全面影响正在广泛地扩散。对此，我国需要做好应对外部环境复杂变化的长期思想准备和工作准备，在推动与国际社会形成更广泛联系的同时，要通过我国营造安全稳定的营商环境、健全的产业链配套等优势，吸引更多全球优秀企业加入中国高新技术产业链集群。此外，还要更加重视国内的人才队伍建设。要继续加大对出国留学人员、来华留学生、外国专家和外籍教师的吸引力度，及时向海外留学人员、侨胞和外国人才发布招聘信息和优惠政策，拓宽人才流动通道，为全球人才提供更能够施展才华的工作空间。而在更广泛地利用外部人才资源的同时，还要回到国内技术基础和技术来源的起点端，需要通过国内各级教育体系，特别是高等教育的专业设置结构的调整，主动进行教育自身结构性改革，以教育内涵的现代化和技术创新能力培养建设为方向，来主动适应现代科技和技术发展未来需要，进一步夯实我国高技术产业发展的知识循环微观基础。

结 语

人类社会经历了三次工业革命的历史变革后，目前已经正在开启第四次产业革命的"星辰大海"和技术发展的"无尽新边疆"。而当历史进程反复地证明"科技是第一生产力"，并以此循环来验证世界大国兴衰和起伏时，技术领域的竞争不可避免地日渐成为国家间战略性竞争的焦点领域。而在这个竞争中，我们必须看到，传统上，拥有核心技术链的先发国家一直通过不断提高技术准入和规格，限制或遏制后进国家的产业与技术升级。而后进技术国家通常是本土的产业技术系统要与发达国家的技术体系对接，进而融入全球产业技术链。但这个过程事实上也存在了技术主权缺失和被控的长期安全隐患。而要改变后发技术国家跟随式和追踪式技术吸收范式，特别是在技术竞争加剧面前，后发技术国家更应该主动及早感知产业技术变革的到来，加快研发产业替代技术，主动进行技术范式和技术轨道的根本性变革以保障技术主权的完整性。必须充分认识到，现阶段，新技术革命与国际格局重塑同步进行，全球新一轮的科技革命浪潮带来了信息技术生产力的全面升级，人工智能、大数据等新型技术已嵌入传统的国际生产、流通的各个环节，深刻影响和塑造着新的全球经济基础。技术对于上层建筑的影响促使国家科技革新的外部性显著提升，掌握关键技术的国家将技术作为国际政治权力博弈的重要工具。新技术革命对各国的权力塑造形态以及国际间的权力政治格局产生了重要影响。

在新技术革命如火如荼的时代，技术与经济的联系，已经不只是仅仅简单停留在其发展关系的相互作用与互动上，技术与经济的安全因素关联更值得从宏观到微观层面深入探讨。目前，由于地域政治冲突、传统大国博弈、新技术革命不可预知等因素叠加作用和影响，美欧等西方国家加大了技术控制和技术封锁力度，全球技术融合创新和协同创新的全球科技红利正在减退。在这个大背景下，中国主要面临着核心技术对外依赖、技术优势被抵消或削弱、新兴技术和颠覆性技术竞争力不足等技术经济安全问题，在关键技术链上，中国主要面临美国为首西方国家的技术威胁，整体与各领域安全形势严峻而复杂，技术在其中扮演了与以往不同的作用和角色。因此，在技术发展"新边疆"永不停顿面前，我们必须认识到，当前中国已经迈入改革开放的新阶段，传统的低附加值、高能耗产业升级是必然的历史规律。而为加强国家抵御内外各种风险的能力，唯有在高新技术产业上加强自主研发创新能力，掌握技术链的核心，并主动出击，加强与其他国家在产业链、价值链、技术链层面的深度融合，以中国产业链和技术链主动和有效链接世界经济，形成以我为主的技术链接体系，才能在本质上提升我国经济技术安全，并也可以更有效地应对各种国际风险与挑战。

第十五章 经济安全视野下中国海外利益保护

引 言

习近平总书记在党的十九大报告中指出:"必须坚持国家利益至上,以人民安全为宗旨,以政治安全为根本,统筹外部安全和内部安全、国土安全和国民安全、传统安全和非传统安全、自身安全和共同安全,完善国家安全制度体系,加强国家安全能力建设,坚决维护国家主权、安全、发展利益。"[①] 习近平总书记提出的"总体国家安全观"是党在新的时代背景下应对深刻变化的国内国际安全问题提出的新思想、新方案,也是新时期的国家安全保护工作的新思路。在我国海外经济利益保护中,我们需要正确地认识到"总体国家安全观"理论的重要性,并以"总体国家安全观"为指导,全面整合各方力量,建设好我国海外经济利益保护体系。2019 年 1 月,省部级主要领导干部坚持底线思维着力防范化解重大风险专题研讨班在中央党校开班,习近平总书记在开班式上发表重要讲话。习近平总书记强调,当前,世界大变局加速深刻演变,全球动荡源和风险点增多,我国外部环境复杂严峻。我们要统筹国内国际两个大局、发展安全两件大事,既聚焦重点、又统揽全局,有效防范各类风险连锁联动。要加强海外利益保护,确保海外重大项目和人员机构安全。要完善共建"一带一路"安全保障体系,坚决维护主权、安全、发展利

[①] 习近平:《决胜全面建成小康社会 夺取新时代中国特色社会主义伟大胜利——在中国共产党第十九次全国代表大会上的报告》,人民出版社 2017 年版。

益，为我国改革发展稳定营造良好外部环境。2024年7月，党的二十届三中全会通过的《中共中央关于进一步全面深化改革、推进中国式现代化的决定》中指出：完善涉外国家安全机制。建立健全周边安全工作协调机制。强化海外利益和投资风险预警、防控、保护体制机制，深化安全领域国际执法合作，维护我国公民、法人在海外合法权益。健全反制裁、反干涉、反"长臂管辖"机制。健全维护海洋权益机制。完善参与全球安全治理机制。

当前世界正处于百年未有之大变局和新冠疫情的叠加冲击的特殊时期，全球经济增长持续放缓，单边主义、贸易保护主义抬头，地缘政治风险加剧、地区安全形势恶化，极端民族主义、民粹主义保守势力抬头等因素，给我国海外利益保护带来了前所未有的"复合型和交叉型"的复杂挑战。在此背景下，本部分将对我国海外经济利益的发展现状进行阐述，客观分析我国海外经济利益的风险和问题，对新的时代背景下如何进行我国海外经济利益保护提出具有针对性、可行性的探究。

一　中国的海外经济利益的发展现状

苏长和、陈伟恕和李众敏等人的研究认为，一般来说，我国海外经济利益是指中国的自然人、法人或国家拥有的，在中国有效的主权管辖区域或行政管辖区域以外存在的，受到国际合约、当地法规或中国国内法规保护的经济利益。对于狭义的海外经济利益而言，主要指的是中国的海外资产和海外收益。而对于广义的海外经济利益而言，还包括国际规则制定、通商自由和员工安全等方面。[①] 随着我国"一带一路"倡议的不断深化，我国在海外经济活动由单一贸易模式已经转变为以贸易和投资相结合的模式，主要表现在对外直接投资、对外承包工程、对外劳务合作和对外贸易四个方面，下面我们就围绕这四个方面的现状进行阐述。

---

① 卢可：《美国海外经济利益保护政策探析》，硕士学位论文，外交学院，2015年。

第十五章 经济安全视野下中国海外利益保护

(一) 我国对外直接投资的现状

根据商务部《2019年度中国对外直接投资统计公报》数据，2019年，中国对外直接投资净额为1369.1亿美元，同比下降4.3%。截至2019年底，中国2.75万家境内投资者在国（境）外共设立对外直接投资企业4.4万家，分布在全球188个国家（地区），年末境外企业资产总额7.2万亿美元。对外直接投资累计净额达21988.8亿美元。[①] 结合联合国贸易和发展会议（UNCTAD）《2020世界投资报告》数据可以看到，中国对外直接投资分别占全球当年流量、存量的10.4%和6.4%，按流量位列全球国家（地区）排名的第2位，存量列第3位。

分析"一带一路"沿线国家的投资情况可以看到，截至2019年末，中国境内投资者在"一带一路"沿线63个国家共计设立境外企业近1.1万家，涉及国民经济18个行业大类，当年实现直接投资186.9亿美

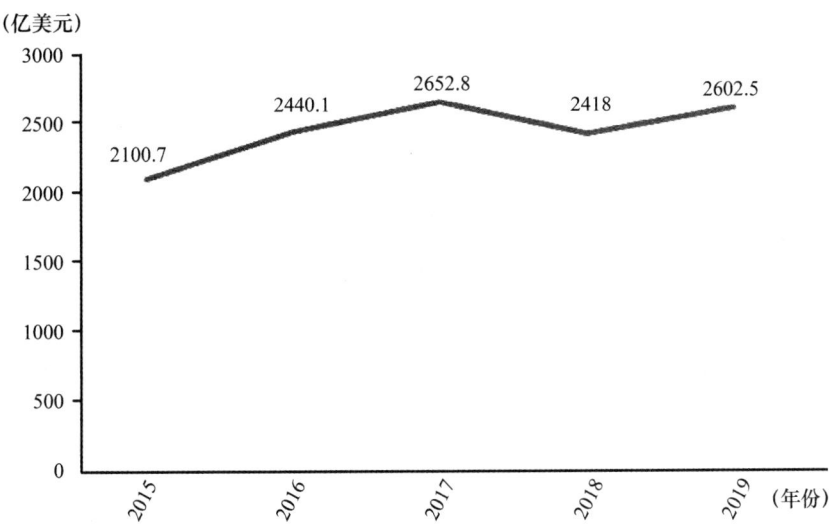

图16-1　2015—2019年我国对外投资金额变化趋势

资料来源：根据历年中国对外直接投资统计公报整理。

---

① 本部分数据来源：《2019年度中国对外直接投资统计公报》和《中国对外投资发展报告（2019）》。

元，同比增长 4.5%，占同期中国对外直接投资流量的 13.7%。2013—2019 年，中国对沿线国家累计直接投资 1173.1 亿美元，保持了持续稳定的增长态势。

(二) 我国对外承包工程业务的现状

中国商务部《中国对外承包工程发展报告 2019—2020》显示，在经过 2018 年业务下滑后，2019 年，中国对外承包业务增速恢复，我国对外承包工程新签合同总份数 11932 份，新签合同额 2602.5 亿美元，同比增长 7.6%，同时，业务营收增速再次恢复；共计完成营业额 1729 亿美元，同比增长 2.3%。截至 2019 年底，中国对外承包工程业务已累计实现完成营业额 1.76 万亿美元，新签合同额 2.58 万亿美元。①

从中国对外承包工程业务领域来看，对外承包工程业务依旧集中在交通运输建设、一般建筑和电力工程领域等三个主要领域。其中交通运输建设领域业务规模持续扩大，连续多年成为业务规模最大的专业领域。2019 年新签合同额 699 亿美元，同比增长 3.0%，占 26.9%；完成营业额 471 亿美元，同比增长 5.0%，占 27.2%。一般建筑业务发展较为稳定。2019 年度新签合同额 464.3 亿美元，与上年度持平，完成营业额 353.6 亿美元，同比增长 3.1%，已经连续多年保持增长。2019 年度电力工程建设业务表现突出，新签合同额和完成营业额均实现了两位数的增长。新签合同额 548.9 亿美元，同比增长 18.3%，占全行业新签合同总额的 21.1%；完成营业额 328.4 亿美元，同比增长 11.1%，业务占 19.0%。而从中国对外承包工程的业务领域也可以看出，业务领域充分体现了中国近些年优势产业发展的特点，包括这些产业在全球领先的竞争力优势。

(三) 我国对外劳务合作的现状

根据中国商务部《中国对外劳务合作发展报告 2019—2020》，2019 年，我国对外劳务合作当年派出各类劳务人员 48.75 万人，同比减少

---

① 本部分数据来源：中国商务部《中国对外承包工程发展报告 2019—2020》。

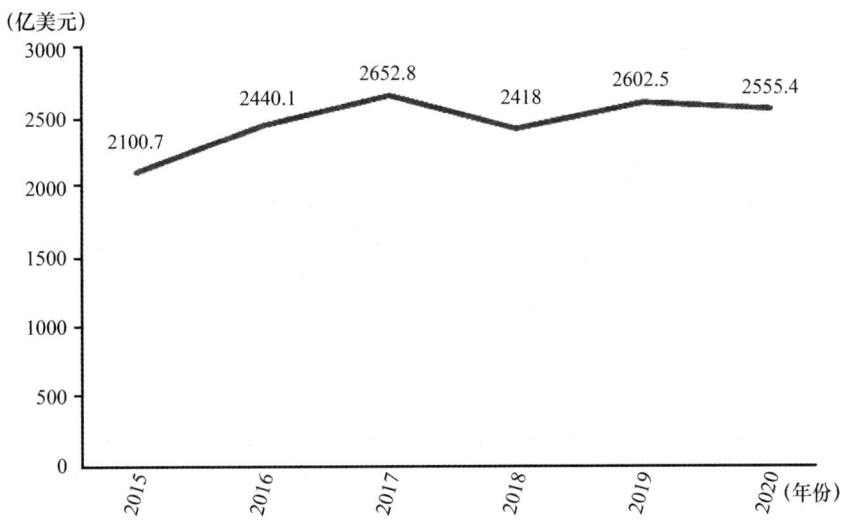

图 16-2　2015—2016 年对外承包工程新签合同额变化趋势

资料来源：根据历年我国对外承包工程业务简明统计整理。

0.45 万人。期末在外各类劳务人员 99.21 万人，同比减少 0.45 万人。截至 2019 年 12 月底，我国对外劳务合作业务累计派出各类劳务人员 1000.15 万人次。[①] 对外劳务合作业务主要分布于建筑业、制造业和交通运输业三大传统行业，与我对外承包工程行业高度吻合。

从劳务合作主要目的国别（地区）来看，2019 年，我国当年派出劳务人员数量位列前十的目的国别地区是：中国澳门、中国香港、日本、新加坡、阿尔及利亚、印度尼西亚、沙特阿拉伯、老挝、巴拿马和巴基斯坦。当年派出劳务人员合计约 28.85 万人，同比增长 1.01 万人，占当年派出总人数的 59.1%。其中，日本、中国澳门、新加坡、中国香港以接收劳务合作项下劳务人员为主，阿尔及利亚、沙特阿拉伯、印度尼西亚、老挝、安哥拉、马来西亚则以接收工程项下劳务人员为主。值得注意的是，地方企业成为对外劳务合作业务发展的主力军。2019 年，我国各省（市、自治区）对外承包工程和劳务合作企业当年派出各类劳务人

---

① 本部分数据来源：《中国对外劳务合作发展报告（2019—2020）》。

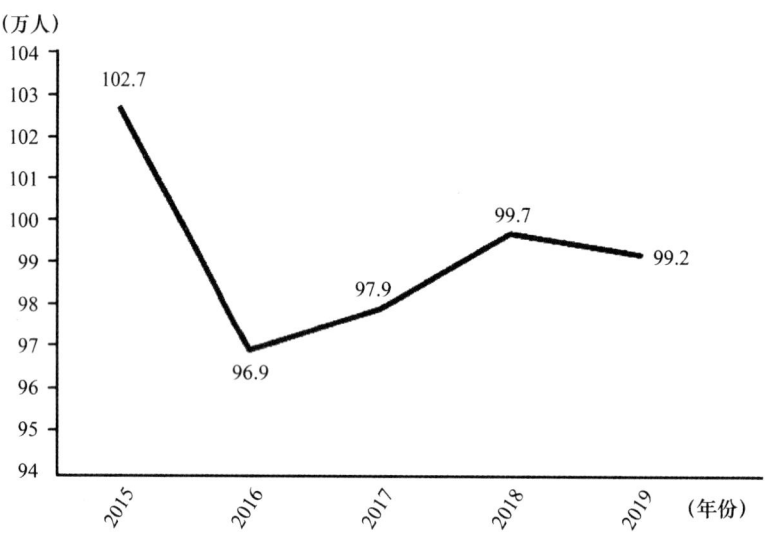

图 16-3　2015—2019 年历年年末在外劳务人员数变化趋势

资料来源：根据历年我国对外劳务合作发展报告整理。

员 44.46 万人，同比增加 1.36 万人，占当年派出劳务人员总数的 91.2%，占比同比增长 3.6%。其中，山东省、广东省和江苏省所属企业当年派出人数位列前三位。所属企业当年派出人数在 2 万人以上的有山东省、广东省、江苏省、福建省、河南省、浙江省 6 个省份；所属企业当年派出人数在 1 万—2 万人的有天津市、北京市、上海市、辽宁省、湖北省 5 个省市。

（四）我国对外贸易的现状

根据中国海关总署的统计，2020 年，我国货物贸易进出口总值 32.16 万亿元人民币，比 2019 年增长 1.9%。其中，出口 17.93 万亿元，增长 4%；进口 14.23 万亿元，下降 0.7%；贸易顺差 3.7 万亿元。① 在进出口规模上，虽然 2020 年世界经济和全球贸易增长受到严重冲击，但是，我国外贸进出口实现快速回稳的态势。我国外贸进出口从 2020 年 6

---

① 本部分资料来源根据历年中国海关总署统计数据整理。

第十五章 经济安全视野下中国海外利益保护

月份起连续7个月实现正增长,全年进出口、出口总值双双创历史新高,同时,中国国际市场份额也创历史最好纪录,成为全球唯一实现货物贸易正增长的主要经济体,全球货物贸易第一大国地位进一步巩固。根据WTO和世界各国已公布的数据,2020年前10个月,我国进出口、出口、进口国际市场份额分别达12.8%、14.2%、11.5%,均创历史新高。在外贸主体上,自2019年民营企业首次超过外商投资企业成为我国第一大外贸主体后,2020年民营企业进出口总额14.98万亿元,增长11.1%,占我国外贸总值的46.6%,比2019年提升3.9个百分点,第一大外贸主体地位更加巩固,成为稳外贸的重要力量。而在贸易伙伴上,东盟已经成为我国最大贸易伙伴。中国前五贸易伙伴依次为东盟、欧盟、美国、日本和韩国,对上述贸易伙伴进出口分别为4.74万、4.5万、4.06万、2.2万和1.97万亿元,分别增长7%、5.3%、8.8%、1.2%和0.7%。此外,我国对"一带一路"沿线国家进出口9.37万亿元,增长1%。在出口产品上,优势产品继续保持增长,中国的防疫物资出口有效支援了全球抗疫。

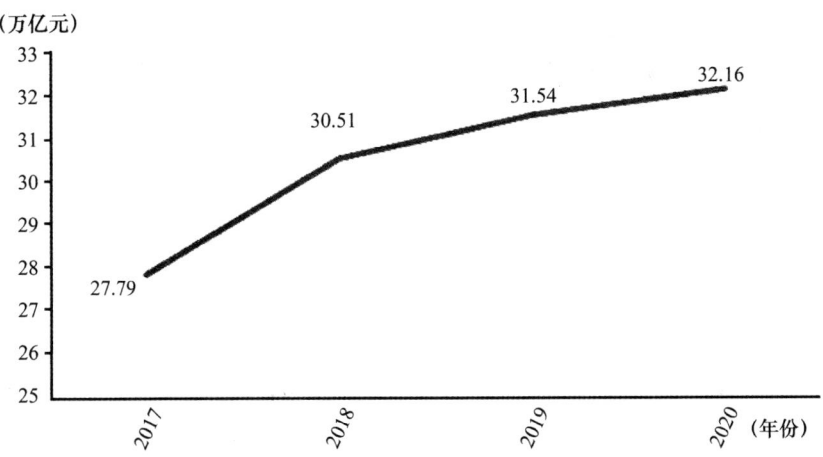

图16-4 2017—2020年我国货物贸易进出口总值变化趋势

资料来源:根据历年我国对外劳务合作发展报告整理。

通过对我国对外直接投资、对外承包工程、对外劳务合作和对外贸易现状的梳理，我们可以看到，在行为主体上，目前我国的海外行为主体呈现多元化，我国海外经济利益涉及国家政府、国有企业、民营企业和外资企业等不同企业类型，同时还有自然人等。在涉及行业门类上，我国海外经济利益在第一产业、第二产业和第三产业均有涉及。在涉及国家和地区上，我国海外经济活动分布范围广。在涉及外派人员情况上，我国企业各类外派人员人数仍然在持续上升，在海外工作的中国公民较多。目前，我国海外劳务人员已经维持在较高的人数水平，外派人员不仅分布在大型国有企业、大型民营企业，也分布在地方国有企业，同时还分散分布在各个中小微民营企业中。据统计，2017年，中国公民在海外有695人死亡，其中由于所在国社会安全原因死亡的公民占总量的18%。[①]因此，保护我国海外劳务人员生命安全、合法权益也是我国海外利益保护的一部分。必须值得重视的是，随着我国经济发展，我国在海外的经济活动体量和质量都在不断上升。但是，目前，我国海外经济安全保护明显滞后于我国海外经济活动的发展，由此表现出的是我国对外开放和海外利益迅速发展与我国海外经济安全保护不充分之间的矛盾。

二 中国的海外经济安全保护现状

当前我国海外经济安全保护主要是由政府层面、涉外企业层面和其他涉外机构共同建立起来的我国海外经济安全保护网络。

（一）国家政府层面的保护

我国国家政府层面海外利益保护机制主要是：（1）相关国际公约、双边和多边条约等国际条约和协定；（2）参加国际组织和对话机制；（3）运用军事手段保护海外安全利益；（4）使领馆领事保护。

我国积极缔结和参加国际公约、双边和多边等国际条约和协定，主要涉及贸易、投资、金融、运输和海关等领域。缔结和参加国际条约和

---

① 赵文栋：《"走出去"境外承包工程企业安全的政府支持政策现状及对策研究》，硕士学位论文，河北大学，2020年。

第十五章 经济安全视野下中国海外利益保护

协定，是一个主权国家实现、维护和扩大自身国际制度利益最为重要的手段之一。同时，参与制定国际条约和协定能够充分表达我国的立场和态度，能够更有利地维护我国的核心利益。2020年11月15日，在第四次区域全面经济伙伴关系协定领导人会议期间，各国领导人一致同意签署《区域全面经济伙伴关系协定》（RCEP），我国也积极参与其中。RCEP协议的签署将更进一步促进更大范围的区域内产业链融合，在产品和服务竞争中实现区域内各种禀赋资源的再次优化组合，并以区域价值链再造和扩张的模式进行全面能级提升。而这不仅在贸易领域，而更会是在产业领域推动和促进区域经济的全面创新，并给区域内各个经济体带来长效的经济社会福祉。

我国积极参与国际组织和对话机制，积极主办和参与国际会议。我国参与这些活动能够表达我国的利益诉求和立场，能够通过国际组织的形式行使我国的代表权、表达权，能够维护我国的自身利益。冷战结束后，国际和地区形势发生很大变化。中国、俄罗斯、哈萨克斯坦、吉尔吉斯斯坦、塔吉克斯坦五国为加强睦邻互信与友好合作关系，加紧就边界地区信任和裁军问题举行谈判。2001年6月14日，"上海五国"成员国元首在上海举行会晤，签署联合声明，共同发表《上海合作组织成立宣言》，宣布在"上海五国"机制基础上成立上海合作组织。上海合作组织能够有力推动区域安全和区域合作，促进所在区域安全稳定健康的发展。

我国在国家层面上还运用军事力量保护我国海外利益。习近平总书记在视察海军陆战队时强调，海军陆战队是两栖精锐作战力量，在维护国家主权安全和领土完整、维护国家海洋权益、维护国家海外利益方面肩负着重要职责。因此，我国军事力量也是保护我国海外利益的重要一环。2007年索马里海盗抢劫事件频发，联合国安理会通过1816号、1838号、1846号和1851号等四项决议，授权世界各国可以"采取一切必要的适当措施，制止海盗行为和海上武装抢劫行为"。[①] 据此，中央军委决定派出海军护航编队，保护航行该海域中国船舶人员安全，保护世

---

① 盛萍：《海盗审判问题之探讨》，《世界海运》2010年第8期。

界粮食计划署等世界组织运送人道主义物资船舶安全,此举有效保护了中国与欧洲、非洲和中东等经济合作伙伴之间的贸易往来,提升同这些地区的投资信心。①

在我国境外安保工作中,使领馆在其中是重要一环。中国海外企业和个人在遇到纠纷时寻求使领馆领事保护,能够有效借助使领馆敦促东道国政府解决相关纠纷问题。但当领事保护案件不断上升,我国海外领事保护从人员配置到协调机制显得力不从心,因此,自2019年开始,我国驻外使领馆建立了领事协助志愿者制度。领事协助志愿者制度是构建立体化领事保护框架、筑牢海外中国平安体系的重要举措。②

(二) 涉外企业层面

在海外开展经济活动的企业层面主要分为企业内部和企业借助外部力量。在企业内部主要涉及的相关工作是:(1) 企业可研阶段的调研;(2) 企业应急预案建设;(3) 企业加强海外经营的合规性。而在企业借助外部力量的层面主要是:(1) 企业参与相关保险;(2) 企业在海外雇佣安保公司来保护公司人员和财物的安全。

在企业内部层面,企业在投资前期加强可研阶段调研,识别有关风险,并进行有效规避。企业在东道国开展项目时候,对可能发生紧急情况建立紧急预案制度,建立防自然灾害应急预案、防止生产事故应急预案、突发新闻媒体事件紧急预案、群体性突发社会安全事件应急预案和防网络攻击应急预案。同时,企业还需要加强对东道国法律法规的研究,做到在海外合规经营。如中国能源工程股份有限公司在孟加拉PAYRA的燃煤电站项目中制定了详细的应急预案,包括《防台、防汛、防强对流天气突发事件应急预案》《电力网络与信息系统安全事故应急预案》《突发新闻媒体事件应急预案》《群体性突发社会安全事件应急预案》等应急预案,并定期组织演练,以保证面对突发应急事件时能够快速响应、

---

① 尹斌、周晓松:《亚丁湾护航十年:中国海军壮美航迹》,《世界知识》2019年第3期。
② 中华人民共和国外交部:《驻刚果(布)使馆启动领事协助志愿者机制》,2019年10月13日,http://new.fmprc.gov.cn/web/zwbd_673032/jghd_673046/t1707999.shtml。

快速处理。

在企业借助外部力量层面，企业在开展项目时，主动参加中国出口信用保险公司的保险，能有效规避在东道国遇到政治风险和金融风险，避免企业的经济损失。同时，在一些社会环境不安全的东道国，我国企业可以雇佣合法的安保公司，对企业进行保护，避免企业驻地和海外项目受到恐怖分子的袭击。如2017年中城卫保安集团巴基斯坦全资子公司——中城卫安全管理有限公司在巴基斯坦获批成立。值得注意的是，经过巴基斯坦监管部门备案，中城卫保安集团巴基斯坦公司招聘的保安人员可以持枪上岗，这将有力保护我国企业在海外的安全。

但从总体情况来看，目前，我国企业现阶段在海外安全保护上还是处于较为被动的状态，应对各类风险时还是以"刺激—反应"模式为主，在面对重大危机时的抗风险能力较弱。显示了中国企业作为国际化公司全面应对海外安全的经验还不足，能力提升还有待进一步加强。

（三）其他涉外机构或社会团体

其他涉外机构或社会团体主要是指行业商会组织和行业协会。在东道国的行业商会或者行业协会一般在东道国耕耘时间较长，对东道国社会融入度高，与东道国社会关系密切，能够有效连接我国驻外官方机构、我国企业、东道国政府和东道国社会。商会组织和行业协会的领导和成员，多是在东道国当地工作多年的企业家和商人，对当地的风土人情、政策变化、经济情况都非常了解，因此，能够为我国企业在海外提供各类信息，帮助我国企业在海外进行商业活动。[①] 同时，在涉及相关中国海外利益保护上，相关社会团体的"社会网络"相较使领馆的官方渠道更贴近东道国社会，能够更早预知某些被忽视的潜在风险，并加以协同预防和保护。

[①] 杜飞阳：《中国企业投资非洲的政治风险规避研究》，硕士学位论文，中共中央党校，2015年。

三 中国的海外经济安全的风险与问题

当前,学界和业界普遍认为,尽管近年来我国加大对海外利益保护工作的投入,但是,中国海外经济利益保护现状依然不容乐观。目前,中国海外经济安全风险较大,抗风险能力不足,应对危机能力较弱。随着全球新冠疫情的暴发,全球经济低迷和西方对中国污名化的渲染,中国企业在海外受极端民族主义和极端民粹主义威胁的风险开始加剧。尤其是一些与我国存在领土争端和海洋划界争议的国家,还有一些对我国日益增长的实力持有战略猜疑和警惕情绪的国家,更有可能会对我国企业的海外项目和海外投资采取不合理的政策,进而损害我国在海外的经济利益。同时,由于"一带一路"沿线国家的项目具有涉及地区广、行业多和项目周期长等特点,这些特点使得国家和企业在处理海外经济安全风险时,需要面对方方面面的变化与挑战。而随着中国的不断发展,中国与西方发达国家之间的经济利益、地缘政治利益的潜在冲突不断上升,各方利益协调难度增大。[1] 因此,为了有效应对波诡云谲的国际局势变化,直面威胁我国海外经济安全的风险的不同程度上升,需要尽快研究和识别当前我国海外经济利益保护中面临的风险和存在的问题。

(一)各类海外风险已呈现不断上升趋势

相关研究认为全球海外经济利益风险主要存在于政治风险、经济风险、政策风险、社会风险、自然灾害和运营风险当中。[2] 而这六大类风险对于每个国家又有很大的差别,就我国面对各类风险的现实情况来看,主要表现为以下形式。

1. 政治风险持续上升

政治风险是我国海外经济利益面对的首要风险和对我国影响最大的

---

[1] 门洪华、钟飞腾:《中国海外利益研究的历程、现状与前瞻》,《外交评论》(外交学院学报)2009年第5期。

[2] 李众敏:《中国海外经济利益保护战略刍论》,《世界经济与政治》2012年第8期。

风险。政治风险包括东道国政局动荡、非正常的政权更替、主要运输通道安全和恐怖组织袭击等。从政治风险角度看，我国海外投资多涉及到建筑业、制造业、采矿业、运输行业和其他高新技术产业。这些行业通常是每个国家的经济命脉，东道国会对这些行业具有更多的关注度，因此，也会受到更多的政治因素影响。目前以美国为首的西方国家，出于维护自身国家利益目的，经常干涉他国国内政治。对于我国而言，需要注意某些国家炒作国家安全、环境保护和知识产权保护等议题，诱使东道国对我国企业采取歧视性政策，甚至将我国企业项目投资通过所谓"合法程序"而收归国有。同时，东道国政局变幻莫测的风险也不可忽视。目前，世界局势变幻，一些国家内部政局动荡，非正常政权更替频发、国家领导人频繁变更以及军方势力干预政治等事件频频发生。伴随东道国政局不正常变化，严重时会导致东道国国内动乱，正常生活生产活动受到干扰，国家陷入停摆，使得我国企业在海外也无法进行正常运转。甚至会出现暴徒抢劫和打砸我国企业海外项目，造成极大的经济损失。大量我国企业海外项目被迫停工，只能将外派人员撤至较为安全的邻国或者直接撤回国内，大量前期建设和施工设备付之一炬。同时，不正常的政局变化往往也伴随着政策和政令的混乱，会影响我国企业在海外稳定开展生产和其他经济活动。

2. 经济风险明显增大

经济风险对我国海外经济利益影响较大。经济风险主要由贸易风险、投资风险和金融体系风险三类构成。

首先，从贸易风险看，自2017年以来，逆全球化趋势明显加快，部分国家贸易保护主义逐渐抬头。一些国家对中国出口的商品进行反倾销调查，加收高额保护性关税。通过税收保护方式，提高我国产品在该国的价格，使我国商品丧失与该国产品或其他国家产品竞争的优势。尤其是美国和印度这两个国家，对我国多次发起贸易救济调查。同时，一些国家还会限制我国企业的投资范围和股权比重，进而提高我国企业的准入门槛，并在我国企业进入该国时发起严格的审查。另外，我国企业面临非贸易壁垒风险，主要表现在技术壁垒和绿色壁垒。技术壁垒是指在一些发达国家，会设置较高技术标准，导致我国产品无法进入该国市场。

绿色壁垒是一些发达国家针对我国企业在海外投资的能源、矿产、发电等对环境可能产生比较大影响的领域，设置较高的环保标准，或通过议题设置发动当地居民反对项目建设，最终使得我国项目被迫停止。

其次，从投资风险看，投资风险主要分为不可抗拒的风险和投资收益风险。不可抗拒的风险表现为我国能源投资领域和基础设施投资领域较集中于欠发达国家和地区，一旦当地发生战乱、自然灾害和恐怖袭击会对我国投资产生巨大的影响。同时，能源和基础设施的投资也容易受到东道国出于各种原因，如安全原因和环保原因等，叫停我国投资项目或者迫使项目面临收归国有的风险，这些都会对我国企业的投资造成较大的损失。投资收益风险主要表现为我国在海外进行的能源、基础设施和高新技术领域的投资，其投资时间周期较长、投资金额较大，因此投资收益率可能会不如预期。另外，在投资的过程中还需持续的融资和投入，会使得企业面临较大的现金压力。

最后，从金融体系风险看，金融体系风险主要是东道国金融体系风险和企业自身金融风险。东道国金融体系风险是指我国企业海外投资项目涉及欠发达国家和地区，这些国家和地区自身金融体系不完善，东道国政府对金融管理、监控能力不足，容易导致系统性金融风险。在一些东道国政府招标的项目中，可能会造成我国企业海外项目后续投资的资金断裂。同时，东道国货币体系的混乱或崩溃也会给我国企业造成经济损失，一些以能源和资源出口为主的国家，容易受到国际经济环境的变化影响，造成货币失控性的贬值。而我国企业自身金融风险则是指我国企业在"走出去"的过程中，应对系统性金融风险的能力不足，当全球，或者东道国发生金融危机时，企业由于预判和应对金融风险的能力薄弱，给我国企业造成不可预测的经济损失。

3. 政策风险的不确定性增大

随着国际单边主义和贸易保护主义势力的抬头，以及新冠疫情暴发以来一些国家政策的调整，东道国的政策风险的不确定性逐渐增大。而东道国的政策风险主要包括贸易保护主义、资产国有化、国际收支政策调整和其他与经济有关的政策调整等。

在2020年开始，全球部分国家陆续发布了涉及外国直接投资方面的

第十五章 经济安全视野下中国海外利益保护

法律法规。2020年4月17日，印度工业和内贸促进局（Department for Promotion of industry and Internal Trade）在其官网上发布了《外商直接投资政策》（Consolidated FDI Policy）修订的新闻通告，直接将中国等在地理上与印度接壤的国家的外国直接投资，从"自动审批路径"改为"政府审批路径"。而该新政策实施后，对于周边国家进入的投资，印度政府需要开展进行以行业为类别的"准入审批"，这些行业包括电子科技、机械、传统贸易、批发互联网金融、互联网游戏、能源电池、建筑施工等各行业。[①] 2020年11月11日，英国政府发布了《国家安全与投资法案（National Security and Investment Bill 2020）》草案，在关键部门引入了强制性备案，包括民用核能、通信、国防、数据基础设施、能源、运输以及卫星和空间技术等。该法案还授予英国政府审查所有涉及国家安全的交易，以及在交易被认定将对国家安全造成风险后，实施"相应的补救措施"的权力。[②] 2020年11月19日，西班牙第34/2020号皇家法令生效，该法令涉及针对COVID-19流行病的紧急措施，将暂停西班牙部分外国直接投资自由化的制度延长至2021年6月30日，所有对上市公司和非上市公司的直接投资，若金额超过5亿欧元，或者收购10%或以上的股份，都需要获得事先许可。同时对于先进技术、关键技术领域、基础资源领域、战略资源领域和媒体都需要进行事先审批。[③] 2020年12月9日，澳大利亚议会通过立法将2020年3月引入的要求外国投资者对涉及敏感国家安全的土地或企业（包括开办此类企业）的所有投资，不论其价值如何，都必须获得批准的临时性措施确定为永久性措施。[④] 而

[①] Department for Promotion of Industry and Internal Trade Ministry of Commerce and Industry Government of India, Consolidated FDI Policy, (2020-4-17), https://dpiit.gov.in/sites/default/files/FDI-PolicyCircular-2020-29October2020.pdf.

[②] National Security and Investment Bill 2020, (2020-11-11), https://www.gov.uk/government/publications/national-security-and-investment-bill-2020.

[③] Jefatura del Estado. Real Decreto-ley 34/2020, de 17 de Noviembre, de Nedidasurgentes de Apoyo a la Solvenciaempresarial y al Sector Energético, y Enmateriatributaria, (2020-11-19), https://www.boe.es/buscar/act.php?id=BOE-A-2020-14368.

[④] Foreign Investment Reform (Protecting Australia's National Security) Bill 2020, https://www.aph.gov.au/Parliamentary_Business/Bills_Legislation/Bills_Search_Results/Result?bId=r6614.

从这些国家对外来投资进行行业性，或者是规模性的审查和审批程序设定和强化来看，国际环境变化，特别是大国博弈背景下的"国家安全"意识加强，使得许多国家对于外来投资带来的综合性影响判断显得更为审慎和保守。

因此，必须要看到国际投资领域的政策变化具有一定的前提性约束，通常而言，在全球化加速推进过程中，全球吸收投资都相对更为积极，而在逆全球化周期，世界各国都会基于各种考虑而抑制国际投资，其中投资政策变化既有国内因素，但更多还是受到全球地缘政治和经济循环周期的影响。

4. 社会风险常态化和突然化

当下，极端民族主义和恐怖主义活动频发，同时一些东道国经济社会发展持续低迷，对我国海外经济活动产生了巨大的影响。而在未来较长一段时间内，我国企业在海外的经济活动都将会面临不同程度的社会风险，社会风险呈现出常态化和风险爆发的突然化的趋势。社会风险主要包括东道国员工罢工活动、东道国民众对我国项目冲击、当地频繁的犯罪活动等。其中尤其需要注意的是，东道国的局势混乱会给我国企业海外投资带来巨大的社会风险。因此，当东道国有混乱的倾向时，要注意我国企业海外安全保护。

随着我国"一带一路"倡议的不断推进，"一带一路"沿线国家自身的情况变化会对我国的对外投资、劳务派遣和贸易往来产生深刻影响。有研究将经济安全、金融安全、政治安全、社会安全和对华关系安全等5个指标纳入模型，得到"一带一路"共建国家投资安全等级。由此可以看出，"一带一路"沿线国家的安全形势参差不齐（见表16-1）。

表16-1　2018年"一带一路"共建国家投资安全等级[①]

安全等级	国家数量	国家列表
A	4	新加坡、波兰、泰国、印度

[①] 计金标、梁昊光、余金艳、袁胜军：《中国"一带一路"投资安全研究报告（2020）》，社会科学文献出版社2020年版。

续表

B	9	斯洛文尼亚、匈牙利、爱沙尼亚、捷克、立陶宛、印度尼西亚、斯洛伐克、罗马尼亚、马来西亚
C	28	蒙古国、斯里兰卡、阿拉伯联合酋长国、菲律宾、拉脱维亚、越南、塞浦路斯、克罗地亚、土耳其、科威特、塞尔维亚、希腊、沙特阿拉伯、阿尔巴尼亚、卡塔尔、孟加拉国、埃及、巴基斯坦、黑山、哈萨克斯坦、以色列、俄罗斯、缅甸、乌克兰、摩尔多瓦、马尔代夫、约旦、白俄罗斯
D	8	巴林、阿塞拜疆、乌兹别克斯坦、柬埔寨、土库曼斯坦、尼泊尔、黎巴嫩、伊拉克
E	1	也门

资料来源：计金标等：《中国"一带一路"投资安全研究报告（2020）》，社会科学文献出版社2020年版。

另外，从错综复杂的东道国社会安全情况看，有研究通过对公开数据的收集，整理了境外中资企业机构从2000—2019年间的遇袭事件共计84起，其中恐怖袭击67起、刑事治安6起、反华排外4起、反政府武装2起、其他未知类型4起。[①] 而据中国商务部不完全统计，2010年至2015年间，共发生涉及中国企业机构的各类境外安全事件345起。这些安全事件的出现，虽然表现方式不同，但本质上还是反映了在中国海外投资和经济社会交往中，面对东道国复杂变化的社会风险，对安全问题的常态化防范与重视必须提升到足够的高度。同时，虽然近些年来中国海外利益的范畴在不断扩大，海外投资项目规模也在扩大，但相比发达国家的跨国公司而言，我国企业和机构的海外利益保护机制和能力建设依然还有更大的提升空间。

（二）我国海外经济利益保护存在的主要问题

1. 拓展海外经济利益没有形成全产业链化、全流程化

我国企业在开拓海外市场时候，只有少数企业能够形成全流程化。

---

① 秦世英：《境外中资企业机构社会安全威胁识别与防范策略研究》，硕士学位论文，中国人民公安大学，2019年。

大多数企业只注重自身固有经营领域，没有从投资、建设、监理和运营全方位进入到国外市场。中国在海外进行基础建设的企业，多是负责项目的具体施工，而项目的投资与监理并没有涉及，缺乏海外工作的整体性，可能造成项目停滞、亏损，甚至是长期的停工最终导致项目的烂尾。同时，由于我国企业在海外监理市场的缺失，造成中国标准输出较难。在国际市场中，业主往往会选择与中国不同的行业标准，在一些领域中国国内的标准与国外标准存在巨大差异，造成项目成本居高不下。同时，由于文化差异因素，在我国国内一些可以灵活处理的领域，在海外情境下则面临不合规和不合法的问题。

2. 企业内部治理水平不高

随着中国企业不断深耕国外市场，越来越多的中国企业开始参与到国际市场，并开始呈现出从过去国有企业为主、民营企业为辅的局面，逐渐转变为国有企业和民营企业齐头并进的局面。但是，在面对当前国际市场复杂局势时，除了一些大型国有企业不断在国际市场取得佳绩以外，地方性国有企业和民营企业很难应对当前局势。尤其是一些后续参与到国际市场的企业，并没有吸取之前中国企业"走出去"的经验与教训，经常在一些问题上反复犯错，没有利用好后发优势。这种尴尬的情况，根本原因在于企业内部治理水平不高。主要表现在：应对突发问题能力不足、风险预警渠道不完善、法律团队建设滞后和中国企业之间恶意竞争等方面。

3. 应对突发问题的能力不足

近年来，我国企业在海外经常遇到突发性问题，但企业应对能力明显不足。在面临应对东道国媒体的负面报道方面，东道国媒体对中国企业的一些负面报道，影响了在东道国所有中国企业或中资企业。如老挝媒体对向中国贷款建设铁路的负面报道，曾经让当地社会产生了中国用经济控制老挝的误解。再如中海外联合体波兰A2高速公路项目，中海外联合体采用低报价获得合同，之后再通过"转包"的方式进行项目的开展。但是由于波兰当地法律法规与国内不同，使得这一方式行不通，最终造成了巨大的负面影响。而在涉及中国海外项目的传播中，中国企业都缺少了态度鲜明针锋相对的回应和反驳，缺少及时的阐释和说明以及对话题的主动设置和引导,通过 Factiva 数据库的检索可以发现,[①] 我国媒体对中国海外项目的报道多是描述性报道,缺少了对东道国社会关切的社会问题的回应。在应对突发性社会群体性事件能力方面。近年来因中国企业海外项目东道国员工待遇问题、东道国员工安全问题和文化差异等问题引发的社会群体性事件频发。2020 年,中资德龙镍矿工业公司在印尼东南苏拉威西省科纳威(Konawe)县启动建设镍矿工厂,2022 年 12 月 14 日上午,因劳资纠纷被示威工人放火烧毁,造成前期投资功亏一篑。这表明中国企业在海外应对突发社会群体性事件时应对能力不足。在应对恐怖主义袭击活动上,学者们研究了恐怖活动对我国对外直接投资的影响,发现东道国恐怖袭击活动对我国对外直接投资产生显著的负面影响。[②] 近年来,在海外不同地区已经发生了多起针对我国企业的恐怖袭击活动,甚至在一些中国与东道国关系密切的地区,恐怖分子认为,绑架中国企业员工是和东道国政府谈判的有效砝码。但是,由于恐怖袭击具有突然性,我国企业在东道国应对恐怖主义袭击上,显得经验不足和力不从心。

4. 风险预警和监控亟待完善

近年来,虽然我国对区域国别研究不断推进、深化,取得了一定的成效。但是,当前学界的研究工作与企业之间的互动仍未真正达到无缝衔接的状态。学界的研究主要是从国际关系、国际政治经济学和具体区域的政治经济的宏观角度进行,但是,企业在东道国主要面临的是东道国当地复杂的第一线的问题。这就导致了学界的研究与企业面临实际问题明显脱节的问题,难以有效预测东道国当地的风险变化情况。面对东道国当地复杂情况,由于研究滞后和相关人才缺乏,企业往往无法提前预警,只能当风险发生时才能被动应对。对此,有学者曾指出,在利比亚撤侨事件中显现出中国在中东的领事保护机制存在事前风险监控上能力不足,在对利比亚的认知上存在严重的失误,

---

[①] Factiva 数据库是全球最大和历史最久的新闻数据库,收纳了全世界 32000 多个新闻源。

[②] 蔡伟毅、陈珉昊、孙传旺:《恐怖活动、交通运输与中国对外直接投资》,《世界经济》2021 年第 2 期。

一些报告甚至认为,"未来五年,作为北非政治稳定国家,利比亚局势将有利于投资"。①

5. 法律团队建设滞后

我国企业对法律团队建设重视程度不高。现阶段我国企业在东道国多是雇佣东道国具有一定社会关系的东道国员工,作为公共事务专员负责与政府和当地社会打交道,没有建立起完备的针对东道国的法律团队。同时,出现法律层面的问题时候,海外企业往往需要层层上报回国内总部进行请示处理,这样不仅会错失处理和解决问题的最佳时机,同时企业总部的法律团队对东道国了解程度也会影响到响应速度。由于世界各国的法律制度存在明显的差异,加之针对企业开展各项业务也需要对东道国的行业规范、相关政策、劳工制度和知识产权等方面具有深入的了解。我国国内的法律团队目前均难以根植于东道国法律环境开展业务,导致在法律涉外上的"水土不服"。

6. 中国企业之间恶意竞争

在东道国开展经济活动时,一些中国企业之间会发生恶意竞争。在不同企业之间甚至同一企业不同的子公司之间在海外市场的恶性竞争事件时有发生,具体表现在:部分企业通过极低的报价获得项目,极低的报价不能给企业带来正常的收益,企业通过各种形式的分包、偷换材料和降低标准等行为来补偿自身的收益,这使得项目不能按照合同履行,给业主带来损失的同时,也影响了中国企业在海外的声誉。

四 先发国家海外经济利益保护经验

我国在近二十年间才开始在海外进行大规模的投资经营活动,在海外经济利益保护上还缺乏成熟经验,时常面临海外合法经济利益被侵害的困境。而对美国和日本这类先发国家的海外经济利益保护模式、策略和战略进行梳理,借鉴性地学习先发国家的海外经济利益保护的经验,

---

① 张丹丹、孙德刚:《中国在中东的领事保护:理念、实践与机制创新》,《社会科学文摘》2019年第10期。

能够有助于促进我国海外经济利益保护的体系的建设。

（一）美国海外经济利益保护——"西部牛仔"式保护模式

18—19世纪开发美国西部牛仔式的生活方式，在一定程度上塑造了美国人的生活方式，而西部牛仔精神也是美国精神构成的重要组成部分之一。[①] 西部牛仔精神具有艰苦奋斗、有仇必报的英雄主义色彩、自由浪漫的自由主义色彩和阴谋诡计多端的神秘主义色彩。西部牛仔的生活方式和精神对美国的政治、经济、文化和思想等方面都具有深远影响。而美国海外经济利益保护模式非常典型地具有"西部牛仔"式保护特征，此模式形成归根到底还是因为美国是第二次世界大战和冷战获胜后国际秩序的主导者。

具体而言，美国的海外利益保护模式特点，一是从战略角度构建了一套具有霸权主义色彩的海外利益保护体系；二是为维护自身海外经济利益修订了大量的法律法规；三是主导各类国际组织；四是使用跨国公司作为维护海外利益的"白手套"；五是美军及其海外军事基地作为维护美国经济利益的武装力量；六是美国各类媒体和受到美国资助的海外媒体作为维护美国经济利益的传声筒。

美国在1990年《国家安全战略报告》中明确指出，美国的国家利益包括：维护美国作为自由独立国家的生存安全；促进美国经济的稳健增长；维护稳定与安全的世界，促进自由、人权与民主制度；与盟友保持健康的合作关系。[②] 其中，美国海外利益保护是美国维护自身利益的重要方式，并在政治、经济、外交、军事和文化等不同领域多措并举，建构起一套行之有效的海外利益保护体系（见图16-5）。

在海外利益保护的行为体中，美国在国内和国外双管齐下。在国内，美国将海外利益保护策略融合在国家大战略设计之中，并通过政府部门管理、国会立法支撑，同时相关情报机构负责信息情报支持。在国外，

[①] 吴越卓：《美国拓荒时期西部牛仔生活状况及其影响（1866—1885）》，硕士学位论文，辽宁大学，2011年。

[②] The White House, National Security Strategy of the United States, 1990, pp. 2-3.

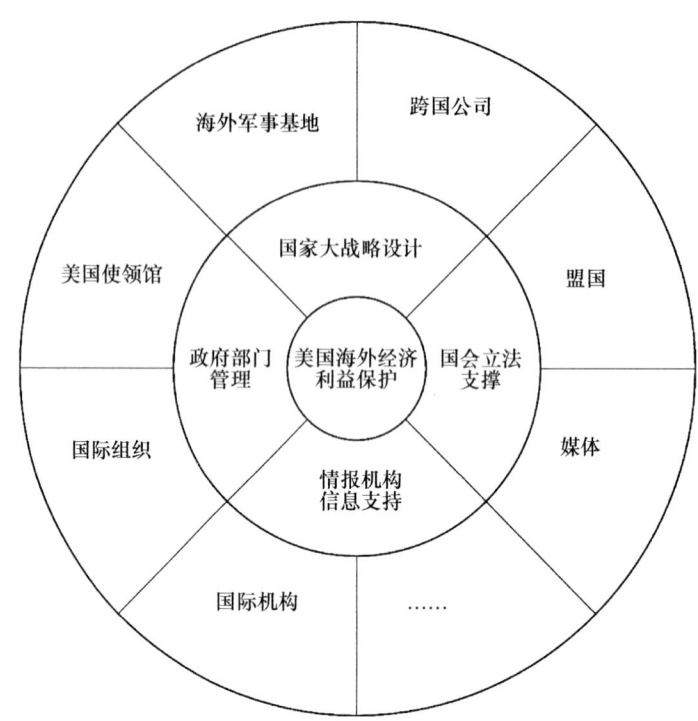

图 16-5 美国海外经济利益保护示意

资料来源：笔者自制。

在国际机构和国际组织中美国充当着主导者的角色；在盟国合作上，美国与盟国加强战略合作以获取更大的经济利益和安全保障；在海外军事基地上，美国在海外的军事基地也充当着维护霸权的角色；在跨国公司上，美国的跨国公司一直在践行美国海外利益保护的第一线；在媒体上，美国使用庞大媒体网络在海外传播有利于维护美国利益的信息。

美国的法律法规覆盖了大部分海外利益领域。在经济上，美国制定了《贸易法》《对外投资法》和《美国领事法规》等专门法律。在2010年欧债危机爆发后，美国出台了《金融援助法》和《美国复兴与再投资法》。在海外公民利益保护上，《美国法典》中对归化公民的保护、被外国政府逮捕公民的释放、美国公民在外受到重大灾难或意外时的处理程序等条款明确了政府对海外公民的保护责任。[①] 同时，美国政府还制定了《与贸易有关的投资措施协议》和《多边投资贸易协定》，以最大程度保证美国利益。这些法律法规会随着美国海外利益和世界经济形势变化进行多次修订，完善保护本国利益相关法律制度，如《1962年贸易扩展法》《1974年贸易法》《1979年贸易协定法》《1984年贸易与关税法》和《1988年综合贸易与竞争法》。更重要的是，美国的法律法规也具有浓厚的霸权主义色彩，嵌入了"长臂管辖权"的涉外权。

美国主导了全球各类经济组织和国际组织。在国际货币基金组织中，美国是最大的股东，占有17%左右的份额的投票权。因此，现有的国际货币基金组织中的议事规则和发挥的作用多数都是在美国主导下完成的，并且大部分也是反映了美国的利益诉求。另外一个重要的国际性经济组织世界银行，美国也占据了绝对控制权，通过对世界银行的项目方向和投资重点掌控，保证了美国对世界其他国家和地区经济上的掌控，并在一定程度上能够控制一些国家和地区的经济命脉。

美国跨国公司是配合美国海外经济利益的重要保护触手。20世纪90年代之后，美国政府部门加强了对跨国公司的支持，美国总统或者国务卿在外出访问时候会发表对美国跨国公司的支持言论，企业高管和商业领袖也会跟随商务部官员出访。对于一些跨国公司利益与美国国家利益不相符的情况，美国也会调整相关政策，使得美国跨国公司始终服务于美国国家利益。美国跨国公司主要从以下两个方面服务于美国国家海外经济利益：一是通过先进技术的技术壁垒，控制全球产业链和价值链，维护美国的国家收益权，同时扩张美国资本全球覆盖；二是美国跨国公司充当美国利益保护的白手套。在一些美国政府不便于直接出面干涉的领域，美国跨国公司通过兼并收购、对外直接投资和贸易等方式为美国攫取巨大的经济利益。

美国的海外军事基地是维护美国海外经济利益的重要支点。美国利用在各个地区的海外军事基地，保护自身贸易和投资的利益等各类

---

① 杨景铄：《美国海外利益保护机制研究》，硕士学位论文，国际关系学院，2015年。

现实利益。在一些政治环境不稳定、易受到恐怖袭击的地区，美国海外军事基地也能为美国企业和侨民提供安全保护帮助。同时，美国海外军事基地也为美国的盟国提供了安全保护的公共产品，能够将自身利益与盟国进行深度捆绑，并使得美国能在对盟国的控制中获得更大的经济利益。

美国的各类媒体机构和受到政府资助的美国境外媒体是维护美国海外经济利益的传声筒。在形式上，美国将媒体包装成不受到政府和资本影响的"第四权力"，但是，美国媒体在对于国际重大事件的报道中，有意对新闻报道进行议程设置放大或缩小某些舆情，并利用遍布全球的社交媒体散布有利于美国的信息。而为了维护美国自身利益，甚至不惜使用社交媒体的攻击性传播对他国进行颠覆。

归纳而言，美国作为后冷战时代唯一的超级大国，为了维护其霸权地位，美国海外经济利益保护呈现出"软硬"兼施和并行的特征，其模式可以归结为"西部牛仔"式保护。而相较于美国，日本在海外经济利益保护上更多是采用"软"实力来保护其海外利益。

（二）日本海外经济利益保护——长袖善舞式保护

日本在第二次世界大战战败后作为"非普通国家"与日美同盟分享了冷战胜利的果实的现状，而使用"长袖善舞"式保护模式能够较为直观地描述日本海外经济利益的保护模式。

"长袖善舞"式保护模式形成的本质原因是因为日本是一个"非普通国家"，但又是全球经济大国，在海外经济利益保护战略和策略上只能选择进行被动保护。与此同时，日本由于国家地理环境约束和资源储备匮乏，日本高度依赖从海外进口资源，也需要依赖国外市场，一些劳动密集型和高污染产业也需要转移到海外生产。因此，资源和市场两个要素对日本格外重要。[①] 日本必须与东道国保持良好的关系，才能保证日本的海外经济利益不受损。

---

① 曾探：《日本对非洲建设和平援助研究》，博士学位论文，华东师范大学，2018年。

第十五章　经济安全视野下中国海外利益保护

在政治上，日本与美国建立"日美同盟"，借助美国力量维护自身海外利益。日本与美国先后签订《旧金山和约》《日美安全保障条约》和《日美行政协定》，日本充分利用"日美同盟"保证本国安全，同时也利用美国对亚太地区的影响力，帮助其维护自身在东南亚地区的经济利益。[①] 同时，日本也广泛地加入了各种国际组织，在国际货币基金组织和世界银行中，日本的投票权重一直排在第二位，仅次于美国。因此，日本能够对国际政治经济产生一定的影响。

在经济上，日本实行"经济外交"和"资源外交"，并将重点放在东南亚和非洲。在东南亚，日本通过定期与东南亚国家高层政要和企业高管举行会晤，保证双边经济活动能够顺利开展。同时，日本通过自由贸易协定减少日本与东南亚各国的关税壁垒，实现贸易自由化，并通过经济合作协定强化日本与亚洲在更多领域的经济关系。同时，日本也积极开展多边经济合作，日本正式与东盟国家形成了由双边到整体互补的经济合作，并参与了区域全面经济伙伴关系等多边合作机制。在非洲，日本主要是为了能够获得能源供应，非洲的已探明石油储备仅次于中东和南美洲。在20世纪70年代到80年代期间，日本对非洲援助额增长了27.5倍。在2001年日本启动了"石油非洲战略"后，日本更将日非关系提升到一个新的战略高度。日本在海外实现自身利益的主要手段是使用政府开发援助（ODA），在援助的过程中所需的资本（资金、技术）都是从日本获得，促进了日本企业在东道国的投资，同时在东道国产生的利益也会回流回日本。

出海企业是日本海外利益维护的最关键的载体，也是日本海外经济利益保护的最直接抓手。日本使用的政府开发援助的主要执行者是日本企业。日本企业在第二次世界大战后就开始在东南亚设立子公司，出海企业会在企业内部层面和政府引导层面建立起一套完整的海外利益保护体系。日本政府引导日本企业在出海前就做好各类评估，促进

---

① 常婷婷：《新世纪日本在东南亚地区的海外利益维护政策研究》，博士学位论文，吉林大学，2020年。

新时代国家经济安全的战略与现实

企业做好合法合规出海,并持续支持和帮助企业出海。日本企业也会收集相关的东道国商业情报为日本政府决策提供指引。日本采用"投资立国"和"贸易立国"的战略,并塑造日本企业与日本政府之间"亲密无间"的合作关系,在海外能够以经济手段为主,以政治、文化手段为辅,实现日本自身海外利益最大化,并同时形成了日本海外利益保护的特殊运作模式(见图16-6)。

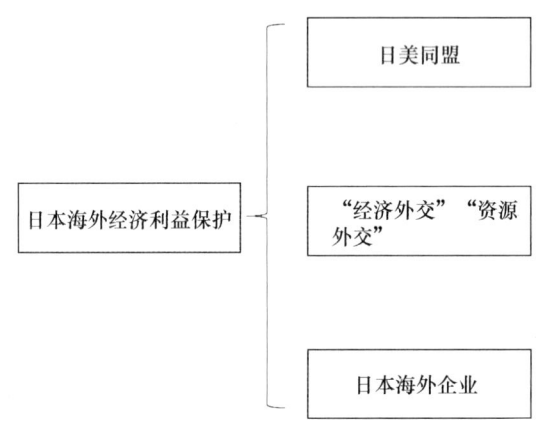

图16-6 日本海外经济利益保护示意

资料来源:笔者自制。

五 我国海外经济利益保护实践路径探索

习近平总书记在中央国家安全委员会第一次会议上指出,当前我国国家安全内涵和外延比历史上任何时候都要丰富,时空领域比历史上任何时候都要宽广,内外因素比历史上任何时候都要复杂,必须坚持总体国家安全观,以人民安全为宗旨,以政治安全为根本,以经济安全为基础,以军事、文化、社会安全为保障,以促进国际安全为依托,走出一条中国特色国家安全道路。

习近平总书记关于"总体国家安全观"的理论论述深刻揭示了我国国家安全的本质内涵,要求我们既要根据不同领域的发展变化的实际情况制定策略,又要从全局明晰各个领域的安全的相互影响。因此,在提升我国海外经济利益保护思路上，应贯彻落实"总体国家安全观"的理论要求，以习近平总书记在《中共中央关于制定国民经济和社会发展第十四个五年规划和二〇三五年远景目标的建议》中指出的："我们必须坚持统筹发展和安全，增强机遇意识和风险意识，树立底线思维，把困难估计得更充分一些，把风险思考得更深入一些，注重堵漏洞、强弱项，下好先手棋、打好主动仗，有效防范化解各类风险挑战，确保社会主义现代化事业顺利推进"的重要论述为指导，从全局出发开展海外经济利益保护工作，并根据当前国内国外形式加快建设我国海外经济利益保护体系。而从"总体国家安全观"的理论出发，具体到中国海外利益保护的实践路径来看，如下工作与环节值得我们高度重视。

（一）构建全流程的中国海外利益支持和保护体系

"天下之患，最不可为者，名为治平无事，而其实有不测之忧。" 2010年以来，中国商务部会同相关部门，已经陆续制定和印发了《境外中资企业机构和人员安全管理规定》等政策措施，并推动形成了企业作为安全责任主体、政府部门和驻外使领馆指导协调的境外安全风险防范管理机制，近年来，我国已经成功处置多起涉及中国企业机构和人员的境外安全突发事件。但是，对我国海外经济利益保护还需要从全局着眼、需要用系统性的思维构建全流程的中国海外利益支持和保护体系。

1. 前期可研阶段

在前期可研阶段需要对国别和项目进行全面的系统性的风险评估。具体而言，需要深入了解项目所在国的政治、经济、社会、安全等方面的风险因素，对外投资和经营的企业需要实事求是地评估区域国别的风险问题，做好各种风险调研。同时，需要对在东道国合作的企业进行调查，了解其背景、声誉。企业在开展具体项目前，需要对所在国的法律法规进行系统性的梳理，及时组建了解所在国情况的法律团队、后勤保障团队和合规团队等服务支持性的团队，保证在东道国合法合规经营，在面对法律纠纷时能够有效解决问题。另外，对于一些有能力的中国大型企业，还需要建立相应的海外市场部、风险监控部或者是国际事务研究所，能够对海外市场进行充分的研究和前瞻性分析。

2. 进入东道国阶段

在准备进入东道国市场时，需要对项目所在地进行深入的实地考察与调研，可以通过企业和熟悉东道国的第三方尽调机构联合对当地潜在的风险进行调研。由于一些国家内部不同地区可能会有自身的地方性法律法规，企业也需要对当地的法律法规进行系统的了解。同时要对当地的合作伙伴进行调研，并对合作前景与抗风险能力进行调研和判研。在企业前期准备工作中，需要加大对外派人员跨文化能力、法律意识、安全保护能力和保密意识等各方面全方位的培训，杜绝形式主义，一定要把相关培训工作落到实处。

3. 项目实施阶段

当中国企业进入到东道国后，可能需要涉及海外工程承包、中国劳务派遣和直接对外投资等多个方面。从政府层面来看，一是需要驻外使领馆同东道国政府及其地方政府、相关组织和民间社团保持良好沟通，保证信息获取的顺畅，搭建相关的信息共享平台，帮助企业更好地获知当地政治变化走向和政府政策变动信息；二是需要建立对东道国新闻媒体和社交媒体的舆论监控平台，密切监控当地舆论走向，提前预判可能发生的政治风险和社会风险，并及时向企业发布。从企业层面上看，一是需要和东道国政府和当地政府建立密切沟通渠道，与所在地政府保持密切交往，尤其是和当地执法部门之间要保持良好的交往。二是企业需要继续加强属地化管理，帮助东道国解决就业问题，承担相应的企业社会责任，树立良好的企业形象。具体而言，招聘东道国员工需要保证东道国员工的合法权益，可以通过建立技工学校，帮助东道国国民提升专业技能素养；加强同当地社区的联系，帮助当地社区解决其关切的问题。三是在政治风险和社会风险较高的地区，企业需要雇佣合法的安保力量保护项目安全，避免因恐怖袭击和意外冲击对项目产生负面影响。四是企业在面临汇率风险时，可以采用金融产品进行对冲避险。五是在风险较高的地区，企业需要建立风险分担措施和渠道，通过金融保险、供应链分担和产业链合作等措施合法分担风险。

第十五章 经济安全视野下中国海外利益保护

(二) 促进企业"抱团出海",提高海外竞争力

相较于企业的单独独斗,企业间相互合作,"抱团出海"能够发挥产业优势,更好立足于东道国。随着我国"一带一路"倡议逐渐深入,当前一些国内企业已经建立了"抱团出海"机制,加强了不同企业之间的联系与合作,但是,不同类型企业之间相互构建的深层次的中国企业生态依然不完善。因此,政府需要对我国企业海外投资和海外经营做好顶层设计,对各个行业进行深入考察,制定符合我国国家利益的细分行业鼓励政策,为我国企业出海提供政策便利。政府还应该鼓励中央直属企业和国有企业发挥带头作用,在海外投资、海外工程建设和海外劳务派遣上进行合作。同时,需要对在海外进行恶性竞争的企业行为进行必要的约束,鼓励和促进我国企业在一些行业建立合作联盟和产业基金,促使国有企业和民营企业通过产业链间横向合作共同开拓海外市场。

(三) 中国与东道国建立利益共同体

第一,中国企业需要扩大与东道国寻求双方利益的交汇点,进一步形成利益共同体,帮助企业降低在海外面临的风险。一是我国企业通过前期细致调研,明确东道国在投资上的诉求,在投资时候契合东道国的需求,把对东道国的投资嵌入东道国的利益中。二是我国企业在东道国开展经济活动时,需要将融资主体纳入东道国的政府、企业和银行等,将东道国政府利益、东道国企业利益和中国企业的利益紧密联系,能够有效避免东道国认为中国企业侵占其利益,减少我国企业海外投资可能遇到的政治风险。这种经营模式能够使得中国企业享受到东道国政府的政策优惠,东道国政府也会支持中国企业在当地的项目,在一些社会环境动荡的地区东道国政府还会安排军队或者警察保护中国项目。三是扩大利益共同体,东道国政府面临换届或非正常更替时,会面临东道国国内利益集团的调整,不同的利益集团可能会有不同的利益诉求,可能会对我国企业海外投资与海外项目带来影响,通过扩大在东道国的多元利益共同体,可以有效避免政治风险。

第二,中国政府与东道国政府进行紧密合作,积极探索在"百年未

有之大变局"下中国海外利益保护新模式和中国与东道国安全合作新模式。2022年4月，中国与所罗门群岛签署了中所政府间安全合作框架协议，中所安全合作的宗旨是促进所罗门群岛社会稳定和长治久安，符合所罗门群岛和南太地区的共同利益。同时，中所安全合作的原则，是平等互利，以尊重所方意愿和实际需求为前提，双方将在维护社会秩序、保护人民生命和财产安全、人道主义援助、自然灾害应对等领域开展合作，致力于帮助所方加强维护本国安全的能力建设。中所开展安全合作既能够帮助所罗门群岛维护自身安全，也能够保护我国在所利益不受损害。而这种双边保护利益的模式未来应该进行广泛的推广。

(四) 加强外派人才培养，推进外派人才留任

加强我国海外人才的培养工作，推进外派优秀人才留任是建设我国海外经济利益保护体系的重要一环。我国"走出去"战略实施和"一带一路"倡议的不断深化，外派人员已经成为我国企业能否在海外顺利开展活动的关键，但是，在"一带一路"沿线国家和我国外派人员较多的国家，多是不发达的国家，东道国自然环境、文化习俗、生活习惯等方面都与中国国内存在巨大差异。同时，外派人员需要面临婚姻、老人赡养、子女教育等一系列现实的生活问题。这些因素导致很多企业培养的海外外派人才往往会选择尽快结束外派生活，回到国内发展。海外项目变成了"铁打的项目，流水的外派人员"，大量有着海外经验的员工流动式回国，造成了企业在海外项目中人才的断档和短缺，甚至出现因原有项目经理回国，而导致项目进展受阻的问题。因此，在"一带一路"倡议不断深化和"构建国内国际双循环相互促进的新发展格局"的时代背景下，应当采取更加务实的措施加强海外外派人才的留任，让更多的外派人才能够幸福地留在东道国进行工作。基于不同东道国的国情，不能采取一个固定的模式来推动优秀外派人才留任，必须根据各国的实际情况和企业的行业特性来制定相关策略。

(五) 全面整合社会资源，优化海外经济安全保护布局

整合社会资源进行海外经济利益保护，是我国海外经济利益保护的

提质升级的重要一环。面对复杂的海外形势，需要借助社会各界的力量，为我国海外经济安全保护提供保障。

1. 鼓励高校智库和咨询公司联合出海

虽然近年来我国国内的咨询公司、安保公司已经和我国海外企业合作不断加深，但是，从总体来看，还是处于较为初级的阶段。目前，我国对国外政治风险评估主要是由中国出口信用保险公司每年发布的《国家风险分析报告》和相关的主权国家风险评级进行，但是，在一些国家政治变化迅速，当地社会风险较为复杂，每年发布一次的报告，难以根据东道国实际情况为海外企业提供及时信息。因此，可以鼓励高校区域国别研究智库和咨询公司通过搭建信息分享平台的方式进行合作，动态更新东道国各类情况，进行风险预警。具体而言，高校区域国别研究智库提供东道国政治、经济、文化等层面的资料，由咨询公司结合当地实际情况，将学术成果转化为有价值的决策信息提供给海外企业，海外企业根据这些信息能够及时做出反应，避免在东道国遭受较大的经济损失。

2. 加强安保公司建设，促进安保公司合法合规经营

虽然经历过近二十年的发展，但我国海外安保建设依旧处于起步阶段，我国海外安保公司发展机制和体制依然有待完善。在法律层面，我国海外安保公司的发展受到法律支持的困局。国务院颁布实施的《保安服务管理条例》作为规范和调整安保力量建设的主要法律依据。同时，相关国家主管机关已颁布实施的与海外安保建设相关联的法律文件，主要包括《国务院办公厅转发商务部等部门关于加强境外中资企业机构与人员安全保护工作意见的通知》，以及由商务部、外交部、国家发展改革委、公安部、国资委、国家安全监管总局、全国工商联联合发布的《境外中资企业机构和人员安全管理规定》和《境外投资合作境外安全事件应急响应和处置规定》等。上述规范文件没有能够就海外安保力量建设的具体实施作出具有可操作性的明确规定。[1] 同时，在中国海外安保公司拥有枪支武器的问题上，由于东道国法律和我国法律规定，我国

---

[1] 凌冰尧、蒋圣力：《国家海外安全利益维护中的军事力量建设及其法律保障》，载上海市法学会主编《上海法学研究》（2021年第1卷）。

海外安保公司一般不能够持有枪支武器,这也给我国海外安保公司在一些高风险地区执行安保任务带来了巨大的挑战。因此,我们需要根据海外东道国的实际情况,建立符合我国国情的海外安保制度。

(六)促进企业建立健全法律团队,加快法律服务出海

通过法律手段维护国家海外利益涉及到国际公约、双多边条约、国际法和国内法等多个层面。习近平总书记在中央全面依法治国委员会第二次会议上强调,"要加快推进我国法域外适用的法律体系建设,加强涉外法治专业人才培养,积极发展涉外法律服务,强化企业合规意识,保障和服务高水平对外开放"。对于发达国家而言,其具有法律体系完备和营商环境规范的特点。针对发达国家市场,我们海外经济利益保护特别需要做到以法律法规为基础,在法律框架下运用法律手段解决遇到的问题。因此,国内涉外法律人才培养和法律服务配套建设显得无比重要。

1. 加强涉外法律人才培养

除了对当前在相关涉外机构、企业法律从业人员继续加强国际法律相关教育以外,必须根据企业现实业务需要,建立"企业+高校"的国际法律人才培养机制,由高校和企业共同培养一批有国际意识,有多语言教育背景,具备扎实法律知识的复合型专业人才。一是要推动中国政法大学、华东政法大学和西南政法大学等专业类高校,根据现实情况打破学科培养界限,推行跨学科的培养制度。二是要加强学界与业界的合作关系,开展"实践+理论"联合培养行动,增强人才培养过程中的实践性,使人才培养和就业实践的衔接更加紧密。三是要促进学术研究指导和业务前沿反馈的有机互联,打破经验主义和本本主义的局限,建立理论指导实践、实践改进理论的良性机制,推动中国国际法律学科培养体系的全面升级。

2. 加快法律配套服务走出去

现阶段由于国内法律服务市场足够大,很少有大型律师事务所和咨询公司愿意在海外提供法律咨询服务,多数都是律师个人在海外建立律师事务所,开展相关业务活动。而在东道国开设律师事务所也面临着重重挑战,需要耗费大量精力学习、理解和适应东道国法律体系。因此,我国推动企业"走出去"的同时，也需要促使一些有资格、有经验的法律服务供应商共同"走出去"，在东道国建立律师事务所为我国企业海外利益保护提供法律上的保障。而在推动法律配套服务走出去的过程中，需要国内政策给予合适的配套推动，以激发法律咨询服务提供者的积极性。

六 我国海外经济利益保护实践案例
——中远集团和比雷埃夫斯港[①]

中国中远集团在2005年就有在欧洲建设大型港口的计划。2005年，希腊经济陷入困局，希腊比雷埃夫斯港工人进行了大罢工，导致很多航运商将航线转挂到其他港口。与此同时，希腊需要筹措资金而对一些国内基础设施项目进行私有化改造。2006年，希腊政府发布将比雷埃夫斯港私有化的公告，中远集团当时研究判断认为，比雷埃夫斯港非常重要，而且中远有能力成功收购比港。2006年1月，希腊时任总理卡拉曼利斯访华并与相关中方人士见面。卡拉曼利斯介绍了希腊政府在改善港口等方面的规划，希望吸引更多企业支持希腊港口发展。随后，中远就在该港设立办事处。可以说，此时，中远集团抓住机遇，寻找到了企业与东道国、中国与东道国的利益交汇点。

2008年10月，原中远集团所属中远太平洋，以4.98亿欧元从比雷埃夫斯港务局获得比雷埃夫斯港2号、3号集装箱码头35年特许经营权。中远太平洋的全资子公司Piraeus Container Terminal S. A.（以下简称PCT）须负责2号码头的改造及新建3号码头。码头特许专营权期限为30年，若能依时完成3号码头的兴建，30年到期时可再延长多5—35年。同年11月，中远集团与希腊比雷埃夫斯港务局正式签署协议。中远集团于2010年正式全面接管该码头经营。但是，在之后的运营中，中远集团面临着重重挑战。[②] 中远通过探索与实践，在大型海外项目经营上，

[①] 本案例分析是根据公开新闻报道和相关研究报告整理而得。
[②] 中远报道组：《"走出去"战略发展模式的创新之路——中远希腊比雷埃夫斯港集装箱码头项目启示录》，《中国远洋航务》2011年第2期。

包括在自身海外利益保护上还是做出了对中国企业的启示性贡献。

1. 承担企业社会责任，做负责任的中资海外项目

在中远集团接手初期，比雷埃夫斯港原有员工对中远集团态度较差，码头工人举行了大规模罢工，港口运营陷入困局。为此，中远集团对比雷埃夫斯港进行了属地化管理，解决了当地工会和原有员工的顾虑，除了一些较为重要的管理岗位外，其余工作岗位都是由希腊员工组成，同时有7个管理岗位也是由希腊员工担任。中远集团在接手初期就为当地创造了1500多个就业岗位。同时，在员工待遇上，为港口员工提供了同等岗位希腊的最高工资、带薪假期和免费午餐等。而在选择产品供应商时，中远集团会优先希腊本土制造和"中国制造"的产品。在工程建设上，中远集团优先考虑希腊本土的建筑公司，这两项举措刺激了希腊当地相关产业的发展，间接带动了希腊就业的增长，获得了希腊政府的肯定和支持。

2. 完善的海外项目团队，合法保护自身合法权益

PCT需要按照一定额度缴纳特许经营权使用费，但是，由于当时全球资产价格被严重高估，会给PCT的特许经营权也带来影响，中远集团研究认为，高资产价格会对PCT未来发展造成巨大风险。因此，PCT立即组建团队，通过法律途径，就特许经营权费用条款发起了中方权益维护。当时，特许经营权协议已经被希腊国会通过，形成法律。而要修改这一条款，需要通过比雷埃夫斯港务局、希腊私有化发展基金、欧盟市场委员会、欧盟竞争委员会、希腊最高审计法院以及希腊四个部委的会签，希腊国会批准等不同层面的关卡。2014年12月，经历了漫长、艰难曲折的努力后，希腊国会终于投票批准通过修改特许经营权费用等一揽子条款，并使之成为法律。这一修改为PCT在剩下的特许经营期限内节约了巨额特许经营权费用，同时，还为PCT增加了两个可以靠泊万箱船的优质泊位。[①] 中方经营的海外利益得到了极大的保障。

3. 高层交往与民心相通并重

2015年1月27日，在希腊新一届政府宣誓就职当天，该政府即宣

[①] 刘青山：《比港成为中希合作典范　中远海运集团：不搞赢者通吃，也不一味妥协退让》，《国资报告》2017年第5期。

布叫停了比雷埃夫斯港这一希腊最大港口的私有化进程。后经过双方沟通，2015年2月12日，中国总理李克强应约同时任希腊总理齐普拉斯通电话，齐普拉斯承诺对中远比港项目这个两国合作的"龙头"更多重视和支持，并称希腊正处在重振和发展经济的重要阶段，需要中国的支持和帮助。希腊愿同中国扩大海洋、海运以及基础设施建设、金融等一揽子合作。2017年，中国国家主席习近平在会见希腊总理齐普拉斯时指出，比港项目是中希合作的龙头，要将比雷埃夫斯港建设为地中海最大的集装箱转运港、海陆联运的桥头堡，成为"一带一路"合作的重要支点，并带动两国广泛领域务实合作。2019年11月11日，国家主席习近平出访考察比雷埃夫斯港时指出："很高兴来到比雷埃夫斯港参观。百闻不如一见。今天我在这里看到，中国倡议的'一带一路'不是口号和传说，而是成功的实践和精彩的现实。"而在同希方员工代表交流时，习近平主席强调："比雷埃夫斯港项目是中希双方优势互补、强强联合、互利共赢的成功范例。希望双方再接再厉，搞好港口后续建设发展，实现区域物流分拨中心的目标，打造好中欧陆海快线。我相信比雷埃夫斯港的前景不可限量，合作成果一定会不断惠及两国及地区人民。祝中希合作不断取得新的佳绩。"中方领导人的支持，包括与希腊政府首脑的直接坦诚沟通，为后续该项目继续稳定运行奠定了坚实的基础。

4. 携手中国企业并进，扩大产业集群

在2016年3月19日，中国中兴通讯与中远集团在希腊的比雷埃夫斯港签约，正式启动中兴希腊物流中心。根据协议，中兴通讯将使用中远集团在比雷埃夫斯的货运码头作为其产品对奥地利、匈牙利、意大利、西班牙等欧盟12国的物流中心。而这一举措开创了中国大型企业以产业集群的模式共同开拓海外市场，突破了中国企业单一项目海外运营的传统模式。而自中国企业后续陆续通过比港进行物流中转，渐次形成产业集群规模后，希腊沉寂许久的比雷埃夫斯港开始迎来新的繁荣阶段。在2016年8月10日中远海运集团正式成为比雷埃夫斯港的67%股份控股股东后，2017年和2018年度比港的效益连续两年翻番，2019年比港实现利润总额4760.6万欧元，实现净利润3544.7万欧元，均创下历史最高纪录。同时，由于中国产业集群效应出现，使得比港的集装箱吞吐量提升明显，比雷埃夫斯港集装箱吞吐量2019年达565万标箱，超越西班牙瓦伦西亚港，成为地中海第一大港，在欧洲进入前四名，世界排名上升到30位左右，为当地直接创造工作岗位3000个，间接创造岗位9000多个。希腊著名智库"经济与工业研究所"发表报告深入分析比港项目将对希腊经济产生积极的影响并认为，到2025年，比雷埃夫斯港项目将为希腊财政增收4.747亿欧元，创造3.1万个就业岗位，提高希腊GDP0.8个百分点。该报告认为，通过比港项目的良好运营，希腊物流的产值有望从2015年的4亿欧元增加到2025年的25亿欧元。

分析本案例可以看到，中远集团在希腊项目运营获得成功的主要原因有：（1）寻找到了企业与东道国、中国与东道国的利益交汇点；（2）承担企业社会责任，做负责任的中资海外项目；（3）完善的海外项目团队，合法保护自身合法权益；（4）高层交往与民心相通并重；（5）与其他中国企业携手并进，形成产业集群。总结中远集团在希腊获得成功的原因，值得学习和借鉴的是：首先，一定要准确判断东道国的利益所在，中远集团通过先期调研发现企业利益与东道国利益的交汇点，企业与东道国建立了利益共同体。希腊需要中远集团的投资偿还巨额债务并同时带动当地的发展，而中远集团需要借助比雷埃夫斯港建立欧洲大型港口。其次，在出现政治风险时要妥善应对，2015年东道国政局发生了变化，但是企业和东道国有共同利益，通过多层次沟通，东道国政府最后改变了最初的决定。再次，重视企业社会责任，中远集团在希腊注重承担相应的社会责任，保障了原有希腊员工的权益。同时加强属地化管理，大量雇佣希腊当地员工，为希腊当地提供了一大批就业岗位。最后，完善的海外项目团队进行属地化工作开拓。在项目开展后，中远集团及时发现当时的特许经营权协议会给自身发展带来潜在的威胁时，立即组建了相关的法律团队，通过法律手段合法地向希腊与欧盟层面争取自身的权益，最终获得成功。上述经验具有典型的代表性和可操作性，后续中国公司海外经营应该借鉴中远比港案例，在保障自身海外发展利益的同时，可以协同相关企业共同开拓海外市场，为有效推动新时代背景下"双循环"做出更大的贡献。

结 语

在全球化时代，世界上各个国家间的交往日益密切，国家利益的内涵和外延都得到了极大的扩展，国家利益的全球化是历史发展的必然，海外利益因此也成为国家利益的重要组成部分。我国作为最大的发展中国家和全球超级经济体，已经开始步入世界舞台中心，相应的中国海外利益也在飞速扩展，同时，中国海外利益保护问题也接踵而至。我国海外利益保护的重要性和紧迫性不言而喻，保护我国海外利益是我国持续高水平开放、增强自身经济实力和提高国际影响力的必由之路。

通过梳理和研究可以发现，当前，国际局势变幻异常复杂，保护主义、民粹主义、地缘政治冲突、大国博弈等因素共同作用，使得我国海外利益面临特殊国际背景下巨大的政治风险、经济风险、政策风险和社会风险，而这些风险聚合在一起对我国海外利益构成了巨大的"复合型、交叉型"挑战。同时，还必须清楚地认识到，面对我国庞大的海外利益，我国现有的海外利益保护体系建设还不够充分与完善，中国"走出去"企业自身治理水平与海外利益保护的需要之间明显有能力脱节。因此，一方面，需要认真地学习和借鉴先发国家的海外利益保护的经验；另一方面，也需要我们将建设"人类命运共同体"的愿景与我国海外利益保护进行有机结合，综合运用政府、国际组织和机构、企业和民间力量，依托我国法律法规、国际法律法规和相应的经济金融手段，加快本土海外经营和法律人才的培养过程，在推动专业化海外配套服务体系建设中，构建具有我国特色的海外利益保护体系。